对外汉语教学论著总目大系

总主编 李无未

主编 李无未 陈珊珊 秦曰龙

对外汉语教学论著

指要与总目

第二册

作家出版社

《对外汉语教学论著总目大系(国别)》前言

　　对外汉语教学,又称"汉语作为第二语言的教学",也曾叫做"外国留学生汉语教学"、"汉语作为外语教学"。它有两个层面的含义:既指对母语非汉语的外国人进行汉语教学的活动,也指代概括这种教学研究活动的学科。

　　中国的对外汉语教学兴起于何时?目前还没有统一的说法,不过,肇始于汉代,大兴于唐代的观点,大体可以得到肯定。东汉时期,伴随着佛教的传入,西域高僧在中国学习汉语口语语言,可以说是较早接受对外汉语教学的典型范例。东汉明帝永平年间,印度高僧摄摩腾、竺法兰,受蔡愔等大臣相邀,到达洛阳城西雍门外的精舍,即洛阳白马寺。他们在这里半天学习汉语半天翻译佛经。根据有关资料记载,他们十分重视汉语口语的学习,这就为他们用汉语口语翻译佛经打下了坚实基础。公元7世纪到9世纪前后,日本派出大量遣隋使、遣唐僧、遣唐使到中国,学习隋唐王朝的科学、文化以及政治制度,他们首先遇到的问题就是语言关。他们学习汉语的过程,实际上就是对外汉语教学的进行过程。以后中国的历朝历代都有对外汉语教学的实证:明代意大利人利玛窦最初在广东,后来在南京、北京学汉语,为便于学汉语,他还创制了系统的拉丁字母汉语拼音方案,即《西字奇迹》;英国人威妥玛1842年跟随英军来到中国,在中国生活长达43年之久,从事对华外交、中文教学,以及汉学研究工作。在华期间,他编写了汉语课本《寻津录》、《语言自迩集》,创造了以拉丁字母拼写与拼读汉字的方法,即"威妥玛法"。

　　1950 年 7 月，清华大学设立东欧交换生中国语文专修班，以此为起点，新中国开始了对外汉语教学与研究。近六十年间，尤其是近二十年来，随着我国综合国力迅速增强，国际政治、经济、文化地位不断提高，世界各国对中国研究的日益重视，以及实际应用中对汉语人才需求的大幅增长，到中国学习汉语的人越来越多，对外汉语教学日渐成为中国文化走向世界的窗口。为适应这种需要，中国政府于 1987 年成立了"国家对外汉语教学领导小组"（2006 年改称"中国国家汉语国际推广领导小组"）。"中国国家汉语国际推广领导小组办公室"为领导小组的日常办事机构，设置在中华人民共和国教育部内。对外汉语教学正式成为我国国家战略的重要组成部分。中国的大学在原有基础上，增建了许多专门的对外汉语教学与研究机构。目前，我国已形成从长短非学历班到本硕博学历班完整的教学体系，每年吸引世界各国到中国学习汉语的留学生多达 12 万人。

　　国外对外汉语教学开展的具体时限，大体与中国国内的对外汉语教学同步。汉代以前，中国周边国家学习汉语者不乏其人，例如，中国大陆北方汉族流入朝鲜半岛，朝鲜半岛的朝鲜人学汉语与汉族人学朝语形成了"互动"。汉代以后，汉字文化在朝鲜、日本、越南等国迅速传播，对这些国家的汉语学习产生了重要影响。长期以来，朝鲜、日本、越南的政府均设有汉语学习的相关机构：朝鲜半岛李朝时代，中央政府设立"司译院"与"承文院"，培养高层次汉语人才，有明确的教科书鉴定制度与考试制度；明清之际日本的"通事会馆"制度就是政府特定非常重要的汉语学习制度之一。"通事会馆"培养的"唐通事"活跃在长崎港口与中国东南沿海港口之间，成为中日文化和贸易交流的"使者"。明治维新后，日本开始了"中国语"教育的非常时期，出于侵略中国的野心，日本政府与民间结合，都对"中国语"教育倾注了极大热情，有名的东京外国语学校就多次聘请中国教师教授汉语。仅在清末，日本出版各类"中国语"教科书与工具书就达几百种。

　　欧美地区的汉语学习起始与传教士到中国活动直接相关。早期的意大利人利玛窦、罗明坚，学习汉语回国后传播中国文化，引起了欧洲人的兴趣。而中国明清两朝在吸收西方文化的同时，也使中国文化流传到了欧美，直接推动了欧美人汉语学习与研究的热情。当然，欧美列强对中国的关注还包藏着"祸心"。欧美人编写的汉语学习与研究著作十分引人瞩目，目前所知较早的是明清时期意大利传教士卫匡国的《中国文法》，写成于17世纪中叶。其他比较著名的，如西班牙人瓦罗的《华语官话语法》（1703）、法国人马约瑟《汉语札记》（1831）、英国人马士曼《中国言法》（1814）、英国人马礼逊《汉语语法》（1815）、法国人雷慕萨《汉文启蒙》（1822）、德国人洪堡特《论汉语的语法结构》（1826）、英国人艾约瑟《官话口语语法》（1864）、法国人儒莲《汉文指南》（1866）、英国人威妥玛《语言自迩集》（1867）、美国人高第丕和张儒珍《文学书官话》（1869）等，显现了当时欧美国家汉语学习与研究的兴盛局面。

　　进入20世纪，欧美各国学者对汉语学习与研究的热情更加高涨，出现了一批世界级的汉语教学与研究大师。如瑞典的高本汉、法国的马伯乐等。欧美各国政府对汉语学习与研究的政策制订，虽然出于不同目的，但还是显示了与以往不同的策略，并采取了相应措施，欧美各国许多大学设置中文系，培养专门的"中国学"人才，欧美汉语教育进入了实质性的实施阶段。

　　2004年，国务院批准了国家对外汉语教学领导小组制定的对外汉语教学事业2003年至2007年发展规划——《汉语桥工程》，在海外建立"孔子学院"是其重要举措之一。孔子学院是在借鉴国外有关机构推广本民族语言经验的基础上，在海外设立的以教授汉语和传播中国文化为宗旨的非营利性公益机构。它秉承孔子"和为贵"、"和而不同"的理念，推动中外文化的交流与融合，以建设一个持久和平、共同繁荣的和谐世界为宗旨。自2004年11月全球首家孔子学院在韩国成立以来，已有300余家孔子学院遍布全球70多个国家，成为传播中国文化和推广汉语教学的全球性品牌和平台。据统计，全世界现在有 5 千万母语非汉语的人在利用各种方式学习汉语。专家们预测，未来十年，还将有几千万人加入到汉语学习的行列中来。对外汉语教学正面临着最为宝贵的世界性历史发展机遇。

经过近两千年，尤其是最近一百多年的历史积淀，世界各国学者在对外汉语教学研究的各个领域取得了丰硕成果，可以说，比较成型的"对外汉语教学学"已初步形成。人们认识到，适应对外汉语教学发展的新形势、及时科学地总结对外汉语教学研究的经验与教训，是推动"对外汉语教学学"向更高层次迈进的有效途径，也是"对外汉语教学学"发展的客观必然。因此，有学者着力编写"中国对外汉语教学史"、"中国对外汉语教学发展概要"之类的论著；有学者集中整理世界各国"对外汉语教学"学术成果。搜集与整理世界各国对外汉语教学研究资料成为进一步完善"对外汉语教学学"的当务之急。

我们认为，本着对对外汉语教学事业负责的精神，从最基础的"对外汉语教学论著总目"编撰做起，搜集整理迄今为止发表的"对外汉语教学"论著，做出摘要，客观介绍著作内容，编订出版论著目录以供索引，是投身"对外汉语教学研究资料集成"的第一步，更是满足目前世界各国几十万对外汉语教学工作者与几千万母语非汉语的汉语学习者迫切需求的首要任务。由此，《对外汉语教学论著总目大系》应运而生。

《对外汉语教学论著总目大系》先行编撰的卷次是：1. 对外汉语教学论著总目·指要卷；2. 对外汉语教学论著总目·中国卷；3. 对外汉语教学论著总目·日本卷；4. 对外汉语教学论著总目·韩国朝鲜卷；5. 对外汉语教学论著总目·北美洲卷；6. 对外汉语教学论著总目·俄罗斯卷；7. 对外汉语教学论著总目·东南亚卷，等等。

《对外汉语教学论著总目大系》第一册和第二册，由《对外汉语教学论著·指要卷》、《对外汉语教学论著总目·日本卷》、《对外汉语教学论著总目·中国卷》三部分构成。

　　《对外汉语教学论著·指要卷》，精选中国 298 部有代表性、对对外汉语教学学科发展发挥过重要作用的著作，按出版时间为序，以一题一书的形式逐一做出提要，包括该书作者、出版时间、内容简介、主要特点、最新研究成果，并予以实事求是的评价。

　　《对外汉语教学论著总目·中国卷》、《对外汉语教学论著总目·日本卷》以时间为序，排列 13683 条（"中国卷" 8727 条、"日本卷" 4956 条）著作、论文发表的时间、形态（报纸、期刊、论文集以及学术集刊）。时间上限不限，下迄 2007 年 12 月。

　　《对外汉语教学论著总目大系》依据对外汉语教学学科体系的基本框架，将其分作十大类：（一）对外汉语教学理论研究，包括学科语言理论、语言学习理论、语言教学理论、对外汉语教材基本理论（涵盖对外汉语教材编写理论、对外汉语教材编写的通用原则、对外汉语教材评估）、对外汉语教学流派及教学法、跨文化教学论；（二）对外汉语语言要素及其教学研究，包括汉语语音与语音教学、汉语词汇与词汇教学、汉语语法与语法教学、汉字与汉字教学、汉语与中国文化教学；（三）对外汉语课程教学研究，包括对外汉语听力教学研究、对外汉语口语教学研究、对外汉语阅读与写作教学研究、对外汉语综合课教学研究；（四）汉语作为第二语言的习得研究，包括第二语言学习者的语言系统研究、第二语言学习者的习得过程研究、第二语言学习者的汉语认知研究；（五）语言测试理论及汉语测试研究，包括汉语水平考试（HSK）研究、语言测试评估、语言测试理论及汉语测试；（六）对外汉语教师素质与教学技能研究，包括对外汉语教师素质与教学技能、对外汉语课堂教学技巧；（七）现代科学技术与多媒体教学，包括对外汉语计算机辅助教学的理论研究、对外汉语计算机辅助教学的实践研究、对外汉语远程教学；（八）世界汉语教学史研究，包括世界汉语教学历史和现状、海外华文教育史、世界汉语教育制度史研究；（九）汉外语言对比与对外汉语教学研究，包括汉英、汉日、汉韩、汉法等语言之间的相关语音、语法、词汇对比及其与对外汉语教学相关的比较教学研究；（十）对外汉语教学学术集刊及其他。

需要特别说明的是，《对外汉语教学论著总目大系》在编撰过程中有选择性地参考了北京语言学院世界汉语教学交流中心信息资料部编写的《世界汉语教学书目概览》（第一分册），许高渝、张建理等编著《20 世纪汉外语言对比研究》的两个附录：即《学术期刊上发表的汉外语言对比研究论文篇目索引（1954-2000）》、《汉外语言对比专著、论文集索引（1955-2000）》；李泉《对外汉语教学理论思考》附录（《对外汉语教材编写研究文献辑录》），以及相关著作中的"参考文献"；还有如《日本中国学会报》等记载的外国学者们编纂的相关书目、论文索引文献。这些文献是我们进一步工作的基础，对此，我们诚挚地表示敬意，也十分感谢他们为对外汉语教学事业做出的巨大贡献！

《对外汉语教学论著总目大系》的编写又是吉林大学"课程与教学论"专业、"对外汉语教学"方向，厦门大学"汉语言文字学"、"语言学和应用语言学"专业的"对外汉语教学"方向硕士研究生课程建设的重要环节之一。对外汉语教学课程学习，我们认为，首要的是要让学生了解"对外汉语教学论著指要"，这是对外汉语教学入门之基础。从读书入手，是中国式"治学"的传统。我们把"对外汉语教学论著指要"作为教学的起点，就是基于让学生具有学术史的基本功力、基本眼光而学会如何进行研究的考虑。这种中国式"治学"的传统在今天的对外汉语教学研究生教学中不但没有过时，而且更具有现实"治学"的价值和意义。

以《对外汉语教学论著总目》为基本视野，推而广之，向更深、更高层次研究迈进，培养高素质的对外汉语教学研究人才，向世界推广汉语、传播中华文化，对外汉语教学研究的前景不可限量，我们愿意为此而尽一份心力。

编撰《对外汉语教学论著总目大系》，历经十年时间，克服了种种困难。全书是目前所见收集最为完备的中国和世界相关国家"国别"对外汉语教学论著总目汇编,总字数为 1200 万字。全书编排体例力求合理科学,还从便利读者的角度考虑,提供了一定的检索办法。

本书适用的读者对象是国内外母语非汉语的汉语学习者、从事对外汉语教学与研究的工作者、爱好者;其他学科如文学、历史、哲学、法律等方面的学者、爱好者也可以参考;国内外各种类型图书馆、资料室也可以把它当作专业性的资料加以收存。

由于编写时间仓促,加上我们的视野所限,我们还有许多论著没有收罗到,也可能存在不少应该避免的谬误,造成了本书的缺憾。我们愿意以诚挚的态度倾听读者的呼声,更愿意了解专家的意见和建议,以便于在今后的修改过程中加以完善。

李无未 2008 年 5 月 26 日

凡　例

一、《对外汉语教学论著总目》是一部以"对外汉语教学"为研究对象的目录类工具书。

二、本册为《对外汉语教学论著总目·中国卷》，是"对外汉语教学论著总目（国别）大系"第二册。

三、《对外汉语教学论著总目·中国卷》以时间为顺序，排列 8727 条著作、论文发表的时间、形态（报纸、期刊、论文集以及学术集刊）。时间上限为 1949 年，下限截止到 2007 年 12 月。

四、《对外汉语教学论著总目·中国卷》，依据对外汉语学科体系的基本框架，将其分作十大类：（一）对外汉语教学学科理论研究，包括对外汉语教学理论、对外汉语教材建设、对外汉语课程、大纲及教学模式研究；（二）对外汉语语言要素及其教学研究，包括汉语语音与语音教学、汉语词汇与词汇教学、汉语语法与语法教学、汉字与汉字教学、汉语与中国文化教学；（三）对外汉语课程教学研究，包括对外汉语听力教学研究、对外汉语口语教学研究、对外汉语阅读与写作教学研究、对外汉语综合课教学研究、对外汉语文化教学；（四）汉语作为第二语言的习得研究，包括第二语言学习者的语言系统研究、第二语言学习者的习得过程研究、第二语言学习者的汉语认知研究；（五）语言测试理论及汉语测试研究，包括汉语水平考试（HSK）、语言测试评估、语言测试理论及汉语测试研究；（六）对外汉语教师素质与教学技能研究，包括对外汉语教师素质与教学技能、对外汉语课堂教学技巧研究；（七）现代科学技术与多媒体教学，包括对外汉语计算机辅助教学理论、对外汉语计算机辅助教学实践研究；

（八）世界汉语教学史研究，包括海外华文教育、世界汉语教育史研究；（九）汉外语言对比研究，包括汉英、汉日、汉韩、汉法等语言之间的相关语音、语法、词汇对比及其与对外汉语教学相关的比较教学研究；（十）对外汉语教学学术集刊及其他。

五、所收论文篇目均包括篇名、作者、文章出处和发表时间四项基本信息。每一类别下的内容均以论文发表的时间先后顺序进行排列。同一目录下同一年代的论文目录，按月份次排列。

六、卷末附《对外汉语教学论著总目》人名检索，均按照人名姓氏拼音为序进行编排，每个人名之下列有人名所在条目的序号。

七、书中涉及到的字体繁简、期刊卷/次的书写形式、人名书写形式等内容，均以援引文献材料为参照。

对外汉语教学论著总目·中国卷

本卷主编

陈珊珊　杨颖虹　魏　薇

本卷编写者

陈珊珊　杨颖虹　李无未　魏　薇、时　光
闫　峰　秦曰龙　高彦怡　吴　菲、李　逊

目 录

一、对外汉语教学学科理论研究

1. 对外汉语教学理论

2007 年

〖00001〗丁孝莉　（2007）"综合教学法"在初级"把"字句教学中的应用，《文化学刊》第 3 期。

〖00002〗齐雅荻　（2007）本是同根生　花开不一样——浅谈汉语作为母语的教学与汉语作为第二语言的教学的区别，《科技信息科学教研》第 26 期。

〖00003〗禹　达　（2007）打造一流的对外汉语学科旗舰，《中国高等教育》第 8 期。

〖00004〗吉照远　（2007）地方高校对外汉语教学管窥，《语文学刊》第 5 期。

〖00005〗李如龙　（2007）对双语教学的几点理解，《山西大学学报》（哲学社会科学版）第 3 期。

〖00006〗李　娟　（2007）对外汉语教学的发展历程回顾，《现代语文》（语言研究版）第 6 期。

〖00007〗赵金铭　（2007）对外汉语教学理念管见，《语言文字应用》第 3 期。

〖00008〗郭凤岚　（2007）对外汉语教学目标的定位、分层与陈述，《汉语学习》第 5 期。

〖00009〗侯月阳　（2007）对外汉语教学学科性质及定位新探，《云南师范大学学报》（对外汉语教学与研究版）第 4 期。

〖00010〗高彦怡　（2007）对外汉语教学中遇到的问题及教学改革建议，《吉林省教育学院学报》第

7 期。

〖00011〗陆　华、李业才　（2007）对外汉语专业建设的问题与应对措施，《衡水学院学报》第 3 期。

〖00012〗唐晓英　（2007）关于对外汉语教学的几点思考，《赤峰学院学报》（汉文哲学社会科学版）第 1 期。

〖00013〗姜丽萍　（2007）关于构建"以培养交际能力为目标"的对外汉语教学框架的思考，《汉语学习》第 1 期。

〖00014〗李亚明　王鸿滨　（2007）广播电视对外宣传与汉语国际推广的互动，《红旗文稿》第 17 期。

〖00015〗吕浩雪　李联明　胡燕华　（2007）国际汉语推广的理念与策略，《中国大学教学》第 7 期。

〖00016〗亓　华　（2007）汉语国际推广与文化观念的转型，《北京师范大学学报》（社会科学版）第 4 期。

〖00017〗赵金铭　（2007）汉语作为外语教学能力标准试说，《语言教学与研究》第 2 期。

〖00018〗李治平　（2007）会话结构与连贯度量级，《语言文字应用》第 2 期。

〖00019〗王茂林　（2007）林茂灿：赵元任语调思想、汉语语调研究及其教学问题，《暨南大学华文学院学报》第 1 期。

〖00020〗马　玲　（2007）论对新疆少数民族预科汉语教学的原则——基于对外汉语教学与对少数民族汉语教学的对比，《和田师范专科学校学报》第 5 期。

〖00021〗焉德才　（2007）论汉语的特点与对外汉语教学，《文教资料》第 27 期。

〖00022〗程乐乐　（2007）论汉语国际推广背景下的课堂教

学，《长江学术》第 3 期。

〚00023〛李北辰　（2007）浅论中高级阶段汉语教学的性质与任务，《科技信息》第 2 期。

〚00024〛张　彤　（2007）浅析中国入世后的对外商务汉语，《商场现代化》第 10 期。

〚00025〛叶祥桂　汪小琴　（2007）任务型教学理论及其在对外汉语教学中的应用，《现代语文》（教学研究版）第 9 期。

〚00026〛吴　琳　（2007）社会语言学与对外汉语教学，《海外华文教育》第 2 期。

〚00027〛苏　岩　（2007）试论对外成人汉语教学的柔性原则，《黑龙江高教研究》第 9 期。

〚00028〛次仁央金　（2007）试析对外藏语教学的性质与特点，《西藏大学学报》（汉文版）S1 期。

〚00029〛张　哲　（2007）谈对外汉语教学的发展展望，《双语学习》第 3 期。

〚00030〛李宇明　（2007）探索语言传播规律——序"世界汉语教育丛书"，《云南师范大学学报》（对外汉语教学与研究版）第 4 期。

〚00031〛晋爱荣　（2007）透视内地对外汉语的现状和发展，《消费导刊》第 8 期。

〚00032〛王　川　（2007）行为主义心理学在对外汉语教学中的实践，《双语学习》第 9 期。

〚00033〛李　军、薛秋宁　（2007）语际语用学及其应用，《语言文字应用》第 1 期。

〚00034〛方　艳　（2007）语境理论和对外汉语教学，《现代语文》（语言研究版）第 8 期。

〚00035〛李　雷　（2007）论对外汉语中的语境教学，《辽宁教育行政学院学报》第 3 期。

〚00036〛薛亚青　（2007）论沟通在对外汉语教学中的重要性——一位前中学语文老师的经验之谈，

《现代语文》（语言研究版）第 2 期。

〖00037〗杨淑云 （2007）论语境理论在对外汉语教学中的运用，《广西民族大学学报》（哲学社会科学版）S1 期。

〖00038〗邓美玲 （2007）浅谈对外汉语教学中的情感教育，《八桂侨刊》第 2 期。

〖00039〗刘　壮、戴雪梅、阎　彤、竺　燕 （2007）任务式教学法给对外汉语教学的启示，《世界汉语教学》第 2 期。

〖00040〗李　卿、张振康 （2007）谈理工类院校的对外汉语教学，《煤炭高等教育》第 4 期。

〖00041〗周中兴 （2007）也谈对于任务型语言教学的几点思考，《乌鲁木齐职业大学学报》（人文社会科学版）第 2 期。

2006 年

〖00042〗刘颂浩 （2006）"对外汉语（教学）"的重新阐释，《国际汉语教学动态与研究》第 4 辑。

〖00043〗张德鑫 （2006）从"词本位"到"字中心"——对外汉语教学的战略转移，《汉语学报》第 2 期。

〖00044〗霍　建 （2006）对外汉语教学初探，《辽宁行政学院学报》第 1 期。

〖00045〗郭龙生 （2006）对外汉语教学的语言规划价值及其中的问题与对策，《修辞学习》第 3 期。

〖00046〗郑艳群 （2006）对外汉语教学和研究中的量化问题，《国际汉语教学动态与研究》第 1 辑。

〖00047〗周　红 （2006）对外汉语教学情境的立体化探讨，《语言文字应用》第 4 期。

〖00048〗应兰茴 （2006）对外汉语教学与母语教学的比较分析，《高教与经济》第 2 期。

〚00049〛汪灵灵　　（2006）对外汉语教学中的空缺理论应用与空缺消除方法的探讨，《湖南科技学院学报》第4期。

〚00050〛吴　双　　（2006）对外汉语教学重塑中国"软实力"，《国际人才交流》第5期。

〚00051〛曾学慧　　（2006）对外商务汉语与基础性对外汉语衔接问题探讨，《边疆经济与文化》第6期。

〚00052〛柯传仁　　（2006）二十一世纪汉语作为外语教学研究方向与理论建构刍议，《世界汉语教学》第4期。

〚00053〛姜丽萍　　（2006）关于有效陈述对外汉语教学目标的思考，《云南师范大学学报》（对外汉语教学与研究版）第3期。

〚00054〛王际平　　（2006）汉语教学的全球化推进探析，《云南师范大学学报》（对外汉语教学与研究版）第2期。

〚00055〛阎纯德（2006）汉语教学与汉学的形成及发展，《国际汉语教学动态与研究》第3辑。

〚00056〛吴丽君、宋　薇　　（2006）间接言语行为理论在对外汉语教学中的应用，《云南师范大学学报》（对外汉语教学与研究版）第2期。

〚00057〛陈荣岚　　（2006）两岸四地语言文字使用现状与汉语国际推广，《海外华文教育》第4期。

〚00058〛郭莉敏　　（2006）陆俭明：以科学发展观思考汉语教学问题，《暨南大学华文学院学报》第4期。

〚00059〛李立新　　（2006）论对外汉语词汇教学对语境理论的应用，《陕西师范大学学报》（哲学社会科学版）S2期。

〚00060〛江傲霜　　（2006）论对外汉语课堂教学的评价体系，

《云南师范大学学报》（对外汉语教学与研究版）第 5 期。

〖00061〗汲传波　（2006）论强调范畴的构建，《暨南大学华文学院学报》第 2 期。

〖00062〗黄鸣奋　（2006）民族语言世界推广概述，《海外华文教育》第 2 期。

〖00063〗郑　丹　（2006）人本主义心理学在对外汉语教学中的运用，《现代语文》（语言研究版）第 2 期。

〖00064〗李朋义　（2006）世界汉语教学的前景及其对出版业的冲击——外研社社长李朋义在 2006 年新加坡世界书展研讨会上的演讲，《国际汉语教学动态与研究》第 2 期。

〖00065〗杨金成　（2006）试论对外汉语教学目标分类，《汉语学习》第 1 期。

〖00066〗林敏洁　（2006）试论朱舜水的汉语教学理论与实践，《中国典籍与文化》第 1 期。

〖00067〗霍晶莹　（2006）索绪尔"语言"和"言语"的区分与对外汉语教学，《陕西职业技术学院学报》第 3 期。

〖00068〗蒋可心　（2006）谈对外汉语教学的基本教学原则，《黑龙江教育学院学报》第 2 期。

〖00069〗李　遐　（2006）谈语义分类在对外汉语教学中的运用，《现代语文》（语言研究版）第 3 期。

〖00070〗邵　菁　（2006）统计方法在第二语言研究中的应用，《汉语学习》第 6 期。

〖00071〗匡小荣　（2006）王德春：对外汉语教学论，《暨南大学华文学院学报》第 4 期。

〖00072〗钱婉约　（2006）吴语研究的开拓者：高仓正三，《国际汉语教学动态与研究》第 3 辑。

〖00073〗胡庆亮　（2006）优势国力才会有强势语言，《世界知识》第 11 期。

〖00074〗徐水平　（2006）中国对外汉语教育探析与展望，《时代潮》第 3 期。

〖00075〗张德鑫　（2006）从"词本位"到"字中心"——对外汉语教学的战略转移，《汉语学报》第 2 期。

〖00076〗周　红　（2006）语言和内容的整合：内容教学法的辩证思考，《国际汉语教学动态与研究》第 3 辑。

2005 年

〖00077〗许光烈　（2005）"汉语热"的冷思考——兼谈对外汉语教学，《学术界》第 4 期。

〖00078〗王红梅　（2005）"汉语热"与对外汉语教学，《黑龙江高教研究》第 12 期。

〖00079〗张邱林　（2005）表里值三角理论与对外汉语教学，《江汉大学学报》（人文科学版）第 4 期。

〖00080〗任燕平、彭　莉　（2005）从功能出发进行对外汉语语法教学的研究与实践，《嘉兴学院学报》第 4 期。

〖00081〗刘根辉　（2005）从语用学发展历程看中国语用学研究的发展方向，《外语学刊》第 1 期。

〖00082〗褚江波　（2005）读者反应论在对外汉语教学中的应用，《语言教学与研究》第 2 期。

〖00083〗华　玉　（2005）对外汉语教学四大重点、八项措施，《课程·教材·教法》第 9 期。

〖00084〗陆俭明　（2005）对外汉语教学与汉语本体研究的关系，《语言文字应用》第 1 期。

〖00085〗魏耕耘　（2005）对外汉语课堂教学交际化问题的探讨，《内蒙古师范大学学报》（教育科学版）第 7 期。

〖00086〗王春蕾 （2005）对新疆高校少数民族汉语教学的几点思考，《和田师范专科学校学报》第 2 期。

〖00087〗王希杰 钟玖英 （2005）二汉教学和汉语保卫战的对话，《柳州职业技术学院学报》第 2 期。

〖00088〗洪青皎 （2005）方兴未艾的对外汉语教学及汉语输出，《宁波教育学院学报》第 3 期。

〖00089〗海 珂 （2005）功能释义法在汉语教学中的意义和运用，《河南教育学院学报》（哲学社会科学版）第 5 期。

〖00090〗刘慧清 （2005）关于对外汉语教学语言的思考，《云南师范大学学报》（对外汉语教学与研究版）第 1 期。

〖00091〗陆俭明 （2005）汉语研究与对外汉语教学，《苏州市职业大学学报》第 4 期。

〖00092〗陆俭明 （2005）汉语走向世界的一些思考，《上海财经大学学报》第 1 期。

〖00093〗关英伟 （2005）回顾与展望——广西师范大学中文系十年对外汉语教学工作的总结和思考，《高教论坛》第 2 期。

〖00094〗黄 宏 （2005）加强国际汉语教学信息研究，为学科基础建设和汉语走向世界服务——《国际汉语教学动态与研究》出版座谈会综述，《国际汉语教学动态与研究》第 2 期。

〖00095〗张灵芝 （2005）建构主义下的对外汉语教学，《海外华文教育》第 2 期。

〖00096〗刘 慧、孙清忠、梁 静、许迎春、张雪芹 （2005）开拓华文教育新思路共谋华文教育大发展——第四届国际华文教育研讨会综述，《暨南大学华文学院学报》第 1 期。

〖00097〗陈乃芳　（2005）利用北外优势，推动对外汉语教学事业，《国际汉语教学动态与研究》第 2 辑。

〖00098〗王　丑　（2005）论建构主义理论在对外汉语教学中的启示，《语文学刊》第 23 期。

〖00099〗刘颂浩　（2005）论教学理念，《国际汉语教学动态与研究》第 4 辑。

〖00100〗肖　可　（2005）全球汉语热：中国软实力的提升，《中国社会导刊》第 14 期。

〖00101〗赵金铭　（2005）让我们的母语走向世界，《语言文字应用》第 3 期。

〖00102〗张向前　朱琦环　吕少蓬　（2005）世界华文教育发展趋势及影响研究，《云南师范大学学报》（对外汉语教学与研究版）第 4 期。

〖00103〗肖　可　（2005）透视全球汉语热，《中国社会导刊》第 14 期。

〖00104〗张西平　（2005）拓宽对外汉语教学学术视野，《国际汉语教学动态与研究》第 2 辑。

〖00105〗王　鹿　（2005）外语教学法流派对汉语作为第二语言教学的课堂教学启发，《和田师范专科学校学报》第 3 期。

〖00106〗刘　珣　（2005）为推动汉语成为世界"普遍教授语言"而努力，《国际汉语教学动态与研究》第 2 辑。

〖00107〗夏　青　（2005）我国外国留学生教育与对外汉语教学的现状，《浙江树人大学学报》第 4 期。

〖00108〗周　健　（2005）也谈"对外汉语"及学科名称问题——与潘文国教授商榷，《世界汉语教学》第 2 期。

〖00109〗[美]牟　岭　（2005）也谈"语感"，《国际汉语教学动态与研究》第 3 辑。

〖00110〗解澄宇　（2005）以孔子的名义——汉城孔子学院成立始末，《神州学人》第 9 期。

〖00111〗崔永华　（2005）以问题为导向的对外汉语教学学科建设刍议，《语言教学与研究》第 3 期。

〖00112〗周　莉　（2005）用语言的价值观指导第二语言的教与学，《齐齐哈尔师范高等专科学校学报》第 2 期。

〖00113〗严美华　（2005）走向世界的对外汉语教学，《神州学人》第 2 期。

〖00114〗李嘉郁　（2005）对华文教育中旅游教学的几点思考，《海外华文教育》第 1 期。

〖00115〗孙海丽　张慧君　（2005）论启发式在对外汉语教学中的运用，《中国科技信息》第 11 期。

〖00116〗曹贤文　（2005）内容教学法在对外汉语教学中的运用，《云南师范大学学报（对外汉语教学与研究版）第 1 期。

〖00117〗赵　璇　（2005）浅论朗读在对外汉语教学中的作用，《语文学刊》第 17 期。

〖00118〗刘　顺　（2005）现代汉语教学改革刍议，《现代语文》（语言研究版）第 11 期。

〖00119〗张映光　（2005）"对外汉语专业"发展探微，《江苏高教》第 5 期。

〖00120〗赵金铭　（2005）十五期间对外汉语学科建设研究，《对外汉语研究》，北京：商务印书馆。

〖00121〗叶姣蒂　（2005）试论布龙菲尔德对索绪尔语言学思想的继承和延伸，《对外汉语论丛》（第四期），上海：学林出版社。

〖00122〗杨剑宇　（2005）汉学和中国学涵义刍议，《对外

汉语论丛》（第四期），上海：学林出版
社。

2004 年

〖00123〗刘　珣　（2004）汉语教学大发展形势下学科建设
的断想，《国外汉语教学动态》第 6 期。

〖00124〗[美]吴伟克　王建琦　（2004）体验文化教学法若
干原则（上），《国外汉语教学动态》第
6 期。

〖00125〗[美]吴伟克　王建琦　（2004）体验文化教学法若
干原则（下），《国外汉语教学动态》第
7 期。

〖00126〗张　凯　（2004）测量是理论的组成部分——再谈
构想效度，《云南师范大学学报》（对外
汉语教学与研究版)第 5 期。

〖00127〗樊小玲　蔡立予　林界军　马小玲　（2004）第三
届全国语言文字应用研讨会综述，《修辞
学习》第 1 期。

〖00128〗陆丙甫　谢天蔚　（2004）对外汉语教学的经济原
则，《汉语学习》第 4 期。

〖00129〗郭颖雯　（2004）对外汉语教学发展刍议，《江西
行政学院学报》S1 期。

〖00130〗刘德联　李海燕　（2004）对外汉语教学评估偏差
分析及纠偏对策，《语言教学与研究》第
5 期。

〖00131〗孙　瑞　（2004）对外汉语教学如何实现语言交际
能力，《北京教育》（高教版）第 9 期。

〖00132〗程　棠　（2004）对外汉语教学学科发展说略，《汉
语学习》第 6 期。

〖00133〗夏明菊　（2004）对外汉语教学应强化实习实践环
节，《乌鲁木齐成人教育学院学报》第 3

期。

〖00134〗刁晏斌 （2004）对外汉语教学中值得注意的一个问题，《鞍山师范学院学报》第 3 期。

〖00135〗王 虹 （2004）对外汉语教学专业建设刍议，《海外华文教育》第 2 期。

〖00136〗郭 熙 （2004）对外汉语学说略，《汉语学习》第 3 期。

〖00137〗万谊娜 （2004）对外商务汉语与基础性对外汉语的教学比较，《云南师范大学学报》（对外汉语教学与研究版）第 6 期。

〖00138〗詹心丽 黄建军 （2004）发挥优势与特色，在不断创新中求发展，《海外华文教育》第 2 期。

〖00139〗仲 洁 （2004）关联理论与外语情景应酬语教学，《常州师范专科学校学报》第 4 期。

〖00140〗程书秋 （2004）关于理论语法与教学语法科学衔接的构想，《黑龙江高教研究》第 2 期。

〖00141〗翟 汛、程乐乐 （2004）国际汉语教学 2004 年学术研讨会综述，《武汉大学学报》（人文科学版）第 6 期。

〖00142〗肖 萍 （2004）汉语方言与普通话关系浅析，《南通工学院学报》（社会科学版）第 3 期。

〖00143〗陈汝东 （2004）简论以修辞为纲的对外汉语教学理念，《云南师范大学学报》（对外汉语教学与研究版）第 2 期。

〖00144〗卜觉非 （2004）理论性和应用性：理论语法与教学语法的分野，《扬州大学学报》（人文社会科学版）第 1 期。

〖00145〗潘文国 （2004）论"对外汉语"的科学性，《世界汉语教学》第 1 期。

〖00146〗郭 熙 （2004）论"华语"，《暨南大学华文学院学报》第 2 期。

〖00147〗金业文　（2004）论汉语言特点对语文学习的影响，《云南师范大学学报》（对外汉语教学与研究版）第 2 期。

〖00148〗郑定欧　（2004）论面向对外汉语教学的基础研究，《汉语学习》第 5 期。

〖00149〗丁安琪　（2004）论行动研究在对外汉语教学中的应用，《云南师范大学学报》（对外汉语教学与研究版）第 1 期。

〖00150〗贺　芸、庄成余　（2004）论英语全球化传播的原因及其影响，《云南师范大学学报》（对外汉语教学与研究版）第 6 期。

〖00151〗于逢春　（2004）论语言产业与对韩汉语教学观的现代化，《长春师范学院学报》第 9 期。

〖00152〗汪　宁　（2004）浅析对外汉语教学效果的影响因素及对策，《琼州大学学报》第 5 期。

〖00153〗王　宁　（2004）全球化语境下汉语疆界的模糊与文学史的重写，《甘肃社会科学》第 5 期。

〖00154〗比丽克孜·艾合买提　（2004）少数民族汉语教学与教育心理学的关系，《和田师范专科学校学报》第 4 期。

〖00155〗章　辉　（2004）审美在语言发展中的位置，《云南师范大学学报》（对外汉语教学与研究版）第 4 期。

〖00156〗何修文　张训涛　（2004）首届"中国大学预科教育研讨会"综述，《暨南大学华文学院学报》第 4 期。

〖00157〗宗世海　刘晓露　（2004）他山之石　可以攻玉——美国第 38 届 TESOL 年会综述，《暨南大学华文学院学报》第 4 期。

〖00158〗范　琳、张德禄　（2004）外语教育语言学理论建构的设想，《外语与外语教学》第 4 期。

〖00159〗王路江　曲德林　（2004）新时期对外汉语教学发展的战略思考，《中国高等教育》第 5 期。

〖00160〗何振科　（2004）以汉语为例谈第二语言教学活动的经济原则，《山东省青年管理干部学院学报》第 5 期。

〖00161〗王希杰　钟玖英　（2004）语言教学和对外汉语教学对话，《南京晓庄学院学报》第 3 期。

〖00162〗施　虹　（2004）语言学转向中的华东地区对外汉语教学研究概述，《浙江大学学报》（人文社会科学版）第 1 期。

〖00163〗张力军　（2004）语言运用功能域学术对话会综述，《修辞学习》第 6 期。

〖00164〗陆俭明　（2004）增强科学意识，发展对外汉语教学，《世界汉语教学》第 1 期。

〖00165〗卜海艳　（2004）论医学专业留学生的汉语教学，《河南中医学院学报》第 6 期。

〖00166〗张　红　（2004）论在商务汉语教学中实施"绩效管理"的必要性，《海外华文教育》第 3 期。

〖00167〗欧阳国泰　（2004）任务教学法课堂实验报告，《海外华文教育》第 4 期。

〖00168〗赵春利　（2004）试论对外汉语教学中"忆读"的方法与功能，《暨南大学华文学院学报》第 2 期。

〖00169〗姜美子　（2004）试论对外汉语教学中的语感培养，《延边教育学院学报》第 5 期。

〖00170〗张凤娟　（2004）晚清英语教学法及其在对外汉语教学中的借鉴，《云南师范大学学报》（对外汉语教学与研究版）第 3 期。

〖00171〗贺文丽　（2004）功能语篇分析在对外汉语教学中

的运用，《云南师范大学学报》（对外汉语教学与研究版）第 4 期。

〖00172〗史方阁　（2004）第二届语义功能语法讨论会在辽宁省鞍山市召开，《语言研究》第 1 期。

〖00173〗肖　莉　（2004）修辞在对外汉语教学中的地位与作用，《修辞学习》第 5 期。

〖00174〗张　红　（2004）用服务提升对外汉语教育机构的竞争力，《辽宁教育研究》第 8 期。

〖00175〗段银萍　（2004）日本人言语行为特征及其对学习汉语的影响分析，《第七届国际汉语教学讨论会论文选》，北京：北京大学出版社。

2003 年

〖00176〗朱志平　（2003）"应用哪些"与"怎样应用"——谈对外汉语教学对相关理论的应用，《海外华文教育》第 3 期。

〖00177〗王路江　（2003）从对外汉语教学到国际汉语教学——全球化时代的汉语传播趋势，《世界汉语教学》第 3 期。

〖00178〗何干俊　（2003）从武汉留学生的情况看我国的对外汉语教学，《内蒙古师范大学学报》（教育科学版）第 2 期。

〖00179〗张艳萍　（2003）对外汉语教学目的新论，《云南师范大学学报》（对外汉语教学与研究版）第 3 期。

〖00180〗孙德金　（2003）对外汉语教学语言研究刍议，《语言文字应用》第 3 期。

〖00181〗王路江　（2003）对外汉语学科建设新议，《语言教学与研究》第 2 期。

〖00182〗杨丽姣、李　敏　（2003）二十一世纪对外汉语教学：机遇与挑战，《未来与发展》第 3 期。

〖00183〗顾　颖、李建国　（2003）法国留学生的汉语教学研究，《云南师范大学学报》（对外汉语教学与研究版）第5期。

〖00184〗尉万传　张鲁昌　（2003）非语言交际手段在对外汉语教学中的运用，《云南师范大学学报》（对外汉语教学与研究版）第5期。

〖00185〗马庆株　（2003）关于对外汉语教学的若干建议，《世界汉语教学》第3期。

〖00186〗孟　国　（2003）关于实况汉语教学的几个问题，《语言教学与研究》第4期。

〖00187〗李如龙　（2003）关于语言教育的改革，《云南师范大学学报》（对外汉语教学与研究版）第1期。

〖00188〗吕必松　（2003）汉语教学路子研究刍议，《暨南大学华文学院学报》第1期。

〖00189〗谭一红　（2003）加强对外汉语教学之我见，《昆明理工大学学报》（社会科学版）第2期。

〖00190〗谭一红　（2003）加强对外汉语教育——中国和世界的需要，《云南师范大学学报》（对外汉语教学与研究版）第1期。

〖00191〗张和生　李凤林　（2003）加强汉语言专业学历教育 推进对外汉语教学学科发展，《北京师范大学学报》（社会科学版）第6期。

〖00192〗曹贤文　高荣国　（2003）建构主义学习理论与对外汉语教学，《云南师范大学学报》（对外汉语教学与研究版）第2期。

〖00193〗李柏令　（2003）建构主义学习理论与对外汉语教学，《云南师范大学学报》（对外汉语教学与研究版）第4期。

〖00194〗匡　锦　（2003）论对外成人汉语教学中的两个障碍，《云南师范大学学报》（对外汉语教学与研究版）第 5 期。

〖00195〗王育杰　（2003）论对外汉语教学中的主体认识图
式建构，《首都师范大学学报》（社会科
学版）第 2 期。

〖00196〗丁启阵　（2003）论汉语方言与对外汉语教学的关
系，《语言教学与研究》第 6 期。

〖00197〗殷　军　（2003）浅谈新疆预科汉语教学现状，《新
疆教育学院学报》第 1 期。

〖00198〗叶　南　（2003）让世界认识西部了解西部——西
部民族院校对外汉语教学设想，《西南民
族大学学报》（人文社科版）第 10 期。

〖00199〗严美华　（2003）世界汉语教学的新形势与新举措，
《世界汉语教学》第 3 期。

〖00200〗余淘自、吴　玲　（2003）谈谈全球出现的汉语热，
《南昌高专学报》第 2 期。

〖00201〗王若江　（2003）特殊目的汉语教学实践引发的思
考，《语言教学与研究》第 1 期。

〖00202〗董　新　（2003）提高留学生汉语语言能力的几点
思考，《宁波大学学报》（教育科学版）
第 4 期。

〖00203〗刘　珣　（2003）有关对外汉语教学学科理论建设
的两点感想，《海外华文教育》第 1 期。

〖00204〗郭新洁　（2003）语料库语言学与对外汉语教学，
《山东省农业管理干部学院学报》第 1 期。

〖00205〗胡有清　（2003）主持人语：理论研究是对外汉语
教学学科发展的关键，《南京大学学报》
（哲学·人文科学·社会科学版）第 3 期。

〖00206〗杨　军　（2003）略论语文教育方法的转变，《云
南师范大学学报》（对外汉语教学与研究
版）第 1 期。

〖00207〗李世之　（2003）论经济全球化中的对外汉语教学

组织策略，《海外华文教育》第 4 期。

〖00208〗陈子骄　（2003）身势语言与对外汉语教学，《牡丹江师范学院学报》（哲学社会科学版）第 6 期。

〖00209〗王　茜　（2003）试论方言对对外汉语教学的影响及对策，《牡丹江教育学院学报》第 1 期。

〖00210〗杨　述、龙　翔　（2003）言语心态、方式与对外汉语教学，《云南师范大学学报》（对外汉语教学与研究版）第 3 期。

〖00211〗冯志伟　（2003）应用语言学的三大支柱，《暨南大学华文学院学报》第 1 期。

〖00212〗严美华　（2003）汉语：迎来世界的注目礼，《神州学人》第 3 期。

〖00213〗柳燕梅、江　新　（2003）欧美学生汉字学习方法的实验研究——回忆默写法与重复抄写法的比较，《世界汉语教学》第 1 期。

〖00214〗周　健　（2003）谈普通话教学的五项原则，《集思广益（三辑）》，香港：香港教育统筹局。

〖00215〗李　泉　（2003）对外汉语教学理论和实践的若干问题，《对外汉语研究的跨学科探索》，北京：北京语言文化大学出版社。

〖00216〗方小燕　（2003）对外粤语语法教学要贯彻交际性原则，《对外汉语教学研究》，广州：中山大学出版社。

〖00217〗刘月华　（2003）谈对外汉语教学语法，《对外汉语语法探索——首届国际对外汉语教学语法研讨会论文集》，北京：中国社会科学出版社。

2002 年

〖00218〗董　明、吕嵛辉　（2002）"两种信号系统"学说与对外汉语教学，《北京师范大学学报》（人文社会科学版）第 6 期。

〖00219〗王志刚　（2002）"弱势""强势"互倚：对外汉语教学发展策略构想，《高等工程教育研究》第 1 期。

〖00220〗张凤娟　（2002）别琴英语和中国英语对我国语言教学的启迪，《山东外语教学》第 6 期。

〖00221〗王世友　（2002）藏族中小学汉语教学的现状、性质和对策，《课程教材教法》第 11 期。

〖00222〗刘亚飞　（2002）对少数民族汉语教学进一步规范化的思考，《语言与翻译》第 3 期。

〖00223〗赵春利　杨才英　（2002）对外汉语教学初级阶段语感培养的原则，《语言教学与研究》第 1 期。

〖00224〗李　泉　（2002）对外汉语教学的学科理论基础，《海外华文教育》第 1 期。

〖00225〗李　泉　（2002）对外汉语教学的学科理论体系，《海外华文教育》第 2 期。

〖00226〗李　泉　（2002）对外汉语教学的学科基本理论（上），《海外华文教育》第 3 期。

〖00227〗李　泉　（2002）对外汉语教学的学科基本理论（下），《海外华文教育》第 4 期。

〖00228〗毛世祯　（2002）对外汉语教学的应用性，《海外华文教育》第 2 期。

〖00229〗吕俞辉　（2002）对外汉语教学的语用观，《上海大学学报》（社会科学版）第 2 期。

〖00230〗李祥瑞　（2002）对新疆汉语教学的几点思考，《语言与翻译》第 1 期。

〖00231〗宗世海　（2002）含意理论在对外汉语教学中的运

用，《语言教学与研究》第 3 期。

〖00232〗刁晏斌 （2002）汉语的当代变迁与对外汉语教学，《辽宁师范大学学报》（社会科学版）第 1 期。

〖00233〗张笑难 （2002）教学行动研究在对外汉语课堂小组讨论中的应用，《北京第二外国语学院学报》第 3 期。

〖00234〗马燕华 （2002）论初级汉语水平欧美留学生汉字复现规律，《汉语学习》第 1 期。

〖00235〗连志丹 唐微文 （2002）论华文教育的特征构成，《海外华文教育》第 4 期。

〖00236〗张晓涛 （2002）论实施汉语速成教学的对策，《黑龙江高教研究》第 3 期。

〖00237〗曾毅平 （2002）明确方向，抓住机遇，切实推进应用语言学学科内涵建设——应用语言学学科建设研讨专家意见纪要，《暨南大学华文学院学报》第 1 期。

〖00238〗艾买提 （2002）浅谈我省留学生汉语教学与管理，《兰州学刊》第 1 期。

〖00239〗张德鑫 （2002）润物细无声——论对外汉语教学与汉学，《语言文字应用》第 1 期。

〖00240〗伊莉曼·艾孜买提 （2002）少数民族学生汉语交际能力培养刍议，《语言与翻译》第 3 期。

〖00241〗金立鑫 （2002）试论对外汉语教学学科的科学属性及其内部结构，《暨南大学华文学院学报》第 1 期。

〖00242〗李大遂 （2002）惟精惟一 志在高远——为我国对外汉语教学事业发展献芹，《北京大学学报》（哲学社会科学版）第 4 期。

〖00243〗余 晓、方 明 （2002）新时期海外华文教育发展问题的几点思考，《海外华文教育》第

3 期。

〖00244〗张其昀　李宇红　（2002）新世纪语言学辉煌的起点——中国语言学会第十一届学术年会综述，《扬州大学学报》（人文社会科学版）第 1 期。

〖00245〗刘　权、董英华　（2002）信息革命开辟华文教育新空间，《暨南大学华文学院学报》第 2 期。

〖00246〗张　黎　（2002）言语策略与语言教学——中高级汉语教学向语用扩展，《语言文字应用》第 2 期。

〖00247〗董　琨　（2002）语言学：世纪之交的回顾与展望，《湖北大学学报》（哲学社会科学版）第 3 期。

〖00248〗何一薇　（2002）成语教学策略刍议，《海外华文教育》第 4 期。

〖00249〗于根元　（2002）关于应用语言学的学科建设，《暨南大学华文学院学报》第 3 期。

〖00250〗陈汝东　（2002）应用语言学及其学科建设论略，《暨南大学华文学院学报》第 4 期。

〖00251〗沈　炯　（2002）应用语言学开阔的视野，《暨南大学华文学院学报》第 3 期。

〖00252〗周　健　（2002）应用语言学应重视应用研究，《暨南大学华文学院学报》第 4 期。

〖00253〗邵　菁　（2002）再论认知功能教学法，《新世纪新视野——华东地区对外汉语教学研究论文集》，太原：山西人民出版社。

〖00254〗刘　弘　（2002）语境假设和对外汉语教学，《对外汉语教研论丛》（第二辑），上海：华东师范大学出版社。

2001 年

〖00255〗石慧敏　（2001）"旅游汉语"教学——对外汉语教学的一个重要课题，《暨南大学华文学院学报》第 4 期。

〖00256〗刘玉生　（2001）促进新疆高校汉语教学的思考，《语言与翻译》第 1 期。

〖00257〗罗红霞　（2001）对简化法律语言可行性的探讨，《暨南大学华文学院学报》第 4 期。

〖00258〗朱志平　（2001）对理论的应用与互动——论汉语第二语言教学的研究，《语言文字应用》第 4 期。

〖00259〗张继矿　（2001）对外汉语教学的几个问题，《内江师范学院学报》第 5 期。

〖00260〗金志刚　（2001）对外汉语教学法述评——兼谈第二语言教学的交际性原则，《辽宁师范大学学报》（社会科学版）第 3 期。

〖00261〗孙汉萍　（2001）对外汉语教学几个问题的思考探索，《湖南教育学院学报》第 5 期。

〖00262〗沈　荭　（2001）对外汉语教学现状及对策研究，《重庆大学学报》（社会科学版）第 3 期。

〖00263〗王　恺　（2001）对外汉语教学学科定位刍议，《中国高教研究》第 8 期。

〖00264〗李世之　（2001）对外汉语教育的本质与功能，《语言教学与研究》第 6 期。

〖00265〗李华珍　（2001）对外汉语课堂教学策略探微，《合肥联合大学学报》第 4 期。

〖00266〗赵金铭　（2001）对外汉语研究的基本框架，《世界汉语教学》第 3 期。

〖00267〗蔡　丽　（2001）发挥整体优势,积极主动开展海外华文教育工作——国务院侨办华文教育基地工作座谈会纪要，《暨南大学华文学院学报》第 2 期。

〖00268〗秦　燕　（2001）反馈对语言教学的影响，《语言与翻译》第 3 期。

〖00269〗李逸安　（2001）关于对外汉语教学的思考，《清华大学学报》（哲学社会科学版）第 3 期。

〖00270〗钱文华　（2001）关于对外汉语教学改革的几点体会，《开封大学学报》第 3 期。

〖00271〗陈　绂　（2001）汉语言专业的本科教学必须把语言本体课列为必修课——对汉语言专业课程设置的一点看法，《语言文字应用》第 2 期。

〖00272〗钟吉娅　（2001）洪堡特的词类划分理论及其意义，《语文学刊》第 5 期。

〖00273〗李予军　（2001）交际法研究在中国：问题与思考，《外语界》第 2 期。

〖00274〗蔡　丽　（2001）利用地缘优势，推动周边国家汉语教学的发展——国家汉办"支持周边国家汉语教学工作座谈会"纪要，《暨南大学华文学院学报》第 2 期。

〖00275〗于逢春　（2001）论对韩汉语教学目标常量和变量的分析与把握，《长春大学学报》第 3 期。

〖00276〗谭汝为　（2001）民俗语言研究对汉语教学的作用，《天津外国语学院学报》第 4 期。

〖00277〗谭汝为　（2001）民俗语言与对外汉语教学，《语言教学与研究》第 5 期。

〖00278〗窦曼玲　（2001）情景法在汉语教学中的运用，《语言与翻译》第 3 期。

〖00279〗曲卫固　陈流芳　（2001）上海话间接感谢言语行为研究，《暨南大学华文学院学报》第 3 期。

〖00280〗于克凌　（2001）试论对外汉语教学过程中的主客

体关系，《人文杂志》第 5 期。

〖00281〗刘兰民　（2001）试论汉语造词理据在对外汉语教学中的应用，《山东省青年管理干部学院学报》第 5 期。

〖00282〗李绍林　（2001）谈泛化、分化及其有关的练习样式，《汉语学习》第 6 期。

〖00283〗张淑贤　（2001）谈图像在跨母文化的语言教学中的特殊作用，《汉语学习》第 2 期。

〖00284〗吕必松　（2001）我对汉语特点的几点初步认识，《海外华文教育》第 1 期。

〖00285〗周殿生、满　泽　（2001）新疆对外语言教学的现状与对策，《语言与翻译》第 4 期。

〖00286〗张小慰　（2001）也谈语言的"专化作用"，《太原大学学报》第 2 期。

〖00287〗罗　丽　（2001）语体意识与对外汉语教学，《中国高教研究》第 9 期。

〖00288〗戴　薇、董　岭　（2001）语言学与文学的互动关系，《暨南大学华文学院学报》第 4 期。

〖00289〗吕良环　（2001）语言与内容相融合：国外外语教学改革趋势，《全球教育展望》第 8 期。

〖00290〗张艳萍　（2001）云南对外汉语教学原则初探，《云南社会科学》S1 期。

〖00291〗李世之　（2001）从教学论的角度审视对外汉语教学的教学目的，《海外华文教育》第 2 期。

〖00292〗杨德峰　（2001）试论修辞教学在对外汉语教学中的地位，《修辞学习》第 6 期。

〖00293〗金立鑫、邵　菁　（2001）试论认知功能教学法，《语言教育问题研究论文集》，北京：华语教学出版社。

〖00294〗李　泉　（2001）试论对外汉语教学的教学原则，《中国对外汉语教学学会北京分会第二

届学术年会论文集》，北京：北京语言文
化大学出版社。

〖00295〗张　凯　（2001）标准参照理论的历史背景回顾，
《中国对外汉语教学学会北京分会第二
届学术年会论文集》，北京：北京语言文
化大学出版社。

2000 年

〖00296〗刘晓雨　（2000）"提问"在对外汉语课堂教学中
的运用，《世界汉语教学》第 1 期。

〖00297〗鲁健骥　（2000）"对外汉语"之说不科学，《语
言文字应用》第 4 期。

〖00298〗刘颂浩　（2000）"对以英语为母语者的汉语教学
讨论会"述评，《北京大学学报》（哲学
社会科学版）第 6 期。

〖00299〗赵金铭　（2000）"九五"期间的对外汉语教学研
究，《世界汉语教学》第 3 期。

〖00300〗王丹红　（2000）把语、文、道整合于教学中，《海
外华文教育》第 3 期。

〖00301〗李　江　（2000）从索绪尔的言语观看第二语言教
学，《北京第二外国语学院学报》第 4 期。

〖00302〗陈荣岚　（2000）对华语教学中"语、文、道"的
再认识，《海外华文教育》第 3 期。

〖00303〗王景萍　（2000）对外汉语教学（华文教学）中语、
文、道三者关系与教学，《海外华文教育》
第 3 期。

〖00304〗张德鑫　（2000）对外汉语教学五十年——世纪之
交的回眸与思考，《语言文字应用》第 1
期。

〖00305〗张　凯　（2000）对外汉语教学学科的基本问题和
基本方法，《世界汉语教学》第 3 期。

〖00306〗涂文晖　（2000）非智力因素在对外汉语教学中的应用初探，《华侨大学学报》（哲学社会科学版）第 3 期。

〖00307〗唐微文　（2000）关于建议华文教育理论体系的思考，《海外华文教育》第 1 期。

〖00308〗张明林　尹德翔　（2000）汉语的欧化——历史与现状，《宁波大学学报》（人文科学版）》第 1 期。

〖00309〗[韩]韩容洙　（2000）汉语教学研究，韩国东岳语文学会，《东岳语文论集》（36 集）。

〖00310〗禾　丰　（2000）机遇与挑战并存——中国对外汉语教学工作回顾与展望，《神州学人》第 2 期。

〖00311〗黄国文　（2000）交际能力与交际语言教学，《基础教育外语教学研究》第 1 期。

〖00312〗Jane Orton　（2000）节奏教学：语言教学成功的一个关键环节，《国外外语教学》第 4 期。

〖00313〗刘　珣　（2000）近 20 年来对外汉语教育学科的理论建设，《世界汉语教学》第 1 期。

〖00314〗陆俭明　（2000）跨入新世纪后我国汉语应用研究的三个主要方面，《中国语文》第 6 期。

〖00315〗李晓亮　（2000）逻辑推理在对外汉语教学中的应用，《语言教学与研究》第 1 期。

〖00316〗刘　珣　（2000）迈向 21 世纪的汉语作为第二语言教学，《语言教学与研究》第 1 期。

〖00317〗李建国　边兴昌　（2000）普通话——方言的互动变异与对外汉语教学，《华侨大学学报》（哲学社会科学版）第 2 期。

〖00318〗詹心丽　（2000）全球经济和科技一体化趋势与来华留学生教育展望，《海外华文教育》第 1 期。

〖00319〗[美]姚道中 （2000）试论多元智慧与汉语教学，《世界汉语教学》第 2 期。

〖00320〗朱越峰 （2000）谈外来语的汉化和国际化，《杭州师范学院学报》第 1 期。

〖00321〗秦秀白 （2000）体裁教学法述评，《外语教学与研究》第 1 期。

〖00322〗卢福波 （2000）针对汉语特性，确立对外汉语教学策略，《华文教学与研究》第 3 期。

〖00323〗朱志平 （2000）作为应用语言学分支的对外汉语教学，《北京师范大学学报》（社会科学版）第 6 期。

〖00324〗陶 炼 （2000）"结构——功能——文化"相结合教学法试说，《语言教学与研究》第 4 期。

〖00325〗杨美美 （2000）从语文教学向语言教学的转变，《海外华文教育》第 3 期。

〖00326〗商 拓 （2000）导演·主角·配角——对外汉语教学的一种有益尝试，《西南交通大学学报》（社会科学版）第 2 期。

〖00327〗陆俭明 （2000）对外汉语教学是汉语本体研究的试金石，《对外汉语教学回眸与思考》，北京：外语教学与研究出版社。

〖00328〗李大遂 （2000）关于对外汉字教学如何走出困境的思考，《北大海外教育· 第三辑》，北京：华语教学出版社。

〖00329〗陆俭明 （2000）关于开展对外汉语教学基础研究之管见，《第六届国际汉语教学讨论会论文选》，北京：北京大学出版社。

〖00330〗谭傲霜 （2000）语言学理论与 21 世纪的汉语教学，《第六届国际汉语教学讨论会论文选》，北京：北京大学出版社。

〖00331〗仲哲明　（2000）现代教育技术与对外汉语教学的改革，《第六届国际汉语教学讨论会论文选》，北京：北京大学出版社。

〖00332〗刘　珣　（2000）迈向 21 世纪的汉语作为第二语言的教学，《第六届国际汉语教学讨论会论文选》，北京：北京大学出版社。

〖00333〗孙　琳　（2000）论"语言是一种生活方式"——兼谈其在对外汉语教学中的作用，《第六届国际汉语教学讨论会论文选》，北京：北京大学出版社。

〖00334〗陈昌娟　（2000）对外汉语教育美德教育探讨，《第六届国际汉语教学讨论会论文选》，北京：北京大学出版社。

〖00335〗高立希　（2000）汉语教学中的翻译练习作用何在?，《第六届国际汉语教学讨论会论文选》，北京：北京大学出版社。

〖00336〗姚道中　（2000）试论多元智慧与汉语教学，《第六届国际汉语教学讨论会论文选》，北京：北京大学出版社。

〖00337〗张德鑫　（2000）对外汉语教学 50 年，《第六届国际汉语教学讨论会论文选》，北京：北京大学出版社。

1999 年

〖00338〗吕必松　（1999）对外汉语教学学科理论建设的现状和面临的问题，《语言文字应用》第 4 期。

〖00339〗吕俞辉　（1999）"合作准则"的违反与"会话含意"的产生——对外汉语教学中的"会话含意"分析，《北京师范大学学报》（人文社会科学版）第 6 期。

〚00340〛黄玉花　金花子　（1999）朝鲜族学生个体双语现象分析及汉语教学，《中国民族教育》第2期。

〚00341〛伍　巍　（1999）对穗港澳地区普通话教学的思考，《语文建设》第6期。

〚00342〛叶景林　张东旭　（1999）对外汉语的情感教学，《辽宁工学院学报》（社会科学版）第1期。

〚00343〛鲍丽娟　（1999）对外汉语教学主体的思维定势，《长春大学学报》第5期。

〚00344〛李宝贵　（1999）对外汉语课堂教学论略，《辽宁师范大学学报》（社会科学版）第2期。

〚00345〛程　棠　（1999）关于对外汉语教学目的的理论探索，《世界汉语教学》第3期。

〚00346〛李吉子　（1999）关于对外汉语教学如何提高学生话语能力的思考，《东疆学刊》第4期。

〚00347〛宋赴前　（1999）汉语交际能力与汉语教学，《语言与翻译》第3期。

〚00348〛[韩]韩容洙　（1999）汉语教学的回顾和展望，《第五届中国语文学会学术发表资料集》。

〚00349〛王　晨　（1999）略谈我校外籍留学生的汉语教学，《广西医科大学学报》S2期。

〚00350〛娄兆麟　（1999）论成人外语教学有关问题，《郑州牧业工程高等专科学校学报》第4期。

〚00351〛李　青　（1999）浅谈对比教学法在对外汉语教学中的积极作用，《玉溪师范高等专科学校学报》第4期。

〚00352〛周晓华　（1999）实用性·科学性·系统性——现代汉语教学改革的初步构想，《乌鲁木齐成人教育学院学报》第1期。

〚00353〛胡　军　（1999）试论对外汉语教学的发展，《北京青年政治学院学报》第 1 期。

〖00354〗彭利贞 （1999）试论对外汉语教学语言，《北京大学学报》（哲学社会科学版）第 6 期。

〖00355〗李美子 （1999）谈对外汉语教学中的几个问题，《石油大学学报》（社会科学版）第 3 期。

〖00356〗张高翔 （1999）谈谈对初中级对外汉语教学的几点体会，《云南教育高教版》第 4 期。

〖00357〗哈力克·尼亚孜 （1999）新疆少数民族中小学的汉语教学，《语言文字应用》第 1 期。

〖00358〗刘 珣 （1999）也论对外汉语教学的学科体系及其科学定位，《语言教学与研究》第 1 期。

〖00359〗贾寅淮 （1999）用汉语架设友谊的桥梁，《对外大传播》第 6 期。

〖00360〗崔新丹 （1999）语境与第二语言教学，《语言与翻译》第 4 期。

〖00361〗卢 伟 （1999）语料库在对外汉语教学中的应用，《厦门大学学报》（哲学社会科学版）第 4 期。

〖00362〗邢福义 （1999）语言学系建立与发展的三点认识，《华中师范大学学报》（人文社会科学版）第 3 期。

〖00363〗于逢春、王晓坤、沈 玲 （1999）中高级汉语言语技能训练与交际能力培养阐微，《长春大学学报》第 1 期。

〖00364〗姜丽萍 （1999）扩展式教学法初探，《语言教学与研究》第 1 期。

〖00365〗杨惠元 （1999）论速成教学的四个基本要素，《语言教学与研究》第 2 期。

〖00366〗王新建 赵素珍 刘香敏 （1999）重视词汇教学提高教学质量，《新疆职业大学学报》第 2 期。

〖00367〗张文忠　（1999）第二语言口语流利性发展的理论
　　　　　　　　模式，《现代外语》第 2 期。

〖00368〗李　扬　（1999）语言教学中的限定与自由，《对
　　　　　　　　外汉语本科教育研究》，北京：北京语言
　　　　　　　　文化大学出版社。

〖00369〗陈贤纯　（1999）我们能把汉语教得更好——对外
　　　　　　　　汉语教学中级阶段总体设计改革构想，
　　　　　　　　《语言文化教学研究集刊》第三辑，北京：
　　　　　　　　华语教学出版社，北京华语出版文化公
　　　　　　　　司。

〖00370〗李　扬　（1999）对外汉语本科教育二十年，《中
　　　　　　　　国对外汉语教学学会第六次学术讨论会
　　　　　　　　文选》，北京：华语教学出版社。

〖00371〗王　珊　（1999）关于对外汉语课外延伸教学的思
　　　　　　　　考，《中国对外汉语教学学会第六次学术
　　　　　　　　讨论会论文选》，北京：华语教学出版社。

1998 年

〖00372〗敖登高娃　（1998）"对外汉语教学"的若干做法
　　　　　　　　对少数民族汉语文教学的启示，《内蒙古
　　　　　　　　师大学报》（哲学社会科学版）第 4 期。

〖00373〗余维钦　（1998）"愉快教学"：对外汉语教学的
　　　　　　　　一种新思路，《四川教育学院学报》第 3
　　　　　　　　期。

〖00374〗陈光磊　（1998）21 世纪的对外汉语教学，《语言
　　　　　　　　文字应用》第 1 期。

〖00375〗李素贤　（1998）暗示教学法与汉语教学，《世界
　　　　　　　　汉语教学》第 2 期。

〖00376〗张德鑫　（1998）从两个《课题指南》看对外汉语
　　　　　　　　教学的学科发展，《语言文字应用》第 4
　　　　　　　　期。

〖00377〗时　健　（1998）对外汉语教师课堂体态语言浅论，《临沂师范学院学报》第 5 期。

〖00378〗姜国钧　李滟波　（1998）对外汉语教学的几个原则，《有色金属高教研究》第 1 期。

〖00379〗钱　炜　（1998）对外汉语教学科研小议，《北京第二外国语学院学报》第 2 期。

〖00380〗常殿元　（1998）对外汉语教学事业方兴未艾，《北京第二外国语学院学报》第 2 期。

〖00381〗孟长勇　（1998）对外汉语教学研究应加强调查统计和数据分析，《延安大学学报》（哲学社会科学版）第 4 期。

〖00382〗徐甲申　（1998）对外汉语教学与其他语言教学的异同，《语言文字应用》第 4 期。

〖00383〗饶　勤　（1998）对外汉语教学语言特点及量化分析，《外语与外语教学》第 2 期。

〖00384〗郭振华　（1998）对外汉语教学中的几个问题，《语言文字应用》第 4 期。

〖00385〗朱务诚　（1998）对外汉语教学中值得研究的一个问题，《国外外语教学》第 2 期。

〖00386〗奚其智　（1998）对我校对外汉语教学工作的总结与思考，《北京广播电视大学学报》第 1 期。

〖00387〗成燕燕　（1998）发挥优势找准角度深入开展学科理论研究——第二语言汉语教学理论与方法研讨会总结，《民族教育研究》第 1 期。

〖00388〗崔永华　（1998）关于对外汉语教学学科的方法论问题，《语言教学与研究》第 2 期。

〖00389〗吴勇毅　（1998）关于研究成果的借鉴与吸收，《世界汉语教学》第 2 期。

〖00390〗孙　晖、张筱平　（1998）规范和发展对外汉语学历教育的三点构想，《语言教学与研究》第 4 期。

〖00391〗王德明　陈锦辉　（1998）汉语言的艺术化教育，《云南师范大学学报》（哲学社会科学版）第 1 期。

〖00392〗周思源　（1998）建立一个比较开放的对外汉语教学观，《语言教学与研究》第 4 期。

〖00393〗胡明扬　（1998）理论研究和应用研究，《语言文字应用》第 3 期。

〖00394〗汪榕培　（1998）面向 21 世纪的对外汉语教学，《外语与外语教学》第 12 期。

〖00395〗陈昌娟　钟英华　（1998）面向 21 世纪中高级汉语进修生培养目标和培养规格的定位与教学思路的思考，《语言文字应用》第 3 期。

〖00396〗代俊秋　（1998）浅谈对外汉语教学中的几个问题，《辽宁教育研究》第 2 期。

〖00397〗洪　芸　（1998）浅谈对外汉语教学中遇到的语言差异问题，《北京第二外国语学院学报》第 6 期。

〖00398〗彭小川　（1998）试论华文教学的深入浅出问题，《暨南学报》（哲学社会科学版）第 4 期。

〖00399〗鲁健骥　（1998）谈对外汉语教学历史的研究，《语言文字应用》第 4 期。

〖00400〗李恕仁　（1998）体态语与对外汉语教学，《云南民族学院学报》（哲学社会科学版）第 2 期。

〖00401〗弓　玲　（1998）我国对外汉语教学体制发展态势，《云南师范大学学报》（哲学社会科学版）第 4 期。

〖00402〗赵　旭　（1998）我院对外汉语教学的发展及前景，

《北京第二外国语学院学报》第 2 期。

〖00403〗刘　珣　（1998）语言教育学是一门重要的独立学科，《世界汉语教学》第 2 期。

〖00404〗张玉华　（1998）语言教育学与语言学，《世界汉语教学》第 3 期。

〖00405〗林去病　（1998）美国华社中文教育两个系统的现状及发展前景，《海外华文教育》第 2 期。

〖00406〗林国安　（1998）语文教学与学生素质培养：对中学华文教学中实施素质教育的思考，《课程教材教法》第 1 期。

〖00407〗斯　琴　（1998）第二语言(汉语)教学任重道远——中央民族大学第二语言(汉语)教学理论与方法研讨会侧记，《民族教育研究》第 1 期。

〖00408〗成燕燕　（1998）发挥优势找准角度深入开展学科理论研究——第二语言(汉语)教学理论与方法研讨会总结，《民族教育研究》第 1 期。

〖00409〗赵方禹　（1998）将中国民歌引入对外汉语教学，《北京第二外国语学院学报》第 2 期。

〖00410〗凌德祥　（1998）现代汉语面称系统的不对称性与对外汉语教学，《南京大学学报》（哲学·人文科学·社会科学版）第 1 期。

〖00411〗吕必松　（1998）二十世纪的对外汉语教学，《二十世纪的中国语言学》，北京：北京大学出版社。

〖00412〗周清海　（1998）华文教学的现实与理想，《香港中国语文教学论文集——从预科到大专》，香港：香港中文大学中国语言及文学系。

〖00413〗郑继娥　（1998）汉字的理据性与汉字教学，《华

东师范大学学报》（哲学社会科学版）第
6 期。

〖00414〗刘　珣　（1998）论对外汉语教学研究方法，《对
外汉语教学探讨集北京地区第一届对外
汉语教学讨论会论文选》，北京：北京大
学出版社。

〖00415〗刘德联　（1998）必要的提示——语言教学的一种
手段，《对外汉语教学探讨集北京地区第
一届对外汉语教学讨论会论文选》，北京：
北京大学出版社。

〖00416〗施春宏　（1998）语义叠架和汉语的分析性，《对
外汉语教学探讨集北京地区第一届对外
汉语教学讨论会论文选》，北京：北京大
学出版社。

1997 年

〖00417〗张国范　齐玉华　（1997）传播中华文化的窗口
——为日本留学生讲授汉语课的点滴感
受，《北华大学学报》（社会科学版）第
6 期。

〖00418〗李　泉　（1997）第二语言教学中的功能及相关问
题，《中国人民大学学报》第 6 期。

〖00419〗方晓华　（1997）对少数民族汉语教学与对外汉语
教学的比较，《语言教学与研究》第 4 期。

〖00420〗张晓慧　（1997）对外汉语教学的复述训练，《世
界汉语教学》第 4 期。

〖00421〗吕必松　（1997）对外汉语教学概论（讲义）（续
十七），《世界汉语教学》第 1 期。

〖00422〗崔永华　（1997）对外汉语教学学科概说，《中国
文化研究》第 1 期。

〖00423〗周思源　（1997）对外汉语教学研究的方法论思考，

《语言教学与研究》第 2 期。

〖00424〗方晓华 （1997）对外汉语教学与对少数民族汉语教学，《新疆师范大学学报》（哲学社会科学版）第 1 期。

〖00425〗崔永华 （1997）关于汉语言(对外)专业的培养目标，《语言教学与研究》第 4 期。

〖00426〗林晓红 （1997）汉语的对外教学探讨，《广东教育学院学报》第 4 期。

〖00427〗许嘉璐 （1997）汉语规范化和对外汉语教学，《语言文字应用》第 1 期。

〖00428〗彭志平 万志敏 （1997）集合概念在对外汉语教学中的应用，《语言教学与研究》第 4 期。

〖00429〗熊 文 （1997）论第二语言教学中的简化原则，《世界汉语教学》第 3 期。

〖00430〗刘 珣 （1997）试论汉语作为第二语言教学的基本原则——兼论海内外汉语教学的学科建设，《世界汉语教学》第 1 期。

〖00431〗罗庆铭 （1997）谈对华裔儿童的华语教学，《世界汉语教学》第 3 期。

〖00432〗怡 冰 （1997）谈汉语教学中的"语言"教学和"言语"教学，《语言与翻译》第 1 期。

〖00433〗张 昀 （1997）新疆高校对外汉语教学管见，《语言与翻译》第 4 期。

〖00434〗祖人植 （1997）学科理论的拓展与建树——第五届国际汉语教学讨论会论文读后，《世界汉语教学》第 1 期。

〖00435〗娄秀荣 （1997）语境与对外汉语教学，《沈阳师范学院学报》（社会科学版）第 3 期。

〖00436〗戴宝玉 （1997）语言的第二次信息与复合助动词ノダ及相关研究，《日语学习与研究》第 3 期。

〖00437〗郜云雁　（1997）全球"汉语热"与中国对外汉语教学，《中国人才》第 8 期。

〖00438〗龙青然　（1997）对外汉语语法教学的重点和难点，《对外汉语教学的理论与实践》，延吉：延边大学出版社。

〖00439〗佟乐泉　（1997）对外汉语教学中的几个语言学习问题，《第五届国际汉语教学讨论会论文选》，北京：北京大学出版社。

〖00440〗郑定欧　（1997）对外汉语教学之类型研究，《第五届国际汉语教学讨论会论文选》，北京：北京大学出版社。

〖00441〗赵金铭　（1997）对外汉语教学研究的现状与前瞻——为世界汉语教学学会成立十周年而作，《第五届国际汉语教学讨论会论文选》，北京：北京大学出版社。

〖00442〗卢绍昌　（1997）事务华文的特点及其教学——世界汉语教学新动向，《第五届国际汉语教学讨论会论文选》，北京：北京大学出版社。

〖00443〗李　泉　（1997）论功能及相关问题，《第五届国际汉语教学讨论会论文选》，北京：北京大学出版社。

〖00444〗刘亚林　（1997）"一对一"与"个别教学"——驻华外交人员汉语教学法改革的思考，《第五届国际汉语教学讨论会论文选》，北京：北京大学出版社。

〖00445〗苏张之丙　（1997）家庭作业的新定位——由静性的作业改为动性的教学，《第五届国际汉语教学讨论会论文选》，北京：北京大学出版社。

〖00446〗黄锦章　（1997）论两种不同性质的主题及汉语的类型学特点，《第五届国际汉语教学讨论会论文选》，北京：北京大学出版社。

1996 年

〖00447〗赵方禹　（1996）"谁胜谁败"——对外汉语教学中的难点之一，《北京第二外国语学院学报》第 3 期。

〖00448〗方晓华　（1996）对少数民族汉语教学的性质和特点，《新疆师范大学学报》（哲学社会科学版）第 2 期。

〖00449〗吕必松　（1996）对外汉语教学概论（讲义）（续十五），《世界汉语教学》第 2 期。

〖00450〗吕必松　（1996）对外汉语教学概论（讲义）（续十六），《世界汉语教学》第 4 期。

〖00451〗赵金铭　（1996）对外汉语教学与研究的现状与前瞻，《中国语文》第 6 期。

〖00452〗李　泉　（1996）对外汉语课堂教学的理论思考，《中国人民大学学报》第 5 期。

〖00453〗赵金铭　（1996）对外汉语语法教学的三个阶段及其教学主旨，《世界汉语教学》第 3 期。

〖00454〗程　棠　（1996）关于"结构——功能——文化相结合"的教学原则的思考，《世界汉语教学》第 4 期。

〖00455〗宋春阳　（1996）关于对外汉语教学实践的几个问题，《黑龙江高教研究》第 1 期。

〖00456〗杨惠元　（1996）论"教学有法而无定法"，《语言教学与研究》第 3 期。

〖00457〗王　立　（1996）浅谈对外汉语教学面临的问题，《外交学院学报》第 4 期。

〖00458〗周小兵　（1996）应用语言学与相关学科的联系，

《中山大学学报论丛》第 3 期。

〖00459〗朱志平　（1996）目的语环境中的强化教学一例
——北京师范大学"普北班"评介，《语
言教学与研究》第 3 期。

〖00460〗陈　宏　（1996）第二语言能力结构研究回顾，《世
界汉语教学》第 2 期。

〖00461〗贾寅淮　（1996）对外汉语教学任重而道远，《对
外大传播》第 3 期。

〖00462〗邢　欣　（1996）多民族多语地区汉语教学问题，
《新疆师范大学学报》（哲学社会科学版）
第 2 期。

〖00463〗裘锡圭　（1996）积极慎重地进行现代汉语规范化
建设，《语文建设》第 2 期。

〖00464〗郭卫东　（1996）加强民族汉语教学学科理论建设，
《新疆社科论坛》第 2 期。

〖00465〗李　扬　（1996）对外汉语教学的定性、定位和定
量问题，《中国对外汉语教学学会成立十
周年纪念论文选》，北京：北京语言文化
大学出版社。

〖00466〗刘庆福　（1996）关于对外汉语教学定位问题的一
点思考，《中国对外汉语教学学会成立十
周年纪念论文选》，北京：北京语言文化
大学出版社。

〖00467〗刘　珣　（1996）探索对外汉语教学法新体系，《中
国对外汉语教学学会成立十周年纪念论
文选》，北京：北京语言文化大学出版社。

1995 年

〖00468〗赖梅华　（1995）勃兴的"国际汉语热"，《北京
第二外国语学院学报》第 1 期。

〖00469〗疏　影　（1995）对外汉语教学的定性、定位、定

量问题座谈会侧记，《语言文字应用》第 1 期。

〖00470〗吕必松 （1995）对外汉语教学概论(讲义)，国家教委对外汉语教师资格审查委员会办公室，（内部资料）。

〖00471〗吕必松 （1995）对外汉语教学概论（讲义）（续十一），《世界汉语教学》第 1 期。

〖00472〗吕必松 （1995）对外汉语教学概论（讲义）（续十二），《世界汉语教学》第 2 期。

〖00473〗吕必松 （1995）对外汉语教学概论（讲义）（续十三），《世界汉语教学》第 3 期。

〖00474〗吕必松 （1995）对外汉语教学概论（讲义）（续十四），《世界汉语教学》第 4 期。

〖00475〗施光亨 （1995）关于对外汉语教学的若干议论和思考，《汉语学习》第 2 期。

〖00476〗邬志辉 （1995）关于教学环境的几个理论问题的思考，《东北师大学报》（哲学社会科学版）第 3 期。

〖00477〗吕必松 （1995）关于语言教学的若干问题，《语言教学与研究》第 4 期。

〖00478〗田慧生 （1995）略论教学环境研究的历史、现状及其发展趋势，《外国教育研究》第 6 期。

〖00479〗蒋可心 金春花 （1995）浅谈对外汉语教学，《外语学刊》第 2 期。

〖00480〗武　灵 （1995）事业·责任·素质——关于对外汉语教学的几点认识，《北京第二外国语学院学报》第 3 期。

〖00481〗宿　丰 （1995）试论短期对外汉语教学，《沈阳大学学报》第 3 期。

〖00482〗刘　冬 （1995）提高对外汉语教学质量的几点思考，《清华大学教育研究》第 2 期。

〖00483〗胡希明 　（1995）完整语言教学的探讨，《语言教学与研究》第 2 期。

〖00484〗一会两刊 　（1995）对外汉语教学的定性、定位、定量问题座谈会纪要，《语言教学与研究》第 1 期。

〖00485〗吕必松 　（1995）在对外汉语教学的定性、定位、定量问题座谈会上的发言，《世界汉语教学》第 1 期。

〖00486〗杨庆华 　（1995）在对外汉语教学的定性、定位、定量问题座谈会上的发言，《世界汉语教学》第 1 期。

〖00487〗常殿元 　（1995）抓住机遇，发展对外汉语教学，《北京第二外国语学院学报》第 3 期。

〖00488〗范中汇 　（1995）汉语：走向世界 影响世界，《中外文化交流》第 5 期。

〖00489〗姚崇兰 崔国文 宫兴林 （1995）全球"汉语热"的思考，《清华大学教育研究》第 1 期。

〖00490〗尚会鹏 　（1995）面条、"道"与日本文化分析，《当代亚太》第 6 期。

〖00491〗孟 国 　（1995）汉语规范化与言语教学《天津市对外汉语教学论文集》，天津：天津人民出版社。

〖00492〗晏懋思 　（1995）试谈"信息差"在对外汉语教学中的应用，《第四届国际汉语教学讨论会论文选》，北京：北京语言学院出版社。

〖00493〗卢晓逸 朱子仪 （1995）短期对外汉语教学的新趋势及我们对教学特点的再认识，《第四届国际汉语教学讨论会论文选》，北京：北京语言学院出版社。

〖00494〗陈贤纯 　（1995）语言是不是知识，《第四届国际汉语教学讨论会论文选》，北京：北京语言学院出版社。

1994 年

〖00495〗张德鑫　（1994）1993 年的对外汉语教学研究，《语文建设》第 9 期。

〖00496〗齐　沛　（1994）从学科文献角度看北京语言学院的对外汉语教学研究，《语言教学与研究》第 4 期。

〖00497〗王　还　（1994）对外汉语教学：汉语内部规律的试金石——以"反而"为例，《世界汉语教学》第 1 期。

〖00498〗任　远　（1994）对外汉语教学法研究的回顾与展望，《语言教学与研究》第 2 期。

〖00499〗吕必松　（1994）对外汉语教学概论（讲义）（续七），《世界汉语教学》第 1 期。

〖00500〗吕必松　（1994）对外汉语教学概论（讲义）（续八），《世界汉语教学》第 2 期。

〖00501〗吕必松　（1994）对外汉语教学概论（讲义）（续九），《世界汉语教学》第 3 期。

〖00502〗吕必松　（1994）对外汉语教学概论（讲义）（续十），《世界汉语教学》第 4 期。

〖00503〗张志公　（1994）关于对外汉语教学的几个问题，《汉语学习》第 4 期。

〖00504〗吕飞亚　（1994）漫谈双语现象和第二语文教学问题，《海外华文教育》第 1 期。

〖00505〗程　棠　（1994）培养目标和科研重点浅见，《语言教学与研究》第 4 期。

〖00506〗尚志刚　（1994）适应改革开放形势　多模式开展对外汉语培训，《北京市经济管理干部学院学报》第 4 期。

〖00507〗常敬宇　（1994）谈留学生的汉语交际能力的培养，

《汉语学习》第 4 期。

〖00508〗陈明泽　（1994）谈谈对外国留学生的汉语教学，《沈阳师范学院学报》（社会科学版）第 4 期。

〖00509〗皮远长　（1994）拓展对外汉语教学问题的思考，《汉语学习》第 2 期。

〖00510〗孙德坤　（1994）西方语言教学发展概略，《世界汉语教学》第 3 期。

〖00511〗孙德坤　（1994）西方语言教学发展概略（续），《世界汉语教学》第 4 期。

〖00512〗俞约法　（1994）语言教学若干问题管见，《世界汉语教学》第 3 期。

〖00513〗周明朗　（1994）语言社会化过程与初级汉语作为外语教学，《语言教学与研究》第 3 期。

〖00514〗吴锡昌　（1994）预科汉语教学研究与实践，《伊犁师范学院学报》第 3 期。

〖00515〗丁文楼　（1994）试谈对我国少数民族学生汉语教学的性质和特点，《语文建设》第 4 期。

〖00516〗刘　珣　（1994）语言学习理论的研究与对外汉语教学，《语言学习理论研究》，北京：北京语言学院出版社。

1993 年

〖00517〗张德鑫　（1993）1992 年对外汉语教学研究述要，《语文建设》第 7 期。

〖00518〗邢公畹　（1993）从对外汉语教学看"语言""言语"划分的必要性，《世界汉语教学》第 2 期。

〖00519〗李文生　（1993）从实践中确立对外汉语教学的方向，《语言教学与研究》第 2 期。

〖00520〗吕必松　（1993）对外汉语教学概论（讲义）（续

三），《世界汉语教学》第1期。

〖00521〗吕必松 （1993）对外汉语教学概论（讲义）（续四），《世界汉语教学》第2期。

〖00522〗吕必松 （1993）对外汉语教学概论（讲义）（续五），《世界汉语教学》第3期。

〖00523〗吕必松 （1993）对外汉语教学概论（讲义）（续六），《世界汉语教学》第4期。

〖00524〗吕必松 （1993）关于中高级汉语教学中的几个问题，《语言教学与研究》第1期。

〖00525〗郭金鼓 （1993）语言能力相差悬殊的双方实现交际的可能性，《语言教学与研究》第1期。

〖00526〗方 明 （1993）职业性是对外教育的基本职能，《海外华文教育》第1期。

〖00527〗吕必松 （1993）试论对外汉语教学的性质和特点，《对外汉语教学论文选评》，北京：北京语言学院出版社。

〖00528〗邓 懿 （1993）教外国留学生学习汉语遇到的困难问题，《对外汉语教学论文选评》，北京：北京语言学院出版社。

〖00529〗王学作 柯炳生 （1993）试论对留学生讲授汉语的几个基本问题，《对外汉语教学论文选评》，北京：北京语言学院出版社。

〖00530〗任 远 （1993）五六十年代以来北京语言学院对外汉语教学法之发展，《对外汉语教学论文选评》，北京：北京语言学院出版社。

〖00531〗李景蕙 程美珍 刘英林 （1993）对外国留学生的基础汉语教学，《对外汉语教学论文选评》，北京：北京语言学院出版社。

〖00532〗韩孝平 （1993）试论对外汉语教学工作的评估，《对外汉语教学论文选评》，北京：北京语言学院出版社。

〖00533〗黄国营 （1993）对比语言学和对外汉语教学，《对外汉语教学研究》，广州：中山大学出版社。

〖00534〗吕必松 （1993）对外汉语教学的理论研究问题刍议，《中国对外汉语教学学会第四次学术讨论会论文选》，北京：北京语言学院出版社。

〖00535〗王振昆 （1993）综合性大学对外汉语教学总体设计浅论，《中国对外汉语教学学会第四次学术讨论会论文选》，北京：北京语言学院出版社。

〖00536〗李文生 陈　曦 （1993）对外文言教学刍议，《中国对外汉语教学学会第四次学术讨论会论文选》，北京：北京语言学院出版社。

1992 年

〖00537〗张德鑫 （1992）1991 年对外汉语教学研究述要，《语文建设》第 12 期。

〖00538〗张朋朋 （1992）词本位教学法和字本位教学法的比较，《世界汉语教学》第 3 期。

〖00539〗王魁京 （1992）对外国人用汉语表达时出现的几个问题的探究，《语言教学与研究》第 2 期。

〖00540〗吕必松 （1992）对外汉语教学概论（讲义），《世界汉语教学》第 2 期。

〖00541〗吕必松 （1992）对外汉语教学概论（讲义）（续一），《世界汉语教学》第 3 期。

〖00542〗吕必松 （1992）对外汉语教学概论（讲义）（续二），《世界汉语教学》第 4 期。

〖00543〗程　棠 （1992）关于当前对外汉语教学中的几个问题，《语言教学与研究》第 3 期。

〖00544〗张宁志　（1992）将揭示语引入对外汉语教学的设想，《世界汉语教学》第 2 期。

〖00545〗刘小湘　（1992）我国对外汉语教学的珍贵遗产——试论老舍在伦敦期间的对外汉语教学，《世界汉语教学》第 3 期。

〖00546〗李　杨　（1992）中高级汉语教学理论研究评述，《语言教学与研究》第 4 期。

1991 年

〖00547〗李润新　（1991）巩固、完善、发展对外汉语教学专业，《世界汉语教学》第 2 期。

〖00548〗程　棠　（1991）汉语研究和对外汉语教学，《汉语学习》第 5 期。

〖00549〗刘小湘　（1991）克服学生的母语干扰 改进对外汉语教学，《上海师范大学学报》（哲学社会科学版）第 4 期。

〖00550〗方　人　（1991）王力先生和对外汉语教学，《世界汉语教学》第 1 期。

〖00551〗吕必松　（1991）再论对外汉语教学的性质和特点，《语言教学与研究》第 2 期。

〖00552〗吴叔良　（1991）再论语言习得——兼论提高对外汉语教学效率问题，《天津师范大学学报》（社会科学版）第 5 期。

〖00553〗刘英林　（1991）中高级阶段对外汉语教学的理论探讨，《语言教学与研究》第 2 期。

〖00554〗程　棠　（1991）关于中高级阶段对外汉语教学的几个问题代序，《中高级对外汉语教学论文选》，北京：北京语言学院出版社。

〖00555〗李　扬　（1991）再论中高级阶段汉语教学的性质与任务，《中高级对外汉语教学论文选》，北京：北京语言学院出版社。

〖00556〗李　泉　（1991）试谈中高级阶段对外汉语教学的性质和任务，《中高级对外汉语教学论文选》，北京：北京语言学院出版社。

〖00557〗左珊丹　（1991）对外汉语教学中级阶段的教学原则及方法，《中高级对外汉语教学论文选》，北京：北京语言学院出版社。

〖00558〗赵　玲　（1991）论交际法在中级阶段对外汉语教学中的地位和实践，《中高级对外汉语教学论文选》，北京：北京语言学院出版社。

〖00559〗张　黎　（1991）生成原则及其贯彻，《中高级对外汉语教学论文选》，北京：北京语言学院出版社。

〖00560〗濑户宏　（1991）试论汉语教学的学习阶段和学习目标，《第三届国际汉语教学讨论会论文选》，北京：北京语言学院出版社。

〖00561〗吕必松　（1991）再论对外汉语教学的总体设计，《第三届国际汉语教学讨论会论文选》，北京：北京语言学院出版社。

〖00562〗于丛扬　（1991）论中国对外汉语教学关于交际能力的培养，《第三届国际汉语教学讨论会论文选》，北京：北京语言学院出版社。

〖00563〗贺　巍　（1991）关于对外汉语方言教学的几个问题，《第三届国际汉语教学讨论会论文选》，北京：北京语言学院出版社。

〖00564〗王德春　（1991）汉语共同语及其变体与对外汉语教学，《第三届国际汉语教学讨论会论文选》，北京：北京语言学院出版社。

1990 年

〖00565〗马德元　（1990）"双语教学"应该单语化，《汉语学习》第 2 期。

〖00566〗杨庆华　（1990）把语言教学研究引向深入——在北京语言学院科学报告会上的讲话，《语言教学与研究》第 3 期。

〖00567〗张　宁　（1990）标准语与对外汉语教学，《汉语学习》第 5 期。

〖00568〗张正石　鲁晓琨　（1990）充分发挥学生母语在对外汉语教学中的作用——兼论母语在第二语言教学中的地位和作用，《黑龙江高教研究》第 2 期。

〖00569〗孙慧双　（1990）对外汉语翻译教学的理论指导与具体实践，《语言教学与研究》第 3 期。

〖00570〗刘英林　（1990）对外汉语教学论的几个问题，《汉语学习》第 6 期。

〖00571〗陈亚川　（1990）汉语教学研究的拓新与深化——第三届国际汉语教学讨论会论文读后，《世界汉语教学》第 4 期。

〖00572〗吕必松　（1990）我国对外汉语教学学科理论的发展，《语文建设》第 3 期。

〖00573〗施光亨　（1990）中高级汉语教学呼唤"航标"，《语言教学与研究》第 4 期。

〖00574〗李行健　[日]折敷濑兴　（1990）日本人可以很快学会汉语吗？——一种新的教学方法的探索，《语言教学与研究》第 3 期。

〖00575〗毛惜珍　（1990）对外汉语教学与心理学中的兴趣因素，《上海师范大学学报》（哲学社会科学版）第 4 期。

〖00576〗李兰英　（1990）试论对外汉语教师队伍的建设，《中国对外汉语教学学会第三次学术讨论会论文选》，北京：北京语言学院出版社。

〖00577〗张德鑫　（1990）对对外汉语教学本质之认识，《中

　　　　　　　　国对外汉语教学学会第三次学术讨论会论文选》，北京：北京语言学院出版社。

〖00578〗孙钧政　（1990）内、外汉语教学的分野，《中国对外汉语教学学会第三次学术讨论会论文选》，北京：北京语言学院出版社。

〖00579〗刘　珣　（1990）从"结构—功能"法到"功能—结构"法的设想——关于对外汉语教学法的探讨，《中国对外汉语教学学会第三次学术讨论会论文选》，北京：北京语言学院出版社。

〖00580〗徐永龄　（1990）浅谈对外汉语教学中学生的主体作用，《中国对外汉语教学学会第三次学术讨论会论文选》，北京：北京语言学院出版社。

〖00581〗盛　炎　（1990）对外汉语教学理论研究中几个热门问题的思考，《中国对外汉语教学学会第三次学术讨论会论文选》，北京：北京语言学院出版社。

1989 年

〖00582〗胡裕树　郑国雄　（1989）对外汉语教学中的两个问题——为纪念《语言教学与研究》创刊10周年而作，《语言教学与研究》第 2 期。

〖00583〗谢文庆　（1989）对外汉语语法教学的思考，《天津师范大学学报》（社会科学版）第 6 期。

〖00584〗刘　珣　（1989）关于对外汉语教学法的进一步探索，《世界汉语教学》第 3 期。

〖00585〗张亚军　（1989）关于世界汉语教学学会，《世界汉语教学》第 2 期。

〖00586〗陆世光　（1989）积极开展对外汉语学科的研究，《天津师范大学学报》（社会科学版）第

4 期。

〖00587〗J. Richards 等著　冯仪民译　（1989）交际语言教学，《国外外语教学》第 1 期。

〖00588〗赵金铭　（1989）近十年对外汉语教学研究述评，《语言教学与研究》第 1 期。

〖00589〗孙钧政　（1989）内、外汉语教学的分野——寻找对外汉语教学机制时的思考，《世界汉语教学》第 1 期。

〖00590〗马春雨　（1989）浅谈话语教学，《外语学刊》第 2 期。

〖00591〗张　勇、梁　伟　（1989）浅谈基础汉语教学的几个问题，《新疆大学学报》（哲学人文社会科学版）第 1 期。

〖00592〗陆蓉秀　（1989）如何帮助外籍留学生学好汉语，《江汉大学学报》（社会科学版）第 1 期。

〖00593〗吕必松　（1989）我国对外汉语教学事业的发展，《语言教学与研究》第 4 期。

〖00594〗郭　熙　（1989）现代汉语教学问题刍议，《语言学通讯》第 3—4 期。

〖00595〗张慧芬　徐雅琴　（1989）语言迁移和第二语言教学，《外国语》第 4 期。

〖00596〗于丛扬　（1989）中国对外汉语教学当前的进展状况，《世界汉语教学》第 2 期。

〖00597〗吕必松　（1989）中国对外汉语教学法的发展，《世界汉语教学》第 4 期。

1988 年

〖00598〗杨俊萱　（1988）幽默在对外汉语教学中的应用，《语言教学与研究》第 3 期。

〖00599〗刘宁生　（1988）第二语言教学的基本特征和策略，《汉语学习》第 5 期。

〖00600〗王文虎　李阳庚　（1988）对外汉语教学的学科地位和战略意义，《四川师范大学学报》（社会科学版）第 2 期。

〖00601〗王文虎　（1988）对外汉语教学中的环境利用，《世界汉语教学》第 3 期。

〖00602〗伍铁平　（1988）汉语并不难学，《世界汉语教学》第 4 期。

〖00603〗张德鑫　（1988）汉语的地域差异和对外汉语教学，《世界汉语教学》第 2 期。

〖00604〗吕必松　（1988）加强对外汉语教学的理论研究，《语言教学与研究》第 4 期。

〖00605〗王玉鼎　（1988）模糊语言琐谈，《语言教学与研究》第 1 期。

〖00606〗郝本发　（1988）浅谈对外汉语教学的特点，《外语与外语教学》第 2 期。

〖00607〗徐仲华　缪小放　（1988）应当重视母语在外语教学中的作用，《世界汉语教学》第 4 期。

〖00608〗程祥徽　（1988）风格学与对外汉语教学，《第二届国际汉语教学讨论会论文选》，北京：北京语言学院出版社。

〖00609〗关彩华　（1988）语言学习环境与外语教学，《第二届国际汉语教学讨论会论文选》，北京：北京语言学院出版社。

〖00610〗郭锦桴　（1988）用汉语教汉语的理论基础及其原则，《第二届国际汉语教学讨论会论文选》，北京：北京语言学院出版社。

〖00611〗何子铨　（1988）关于对外汉语教学的断想，《第二届国际汉语教学讨论会论文选》，北京：北京语言学院出版社。

〖00612〗缪锦安　（1988）标准语教学和对外汉语教学的异同，《第二届国际汉语教学讨论会论文选》，北京：北京语言学院出版社。

〖00613〗任　远　（1988）七十年代以来北京语言学院对外汉语教学法之发展，《第二届国际汉语教学讨论会论文选》，北京：北京语言学院出版社。

〖00614〗杨光俊　（1988）短期对外汉语教学的基本原则，《第二届国际汉语教学讨论会论文选》，北京：北京语言学院出版社。

〖00615〗[日]芝田稔　（1988）汉语教学的概况和意见，《第二届国际汉语教学讨论会论文选》，北京：北京语言学院出版社。

〖00616〗马学良　（1988）论双语现象和双语教学中的几个问题，《第二届国际汉语教学讨论会论文选》，北京：北京语言学院出版社。

〖00617〗徐家祯　（1988）规范语言教学中的语言不规范问题，《第二届国际汉语教学讨论会论文选》，北京：北京语言学院出版社。

〖00618〗杨石泉　张亚军　（1988）汉语教法学初论，《第二届国际汉语教学讨论会论文选》，北京：北京语言学院出版社。

〖00619〗程祥徽　（1988）风格学与对外汉语教学，《第二届国际汉语教学讨论会论文选》，北京：北京语言学院出版社。

〖00620〗霍陈婉媛　施仲谋　（1988）几个提高语言教学的要素，《第二届国际汉语教学讨论会论文选》，北京：北京语言学院出版社。

〖00621〗李培元　（1988）五六十年代对外汉语教学的主要特点，《第二届国际汉语教学讨论会论文选》，北京：北京语言学院出版社。

1987 年

〖00622〗赵金铭　（1987）第二届国际汉语教学讨论会论文举要，《语言教学与研究》第 4 期。

〖00623〗吕必松　（1987）对外汉语教学的紧迫任务，《世界汉语教学》预刊第 1 期。

〖00624〗缪锦安　（1987）对外汉语教学和标准语教学的异同，《世界汉语教学》第 4 期。

〖00625〗吕必松　（1987）试论对外汉语教学的总体设计，《语文建设》第 2 期。

〖00626〗朱洪国　（1987）谈对外汉语教学及对外汉语师资培养，《外国语文》第 3 期。

〖00627〗[美]杨　铮　（1987）谈汉语教学中的"先语后文"和"语文并进"，《世界汉语教学》预刊第 2 期。

〖00628〗邢公畹　（1987）语言的"专化作用"和对外汉语教学，《世界汉语教学》预刊第 1 期。

〖00629〗盛　炎　（1987）赵元任先生对汉语教学的贡献，《语言教学与研究》第 3 期。

〖00630〗张亚军　（1987）对外汉语教法学之研讨，《世界汉语教学》预刊第 1 期。

〖00631〗吴勇毅　徐子亮　（1987）近年来我国对外汉语教学法研究述评，《世界汉语教学》预刊第 1 期。

〖00632〗何子铨　（1987）第二语言教学法与对外汉语教学，《暨南学报》（哲学社会科学版）第 3 期。

〖00633〗吕必松　（1987）对外科技汉语教学的几个问题，《对外汉语教学探索》，上海：学林出版社。

〖00634〗吕必松　（1987）在对外汉语教学研究会第二届年会闭幕式上的讲话（代序），《对外汉语教学研究会第二次学术讨论会论文选》，北京：北京语言学院出版社。

〖00635〗吕必松　（1987）试论对外汉语教学总体设计，《对外汉语教学研究会第二次学术讨论会论文选》，北京：北京语言学院出版社。

〖00636〗金振邦　（1987）提高教学质量的关键——谈汉语初级班总体设计问题，《对外汉语教学研究会第二次学术讨论会论文选》，北京：北京语言学院出版社。

〖00637〗韩孝平　（1987）试论对外汉语教学工作的评估，《对外汉语教学研究会第二次学术讨论会论文选》，北京：北京语言学院出版社。

〖00638〗路家琳　（1987）谈语言交际能力，《对外汉语教学研究会第二次学术讨论会论文选》，北京：北京语言学院出版社。

〖00639〗寇德璋　（1987）对古代汉语教学浅谈，《对外汉语教学研究会第二次学术讨论会论文选》，北京：北京语言学院出版社。

〖00640〗王培光　（1987）三文二语环境中的中文科普通话科的分合问题，《香港语文教育学院第三届国际研讨会论文集》，香港：香港教育署。

〖00641〗王培光　（1987）双语或多语环境中的语文教育，《香港语文教育学院第三届国际研讨会论文集》，香港：香港教育署。

1986 年

〖00642〗路家琳　（1986）对外汉语教学是一门新型的学科，《厦门大学学报》（哲学社会科学版）第4期。

〖00643〗熊文华　（1986）非语言交际理论在对外汉语教学中的指导作用，《语言教学与研究》第1

期。

〖00644〗吕必松　　（1986）试论对外汉语教学的总体设计，《语言教学与研究》第 4 期。

〖00645〗韩孝平　　（1986）试论对外汉语教学工作的评估，《语言教学与研究》第 4 期。

〖00646〗朱　荔　　（1986）系统论、信息论、控制论在对外汉语教学中的应用，《语言教学与研究》第 2 期。

〖00647〗　李景蕙　查理斯　李百华　陈秀华　苔斯发纳赫
　　王建勤　阎德早　谢伦德拉·阿尼尔
　　（1986）中外师生谈汉语教学，《语言教学与研究》第 3 期。

〖00648〗邢公畹　　（1986）人们在言语交际中是怎样相互理解的，《汉语研究》，天津：南开大学出版社。

〖00649〗滕维藻　　（1986）关于加强对外汉语教学与研究的几个问题，《汉语研究》（第一辑），天津：南开大学出版社。

〖00650〗张道一　　（1986）建设对外汉语教学这个新兴学科，《第一届国际汉语教学讨论会论文选》，北京：北京语言学院出版社。

〖00651〗关彩华　　（1986）有关第二语言教学的几个问题，《第一届国际汉语教学讨论会论文选》，北京：北京语言学院出版社。

〖00652〗刘君若　　（1986）无声中的信息，《第一届国际汉语教学讨论会论文选》，北京：北京语言学院出版社。

〖00653〗李华元　　（1986）罗西雅氏外语教学法，《第一届国际汉语教学讨论会论文选》，北京：北京语言学院出版社。

〖00654〗杨觉勇　　（1986）动作语言与语言教育，《第一届国际汉语教学讨论会论文选》，北京：北京语言学院出版社。

〖00655〗郭金鼓 （1986）科技汉语的特点，《第一届国际汉语教学讨论会论文选》，北京：北京语言学院出版社。

1985 年

〖00656〗蔡铁民 （1985）对外函授文学教学，《对外汉语教学》第 2 期。

〖00657〗史世庆 吴勇毅 （1985）关于预科留学生的汉语教学，《语言教学与研究》第 2 期。

〖00658〗邓崇谟 阎德早 （1985）如何有针对性地进行课堂教学——从意大利学生学习汉语的难点谈起，《对外汉语教学》第 2 期。

〖00659〗朱一之 （1985）谈近年来对外汉语教学的研究——从《语言教学与研究》编辑工作中看到和想到的，《语言教学与研究》第 4 期。

〖00660〗吴本立 （1985）语言学、心理学和外语教学法，《宁波大学学报》第 1 期。

〖00661〗钱积学 （1985）适应形势需要，大力开展对外汉语教学，《外国语》（上海外国语大学学报）第 1 期。

〖00662〗李筱菊 （1985）外语教学的交际教学法，《基础英语教学论文集》，北京：外语教学与研究出版社。

〖00663〗张朋朋 董玉国 （1985）初级阶段所使用的一种教学法——"生成句子教学法"，《北京语言学院第三届科学报告会论文选》，北京：北京语言学院出版社。

1984 年

〖00664〗钟式嵘 （1984）"形式的语言教学"与"功能的语言教学"，《北京语言学院第二届教学经验科研成果交流会论文选》，北京语言学院出版社。

〖00665〗邬展云译 （1985）从结构到功能法的语言教学，《南京师大学报》增刊。

〖00666〗胡裕树 何伟渔 （1984）教日本人学汉语，《语言教学与研究》第 3 期。

〖00667〗杨甲荣 （1984）谈少数民族学生和外国学生汉语教学的性质和特点，《中央民族学院学报》第 4 期。

〖00668〗黎天睦 （1984）现代外语教学法——理论与实践（第五讲）外语学习错误之来源——对比分析与错误分析，《对外汉语教学》第 3 期。

〖00669〗吕必松 （1984）语言教学中结构、意义和功能的结合，《对外汉语教学》第 3 期。

〖00670〗万志敏、温 洁、王 颖、佟慧君 （1984）科技汉语教学法之一——渗透法，《语言教学与研究》第 2 期。

〖00671〗吕必松 （1984）漫谈语言教学法的研究，《语言教学与研究》第 3 期。

〖00672〗钱倚云 （1984）谈谈对外汉语教学的三个环节，《上海师范大学学报》（哲学社会科学版）第 3 期。

1983 年

〖00673〗吴欢章 （1983）关于留学生学习中国现代文学的若干问题，《对外汉语教学论文选》第 7 期。

〖00674〗孙瑞珍　吴叔平　（1983）积极开展多种形式的语言实践活动——把语言实践活动纳入教学轨道，《对外汉语教学论文选》第2期。

〖00675〗吕必松　（1983）谈谈对外汉语教学的性质和特点，《语言教学与研究》第2期。

〖00676〗施光亨　（1983）外语在对外汉语教学中的作用，《语言教学与研究》第2期。

〖00677〗郭金鼓　（1983）科技汉语教学初探，《对外汉语教学论文选》。

1982 年

〖00678〗丁　艺　（1982）汉语在世界上，《汉语学习》第1期。

〖00679〗[日]芳贺纯　崔吉元　（1982）双语教育的必要性，《汉语学习》第1期。

〖00680〗陈建民　（1982）要提高汉语的交际作用，《汉语学习》第1期。

1981 年

〖00681〗柯　苗　（1981）丰富的课外活动　良好的学习形式——北京语言学院外国留学生二系汉语课外活动一瞥，《语言教学与研究》第3期。

〖00682〗赵金铭　杨俊萱　（1981）关于短期汉语教学的几个问题，《语言教学与研究》第2期。

〖00683〗常宝儒　（1981）汉语作为外语教学中的几个问题，《语言教学与研究》第3期。

〖00684〗邱质朴　（1981）试论语言资源的开发——兼论汉语面向世界问题，《语言教学与研究》第3期。

〖00685〗陈　灼　（1981）谈"交流"，《语言教学与研究》

第 4 期。

〖00686〗邢公畹　（1981）谈第二语言教学，《汉语学习》第 6 期。

〖00687〗吕必松　（1981）"听说法"评介，《语言教学与研究》第 4 期。

1980 年

〖00688〗徐缦华　（1980）成年人的汉语(作为外语)教学问题，《语言教学与研究》第 4 期。

〖00689〗李景蕙　程美珍　刘英林　（1980）对外国学生的基础汉语教学，《语言教学与研究》第 4 期。

〖00690〗[美]王靖宇　（1980）文学在把汉语作为第二语言教学中的作用，《语言教学与研究》第 4 期。

〖00691〗[美]李英哲　（1980）语言学在汉语作为外语教学中的作用，《语言教学与研究》第 4 期。

1977 年～1979 年

〖00692〗朱　星　（1977～1979）汉语普通话的来历，《语言教学与研究》试刊第 4 期。

〖00693〗吕必松　（1977～1979）汉语作为外语教学的实践性原则，《语言教学与研究》试刊第 1 期。

〖00694〗黄政澄　（1977～1979）浅谈汉语的特点及汉语教学，《语言教学与研究》试刊第 2 期。

〖00695〗吕必松　（1977～1979）谈谈基础汉语教学中的几个关系，《语言教学与研究》试刊第 2 期。

1954 年

〖00696〗田世棣　（1954）教少数民族同学学习汉语文的几点体验，《中国语文》第 1 期。

1953 年

〖00697〗周祖谟　（1953）教非汉族学生学习汉语的一些问题，《中国语文》第 7 期。

2. 对外汉语教材建设

2007 年

〖00698〗贺　芸、庄成余　（2007）"旅游局"译名混乱问题探源——兼论汉英词典编纂学，《云南师范大学学报》（对外汉语教学与研究版）第 1 期。

〖00699〗冯　雅　（2007）《内容教学法在外语教学中的模式和方法》述评，《现代语文》（语言研究版）第 4 期。

〖00700〗吴成年　（2007）对外汉语报刊教材的特点与编写原则，《新疆师范大学学报》（哲学社会科学版）第 1 期。

〖00701〗王尧美　（2007）对外汉语教材的创新，《语言教学与研究》第 4 期。

〖00702〗王汉卫　（2007）对外汉语教材中的媒介语问题试说，《世界汉语教学》第 2 期。

〖00703〗孙玉卿　（2007）对外汉语教材中应重视轻声词的注音问题，《消费导刊》第 2 期。

〖00704〗翟　汛、易洪川　（2007）关于对外汉语教学用字典的针对性问题，《海外华文教育》第 1 期。

〖00705〗周小兵　（2007）汉语国际推广形势下的教材编写与汉语研究，《海外华文教育》第 1 期。

〖00706〗王惠余、桂　林　（2007）汉语基础教材的字频统计与跨区域比较——兼论全球华语区划与汉字教育问题，《长江学术》第2期。

〖00707〗樊金戈　（2007）汉语教材赢得国际市场，《教育》第24期。

〖00708〗李如龙　徐睿渊　（2007）教材语言三议，《汉语学习》第3期。

〖00709〗李　明　（2007）近20年短期速成初级汉语教材发展概览，《云南师范大学学报》（对外汉语教学与研究版）第3期。

〖00710〗吉庆波　王岩岩　（2007）两部中级汉语教材生词表编译比较，《辽宁教育行政学院学报》第3期。

〖00711〗郝美玲　刘友谊　（2007）留学生教材汉字复现率的实验研究，《语言文字应用》第2期。

〖00712〗孙海娜　（2007）略论《普通话水平测试实施纲要》中的可轻读词语，《语言文字应用》第2期。

〖00713〗李　泉　（2007）论对外汉语教材的实用性，《语言教学与研究》第3期。

〖00714〗辛　平　（2007）面向商务汉语教材的商务领域词语等级参数研究，《语言文字应用》第3期。

〖00715〗钱　多、李　雷　（2007）试论对外汉语初、中级教材生词的英文翻译问题，《焦作大学学报》第3期。

〖00716〗罗青松　（2007）试论对外汉语写作教材的使用，《海外华文教育》第2期。

〖00717〗赵艳梅　（2007）试析对外汉语高级口语教材中词语衍生义的理据性，《文教资料》第21期。

〖00718〗魏　红　（2007）泰国中学汉语教材编写和使用中的几个问题，《云南师范大学学报》（对外汉语教学与研究版）第 1 期。

〖00719〗王衍军 （2007）谈对外汉语"中国民俗"课的教材编写及教学思路，《暨南大学华文学院学报》第 1 期。

〖00720〗马金科 （2007）系列《汉语写作教程》给对外汉语写作教学的启示，《云南师范大学学报》（对外汉语教学与研究版）第 1 期。

〖00721〗李北辰 （2007）先声夺人，重在其声——对外汉语听力教材编写的思考，《科技信息》第 7 期。

〖00722〗鸿 菲 （2007）学习汉语的捷径 川教社推出《走进中国——对外汉语推广教材》，《中国出版》第 9 期。

〖00723〗杨子菁、严 越 （2007）中级汉语精读教材中的词汇选取与处理情况分析，《海外华文教育》第 1 期。

2006 年

〖00724〗王 飙 （2006）编教软件《中文助教》评述——兼谈水平教材建设构想，《国际汉语教学动态与研究》第 2 辑。

〖00725〗鲁健骥 吕文华 （2006）编写对外汉语单语学习词典的尝试与思考——《商务馆学汉语词典》编后，《世界汉语教学》第 1 期。

〖00726〗关 颖 （2006）从陌生人之间会话的开头语看对外汉语教材会话的编写，《暨南大学华文学院学报》第 3 期。

〖00727〗金志刚 （2006）从中塞合作编写《汉语教程》谈海外汉语教材编写原则，《云南师范大学学报》（对外汉语教学与研究版）第 2 期。

〖00728〗郑 炜 （2006）对外汉语教学模式与教材编写研

讨会在我院举行，《暨南大学华文学院学报》第 4 期。

〖00729〗金红莲　（2006）非学历生高级阶段汉语教材的建设，《汉语学习》第 1 期。

〖00730〗刘继红　（2006）海外高级汉语教材的创新之作——《高级汉语：意图、技巧与表达》评介，《国际汉语教学动态与研究》第 4 辑。

〖00731〗王魁京　（2006）海外华人学生汉语心理词典的特点与成因，《语言教学与研究》第 4 期。

〖00732〗朱志平　（2006）海外中小学汉语教材的任务，《国际汉语教学动态与研究》第 3 期。

〖00733〗岳玉杰　（2006）韩国大学汉语教材调查分析，《国际学术动态》第 2 期。

〖00734〗郑艳群　（2006）汉语教材中图片的示意功能和示意方法，《海外华文教育》第 2 期。

〖00735〗李　明　（2006）将商务汉语引入基础汉语教学阶段的初步尝试——《经理人汉语·生活篇》的编写理念和体例特点，《国际汉语教学动态与研究》第 2 辑。

〖00736〗张　舸　（2006）论留学生个性心理词典的构建，《云南师范大学学报》（对外汉语教学与研究版）第 4 期。

〖00737〗宋婧婧　（2006）马来西亚独中教材《华文》：文化传承性与工具性的统一，《海外华文教育》第 1 期。

〖00738〗孙清忠　（2006）浅析对外汉语口语教材中文化项目的选择和编排，《暨南大学华文学院学报》第 2 期。

〖00739〗李无未　陈珊珊　（2006）日本明治时期的北京官话"会话"课本，《世界汉语教学》第 4 期。

〖00740〗路志英　（2006）商贸类汉语教材编写和研究的基本情况述评，《云南师范大学学报（对外汉语教学与研究版）第5期。

〖00741〗[美]关道雄　（2006）商务汉语教材的范围、内容和开放式架构设计，《国际汉语教学动态与研究》第2期。

〖00742〗马杜娟　（2006）一本自编对泰语法教材——简介《基础现代汉语语法》，《海外华文教育》第4期。

〖00743〗赵　新、李　英　（2006）中级精读教材的分析与评估，《语言文字应用》第2期。

2005 年

〖00744〗吴若愚　（2005）《初级汉语听力》(新疆版)指瑕，《伊犁师范学院学报》第4期。

〖00745〗[法]安　雄　（2005）《一级阅读文表》及说明，《国际汉语教学动态与研究》第4辑。

〖00746〗吴勇毅　（2005）从任务型语言教学反思对外汉语口语教材的编写，《国际汉语教学动态与研究》第3辑。

〖00747〗肖　路　（2005）从学习者的视角谈高级精读教材编写，《语言教学与研究》，第1期。

〖00748〗薛秋宁　（2005）对外汉语教材生词英译存在的问题分析，《海外华文教育》第1期。

〖00749〗刘若云　徐韵如　（2005）对外汉语教学中例句的选择，《中山大学学报论丛》第6期。

〖00750〗吕玉兰　张若莹　（2005）对外汉语课堂教学实录资料的编撰及应用价值，《语言教学与研究》第1期。

〖00751〗汲传波　（2005）对外汉语口语教材的话题选择，《云南师范大学学报》（对外汉语教学与研究版）第 6 期。

〖00752〗王海英　（2005）对外汉语是对外的汉语吗——关于对外汉语初级教材内容的思考，《云南师范大学学报》（对外汉语教学与研究版）第 6 期。

〖00753〗王若江　（2005）法国十九世纪初中期汉语教材分析，《国际汉语教学动态与研究》第 4 辑。

〖00754〗王晓钧　（2005）互动性教学策略及教材编写，《世界汉语教学》第 3 期。

〖00755〗刘潇潇、肖　菲　（2005）六套海外华文教材练习题型数量的统计分析，《云南师范大学学报》（对外汉语教学与研究版）第 3 期。

〖00756〗程乐乐　（2005）论初级汉语教材教师手册的编写，《海外华文教育》第 1 期。

〖00757〗王小曼　（2005）论汉语本科专业高级口语教材的编写原则——从口语教学实际谈起，《云南师范大学学报》（对外汉语教学与研究版）第 5 期。

〖00758〗陈　晨　（2005）培养初步成段表达能力的新型初级口语教材的编写，《海外华文教育》第 1 期。

〖00759〗王燕飞　（2005）浅谈对外汉语类图书出版现状，《吉林广播电视大学学报》第 3 期。

〖00760〗陈贤纯　（2005）强化教学：提高效率之路——《汉语强化教程》的编写与实验，《语言教学与研究》第 6 期。

〖00761〗罗青松　（2005）试论定向汉语教材编写的环境文化因素，《语言文字应用》第 4 期。

〖00762〗李润新　（2005）树立科学的编教观，《海外华文教育》第 3 期。

〖00763〗刘颂浩　（2005）我们的汉语教材为什么缺乏趣味

性，《暨南大学华文学院学报》第 2 期。

〖00764〗[美]何文潮 （2005）新一代汉语课程的构成和教学，《国际汉语教学动态与研究》第 4 辑。

2004 年

〖00765〗李 明 （2004）关于短期速成初级汉语教材编制的思考，《国外汉语教学动态》第 2 辑。

〖00766〗华 光 （2004）《奥运汉语 100 句》，《课程教材教法》第 9 期。

〖00767〗褚佩如 （2004）《外交公务汉语》的编写特点，《世界汉语教学》第 2 期。

〖00768〗冯小钉 （2004）标记理论与口语教材中的偏差现象，《云南师范大学学报》（对外汉语教学与研究版）第 6 期。

〖00769〗李 泉 （2004）第二语言教材编写的基本程序，《海外华文教育》第 2 期。

〖00770〗周 健、唐 玲 （2004）对汉语教材练习设计的考察与思考，《语言教学与研究》第 4 期。

〖00771〗刘 峰 （2004）对留学生初级听力教材的设想，《云南师范大学学报》（对外汉语教学与研究版）第 2 期。

〖00772〗刘颂浩 （2004）对外汉语教材中翻译的功能和原则——以"老师"和"脸谱"为例，《暨南大学华文学院学报》第 3 期。

〖00773〗丁玉华 （2004）对外汉语教材中语音部分的编写调查，《海外华文教育》第 1 期。

〖00774〗朱威烈 （2004）对外汉语教学中的力作东方学园圃里的硕果——《汉阿语言文化应用对比研究》序，《阿拉伯世界》第 3 期。

〖00775〗张 英 （2004）对外汉语文化教材研究——兼论对外汉语文化教学等级大纲建设，《汉语学习》第 1 期。

〖00776〗吴成年　（2004）对文学作品作为中高级对外汉语教材的思考，《新疆师范大学学报》（哲学社会科学版）第 2 期。

〖00777〗邓氏香　（2004）对中国国内编写对外汉语教材的建议，《云南师范大学学报》（对外汉语教学与研究版）第 2 期。

〖00778〗雷　华、史有为　（2004）工具的工具：词典的易懂与易得——关于对外汉语学习单语词典，《语言教学与研究》第 6 期。

〖00779〗关辛秋　（2004）公元以来一部多个语种版本的第二语言教材——三种文本《老乞大》教材编写特点分析，《汉语学习》第 3 期。

〖00780〗卜佳晖　（2004）关于对外汉语教材生词处理的思考，《云南师范大学学报》（对外汉语教学与研究版）第 1 期。

〖00781〗赵　新、李　英　（2004）汉语中级精读教材的分析与思考，《暨南大学华文学院学报》第 4 期。

〖00782〗程相文　（2004）汉语作为第二语言教材发展的三种形态，《语言教学与研究》第 1 期。

〖00783〗赵金铭　（2004）跨越与会通——论对外汉语教材研究与开发，《语言文字应用》第 2 期。

〖00784〗李　泉　（2004）论对外汉语教材的针对性，《世界汉语教学》第 2 期。

〖00785〗苏英霞　（2004）浅谈对外汉语教材"词语例释"的编写，《汉语学习》第 4 期。

〖00786〗乔　梁　（2004）人教版对外汉语教材开拓欧洲市场，《课程教材教法》第 10 期。

〖00787〗刘　织　（2004）商贸类汉语教材的简要分析，《枣庄师范专科学校学报》第 5 期。

〖00788〗范香娟 （2004）谈对外汉语教学本科《语言学概论》教材的编写，《海外华文教育》第 1 期。

〖00789〗刘春梅 （2004）通过教材编写改善对外汉语的离合词教学，《云南师范大学学报》（对外汉语教学与研究版）第 6 期。

〖00790〗叶 南、田耕宇 （2004）西部民族院校对外汉语教材编写设计，《西南民族大学学报》（人文社科版）第 8 期。

〖00791〗张永昱 （2004）新一代商务汉语教材建设的初步构想，《东北财经大学学报》第 4 期。

〖00792〗方欣欣 （2004）语言接触与双语研究的经典著作——Weinreich《语言的接触：以发现的与待解决的问题》，《国外汉语教学动态》第 7 期。

〖00793〗焦毓梅、于 鹏 （2004）直观性教学材料的使用范围和作用，《云南师范大学学报》（对外汉语教学与研究版）第 5 期。

〖00794〗张春新 （2004）《说字解词》读后，《辞书研究》第 3 期。

〖00795〗袁芳远 （2004）新书介绍：《高级经贸汉语——今日经贸纵横》，《国外汉语教学动态》第 7 期。

2003 年

〖00796〗Jianjun Urwin DuLiping （2003）*Task-based approaches to second language pedagogy and the design of Chinese textbooks at Tertiary Level*，《世界汉语教学》第 3 期。

〖00797〗杨寄洲 （2003）编写初级汉语教材的几个问题，

《语言教学与研究》第 4 期。

〖00798〗王晓娜　（2003）第二语言语体能力的培养与教材虚拟语境的设置，《汉语学习》第 1 期。

〖00799〗李绍林　（2003）对外汉语教材练习编写的思考，《云南师范大学学报》（对外汉语教学与研究版）》第 3 期。

〖00800〗吴　茗　（2003）对外汉语教材用字分布统计及分析，《海外华文教育》第 3 期。

〖00801〗齐　沛　（2003）对外汉语教材再评述，《语言教学与研究》第 1 期。

〖00802〗李无未、岳　辉　（2003）对外汉语教学课本中的"变调"符号问题，《汉语学习》第 6 期。

〖00803〗王庆云　（2003）古代朝鲜、琉球汉语教学及教材研究引论——以《老乞大》、《朴通事》、《白姓官话》为例，《云南师范大学学报》（对外汉语教学与研究版）第 5 期。

〖00804〗吴雅民　（2003）关于汉语《报刊阅读》教材编写的一些认识和探索，《北京市经济管理干部学院学报》第 4 期。

〖00805〗蔡　丽　（2003）海外华语教材选词特点分析研究，《暨南大学华文学院学报》第 3 期。

〖00806〗耿　虎　（2003）海外远程华文教育的专业设置及教材编写，《海外华文教育》第 4 期。

〖00807〗[美]任友梅　（2003）美国国内的汉语教材，《国外汉语教学动态》第 3 期。

〖00808〗陈　昕　（2003）面向东南亚短期汉语教材的编写设计，《海外华文教育》第 3 期。

〖00809〗杨东升　（2003）商务汉语教材编写初探，《辽宁工学院学报》（社会科学版）第 1 期。

〖00810〗苏瑞卿　（2003）谈留学生古汉语教材的革新，《世界汉语教学》第 2 期。

〖00811〗姚小平 （2003）万济国《华语官话语法》中译序，《国外汉语教学动态》第 4 期。

〖00812〗刘　珣 （2003）为新世纪编写的《新实用汉语课本》，《暨南大学华文学院学报》第 2 期。

〖00813〗陈潮华 （2003）新疆汉语预科教材的变更审视与教师业务素质谈，《语言与翻译》第 1 期。

〖00814〗杨叶华 （2003）针对缅甸学生编写汉语语音教材的思考，《云南师范大学学报》（对外汉语教学与研究版）第 1 期。

〖00815〗王弘宇 （2003）中国大陆汉语教材出版的成就与不足，《世界汉语教学》第 1 期。

〖00816〗李　英 （2003）中级口语教材编写中功能与情景相结合的设想，《海外华文教育》第 1 期。

〖00817〗郑定欧 （2003）外向型现代华语文学习词典微观结构之研究，《第七届华语文教学研讨会论文集》，台北：世界华语文教育学会。

2002 年

〖00818〗李　英 （2002）编写中级阶段口语课文的设想——也谈功能与/情景相结合的问题，《暨南大学华文学院学报》第 2 期。

〖00819〗张德鑫 （2002）从韩国儿童汉语教材的编写谈起，《天津外国语学院学报》第 2 期。

〖00820〗柳燕梅 （2002）从识记因素谈汉字教材的编写原则，《汉语学习》第 5 期。

〖00821〗赵　建 （2002）对《对外汉语教材》编写的几点意见，《黑龙江教育学院学报》第 6 期。

〖00822〗吕文华 （2002）对外汉语教材语法项目排序的原则及策略，《世界汉语教学》第 4 期。

〖00823〗朱志平 （2002）对新世纪汉语(第二语言)教材的思考——从加拿大中学汉语教材编写所

想到的,《北京师范大学学报》(人文社会科学版)第 6 期。

〖00824〗陈　珺、万　莹　(2002)华文教材编写的四原则,《海外华文教育》第 1 期。

〖00825〗吴英成　(2002)华语词典应用与编纂的落差,《语言教学与研究》第 3 期。

〖00826〗王建勤　(2002)华语教材编写的理论导向及教学解决文案的比较,《海外华文教育》第 2 期。

〖00827〗李　泉　(2002)近 20 年对外汉语教材编写和研究的基本情况述评,《语言文字应用》第 3 期。

〖00828〗徐子亮　(2002)略议菲律宾华教的师资培训——兼谈华文教材的编写,《海外华文教育》第 4 期。

〖00829〗肖　菲　(2002)论华文教材练习编写的原则,《零陵学院学报》S1 期。

〖00830〗陈　军　(2002)论听力教材的录音问题,《暨南大学华文学院学报》第 4 期。

〖00831〗申艳艳　(2002)美国、加拿大部分高校所用中文教材一览,《国外汉语教学动态》第 1 期。

〖00832〗金幼华　(2002)浅谈对外汉语教学的"因材施教",《杭州师范学院学报》(自然科学版)第 2 期。

〖00833〗周　健　(2002)让学汉语成为一件快乐的事情——《汉语教学法研修教程》前言,《暨南大学华文学院学报》第 3 期。

〖00834〗胡双宝　(2002)识字与口语并重的汉语教材——评白乐桑主编《说字解词》,《汉字文化》第 4 期。

〖00835〗朱瑞平　(2002)论留学生用汉语语文词典编纂的

几个原则性问题，《北京师范大学学报》
（人文社会科学版）第 6 期。

2001 年

〖00836〗连志丹　（2001）《汉语研修教程》语音部分的编
写构想，《海外华文教育》第 1 期。

〖00837〗张胜林　（2001）《中华文化》教材的编写设想，
《海外华文教育》第 1 期。

〖00838〗杨德峰　（2001）初级汉语教材语法点确定、编排
中存在的问题——兼议语法点的确定、编
排的原则，《世界汉语教学》第 2 期。

〖00839〗黄香山　（2001）词汇部分的编写应体现特点、突
出重点、解决难点，《海外华文教育》第
1 期。

〖00840〗李海燕　（2001）从教学法看对外汉语初级口语教
材的语料编写，《语言教学与研究》第 4
期。

〖00841〗程相文　（2001）对外汉语教材的创新，《语言文
字应用》第 4 期。

〖00842〗徐霄鹰　（2001）改进中级阅读教材的设想，《语
言教学与研究》第 2 期。

〖00843〗卢小宁　（2001）关于对外汉语汉字教材的思考，
《天津外国语学院学报》第 2 期。

〖00844〗王本华、施　歌　（2001）汉语教材编写及出版座
谈会在京举行，《课程教材教法》第 3 期。

〖00845〗肖　旸　（2001）汉语研修教材文字部分的编写思
路，《海外华文教育》第 1 期。

〖00846〗孟长勇　（2001）加强对外汉语电化教学的教材建
设，《西安外国语学院学报》第 2 期。

〖00847〗王弘宇　（2001）教材中词性标注的针对性原则，
《语言教学与研究》第 5 期。

〖00848〗陆稼祥　（2001）评陈汝东《对外汉语修辞学》，《修辞学习》第 4 期。

〖00849〗徐昌火　（2001）试论基础表述的组配研究与对外汉语教材编写，《语言教学与研究》第 4 期。

〖00850〗王　黎　（2001）试论新一代初级精读教材编写的几个问题——兼论对外汉语教材的编写，《海外华文教育》第 4 期。

〖00851〗罗青松　（2001）谈对外汉语教学写作教材的编写，《海外华文教育》第 4 期。

〖00852〗林浩业　（2001）中高级汉语教程辅助教材编写设想，《八桂侨刊》第 2 期。

〖00853〗张　英　（2001）日本汉语教材及分析，《汉语学习》第 3 期。

〖00854〗方欣欣　（2001）对三所院校四套口语课本的调查统计与分析，《中国对外汉语教学学会北京分会第二届学术年会论文集》，北京：北京语言文化大学出版社。

〖00855〗陈　晨　（2001）《中级汉语口语》使用情况调查评估报告及其引发的思考，《中国对外汉语教学学会北京分会第二届学术年会论文集》，北京：北京语言文化大学出版社。

〖00856〗幺书君　（2001）高级听力训练的必要性及其教材编写尝试，《中国对外汉语教学学会北京分会第二届学术年会论文集》，北京：北京语言文化大学出版社。

2000 年

〖00857〗成　文　（2000）《当代话题》课的教材设计与处理，《首都师范大学学报》（社会科学版）S3 期。

〖00858〗邱思耀、李建国　（2000）编写海外古文教材的若干思路，《海外华文教育》第 4 期。

〖00859〗杨石泉　（2000）编写华语教材的几个问题，《海外华文教育》第 1 期。

〖00860〗陈荣岚　（2000）东南亚华文师资培训教材编写的几个原则，《海外华文教育》第 4 期。

〖00861〗林国安　（2000）独中华文课程教材改革的素质教育导向，《海外华文教育》第 1 期。

〖00862〗郑　蕊　（2000）对外汉语教材练习编写的偏差与应遵循的原则，《华文教学与研究》第 1 期。

〖00863〗王建勤　（2000）对外汉语教材现代化刍议，《语言文字应用》第 2 期。

〖00864〗汤志祥、谭成珠、韩　萱　（2000）多语制下香港普通话教材的"语言偏离"现象，《世界汉语教学》第 3 期。

〖00865〗鲁国尧　（2000）关于《应用汉语词典》的一段对话，《语言教学与研究》第 4 期。

〖00866〗赵新燕　（2000）海外华裔儿童汉语教材编写的原则和方法，《海外华文教育》第 4 期。

〖00867〗郭　兰　（2000）汉语教材编写中应注意的几个问题，《新疆职业大学学报》第 2 期。

〖00868〗张宁志　（2000）汉语教材语料难度的定量分析，《世界汉语教学》第 3 期。

〖00869〗刘颂浩　（2000）论阅读教材的趣味性，《语言教学与研究》第 3 期。

〖00870〗胡　波　（2000）三部汉语听力教材分析，《世界汉语教学》第 2 期。

〖00871〗李金钞　（2000）谈海外华文教师培训教材的编写，《海外华文教育》第 4 期。

〖00872〗张建新　（2000）新一代汉语阅读教材课文选材和

编排的原则，《乌鲁木齐职业大学学报》第 1 期。

〖00873〗王若江　（2000）由法国"字本位"汉语教材引发的思考，《世界汉语教学》第 3 期。

〖00874〗张旺熹　（2000）关于对外汉语教学用工具书编纂的几点思考，《世纪之交的应用语言学》，北京：北京广播学院出版社。

〖00875〗李　扬　（2000）面向新世纪：关于对外汉语本科系列教材，《第六届国际汉语教学讨论会论文选》，北京：北京大学出版社。

〖00876〗孙　晖　（2000）关于编制对外汉语教学非学历教育汉语教学大纲的几点构想，《第六届国际汉语教学讨论会论文选》，北京：北京大学出版社。

〖00877〗金　兰　（2000）针对性教材初探，《第六届国际汉语教学讨论会论文选》，北京：北京大学出版社。

〖00878〗程裕祯　（2000）我对汉语教材编写的新设计，《第六届国际汉语教学讨论会论文选》，北京：北京大学出版社。

〖00879〗张镇环　（2000）关于科技汉语翻译课的教学方法以及教材选择的几点考虑，《第六届国际汉语教学讨论会论文选》，北京：北京大学出版社。

〖00880〗王培光　（2000）教学语法与语法教材——试论新加坡《高级华文》的语法教材，《第六届国际汉语教学讨论会论文选》，北京：北京大学出版社。

1999 年

〖00881〗王素云　（1999）对外汉语教材生词表编译中的几

个问题，《汉语学习》第 6 期。

〖00882〗胡明扬　（1999）对外汉语教学基础教材的编写问题，《语言教学与研究》第 1 期。

〖00883〗杨金华　（1999）关于对外汉语中级精读教材的思考，《汉语学习》第 4 期。

〖00884〗李忆民　（1999）视听说对外汉语教材编制初探——《国际商务汉语》的总体构想与编制原则，《汉语学习》第 1 期。

〖00885〗周小兵、赵　新　（1999）中级汉语精读教材的现状与新型教材的编写，《汉语学习》第 1 期。

〖00886〗马国凡　（1999）总挈一个世纪中国语言学研究的巨构——《二十世纪的中国语言学》评介，《汉字文化》第 1 期。

〖00887〗赵金铭　（1999）论对外汉语教材的文化取向，《双语双方言与现代中国》，北京：北京语言文化大学出版社。

〖00888〗萧素秋　（1999）对韩国儿童的初级华语教材与教学法研究，《第三届东南亚华文教学研讨会（菲律宾）论文》，菲律宾：华文教育研究中心。

〖00889〗史世庆　（1999）谈"视、听、说"课教材的选择和使用方法，《中国对外汉语第六次学术讨论会论文》，北京：华语教学出版社。

1998 年

〖00890〗邓恩明　（1998）编写对外汉语教材的心理学思考，《语言文字应用》第 2 期。

〖00891〗张静贤　（1998）关于编写对外汉字教材的思考，《语言教学与研究》第 2 期。

〖00892〗邓恩明　（1998）加强对外汉语教材"词组层级"

　　　　　　　　　　的建设，《汉语学习》第 3 期。

〖00893〗赵金铭　（1998）论对外汉语教材评估，《语言教学与研究》第 3 期。

〖00894〗刘亚林　（1998）非院校对外汉语教学原则刍议，《对外汉语教学探讨集北京地区第一届对外汉语教学讨论会论文选》，北京：北京大学出版社。

1997 年

〖00895〗马春林　（1997）《高级汉语口语》系列声像教学片的编制与特点，《外语电化教学》第 3 期。

〖00896〗程相文　（1997）《汉语普通话教程》简介，《语言教学与研究》第 3 期。

〖00897〗赵金铭　（1997）对外汉语教材创新略论，《世界汉语教学》第 2 期。

〖00898〗周小兵　（1997）对外汉语学习词典的编写，《辞书研究》第 1 期。

〖00899〗余　宁　（1997）关于汉语短期阅读教材《当代中国社会》编写的几点思考，《南京大学学报》（哲学·人文科学·社会科学版）第 4 期。

〖00900〗杨惠元　（1997）论《速成汉语初级教程》的练习设计，《语言教学与研究》第 3 期。

〖00901〗杨德峰　（1997）试论对外汉语教材的规范化，《语言教学与研究》第 3 期。

〖00902〗余心乐　（1997）谈谈对外汉语教材英文注释与说明的"信"与"达"，《世界汉语教学》第 3 期。

〖00903〗李晓琪　（1997）外国学生现代汉语常用词词典编纂散论，《世界汉语教学》第 3 期。

〖00904〗王　珊　（1997）关于设计汉字文化圈留学生用汉语教材的思考，《对外汉语教学研究论文集》，天津：天津人民出版社。

〖00905〗徐家祯　（1997）从海外使用者的角度评论大陆编写的初级汉语课本，《第五届国际汉语教学讨论会论文选》，北京：北京大学出版社。

〖00906〗钱学烈　（1997）关于中级汉语教材中的语言规范问题，《第五届国际汉语教学讨论会论文选》，北京：北京大学出版社。

〖00907〗梁雅玲　（1997）方言区（香港）普通话教材编写原则初探，《第五届国际汉语教学讨论会论文选》，北京：北京大学出版社。

〖00908〗何文胜　（1997）初中学生的语文学习心理与教材编选体系的关系，《第五届国际汉语教学讨论会论文选》，北京：北京大学出版社。

1996 年

〖00909〗李　泉、黄政澄、赵燕琬、马燕华　（1996）《新编汉语教程》的设计、实施及特点，《语言教学与研究》第 2 期。

〖00910〗李晓亮　（1996）对外汉语教材的几个问题，《世界汉语教学》第 4 期。

〖00911〗杨德峰　（1996）对外汉语教材中的注音和拼写问题，《世界汉语教学》第 1 期。

〖00912〗黄子建　（1996）对外教学的特点与教材的特色，《海外华文教育》第 2 期。

〖00913〗白乐桑　（1996）汉语教材中的文、语领土之争：是合并，还是自主，抑或分离？，《世界汉语教学》第 4 期。

〖00914〗程相文　（1996）论《汉语普通话教程》的总体设

计，《语言教学与研究》第 3 期。

〚00915〛孙德坤 （1996）组合式——教材编写的另一种思路，《世界汉语教学》第 1 期。

〚00916〛陆嘉琦 （1996）汉语词典领域的新开拓，《外国语》（上海外国语学院学报）第 3 期。

〚00917〛张起旺 （1996）1983——1993 对外汉语教材综述，《中国对外汉语教学学会成立十周年纪念论文选》，北京：北京语言文化大学出版社。

〚00918〛王新文 （1996）给学生听什么——谈中级汉语听力教材编写的几个问题，《中国对外汉语教学学会成立十周年纪念论文选》，北京：北京语言文化大学出版社。

〚00919〛白乐桑 （1996）汉语教材中的文、语领土之争：是合并，还是自主，抑或分离?，《第五届国际汉语教学讨论会论文集》，北京：北京大学出版社。

〚00920〛杨寄洲 （1996）编写新一代基础汉语教材的构想，《中国对外汉语教学学会第五次学术讨论会论文选》，北京：北京语言学院出版社。

〚00921〛刘亚林 （1996）合体适境为本外交语体为纲，《中国对外汉语教学学会第五次学术讨论会论文选》，北京：北京语言学院出版社。

1995 年

〚00922〛郭志良 杨惠元 高彦德 （1995）《速成汉语初级教程·综合课本》的总体构想及编写原则，《世界汉语教学》第 4 期。

〚00923〛赵淑华、刘社会、胡 翔 （1995）北京语言学院现代汉语精读教材主课文句型统计报告，

《语言教学与研究》第 2 期。

〖00924〗张德鑫　（1995）电视汉语教学片的原理和设计
——兼说《你好，北京》，《语言教学与
研究》第 3 期。

〖00925〗陈晓燕　（1995）对汉语阅读课教材编写的思考
——从两种教材的比较谈起，《煤炭高等
教育》第 2 期。

〖00926〗卢　伟　（1995）对外汉语教材中课文词语汉译英
的原则和方法，《厦门大学学报》（哲学
社会科学版）第 2 期。

〖00927〗方　明　（1995）含蓄蕴藉的象征手法——读新马
《华文》教材有感，《海外华文教育》第
2 期。

〖00928〗阎德早　（1995）汉外词典的编写与对外汉语教学，
《辞书研究》第 1 期。

〖00929〗王文虎　（1995）教材编写的一种蓝图——关于以
巴蜀文化为内容的中高级汉语阅读教材
的编写原则和方法，《语言教学与研究》
第 4 期。

〖00930〗孔令达　（1995）教材中的数字应翔实可靠，《世
界汉语教学》第 3 期。

〖00931〗冯惟钢　（1995）视听说教学及其教材的编写，《世
界汉语教学》第 4 期。

〖00932〗李继先　（1995）试论初级对外汉语教材的编写问
题，《清华大学学报》（哲学社会科学版）
第 4 期。

〖00933〗林国安　（1995）听说读写单元式教材的结构与编
制，《海外华文教育》第 2 期。

〖00934〗杨庆华　（1995）新一代对外汉语教学的初步设想
——在全国对外汉语教学基础汉语推荐
教材问题讨论会上的发言，《语言教学与

研究》第 4 期。

〖00935〗任　远　　（1995）新一代基础汉语教材编写理论与编写实践，《语言教学与研究》第 2 期。

〖00936〗倪明亮　　（1995）未来高级阶段汉语基础课教材的框架构想与设计——兼谈《高级汉语教程》得失及其他，《对外汉语教学论文集》，北京：北京语言学院出版社。

〖00937〗刘　珣　　（1995）新一代对外汉语教材的展望——再谈汉语教材的编写原则，《第四届国际汉语教学讨论会论文选》，北京：北京语言学院出版社。

〖00938〗佟秉正　　（1995）自学汉语教材的编写问题，《第四届国际汉语教学讨论会论文选》，北京：北京语言学院出版社。

〖00939〗吴淮南　　（1995）作为外语的汉语口语教材《朴通事》和《朴通事谚解》，《第四届国际汉语教学讨论会论文选》，北京：北京语言学院出版社。

〖00940〗李行健　　（1995）对外汉语教学需要一部新的《现代汉语规范词典》，《第四届国际汉语教学讨论会论文选》，北京：北京语言学院出版社。

1994 年

〖00941〗晏懋思　　（1994）对外汉语教材中词语翻译的一些问题及其对策，《现代外语》第 1 期。

〖00942〗李忆民　　（1994）关于中级汉语（第二语言）教材编写的几个问题，《语言文字应用》第 1 期。

〖00943〗肖奚强　　（1994）汉字教学及其教材编写问题，《世界汉语教学》第 4 期。

〖00944〗蔡衍泰　（1994）加拿大中文教材的适应性——缅省中文学院《初级汉语读本》的编写经验，《海外华文教育》第 2 期。

〖00945〗金　钟　（1994）介绍《口语习用语功能词典》，《学汉语》第 11 期。

〖00946〗李白坚　丁迪蒙　（1994）试论对外汉语教学及教材改革，《上海大学学报（社会科学版）第 6 期。

〖00947〗方　明　（1994）文理并重实用为上——评新加坡第二语文《华文》教材，《海外华文教育》第 1 期。

〖00948〗刘　珣　（1994）新一代对外汉语教材的展望——再谈汉语教材的编写原则，《世界汉语教学》第 1 期。

〖00949〗方．明　（1994）抓住重点，打好语文基本——读马来西亚预备班《华文》教材，《海外华文教育》第 2 期。

1993 年

〖00950〗杜厚文　（1993）《普通汉语教程》和《科技汉语教程》的编写原则与设计方法，《世界汉语教学》第 2 期。

〖00951〗吴晓露　（1993）论语言文化教材中的文化体现问题，《语言教学与研究》第 4 期。

〖00952〗马静恒　（1993）声像汉语句型及练习——视听说合一的新型教材，《语言教学与研究》第 1 期。

〖00953〗杨天戈　周奎杰　（1993）我们在编写《外国人学中国语》系列教材中的几点尝试，《世界汉语教学》第 4 期。

〖00954〗高书贵　（1993）有关对外汉语教材如何处理离合

词的问题，《世界汉语教学》第 2 期。

〖00955〗赵贤洲　（1993）建国以来对外汉语教材研究报告，《对外汉语教学论文选评》，北京：北京语言学院出版社。

〖00956〗鲁健骥　（1993）基础汉语教学的一次新的尝试——教学实验报告，《对外汉语教学论文选评》，北京：北京语言学院出版社。

〖00957〗刘　珣、邓恩明、刘社会　（1993）试谈基础汉语教科书的编写原则，《对外汉语教学论文选评》，北京：北京语言学院出版社。

〖00958〗卢　伟　（1993）功能和形式的关系及其处理原则——编写对外汉语功能教材的几点体会，《中国对外汉语教学学会第四次学术讨论会论文选》，北京：北京语言学院出版社。

〖00959〗黄章恺　（1993）关于编写《表达语法》的思考，《中国对外汉语教学学会第四次学术讨论会论文选》，北京：北京语言学院出版社。

1992 年

〖00960〗[俄]寇成晶　常宝儒　（1992）初级阶段对外汉语教材的科学性，《世界汉语教学》第 2 期。

〖00961〗李菊先　（1992）关于中、高级对外汉语教材的思考，《世界汉语教学》第 4 期。

〖00962〗王砚农　（1992）谈谈"中医汉语"系列教材，《世界汉语教学》第 4 期。

1991 年

〖00963〗杨靖轩　（1991）《医学汉语教程》功能项目的选择与安排，《世界汉语教学》第 3 期。

〖00964〗[英]佟秉正　（1991）初级汉语教材的编写问题，《世界汉语教学》第 1 期。

〖00965〗褚福章　（1991）大学理科教材语言现象探析，《语言教学与研究》第 4 期。

〖00966〗戚雨村　俞约法　（1991）对外汉语教学论教材建设门外谈——兼评盛炎近著《语言教学原理》，《语言教学与研究》第 3 期。

〖00967〗任以珍　（1991）关于中级汉语文科专业阅读教材编写的几个问题，《世界汉语教学》第 1 期。

〖00968〗罗守坤　（1991）集成教材新策略，《世界汉语教学》第 3 期。

〖00969〗杨石泉　（1991）教材语料的选择，《世界汉语教学》第 1 期。

〖00970〗胡希明　（1991）教授成人学习中文的教材与教学法，《语言教学与研究》第 4 期。

〖00971〗吴晓露　（1991）阅读技能训练——对外汉语泛读教材的一种模式，《语言教学与研究》第 1 期。

〖00972〗葛中华　（1991）对外汉语视听说课程教材、教法再思考，《中高级对外汉语教学论文选》，北京：北京语言大学出版社。

〖00973〗王　威　（1991）关于中级汉语教材选文的典型分析，《中高级对外汉语教学论文选》，北京：北京语言大学出版社。

〖00974〗张宁志　（1991）浅谈汉语教材难度的确定，《中高级对外汉语教学论文选》，北京：北京语言大学出版社。

〖00975〗卞觉非　（1991）《汉语交际语法》的构思，《第三届国际汉语教学讨论会论文选》，北京：北京语言学院出版社。

〖00976〗黄政澄、崔永华、郭树军、张　凯　（1991）"核心汉语"第一阶段选材和编写原则，《第三届国际汉语教学讨论会论文选》，北京：北京语言学院出版社。

〖00977〗陈亚川　（1991）汉语教材注音拼写法问题，《第三届国际汉语教学讨论会论文选》，北京：北京语言学院出版社。

〖00978〗戴桂芙　（1991）关于初、中、高级系列汉语教材的编写构想与实施，《第三届国际汉语教学讨论会论文选》，北京：北京语言学院出版社。

〖00979〗佟秉正　（1991）初级汉语教材的编写问题，《第三届国际汉语教学讨论会论文选》，北京：北京语言学院出版社。

〖00980〗徐凌志韫　（1991）近年来美国汉语教学界以电影录像带当教材的发展，《第三届国际汉语教学讨论会论文选》，北京：北京语言学院出版社。

〖00981〗洪材章　（1991）《大学医用汉语教程》的特点，《第三届国际汉语教学讨论会论文选》，北京：北京语言学院出版社。

〖00982〗贾　铃　（1991）从外交人员速成汉语口语教材《容易学》的编写谈起，《第三届国际汉语教学讨论会论文选》，北京：北京语言学院出版社。

〖00983〗李德津　（1991）《现代汉语教程》中语言结构与交际功能的关系，《第三届国际汉语教学讨论会论文选》，北京：北京语言学院出版社。

〖00984〗李丽君　（1991）大陆、台湾、美国出版的五套基础汉语教材词汇选择的分析——兼论基础汉语教材词汇选择原则，《第三届国际汉语教学讨论会论文选》，北京：北京语言学院出版社。

〖00985〗郑　玉　（1991）《科技汉语教程》中级课本的主要特点，《第三届国际汉语教学讨论会论文选》，北京：北京语言学院出版社。

1990 年

〖00986〗温　洁　（1990）《标准汉语》教材设计的交际性原则和单元教学法，《语言教学与研究》第 3 期。

〖00987〗无　奇　（1990）一本新体系的《现代汉语》教材，《语文研究》第 2 期。

〖00988〗石金才　（1990）关于编写外交人员初级汉语教材的设想，《世界汉语教学》第 3 期。

〖00989〗黄慰平　（1990）浅谈科技汉语教材的编写，《中国对外汉语教学学会第三次学术讨论会论文选》，北京：北京语言学院出版社。

〖00990〗万汝璠　（1990）语素教学的地位与教材编写，《中国对外汉语教学学会第三次学术讨论会论文选》，北京：北京语言学院出版社。

〖00991〗杨从洁　（1990）一年制文科二级听力教材编写原则刍议，《中国对外汉语教学学会第三次学术讨论会论文选》，北京：北京语言学院出版社。

1989 年

〖00992〗刘珣等　（1989）试谈基础汉语教科书的编写原则，《对外汉语教学论文选》第 6 期。

〖00993〗赵双之　（1989）《高级汉语》教法探讨二题，《天津师范大学学报》（社会科学版）第 5 期。

〖00994〗于树华　　（1989）谈语言对比在对外汉语教材编写中的运用，《语言教学与研究》第 4 期。

1988 年

〖00995〗张志公　　（1988）编写汉语作为第二语言的教材要重视汉语的特点——《交际汉语一百课》代序，《语言教学与研究》第 3 期。

〖00996〗吕必松　　（1988）关于制订对外汉语教材规划的几个问题，《世界汉语教学》第 1 期。

〖00997〗王　还　　（1988）试编一本对外汉语教学用的词典，《辞书研究》第 4 期。

〖00998〗李忆民　　（1988）试论中级汉语教学——兼析《中级汉语教程》，《语言教学与研究》第 2 期。

〖00999〗岳维善　　（1988）提高听说课教学中语言材料的重现率和学生的开口率，《世界汉语教学》第 3 期。

〖01000〗吴叔平　　（1988）小小说进课堂的启示——谈中、高级阶段汉语教材的编写，《语言教学与研究》第 2 期。

〖01001〗黄皇宗　　（1988）教材针对性浅论，《对外汉语教学论文集》，广东省对外汉语教学研究会编（内部资料）。

〖01002〗施光亨、李　明　　（1988）文学作品与中高级汉语教材，《第二届国际汉语教学讨论会论文选》，北京：北京语言学院出版社。

〖01003〗塔依沙　　（1988）谈初级汉语教学原文教材的用处和用法，《第二届国际汉语教学讨论会论文选》，北京：北京语言学院出版社。

〖01004〗吴洁敏　　（1988）基础汉语教材之管见，《第二届国际汉语教学讨论会论文选》，北京：北京语言学院出版社。

〖01005〗[日]曾根博隆 （1988）汉语教材与语法，《第二届国际汉语教学讨论会论文选》，北京：北京语言学院出版社。

〖01006〗赵贤洲 （1988）建国以来对外汉语教材研究报告，《第二届国际汉语教学讨论会论文选》，北京：北京语言学院出版社。

〖01007〗郑　玉 （1988）如何设计《大学科技汉语》，《第二届国际汉语教学讨论会论文选》，北京：北京语言学院出版社。

1987 年

〖01008〗胡裕树 （1987）《今日汉语》编写中的几个问题，《世界汉语教学》预刊第 2 期。

〖01009〗马欣华 （1987）关于汉语口语教材的编写问题，《语言教学与研究》第 4 期。

〖01010〗吕文华 （1987）汉语教材中语法项目的选择和编排，《语言教学与研究》第 3 期。

〖01011〗赵贤洲 （1987）教材编写散论，《世界汉语教学》预刊第 1 期。

〖01012〗赵贤洲 （1987）教学法理论与教材编写的关系，《世界汉语教学》预刊第 1 期。

〖01013〗来思平 （1987）灵活地使用教材、组织教学——对外汉语教学浅谈，《语言教学与研究》第 3 期。

〖01014〗任　远 （1987）评基础汉语"系列教材"，《语言教学与研究》第 1 期。

〖01015〗刘英林　李景蕙 （1987）试论对外汉语基础课程（教材）结构，《世界汉语教学》预刊第 2 期。

〖01016〗汤志祥 （1987）一套具有鲜明特色的好教材——

胡裕树主编的对外汉语教材《今日汉语》评介，《深圳大学学报》（人文社会科学版）第 3 期。

〖01017〗黎天睦　（1987）北京语言学院汉语教材简评，《现代外语教学法理论与实践》，北京：北京语言学院出版社。

〖01018〗梅立崇等　（1987）文科进修班阅读教材的编写原则，《对外汉语教学研究会第二次学术讨论会论文选》，北京：北京语言学院出版社。

〖01019〗施光亨、李　明　（1987）文学作品与中高级汉语教材，《第二届国际汉语教学讨论会论文选》，北京：北京语言学院出版社。

〖01020〗刘月华　（1987）中美常用教材语法比较——兼论初级汉语教材的语法编写原则，《对外汉语教学研究会第二次学术讨论会论文选》，北京：北京语言学院出版社。

〖01021〗宋孝才　（1987）谈汉语教材中的儿化词语，《对外汉语教学研究会第二次学术讨论会论文选》，北京：北京语言学院出版社。

〖01022〗王文虎　（1987）地方性因素与乡土教材，《对外汉语教学研究会第二次学术讨论会论文选》，北京：北京语言学院出版社。

〖01023〗吴世明　（1987）对编写华侨、华裔学生古文教材的意见，《对外汉语教学研究会第二次学术讨论会论文选》，北京：北京语言学院出版社。

〖01024〗黄慰平　（1987）科技汉语教材的"五性"，《对外汉语教学研究会第二次学术讨论会论文选》，北京：北京语言学院出版社。

〖01025〗李传槐　（1987）对外汉语教学总体规划课程设置

及教材编写的初步设想，《对外汉语教学研究会第二次学术讨论会论文选》，北京：北京语言学院出版社。

〖01026〗王振昆 贾甫田 （1987）关于二年制进修班课程设置和教材编写的设想，《对外汉语教学研究会第二次学术讨论会论文选》，北京：北京语言学院出版社。

〖01027〗刘镰力等 （1987）关于《中级汉语》的编写，《对外汉语教学研究会第二次学术讨论会论文选》，北京：北京语言学院出版社。

〖01028〗毛 文 （1987）关于编写中高级汉语教材的原则，《对外汉语教学研究会第二次学术讨论会论文选》，北京：北京语言学院出版社。

〖01029〗梅立崇等 （1987）文科进修班阅读教材编写原——从《现代汉语阅读训练》的编写谈起，《对外汉语教学研究会第二次学术讨论会论文选》，北京：北京语言学院出版社。

〖01030〗周继圣 （1987）高级汉语口语课的教材编写和教学实践，《对外汉语教学研究会第二次学术讨论会论文选》，北京：北京语言学院出版社。

〖01031〗杨贺松 （1987）浅谈汉语读本的编写与教学，《对外汉语教学研究会第二次学术讨论会论文选》，北京：北京语言学院出版社。

〖01032〗张孝忠等 （1987）功能、结构和情景的结合及其他——浅谈口语教材编写中的几个问题，《对外汉语教学研究会第二次学术讨论会论文选》，北京：北京语言学院出版社。

1986 年

〖01033〗余云霞 （1986）《对外汉语教学常用词汇》的编

选，《辞书研究》第 4 期。

〖01034〗杜厚文　（1986）关于外国留学生科技汉语教学体制和教材问题，《语言教学与研究》第 4 期。

〖01035〗鲁健骥　杨石泉　（1986）教材和教学实践，《第一届国际汉语教学讨论会论文选》，北京：北京语言学院出版社。

〖01036〗马盛静恒　（1986）汉语"了、过、是……的、着、在、呢"教材教法的构想，《第一届国际汉语教学讨论会论文选》，北京：北京语言学院出版社。

〖01037〗赵燕皎　（1986）用生动活泼的形式反映广泛而严肃的内容——谈《话说中国》的编写，《第一届国际汉语教学讨论会论文选》，北京：北京语言学院出版社。

〖01038〗李德津、樊　平　（1986）新编系列教材《现代汉语教程》的主要特点，《第一届国际汉语教学讨论会论文选》，北京：北京语言学院出版社。

1985 年

〖01039〗任　远　（1985）基础汉语教材纵横谈，《语言教学与研究》第 2 期。

〖01040〗吕必松　（1985）基础汉语教学课型设计和教材编定的新尝试，《语言教学与研究》第 4 期。

〖01041〗张宁志　（1985）口语教材的语域风格问题，《语言教学与研究》第 3 期。

〖01042〗何子铨　（1985）以"个别教学"原则编写汉语教材的一次尝试——菲力浦·康多《汉语》漫评，《语言教学与研究》第 1 期。

1984 年

〖01043〗刘镰力 （1984）关于汉语阅读教材的编写，《对外汉语教学》第 1 期。

〖01044〗吴欢章 （1984）关于文学教材的发言纲要，《对外汉语教学》第 1 期。

〖01045〗张占一 （1984）汉语个别教学及其教材，《语言教学与研究》第 3 期。

〖01046〗任念麒 （1984）外用汉外教学词典的基础，《辞书研究》第 3 期。

1983 年

〖01047〗吕淑湘 （1983）《汉语口语》序，《汉语学习》第 4 期。

〖01048〗程相文 李更新 谭敬训 刘希明 王碧霞 （1983）编写《高级汉语》的指导思想和原则，《语言教学与研究》第 4 期。

〖01049〗邓恩明 （1983）语言教材要有趣，《语言教学与研究》第 2 期。

1982 年

〖01050〗邓恩明、刘 珣、刘社会 （1982）试谈基础汉语教科书的编写原则，《语言教学与研究》第 4 期。

1981 年

〖01051〗袁李来 （1981）《现代汉语文选》选材浅谈，《语言教学与研究》第 3 期。

〖01052〗卢晓逸 张亚军 （1981）外国人短期汉语进修教材介绍，《语言教学与研究》第 2 期。

1980 年

〖01053〗来思平、李培元、赵淑华、邵佩珍、刘 山 （1980）

编写《基础汉语课本》的若干问题，《语言教学与研究》第 4 期。

〖01054〗苏张之炳　（1980）中国语言教材编纂工作上的需要，《语言教学与研究》第 4 期。

3．对外汉语课程、大纲及教学模式

2007 年

〖01055〗赵　明　（2007）据"情感过滤假说"确立对外汉语教学模式，《继续教育研究》第 2 期。

〖01056〗刘亚辉　（2007）"准家庭"教学模式的教学原则和实施办法，《广西师范大学学报》（哲学社会科学版）第 1 期。

〖01057〗罗兰京子　（2007）对外汉语"一对一教学"分析，《洛阳师范学院学报》第 4 期。

〖01058〗朱焱炜　（2007）对外汉语教学中的古汉语教学，《上海大学学报》（社会科学版）第 3 期。

〖01059〗陈叶红　（2007）对外汉语教学中如何处理好结构、功能和文化之间的关系，《漯河职业技术学院学报》第 2 期。

〖01060〗王鸿滨　（2007）高级母语教育与人文专业教育的有机融合——关于对外汉语专业"古代汉语"课程的定位与教改设想，《云南师范大学学报》（对外汉语教学与研究版）第 4 期。

〖01061〗李叔飞　（2007）关于海外华文教育中第二语文教学模式的探讨——以老挝万象寮都公学为例，《云南师范大学学报》（对外汉语教学与研究版）第 2 期。

〖01062〗吴勇毅　（2007）海外汉语教师来华培养及培训模式探讨，《云南师范大学学报》（对外汉语教学与研究版）第 3 期。

〖01063〗张瑞芳　（2007）基于蒙古留学生汉语学习的课堂教学设计，《内蒙古师范大学学报》（教育科学版）第 9 期。

〖01064〗常志斌　（2007）留学生汉语新词语课的建设问题初探，《上海大学学报》（社会科学版）第 3 期。

〖01065〗孙　瑞、李丽虹　（2007）论合作学习模式在对外汉语教学中的运用，《云南师范大学学报》（对外汉语教学与研究版）第 2 期。

〖01066〗孙　毅　（2007）浅谈留学生汉语短期班存在的问题与解决对策，《沈阳教育学院学报》第 1 期。

〖01067〗张　曦　（2007）浅谈医科院校留学生汉语教学，《南京医科大学学报》（社会科学版）第 2 期。

〖01068〗张　哲　（2007）浅析对外汉语中的情景教学，《科技咨询导报》第 4 期。

〖01069〗董小琴　（2007）浅议零起点班短期汉语教学，《语文学刊》第 17 期。

〖01070〗刘　弘、陆嘉栋　（2007）谈《入门水平英语》对汉语功能大纲编写的启示，《考试周刊》第 4 期。

〖01071〗王素梅　（2007）谈综合教学法在对外汉语教学中的应用，《教育与职业》第 4 期。

〖01072〗王瑞烽　（2007）小组活动的任务形式和设计方式及其在对外汉语教学中的应用，《语言教学与研究》第 1 期。

〖01073〗那英志　杜小平　（2007）基于"任务教学法"的旅游汉语教学流程和操作策略，《青岛职业技术学院学报》第 7 期。

2006 年

〖01074〗李　军、刘　峰　（2006）东南亚地区华文教育的模式与性质分析，《东南亚研究》第 3 期。

〖01075〗邢红兵　（2006）《（汉语水平）词汇等级大纲》双音合成词语素统计分析，《世界汉语教学》第 3 期。

〖01076〗李绍林　（2006）《等级大纲》与汉语教材生词的确定，《汉语学习》第 5 期。

〖01077〗王光和　罗双兰　（2006）《对外汉语》网络课程的设计，《海南广播电视大学学报》第 1 期。

〖01078〗方绪军　薄文静　（2006）《汉语水平大纲》中的逆序词语，《海外华文教育》第 1 期。

〖01079〗付继伟　（2006）对外汉语兼职教师培训模式新探，《云南师范大学学报》（对外汉语教学与研究版）第 4 期。

〖01080〗吴成年　（2006）对外汉语教学的中国现代文学课规范化之研究，《云南师范大学学报》（对外汉语教学与研究版）第 3 期。

〖01081〗孙　宝　（2006）对外汉语教学个案研究——新疆农业职业技术学院吉尔吉斯留学生汉语教学体会，《新疆农业职业技术学院学报》第 4 期。

〖01082〗张灵芝　（2006）对外汉语教学效果评估运行机制的实施与反思，《海外华文教育》第 4 期。

〖01083〗姚　芳　（2006）对外汉语教学中非语言交际手段的使用，《青海师专学报》第 2 期。

〖01084〗蒋可心　（2006）对外汉语教学专业的课程设计问题，《黑龙江高教研究》第 3 期。

〖01085〗单韵鸣　（2006）国际学校学生特点及汉语教学策

略，《海外华文教育》第 1 期。

〖01086〗戴云娟 （2006）汉语作为第二语言的教学模式探析，《云南师范大学学报》（对外汉语教学与研究版）第 3 期。

〖01087〗吴　铮 （2006）论"规约——开放"任务教学模式——国内对外汉语教学中的一种新模式的探讨，《云南师范大学学报》（对外汉语教学与研究版）第 6 期。

〖01088〗汲传波 （2006）论对外汉语教学模式的构建——由美国明德大学汉语教学谈起，《汉语学习》第 4 期。

〖01089〗关　颖 （2006）浅析韩国高中生的汉语教学，《海外华文教育》第 3 期。

〖01090〗李　青、张晓慧 （2006）任务型语言教学模式在商务汉语口语课教学中的运用，《国际汉语教学动态与研究》第 2 期。

〖01091〗周　萍 （2006）中高级对外汉语教学实践的范式选择，《宁波大学学报》（教育科学版）第 2 期。

〖01092〗梁志桦 （2006）中文教学大纲与 HSK 测试要求的结合尝试，《国际汉语教学动态与研究》第 2 期。

2005 年

〖01093〗张　莹 （2005）基于语体的对外汉语中高级听力教学模式初构，华东师范大学硕士学位论文。

〖01094〗曲溪蒙、黄　琳 （2005）浅谈"语法——翻译"法在现代对外汉语教学中的运用，《林区教学》第 1 期。

〖01095〗张晓郁 （2005）情感教育与对外汉语教学，《沈阳教育学院学报》第 1 期。

〖01096〗王巧足　　（2005）谈对外汉语个别教学，《文教资料》第 36 期。

〖01097〗刑红兵　　（2005）《（汉语水平）汉字等级大纲》汉字部件统计分析，《世界汉语教学》第 2 期。

〖01098〗李红印　　（2005）《汉语水平词汇与汉字等级大纲》收“语”分析，《语言文字应用》第 4 期。

〖01099〗白朝霞　　（2005）对外汉语教学初级阶段课堂语言刍议，《当代教育科学》第 1 期。

〖01100〗白朝霞　　（2005）对外汉语教学初级阶段课堂语言的特点和组织原则，《德州学院学报》第 1 期。

〖01101〗罗小东　　（2005）对外汉语教学专业的学科定位和课程设置，《国际汉语教学动态与研究》第 3 期。

〖01102〗吴　艳　　（2005）功能教学法在对外汉语教学中的应用研究，《沈阳教育学院学报》第 4 期。

〖01103〗张　黎　　（2005）汉语言专业课程编制的基本原则，《国际汉语教学动态与研究》第 3 期。

〖01104〗章石芳　　（2005）华语教学的内在动机诱导及教学策略，《云南师范大学学报》（对外汉语教学与研究版）第 6 期。

〖01105〗王　静　　（2005）基于“需要分析”的特殊目标汉语教学设计，《语言教学与研究》第 5 期。

〖01106〗方　艳　　（2005）论对外汉语教学中模拟情景的创设，《金陵科技学院学报》（社会科学版）第 3 期。

〖01107〗薄　彤　　（2005）浅谈中医院校的中高级对外汉语教学，《天津中医学院学报》第 1 期。

〖01108〗范启华　　（2005）谈汉语教学志愿者“菲律宾模式”

的作用及经验，《海外华文教育》第 3 期。

〖01109〗[美]陈东东　（2005）用任务型学习理论指导美国学生的汉语学习，《国际汉语教学动态与研究》第 6 期。

〖01110〗付继伟　（2005）直接法与高级汉语教学的模式，《云南师范大学学报》（对外汉语教学与研究版）第 3 期。

〖01111〗于　鹏、焦毓梅　（2005）中医院校留学生汉语教学中的疑难问题及对策，《天津中医学院学报》第 4 期。

〖01112〗吴中伟　（2005）从 3P 教学法到任务型教学，《国际汉语教学动态与研究》第 1 期。

〖01113〗徐宝妹　（2005）对外国留学生汉语言本科学历教育的几点思考，《对外汉语论丛》（第四期），上海：学林出版社。

〖01114〗刘佳平　（2005）试论对外汉语分班教学，《对外汉语论丛》（第四期），上海：学林出版社。

2004 年

〖01115〗[美]美　青　（2004）短期中文强化教学的运作模式及它与日常循序教学的衔接，《国外汉语教学动态》第 6 期。

〖01116〗李铁范　（2004）对外汉语本科专业建设几个主要问题的思考，《淮北煤炭师范学院学报》（哲学社会科学版）第 5 期。

〖01117〗倪传斌　王志刚　王际平　汪腊萍　（2004）对外汉语教学功能项目表的综合量化研究——兼论"结构——功能——文化"统一体量化新途径，《现代外语》第 2 期。

〖01118〗曹成龙　王国文　（2004）对外汉语一对一教学的

几个问题,《黑龙江高教研究》第 4 期。

〖01119〗袁　伟　（2004）翻译教学中逆向思维的培养,《雁北师范学院学报》第 6 期。

〖01120〗袁建民　（2004）关于"商务汉语"课程、教学和教材的设想,《云南师范大学学报》（对外汉语教学与研究版）第 2 期。

〖01121〗姜德梧　（2004）关于《汉语水平词汇与汉字等级大纲》的思考,《世界汉语教学》第 1 期。

〖01122〗李晓琪　（2004）关于建立词汇——语法教学模式的思考,《语言教学与研究》第 1 期。

〖01123〗马箭飞　（2004）汉语教学的模式化研究初论,《语言教学与研究》第 1 期。

〖01124〗刘若云、林　凌　（2004）基础汉语课堂教学中的生词复现技巧,《中山大学学报论丛》第 2 期。

〖01125〗刘晓海、徐　娟　（2004）建构主义在对外汉语高级阶段教学设计中的体现,《云南师范大学学报》（对外汉语教学与研究版）第 2 期。

〖01126〗谭春健　（2004）理解后听教学模式探讨,《云南师范大学学报》（对外汉语版）第 4 期。

〖01127〗程伟民　杜玲玲　（2004）清华——哥伦比亚大学暑期汉语项目"家住"计划的调查及分析,《国外汉语教学动态》第 7 期。

〖01128〗张笑难　（2004）任务型教学模式在对外汉语写作课中的运用,《海外华文教育》第 2 期。

〖01129〗李春红　（2004）试谈报刊语言教学中的固定表达,《四川职业技术学院学报》第 1 期。

〖01130〗韩秀梅　（2004）谈《中国概况》课的教学思路,《云南师范大学学报》（对外汉语教学与研究版）第 7 期。

〖01131〗金　美　（2004）谈对外汉语教学三种教学模式，《海外华文教育》第 5 期。

〖01132〗黄晓颖　（2004）关于构建对外汉语教学艺术体系的几个问题，《现代教育科学》第 4 期。

2003 年

〖01133〗叶　军　（2003）《对外汉语教学语音大纲》初探，《云南师范大学学报》（对外汉语教学与研究版）第 4 期。

〖01134〗孟长勇　（2003）对短期汉语教学的探索与思考，《云南师范大学学报》（对外汉语教学与研究版）第 4 期。

〖01135〗宿　丰、黄　丽　（2003）对外短期汉语教学浅议，《丹东师专学报》第 4 期。

〖01136〗欧阳万钧　（2003）对外汉语教学运用两种语言"过渡式"教学方法初探，《天津成人高等学校联合学报》第 4 期。

〖01137〗张　念　（2003）多层分项循环渐进——新型写作教学模式探讨，《海外华文教育》第 3 期。

〖01138〗刘　威、顾建政　（2003）工科院校搞好对外汉语教学工作的几点思考，《黑龙江高教研究》第 1 期。

〖01139〗杨子菁　（2003）关于东南亚华文师资培训工作的思考，《海外华文教育》第 1 期。

〖01140〗张　英　（2003）关于汉语写作水平等级标准的思考，《海外华文教育》第 1 期。

〖01141〗赵金铭、张　博、程　娟　（2003）关于修订《（汉语水平）词汇等级大纲》的若干意见，《世界汉语教学》第 3 期。

〖01142〗余小明　（2003）教学模式的特点和构建，《福建教育学院学报》第 4 期。

〖01143〗闫守轩　（2003）教学模式理论建构的逻辑定位解析，《教学管理》第 19 期。

〖01144〗王际平　（2003）教学模式论在丰富与拓展对外汉语教育市场上的应用，《海外华文教育》第 2 期。

〖01145〗郝志军　徐继存　（2003）教学模式研究 20 年：历程、问题与方向，《教育理论与实践》第 12 期。

〖01146〗鲁健骥　（2003）口笔语分科精泛读并举——对外汉语教学改进模式构想，《世界汉语教学》第 2 期。

〖01147〗李建国、顾　颖（2003）立体语言观与融叠教学法——兼论高级阶段教学的误区与得失，《云南师范大学学报》（对外汉语教学与研究版）第 1 期。

〖01148〗申艳艳　（2003）美国、加拿大部分著名大学汉语课程设置，《国外汉语教学动态》第 2 期。

〖01149〗丁崇明　（2003）语法、词汇与功能结合的教学模式刍议，《云南师范大学学报》（对外汉语教学与研究版）第 4 期。

〖01150〗余求真　（2003）中韩汉语言专业课程设置之比较，《国外汉语教学动态》第 2 期。

〖01151〗熊云茜　（2003）中级汉语阅读课教学模式初探，《云南师范大学学报》（对外汉语教学与研究版）第 2 期。

〖01152〗肖　莉　（2003）基础汉语长期进修强化教学的定位，《云南师范大学学报》（对外汉语教学与研究版）第 2 期。

〖01153〗赵　宏　（2003）如何实现对外汉语课堂教学的交际化，《黑龙江教育学院学报》第 1 期。

〖01154〗朱黎航　（2003）商务汉语的特点及其教学，《暨南大学华文学院学报》第 5 期。

〖01155〗朱丽萍　赵纯瑶　（2003）试论翻译教学在对外汉语教学中的运用，《楚雄师范学院学报》第 2 期。

2002 年

〖01156〗王　珊　（2002）对外汉语教学初级阶段模具化教学法的应用，《唐都学刊》第 3 期。

〖01157〗张云艳　（2002）非言语行为在对外汉语教育中的作用，《西南林学院学报》S1 期。

〖01158〗王　艺　（2002）富有特色的汉语短期培训教学——菲华中学生汉语培养班的启示，《海外华文教育》第 4 期。

〖01159〗刘亚飞　（2002）关于第二语言课外延伸教学的思考，《新疆财经学院学报》第 1 期。

〖01160〗裴维襄　（2002）关于对外汉语教学模式的初探，《天津外国语学院学报》第 1 期。

〖01161〗王　珊　（2002）关于对外汉语教学中"弹性编班制"的思考和构想，《西安外国语学院学报》第 3 期。

〖01162〗连志丹　（2002）加快培育华文网络教育教师队伍的思考，《海外华文教育》第 2 期。

〖01163〗吴成年　（2002）论对外汉语教学的中国现代文学课，《北京师范大学学报》（人文社会科学版）第 6 期。

〖01164〗马箭飞　（2002）任务式大纲与汉语交际任务，《语言教学与研究》第 4 期。

〖01165〗余自中　（2002）沙特来华本科生 2+2 教学及其管理，《海外华文教育》第 4 期。

〖01166〗涂文晖　（2002）论对外汉语高级阶段古代文学教学的特殊性，《华侨大学学报》（哲学社会科学版）第 1 期。

2001 年

〖01167〗郭肖华　（2001）"1 对 1"对外汉语教学模式浅探，《海外华文教育》第 3 期。

〖01168〗[U.S.A.] Theresa Chang-whei JEN （2001） *Expandingvisions of American learners of collegiate Chinese : heritage students*，《世界汉语教学》第 3 期。

〖01169〗李世之　（2001）对外汉语教学新模式刍议，《语言文化教学与研究》，北京：人民教育出版社。

〖01170〗朱瑞平　（2001）关于对外汉语教学中"古代汉语"教学及教材建设的几点思考，《北京师范大学学报》（人文社会科学版）第 6 期。

〖01171〗努尔巴·司马义　（2001）基础汉语课教学要突出"基础"特点，《语言与翻译》第 3 期。

〖01172〗周　伟　（2001）踏出国门——关于中国对外汉语电视教学的报告，《中国远程教育》第 2 期。

〖01173〗刘川平、萧　莉、康庆玮　（2001）提高对外汉语教学效率的有效模式——初级阶段相对强化教学实验报告，《外语与外语教学》第 24 期。

〖01174〗金　辉　（2001）自主学习理论及对外汉语教学最佳模式的研究，《山西财经大学学报》（高等教育版）第 3 期。

〖01175〗丁安琪　（2001）欧美留学生实施"建议"言语行为模式分析，《语言教学与研究》第 1 期。

〖01176〗吴春仙　（2001）《汉语水平等级标准与语法等级大纲》中几个值得讨论的语法问题，《暨南大学华文学院学报》第 2 期。

〖01177〗刘英林　宋绍周　（2001）论汉语教学字词的统计与分级，《汉语水平词汇与汉字等级大纲（代序）》（修订本），北京：经济科学出版社。

〖01178〗刘超英　朱志平　刘乃华　吴中伟　张筱平（2001）"高等学校外国留学生汉语教学大纲（长期进修）"编写说明，《中国对外汉语教学学会北京分会第二届学术年会论文集》，北京：北京语言文化大学出版社。

〖01179〗黄　立　（2001）试谈对外汉语专业研究生第二语言习得课程建设，《中国对外汉语教学学会北京分会第二届学术年会论文集》，北京：北京语言文化大学出版社。

2000 年

〖01180〗徐子亮　（2000）对外汉语教学的模式匹配，《汉语学习》第 2 期。

〖01181〗尚秀妍　（2000）对汉语水平词汇等级大纲甲乙级词声调规律的调查，《世界汉语教学》第 1 期。

〖01182〗王　玮　（2000）对外汉语教学中的"1+1"教学模式，《天津师大学报》（社会科学版）第 2 期。

〖01183〗陈小玲　（2000）国际间合作办学中汉语课的设计与教学，《武汉科技大学学报》（社会科学版）第 2 期。

〖01184〗翟　艳　（2000）汉语速成教学的时间观，《语言教学与研究》第 2 期。

〖01185〗陈荣岚　唐微文　（2000）扩充·稳定·提高——

谈华文教师队伍的建设,《海外华文教育》第 2 期。

〖01186〗马箭飞　（2000）以"交际任务"为基础的汉语短期教学新模式,《世界汉语教学》第 4 期。

〖01187〗陈小玲　（2000）中外联合办学中的汉语教学模式,《世界汉语教学》第 3 期。

〖01188〗崔永华　（2000）汉语教学的教学类型,《对外汉语教学回眸与思考》,上海：外语教学与研究出版社。

〖01189〗洪越碧　阙少华　曼蒂·司各特　（2000）"听说读写"往何处去?——对"丰富内容输入"式课程的探讨,《第六届国际汉语教学讨论会论文选》,北京：北京大学出版社。

〖01190〗吕文华　（2000）建立语素教学的构想,《第六届国际汉语教学讨论会论文选》,北京：北京大学出版社。

〖01191〗黄　宏　（2000）试议超短期汉语强化培训的教学定位,《第六届国际汉语教学讨论会论文选》,北京：北京语言文化大学出版社。

1999 年

〖01192〗李清华　（1999）《汉语水平词汇与汉字等级大纲》的词汇量问题,《语言教学与研究》第 1 期。

〖01193〗杨　捷　（1999）对外汉语教学思想与教学模式摭谈,《辽宁教育研究》第 1 期。

〖01194〗孙德金　（1999）对外汉语专业教育中语言知识课的定位问题,《语言教学与研究》第 1 期。

〖01195〗刘川平　（1999）汉语言专业在外语院校设置的理据,《外语与外语教学》第 7 期。

〖01196〗崔永华　（1999）基础汉语教学模式的改革,《世界汉语教学》第 1 期。

〖01197〗萧海薇 （1999）掌握学习法教学模式在对外汉语教学中的应用，《华南师范大学学报》（社会科学版）第 5 期。

〖01198〗徐子亮 （1999）对外汉语教学的模式构建，《华东师范大学学报》（哲学社会科学版）第 2 期。

〖01199〗潘文国 （1999）语言研究与语言教学——兼论"汉语言文字学"专业设立的理论意义和实践意义，《对外汉语教研论丛》（第一辑），上海：华东师范大学出版社。

1998 年

〖01200〗杜秀丽 刁小卫 （1998）"随意学汉语"教学模式初探，《伊犁师范学院学报》（社会科学版）第 4 期。

〖01201〗黄贞姬 （1998）《HSK 汉字等级大纲》中的汉字与韩国教育用汉字的字形比较，《汉语学习》第 1 期。

〖01202〗李晓华 （1998）教学模式的定位及其特点，《青海师范大学学报》（哲学社会科学版）第 2 期。

〖01203〗陈台丽 （1998）日本学生学习中国古代诗歌的思维导向，《上海金融学院学报》第 4 期。

〖01204〗洪 芸 （1998）速成汉语教学模式设计，《北京第二外国语学院学报》第 2 期。

〖01205〗李 青 （1998）我校国际文化交流中心对外现代汉语教学的课程设置，《玉溪师范学院学报》第 4 期。

〖01206〗刘乃华 （1998）商贸汉语中洽谈语言的特性及其教学，《南京大学学报》（哲学·人文科学·社会科学版）第 12 期。

〖01207〗[香港]李莎莉 　（1988）普通话速成教学初探，《第二世界汉语教学讨论会论文选》第 4 期。

〖01208〗徐永龄 　（1998）实践性原则在短期班汉语教学中的运用，《对外汉语教学研究》，广州：中山大学出版社。

1997 年

〖01209〗李　明、刘英林 　（1997）《语法等级大纲》的编制与定位，《语言教学与研究》第 4 期。

〖01210〗李　英 　（1997）关于《汉语水平词汇与汉字等级大纲》的几个问题，《中山大学学报论丛》第 4 期。

〖01211〗陈　莉 　（1997）试论教学模式的建立及意义，《北大海外教育》（第一辑），北京：北京大学出版社。

〖01212〗王钟华 　（1997）课程规范与相关问题，《对外汉语教学探讨集北京地区第一届对外汉语教学讨论会论文选》，北京：北京大学出版社。

1996 年

〖01213〗朱英月 　（1996）汉语水平等级大纲中的中韩同形词比较分析，《汉语学习》第 5 期。

〖01214〗吕可风 　（1996）话题讨论法在对外汉语教学中的运用，《杭州大学学报》（哲学社会科学版）第 4 期。

〖01215〗崔永华 　（1996）略论汉语速成教学的设计，《语言教学与研究》第 2 期。

〖01216〗岳维善　种国胜　杜厚文 　（1996）试论对外汉语函授教育，《世界汉语教学》第 3 期。

〖01217〗黄永健　（1996）速成汉语教学方法论思考，《深圳大学学报》（人文社会科学版）第 3 期。

〖01218〗孙瑞珍　陈田顺　（1996）《中高级对外汉语教学等级大纲》的研制和思考，《中国对外汉语教学学会成立十周年纪念论文选》，北京：北京语言文化大学出版社。

〖01219〗李　扬　（1996）略论教学大纲，《中国对外汉语教学学会第五次学术讨论会论文选》，北京：北京语言文化大学出版社。

〖01220〗彭利贞　（1996）说《词汇等级大纲》的词类标注问题，《中国对外汉语教学学会成立十周年纪念论文选》，北京：北京语言文化大学出版社。

1995 年

〖01221〗刘英林　（1995）关于"汉语水平等级标准"的几个问题，《语言文字应用》第 4 期。

〖01222〗国家对外汉语教学领导小组办公室汉语水平考试部（1995）汉语水平等级标准，《语言文字应用》第 4 期。

〖01223〗陈　灼　（1995）制订《中级汉语课程词汇大纲》的原则及理论思考，《语言教学与研究》第 5 期。

〖01224〗孙瑞珍　（1995）中高级汉语教学语法等级大纲的研制与思考，《语言教学与研究》第 4 期。

〖01225〗尤里·索罗金　（1995）"综合 1——分析——综合 2"教学模式与其在教学汉语中的口头交际的作用，《第四届国际汉语教学讨论会论文选》，北京：北京语言学院出版社。

〖01226〗陈志诚　（1995）类型练习在语文教学上的效用和不足，《第四届国际汉语教学讨论会论文选》，北京：北京语言学院出版社。

1994 年

〚01227〛杨俊萱　（1994）对外汉语课堂教学的独特性，《语文建设》第 7 期。

〚01228〛李雁冰　（1994）简论教学模式，《山东教育科研》第 3 期。

〚01229〛李绍林　（1994）中级汉语教学的思考与探索，《语言教学与研究》第 3 期。

1993 年

〚01230〛杨德峰　（1993）分班、入系的标准和原则问题刍议，《世界汉语教学》第 3 期。

〚01231〛刘庆福　（1993）一种办学形式的新探索，《北京师范大学学报》（社会科学版）第 1 期。

〚01232〛杨寄洲　（1993）功能项目与功能大纲，《中国对外汉语教学学会第四次学术讨论会论文选》，北京：北京语言学院出版社。

1992 年

〚01233〛吕文华　（1992）对《语法等级大纲》（试行）的几点意见，《语言教学与研究》第 3 期。

1991 年

〚01234〛王清源　（1991）会诵法和对话教学，《语言教学与研究》第 4 期。

〚01235〛倪明亮　王晓澎　（1991）高级阶段汉语教学散论，《语言教学与研究》第 3 期。

〚01236〛孙钧政　（1991）从褒贬不一中探讨点问题，《中高级对外汉语教学论文选》，北京：北京语言大学出版社。

〖01237〗刘士勤 王金峰 （1991）对外观代汉语专业系的课程设置与基本建设，《中高级对外汉语教学论文选》，北京：北京语言大学出版社。

〖01238〗郭振华 （1991）中级阶段对外汉语教学的几个问题，《中高级对外汉语教学论文选》，北京：北京语言大学出版社。

〖01239〗吴晓露 （1991）文学课教学与语言技能训练，《中高级对外汉语教学论文选》，北京：北京语言大学出版社。

〖01240〗盛 炎 （1991）语言交际能力与功能教学，《第三届国际汉语教学讨论会论文选》，北京：北京语言学院出版社。

〖01241〗徐甲申 （1991）对外汉语教学中的日汉翻译课，《第三届国际汉语教学讨论会论文选》，北京：北京语言学院出版社。

〖01242〗李 杨 （1991）中高级阶段汉语教学的性质与课程设置，《第三届国际汉语教学讨论会论文选》，北京：北京语言学院出版社。

1990 年

〖01243〗吕必松 （1990）关于教学内容与教学方法问题的思考，《语言教学与研究》第 2 期。

〖01244〗黄历鸿 （1990）对语言的学科理解及相应的教学模式，《中国对外汉语教学学会第三次学术讨论会论文选》，北京：北京语言学院出版社。

〖01245〗李 扬、康玉华、田桂文 （1990）四年制对外汉语教学总体设计提要，《中国对外汉语教学学会第三次学术讨论会论文选》，北京：北京语言学院出版社。

1989 年

〖01246〗刘英林　（1989）《汉语水平等级标准和等级大纲》（试行）的研究方法，《世界汉语教学》第 1 期。

〖01247〗贾甫田　（1989）《语法等级大纲》（试行）对几个关系的处理，《世界汉语教学》第 1 期。

〖01248〗程　棠　（1989）对外汉语教学的一项基本建设——《汉语水平等级标准和等级大纲》读后，《语言教学与研究》第 3 期。

〖01249〗盛　炎　（1989）外语教学法流派的发展趋势与汉语教学理论研究，《语言教学与研究》第 3 期。

1988 年

〖01250〗李景蕙　（1988）《汉语水平等级标准》（试行）对语言技能的要求，《世界汉语教学》第 4 期。

〖01251〗盛　炎　（1988）《汉语水平等级标准和等级大纲》（试行）与国外一些标准和大纲的比较，《世界汉语教学》第 4 期。

〖01252〗孙秋秋　（1988）短训班留学生的心理特点分析与"程序"教学设想，《语言教学与研究》第 3 期。

〖01253〗赵贤洲　（1988）略述汉语水平等级标准的制订，《世界汉语教学》第 4 期。

〖01254〗董　明　（1988）谈《汉语水平等级标准和等级大纲》（试行）的使用，《世界汉语教学》第 2 期。

〖01255〗王德春　（1988）外语教学法流派、教学方法和模式，《世界汉语教学》第 6 期。

〖01256〗王寿椿　（1988）传统教学和现代汉语教学，《第二届国际汉语教学讨论会论文选》，北京：北京语言学院出版社。

〖01257〗李莎莉　（1988）普通话速成教学初探，《第二届国际汉语教学讨论会论文选》，北京：北京语言学院出版社。

〖01258〗于　康　（1988）视听说课总体设计、教材编写与教学原则及其在对外汉语教学中的运用，《第二届国际汉语教学讨论会论文选》，北京：北京语言学院出版社。

1987 年

〖01259〗李忆民　（1987）对课程设置纵横关系的思考，《世界汉语教学》预刊第 1 期。

〖01260〗李晓光、詹　怡　（1987）基础汉语还是分技能设课好——记留学生三系一次座谈会，《语言教学与研究》第 1 期。

〖01261〗吕必松　（1987）《普通汉语教程》和《科技汉语教程》，《对外汉语教学探索》，上海：学林出版社。

1986 年

〖01262〗张孝忠　（1986）零起点一年制留学生基础汉语教学总体设计，《语言教学与研究》第 4 期。

〖01263〗朱道明　（1986）怎样进行短期汉语班的教学，《语言教学与研究》第 2 期。

〖01264〗北京语言学院来华留学生一系文科教学大纲编写组（1986）二年制文科班课程设置计划及有关问题，《汉语研究》，天津：南开大学出版社。

〖01265〗朱子仪　（1986）系统短期汉语教学与强化，《第

　　一届国际汉语教学讨论会论文选》，北京：
　　北京语言学院出版社。

〖01266〗李　泉　（1986）试论对外汉语教学的教学原则，
　　《中国对外汉语教学学会北京分会第二
　　届学术年会论文集》，北京：北京语言学
　　院出版社。

〖01267〗梁长城　（1986）教师提问模式与汉语教学，《第
　　一届国际汉语教学讨论会论文选》，北京：
　　北京语言学院出版社。

1985 年

〖01268〗王元兆　（1985）教短期班日本人学汉语，《对外
　　汉语教学》第 3 期。

〖01269〗金梦茵　（1985）速成对外汉语教学法初探，《山
　　西大学学报》（哲学社会科学版）第 3 期。

1984 年

〖01270〗李更新　（1984）文科进修班汉语教学的课程设置，
　　《语言教学与研究》第 1 期。

〖01271〗上海外院对外汉语教研室　（1984）我们的短期汉
　　语教学，《对外汉语教学》第 3 期。

1983 年

〖01272〗孙瑞珍　吴叔平　（1983）积极开展多种形式的语
　　言实践活动，《语言教学与研究》第 2 期。

〖01273〗卢晓逸　张亚军　（1983）浅谈短期汉语教学，《语
　　言教学与研究》第 2 期。

〖01274〗卢晓逸　（1983）浅谈外国人短期汉语教学，《对
　　外汉语教学论文选》第 7 期。

〖01275〗程美珍　（1983）按言语技能设课的一次尝试，《对
　　外汉语教学》第 1 期，北京：北京语言学
　　院出版社。

1981 年

〖01276〗徐缦华　（1981）外国人短期汉语教学浅谈，《语言教学与研究》第 3 期。

1958 年

〖01277〗[俄]扎多延柯　鲁勉斋　（1958）谈谈对俄罗斯学生的汉语教学，《中国语文》第 7 期。

1953 年

〖01278〗傅懋勣、童　玮　（1953）一个速成汉语实际教学的总结，《中国语文》第 2 期。

二、对外汉语语言要素及其教学研究

4．汉语语音与语音教学

2007 年

〖01279〗屠爱萍　（2007）对韩汉语语音教学的基本方法，《现代语文》（语言研究版）第 1 期。

〖01280〗孙　月　（2007）对外汉语语音教学难点，《今日湖北》（理论版）第 3 期。

〖01281〗胡晓研　（2007）韩国学生汉语中介语语音模式分析，《汉语学习》第 1 期。

〖01282〗陈　虎　（2007）基于语音库的汉语感叹句与感叹语调研究，《汉语学习》第 5 期。

〖01283〗安　然、张仕海　（2007）留学生汉语音节感知差异探析，《汉语学习》第 4 期。

〖01284〗李玉军　（2007）留学生语音阶段结束后之语音跟进调查，《暨南大学华文学院学报》第 1 期。

〖01285〗周一民　（2007）普通话和北京语音，《北京社会科学》第 1 期。

〖01286〗覃凤余　褚俊海　（2007）普通话韵母 ing 的音值，《暨南大学华文学院学报》第 1 期。

〖01287〗张金桥　吴晓明　（2007）外国留学生汉语语音意识的发展，《暨南学报》（哲学社会科学版）第 1 期。

〖01288〗朱学佳　（2007）乌鲁木齐市维吾尔族汉语使用声调变异状况的声学分析，《语言文字应用》第 3 期。

〖01289〗赵　坤　（2007）洋腔洋调与对外汉语语音教学，《成功》（下）第 4 期。

〖01290〗李　璨　（2007）越南留学生汉语声调的声学研究，《湘潮》（下半月）（理论）第 3 期。

〖01291〗王　晶　（2007）《汉语拼音方案》在对外汉语教学中容易形成的若干误区，《现代语文》（语言研究版）第 1 期。

2006 年

〖01292〗彭玉康　胡袁圆　（2006）对外汉语声调教学研究回望，《暨南大学华文学院学报》第 4 期。

〖01293〗周　芳（2006）对外汉语语音研究与语音教学研究综述，《云南师范大学学报》（对外汉语教学与研究版）第 2 期。

〖01294〗徐　瑾　（2006）俄罗斯留学生汉语声调偏误研究，《佳木斯大学社会科学学报》第 3 期。

〖01295〗苏新春　林进展　（2006）普通话音节数及载字量的统计分析——基于《现代汉语词典》注音材料，《中国语文》第 3 期。

〖01296〗夏　晴、毛世桢　（2006）试论"洋腔洋调"成因的多样性——在汉语目的语环境下"洋腔洋调"难以走向标准语音原因浅析，《云南师范大学学报》（对外汉语教学与研究版）第 1 期。

〖01297〗陈　彧　（2006）苏格兰留学生汉语普通话单字音声调音高的实验研究，《世界汉语教学》第 2 期。

〖01298〗王茂林　（2006）印尼华裔留学生汉语声调习得分析，《暨南大学华文学院学报》第 2 期。

〖01299〗三　阳　（2006）制定"对外汉语拼音教学方案"的建议，《海外华文教育》第 3 期。

〖01300〗石　锋、王　萍　（2006）北京话单字音声调的统计分析，《中国语文》第 1 期。

〖01301〗梁　源、黄良喜　（2006）北京话的连上变调，《中国语文》第 2 期。

2005 年

〖01302〗闫　恒　（2005）对韩国留学生汉语发音中一些问题的解析，《青岛职业学院学报》第 2 期。

〖01303〗柴俊星　（2005）对外汉语语音教学有效途径的选择，《语言文字应用》第 3 期。

〖01304〗张建强　（2005）关于建立"普通话中介语语音语料库"的设想，《广西梧州师范高等专科学校学报》第 2 期。

〖01305〗邵燕梅　（2005）关于普通话上声变调的教学问题，《临沂师范学院学报》第 2 期。

〖01306〗李宝贵　（2005）汉语拼音正词法及其在对外汉语教学中的应用，《大连民族学院学报》第 2 期。

〖01307〗刘俐李　（2005）汉语声调的曲拱特征和降势音高，《中国语文》第 3 期。

〖01308〗刘　涛　（2005）汉语洋文盲与汉语拼音的教学和应用，《现代语文》（理论研究版）第 1 期。

〖01309〗王　鹿　（2005）汉语作为第二语言的声调教学——也从上声谈起，《喀什师范学院学报》S1 期。

〖01310〗冯丽萍　胡秀梅　（2005）零起点韩国学生阳平二字组声调格局研究，《汉语学习》第 4 期。

〖01311〗顾　筝、吴中伟　（2005）留学生入门阶段语音教学研究，《云南师范大学学报》（对外汉语教学与研究版）第 1 期。

〖01312〗王汉卫 （2005）普通话基本音位的教学图示法，《暨南大学华文学院学报》第 1 期。

〖01313〗侯迎华 （2005）日本人学汉语的语音难点和教学对策，《唐都学刊》第 4 期。

〖01314〗王茂林 （2005）声调和语调研究的新成果——PENTA 模型，《暨南大学华文学院学报》第 4 期。

〖01315〗王　芳、李计伟 （2005）试论对外汉语语音教学的阶段侧重，《辽宁教育行政学院学报》第 7 期。

〖01316〗高惠敏 （2005）印尼语语音对汉语普通话语音学习的影响，《海外华文教育》第 4 期。

〖01317〗田　靓、高立群 （2005）影响外国留学生汉语语音短时记忆的因素研究，《语言文字应用》第 2 期。

〖01318〗张宝林 （2005）语音教学的现状与对策，《云南师范大学学报》（对外汉语教学与研究版）第 6 期。

〖01319〗欧阳国泰 （2005）印尼学生汉语语音教学难点及对策，《海外华文教育》第 3 期。

〖01320〗王理嘉 （2005）《汉语拼音方案》与世界汉语语音教学，《世界汉语教学》第 2 期。

〖01321〗魏钢强 （2005）北京话的轻声和轻音及普通话汉语拼音的注音，《中国语文》第 6 期。

〖01322〗高立群 高小丽 （2005）不同母语外国留学生汉语语音意识发展研究，《云南师范大学学报》（对外汉语教学与研究版）第 3 期。

〖01323〗[日]渥美淳子 （2005）日本人学习汉语辅音的若干问题，《对外汉语论丛》（第四期），上海：学林出版社。

2004 年

〖01324〗王丽香　姜海陵　（2004）对外汉语教学中兼语句的语音切分研究，《云南师范大学学报》（对外汉语教学与研究版）第 4 期。

〖01325〗郝小明　（2004）对外汉语教学中语音教学的几种方法，《太原大学学报》第 1 期。

〖01326〗刘苏乔、齐　冲　（2004）法国学生学习汉语辅音中的一些问题，《语言文字应用》第 4 期。

〖01327〗桑　哲　（2004）汉语拼音是我国先进文化的重要组成部分——纪念《汉语拼音方案》颁布 45 周年座谈会综述，《现代语文》（理论研究版）第 1 期。

〖01328〗王素平　（2004）汉语普通话的轻重音研究述评，《云南师范大学学报》（对外汉语教学与研究版）第 3 期。

〖01329〗段轶娜　（2004）汉语作为第二语言之声调教学研究综述，《文教资料初中版》Z1 期。

〖01330〗王　均　（2004）纪念《汉语拼音方案》颁布 45 周年人民大会堂座谈会发言：继续充分发挥汉语拼音的积极作用，《现代语文》（理论研究版）第 1 期。

〖01331〗连志丹　（2004）闽南方言语音对东南亚学生学习普通话语音的影响及教师的对策，《海外华文教育》第 2 期。

〖01332〗包双喜　（2004）浅谈汉语拼音的使用情况，《内蒙古民族大学学报》（社会科学版）第 5 期。

〖01333〗王韫佳　上官雪娜　（2004）日本学习者对汉语普通话不送气/送气辅音的加工，《世界汉语教学》第 3 期。

〖01334〗胡利权　（2004）谈谈汉语拼音正词法的教学，《内江师范学院学报》S1 期。

〖01335〗高小丽　（2004）外国留学生汉语语音意识发展的
对比研究，《海外华文教育》第 4 期。

〖01336〗胡百熙　（2004）以"妙韵学习法"研究世界语言
的音调，《国外汉语教学动态》第 6 期。

〖01337〗陈　莹　（2004）英语重音与汉语轻声的功能比较，
《泉州师范学院学报》第 3 期。

2003 年

〖01338〗王玲娟　（2003）对外汉语初级阶段语音感教学研
究，《重庆大学学报》（社会科学版）第
3 期。

〖01339〗[韩]任少英　（2003）韩国汉字音和普通话声调的
对应关系，《汉语学习》第 3 期。

〖01340〗[德]柯彼德　（2003）汉语拼音在国际汉语教学中
的地位和运用，《世界汉语教学》第 3 期。

〖01341〗王汉卫　（2003）基础阶段声调教学四题，《暨南
大学华文学院学报》第 3 期。

〖01342〗李雅梅　（2003）外国学生学习汉语的法宝——拼
音，《云南师范大学学报》（对外汉语教
学与研究版）第 3 期。

〖01343〗刘红松　（2003）现代汉语语音规范的时代性需要
——从中央电视台语音错误谈起，《淮北
煤炭师范学院学报》（哲学社会科学版）
第 3 期。

〖01344〗王群生　（2003）语音的困惑和对外汉语语音教学
改革，《荆州师范学院学报》第 6 期。

〖01345〗桂明超　（2003）再论美国英语语调对美国学生学
习汉语声调的干扰，《云南师范大学学报》
（对外汉语教学与研究版）第 1 期。

〖01346〗王若江　（2003）日本姓氏汉语读音疑难问题探讨，

《对外汉语教学探讨集北京地区第一届对外汉语教学讨论会论文选》，北京：北京大学出版社。

2002 年

〖01347〗胡晓慧　（2002）对外汉语教材中普通话"儿"化韵的规范问题，《编辑之友》第 3 期。

〖01348〗杨　屏　（2002）对外汉语口语教学中的语音语调教学，《黔东南民族师范高等专科学校学报》第 4 期。

〖01349〗徐　芬　（2002）儿童汉语和英语语音意识的发展特点及其相互关系，北京师范大学博士学位论文。

〖01350〗曹剑芬　（2002）汉语声调与语调的关系，《中国语文》第 3 期。

〖01351〗王韫佳　（2002）日本学习者感知和产生普通话鼻韵母的实验研究，《世界汉语教学》第 2 期。

〖01352〗王汉卫　（2002）试论以发音方法为纲的声母教学顺序，《暨南大学华文学院学报》第 4 期。

〖01353〗李爱军、陈肖霞、孙国华、华　武、殷治纲　（2002）一个具有语音学标注的汉语口语语音库，《当代语言学》第 2 期。

〖01354〗朱勘宇　（2002）小议汉字拼音化的艰难性和可行性，《对外汉语教研论丛》（第二辑），上海：华东师范大学出版社。

〖01355〗毛世祯　（2002）关于对外汉语语音教学的反思，《对外汉语教研论丛》（第二辑），上海：华东师范大学出版社。

〖01356〗林晓勤　（2002）建立日本学生汉语中介音语料序的设想及其对日本学生语音教学的启示，

《对外汉语教研论丛》（第二辑），上海：华东师范大学出版社。

〖01357〗刘　方　（2002）日本新版汉语教科书中的注音失误，《对外汉语教研论丛》（第二辑），上海：华东师范大学出版社。

〖01358〗汪　燕　（2002）初中级留学生声调听辨量化分析，《中国对外汉语教学学会第七次学术讨论会论文》，北京：人民教育出版社。

2001 年

〖01359〗朱湘燕　（2001）泰国、印尼华裔学生声母发音特点研究，《海外华文教育》第 4 期。

〖01360〗陈　慧、王魁京　（2001）外国学生识别形声字的实验研究，《世界汉语教学》第 2 期。

〖01361〗江　新　（2001）外国学生形声字表音线索意识的实验研究，《世界汉语教学》第 2 期。

〖01362〗原新梅　（2001）应该怎样拼写中国人的姓名——以学术界为例看人名汉拼规范问题，《天津外国语学院学报》第 4 期。

〖01363〗张维佳　（2001）语音牵引：汉语语音习得中的汉字音介入，《陕西教育学院学报》第 4 期。

〖01364〗李盛娣　（2001）初级班说话课语音教学，《海外华文教育》第 2 期。

〖01365〗毕艳莉　（2001）从对外汉语教学看双音词和单音词的界定问题，《辽宁大学学报》（哲学社会科学版）第 2 期。

〖01366〗关英伟　（2001）韩国学生上声连读变调的偏误分析与上声教学，《中国人文学会论文集》（韩国中国人文学会会刊）。

2000 年

〖01367〗朱芳华　（2000）法语区留学生学习汉语语音的难点及其对策，《海外华文教育》第 4 期。

〖01368〗倪伟曼　林明贤　（2000）关于印尼华裔学生汉语语音的调查及相应的教学对策，《华侨大学学报》（哲学社会科学版）第 2 期。

〖01369〗王　宇　（2000）韩国学生在汉语学习中常出现的语音问题与中韩语音的差异，《首都师范大学学报》（社会科学版）S3 期。

〖01370〗朱英月　（2000）韩国语汉字音声母表与普通话生母表的比较，《汉语学习》第 2 期。

〖01371〗孙建汝　（2000）汉语语调的语气和口气功能，《南通师范学院学报》（哲学和社会科学版）第 3 期。

〖01372〗桂明超著　杨吉春译　（2000）美国英语语调对美国学生学习汉语普通话声调的干扰，《世界汉语教学》第 1 期。

〖01373〗徐晶凝　（2000）汉语语气表达方式及语气系统的归纳，《北京大学学报》（哲学社会科学版）第 3 期。

〖01374〗马燕华　（2000）初级汉语水平留学生的第三声听辨分析，《北京师范大学学报》（社会科学版）第 6 期。

〖01375〗林　焘　（2000）普通话的语音标准和语音教学，《第六届国际汉语教学讨论会论文选》，北京：北京大学出版社。

〖01376〗杨立明　（2000）汉语自然音步的语音特征，《第六届国际汉语教学讨论会论文选》，北京：北京大学出版社。

〖01377〗吴志刚、杨　达　（2000）双音节声调组合的轻重音的听辨现象，《第六届国际汉语教学讨论会论文选》，北京：北京大学出版社。

〖01378〗孟柱亿　（2000）试论语音教学中的误导问题，《第六届国际汉语教学讨论会论文选》，北京：北京大学出版社。

1999 年

〖01379〗蒋　平　（1999）汉语方言声调资料库的设计及其理论基础，《方言》第 3 期。

〖01380〗叶　南　（1999）汉语四声的旋律艺术与练唱，《西南民族学院学报》（哲学社会科学版）第 3 期。

〖01381〗王志芳　（1999）日本学生汉语学习中的语音问题，《汉语学习》第 2 期。

〖01382〗蒋以亮　（1999）音乐与对外汉语的语音教学，《汉语学习》第 3 期。

〖01383〗马燕华　（1999）中级汉语水平日韩留学生汉语语音听辨范畴的异同，《北京师范大学学报》（社会科学版）第 6 期。

〖01384〗易洪川　（1999）字音特点及其教学策略，《语言文字应用》第 4 期。

〖01385〗王幼敏　（1999）日本人学汉语发音错误分析及思考，《对外汉语教研论丛》（第一辑），上海：华东师范大学出版社。

〖01386〗张春芳　（1999）韩国人学习汉语普通话发音难点浅谈，《对外汉语教研论丛》（第一辑），上海：华东师范大学出版社。

〖01387〗朱晓琳　（1999）法语国家学生汉语发音问题初探，《对外汉语教研论丛》（第一辑），上海：华东师范大学出版社。

1998 年

〖01388〗冯丽萍　（1998）对外汉语教学用 2905 汉字的语音状况分析，《北京师范大学学报》（社会科学版）第 6 期。

〖01389〗刘　艺　（1998）日韩学生的汉语声调分析，《世界汉语教学》第 1 期。

〖01390〗宋春阳　（1998）谈对韩国学生的语音教学，《南开学报》（哲社版）第 3 期。

〖01391〗鲍茂振　（1998）同音词收词的原则与标准——兼评《同音词辨析》，《辞书研究》第 6 期。

1997 年

〖01392〗董玉国　（1997）对日本学生鼻韵母音的教学，《世界汉语教学》第 4 期。

〖01393〗关　玲　（1997）谈音位的定义，《黔东南民族师范高等专科学校学报》第 4 期。

〖01394〗王又民　（1997）外国学生调号标注情况的调查分析，《世界汉语教学》第 1 期。

〖01395〗胡百华　姚德怀　（1997）为《汉语拼音方案》的设计原则代辩，《语文建设》第 12 期。

〖01396〗董琳莉　（1997）印尼华裔学生学习普通话语音的难点及其克服办法，《汕头大学学报》第 2 期。

〖01397〗李钟九　（1997）《翻译老乞大·朴通事》所反映的汉语声调调值，《古汉语研究》第 4 期。

〖01398〗叶　军　（1997）《汉语拼音方案》在对外汉语教学使用中的一些问题，《语文建设》第 8 期。

〖01399〗程　棠　（1997）对外汉语语音教学中的几个问题，《第五届国际汉语教学讨论会论文选》，北京：北京大学出版社。

〖01400〗朱　川　（1997）对外汉语中介音类型研究，《第五届国际汉语教学讨论会论文选》，北京：北京大学出版社。

〖01401〗冯丽萍　（1997）初级汉语水平英、日语学生语音误区的分布与比较，《第五届国际汉语教学讨论会论文选》，北京：北京大学出版社。

〖01402〗王韫佳　（1997）阳平的协同发音与外国人学习阳平，《第五届国际汉语教学讨论会论文选》，北京：北京大学出版社。

〖01403〗[日]宫本幸子　（1997）日本人学习汉语声调，《第五届国际汉语教学讨论会论文选》，北京：北京大学出版社。

〖01404〗[日]奥山望　（1997）对日本学生的语音教学，《第五届国际汉语教学讨论会论文选》，北京：北京大学出版社。

〖01405〗蒋印莲　（1997）泰国人学习汉语普通话语音难点辨析，《第五届国际汉语教学讨论会论文选》，北京：北京大学出版社。

〖01406〗林　焘　（1997）语音研究和对外汉语教学，《第五届国际汉语教学讨论会论文选》，北京：北京大学出版社。

1996 年

〖01407〗王燕燕　（1996）菲律宾华裔学生华语语音的调查与分析，《海外华文教育》第 2 期。

〖01408〗李　坤　（1996）菲律宾华裔学生学习普通话语音的几个问题，《海外华文教育》第 2 期。

〖01409〗姜　涛、彭聃龄　（1996）关于语音意识的理论观点和研究概况，《心理学动态》第 4 期。

〖01410〗王魁京　（1996）汉语作为第二语言学习中的句子

的语调、语气理解问题，《北京师范大学学报》（社会科学版）第 6 期。

〖01411〗刘川平　（1996）普通话上声本质的再认识，《外语与外语教学》第 6 期。

〖01412〗金敬华　（1996）日本人学习汉语发音难的症结与解决方法，《山东师大学报》（社会科学版）第 5 期。

〖01413〗王易平　（1996）印尼学生汉语语音教学之我见，《海外华文教育》第 1 期。

1995 年

〖01414〗李　炜　（1995）单音节同音近义词的教学，《语文建设》第 5 期。

〖01415〗汤云航　（1995）普通话语音统计分析，《承德民族师专学报》第 1 期。

〖01416〗李红印　（1995）泰国学生汉语学习的语音偏误，《世界汉语教学》第 2 期。

〖01417〗杨信川　（1995）音位学原理与第二语言语音教学，《广西大学学报》（哲学社会科学版）第 6 期。

〖01418〗马燕华　（1995）初级汉语水平日本留学生的听力障碍，《北京师范大学学报》（社会科学版）第 6 期。

〖01419〗高明明　（1995）美国学生说汉语轻重音词组的语音特点浅析，《第四届国际汉语教学讨论会论文选》，北京：北京语言学院出版社。

〖01420〗崔希亮　（1995）普通话字音异读现象分析，《第四届国际汉语教学讨论会论文选》，北京：北京语言学院出版社。

〖01421〗张　普　（1995）现代汉语独字音节说，《第四届国际汉语教学讨论会论文选》，北京：北京语言学院出版社。

〖01422〗严　棉　（1995）从闽南话到日本汉字音，《第四届国际汉语教学讨论会论文选》，北京：北京语言学院出版社。

1994 年

〖01423〗马燕华　（1994）初级汉语水平留学生的普通话声调误区，《北京师范大学学报》（社会科学版）第 3 期。

〖01424〗饶秉才　（1994）试论语音学与对外汉语教学，《对外汉语教学研究》，广州：中山大学出版社。

1993 年

〖01425〗博　望　（1993）关于汉语拼音化改革的一些设想，《学术界》第 1 期。

〖01426〗崔吉元　（1993）韩汉中介语研究(语音)，《汉语学习》第 2 期。

〖01427〗傅惟慈　钟　棁　李景蕙　（1993）用汉语拼音方案教外国留学生学习汉语的一些体会，《对外汉学教学论文选评》，北京：北京语言学院出版社。

〖01428〗赵淑华　马欣华　黄慧君　（1993）外国留学生利用拼音字母学习汉语、汉字，《对外汉学教学论文选评》，北京：北京语言学院出版社。

〖01429〗吴仁甫　（1993）汉字声旁的音变和认读，《中国对外汉语教学学会第四次学术讨论会论文选》，北京：北京语言学院出版社。

〖01430〗毛世桢　（1993）洋腔洋调的实验研究，《中国对外汉语教学学会第四次学术讨论会论文选》，北京：北京语言学院出版社。

1992 年

〖01431〗倪　彦、王晓葵　（1992）英语国家学生学习汉语语音难点分析，《汉语学习》第 2 期。

1991 年

〖01432〗沈晓楠　（1991）普通话上声教学的探讨，《第三届国际汉语教学讨论会论文选》，北京：北京语言学院出版社。

〖01433〗[日]长谷川良一　（1991）日本学生学习汉语语音上的几个问题，《第三届国际汉语教学讨论会论文选》，北京：北京语言学院出版社。

〖01434〗孟柱亿　（1991）朝鲜人说汉语中的中介语（语音部分），《第三届国际汉语教学讨论会论文选》，北京：北京语言学院出版社。

〖01435〗吴洁敏　（1991）试论汉语节奏的形式——音律特征研究之二，《第三届国际汉语教学讨论会论文选》，北京：北京语言学院出版社。

〖01436〗胡百华　（1991）台湾普通话的语音，《第三届国际汉语教学讨论会论文选》，北京：北京语言学院出版社。

1990 年

〖01437〗王彦承　（1990）汉日语音对比与对日汉语语音教学，《汉语学习》第 6 期。

〖01438〗黄明晔　（1990）语流的语音训练，《上海师范大学学报》（哲学社会科学版）第 4 期。

〖01439〗[美]米凯乐　（1990）怎样教母语为英语的学生学会汉语的辅音，《世界汉语教学》第 4 期。

〖01440〗胡炳忠 （1990）从声调出发进行语音教学的体会，《中国对外汉语教学学会第三次学术讨论会论文选》，北京：北京语言学院出版社。

1989 年

〖01441〗毛修敬 （1989）带"小"的儿化现象，《中国语文》第 4 期。

〖01442〗[美]沈晓楠 （1989）关于美国人学习汉语声调，《世界汉语教学》第 3 期。

〖01443〗吴宗济 （1989）普通话辅音送气/不送气区别的实验研究，《中国语言学报》第 3 期。

〖01444〗雷素娟等 （1989）日本学生学习汉语常易出现的错误，《外语学刊》第 4 期。

〖01445〗饶秉才 （1989）试论语音学与对外汉语教学，《世界汉语教学》第 2 期。

〖01446〗耿 富 （1989）试谈对外汉语语音教学，《黑龙江高教研究》第 2 期。

〖01447〗任国庆 （1989）北京话的语流音变与对外汉语教学，《世界汉语教学》第 4 期。

1988 年

〖01448〗吴宗济 （1988）普通话三字组变调规律，《中国语言学报》第 2 期。

〖01449〗张 拱 （1988）声调教学和表声读，《世界汉语教学》第 1 期。

〖01450〗严俊杰 （1988）试谈逻辑重音位置的确定，《中国人民警官大学学报》第 2 期。

〖01451〗王 钧 （1988）从汉语"注音识字、提前读写"实验谈对外汉语语音教学，《第二届国际汉语教学讨论会论文选》第 12 期。

〖01452〗赵金铭　（1988）从一些声调语言的声调说到汉语声调，《第二届国际汉语教学讨论会论文选》，北京：北京语言学院出版社。

〖01453〗[日]陈文芷　（1988）汉语的升调，《第二届国际汉语教学讨论会论文选》，北京：北京语言学院出版社。

〖01454〗[澳]胡百华　（1988）汉语的中平调，《第二届国际汉语教学讨论会论文选》，北京：北京语言学院出版社。

〖01455〗石佩雯、李　明　（1988）全三声的使用和语调对第三声的影响，《第二届国际汉语教学讨论会论文选》，北京：北京语言学院出版社。

〖01456〗刘君若　（1988）说与读：语法与抑扬顿挫初探，《第二届国际汉语教学讨论会论文选》，北京：北京语言学院出版社。

〖01457〗胡百华　（1988）汉语的中平调，《第二届国际汉语教学讨论会论文选》，北京：北京语言学院出版社。

〖01458〗宋孝才、胡　翔　（1988）对"七"、"八"的变调调查，《第二届国际汉语教学讨论会论文选》，北京：北京语言学院出版社。

〖01459〗王　均　（1988）从汉语"注音识字，提前读写"实验谈对外汉语语音教学，《第二届国际汉语教学讨论会论文选》，北京：北京语言学院出版社。

〖01460〗赵金铭　（1988）从一些声调语言的声调说到汉语声调，《第二届国际汉语教学讨论会论文选》，北京：北京语言学院出版社。

〖01461〗传田章　（1988）关于语气词——什么是"语气"，《第二届国际汉语教学讨论会论文选》，北京：北京语言学院出版社。

〖01462〗张拱贵　（1988）汉字读音教学中的两个问题——异读和误读，《第二届国际汉语教学讨论会论文选》，北京：北京语言学院出版社。

1987 年

〖01463〗徐静茜　（1987）汉语的"意合"特点与汉人的思维习惯，《湖州师专学报》（人文）第 1 期。

〖01464〗李培元　（1987）汉语语音教学的重点，《世界汉语教学》预刊第 1 期。

〖01465〗李　明　（1987）音位学原理和对外汉语语音教学，《世界汉语教学》预刊第 2 期。

〖01466〗程美珍　（1987）语音教学阶段怎样备课——在一次语音教学总结会上的发言，《世界汉语教学》预刊第 1 期。

〖01467〗贾宝凰　（1987）"轻声"就是"轻轻读"吗？——谈怎样教读轻声，《兰州教育学院学报》（社会科学版）第 1 期。

〖01468〗胡明扬　（1987）关于北京话的语调问题，《北京话初探》，北京：商务印书馆。

1986 年

〖01469〗邢福义　（1986）让步句的考察，《汉语研究》（南开）第一辑，天津：南开大学出版社。

〖01470〗刘君若　（1986）无声的信息，《汉语研究》（南开）第一辑，天津：南开大学出版社。

〖01471〗胡明扬　（1986）北京话的称谓系统，《汉语研究》（南开）第一辑，天津：南开大学出版社。

〖01472〗[澳]胡百华　（1986）华语调值的再考虑，《第一届国际汉语教学讨论会论文选》，北京：

北京语言学院出版社。

〖01473〗俞　敏　（1986）北京口语后轻双音节语素里轻音节的送气，《第一届国际汉语教学讨论会论文选》，北京：北京语言学院出版社。

〖01474〗[美]郑良伟　（1986）构成汉语语音学习难易的各种因素，《第一届国际汉语教学讨论会论文选》，北京：北京语言学院出版社。

〖01475〗李　明　（1986）对外汉语教学中难音辨析，《第一届国际汉语教学讨论会论文选》，北京：北京语言学院出版社。

〖01476〗程美珍　赵金铭　（1986）基础汉语语音教学的若干问题，《第一届国际汉语教学讨论会论文选》，北京：北京语言学院出版社。

〖01477〗余霭芹　（1986）声调教法的商榷，《第一届国际汉语教学讨论会论文选》，北京：北京语言学院出版社。

〖01478〗廖荣容、石　锋　（1986）对外汉语教学中 r 声母音质的实验研究，《第一届国际汉语教学讨论会论文选》，北京：北京语言学院出版社。

〖01479〗卢绍昌　（1986）在新加坡与马来西亚地区教学汉语拼音方案的经验，《第一届国际汉语教学讨论会论文选》，北京：北京语言学院出版社。

1985 年

〖01480〗[美]张　琨等、刘宝俊节译　（1985）汉语 S——鼻音声母，《音韵学研究简讯》第 7 期。

〖01481〗屈承熹　（1985）汉语的词序及其变化，《语言研究》第 1 期。

〖01482〗[日]桥本万太郎　（1985）汉语调值纵横两个角度

的研究，《青海师大学报》（哲学社会科学版）第 1 期。

〖01483〗李　珠　（1985）汉语入门的捷径——谈用汉语拼音教外国人学习汉语，《语文建设》第 2 期。

〖01484〗杨顺安等　（1985）普通话二合元音的动态特性，《语言研究》第 1 期。

〖01485〗刘乃华　（1985）普通话双音复合词音强规律初探，《南京师大学报》（社会科学版）第 1 期。

〖01486〗胡炳忠　（1985）三声三字组的变调规律，《语言教学与研究》第 1 期。

〖01487〗[美]李　讷等　（1985）声调的习得，《国外社会科学著作提要》第 2 期。

〖01488〗王　和　（1985）双音形容词的特殊变调现象，《吉林师院学报》（哲学社会科学版）第 1～2 期。

〖01489〗朗桂青　（1985）也谈普通话儿化音，《通化师院学报》（社会科学版）第 1 期。

1984 年

〖01490〗张其昀　（1984）汉语比较句结构的变化，《淮阴师专学报》第 2 期。

〖01491〗石佩雯　（1984）轻声和轻声教学，《文字改革》第 5 期。

〖01492〗武彦选等　（1984）声调在语调中的变化规律，《新疆工学院学报》第 5 期。

〖01493〗刘广徽　（1984）语音教学的几点体会，《北京语言学院第二届教学经验科研成果交流会论文选》，北京：北京语言学院出版社。

〖01494〗杨惠元　（1984）从对外汉语教学谈汉语拼音的分词连写，《语言教学与研究》第 1 期。

1983 年

〖01495〗石佩雯　（1983）对外汉语教学中应该充分发挥汉语拼音的作用，《语文建设》第 12 期。

〖01496〗王　力　（1983）再论日母的音值——兼论普通话声母表，《中国语文》第 1 期。

〖01497〗刘奉光　（1983）怎样区别"ong"韵母和"eng"韵母，《语文教学通讯》第 4 期。

〖01498〗陈亚川　（1983）送气音在对外汉语教学中之地位及其识记问题，《语言教学与研究》第 3 期。

〖01499〗杨甲荣　（1983）《汉语拼音方案》在对外国学生汉语教学中的作用，《语文建设》第 9 期。

1982 年

〖01500〗朱晓农　（1982）关于普通话日母的音值，《中国语文通讯》第 3 期。

〖01501〗张宗华　（1982）汉语注音中隔音号的使用范围，《吉林大学社会科学学报》第 1 期。

〖01502〗朗桂青　（1982）如何区分平翘舌，《通化师院学报》（社会科学版）第 1 期。

〖01503〗钟　汉　（1982）是兼语，也是连动——谈"请他来"之类，《郑州师专学报》第 2 期。

1981 年

〖01504〗[美]Timothy Light 著　张旭译　（1981）汉语词序和词序变化，《国外语言学》第 4 期。

〖01505〗藏铁华　（1981）利用声旁分辨 f 声母字 h 声母字，《淮阳师专学报》第 2 期。

〖01506〗朱　川　（1981）翘舌音新探，《华东师大学报》（哲学社会科学版）第 5 期。

〖01507〗厉为民　（1981）试论轻声和重音，《中国语文》第 1 期。

〖01508〗朱林清　（1981）试析一种句式——关于"已经××了～正在××着"之类格式的运用，《南京师院学报》（哲学社会科学版）第 2 期。

〖01509〗曹剑芬　（1981）怎样发普通话"zh、ch、sh、r"，《浙江师范学院学报》（社会科学版）第 3 期。

1980 年

〖01510〗徐　枢　（1980）轻声的作用，《语文学习》第 2 期。

〖01511〗时习之　（1980）如何训练声母 f 的发音和认带声母 f 的汉字，《汉语学习》第 3 期。

〖01512〗鲍怀翘　（1980）语音研究的新进展，《吉林大学社会科学学报》第 1 期。

〖01513〗丛玉文　（1980）怎样分清平舌音和翘舌音，《辽宁教育》第 11 期。

1977 年～1979 年

〖01514〗钟　梫　（1977～1979）关于汉语语音的若干问题，《语言教学与研究》试刊第 3 期。

〖01515〗徐世荣　（1977～1979）谈谈普通话变调中的两个小问题，《语言教学与研究》试刊第 3 期。

1965 年

〖01516〗钟　梫　（1965）怎么教"半上声"，《中国语文》第 2 期。

1964 年

〖01517〗范方莲　（1964）试论所谓动词重叠，《中国语文》第 4 期。

1956 年

〖01518〗张洵如　（1956）北京话里轻声的功用，《中国语文》第 5 期。

1954 年

〖01519〗殷焕先　（1954）声调和声调教学，《中国语文》第 9 期。

5．词汇与词汇教学

2007 年

〖01520〗常晓晋　（2007）"i+1"在对外汉语词汇教学中的体现，《安徽文学》（下半月）第 8 期。

〖01521〗聂仁发　（2007）"关于"标记话题的语义基础和句法条件，《汉语学习》第 5 期。

〖01522〗左双菊　（2007）"老""旧"与同一名词匹配的区别特征及教学策略，《云南师范大学学报》（对外汉语教学与研究版）第 3 期。

〖01523〗张淼淼　（2007）"离合词"研究综述，《忻州师范学院学报》第 1 期。

〖01524〗郝红艳　（2007）"马上"和"连忙"的多角度分析，《广东外语外贸大学学报》第 2 期。

〖01525〗刘长征　（2007）《词汇大纲》与 2005 媒体高频词语比较研究，《云南师范大学学报》（对外汉语教学与研究版）第 3 期。

〖01526〗郭曙纶　（2007）《雨中登泰山》的超纲词统计与分析，《语言文字应用》第 1 期。

〖01527〗张　建、谢晓明　（2007）表示动量的"遍"和"次"，《语言教学与研究》第 4 期。

〖01528〗王　岩　（2007）表示转折关系的"不过"和"就

是", 《汉语学习》第 5 期。

〖01529〗高　燕　（2007）别解探析,《汉语学习》第 5 期。

〖01530〗刘连海　（2007）称呼语运作过程的模式,《语文学刊》第 17 期。

〖01531〗赵艳梅　（2007）从能指、所指角度分析对外汉语高级口语中的叹词教学,《现代语文》（语言研究版）第 8 期。

〖01532〗李春梅　（2007）对韩汉语词汇教学中同义词近义词的分析与比较,《西南民族大学学报》（人文社科版）第 9 期。

〖01533〗朱　勇　（2007）对日汉语词汇教学研究的现状与前瞻,《语言文字应用》第 2 期。

〖01534〗陆　华、李业才　（2007）对外汉语词汇教学的瓶颈与突破,《当代教育论坛》（学科教育研究）第 9 期。

〖01535〗刘树桢　（2007）对外汉语词汇教学研究述评,《邢台学院学报》第 3 期。

〖01536〗李绍林　（2007）对外汉语教学基础词语的难度分析,《语言文字应用》第 3 期。

〖01537〗曾红霞　（2007）对外汉语教学中"搞"的使用偏误及其教学对策,《广东教育学院学报》第 1 期。

〖01538〗寸金燃　（2007）对外汉语教学中的惯用语问题,《大理学院学报》第 7 期。

〖01539〗王艳芳　寇改萍　（2007）对外汉语教学中动植物词语的国俗语义,《辽宁医学院学报》（社会科学版）第 2 期。

〖01540〗李计伟　（2007）方位词"前"、"后"的语义认知基础与对外汉语教学,《语文知识》第 1 期。

〖01541〗孙菊芬　（2007）副词"难道"的形成,《语言教学与研究》第 4 期。

〖01542〗李计伟　　（2007）关于对外汉语教学的汉语词语语法化研究——以"尽管"和"简直"为例，《云南师范大学学报》（对外汉语教学与研究版）第 1 期。

〖01543〗郭晓沛、韩　梅　（2007）关于外国留学生学习使用量词情况的调查分析，《长春师范学院学报》第 5 期。

〖01544〗张积家、陈　俊　（2007）汉语称呼语概念结构的研究，《语言文字应用》第 2 期。

〖01545〗袁　嘉　（2007）汉语虚词研究及其应用，《西南民族大学学报》（人文社科版）第 3 期。

〖01546〗王春辉　（2007）基于实地调查的汉语回谢语形式与功能分析，《江汉大学学报》（人文科学版）第 1 期。

〖01547〗刘长征、秦　鹏　（2007）基于中国主流报纸动态流通语料库 DCC 的成语使用情况调查,《语言文字应用》第 3 期。

〖01548〗刘培玉　（2007）介词"向"、"往"、"朝"的功能差异及解释，《汉语学习》第 3 期。

〖01549〗沈莉娜　（2007）近十年来对外汉语教学中的成语教学综述，《语文学刊》第 13 期。

〖01550〗刘玉平　（2007）可进入"×就×在"格式的单音节动词分析，《科教文汇》（上旬刊）第 9 期。

〖01551〗王茂林　（2007）留学生动词重叠式使用情况浅析，《语言教学与研究》第 4 期。

〖01552〗原新梅、梁　盟　（2007）留学生字母词语的知晓度，《语言文字应用》第 1 期。

〖01553〗谢白羽　（2007）略论语气词"呢"的完句功能在对外汉语教学中的运用，《上海大学学报》

（社会科学版）第 3 期。

〖01554〗章　楠、朱璐璐　（2007）论"来自于"中同义介
词连用现象及对外汉语教学策略，《绍兴
文理学院学报》（教育版）第 2 期。

〖01555〗张　晨　（2007）论外来词的功用，《雅安职业技
术学院学报》第 1 期。

〖01556〗石慧敏　（2007）论中高级阶段韩国留学生的成语
教学，《云南师范大学学报》（对外汉语
教学与研究版）第 4 期。

〖01557〗武晶晶、裴　奇　（2007）浅析现代汉语同素异序
同义词，《安徽文学》（下半月）第 5 期。

〖01558〗师玉梅　（2007）社会心理对词语用字影响小议，
《暨南大学华文学院学报》第 1 期。

〖01559〗白朝霞　（2007）试论对外汉语教学中的新词新语
问题，《德州学院学报》第 1 期。

〖01560〗金有景　（2007）谈谈"二"和"两"的用法差别，
《汉语学习》第 2 期。

〖01561〗魏庭新　（2007）外国学生学习汉语成语的难点分
析及对策，《云南师范大学学报》（对外
汉语教学与研究版）第 2 期。

〖01562〗王丽彩　（2007）现代汉语谓宾动词及相关问题研
究，《暨南大学华文学院学报》第 1 期。

〖01563〗薛笑丛　（2007）现代汉语中字母词研究综述，《汉
语学习》第 2 期。

〖01564〗孙道功　（2007）新词语外来音译词带来的新语素
考察，《云南师范大学学报》（对外汉语
教学与研究版）第 4 期。

〖01565〗李必辉　王作新　（2007）新词语与对外汉语教学，
《三峡大学学报》（人文社会科学版）第
3 期。

〖01566〗田　源、王宇波、王怀明　（2007）嗅觉动词的对

外汉语教学，《现代语文》（语言研究版）第 1 期。

〖01567〗韩　瑜　（2007）语块法的对外汉语词汇教学，《文教资料》第 28 期。

〖01568〗欧　倩　（2007）语气副词"明明"的多角度分析，《四川文理学院学报》第 1 期。

〖01569〗周有斌　（2007）助动词研究概述，《淮北煤炭师范学院学报》（哲学社会科学版）第 2 期。

〖01570〗武惠华　（2007）"不由得"和"不得不"的用法考察，《汉语学习》第 2 期。

〖01571〗赵世举　（2007）对外汉语教学词汇主导法刍议，《长江学术》第 3 期。

〖01572〗何秀峰　（2007）从"红"与"red"的语义对比看对外汉语词汇教学，《云南师范大学学报》（对外汉语教学与研究版）第 3 期。

〖01573〗沈　玮、王　蕾　（2007）现代修辞学在对外汉语教学中的民俗元素，《云南师范大学学报》（对外汉语教学与研究版）第 4 期。

〖01574〗秦曰龙　（2007）现代汉语词汇系统中外来构词词素成因、特点及其影响，《东疆学刊》第 3 期。

〖01575〗秦曰龙　（2007）现代汉语外来构词词素浅析，《华夏文化论坛》（第二辑）（吉林大学），长春：吉林大学出版社。

2006 年

〖01576〗黄晓琴　（2006）"离合词"研究综述，《伊犁师范学院学报》第 2 期。

〖01577〗周士宏、申　莉　（2006）"呢$_2$"的功能、用法及在对外汉语教学中的应对策略，《世界汉语教学》第 2 期。

〖01578〗唐为群 （2006）"原来"、"从来"、"连连"三组时间副词研究，《长江学术》第 3 期。

〖01579〗彭玉兰 魏艳丽 （2006）90 年代以来对外汉语虚词教学研究综述，《景德镇高专学报》第 1 期。

〖01580〗郭胜春 （2006）常用合成词语素显义类型统计分析及其对教学的启示，《暨南大学华文学院学报》第 1 期。

〖01581〗史宁宁 （2006）词语的理据性与对外汉语教学，《文教资料》第 9 期。

〖01582〗朱 波 （2006）大理学院留学生只用副词"不"表示否定原因初探，《大理学院学报》第 1 期。

〖01583〗魏艳伶 （2006）对对外汉语教学中词汇教学的几点思考，《社会科学家》S1 期。

〖01584〗龙泉针 （2006）对日韩留学生的名量词教学，《和田师范专科学校学报》第 3 期。

〖01585〗苏新春 （2006）对外汉语词汇大纲与两种教材词汇状况的对比研究，《语言文字应用》第 2 期。

〖01586〗汪灵灵 （2006）对外汉语教学中的词汇空缺现象及对策，《辽宁行政学院学报》第 7 期。

〖01587〗杨 翠 （2006）对外汉语教学中的动词教学，《湘潭师范学院学报》（社会科学版）第 2 期。

〖01588〗齐春红 （2006）对外汉语教学中的语气副词教学研究，《云南师范大学学报》（对外汉语教学与研究版）第 3 期。

〖01589〗陈 杰 （2006）对外汉语教学中汉语的动态助词，《鞍山师范学院学报》第 1 期。

〖01590〗周 红 （2006）副词"倒"的预期推断与语法意义——兼谈对外汉语副词教学，《云南师

范大学学报》（对外汉语教学与研究版）
第 3 期。

〖01591〗汪如东　（2006）汉语数词的语词意义和修辞意义，《修辞学习》第 3 期。

〖01592〗吴娟娟　（2006）汉语作为第二语言教学中的副词研究综述，《现代语文》（语言研究版）第 4 期。

〖01593〗何淑冰　（2006）汉语作为第二语言教学中的副词研究综述，《宿州教育学院学报》第 1 期。

〖01594〗潘先军　（2006）简论对外汉语教学中的成语问题，《汉字文化》第 1 期。

〖01595〗刘智伟　任　敏　（2006）近五年来对外汉语词汇教学研究综述，《云南师范大学学报》（对外汉语教学与研究版）第 2 期。

〖01596〗王景丹　（2006）口语语体形容词的运用规律，《云南师范大学学报》（对外汉语教学与研究版）第 1 期。

〖01597〗李计伟　（2006）量词"副"的义项分立与对外汉语教学，《语言教学与研究》第 6 期。

〖01598〗朱　军　（2006）列举代词"等"的语义等级、隐现规律及其主观化特点——兼议列举助词"等"的虚化历程，《暨南大学华文学院学报》第 4 期。

〖01599〗田　然　（2006）留学生限定话题语篇中词汇衔接状况考察，《云南师范大学学报》（对外汉语教学与研究版）第 1 期。

〖01600〗蔡　瑱　（2006）论动后复合趋向动词和处所名词的位置，《暨南大学华文学院学报》第 4 期。

〖01601〗焉德才　（2006）论对外汉语词汇教学过程中的"有度放射"策略，《语言文字应用》第 2 期。

〖01602〗胡亮节 （2006）论对外汉语教学中的近义词辨析，《云南师范大学学报》（对外汉语教学与研究版）第 6 期。

〖01603〗张 礼 （2006）论文艺语体词，《暨南大学华文学院学报》第 4 期。

〖01604〗张亚冰 （2006）强化词汇教学意识提高词汇教学质量，《辽宁教育行政学院学报》第 5 期。

〖01605〗侯瑞隆 （2006）认知分析与对外汉语示形量词教学——对外汉语量词教学个案研究系列之一，《云南师范大学学报》（对外汉语教学与研究版）第 3 期。

〖01606〗张亚茹 （2006）试论高级阶段的成语教学，《语言文字应用》第 1 期。

〖01607〗朱志平 （2006）双音节复合词语素结合理据的分析及其在第二语言教学中的应用，《世界汉语教学》第 1 期。

〖01608〗朱 敏 （2006）体词性同语式浅析，《海外华文教育》第 3 期。

〖01609〗张和生 （2006）外国学生汉语词汇学习状况计量研究，《世界汉语教学》第 1 期。

〖01610〗刘春梅 （2006）现代汉语表物同义名词研究，《云南师范大学学报》（对外汉语教学与研究版）第 2 期。

〖01611〗刘春梅 （2006）现代汉语单双音同义名词的主要差异，《华中师范大学学报》（人文社会科学版）第 1 期。

〖01612〗刘颂浩 （2006）现象和解释：词汇重现率及其他，《暨南大学华文学院学报》第 1 期。

〖01613〗刘文辉 宗世海 （2006）印度尼西亚华语区域词语初探，《暨南大学华文学院学报》第 1 期。

〖01614〗郝美玲、张　伟　（2006）语素意识在留学生汉字学习中的作用，《汉语学习》第 1 期。

〖01615〗王瑞烽　（2006）预设差异副词所关联的预设及其教学，《语言文字应用》第 1 期。

〖01616〗茅　维　（2006）云南方言否定副词及在对外汉语中的教学对策，《云南师范大学学报》（对外汉语教学与研究版）第 3 期。

〖01617〗郑艳群　（2006）中介语中程度副词的使用情况分析，《汉语学习》第 6 期。

〖01618〗陶氏河宁　（2006）现代汉语方位词"东、西、南、北"的语义分析，《云南师范大学学报》（对外汉语教学与研究版）第 4 期。

〖01619〗赵　芳　（2006）试论当代新兴的程度副词"巨、恶、狂、超、暴"，《海外华文教育》第 4 期。

〖01620〗吴　迪　（2006）对外汉语中的修辞教学，《渤海大学学报》（哲学社会科学版）第 3 期。

〖01621〗秦曰龙　（2006）打"的"刷"卡"说"吧"——现代汉语外来构词词素例析，《现代语文》（语言研究版）第 1 期。

2005 年

〖01622〗曾小红　（2005）运用语义学的有关理论进行对外汉语词汇教学，《海外华文教育》第 2 期。

〖01623〗齐春红　（2005）对外汉语教学中的词语搭配研究，《云南师范大学学报》（对外汉语教学与研究版）第 2 期。

〖01624〗李治平　（2005）"吃食堂"类短语成活的多维分析，《云南师范大学学报》（对外汉语教学与研究版）第 1 期。

〖01625〗李晓云　（2005）"数词+大+名词"短语，《云南

师范大学学报》（对外汉语教学与研究版）
第 3 期。

〖01626〗丁雪欢　（2005）"只能""只好"比较，《云南
师范大学学报》（对外汉语教学与研究版）
第 1 期。

〖01627〗安媛媛　（2005）表示加强否定语气的副词"并"
的用法，《辽宁教育行政学院学报》第 11
期。

〖01628〗赵　军　（2005）程度副词"顶"的形成与分化，
《云南师范大学学报》（对外汉语教学与
研究版）第 2 期。

〖01629〗康艳红、董　明　（2005）初级对外汉语教材的词
汇重现率研究，《语言文字应用》第 4 期。

〖01630〗江　新　（2005）词的复现率和字的复现率对非汉
字圈学生双字词学习的影响，《世界汉语
教学》第 4 期。

〖01631〗张金桥　（2005）词形、词义因素在留学生汉语词
汇选择判断中的作用，《世界汉语教学》
第 2 期。

〖01632〗辛亚宁　（2005）从"这个歌星很白"看颜色词的
对外汉语教学，《郧阳师范高等专科学校
学报》第 2 期。

〖01633〗张亚冰　（2005）对外汉语词汇教学的若干思考，
《辽宁教育行政学院学报》第 1 期。

〖01634〗邵　彤　（2005）对外汉语词汇教学要点评述，《理
论界》第 6 期。

〖01635〗周上之　（2005）对外汉语的词典与词法，《汉语
学习》第 6 期。

〖01636〗陈　杰　（2005）对外汉语教学中的同义词辨析，
《理论界》第 12 期。

〖01637〗张丽娟　李芳芳　（2005）对外汉语教学中的同义

词辨析，《台声·新视角》第 6 期。

〖01638〗史　慧　（2005）对外汉语教学中新词语问题刍议，《唐山师范学院学报》第 3 期。

〖01639〗李　蕊、周小兵　（2005）对外汉语教学助词"着"的选项与排序，《世界汉语教学》第 1 期。

〖01640〗吕兆格　（2005）方位词"里""外"的语义认知分析，《濮阳职业技术学院学报》第 4 期。

〖01641〗羽离子　（2005）关于对外汉语的量词教学的不同意见，《南通大学学报》（教育科学版）第 4 期。

〖01642〗华玉山　（2005）关于离合词的语用问题，《云南师范大学学报》（对外汉语教学与研究版）第 3 期。

〖01643〗李国慧　（2005）惯用语与对外汉语教学，《佳木斯大学社会科学学报》第 4 期。

〖01644〗张建理　（2005）汉语"心"的多义网络：转喻与隐喻，《修辞学习》第 1 期。

〖01645〗蒋　颖　（2005）汉语名量词虚化的三种机制，《云南师范大学学报》（对外汉语教学与研究版）第 1 期。

〖01646〗高　兵　（2005）汉语熟语的民族特色研究，《河北大学学报》（哲学社会科学版）第 6 期。

〖01647〗李　敏　（2005）汉语同义词蕴涵的文化特征，《云南师范大学学报》（对外汉语教学与研究版）第 3 期。

〖01648〗曾　炜　（2005）流行于广东的句末语气词"来的"，《暨南大学华文学院学报》第 4 期。

〖01649〗万艺玲　（2005）留学生汉语词汇课的性质和定位，《中国大学教学》第 4 期。

〖01650〗方　艳　（2005）留学生利用词汇语境学习策略之探析，《云南师范大学学报》（对外汉语教学与研究版）第 2 期。

〖01651〗郑海丽 （2005）留学生使用离合词的情况调查及分析，《社会科学家》S2 期。

〖01652〗李如龙、吴 茗 （2005）略论对外汉语词汇教学的两个原则，《语言教学与研究》第 2 期。

〖01653〗张 勇 （2005）论外来词，《西南农业大学学报》（社会科学版）第 3 期。

〖01654〗[日]朱 凤 （2005）马礼逊《华英字典》中的成语和谚语，《国际汉语教学动态与研究》第 1 期。

〖01655〗叶 南 （2005）能愿动词的义素结构和跨层次的交际功能，《乐山师范学院学报》第 1 期。

〖01656〗彭 爽、金晓艳 （2005）旁指代词说略，《南昌大学学报》（人文社会科学版）第 3 期。

〖01657〗高立群、黎 静 （2005）日本留学生汉日同形词词汇通达的实验研究，《世界汉语教学》第 3 期。

〖01658〗许光烈 （2005）谈对外汉语的词汇教学，《五邑大学学报》（社会科学版）第 3 期。

〖01659〗王汉卫 （2005）谈基础阶段词汇集中教学，《语言与翻译》第 1 期。

〖01660〗鲁文霞 （2005）谈离合词的界定与对外汉语教学，《语文学刊》第 23 期。

〖01661〗李跃琴 （2005）谈英语外来词对汉语的影响，《职业教育研究》第 1 期。

〖01662〗陈昌来 （2005）特殊动词的句法语义属性研究与对外汉语教学，《上海师范大学学报》（哲学社会科学版）第 4 期。

〖01663〗孙晓明 （2005）投入因素对欧美学生汉语词汇学习的影响，《语言教学与研究》第 3 期。

〖01664〗陈 岩、赵 宏 （2005）习惯用语与对外汉语教学，《东北农业大学学报》（社会科学版）第 2 期。

〖01665〗冯传强　（2005）现代汉语词汇构造特点与对外汉语词汇教学，《胜利油田师范专科学校学报》第 4 期。

〖01666〗王　玲　（2005）以"词块理论"为原则的对外汉语教学，《安徽工业大学学报》（社会科学版）第 4 期。

〖01667〗赵　峰　（2005）隐含义与对外汉语词汇教学，《宁德师专学报》（哲学社会科学版）第 1 期。

〖01668〗王　骏　（2005）在对外汉语词汇教学中实施"字本位"方法的实验报告，《暨南大学华文学院学报》第 3 期。

〖01669〗原新梅　（2005）字母词语在不同语体中的分布，《河南社会科学》第 1 期。

〖01670〗邓　葵　（2005）试说"索性"及"干脆"，《海外华文教育》第 1 期。

〖01671〗崔　丽　（2005）汉语中的外来缩略词分析，《云南师范大学学报》（对外汉语教学与研究版）第 6 期。

〖01672〗邢红兵　（2005）面向对外汉语教学的动词用法频率词典，"对外汉语词典学国际研讨会"论文。

〖01673〗段权珀　（2005）"能"与"能够"异同辨，《对外汉语论丛》（第四期）上海：学林出版社。

〖01674〗张海荣　（2005）"都"还是"全"，《对外汉语论丛》（第四期）上海：学林出版社。

〖01675〗冯　奇、孟宪惠　（2005）从英语新词语的词性零位派生看语言的结构与建构，《对外汉语论丛》（第四期）上海：学林出版社。

〖01676〗李恩华 （2005）关于一个有效的动宾式离合词的教学方案，《对外汉语论丛》（第四期）上海：学林出版社。

〖01677〗周之上 （2005）汉语离合词研究的成果和问题，《对外汉语论丛》（第四期）上海：学林出版社。

〖01678〗曹惊殊 （2005）从汉英缩略词、谐音、符号看网络特色用语，《对外汉语论丛》（第四期）上海：学林出版社。

〖01679〗蔡　红 （2005）汉语颜色词初探，《对外汉语论丛》（第四期）上海：学林出版社。

2004 年

〖01680〗高红娜 （2004）"按""照"及其他，《四川大学学报》（哲学社会科学版）S1 期。

〖01681〗黄健泰、冯　平 （2004）"老师"可以作自称，《咬文嚼字》第 11 期。

〖01682〗李　艳 （2004）"以为"和"认为"，《现代语文》（理论研究版）第 3 期。

〖01683〗刘晓梅 （2004）"字"本位理论与对外汉语词汇教学，《广东外语外贸大学学报》第 4 期。

〖01684〗于　涛 （2004）《老乞大》和《朴通事》的名量词研究，《云南师范大学学报》（对外汉语教学与研究版）第 6 期。

〖01685〗程国珍 （2004）比况短语论析，《暨南大学华文学院学报》第 2 期。

〖01686〗徐盛桓 （2004）成语的生成，《暨南大学华文学院学报》第 1 期。

〖01687〗格罗斯 （2004）词汇——语法的构建，《语言文字应用》增刊。

〖01688〗冯丽萍、宋志明 （2004）词素性质与构词能力对

留学生中文词素识别的影响，《云南师范
大学学报》（对外汉语教学与研究版）第
6 期。

〖01689〗莫修云　（2004）词语结构组织与 HSK 词汇学习，
《云南师范大学学报》（对外汉语教学与
研究版）第 6 期。

〖01690〗陈林森　（2004）词语拾零十六："饕餮"的复活，
《中学语文教学》第 8 期。

〖01691〗桑紫宏、庄　黎　（2004）从"劝说"到"汇报"
——安徽石塘镇计划生育标语语用评析，
《修辞学习》第 6 期。

〖01692〗李建军　（2004）从汉语词汇感受汉语的美，《乌
鲁木齐职业大学学报》第 4 期。

〖01693〗刘立群　（2004）德国没有"《时代》周刊"——
浅谈若干译名的失误，《德国研究》第 4
期。

〖01694〗郭曙纶　（2004）动词的类义及其层级——动词类
义系列研究之一，《井冈山师范学院学报》
第 1 期。

〖01695〗钱少青　（2004）对外汉语词语教学方法探讨，《湖
南工程学院学报》（社会科学版）第 2 期。

〖01696〗崔雪梅　（2004）对外汉语词语教学中的词义应用，
《成都大学学报》（社会科学版）第 2 期。

〖01697〗李如龙　杨吉春　（2004）对外汉语教学应以词汇
教学为中心，《暨南大学华文学院学报》
第 4 期。

〖01698〗方　艳　（2004）对外汉语教学中词汇语境的设置，
《北京教育学院学报》第 3 期。

〖01699〗章　婷　（2004）对外汉语教学中同义副词辨析之
浅见，《语文学刊》第 3 期。

〖01700〗马玉汴　（2004）放射状词汇教学法与留学生中文

心理词典的建构，《云南师范大学学报》
（对外汉语教学与研究版）第 5 期。

〖01701〗郭　智　（2004）汉语词汇的结构对称特点及其在
教学中的运用，《云南师范大学学报》（对
外汉语教学与研究版）第 1 期。

〖01702〗朱　勇　（2004）汉语第二语言词汇学习问题刍议，
《云南师范大学学报》（对外汉语教学与
研究版）第 1 期。

〖01703〗赵　宏、王　洋　（2004）汉语习惯用语与对外汉
语教学，《东北农业大学学报》（社会科
学版）第 4 期。

〖01704〗郭胜春　（2004）汉语语素义在留学生词义获得中
的作用，《语言教学与研究》第 6 期。

〖01705〗曲殿宇　周秀苗　（2004）汉语中"已经"和"曾
经"的意义，《克山师专学报》第 4 期。

〖01706〗钱润池　（2004）简论对外汉语词汇教学中的语素
义教学，《暨南大学华文学院学报》第 2
期。

〖01707〗董　茜　（2004）聚合词在对外汉语教学中的意义，
《云南师范大学学报》（对外汉语教学与
研究版）第 2 期。

〖01708〗卜佳晖　（2004）课堂词汇输入探微，《语言教学
与研究》第 2 期。

〖01709〗杨寄洲　（2004）课堂中怎么进行近义词语用法对
比，《世界汉语教学》第 3 期。

〖01710〗关丽君　（2004）口语词汇与书面语词汇教学研究，
《云南师范大学学报》（对外汉语教学与
研究版）第 3 期。

〖01711〗刘江涛　（2004）离合词特点再认识，《和田师范
专科学校学报》第 4 期。

〖01712〗张　敏　（2004）略谈汉语同形词及对外汉语教学，

《语言文字应用》第 2 期。

〖01713〗田　然　（2004）论词语的组织方式与语篇难度及词语教学，《云南师范大学学报》（对外汉语教学与研究版）第 4 期。

〖01714〗郭　宏　（2004）论对外汉语教学中口语课的词汇教学，《西南民族大学学报》（人文社科版）第 4 期。

〖01715〗张剑波　（2004）论言语配置在语言教学中的重要性，《云南师范大学学报》（对外汉语教学与研究版）第 3 期。

〖01716〗吴海燕　（2004）浅谈离合词带补语的特点及其应用，《莱阳农学院学报》（社会科学版）第 1 期。

〖01717〗吕光远　（2004）浅析汉语词语的附加修辞功能，《哈尔滨商业大学学报》（社会科学版）第 3 期。

〖01718〗季绍斌　（2004）试论汉语新词新语翻译原则及其质量，《云南师范大学学报》（对外汉语教学与研究版）第 3 期。

〖01719〗李如龙、何　颖　（2004）试析对外汉语教材编写的"词本位"，《海外华文教育》第 2 期。

〖01720〗李　青　（2004）谈对外汉语词汇教学，《玉溪师范学院学报》第 2 期。

〖01721〗杨万兵　（2004）网络化：词汇教学的方法论探索，《云南师范大学学报》（对外汉语教学与研究版）第 3 期。

〖01722〗何　颖　（2004）析对外汉语词汇教学原则之文化阐释的原则，《重庆工业高等专科学校学报》第 6 期。

〖01723〗袁　嘉　（2004）现代汉语词汇词义不对称与对外汉语教学，《西南民族大学学报人文社科版》第 8 期。

〖01724〗江傲霜　（2004）新词语隐喻化的特征及方式，《红河学院学报》第 6 期。

〖01725〗顾英华　（2004）新疆汉语学习者二价动词配价偏误分析，《汉语学习》第 4 期。

〖01726〗聂　丹　（2004）语气副词"竟"及其教学，《语言教学与研究》第 5 期。

〖01727〗王周炎　卿雪华　（2004）语素教学是对外汉语词汇教学的基础，《云南师范大学学报》（对外汉语教学与研究版）第 5 期。

〖01728〗唐雪凝　（2004）字母名称问题琐议，《枣庄师范专科学校学报》第 1 期。

〖01729〗邝　岚　（2004）论"如果"和"如果说"，《暨南大学华文学院学报》第 4 期。

〖01730〗邹海清　（2004）频率副词"时时"与"不时"的语义区别，《云南师范大学学报》（对外汉语教学与研究版）第 4 期。

〖01731〗陈　达　（2004）浅谈翻译中的形态学、词法和词汇问题，《西华大学学报》（哲学社会科学版）第 1 期。

〖01732〗林　涛　（2004）虚词教学中的五种比较法，《对外汉语教学研究》广州：中山大学出版社。

2003 年

〖01733〗张卫东　（2003）论威妥玛的"汉语词的多功能性（theversatility）"，《国外汉语教学动态》第 4 期。

〖01734〗肖治野　（2003）"不料"与"竟然"辨——兼谈二词的教学，《语言与翻译》第 4 期。

〖01735〗任芝锳　（2003）"程度副词+名词"结构的语义分析，《暨南大学华文学院学报》第 4 期。

〖01736〗朱芳华　（2003）词语的文化含义对词汇教学的影响及其对策，《海外华文教育》第 1 期。

〖01737〗刘晓梅　（2003）当代汉语新词语造词法的考察，《暨南大学华文学院学报》第 4 期。

〖01738〗黄　立、钱旭菁　（2003）第二语言汉语学习者的生成性词汇知识考察——基于看图作文的定量研究，《汉语学习》第 1 期。

〖01739〗洪　波　（2003）对外汉语成语教学探论，《中山大学学报论丛》第 2 期。

〖01740〗王世友　莫修云　（2003）对外汉语词汇教学的几个基本理论问题，《云南师范大学学报》（对外汉语教学与研究版）第 2 期。

〖01741〗杨满生　（2003）对外汉语词汇教学琐议，《北京第二外国语学院学报》第 6 期。

〖01742〗张高翔　（2003）对外汉语教学中的文化词语，《云南师范大学学报》（对外汉语教学与研究版）第 3 期。

〖01743〗潘先军　（2003）对外汉语教学中的习惯用语问题，《汉字文化》第 4 期。

〖01744〗张谊生　（2003）范围副词"都"的选择限制，《中国语文》第 5 期。

〖01745〗董为光　（2003）副词"都"的"逐一看待"特性，《语言研究》第 1 期。

〖01746〗丁后银　（2003）副词"只"和"only"的语用歧义探讨，《运城学院学报》第 6 期。

〖01747〗王燕灵　（2003）关于少数民族汉语词汇教学中新词新义的思考，《安徽工业大学学报》（社会科学版）第 3 期。

〖01748〗常敬宇　（2003）汉语词汇的网络性与对外汉语词汇教学，《暨南大学华文学院学报》第 3 期。

〖01749〗魏　红　（2003）汉语的动态助词与对外汉语教学，《云南师范大学学报》（对外汉语教学与研究版）第 1 期。

〖01750〗郝美玲　（2003）汉语儿童词素意识的发展，北京师范大学博士学位论文。

〖01751〗钱旭菁　（2003）汉语阅读中的伴随性词汇学习，《北京大学学报》第 4 期。

〖01752〗方绪军　（2003）近义动词的配价差异及其对习得的影响，《海外华文教育》第 4 期。

〖01753〗傅瑞华　（2003）论词汇教学中的意识增进，《世界汉语教学》第 2 期。

〖01754〗韩　明　（2003）论对外汉语教学中的离合词，《温州师范学院学报》第 4 期。

〖01755〗辛永芬　（2003）论能够做结果补语的动词，《河南大学学报》（社会科学版）第 1 期。

〖01756〗贾　涛　（2003）论英汉翻译中词类转换，《河南广播电视大学学报》第 3 期。

〖01757〗范崇高　（2003）名量词"人"示例，《中国语文》第 3 期。

〖01758〗刘　静　（2003）浅析汉语成语、术语的英译，《齐齐哈尔医学院学报》第 3 期。

〖01759〗罗燕玲　（2003）商务汉语词汇教学重点浅析，《暨南大学华文学院学报》第 4 期。

〖01760〗袁　焱　（2003）双语教学中词汇"空位"的层次研究，《云南师范大学学报》（对外汉语教学与研究版）第 1 期。

〖01761〗郝小明　（2003）谈对外汉语教学中的词语释义，《太原大学学报》第 4 期。

〖01762〗木　欣　（2003）谈谈对外汉语词汇教学的几个原则，《八桂侨刊》第 5 期。

〖01763〗杨子菁　（2003）现代汉语叹词的特点及对外汉语

叹词教学，《海外华文教育》第 3 期。

〖01764〗陈玉玲　（2003）英汉委婉语的语用心理，《武警工程学院学报》第 4 期。

〖01765〗史金生　（2003）语气副词的范围、类别和共现顺序，《中国语文》第 1 期。

〖01766〗冯天瑜　（2003）中、日、西语汇互动与近代术语形成，《海外华文教育》第 1 期。

〖01767〗冯丽萍　（2003）中级汉语水平外国学生的中文词汇识别规律分析，《暨南大学华文学院学报》第 3 期。

〖01768〗吴士艮　（2003）现代修辞学与对外汉语，《浙江树人大学学报》第 5 期。

2002 年

〖01769〗董秀芳　（2002）"都"的指向目标及相关问题，《中国语文》第 6 期。

〖01770〗杨　奔　（2002）20 世纪的现代汉语词汇统计研究，《玉林师范学院学报》第 1 期。

〖01771〗金花子　（2002）朝鲜族学生学习汉语动词研究，东北师范大学硕士学位论文。

〖01772〗曹　慧　（2002）从留学生作文谈篇章层面的词汇教学，《语言文字应用》第 2 期。

〖01773〗高顺全　（2002）动词虚化与对外汉语教学，《语言教学与研究》第 2 期。

〖01774〗余文青　（2002）对留学生口语词汇和笔语词汇的调查，《世界汉语教学》第 4 期。

〖01775〗王嘉宾　吴海燕　（2002）对外汉语教学词汇复习方略，《莱阳农学院学报》（社会科学版）第 1 期。

〖01776〗张慧君　（2002）对外汉语教学中词汇教学技巧，《齐齐哈尔大学学报》（哲学社会科学版）

第 3 期。

〖01777〗李　开　（2002）对外汉语教学中的词汇教学与设计，《语言教学与研究》第 5 期。

〖01778〗汤志祥　（2002）汉语新词语和对外汉语教学，《语言教学与研究》第 2 期。

〖01779〗陈　绂　（2002）简析汉语"陪伴性"物量词中的通假现象，《北京师范大学学报》（人文社会科学版）第 6 期。

〖01780〗吴凌非　（2002）论"了$_1$"和"了$_2$"，《语言研究》第 1 期。

〖01781〗方　艳　（2002）论词语搭配与对外汉语教学，《连云港职业技术学院学报》第 3 期。

〖01782〗邵　菁　（2002）配价理论与对外汉语词汇教学，《语言教学与研究》第 1 期。

〖01783〗柳燕梅　（2002）生词重现率对欧美学生汉语词汇学习的影响，《语言教学与研究》第 5 期。

〖01784〗周利芳　（2002）谈对外汉语副词教学中的语境利用，《语言教学与研究》第 3 期。

〖01785〗赵　果　（2002）我国中的"我——"兼论对外汉语词汇教学，《汉语学习》第 4 期。

〖01786〗周丽萍　（2002）现代汉语非量化名词探微，《暨南大学华文学院学报》第 1 期。

〖01787〗左连君　（2002）中医文献常用动词的英译，《中国科技翻译》第 2 期。

〖01788〗原新梅　（2002）字母词语的表达功效，《修辞学习》第 6 期。

〖01789〗肖　红　（2002）汉语中英语借词的翻译，《河北理工学院学报》（社会科学版）第 2 期。

〖01790〗王　珏　（2002）生命副词及其教学策略，《对外汉语教研论丛》（第二辑），上海：华东师范大学出版社。

〖01791〗王晓凌　（2002）"又"在未来事件中的用法浅析，《对外汉语教研论丛》（第二辑），上海：华东师范大学出版社。

〖01792〗史舒薇　（2002）语言家族中的"无冕之王"——试论汉语中的外来词，《对外汉语教研论丛》（第二辑），上海：华东师范大学出版社。

2001 年

〖01793〗亓　华　（2001）"AA 制"的"AA"源自何方，《语文建设》第 8 期。

〖01794〗敖桂华　（2001）"炙"漫谈，《井冈山师范学院学报》第 2 期。

〖01795〗谢　影　（2001）伴随学习第二语言词汇的研究进展，《福建外语》第 3 期。

〖01796〗连晓霞　（2001）初级汉语词义教学的扩展法，《天津外国语学院学报》第 3 期。

〖01797〗汲传波　刘芳芳　（2001）词义引申方式新探——从隐喻看引申，《喀什师范学院学报》第 4 期。

〖01798〗卢小宁　（2001）从汉字"吃"看汉语词语的信息特征，《北京邮电大学学报》（社会科学版）第 1 期。

〖01799〗何重先　（2001）对日本学生的汉语词序教学研究，《武汉大学学报》（人文科学版）第 6 期。

〖01800〗高惠敏　（2001）对外汉语教学中的古代汉语词汇教学探讨，《海外华文教育》第 1 期。

〖01801〗赵　新、李　英　（2001）对外汉语教学中的同义词辨析，《暨南大学华文学院学报》第 2 期。

〖01802〗王改改　（2001）概数词"来"的语义调查和研究，

《汉语学习》第 6 期。

〖01803〗丁安琪、沈　兰　（2001）韩国留学生口语中使用
介词"在"的调查分析，《语言教学与研
究》第 6 期。

〖01804〗朱芳华　（2001）汉民族的审美价值取向与汉语词
汇，《海外华文教育》第 2 期。

〖01805〗周　健　（2001）汉语称谓教学探讨，《语言教学
与研究》第 4 期。

〖01806〗李　坤　（2001）汉语量词教学探讨，《海外华文
教育》第 1 期。

〖01807〗潘之欣　张迈曾　（2001）汉语亲属语扩展用法调
查，《语言教学与研究》第 2 期。

〖01808〗李　开　（2001）汉语体词性词组的语义类型、功
能及其在对外汉语教学中的应用，《东南
大学学报》（哲学社会科学版）第 3 期。

〖01809〗陈安平　（2001）介词"问"的产生，《暨南大学
华文学院学报》第 4 期。

〖01810〗周上之　（2001）离合词是不是词?，《暨南大学
华文学院学报》第 4 期。

〖01811〗张武江　（2001）论汉语古诗中叠音词的英译，《重
庆工学院学报》第 6 期。

〖01812〗亓　华　（2001）日本留学生口中的汉语动物词，
《语文建设》第 7 期。

〖01813〗柯　葳、董燕萍　（2001）上下文在第二语言词汇
直接学习中的效果研究，《现代外语》第
4 期。

〖01814〗郭　攀　（2001）时点性参照点+双向复合性方位
词的综合考察，《汉语学习》第 5 期。

〖01815〗张谊生　（2001）试说概数助词"把"，《暨南大
学华文学院学报》第 3 期。

〖01816〗李　青　（2001）试谈英汉反身代词的强调用法，

《绥化师专学报》第 1 期。

〚01817〛施正宇　（2001）双音复合词中的"一字之差"，《中央民族大学学报》（哲学社会科学版）第 6 期。

〚01818〛周小兵　徐霄鹰　（2001）体词性"有的"、"有些"的多角度分析，《语言研究》第 3 期。

〚01819〛孙雁雁　（2001）体态语在对外汉语教学中的运用，《中国成人教育》第 9 期。

〚01820〛叶长荫　（2001）同素反序词及其在对外汉语教学中的应用，《北方论丛》第 6 期。

〚01821〛徐彩华　张必隐　（2001）现代汉语单音词通达的复杂性——来自认知心理的实验证据，《语言文字应用》第 4 期。

〚01822〛吴建明　（2001）英汉互译中的四字结构，《玉林师范学院学报》第 1 期。

〚01823〛方绪军　（2001）指人名词与面称，《海外华文教育》第 2 期。

〚01824〛汪惠迪　（2001）中乐·华乐·民乐·国乐，《语文建设》第 4 期。

〚01825〛张德鑫　（2001）字母词语是汉语词汇吗?，《天津外国语学院学报》第 1 期。

〚01826〛李振中　（2001）论音译外来词语素的认定，《暨南大学华文学院学报》第 4 期。

〚01827〛贾　颖　（2001）字本位与对外汉语词汇教学，《中国对外汉语教学学会北京分会第二届学术年会论文集》，北京：北京语言文化大学出版社。

〚01828〛苏　岗　（2001）《世界汉语教学主题词表》词汇的分析与评价，《中国对外汉语教学学会北京分会第二届学术年会论文集》，北京：北京语言文化大学出版社。

〖01829〗吴　平　（2001）汉语颜色词语分析，《中国对外汉语教学学会北京分会第二届学术年会论文集》，北京：北京语言文化大学出版社。

〖01830〗王彦杰　（2001）双宾动词使用情况考察，《中国对外汉语教学学会北京分会第二届学术年会论文集》，北京：北京语言文化大学出版社。

2000 年

〖01831〗李卫中　（2000）"由"字句的句法、语义、语用分析，《汉语学习》第 4 期。

〖01832〗王　巍　（2000）"助动词+动词+了"的语义、语法关系刍议，《汉语学习》第 2 期。

〖01833〗史金生　（2000）传信语气词"的""了""呢"的共现顺序，《汉语学习》第 5 期。

〖01834〗王吉辉　（2000）对外汉语词语教学的几个问题，《天津外国语学院学报》第 4 期。

〖01835〗李泰洙　（2000）古本、谚解本《老乞大》里方位词的特殊功能，《语文研究》第 2 期。

〖01836〗殷志平　（2000）关于"一身冷汗"一类短语的性质和特点，《汉语学习》第 4 期。

〖01837〗张培成　（2000）关于汉语比喻词的几个问题，《汉语学习》第 4 期。

〖01838〗胡秀春　（2000）关于某些模糊形容词的语境化教学，《首都师范大学学报》（社会科学版）S3 期。

〖01839〗曹秀玲　（2000）汉语"这、那"不对称性的语篇考察，《汉语学习》第 4 期。

〖01840〗林宝卿　（2000）汉语词语教学应导入中华文化的辩证思维方式，《海外华文教育》第 1 期。

〖01841〗吴玉峰　（2000）汉语量度形容词的优化组合教学，《海外华文教育》第 4 期。

〖01842〗王玉华　（2000）汉语形同、形近义异词与教学对策，《天津中医学院学报》第 4 期。

〖01843〗张世涛　（2000）基础课教材中几个常用词语的分析，《海外华文教育》第 4 期。

〖01844〗宋玉柱　（2000）可不可以设立"动名词"？，《汉语学习》第 2 期。

〖01845〗赵葵欣　（2000）留学生学习和使用汉语介词的调查，《世界汉语教学》第 2 期。

〖01846〗郭风岚　[日]松原恭子　（2000）日本留学生对汉语部分称谓的适应与认同，《语言教学与研究》第 4 期。

〖01847〗黎剑光　（2000）慎用"望 * 兴叹"，《汉语学习》第 6 期。

〖01848〗季安锋　（2000）时间副词"老"的意义，《汉语学习》第 5 期。

〖01849〗张谊生　（2000）试论结构助词"的"和"之"的前置——兼论现代汉语的骈合结构，《汉语学习》第 5 期。

〖01850〗彭　爽　（2000）试析现代汉语中的电子计算机用语，《汉语学习》第 1 期。

〖01851〗刘　卓　（2000）说说"水红色"与"水绿色"中的"水"，《汉语学习》第 1 期。

〖01852〗李善邦　（2000）谈汉语综合课的词汇教学，《海外华文教育》第 4 期。

〖01853〗[韩]韩容洙　（2000）现代汉语的程度副词，《汉语学习》第 4 期。

〖01854〗孙庆玉　（2000）现代汉语方源词的演变过程及其诱因，《汉语学习》第 6 期。

〖01855〗邵敬敏　（2000）香港方言外来词比较研究，《语言文字应用》第 3 期。

〖01856〗李国慧　（2000）新词语中的简缩词，《继续教育研究》第 1 期。

〖01857〗陈广艳　（2000）由"角"和"色"说开去，《语文学刊》第 1 期。

〖01858〗高立群　（2000）语义范畴判断中语音作用的实验研究，《语言教学与研究》第 2 期。

〖01859〗尤庆学　（2000）"磨炼"与"磨练"，《汉语学习》第 4 期。

〖01860〗张明莹　（2000）说"简直"，《汉语学习》第 1 期。

〖01861〗周小兵　（2000）频度副词的多角度研究，《第六届国际汉语教学讨论会论文选》，北京：北京大学出版社。

〖01862〗吕文华　（2000）建立语素教学的构想，《第六届国际汉语教学讨论会论文选》，北京：北京大学出版社。

〖01863〗吴勇毅　（2000）教字词与词典词，《第六届国际汉语教学讨论会论文选》，北京：北京大学出版社。

〖01864〗[德]柯彼德　（2000）汉语凝合动词的类型和特点，《第六届国际汉语教学讨论会论文选》，北京：北京大学出版社。

〖01865〗姚荣松　（2000）论汉语方言词进入普通话（国语）的过程——以台湾国语新词为例，《第六届国际汉语教学讨论会论文选》，北京：北京大学出版社。

〖01866〗李　泉　（2000）"全速、大力"一类词的语义语法特征及词类归属，《第六届国际汉语教学讨论会论文选》，北京：北京大学出版社。

〖01867〗崔希亮　（2000）汉语称谓系统的嬗变及其动因，《第六届国际汉语教学讨论会论文选》，北京：北京大学出版社。

〖01868〗刘颂浩　（2000）阅读课上的词汇学习，《第六届国际汉语教学讨论会论文选》，北京：北京大学出版社。

〖01869〗[日]渡边丽玲　（2000）助动词"可以"与"能"的用法比较分析，《第六届国际汉语教学讨论会论文选》，北京：北京大学出版社。

〖01870〗谢红华　（2000）现代汉语单双音节同义词选择的限制因素，《第六届国际汉语教学讨论会论文选》，北京：北京大学出版社。

〖01871〗胡明扬　（2000）对外汉语教学中语汇教学的若干问题，《回眸与思考》，外语教学与研究出版社。

1999 年

〖01872〗王景萍　（1999）"并"的语义分析及其与"并且、而且"的异同，《福建师范大学学报》（哲学社会科学版）第 3 期。

〖01873〗钟　文　（1999）常用否定词的特殊用法，《安徽大学学报》（哲学社会科学版）第 6 期。

〖01874〗王立杰　（1999）词语的理据与词义理解——兼及词语的理据研究在对外汉语词汇教学中的作用，《天津商学院学报》第 1 期。

〖01875〗王红旗　（1999）动词的特征与"别 V 了$_1$"的歧义指数，《语文研究》第 3 期。

〖01876〗敖依昌　严光仪　（1999）对外汉语教学中的外来词语，《重庆大学学报》（社会科学版）第 3 期。

〖01877〗戴梦霞　（1999）对外汉语名量词选用教学的一点

探索，《汉语学习》第 4 期。

〖01878〗陈贤纯　（1999）对外汉语中级阶段教学改革构想
——词语的集中强化教学，《世界汉语教学》第 4 期。

〖01879〗杨德峰　（1999）副词修饰动词性成分形成的结构的功能，《汉语学习》第 4 期。

〖01880〗马新军　（1999）高校少数民族汉语教学中近义词辨析的几个问题，《喀什师范学院学报》第 3 期。

〖01881〗忽海燕　（1999）汉语"着"的日译浅析，《山西农业大学学报》第 1 期。

〖01882〗张梅娟　（1999）汉语中外来词语语义的衍生，《西安石油学院学报》（社会科学版）第 2 期。

〖01883〗王春茂　彭聃龄　（1999）合成词加工中的词频、词素频率及语义透明度，《心理学报》第 3 期。

〖01884〗胡　鸿、褚佩如　（1999）集合式词汇教学探讨，《世界汉语教学》第 4 期。

〖01885〗张庆文　（1999）略论汉语中的双声叠韵联绵词，《泰安教育学院学报岱宗学刊》第 3 期。

〖01886〗李　莉　（1999）论对外汉语教学中的词汇教学，《天津外国语学院学报》第 1 期。

〖01887〗周小兵　（1999）频度副词的划类与使用规则，《华东师范大学学报》（哲学社会科学版）第 4 期。

〖01888〗咸美子　魏居运　（1999）谈词群教学的短平快效应，《东疆学刊》第 4 期。

〖01889〗刘颂浩　（1999）阅读课上的词汇训练，《世界汉语教学》第 4 期。

〖01890〗徐烈炯　（1999）反身代词的所指对象，《共性与个性——汉语语言学中的争议》，北京：

北京语言文化大学出版社。

〖01891〗傅　源　（1999）浅析趋向补语"下"的语义源流，《对外汉语教研论丛》（第一辑），上海：华东师范大学出版社。

〖01892〗朱　虹　（1999）普通话影响下的上海方言词汇初探，《对外汉语教研论丛》（第一辑），上海：华东师范大学出版社。

〖01893〗金志军　赵柳英　（1999）从"我班有九口留学生"谈汉语物量词的教学，《对外汉语教研论丛》（第一辑），上海：华东师范大学出版社。

1998 年

〖01894〗李　讷、安姗笛、张伯江　（1998）从话语角度论证语气词"的"，《中国语文》第 2 期。

〖01895〗朱景松　（1998）动词重叠式的语法意义，《中国语文》第 5 期。

〖01896〗[韩]韩容洙　（1998）对韩汉语教学中的介词教学，《汉语学习》第 6 期。

〖01897〗杨晓黎　（1998）对外汉语词语教学的拓展法，《华东师范大学学报》（哲学社会科学版）第 6 期。

〖01898〗胡秀春　（1998）对外汉语词语教学方法的初步探索，《浙江师大学报》（社会科学版）第 6 期。

〖01899〗姜恩庆　（1998）对外汉语教学中词的转移意义研究，《天津商学院学报》第 6 期。

〖01900〗徐晶凝　（1998）关于程度副词的对外汉语教学，《南开学报》（哲学社会科学版）第 5 期。

〖01901〗陈桂德　（1998）关于词语教学的思考，《华侨大学学报》（哲学社会科学版）第 3 期。

〖01902〗司联合　（1998）过渡语与外语教学，《外语与外语教学》第 12 期。

〖01903〗陈荣岚　（1998）华语教学中词语的释义问题，《海外华文教育》第 2 期。

〖01904〗李晓琪　（1998）论对外汉语虚词教学，《世界汉语教学》第 3 期。

〖01905〗张德鑫　（1998）数"九"，《中国文化研究》第 3 期。

〖01906〗李美玲　（1998）谈对外汉语教学中的双音节合成动词，《青海民族学院学报》（社会科学版）第 1 期。

〖01907〗陈　绂　（1998）谈汉语陪伴性物量词的由来及其应用原则，《语言文字应用》第 4 期。

〖01908〗张小衡　（1998）也谈汉语书面语的分词问题——分词连写十大好处，《中文信息学报》第 3 期。

〖01909〗徐晶凝　（1998）语气助词的语气义及其教学探讨，《世界汉语教学》第 2 期。

〖01910〗杨满生　（1998）浅析副词"都"，《北京第二外国语学院学报》第 2 期。

〖01911〗王德昱　（1998）关于"CHINA"一词的字源，《文史杂志》第 3 期。

〖01912〗刘　军　（1998）浅谈法兰西谚语，《法语学习》第 4 期。

〖01913〗王　蔚　（1998）我谈双音形容词 AABB 式重叠，《对外汉语教学探讨集北京地区第一届对外汉语教学讨论会论文选》，北京：北京大学出版社。

〖01914〗郭振华　（1998）汉语词语结构的特征，《对外汉语教学探讨集北京地区第一届对外汉语教学讨论会论文选》，北京：北京大学出版社。

〖01915〗林杏光　（1998）现代汉语槽关系语言工程的设计，《对外汉语教学探讨集北京地区第一届对外汉语教学讨论会论文选》，北京：北京大学出版社。

〖01916〗高文军　（1998）时间副词对趋向动词句中用"了"的制约，《对外汉语教学探讨集北京地区第一届对外汉语教学讨论会论文选》，北京：北京大学出版社。

〖01917〗胡孝斌　（1998）副词"还是"的比较意义，《对外汉语教学探讨集北京地区第一届对外汉语教学讨论会论文选》，北京：北京大学出版社。

〖01918〗杨德峰　（1998）说"呢"，《对外汉语教学探讨集北京地区第一届对外汉语教学讨论会论文选》，北京：北京大学出版社。

〖01919〗李红印　（1998）语素"男、女"的意义和用法，《对外汉语教学探讨集北京地区第一届对外汉语教学讨论会论文选》，北京：北京大学出版社。

〖01920〗史艳岚　（1998）谈报刊语言基础词汇教学，《对外汉语教学探讨集北京地区第一届对外汉语教学讨论会论文选》，北京：北京大学出版社。

〖01921〗张　敏　（1998）《认知语言学与汉语名词短语》，北京：中国社会科学出版社。

1997 年

〖01922〗易洪川　朱全红（1997）"多字音节"及其功用初探，《语文建设》第1期。

〖01923〗侯友兰　（1997）比喻词补议，《汉语学习》第 4

期。

〖01924〗王　珏　（1997）词汇的跨域使用与词义的衍生，《徐州师范大学学报》（哲学社会科学版）第 3 期。

〖01925〗王绍新　（1997）从几个例词看唐代动量词的发展，《古汉语研究》第 2 期。

〖01926〗万艺玲　（1997）对外汉语词义教学中的两个问题，《语言教学与研究》第 3 期。

〖01927〗张玉娥　（1997）对外汉语教学中的词义讲解和词义辨析，《中山大学学报论丛》第 4 期。

〖01928〗温云水　（1997）对外汉语教学中的时间词问题，《天津外国语学院学报》第 3 期。

〖01929〗刘　缙　（1997）对外汉语近义词教学漫谈，《语言文字应用》第 1 期。

〖01930〗施光亨　（1997）汉语口语词释例，《语言文字应用》第 4 期。

〖01931〗陈荣岚　（1997）汉语新词新义来源的途径及其文化特征，《海外华文教育》第 2 期。

〖01932〗周小兵　（1997）介词的语法性质和介词研究的系统方法，《中山大学学报》（社会科学版）第 3 期。

〖01933〗徐忆红　（1997）名词术语工作不能再等了，《北京日报》第 2 期。

〖01934〗刘辰诞　（1997）篇章与词汇教学，《外语教学》第 2 期。

〖01935〗罗庆铭　（1997）浅谈菲律宾语中的汉语借语，《海外华文教育》第 1 期。

〖01936〗孟祥英　（1997）谈对外汉语教学中的近义词辨析，《天津师大学报》（社会科学版）第 3 期。

〖01937〗李小荣　（1997）谈对外汉语虚词教学，《世界汉语教学》第 4 期。

〖01938〗迟永长　（1997）谈汉语量词的文化底蕴，《辽宁师范大学学报》（社会科学版）第 5 期。

〖01939〗田小琳　（1997）香港词汇研究初探，《语言文字应用》第 1 期。

〖01940〗宋传伟　（1997）汉、俄语外来词数量悬殊的原因初探，《福建外语》第 4 期。

〖01941〗高　辉　（1997）浅谈汉语四字词组的翻译，《昆明冶金高等专科学校学报》Z1 期。

〖01942〗鲍世修　（1997）谈谈对外交往中中国人姓名外译的规范化，《中国翻译》第 4 期。

〖01943〗谭傲霜　（1997）反映在汉语符号系统中的人本位意识，《第五届国际汉语教学讨论会论文选》，北京：北京大学出版社。

〖01944〗胡明扬　（1997）语汇教学的若干问题，《第五届国际汉语教学讨论会论文选》，北京：北京大学出版社

〖01945〗陆俭明　（1997）现代汉语中数量词的作用，《现代汉语句法论》，北京：商务印书馆。

1996 年

〖01946〗陈子骄　（1996）"都"的语义指向，《汉语学习》第 6 期。

〖01947〗赤贺光　（1996）"可惜"≠"遗憾"，《学汉语》第 8 期。

〖01948〗张捷鸿　（1996）对外汉语高级阶段的词汇教学，《山东师大学报》（社会科学版）第 5 期。

〖01949〗刘　缙　（1996）对外汉语教学中词语辨析之浅见，《中国人民大学学报》第 5 期。

〖01950〗袁　嘉　（1996）对外汉语教学中的"骑马词"问题，《西南民族学院学报》（哲学社会科学版）S6 期。

〖01951〗张谊生　（1996）副词的篇章连接功能，《语言研究》第 1 期。

〖01952〗叶景烈　（1996）关于"外来概念词"讨论的讨论，《香港：词库建设通讯》总第 8 期。

〖01953〗田惠刚　（1996）汉语"外来词"的范畴及其分类刍议，《香港：词库建设通讯》总第 8 期。

〖01954〗孟伟根　（1996）汉语外来词的词义汉化及其回译，《香港：词库建设通讯》总第 8 期。

〖01955〗李一平　（1996）论类语言成分叹词的交际作用，《天中学刊》第 3 期。

〖01956〗史锡尧　（1996）名词比喻造词，《中国语文》第 4 期。

〖01957〗胡彦萍　（1996）小议表示时间的几个词汇，《日语知识》第 5 期。

〖01958〗陆俭明、马　真　（1996）形容词作结果补语情况考察，《汉语学习》第 1、6 期。

〖01959〗陆红燕　（1996）用义素分析法辨析同义素词，《学汉语》第 1 期。

〖01960〗杨晓黎　（1996）由表及里,形具神生——对外汉语成语教学探论，《安徽大学学报》（哲学社会科学版）第 1 期。

〖01961〗胡　一　（1996）由词汇的语义对比看等效翻译的相对性，《福建外语》第 3 期。

〖01962〗朱其智　（1996）直接法与生词教学，《中山大学学报论丛》第 3 期。

〖01963〗全香兰　（1996）朝鲜语汉字成语与汉语成语，《汉语学习》第 2 期。

〖01964〗孙德金　（1996）非名词形名结构，《中国对外汉语教学学会第五次学术讨论会论文选》，北京：北京语言学院出版社。

〖01965〗张德鑫　（1996）谈颠倒词，《中国对外汉语教学学会第五次学术讨论会论文选》，北京：
北京语言学院出版社。

〖01966〗赵永新　（1996）新词新语与对外汉语教学，《中
国对外汉语教学学会成立十周年纪念论
文选》，北京：北京语言学院出版社。

〖01967〗陈章太　李行健　（1996）《普通话基础方言基本
词汇集》，北京：语文出版社。

1995 年

〖01968〗陈满华　（1995）从外国学生的病句看方位词的用
法，《语言教学与研究》第 3 期。

〖01969〗王小宁　（1995）对外汉语词汇教学初探，《清华
大学学报》（哲学社会科学版）第 4 期。

〖01970〗吴世雄　（1995）关于"外来概念词"研究的思考，
《香港：词库建设通讯》总第 7 期。

〖01971〗张国安　（1995）关于副词修饰名词问题，《汉语
学习》第 6 期。

〖01972〗黄河清　（1995）汉语外来影响词，《香港：词库
建设通讯》总第 7 期。

〖01973〗张国宪　（1995）论单价形容词，《语言研究》第
1 期。

〖01974〗沈孟璎　（1995）试论新词缀化的汉民族性，《南
京大学学报》（哲学·人文科学·社会科
学版）第 1 期。

〖01975〗谢旭升　（1995）试析新疆英译对外宣传品词语处
理问题，《新疆大学学报》（社会科学版）
第 4 期。

〖01976〗张国宪　（1995）双价形容词对语义结构的选择，
《汉语学习》第 4 期。

〖01977〗白　荃　（1995）外国学生使用介词"从"的错误
类型及其分析，《北京师范大学学报》（社

会科学版）第 6 期。

〖01978〗史有为　（1995）外来的"外来语"及其他，《香港：词库建设通讯》总 3 期。

〖01979〗张建康　（1995）现代汉语吸纳外来词语的一些问题，《重庆广播电视大学学报》第 3 期。

〖01980〗李晓琪　（1995）中介语与汉语虚词教学，《世界汉语教学》第 4 期。

〖01981〗王世生　（1995）"你好"是"汉语里常用的问候语"吗？，《语文建设》第 1 期。

〖01982〗曹瑞芳　（1995）普通话 ABB 式形容词的定量分析，《语文研究》第 3 期。

〖01983〗张德尧　（1995）谈如何教"一点儿"、"有一点儿"和"差一点儿"，《中国人民大学学报》第 4 期。

1994 年

〖01984〗黄振英　（1994）初级阶段汉语词汇教学的几种方法，《世界汉语教学》第 3 期。

〖01985〗王洪君　（1994）从字和字组看词和短语，《中国语文》第 2 期。

〖01986〗李　威、王　宏　（1994）对外汉语教学翻译课难点举要——浅议"意思"一词的英译，《北华大学学报》（社会科学版）第 4 期。

〖01987〗王又民　（1994）汉语常用词分析及词汇教学，《世界汉语教学》第 2 期。

〖01988〗宋玉柱　（1994）汉语双宾语句的语用限制，《学汉语》第 9 期。

〖01989〗黄河清　（1994）汉语外来词研究中的若干问题，《香港：词库建设通讯》总第 3 期。

〖01990〗刘运同　（1994）论生词的外语译释，《华侨大学学报》（人文社会科学版）第 1 期。

〖01991〗徐子亮　（1994）认知与释词，《华东师范大学学报》（哲学社会科学版）第 3 期。

〖01992〗刘镰力　（1994）谈对外汉语词汇教学，《语文建设》第 8 期。

〖01993〗[韩]韩容洙　（1994）我是怎样教韩国学生学习汉语的副词的，《汉语学习》第 2 期。

〖01994〗常敬宇　（1994）也谈称父母的谦词问题，《汉语学习》第 4 期。

〖01995〗袁毓林　（1994）一价名词的认知研究，《中国语文》第 4 期。

〖01996〗刘月华　（1994）以"固然""于是"为例谈虚词的用法研究，《汉语学习》第 4 期。

〖01997〗常丹阳　（1994）"差点儿"与"差点儿没"的异同，《学汉语》第 3 期。

〖01998〗李　讷等　（1994）已然体的话语理据：汉语助词"了"，《功能主义与汉语语法》，北京：北京语言学院出版社。

1993 年

〖01999〗应雨田　（1993）比喻型词语的类型及释义，《中国语文》第 4 期。

〖02000〗吴为章　（1993）动词的"向"札记，《中国语文》第 3 期。

〖02001〗郭　锐　（1993）动词的过程结构，《中国语文》第 6 期。

〖02002〗常敬宇　（1993）对外汉语词汇教学初探，《语文建设》第 6 期。

〖02003〗张绍滔　（1993）菲律宾华语语词变异浅谈，《海外华文教育》第 1 期。

〖02004〗邵敬敏　（1993）量词的语义分析及其与名词的双向选择，《中国语文》第 3 期。

〚02005〛刘　缙　（1993）谈词的褒贬义与构词语素义之关系，《中国人民大学学报》第 4 期。

〚02006〛石慧敏　（·1993）日来汉词与对外汉语教学，《上海师范大学学报》（哲学社会科学版）第 2 期。

〚02007〛李红印　（1993）双音节动词重叠式"ABAB"带宾语，《中国对外汉语教学学会第四次学术讨论会论文选》，北京：北京语言学院出版社。

〚02008〛刘英林　宋绍周　（1993）论汉语教学字词的统计与分级，《中国对外汉语教学学会第四次学术讨论会论文选》，北京：北京语言学院出版社。

〚02009〛竟　成　（1993）动态助词"了"的语法意义及其实现，《中国对外汉语教学学会第四次学术讨论会论文选》，北京：北京语言学院出版社。

〚02010〛黄祥年　（1993）对比方法在词汇教学中的应用，《中国对外汉语教学学会第四次学术讨论会论文选》，北京：北京语言学院出版社。

〚02011〛戴惠本　（1993）对立词的构成及其它，《中国对外汉语教学学会第四次学术讨论会论文选》，北京：北京语言学院出版社。

〚02012〛朱丽云　（1993）对外汉语词语教学初探，《中国对外汉语教学学会第四次学术讨论会论文选》，北京：北京语言学院出版社。

〚02013〛许维翰　武金香　（1993）试谈《世界汉语教学主题词表》的编制工作，《中国对外汉语教学学会第四次学术讨论会论文选》，北京：北京语言学院出版社。

〖02014〗陶　炼　（1993）现代汉语助动词对比研究，《中国对外汉语教学学会第四次学术讨论会论文选》，北京：北京语言学院出版社。

〖02015〗田小琳　（1993）现代汉语词汇研究和教学浅议，《第四届国际汉语教学讨论会论文选》，北京：北京大学出版社。

〖02016〗袁毓林　（1993）准双向动词的研究，《现代汉语祈使句研究》，北京：北京大学出版社。

1992 年

〖02017〗关文新　（1992）自由副词初探，《吉林大学社会科学学报》第 3 期。

〖02018〗王敬骝　（1992）释"鼎"，《民族语文》第 3 期。

〖02019〗袁毓林　（1992）现代汉语名词的配价研究，《中国社会科学》第 3 期。

〖02020〗刘英林　宋绍周　（1992）论汉语教学字词的统计与分级（代序），《汉语水平词汇与汉字等级大纲》（修订本），北京：经济科学出版社。

1991 年

〖02021〗[韩]孟柱亿　（1991）朝鲜人说汉语的中介语，《第三届国际汉语教学讨论会论文选》，北京：北京语言学院出版社。

〖02022〗范　晓　（1991）动词的"价"分类，《语法研究与探索》第 5 期。

〖02023〗李　泉　（1991）对外汉语教学释词的几个问题，《汉语学习》第 3 期。

〖02024〗朱　敏　（1991）对外汉语教学中的词义理解和词汇记忆问题，《南京师大学报》（社会科学版）第 4 期。

〖02025〗韩荔华　（1991）对外汉语形容词教学漫谈，《世界汉语教学》第 2 期。

〖02026〗温象羽　（1991）浅论谦语与对外汉语教学，《天津师范大学学报》（社会科学版）第 1 期。

〖02027〗钱学烈　（1991）谈谈《汉语词汇等级大纲》（试行）中的轻声词和儿化词，《深圳大学学报》（人文社会科学版）第 1 期。

〖02028〗王希杰　华玉明　（1991）论双音节动词的重叠性及其语用制约性，《中国语文》第 6 期。

〖02029〗张宽信　（1991）汉语与日本的对外意识，《湖南师范大学教育科学学报》第 6 期。

〖02030〗陆俭明　（1991）现代汉语时间词说略，《第三届国际汉语教学讨论会论文选》，北京：北京语言学院出版社。

〖02031〗汤志祥　（1991）动词及其相关成分的教学误区，《对外汉语教学研究》，广州：中山大学出版社。

〖02032〗李　立　（1991）词汇教学的联想法，《对外汉语教学研究》，广州：中山大学出版社。

〖02033〗洪材章　（1991）单音节形容词反义结构的考察，《对外汉语教学研究》，广州：中山大学出版社。

1990 年

〖02034〗岳长顺　（1990）"同志"及其文化内涵，《天津师范大学学报》（社会科学版）第 2 期。

〖02035〗汪寿顺　（1990）从母语影响看朝鲜学生在动词、介词使用中的问题，《天津师范大学学报》（社会科学版）第 1 期。

〖02036〗文　炼、袁　杰　（1990）谈谈动词的"向"，《汉语论丛》，上海：华东师范大学出版社。

〖02037〗米凯乐　（1990）一万和更大的数字——怎样教授汉语大数字，《语言教学与研究》第 2 期。

〖02038〗宋玉柱　（1990）再谈关联词语在单句成分间的连接作用，《汉语学习》第 3 期。

〖02039〗李　立　（1990）介词"朝"和"往"，《中国对外汉语教学学会第三次学术讨论会论文选》，北京：北京语言学院出版社。

〖02040〗赵中健　（1990）汉语量词的选用，《中国对外汉语教学学会第三次学术讨论会论文选》，北京：北京语言学院出版社。

〖02041〗鲁晓琨　（1990）助动词"会"和"能"的隐喻对比，《对外汉语研究的跨学科探索——汉语学习与认知国际学术研讨会论文集》，北京:北京语言学院出版社。

1989 年

〖02042〗张林林　（1989）副词"再"字用法探索，《南京师大学报》(社会科学版)第 3 期。

〖02043〗邵敬敏　（1989）语气词"呢"在疑问句中的作用，《中国语文》第 3 期。

〖02044〗联合早报用字用词调查工作委员会　（1989）《中小学华文课本用词调查报告》，新加坡：联合报有限公司。

〖02045〗常宝儒　（1989）词的理解、记忆和保持，《语言教学与研究》第 2 期。

〖02046〗郭德荫　（1989）词汇的发展变化与社会变革的关系——试论新时期汉语词汇中产生的新词语，《阴山学刊》第 2 期。

〖02047〗徐　丹　（1989）第三人称代词的特点，《中国语文》第 4 期。

〖02048〗郭良夫　（1989）近代汉语副词"白"和"白白"，

《中国语言学报》第 3 期。

〖02049〗[日]植田均 （1989）近代汉语中的介词"和、同、替"的特殊用法，《安庆师范学院学报》（社会科学版）第 3 期。

〖02050〗张向群 （1989）量词的换用与活用，《陕西理工学院学报》（社会科学版）第 1 期。

〖02051〗史锡尧 （1989）使用动词语素"上"、"下"的心理基础，《世界汉语教学》第 4 期。

〖02052〗杨 岚 （1989）试论词的表情色彩与理性意义的关系，《语文研究》第 1 期。

〖02053〗周 刚 （1989）试论现代汉语军事术语，《汉语学习》第 4 期。

〖02054〗王彦承 （1989）现代汉语三音词剖析，《天津师范大学学报》（社会科学版）第 4 期。

〖02055〗马庆株 （1989）自主动词和非自主动词，《中国语言学报》第 3 期。

〖02056〗王继同 （1989）论副词重叠，《杭州大学学报》第 3 期。

〖02057〗辛尚奎、周 成 （1989）试论 ABB 式形容词，《内蒙古大学学报》（人文社会科学版）第 4 期。

1988 年

〖02058〗李菊光 （1988）试论对日本留学生的词汇教学，《南京师大学报》（社会科学版）第 3 期。

〖02059〗杜治本 （1988）试论起关联作用的副词"一"，《大庆师专学报》（哲学社会科学版）第 3 期。

〖02060〗张其昀 （1988）语气助词"了"新探，《江苏大学学报》（高教研究版）第 3 期。

〖02061〗汪 磊 （1988）"场次"是复合量词吗?——兼议"场次"的三个义项，《辽宁大学学报》

（哲学社会科学版）第 1 期。

〖02062〗胡树鲜　（1988）"还、也、又"的语言环境，《思维与智慧》第 2 期。

〖02063〗修世华　（1988）"民族过程"一词在汉语中行得通吗?，《世界民族》第 2 期。

〖02064〗戴金堂　（1988）"相当"词性的认定，《辽宁教育行政学院学报》第 1 期。

〖02065〗钱　行　（1988）"眼"的量词用法，《中国语文通讯》第 1 期。

〖02066〗叶友文　（1988）"这"的功能嬗变及其他，《第二届国际汉语教学讨论会论文选》，北京：北京语言学院出版社。

〖02067〗吴慧颖　（1988）"作为"也是介词，《淮北煤炭师范学院学报》(哲学社会科学版)第 1 期。

〖02068〗杨从洁　（1988）不定量词"点"以及"一点""有点"的用法，《语言教学与研究》第 3 期。

〖02069〗郭志良　（1988）对外汉语教学中词义辨析的几个问题，《世界汉语教学》第 1 期。

〖02070〗刘学敏　（1988）关于"个"的特殊用法，《语言教学与研究》第 3 期。

〖02071〗徐恩益　（1988）关于"自己"的指代问题——谈约束理论，《新疆大学学报》（哲学社会科学版）第 1 期。

〖02072〗王　还　（1988）关于怎么教"不、没、了、过"，《世界汉语教学》第 4 期。

〖02073〗刘叔新　（1988）汉语反义词的类别和特点，《世界汉语教学》第 3 期。

〖02074〗[日]大河内康宪　（1988）量词的个体化功能，《汉语学习》第 6 期。

〖02075〗周有光　（1988）略谈现代汉语中的单音节词问题，《第二届国际汉语教学讨论会论文选》，北京：北京语言学院出版社。

〖02076〗廖　芳　（1988）浅谈"最"的重叠式——"最最"，《牡丹江师院学报》（哲学社会科学版）第4期。

〖02077〗许德楠　（1988）使用敬语的若干问题，《语言教学与研究》第2期。

〖02078〗杜冶本　（1988）试论起关联作用的副词"一"，《大庆师专学报》（哲学社会科学版）第3期。

〖02079〗陈垂民　（1988）谈"不"和"没有"及其相关的句式，《暨南学报》（哲学社会科学版）第1期。

〖02080〗赵静贞　（1988）嘴与嘴巴，《世界汉语教学》第4期。

〖02081〗张柏玉　（1988）论口语词语的情感蕴含，《第二届国际汉语教学讨论会论文选》，北京：北京语言学院出版社。

〖02082〗[美]李　华　（1988）美国学生与"能愿动词"，《第二届国际汉语教学讨论会论文选》，北京：北京语言学院出版社。

〖02083〗张孝忠　（1988）通感语言的民族差异与词语搭配，《第二届国际汉语教学讨论会论文选》，北京：北京语言学院出版社。

〖02084〗孟　琮　（1988）动词和动作的方向，《第二届国际汉语教学讨论会论文选》，北京：北京语言学院出版社。

〖02085〗王绍新　（1988）谈汉语复合词内部的语义构成，《第二届国际汉语教学讨论会论文选》，北京：北京语言学院出版社。

〖02086〗[联邦德国]李　伯　（1988）汉语里动词体和动作方向的概念，《第二届国际汉语教学讨论会论文选》，北京：北京语言学院出版社。

1987 年

〖02087〗初文弱　（1987）"反而"浅议，《大连大学师范学院学报》（社会科学版）第 2 期。

〖02088〗吴淮南　（1987）对外汉语词汇教学中的综合教学原则，《南京大学学报》（哲学·人文科学·社会科学版）增刊。

〖02089〗曹广顺　（1987）语气词"了"源流浅说，《语文研究》第 2 期。

〖02090〗钱　坤　（1987）"雪白"这类形容词在词语组合中的要求和修辞作用，《齐齐哈尔师院学报》（哲学社会科学版）第 4 期。

〖02091〗李慎行　（1987）"以为"和"以……为……"，《宝鸡文理学院学报》（社会科学版）第 2 期。

〖02092〗贺凯林　（1987）"作"还是"做"?，《湖南师范大学社会科学学报》第 6 期。

〖02093〗刘月华　（1987）表示状态意义的"起来"与"下来"之比较，《世界汉语教学》预刊第 1 期。

〖02094〗李行健　（1987）词汇规范和对外汉语教学，《语言教学与研究》第 4 期。

〖02095〗谢桌绵　（1987）副词"很"的语法功能和词汇意义，《佛山师专学报》（社会科学版）第 1 期。

〖02096〗沙　平　（1987）关于"相当"的词性分析——与郭潮等同志商榷，《福建师范大学学报》（哲学社会科学版）第 2 期。

〖02097〗王振昆　（1987）汉语的内部关系义和外部关系义，《世界汉语教学》预刊第 1 期。

〖02098〗胡炳忠　（1987）基础汉语的词汇教学，《语言教学与研究》第 4 期。

〖02099〗刘士勤　（1987）开展新词新义的研究，《世界汉语教学》预刊第 1 期。

〖02100〗龚千炎　胡治农　（1987）略说动词"搞"，《语言学论文集》，合肥：安徽教育出版社。

〖02101〗郭良夫　（1987）论方言词的确定，《语言研究论丛》（四），天津：南开大学出版社。

〖02102〗常　春　（1987）人称代词"你""您"的时代特征和规范化，《湖北大学学报》（哲学社会科学版）第 2 期。

〖02103〗田作申　（1987）试论"不"的语法功能，《湖北大学学报》（哲学社会科学版）第 3 期。

〖02104〗徐菊秀　（1987）试说副词"只有"，《苏州大学学报》（哲学社会科学版）第 1 期。

〖02105〗唐　韵　（1987）试析"象×一样"，《西华师范大学学报》（哲学社会科学版）第 4 期。

〖02106〗陈　平　（1987）释汉语中与名词性成分相关的四组概念，《中国语文》第 2 期。

〖02107〗刘丹青　（1987）形名同现及形容词的向，《南京师大学报》（社会科学版）第 3 期。

〖02108〗王　还　（1987）由编汉语汉英双解词典看到的词典释义问题，《世界汉语教学》预刊第 1 期。

〖02109〗[美]汪有序　（1987）怎么教"不、没、了、过、着"，《世界汉语教学》第 2 期。

〖02110〗李运富　（1987）状语"请"字的意义分析，《衡阳师专学报》（社会科学版）第 3 期。

〖02111〗彭道生　（1987）试论"进行""给以"一类动词的宾词的性质，《暨南学报》（哲学社会科学版）第 3 期。

〖02112〗段业辉　（1987）试论副词重选，《南京师大学报》（社会科学版）第 1 期。

〖02113〗齐沪扬　（1987）谈单音节副词的重叠，《中国语文》第 4 期。

〖02114〗刘　勇　（1987）从"刚才"和"方才"浅谈时间名词和时间副词的区别，《淮北煤炭师范学院学报》（哲学社会科学版）第 4 期。

〖02115〗董　明　（1987）词汇教学浅谈，《对外汉语教学研究会第二次学术讨论会论文选》，北京：北京语言学院出版社。

〖02116〗郭振华　（1987）词序和词序变换，《对外汉语教学研究会第二次学术讨论会论文选》，北京：北京语言学院出版社。

〖02117〗李绍林　（1987）高水平汉语阅读难点词语调查及其有关问题，《词汇文字研究与对外汉语教学》，北京：北京语言学院出版社。

1986 年

〖02118〗李兴亚　（1986）语气词"啊、呢、吧"在句中的位置，《河南大学学报》（社会科学版）第 2 期。

〖02119〗[日]伊原大策著　柴世森译　（1986）表示进行时态的"在"，《河北大学学报》（哲学社会科学版）第 8 期。

〖02120〗吕叔湘　（1986）动补结构的多义性，《中国语文》第 1 期。

〖02121〗方　华　（1986）副词能否修饰体词刍议，《南京大学学报》第 3 期。

〖02122〗常宝儒　（1986）关于汉语字词计量研究的几点刍议，《语文建设》第 5 期。

〖02123〗王风举　（1986）汉日文同形异义语词举例，《兰州教育学院学报》第 2 期。

〖02124〗常敬宇 （1986）汉语口语词汇的特点，《逻辑与
语言学习》第 4 期。

〖02125〗[美]陈宁萍著 张惠英译 （1986）汉语普通话中
第三人称代词的用法，《国外语言学》第
4 期。

〖02126〗刘俐李 （1986）论关联词语连接单句成分，《新
疆大学学报》（哲学人文社会科学版)第 4
期。

〖02127〗杨 柏 （1986）试论"我"和"人家"，《朝阳
师专学报》第 4 期。

〖02128〗李连元 （1986）谈副词"才"的用法，《大庆师
专学报》（哲学社会科学版）第 1 期。

〖02129〗宋玉柱 （1986）谈关联词语在单句中的作用，《逻
辑与语言学习》第 2 期。

〖02130〗王 还 （1986）汉语词汇的统计与辞典编纂，《辞
书研究》第 4 期。

〖02131〗[朝]沈晃燮 （1986）关于划分汉语词类问题的一
点意见，《第一届国际汉语教学讨论会论
文选》，北京：北京语言学院出版社。

〖02132〗朱德熙 （1986）现代书面汉语里的虚化动词和名
动词，《第一届国际汉语教学讨论会论文
选》，北京：北京语言学院出版社。

〖02133〗[日]伊地智善继 （1986）论论北京方言中的词尾
"一儿、一子、一头"，《第一届国际汉
语教学讨论会论文选》，北京：北京语言
学院出版社。

〖02134〗[日]讚井唯允 （1986）谈汉语名词的次范畴，《第
一届国际汉语教学讨论会论文选》，北京：
北京语言学院出版社。

〖02135〗胡炳忠 （1986）基本汉语的词汇教学，《第一届

国际汉语教学讨论会论文选》北京：北京语言学院出版社

〖02136〗［英］卜立德　（1986）现代汉语里一些可有可无的虚词，《第一届国际汉语教学讨论会论文选》，北京：北京语言学院出版社。

〖02137〗谢文庆　（1986）现代汉语反义词的类型，《汉语研究》（南开）第一辑，天津：南开大学出版社。

〖02138〗卢卓群　（1986）试论 AABB 式成语，《汉语研究》（南开）第一辑，天津：南开大学出版社。

〖02139〗李行健　（1986）词汇规范工作和北方话词汇的调查研究，《汉语研究》（南开）第一辑，天津：南开大学出版社。

1985 年

〖02140〗徐家桢　（1985）"热"和"暖和""冷"和"凉快"——教学笔记之一，《语言教学与研究》第 1 期。

〖02141〗卢曼云　（1985）《与"象"有关的几个问题》问难，《杭州大学学报》（哲学社会科学版）第 1 期。

〖02142〗汪宗虎　（1985）词语教学中的病句分析和批改，《语言教学与研究》第 3 期。

〖02143〗周　荐　（1985）试论词的感情色彩及其构词方式，《天津社会科学》第 3 期。

〖02144〗何乐士　（1985）说"稍"和"稍稍"，《语文知识》第 1 期。

〖02145〗肖国政　（1985）谈"不了"，《华中师范大学学报》（人文社会科学版）第 1 期。

〖02146〗李荣嵩　（1985）谈外来词的汉化，《天津师范大学学报》（社会科学版）第 2 期。

〖02147〗王维贤　（1985）说"省略"，《中国语文》第 6 期。

1984 年

〖02148〗任　明　（1984）"差点没……"和"差点儿"，《对外汉语教学》第 2 期。

〖02149〗周生亚　（1984）"二、两、双、再"用法比较，《中国语文》第 6 期。

〖02150〗郑玉蓉　（1984）对外国留学生进行词汇教学探讨，《对外汉语教学》第 2 期。

〖02151〗马　真　（1984）关于表示程度浅的副词"还"，《中国语文》第 3 期。

〖02152〗任　明　（1984）"差点没……"和"差点儿"，《对外汉语教学》第 2 期。

〖02153〗李芳杰　（1984）"给"作"把"用例析，《对外汉语教学》第 2 期。

〖02154〗蒋有经　（1984）对能愿动词的一点看法，《上饶师范学院学报》第 1 期。

〖02155〗黄声义　（1984）关于动词"搞"的对话，《湖南城市学院学报》第 2 期。

〖02156〗金绍志、樊　平　（1984）汉语数词的应用，《北京语言学院第二届教学经验科研成果交流会论文选》，北京：北京语言学院出版社。

〖02157〗尹斌庸　（1984）汉语语素的定量研究，《中国语文》第 5 期。

〖02158〗张小勤　（1984）介词"象"及其"象"字结构，《零陵学院学报》第 1 期。

〖02159〗金　湘译　（1984）借自日语的意译词，《宁波师院学报》（社会科学版）第 2 期。

〖02160〗韩　珊　（1984）试析一个特殊的副词"终于"，

《语文园地》第 5 期。

〖02161〗贾采珠　（1984）说"二位"和"两位"，《中国语文通讯》第 2 期。

〖02162〗姚晓波　（1984）现代汉语"都"的基本用法，《渤海大学学报》（哲学社会科学版）第 4 期。

〖02163〗常宝儒　（1985）现代汉语词汇抽样统计问题的初步研究，《语言教学与研究》第 1 期。

〖02164〗廖秋忠　（1984）现代汉语中动词的支配成分的省略，《中国语文》第 4 期。

〖02165〗刘永凯　（1984）也谈《介词"象"及"象"字结构》，《零陵学院学报》第 2 期。

〖02166〗宋孝才　（1984）"点儿"与"些"，《北京语言学院第二届教学经验科研成果交流会论文选》，北京：北京语言学院出版社。

1983 年

〖02167〗翼　游　（1983）"不""没"词性探疑，《韶关学院学报》Z1 期。

〖02168〗霍前锋　（1983）"不"的修辞作用，《修辞学习》第 4 期。

〖02169〗龚　桐　（1983）参观物、访问人，《语言教学与研究》第 1 期。

〖02170〗王晓钧　（1983）从留学生的语病看汉语助动词的特点和用法，《语言教学与研究》第 1 期。

〖02171〗卢甲文　（1983）副词"不"和"没有"初探，《殷都学刊》第 3 期。

〖02172〗李人鉴　（1983）关于所谓"助动词"，《语文研究》第 3 期。

〖02173〗毛修敬　（1983）留学生词汇教学举例，《语言教学与研究》第 1 期。

〖02174〗卢曼云　（1983）试论联合词组，《杭州大学学报》

第 4 期。

〖02175〗徐静茜　（1983）说"来，去"，《语文教学与研究》第 1 期。

〖02176〗牟奇先　（1983）谈量词的修辞作用，《语文知识丛刊》第 8 期。

〖02177〗伍铁平　（1983）从几种语言比较看汉语数词的优点，《语文月刊》第 12 期。

〖02178〗黄祖英　（1983）浅谈《听力理解》的词汇教学及课文引入，《对外汉语教学》（第一期）北京：北京语言学院出版社。

〖02179〗杜玉华　（1983）程度补语教学一例，《对外汉语教学》（第一期），北京：北京语言学院出版社。

〖02180〗周翠琳　（1983）《基础汉语课本》生词教学点滴，《对外汉语教学》（第一期），北京：北京语言学院出版社。

〖02181〗艾洪玉　（1983）谈 ABB 式形容词，《对外汉语教学》（第一期），北京：北京语言学院出版社。

1982 年

〖02182〗姜剑云　（1982）"什么"的特殊用法，《语文学习》第 6 期。

〖02183〗文　炼　（1982）词语之间的搭配关系，《中国语文》第 1 期。

〖02184〗吴为章　（1982）单向动词及其句型，《中国语文》第 5 期。

〖02185〗毛惜珍　（1982）关于"继续"的词性及其在句中充当什么成分的问题，《语文学习》第 1 期。

〖02186〗龚　桐　（1982）关于年、月、日、星期，《语言教学与研究》第 2 期。

〖02187〗邢福义　（1982）论"不"字独说，《华中师院学报》（哲学社会科学版）第 3 期。

〖02188〗奥田宽　（1982）论现代汉语形容词的强制性联系和非强制性联系，《南开学报》第 3 期。

〖02189〗张汉民　（1982）浅议助动词单独充当谓语，《浙江师院金华分院学报》（社会科学版）第 1 期。

〖02190〗周长玉　（1982）试谈形容词的使用规律，《文科教学》第 2 期。

〖02191〗马　真　（1982）说"也"，《中国语文》第 4 期。

〖02192〗王　珏　（1982）说"作为"，《教学研究》（社会科学版）第 2 期。

〖02193〗吴志霄　（1982）谈"也"表达语气的作用，《语文知识丛刊》第 3 期。

〖02194〗田万湘　许德楠　（1982）虚词研究在留学生汉语教学中的重要性，《语言教学与研究》第 4 期。

1981 年

〖02195〗冯成林　（1981）试论汉语时间名词和时间副词的划分标准——从"刚才"和"刚""刚刚"的词性谈起，《陕西师大学报》（哲学社会科学版）第 3 期。

〖02196〗陆俭明　（1981）"更加"和"越发"，《语文研究》第 1 期。

〖02197〗郑　飞　（1981）"结果"一词的用法，《中国语文通讯》第 2 期。

〖02198〗王崇禄　（1981）存现句句首的时地性名词，《中学语文教学》第 1 期。

〖02199〗宋玉柱　（1981）关于时间助词"的"和"来着"，

《中国语文》第 4 期。

〖02200〗黎天睦　（1981）汉语词序和词序变化，《国外语言学》第 4 期。

〖02201〗冯成林　（1981）试论汉语时间名词和时间副词的划分标准——从"刚才"和"刚""刚刚"的词性谈起，《陕西师大学报》（哲学社会科学版）第 3 期。

〖02202〗狄运昌　（1981）谈谈基础汉语的词汇教学，《语言教学与研究》第 1 期。

1980 年

〖02203〗柴世森　（1980）"最"只能修饰形容词吗?，《语文教学通讯》第 8 期。

〖02204〗黄岳洲　（1980）从一到万一——熟语中数词的抽象义，《辞书研究》第 4 期。

〖02205〗余行达　（1980）方位词东南西北，《语文学习》第 2 期。

〖02206〗陆俭明　（1980）关于汉语虚词教学，《语言教学与研究》第 4 期。

〖02207〗宋玉柱　（1980）另一组连接单句成分的关联词语，《中国语文通讯》第 4 期。

〖02208〗徐静茜　（1980）谈"顿"，《中国语文通讯》第 3 期。

〖02209〗春　范　（1980）谈动词前的"又""在""重""还"，《汉语学习》第 2 期。

〖02210〗陈垂民　（1980）谈关联词语的几个问题，《中国语文通讯》第 4 期。

〖02211〗杨淑璋　（1980）谈谈"咱"和"咱们"的用法，《语文教学》第 6 期。

〖02212〗李清华　（1980）外国留学生在方位词使用上的几个问题，《语言教学与研究》第 1 期。

〖02213〗宋玉珂　（1980）程度副词"最"和"很"的用法，《杭州大学学报》（哲学社会科学版）第1期。

〖02214〗李玉敬　孙瑞珍　（1980）文选课的词语教学，《语言教学与研究》第2期。

〖02215〗蒋兆祥　（1980）也谈能愿动词的特点，《中学语文教学》第1期。

〖02216〗柴世森　（1980）试论汉语双音动词 AABB 重叠形式，《河北大学学报》第1期。

1979 年

〖02217〗张　维　（1979）汉语词汇教学琐谈，《语言教学与研究》第1期。

〖02218〗刘大为　（1979）试论双音词的重选，《上海师范大学学报》第1期。

〖02219〗柴世森　（1979）谈程度副词"最"的语法特点，《河北师院学报》（哲学社会科学版）第2期。

〖02220〗俞　敏　（1979）我听着别扭（bieniu），《语言教学与研究》第2期。

〖02221〗何适达　郭明玖　（1979）也谈连接单句成分的关联词语，《中国语文》第6期。

〖02222〗宋秀令　（1979）谈几对关联词语的功用，《中国语文》第1期。

1977 年～1979 年

〖02223〗房玉清　（1977～1979）说"一"，《语言教学与研究》第2期。

〖02224〗毛成栋、王　还、房玉清　（1977～1979）建国以来汉语词汇的发展变化，《语言教学与研究》试刊第1期。

〖02225〗吴叔平　（1977～1979）量词的主要特征和用途，《语言教学与研究》试刊第 1 期。

〖02226〗常敬宇　（1977～1979）浅谈现代汉语同义词的性质和范围，《语言教学与研究》试刊第 4 期。

〖02227〗高增良　（1977～1979）若干借词探源，《语言教学与研究》试刊第 4 期。

〖02228〗许德楠　（1977～1979）试谈成语四音化问题，《语言教学与研究》试刊第 4 期。

〖02229〗高增良　（1977～1979）谈"不"，《语言教学与研究》试刊第 2 期。

1966 年

〖02230〗建　民、沙　金　（1966）"等"和"等等"，《中国语文》第 1 期。

1965 年

〖02231〗吕叔湘　（1965）"多""少"以及"许多""不少"等等／"很不……"，《中国语文》第 5 期。

〖02232〗于细良　（1965）"多少多少"和"多多少少"，《中国语文》第 6 期。

1963 年

〖02233〗范继淹　（1963）动词和趋向性后置成分的结构分析，《中国语文》第 2 期。

1962 年

〖02234〗邢福义　（1962）关于副词修饰名词，《中国语文》第 5 期。

1961 年

〚02235〛张　静　（1961）论汉语副词的范围，《中国语文》第 8 期。

〚02236〛龚千炎　（1961）论"加以"，《中国语文》第 2 期。

1960 年

〚02237〛相欣安　（1960）说"给"，《中国语文》第 2 期。

1959 年

〚02238〛胡竹安　（1959）概数词"来"的出现和由来，《中国语文》第 6 期。

1958 年

〚02239〛陈迪明　（1958）"上、下"等的趋向动词性，《中国语文》第 2 期。

〚02240〛张彦昌　（1958）论人称代词的特点，《东北人民大学社会科学学报》第 1 期。

〚02241〛陈迪明　（1958）说"加以"，《中国语文》第 7 期。

1957 年

〚02242〛陈鸣胜　（1957）"可"的几种用法，《语文学习》第 5 期。

〚02243〛邵君林　（1957）"是、有、在"用法相通，《中国语文》第 9 期。

〚02244〛周祖谟　（1957）汉语词汇讲话（十五），《语文学习》第 3 期。

〚02245〛何明延　（1957）略谈"搞"，《语文学习》第 1 期。

〚02246〛袁　晖　（1957）谈副词"就"的用法，《语文学习》第 5 期。

1955 年
〖02247〗潘尔尧 （1955）"好"字的一些用法，《语文学习》第 4 期。
〖02248〗孙毓苹 萧树勋 （1955）"你"的几种活用法，《语文学习》第 2 期。

1954 年
〖02249〗黄盛璋 （1954）否定与逻辑——否定词的习惯用法，《语文学习》第 1 期。

1953 年
〖02250〗何阡陌 （1953）"可"的说服性，《语文学习》第 1 期。
〖02251〗黄盛璋 （1953）时间副词（上）（虚词用法），《语文学习》第 11 期。
〖02252〗黄盛璋 （1953）时间副词（下）（虚词用法），《语文学习》第 12 期。

1952 年
〖02253〗俞　敏 （1952）使动词，《语文学习》第 12 期。
〖02254〗俞　敏 （1952）说"跟"跟"和"，《语文学习》第 2 期。

1951 年
〖02255〗文　裕 （1951）谈"可"和"能"，《语文学习》第 12 期。

6. 汉语语法与语法教学

2007 年

〖02256〗卢　江　（2007）析标记语"不是我说"，《安徽文学》（下半月）第 5 期。

〖02257〗汝淑媛　（2007）对外汉语教学中相近表达式的用法研究——以形容词 AABB 重叠式和"很+形容词"为例，《北京师范大学学报》（社会科学版）第 4 期。

〖02258〗杨晓明　韩闽红　（2007）关于汉语"连……也/都……"句式的思考，《北京邮电大学学报》（社会科学版）第 4 期。

〖02259〗刘俊莉　（2007）"是"字存在句的表义模式及量类型研究，《长江学术》第 1 期。

〖02260〗崔雪梅　（2007）紧密联系语词搞好语法教学，《成都大学学报》（社会科学版）第 1 期。

〖02261〗封小雅　（2007）插入成分的语用功能及教法，《广西教育学院学报》第 4 期。

〖02262〗黄　颖　（2007）"特别"与"尤其"，《海外华文教育》第 1 期。

〖02263〗方环海、刘继磊、赵　鸣　（2007）"×了"的虚化问题——以"完了"的个案研究为例，《汉语学习》第 3 期。

〖02264〗周明强　（2007）"×是×"和"×归×"格式的比较探析，《汉语学习》第 5 期。

〖02265〗胡　玲　（2007）"X 以来，Y"句的成句条件，《汉语学习》第 4 期。

〖02266〗祝东平　（2007）"的"用于已然动作的条件，《汉语学习》第 4 期。

〖02267〗王永娜　（2007）"为了"与"以便"的语义、语用比较，《汉语学习》第 1 期。

〖02268〗万中亚 （2007）"有+N"结构中N的语义偏移现象分析，《汉语学习》第5期。

〖02269〗罗自群 （2007）"著着+处所词"在共时平面中的两种句法位置，《汉语学习》第5期。

〖02270〗姚小鹏 （2007）副词"可是"的语法化及相关问题，《汉语学习》第3期。

〖02271〗张雪平 （2007）汉语成句问题研究述评，《汉语学习》第5期。

〖02272〗傅惠钧 陈艳丽 （2007）略论隐性否定祈使句，《汉语学习》第3期。

〖02273〗戴 云 （2007）理论语法、教学语法与对外汉语教学语法的建设，《黑龙江高教研究》第4期。

〖02274〗吕为光 （2007）"了"的"有界"功能，《湖北经济学院学报》（人文社会科学版）第3期。

〖02275〗郝文华 （2007）汉语动宾词组非谓化策略，《湖北经济学院学报》（人文社会科学版）第7期。

〖02276〗火玥人 （2007）对外汉语教学中的可能补语与状态补语，《华北电力大学学报》（社会科学版）第1期。

〖02277〗祝东平 刘富华 （2007）副词"才"主观量表达的语义基础，《吉林大学社会科学学报》第2期。

〖02278〗马庆株 （2007）理据性：汉语语法的特点，《吉林大学社会科学学报》第2期。

〖02279〗余义兵、樊中元 （2007）体词性喻体的"比喻性"等级序列，《暨南大学华文学院学报》第1期。

〖02280〗周 健 （2007）语块在对外汉语教学中的价值与

作用,《暨南学报》(哲学社会科学版)第 1 期。

〖02281〗张　治　(2007)一类接续性拷贝式及其相关格式的语用考察,《江汉大学学报》(人文科学版)第 2 期。

〖02282〗李剑影　(2007)以"V 得/不 C"为特点的汉语能性结构研究,《科技信息》(科学教研)第 18 期。

〖02283〗刘晶晶　关英明　(2007)论复合趋向补语和非处所宾语的次序问题,《辽宁教育行政学院学报》第 5 期。

〖02284〗陈叶红　(2007)对外汉语教学语法研究综述,《齐齐哈尔师范高等专科学校学报》第 4 期。

〖02285〗樊海燕　(2007)韩国留学生存现句习得情况调查与教学探讨,《宿州教育学院学报》第 4 期。

〖02286〗熊作平　(2007)浅析汉语中否定是非问句的回答,《现代语文》(语言研究版)第 5 期。

〖02287〗万春梅　(2007)语义指向分析与对外汉语教学,《现代语文》(语言研究版)第 4 期。

〖02288〗赵春红　(2007)对外汉语语法教学浅谈,《邢台学院学报》第 3 期。

〖02289〗李伯令、曹　萌　(2007)第三届对外汉语修辞学术研讨会纪要,《修辞学习》第 1 期。

〖02290〗周子衡　(2007)从对外汉语教学的视角重新审视教学语法,《语文学刊》第 4 期。

〖02291〗许小星、亢世勇　(2007)基于标注语料库的"把"字句的语义分析,《语文学刊》第 9 期。

〖02292〗陈小红　(2007)"了₁"、"了₂"语法意义辨疑,《语言教学与研究》第 5 期。

〖02293〗范妍南　(2007)对外汉语教学中的动宾式离合词

带宾语问题,《语言教学与研究》第 5 期。

〖02294〗孙德金 （2007）对外汉语语法教学中的形式与意义,《语言教学与研究》第 5 期。

〖02295〗张连文 （2007）特指问句的语义所指依存限制,《语言教学与研究》第 5 期。

〖02296〗刘富华、祝东平 （2007）一价动词与其行动元语义关系再论,《语言教学与研究》第 5 期。

〖02297〗宋文辉 （2007）再论影响"在+处所"句法位置的因素,《语言教学与研究》第 4 期。

〖02298〗张先亮 （2007）教学语法需解决的几个问题,《语言文字应用》第 3 期。

〖02299〗陈晓桦 （2007）"在、正、正在、呢"的语义特征、句法功能及其教学次序,《语言与翻译》第 1 期。

〖02300〗田 然 （2007）"既 A 又 B"格式中 A、B 共现的条件,《云南师范大学学报》（对外汉语教学与研究版）第 4 期。

〖02301〗王泽鹏 （2007）语义韵律研究和汉语修辞,《云南师范大学学报》（对外汉语教学与研究版）第 4 期。

〖02302〗王振来 （2007）对外汉语教学中被动标记使用条件分析,《云南师范大学学报》（对外汉语教学与研究版）第 3 期。

〖02303〗刘鑫民 （2007）基于知识库的汉语语法学习系统,《云南师范大学学报》（对外汉语教学与研究版）第 3 期。

〖02304〗杨晓初 （2007）日本研究汉语语法的历史,《云南师范大学学报》（对外汉语教学与研究版）第 4 期。

〖02305〗沈 玮、王 蕾 （2007）现代修辞学在对外汉语教学中的民俗元素,《云南师范大学学报》

（对外汉语教学与研究版）第 4 期。

〖02306〗杨海明　（2007）对外汉语语法教学原则的落实
——以东南亚华裔留学生"了"教学为例，
《中文自学指导》第 3 期。

2006 年

〖02307〗丁崇明　（2006）20 世纪 80 年代以来对外汉语教
学语法研究综述，《北京师范大学学报》
（社会科学版）第 3 期。

〖02308〗徐志刚　李绍玉　（2006）"V+adj+了"动补结构
分析及在对外汉语教学中的应用，《海外
华文教育》第 1 期。

〖02309〗李　琳　（2006）"V+起来"句的句式考察，《海
外华文教育》第 4 期。

〖02310〗朱其智　（2006）"由"字句的句型研究，《海外
华文教育》第 4 期。

〖02311〗辛永芬　（2006）"多+V"和"V+多"语序的认知
解释，《汉语学习》第 5 期。

〖02312〗董淑慧　（2006）A 归 A 的语义、语篇功能及偏误
分析，《汉语学习》第 4 期。

〖02313〗王光全　（2006）定中结构中"的"字的隐现规律，
《吉林大学社会科学学报》第 2 期。

〖02314〗林齐倩　（2006）"NP+在 NL+VP"与"在 NL+NP+VP"，
《暨南大学华文学院学报》第 1 期。

〖02315〗潘汜津　（2006）"把+N+Vv"成句条件浅析，《暨
南大学华文学院学报》第 1 期。

〖02316〗周　芳　（2006）"凡是"的语义功能分析，《暨
南大学华文学院学报》第 1 期。

〖02317〗杨德峰　（2006）"副词+谓词性成分"带"的"
情况考察，《暨南大学华文学院学报》第
3 期。

〖02318〗陶健敏 （2006）"后方法时代"语言教学观与对外汉语教学法体系构建，《暨南大学华文学院学报》第 3 期。

〖02319〗吴晓明 张金桥 （2006）留学生汉语惯用语理解特点的实验研究，《暨南大学华文学院学报》第 4 期。

〖02320〗熊仲儒 （2006）生成语法学中的"的"字结构，《暨南大学华文学院学报》第 4 期。

〖02321〗郭莉敏 （2006）周小兵：标记性与语言点学习难度，《暨南大学华文学院学报》第 4 期。

〖02322〗于海滨 （2006）含有"意思"的三对否定肯定结构，《辽宁工学院学报》（社会科学版）第 3 期。

〖02323〗吴剑飞、周 芬 （2006）"巴不得"和"恨不得"的语义和句法分析，《宁波大学学报》（人文科学版）第 1 期。

〖02324〗史冠新 （2006）对外汉语教学中的句式教学研究，《山东社会科学》第 4 期。

〖02325〗陈海燕 张慧芳 （2006）对语法研究的三个平面理论的几点质疑，《社会科学家》S1 期。

〖02326〗白琼烨 （2006）韩国留学生日常会话分析之个案研究，《社会科学家》S1 期。

〖02327〗张 平、梁正宇 （2006）语用学视野中的对外汉语教学，《社会科学家》S1 期。

〖02328〗薛 崇 （2006）留学生汉语教学中语法教学的探究，《沈阳农业大学学报》（社会科学版）第 1 期。

〖02329〗李 泉 （2006）对外汉语教学语法研究述评，《世界汉语教学》第 2 期。

〖02330〗吴伟平 （2006）汉语教学中的语用点：由点到面的教学实践，《世界汉语教学》第 1 期。

〖02331〗冯胜利　（2006）论汉语书面正式语体的特征与教学，《世界汉语教学》第 4 期。

〖02332〗叶　南　（2006）"了"在单句、复句和语段中的时体意义及其分布，《西南民族大学学报》（人文社科版）第 7 期。

〖02333〗马　赟　（2006）"形+得+很"结构在对外汉语教学中的语法分析，《现代语文》（语言研究版）第 3 期。

〖02334〗张　娜　（2006）以口语为主的对外汉语教学初级阶段的语法教学，《现代语文》（语言研究版）第 4 期。

〖02335〗陈光磊　（2006）对外汉语的语用修辞教学，《修辞学习》第 2 期。

〖02336〗宋丽娟　（2006）从 HSK 考试看述补词组的使用，《语文学刊》第 8 期。

〖02337〗孙德华　（2006）留学生汉语语用能力调查研究，《语文学刊》第 8 期。

〖02338〗邢红兵　张文坚　江诗鹏　（2006）面向对外汉语教学的谓词句法属性统计研究，《语言教学与研究》第 3 期。

〖02339〗孙德金　（2006）语法不教什么——对外汉语语法教学的两个原则问题，《语言教学与研究》第 1 期。

〖02340〗高顺全　（2006）从语法化的角度看语言点的安排——以"了"为例，《语言教学与研究》第 5 期。

〖02341〗齐春红　（2006）现代汉语语气副词"可"的强调转折功能探源，《云南民族大学学报》（哲学社会科学版）第 3 期。

〖02342〗尚　新　（2006）汉语时体研究中的若干问题献疑及对策，《云南师范大学学报》（对外汉语教学与研究版）第 1 期。

〖02343〗杨丽姣　（2006）谈语境对语义的制约，《云南师范大学学报》（对外汉语教学与研究版）第 1 期。

〖02344〗郑巧斐　（2006）"一样"与"不一样"比较句的不对称，《云南师范大学学报》（对外汉语教学与研究版）第 6 期。

〖02345〗肖治野　（2006）从"怎么"反问句看反问句教学，《云南师范大学学报》（对外汉语教学与研究版）第 2 期。

〖02346〗陈俊羽　（2006）关于建立语素教学的几点意见，《云南师范大学学报》（对外汉语教学与研究版）第 6 期。

〖02347〗彭淑莉　（2006）留学生汉语被动句输出情况的调查研究，《云南师范大学学报》（对外汉语教学与研究版）第 6 期。

〖02348〗董　茜　（2006）论对外汉语教学中语用层次上的同义差异，《云南师范大学学报》（对外汉语教学与研究版）第 4 期。

〖02349〗伍依兰　（2006）说"见"作补语，《云南师范大学学报》（对外汉语教学与研究版）第 4 期。

〖02350〗杨丽姣　（2006）谈语境对语义的制约与暗示，《云南师范大学学报》（对外汉语教学与研究版）第 1 期。

〖02351〗李劲荣　（2006）也谈对外汉语教学的补语系统，《云南师范大学学报》（对外汉语教学与研究版）第 2 期。

〖02352〗裘珊珊　（2006）"通过"的语法化和语义研究，《浙江万里学院学报》第 3 期。

〖02353〗缑瑞隆　（2006）从对外汉语教学谈"动+上/下"

结构的若干问题,《郑州大学学报》(哲学社会科学版)第 3 期。

〖02354〗刘丽艳　(2006)话语标记"你知道",《中国语文》第 5 期。

〖02355〗王　森、王　毅、姜　丽　(2006)"有没有/有/没有＋VP"句,《中国语文》第 1 期。

〖02356〗周　荐　(2006)同部首词的构成和结构分析,《中国语文》第 2 期。

〖02357〗石定栩　王冬梅　(2006)香港汉语书面语的语法特点,《中国语文》第 2 期。

〖02358〗林茂灿　(2006)疑问和陈述语气与边界调,《中国语文》第 4 期。

2005 年

〖02359〗李　侠、张　军　(2005)汉语惯用法初议,《渤海大学学报》(哲学社会科学版)第 3 期。

〖02360〗马　杰　(2005)语用学与对外汉语教学,《渤海大学学报》(哲学社会科学版)第 4 期。

〖02361〗茅　维　(2005)从"有 V(过)"现象看云南方言语法对留学生学习汉语的影响,《大理学院学报》第 6 期。

〖02362〗王丽彩　(2005)"又 VP1 又 VP2"格式浅析,《广西社会科学》第 1 期。

〖02363〗贾冬梅　(2005)语法教学中的语感培养初探,《广西社会科学》第 4 期。

〖02364〗章家谊　(2005)"让"语法化过程的个案分析,《海外华文教育》第 4 期。

〖02365〗孙汉萍　(2005)从"经常不迟到"说起,《海外华文教育》第 3 期。

〖02366〗刘　兵　(2005)汉语与事论元与介词的配价,《海外华文教育》第 2 期。

〖02367〗宗守云 （2005）析"闲着也是闲着"类句式，《海外华文教育》第4期。

〖02368〗吴中伟 傅传凤 （2005）倒字句的含义及教学，《汉语学习》第4期。

〖02369〗高顺全 （2005）复合趋向补语引申用法的语义解释，《汉语学习》第1期。

〖02370〗王收奇 （2005）即使连（X，Y）嵌套式，《汉语学习》第2期。

〖02371〗陈 晨 （2005）英语国家学生中高级汉语篇章衔接考察，《汉语学习》第1期。

〖02372〗干红梅 （2005）语调辨析在中级汉语听力理解中的重要性，《汉语学习》第3期。

〖02373〗周 健、彭彩红 （2005）中高级汉语教学应突出修辞能力培养，《汉语学习》第3期。

〖02374〗王鸿雁、阿依努尔·艾买提、艾力·木合塔尔 （2005）对外汉语句法教学的三个平面问题，《和田师范专科学校学报》第4期。

〖02375〗赵成新 （2005）对外汉语教学中一个不可或缺的因素——汉语节律对句法的影响，《河南大学学报》（社会科学版）第5期。

〖02376〗姜 苹、陈 岩 （2005）浅析对外汉语教学中语法与语义的关系，《黑龙江教育学院学报》第4期。

〖02377〗程书秋 （2005）句重音在对外汉语语法教学中的作用，《继续教育研究》第4期。

〖02378〗税昌锡 （2005）"N_1+在+NPL+V+N_2"歧义格式解析，《暨南大学华文学院学报》第2期。

〖02379〗童盛强 孙晓雯 （2005）"吧"的语义发展轨迹及语法性质，《暨南大学华文学院学报》第1期。

〖02380〗李晓琪、章 欣 （2005）"既A又B"、"既A

　　　　　　　也 B"的异同分析，《暨南大学华文学院
　　　　　　　学报》第 3 期。

〖02381〗李　敏　（2005）递进连词"不说"及其语法化过
　　　　　　　程，《暨南大学华文学院学报》第 2 期。

〖02382〗熊仲儒　刘丽萍　（2005）汉语动结式的核心，《暨
　　　　　　　南大学华文学院学报》第 4 期。

〖02383〗沈　强　（2005）汉语名词性短语中的名词移位与
　　　　　　　名词短语移位，《暨南大学华文学院学报》
　　　　　　　第 2 期。

〖02384〗刘晓梅　（2005）汉语新词语带来的同义词分布关
　　　　　　　系考察，《暨南大学华文学院学报》第 1
　　　　　　　期。

〖02385〗旷书文　（2005）论"程度副语素+为/是"的语法
　　　　　　　化，《暨南大学华文学院学报》第 3 期。

〖02386〗熊学亮　许宁云　（2005）逆证与语法化，《暨南
　　　　　　　大学华文学院学报》第 2 期。

〖02387〗李小凤、曾　炜　（2005）形容词重叠式状语后面
　　　　　　　"地"字使用的制约因素，《暨南大学华
　　　　　　　文学院学报》第 3 期。

〖02388〗熊仲儒　（2005）以人称代词为核心的 DP 结构，
　　　　　　　《暨南大学华文学院学报》第 1 期。

〖02389〗邵敬敏　罗晓英　（2005）语法本体研究与对外汉
　　　　　　　语语法教学，《暨南大学华文学院学报》
　　　　　　　第 3 期。

〖02390〗刘俊莉　（2005）"上/下+馆子/厨房"差异辨析，
　　　　　　　《江西师范大学学报》（哲学社会科学版）
　　　　　　　第 6 期。

〖02391〗赵　瑾　（2005）对外汉语语法教学理论与实践之
　　　　　　　探讨，《开封大学学报》第 3 期。

〖02392〗马明艳　（2005）对外汉语教学修辞的特性，《绍
　　　　　　　兴文理学院学报》（社科版）第 3 期。

〖02393〗郝晓梅　（2005）关于汉语道歉语"对不起"的话语功能分析，《沈阳师范大学学报》（社会科学版）第 3 期。

〖02394〗季　艳　（2005）特殊"比"字句的语用分析，《宿州学院学报》第 5 期。

〖02395〗蔡海燕　（2005）对外汉语语法、语用的情境教学，《台州学院学报》第 4 期。

〖02396〗吴桂兰　（2005）话语中语境的功能，《太原城市职业技术学院学报》第 2 期。

〖02397〗倪　旸、龙　涛　（2005）语义功能语法的理论研究与教学应用，《天津大学学报》（社会科学版）第 3 期。

〖02398〗郑　靓　（2005）句式语法对语言研究及外语教学的新启示，《外语教学》第 1 期。

〖02399〗王凤兰　（2005）语用能力、语境与对外汉语教学，《西南民族大学学报》（人文社科版）第 6 期。

〖02400〗王凤兰　（2005）"一时"的语义及词性分析，《语文学刊》第 1 期。

〖02401〗李　英、邓小宁　（2005）"把"字句语法项目的选取与排序研究，《语言教学与研究》第 3 期。

〖02402〗卢福波、吴　莹　（2005）请求句中"V"、"V一下"与"VV"的语用差异，《语言教学与研究》第 4 期。

〖02403〗肖奚强　（2005）外国学生"除了"句式使用情况的考察，《语言教学与研究》第 2 期。

〖02404〗陈　珺、周小兵　（2005）比较句语法项目的选取和排序，《语言教学与研究》第 2 期。

〖02405〗卢福波　（2005）对外汉语教学基本句型的确立依据与排序研究，《语言文字应用》第 4 期。

〖02406〗周　红　（2005）语义范畴与对外汉语语法教学，《云南师范大学学报》（对外汉语教学与研究版）第 3 期。

〖02407〗谭春健、赵　刚　（2005）"NP+了"的解释及教学策略，《云南师范大学学报》（对外汉语教学与研究版）第 1 期。

〖02408〗张鲁昌　（2005）对外汉语教学中言语行为的语用条件研究，《云南师范大学学报》（对外汉语教学与研究版）第 5 期。

〖02409〗丁存越　（2005）关于对外汉语语法教学的几点思考，《云南师范大学学报》（对外汉语教学与研究版）第 2 期。

〖02410〗郭　智　（2005）汉语单句的结构对称特点，《云南师范大学学报》（对外汉语教学与研究版）第 4 期。

〖02411〗孙利萍　（2005）可能式"得"字句的句法不对称考察，《云南师范大学学报》（对外汉语教学与研究版）第 2 期。

〖02412〗朱　勇　（2005）留学生"请求"言语行为的语用水平调查，《云南师范大学学报》（对外汉语教学与研究版）第 5 期。

〖02413〗汪娓娓　（2005）如何提高非汉语环境下汉语教学的效果，《云南师范大学学报》（对外汉语教学与研究版）第 6 期。

〖02414〗李晓燕　（2005）现代汉语中的歧义现象刍论，《云南师范大学学报》（对外汉语教学与研究版）第 2 期。

〖02415〗周　红　（2005）语义范畴与对外汉语语法教学，《云南师范大学学报》（对外汉语教学与研究版）第 3 期。

〖02416〗司建国　（2005）中国戏剧会话分析与对外汉语教

学——从话轮转换角度解读《雷雨》的人物关系,《云南师范大学学报》(对外汉语教学与研究版)第4期。

〖02417〗曹　宏　（2005）论中动句的语义表达特点,《中国语文》第3期。

〖02418〗唐依力　（2005）[V+N]定中式短语的功能及意义,《对外汉语论丛》(第四集),上海:学林出版社。

〖02419〗王　瑜　（2005）现代汉语中的"太"和"太×"结构,《对外汉语论丛》(第四集),上海:学林出版社。

〖02420〗易丽丽　（2005）"也"与"还"的句法语义语用分析,《对外汉语论丛》(第四期),上海:学林出版社。

〖02421〗刘建平　（2005）"一直"和"始终"的句法/语义/语用比较,《对外汉语论丛》(第四期),上海:学林出版社。

〖02422〗姚水英　（2005）"一下"与"一会儿"三个平面比较,《对外汉语论丛》(第四期),上海:学林出版社。

〖02423〗李　媚　（2005）"自"的三个平面分析,《对外汉语论丛》(第四期),上海:学林出版社。

〖02424〗张　敏　（2005）多角度比较研究"曾经"和"已经",《对外汉语论丛》(第四期),上海:学林出版社。

〖02425〗凌璧君　（2005）浅析"为"与"为了"句法与语义层面上的差别,《对外汉语论丛》(第四期),上海:学林出版社。

〖02426〗李　青　（2005）转折连词"不过"的句法、语义和语用分析,《对外汉语论丛》(第四期),

上海：学林出版社。

〖02427〗冯　丽　（2005）模糊限制成分的分类，《对外汉语论丛》（第四期），上海：学林出版社。

2004 年

〖02428〗程书秋　（2004）"比"字句替换规律补议，《北方论丛》第 4 期。

〖02429〗王光全　（2004）"把"字句的原型用法，《北华大学学报》（社会科学版）第 2 期。

〖02430〗赵　建、孙风波　（2004）浅析语言比较研究在对外汉语语法教学中的作用，《边疆经济与文化》第 12 期。

〖02431〗王晓坤　（2004）当代语法研究与对外汉语教学，《长春大学学报》第 5 期。

〖02432〗方绪军　（2004）"从"字短评在"把"字句中的位置，《海外华文教育》第 2 期。

〖02433〗朱　敏　（2004）"同语式"略论，《海外华文教育》第 3 期。

〖02434〗么书君　（2004）口语体研究述评，《海外华文教育》第 1 期。

〖02435〗严　彤　（2004）浅谈用多元形态法分析媒体篇章的意义，《海外华文教育》第 4 期。

〖02436〗王小溪　（2004）浅谈非零起点阶段的语流教学，《海外华文教育》第 1 期。

〖02437〗厉霁隽　（2004）状语位置上"真的"语法属性分析，《海外华文教育》第 1 期。

〖02438〗彭小川　（2004）关于对外汉语语篇教学的新思考，《汉语学习》第 2 期。

〖02439〗李宝贵　（2004）汉语语法的理据性与对外汉语教学，《汉语学习》第 5 期。

〖02440〗李　泉　（2004）面向对外汉语教学的语体研究的

范围和内容，《汉语学习》第 1 期。

〖02441〗王　蕊　（2004）"对于、关于、至于"的话题标记功能和篇章衔接功能，《暨南大学华文学院学报》第 3 期。

〖02442〗李　军、宋燕妮　（2004）使役性言语行为醒示语分析，《暨南大学华文学院学报》第 4 期。

〖02443〗王茂林　（2004）解说式广播话语之间断分析，《暨南大学华文学院学报》第 3 期。

〖02444〗曾毅平　杜宝莲　（2004）略论反问的否定功能，《暨南大学华文学院学报》第 2 期。

〖02445〗陶　炼　（2004）也说"恨不得"与"巴不得"，《暨南大学华文学院学报》第 3 期。

〖02446〗李　军、王永娜　（2004）也谈转折复句的内部分类，《暨南大学华文学院学报》第 2 期。

〖02447〗邵敬敏　（2004）运宾组合中的制约与反制约关系——以"进 NP"结构分析为例，《暨南大学华文学院学报》第 1 期。

〖02448〗李金媚　（2004）中文的被动句，《辽宁工学院学报》（社会科学版）第 6 期。

〖02449〗陈作宏　（2004）第二语言汉语教学中语用知识的合理利用，《民族教育研究》第 1 期。

〖02450〗陈楚芬　（2004）泰国学生学习现代汉语虚词"了"的探讨，《南京师范大学文学院学报》第 2 期。

〖02451〗郑华辰　（2004）对外汉语教学中语法教学的若干问题，《南京晓庄学院学报》第 3 期。

〖02452〗谭汝为　（2004）修辞文化与对外汉语教学，《绍兴文理学院学报》第 2 期。

〖02453〗唐曙霞　（2004）试论结构语言教学大纲——兼论汉语教学语法体系分级排序问题，《世界汉语教学》第 4 期。

〖02454〗徐海英　（2004）现代汉语语法研究"语义的转向"原因探析，《西华师范大学学报》（哲学社会科学版）第 6 期。

〖02455〗周　静　（2004）现代汉语递进复句研究回眸与范畴化思考，《西南民族大学学报》（人文社科版）第 6 期。

〖02456〗杨玉玲　（2004）说说"还 NP 呢"句式，《修辞学习》第 6 期。

〖02457〗徐世昌　（2004）汉译英中主语的选择，《伊犁师范学院学报》第 4 期。

〖02458〗曹　宏　（2004）中动句对动词形容词的选择限制及其理据，《语言科学》第 1 期。

〖02459〗陈汝东　（2004）简论以修辞为纲的对外汉语教学理念，《云南师范大学学报》第 3 期。

〖02460〗吴门吉　周小兵　（2004）"被"字句与"叫、让"被动句在教学语法中的分离，《云南师范大学学报》（对外汉语教学与研究版）第 4 期。

〖02461〗郑　颖　（2004）"兼指性提问"行为的语用分析，《云南师范大学学报》（对外汉语教学与研究版）第 5 期。

〖02462〗刘钦荣　（2004）"预计度"与汉语句子的语序，《云南师范大学学报》（对外汉语教学与研究版）第 3 期。

〖02463〗杨丽姣　（2004）"在+L"词序研究及其对外汉语教学策略，《云南师范大学学报》（对外汉语教学与研究版）第 1 期。

〖02464〗何　薇　（2004）"之前"和"之上"论析，《云南师范大学学报》（对外汉语教学与研究版）第 1 期。

〖02465〗杨春雍　（2004）对外汉语教学中"是……的"句

型分析，《云南师范大学学报》（对外汉语教学与研究版）第 5 期。

〖02466〗郑　靓　（2004）构块语法对语言研究及外语教学的启示，《云南师范大学学报》（对外汉语教学与研究版）第 6 期。

〖02467〗韩玉国　（2004）汉语副词"又"的歧义——兼谈范畴语法对汉语研究的适用性，《云南师范大学学报》（对外汉语教学与研究版）第 3 期。

〖02468〗赵　军　（2004）论程度副词"最+×"与"顶+×"的差异，《云南师范大学学报》（对外汉语教学与研究版）第 4 期。

〖02469〗洪　琳　（2004）论复合趋向补语的教学研究，《云南师范大学学报》（对外汉语教学与研究版）第 5 期。

〖02470〗李雅梅　（2004）浅谈汉语修辞的民族特色，《云南师范大学学报》（对外汉语教学与研究版）第 6 期。

〖02471〗文美振　（2004）谈《汉语水平等级标准与语法等级大纲》中几个语法问题，《云南师范大学学报》（对外汉语教学与研究版）第 6 期。

〖02472〗王凤兰　（2004）谈两种简单趋向补语的异同，《云南师范大学学报》（对外汉语教学与研究版）第 5 期。

〖02473〗刘　顺　（2004）现代汉语无指的分类和分布位置，《云南师范大学学报》（对外汉语教学与研究版）第 2 期。

〖02474〗曹成龙　（2004）修辞教学与对外汉语教学，《云南师范大学学报》（对外汉语教学与研究版）第 4 期。

〖02475〗蔡维天　（2004）谈"只"与"连"的形式语义，《中国语文》第 2 期。

〖02476〗周小兵　（2004）对外汉语语法项目的选择与排序，《对外汉语教学入门》，广州：中山大学出版社。

2003 年

〖02477〗孟繁杰　（2003）"不料"的句法、语义、语用分析，《海外华文教育》第 2 期。

〖02478〗李　扬　（2003）刍议三种补语的分类，《海外华文教育》第 2 期。

〖02479〗丁玉华　（2003）对"把"字句错误分析的思考，《海外华文教育》第 4 期。

〖02480〗朱勘宇　（2003）对外汉语教学语法点的课堂操练，《海外华文教育》第 3 期。

〖02481〗肖　旸　（2003）反义性状兼容的认知分析，《海外华文教育》第 1 期。

〖02482〗褚佩如　（2003）副词"可"的语用教学分析，《海外华文教育》第 2 期。

〖02483〗王凤兰　（2003）汉语拒绝策略语用分析，《海外华文教育》第 4 期。

〖02484〗张艳华　刘冰冰　（2003）汉语强化教学的一种尝试，《海外华文教育》第 2 期。

〖02485〗欧阳国泰　（2003）华语语法课问题琐谈，《海外华文教育》第 4 期。

〖02486〗马燕华　（2003）日本留学生汉语语病特征分析，《海外华文教育》第 2 期。

〖02487〗陈荣岚　（2003）数量范畴与量词短语的句法、语义功能，《海外华文教育》第 3 期。

〖02488〗李菡幽　（2003）也谈 ABB 形容词中 BB 的语法性质，《海外华文教育》第 2 期。

〖02489〗李宇宏　（2003）"×是谁"和"谁是×"，《汉语学习》第5期。

〖02490〗刘颂浩、汪　燕　（2003）把字句练习设计中的语境问题，《汉语学习》第4期。

〖02491〗宋春阳、李　琳　（2003）别+V+了+NP句式及相关问题，《汉语学习》第3期。

〖02492〗卢福波　（2003）对外汉语教学语法的层级划分与项目排序问题，《汉语学习》第2期。

〖02493〗张永昱　（2003）汉语句群的组合形式与成段表达能力的培训，《汉语学习》第2期。

〖02494〗崔永华　（2003）汉语中介语中的"把……放……"短语分析，《汉语学习》第1期。

〖02495〗李　泉　（2003）基于语体的对外汉语教学语法体系构建，《汉语学习》第3期。

〖02496〗周　健　（2003）论汉语语感教学，《汉语学习》第1期。

〖02497〗司红霞　（2003）完句成分在对外汉语教学中的运用，《汉语学习》第5期。

〖02498〗田　然　（2003）现代汉语叙事语篇中NP的省略，《汉语学习》第6期。

〖02499〗马玉汴　（2003）谈汉语句式作为程序性知识的习得，《黄河科技大学学报》第2期。

〖02500〗方绪军　（2003）"P倒P"和"P倒不（没）P"的不对称性，《暨南大学华文学院学报》第1期。

〖02501〗林齐倩　（2003）"VP+在L"和"在L+VP"，《暨南大学华文学院学报》第3期。

〖02502〗邵洪亮　（2003）"V在+L"格式的表义和表达功能，《暨南大学华文学院学报》第1期。

〖02503〗韩玉国　（2003）"连"字句中"都"与"也"的语义差别，《暨南大学华文学院学报》第

1 期。

〖02504〗对外汉语修辞研究会秘书处　（2003）第一届对外汉语与修辞研讨会纪要，《暨南大学华文学院学报》第 3 期。

〖02505〗李晋霞　（2003）定中"N_宾+V"结构构成因素的考察，《暨南大学华文学院学报》第 2 期。

〖02506〗陆庆和　（2003）关于"把"字句教学系统性的几点思考，《暨南大学华文学院学报》第 1 期。

〖02507〗周国光　（2003）汉语语法本位学说论析，《暨南大学华文学院学报》第 1 期。

〖02508〗赵春利　（2003）谈对外汉语语气教学，《暨南大学华文学院学报》第 1 期。

〖02509〗刘永红　（2003）转折复句语意重心的逻辑语义分析，《暨南大学华文学院学报》第 1 期。

〖02510〗陆丙甫　（2003）增加汉字书写系统的语法信息，《南昌大学学报》（人文社会科学版）第 4 期。

〖02511〗王素梅　（2003）对外汉语教学语法中存在的若干问题，《沈阳师范大学学报》（社会科学版）第 4 期。

〖02512〗胡范铸　（2003）从"修辞技巧"到"言语行为"——试论中国修辞学研究的语用学转向，《修辞学习》第 1 期。

〖02513〗郭颖雯　（2003）篇章语言学与语段、语篇口语教学，《语言教学与研究》第 5 期。

〖02514〗杨惠元　（2003）强化词语教学，淡化句法教学——也谈对外汉语教学中的语法教学，《语言教学与研究》第 1 期。

〖02515〗谭春健　（2003）如何体现"变化"——关于句尾"了"理论语法与教学语法的接口，《语言教学与研究》第 3 期。

〖02516〗冯胜利　（2003）书面语语法及教学的相对独立性，《语言教学与研究》第 2 期。

〖02517〗王　瑛　（2003）受事宾语变"把"字句的再认识，《语言与翻译》第 1 期。

〖02518〗刘鑫民　（2003）时序原则和动元、状元的配位，《云南师范大学学报》（对外汉语教学与研究版）第 4 期。

〖02519〗周锦国　（2003）"S 比 N 还 N"结构式的修辞学分析，《云南师范大学学报》（对外汉语教学与研究版）第 2 期。

〖02520〗唐春华　朱元富　（2003）"的"字结构的对外汉语教学，《云南师范大学学报》（对外汉语教学与研究版）第 4 期。

〖02521〗李英哲　（2003）从认知语言学的角度看汉语语法的问题，《云南师范大学学报》（对外汉语教学与研究版）第 1 期。

〖02522〗刘　云　（2003）篇名的称名性说略，《云南师范大学学报》（对外汉语教学与研究版）第 3 期。

〖02523〗杨吉春　（2003）论艺术语言能指和所指之间的意指关系，《云南师范大学学报》（对外汉语教学与研究版）第 5 期。

〖02524〗齐春红、邱　渊　（2003）谈动词到介词的虚化和介宾短语入句的位置，《云南师范大学学报》（对外汉语教学与研究版）第 2 期。

〖02525〗赵丽君　（2003）有针对性地对日本留学生进行语音教学，《云南师范大学学报》（对外汉语教学与研究版）第 3 期。

〖02526〗赵永红　（2003）语法教学与语境设计，《云南师范大学学报》（对外汉语教学与研究版）

第1期。

〖02527〗刘　顺　（2003）语境的语法学功能透视，《云南师范大学学报》（对外汉语教学与研究版）第2期。

〖02528〗洪　波　（2003）语篇层面的"被"字句及其教学，《云南师范大学学报》（对外汉语教学与研究版）第3期。

〖02529〗杨　云　（2003）主语、宾语位置上动词词性的判定，《云南师范大学学报》（对外汉语教学与研究版）第5期。

〖02530〗[日]木村英树　（2003）"的"字句的句式语义及"的"字的功能扩展，《中国语文》第4期。

〖02531〗陆俭明　（2003）对"NP+的+VP"结构的重新认识，《中国语文》第5期。

〖02532〗关　玲　（2003）普通话"V完"式初探，《中国语文》第3期。

〖02533〗刘子瑜　（2003）也谈结构助词"得"的来源及"V得C"述补结构的形成，《中国语文》第4期。

〖02534〗屈承熹　（2003）功能篇章语法及其在对外汉语教学上的应用，《对外汉语教学语法探索》，北京：中国社会科学出版社。

〖02535〗刘月华　（2003）谈对外汉语教学语法，《对外汉语语法探索——首届国际对外汉语教学语法研讨会论文集》，北京：中国社会科学出版社。

2002年

〖02536〗祖人植　（2002）对外汉语教学语法体系研究思路述评——从语言共性与个性的视角，《北

〖02537〗杨国文 （2002）汉语"被"字式在不同种类的过程中的使用情况考察，《当代语言学》第1期。

〖02538〗秦洪武 （2002）汉语"动词+时量短语"结构的情状类型和界性分析，《当代语言学》第2期。

〖02539〗王 健 （2002）"干、搞、做"的词语搭配范围及其词义对比分析，《海外华文教育》第2期。

〖02540〗李 开 （2002）《马氏文通》中的复句研究与对外汉语教学，《海外华文教育》第2期。

〖02541〗吕文华 （2002）关于对外汉语教学语法体系的若干问题，《海外华文教育》第3期。

〖02542〗张凤芝 （2002）谈现代汉语中的自称方式，《海外华文教育》第4期。

〖02543〗耿京茹 （2002）外国学生的语法错误与类推策略，《海外华文教育》第3期。

〖02544〗卢福波 （2002）对外汉语教学语法的体系与方法问题，《汉语学习》第2期。

〖02545〗杨玉玲 （2002）非X不可句式的语义类型及其语用教学，《汉语学习》第1期。

〖02546〗周 红 （2002）汉语认知语法研究动态，《汉语学习》第6期。

〖02547〗郭 熙 （2002）理论语法与教学语法的衔接问题——以汉语作为第二语言教学为例，《汉语学习》第4期。

〖02548〗齐沪扬 （2002）论现代汉语语气系统的建立，《汉语学习》第4期。

〖02549〗徐复岭 （2002）莫把"走进"当"走近"汉语学习，《汉语学习》第2期。

〖02550〗陈　军　（2002）试析"厉害"作补语的特点，《汉语学习》第 1 期。

〖02551〗周小兵　邓小宁　（2002）"一再"和"再三"的辨析，《汉语学习》第 1 期。

〖02552〗张宝胜　（2002）配价语法和"对+N+的+X"短语的歧义问题，《河南大学学报》（社会科学版）第 5 期。

〖02553〗王汉卫　（2002）"标准"与"基石"——基础阶段对外汉语语音教学的新思考，《暨南大学华文学院学报》第 2 期。

〖02554〗卢福波　（2002）"了"与"的"的语用差异及其教学策略，《暨南大学华文学院学报》第 2 期。

〖02555〗许　娟　（2002）"其实"的语义和功能考察，《暨南大学华文学院学报》第 3 期。

〖02556〗方　立　（2002）*The Syntax Semantics and Pragmatics of 'lian……dou'*，《暨南大学华文学院学报》第 4 期。

〖02557〗吴勇毅　（2002）汉语作为第二语言语法教学的"语法词汇化"问题，《暨南大学华文学院学报》第 4 期。

〖02558〗邵桂珍　（2002）汉语被动句功能研究述评，《暨南大学华文学院学报》第 2 期。

〖02559〗张晓路　（2002）洪堡特论汉语语法及其对现代汉语研究之启发，《暨南大学华文学院学报》第 3 期。

〖02560〗熊学亮　（2002）假说的语用研究，《暨南大学华文学院学报》第 3 期。

〖02561〗逯艳若　（2002）领主属宾语分裂移位句的语义、句法及语用分析，《暨南大学华文学院学报》第 2 期。

〖02562〗杨德峰 （2002）试论副词作状语带"地"的问题——兼论重叠式副词作状语多带"地"的动因，《暨南大学华文学院学报》第3期。

〖02563〗陈小红 （2002）数量补语的用法和位置，《暨南大学华文学院学报》第3期。

〖02564〗李　敏 （2002）数量短语与助词"的"连用的认知分析，《暨南大学华文学院学报》第3期。

〖02565〗霍四通 （2002）语体研究和语言特征，《暨南大学华文学院学报》第4期。

〖02566〗吴亚欣 （2002）语用含糊的元语用分析，《暨南大学华文学院学报》第1期。

〖02567〗徐建华 （2002）关于汉语惯用法结构的性质、范围与教学方法的思考，《锦州师范学院学报》（哲学社会科学版）第3期。

〖02568〗常纯民、那　娜 （2002）汉语运用中"宾、补争动"的矛盾及其消除，《齐齐哈尔大学学报》（哲学社会科学版）第1期。

〖02569〗刘礼进 （2002）话语生成与理解：语序标记语的作用，《外语教学与研究》第3期。

〖02570〗熊学亮 王志军 （2002）被动句的原型研究，《外语研究》第1期。

〖02571〗姚庆保 （2002）《老乞大》、《朴通事》中的动补结构，《五邑大学学报》第2期。

〖02572〗杨太康 （2002）语用分析在语法教学中的作用及必要性——从语气助词"了"的教学谈起，《西南民族学院学报》（哲学社会科学版）S4期。

〖02573〗李建宏 （2002）语法在语言教学中的合理地位，《新疆财经学院学报》第2期。

〖02574〗刘　萍 （2002）论汉语中的委婉表达句，《宜春学院学报》第 5 期。

〖02575〗孙德金　（2002）外国留学生汉语"得"字补语句习得情况考察，《语言教学与研究》第 6 期。

〖02576〗赵金铭　（2002）对外汉语教学语法与语法教学，《语言文字应用》第 1 期。

〖02577〗丁险峰　（2002）试论"简直+……"结构的句法、语义、语用，《语言文字应用》第 4 期。

〖02578〗吴晓颖　（2002）浅谈运用交际原则进行语法教学的必要性，《玉溪师范学院学报》第 3 期。

〖02579〗[日]杉村博文　（2002）论现代汉语特指疑问判断句，《中国语文》第 1 期。

〖02580〗沈家煊　（2002）如何处置"处置式"？——论把字句的主观性，《中国语文》第 5 期。

〖02581〗陆俭明　（2002）再谈"吃了他三个苹果"一类结构的性质，《中国语文》第 4 期。

〖02582〗周小兵　（2002）汉语第二语言教学语法的特点，《中山大学学报》（哲学社会科学版）第 6 期。

〖02583〗耿京茹　（2002）汉语递加关系多项定语与法语相关句式的比较，《汉语学习》第 5 期。

〖02584〗晏懋思　（2002）从句子预设看"了"的意义，《对外汉语教学研究》，广州：中山大学出版社。

〖02585〗周子衡　（2002）对外汉语教学初级阶段的语法问题，《对外汉语教研论丛》（第二辑），上海：华东师范大学出版社。

〖02586〗刘大为　（2002）合语法度的概念，《对外汉语教研论丛》（第二辑），上海：华东师范大学出版社。

〖02587〗崔希亮　（2002）试论理论语法与教学语法的接口，

〖02588〗何一藏

《中国对外汉语教学学会第七次学术讨论会论文选》，北京：人民教育出版社。

（2002）述补结构内部歧义探析，《北京地区第一届对外汉语教学讨论会论文选》，北京：北京大学出版社。

〖02589〗岑玉珍　（2002）"着"字句的教学探讨，《北京地区第一届对外汉语教学讨论会论文选》，北京：北京大学出版社。

2001 年

〖02590〗田化冰　（2001）关于可能补语的教学，《安顺师范高等专科学校学报》第 4 期。

〖02591〗黄仁峰　（2001）语境分析与语言教学取向，《北方论丛》第 5 期。

〖02592〗李　江　（2001）从《汉语初级教程》看对外汉语教学补语体系，《北京邮电大学学报》（社会科学版）第 1 期。

〖02593〗黄大网　（2001）《语用学》杂志话语标记专辑（1998）介绍，《当代语言学》第 2 期。

〖02594〗[英]Ronald Carter　（2001）编写口语语法的十大要点，《国外外语教学》第 2 期。

〖02595〗张德鑫　（2001）"功夫在诗外"——谈谈对外汉语教师的"外功"，《海外华文教育》第 2 期。

〖02596〗吴春仙　（2001）句式转换练习的分析，《海外华文教育》第 2 期。

〖02597〗陆俭明　（2001）新加坡华语句法特点及其规范问题，《海外华文教育》第 4 期。

〖02598〗田　然　（2001）语篇对留学生句式选择使用的制约简析，《海外华文教育》第 3 期。

〖02599〗李　宁、王小珊　（2001）"把"字句的语用功能调查，《汉语学习》第 1 期。

〖02600〗杨海明　（2001）VO+N 与语义、结构的兼容与冲突，《汉语学习》第 1 期。

〖02601〗刘颂浩　（2001）关于在语境中猜测词义的调查，《汉语学习》第 1 期。

〖02602〗董　原　（2001）汉语定中结构在罗语中的表述，《汉语学习》第 5 期。

〖02603〗高顺全　（2001）体标记"下来"、"下去"补议，《汉语学习》第 3 期。

〖02604〗徐子亮　（2001）外国学生的汉语中介语现象再认识，《汉语学习》第 1 期。

〖02605〗倪建文　（2001）一……也不（没）句式的分析，《汉语学习》第 4 期。

〖02606〗朱其智　（2001）语篇分析技巧在汉语精读课中的运用，《汉语学习》第 4 期。

〖02607〗任志萍　（2001）"把+N_1+V_1+给+N_2+V_2"句式语义句法分析，《暨南大学华文学院学报》第 3 期。

〖02608〗程琪龙　（2001）"语义——句法"的语符体现，《暨南大学华文学院学报》第 2 期。

〖02609〗蔡　丽　（2001）表否定义的"管"字句考察，《暨南大学华文学院学报》第 1 期。

〖02610〗赵彦春　黄建华　（2001）感官动词模块性的句法分析——认知词典学对词库的描写，《暨南大学华文学院学报》第 2 期。

〖02611〗高顺全　（2001）试论"被"字句的教学，《暨南大学华文学院学报》第 1 期。

〖02612〗胡建刚　（2001）述语为"有"、"是"、"在"的存在句的语义、句法分析，《暨南大学华文学院学报》第 2 期。

〖02613〗陈新仁　（2001）汉语告示语的语用研究，《暨南大学华文学院学报》第 4 期。

〖02614〗张　黎　（2001）汉语句子定式系统，《暨南大学华文学院学报》第 4 期。

〖02615〗程雨民　（2001）汉语以语素为基础造句（上），《暨南大学华文学院学报》第 1 期。

〖02616〗程雨民　（2001）汉语以语素为基础造句（下），《暨南大学华文学院学报》第 2 期。

〖02617〗黄瓒辉　（2001）介词"给""为""替"用法补议，《暨南大学华文学院学报》第 1 期。

〖02618〗丁雪欢　（2001）论词语的语法教学，《暨南大学华文学院学报》第 3 期。

〖02619〗王艾录　司富珍　（2001）与理据相关的两个理论问题，《暨南大学华文学院学报》第 2 期。

〖02620〗王　红　（2001）语气副词"都"的语义、语用分析，《暨南大学华文学院学报》第 2 期。

〖02621〗田宇贺　（2001）动趋式研究述略，《零陵师范高等专科学校学报》第 1 期。

〖02622〗［埃及］伊斯拉·阿卜杜·赛义德·哈桑　（2001）阿拉伯学生汉语语法使用不当举例，《世界汉语教学》第 3 期。

〖02623〗吕文华　（2001）关于述补结构系统的思考——兼谈对外汉语教学的补语系统，《世界汉语教学》第 3 期。

〖02624〗邵敬敏　胡建华　（2001）汉语语法研究必须走向世界——21 世纪首届现代汉语语法国际研讨会巡礼，《世界汉语教学》第 2 期。

〖02625〗沈家煊　（2001）语言的"主观性"和"主观化"，《外语教学与研究》第 4 期。

〖02626〗潘文国　（2001）"两张皮"现象的由来及对策，《外语与外语教学》第 1 期。

〖02627〗袁　嘉　（2001）汉语交际文化与对外汉语语法教

学，《西南民族学院学报》（哲学社会科学版）第 7 期。

〖02628〗任瑚琏　（2001）结构重音与"太×"和"不太×"的意义，《西南民族学院学报》（哲学社会科学版）第 3 期。

〖02629〗陈延河　（2001）"连读变调歌诀"续貂，《语文建设》第 7 期。

〖02630〗侯广旭　（2001）绰号的社会语用分析，《语言教学与研究》第 3 期。

〖02631〗王魁京　张秀婷　（2001）浅论对汉语学习者的"句群表达能力"的培养，《语言文字应用》第 4 期。

〖02632〗马燕华　（2001）中级汉语水平日本留学生汉语语段衔接调查分析，《语言文字应用》第 4 期。

〖02633〗李　泉　（2001）加强基于对外汉语教学的语体研究的必要性，《语言研究》增刊。

〖02634〗董付兰　（2001）关于"N－A 给 N－BVO"结构及其教学，《湛江师范学院学报》第 5 期。

〖02635〗王明华　（2001）二十年来汉语句型研究，《浙江大学学报》（人文社会科学版）第 4 期。

〖02636〗陆俭明　（2001）对外汉语语法教学方法浅议，《纪念张志公学术文集》，北京：人民教育出版社。

〖02637〗张　斌　（2001）谈谈句子信息量，《从语义信息到类型比较》，北京：北京语言文化大学出版社。

〖02638〗祖晓梅　（2001）语际语用学与对外汉语教学，《汉语言文化研究》，天津：天津人民出版社。

〖02639〗苏英霞　（2001）"不是吗?"句的语用分析，《北京地区第一届对外汉语教学讨论会论文选》，北京：北京大学出版社。

〖02640〗张美霞 （2001）汉语述补结构在日语中的表达方式，《中国对外汉语教学学会北京分会第二届学术年会论文集》，北京：北京语言文化大学出版社。

〖02641〗刘　杰 （2001）口语中意在否定的"哪儿"和"怎么"换用情况考察，《中国对外汉语教学学会北京分会第二届学术年会论文集》，北京：北京语言文化大学出版社。

〖02642〗文基莲 （2001）量词，语法隐喻，《中国对外汉语教学学会北京分会第二届学术年会论文集》，北京：北京语言文化大学出版社。

〖02643〗褚佩如 （2001）浅谈中高级汉语中的关联成分及其使用，《中国对外汉语教学学会北京分会第二届学术年会论文集》，北京：北京语言文化大学出版社。

〖02644〗赵清永 （2001）谈"把"字句的语义类型及其对补语的选择，《中国对外汉语教学学会北京分会第二届学术年会论文集》，北京：北京语言文化大学出版社。

〖02645〗郑　杰 （2001）现代汉语语句中"这种"与"这样"——兼与日语对应词语比较，《中国对外汉语教学学会北京分会第二届学术年会论文集》，北京：北京语言文化大学出版社。

〖02646〗蔡北国 （2001）现代汉语中"之"的用法调查，《中国对外汉语教学学会北京分会第二届学术年会论文集》，北京：北京语言文化大学出版社。

〖02647〗王海峰 （2001）现代汉语中的无标记转指，《中国对外汉语教学学会北京分会第二届学

术年会论文集》，北京：北京语言文化大
学出版社。

〖02648〗杨德峰　（2001）也论易位句的特点，《中国对外
汉语教学学会北京分会第二届学术年会
论文集》，北京：北京语言文化大学出版
社。

〖02649〗张宝林　（2001）语义中心的提取方法，《中国对
外汉语教学学会北京分会第二届学术年
会论文集》，北京：北京语言文化大学出
版社。

2000 年

〖02650〗成方志　马秀玲　（2000）汉语的语篇功能，《滨
州教育学院学报》第 3 期。

〖02651〗董　原　（2000）汉语述宾结构在罗语中的表述，
《海外华文教育》第 4 期。

〖02652〗邱广君、邱　波　（2000）词汇语法理论是汉语句
法研究的宽广大道——评郑定欧的《词汇
语法理论与汉语句法研究》，《汉语学习》
第 3 期。

〖02653〗吴中伟　（2000）对外汉语教学语法体系中的主语
和主题，《汉语学习》第 4 期。

〖02654〗[韩]王秀珍　（2000）关于结果宾语，《汉语学习》
第 2 期。

〖02655〗王建勤　（2000）关于中介语研究方法的思考，《汉
语学习》第 3 期。

〖02656〗安英姬　（2000）汉语节奏的二三律，《汉语学习》
第 1 期。

〖02657〗[日]望月圭子　（2000）汉语里的"完成体"，《汉
语学习》第 1 期。

〖02658〗王伟丽　（2000）汉语配价语法研究的新动向，《汉

语学习》第 3 期。

〖02659〗吴　吟　（2000）汉语重叠研究综述，《汉语学习》第 3 期。

〖02660〗胡明扬　（2000）基本句式和变式，《汉语学习》第 1 期。

〖02661〗张燕春　祝克懿　（2000）论语用学与修辞学中的语境因素，《汉语学习》第 4 期。

〖02662〗尤庆学　（2000）歧义度的调查与分析，《汉语学习》第 5 期。

〖02663〗金钟太　（2000）溶合句的生成机制，《汉语学习》第 1 期。

〖02664〗石毓智　（2000）如何看待语法规则的"例外"——从"吃饱饭"、"喝醉酒"现象谈起，《汉语学习》第 6 期。

〖02665〗刘琼竹　（2000）数量名主语句的句法分析，《汉语学习》第 5 期。

〖02666〗陈　光　（2000）现代汉语双音动词和形容词的特别重叠式——兼论基本重叠式的类化作用与功能渗透，《汉语学习》第 1 期。

〖02667〗史有为　（2000）现代汉语语法：展望新世纪的研究（上），《汉语学习》第 6 期。

〖02668〗裴龙得　（2000）现代汉语语法的基本单位研究，《汉语学习》第 5 期。

〖02669〗邝　霞　（2000）有没有反复问句的定量研究——对经典作家白话文作品的定量研究，《汉语学习》第 3 期。

〖02670〗鲁　川　（2000）语义的先决性、句法的强制性、语用的选择性，《汉语学习》第 3 期。

〖02671〗李淑红　（2000）留学生使用汉语趋向补语的情况调查及分析，《民族教育研究》第 4 期。

〖02672〗阚哲华　（2000）时间顺序原则和时间范围原则述

评，《韶关大学学报》第 5 期。

〖02673〗王　静　（2000）论语篇性质与话题的关系，《世界汉语教学》第 4 期。

〖02674〗曹秀玲　（2000）韩国留学生汉语语篇指称现象考察，《世界汉语教学》第 4 期。

〖02675〗卫　斓、朱　俐　（2000）试谈"才、就、V 到"的语用条件及教学，《首都师范大学学报》（社会科学版）S3 期。

〖02676〗冉永平　（2000）话语标记语的语用学研究综述，《外语研究》第 4 期。

〖02677〗张济卿　（2000）有关"把"字句的若干验证与探索，《语文研究》第 1 期。

〖02678〗白　荃　（2000）"不"、"没（有）"教学和研究上的误区——关于"不"、"没（有）"的意义和用法的探讨，《语言教学与研究》第 3 期。

〖02679〗陆俭明　（2000）"对外汉语教学"中的语法教学，《语言教学与研究》第 3 期。

〖02680〗[日]古川裕　（2000）"跟"字的语义指向及其认知解释——起点指向和终点指向之间的认知转换，《语言教学与研究》第 3 期。

〖02681〗杨寄洲　（2000）对外汉语教学初级阶段语法项目的排序问题，《语言教学与研究》第 3 期。

〖02682〗卢福波　（2000）谈谈对外汉语表达语法的教学问题，《语言教学与研究》第 2 期。

〖02683〗常敬宇　（2000）委婉表达法的语用功能与对外汉语教学，《语言教学与研究》第 3 期。

〖02684〗李　艳　（2000）与范围副词"都"相关的一个问题，《语言文字应用》第 2 期。

〖02685〗李泰洙　江蓝生　（2000）《老乞大》语序研究，《语言研究》第 3 期。

〖02686〗张伯江　（2000）论"把"字句的句式语义，《语言研究》第 1 期。

〖02687〗曾　艳　.（2000）为了和"以便"，《遵义师范高等教育学院学报》第 12 期。

〖02688〗胡裕树　（2000）对外汉语教学语法体系的构建，《对外汉语教学：回眸与思考》，北京：外语教学与研究出版社。

〖02689〗刘一之　（2000）"把"字句的语用、语法限制及语义解释，《语法研究和探索》（十），北京：商务印书馆。

〖02690〗张宝林　（2000）语段概观，《语言文化教学研究集刊》（第四辑），北京：华语教学出版社。

〖02691〗韩陈其　（2000）《马氏文通》与中国语言学，《语言研究集刊》，南京：江苏教育出版社。

〖02692〗张旺熹　（2000）"动+得+形"结构的变体形式，《第六届国际汉语教学讨论会论文选》，北京：北京大学出版社。

〖02693〗［日］古川裕　（2000）"跟"字的语义指向及其认知解释——起点指向和终点指向之间的认知转换，《第六届国际汉语教学讨论会论文选》，北京：北京大学出版社。

〖02694〗卢智暎　（2000）"A+（地）+V"结构的时间顺序解释，《第六届国际汉语教学讨论会论文选》，北京：北京大学出版社。

〖02695〗叶步青　（2000）"了"的语法功能及其真实含义，《第六届国际汉语教学讨论会论文选》，北京：北京大学出版社。

〖02696〗方　另　（2000）"我在加州住"与"我住在加州"——试论"NP 在 PPVP"与"NPVP 在 PP"的区别，《对外汉语教学探讨集（北京地区第一届对外汉语教学讨论会论文选）》，北京：北京大学出版社。

〖02697〗向　平　（2000）"有 X 有 Y"格式之考察，《第六届国际汉语教学讨论会论文选》，北京：北京大学出版社。

〖02698〗卢福波　（2000）关于"太"字结构的教学与研究——谈对外汉语语法教学三个平面的结合问题，《第六届国际汉语教学讨论会论文选》，北京：北京大学出版社。

〖02699〗奥田宽　（2000）关于"在……上/里"表示工具的用法，《第六届国际汉语教学讨论会论文选》，北京：北京大学出版社。

〖02700〗[日] 舆水优　（2000）关于汉语修饰成分的位置，《第六届国际汉语教学讨论会论文选》，北京：北京大学出版社。

〖02701〗沈　阳　（2000）汉语动名语义关系的分析与教学，《第六届国际汉语教学讨论会论文选》，北京：北京大学出版社。

〖02702〗李芳杰　（2000）句型为体字词为翼——关于对外汉语教学语法体系的思考，《第六届国际汉语教学讨论会论文选》，北京：北京大学出版社。

〖02703〗余　维　（2000）空间指示的语用对比分析——以日汉现场指示对比分析为中心，《第六届国际汉语教学讨论会论文选》，北京：北京大学出版社。

〖02704〗李晓亮　（2000）普遍语法在汉语学习过程中的作用——时态习得剖析，《第六届国际汉语教学讨论会论文选》，北京：北京大学出版社。

〖02705〗鲁晓琨　（2000）现代汉语意愿助动词的语义对比，

《第六届国际汉语教学讨论会论文选》，
北京：北京大学出版社。

1999 年

〖02706〗彭小川　（1999）论副词"倒"的语篇功能——兼论对外汉语语篇教学，《北京大学学报》（哲学社会科学版）第 5 期。

〖02707〗杨素英　（1999）从非宾格动词现象看语义与句法结构之间的关系，《当代语言学》第 1 期。

〖02708〗金立鑫　（1999）对一些普遍语序现象的功能解释，《当代语言学》第 4 期。

〖02709〗陶红印　（1999）试论语体分类的语法学意义，《当代语言学》第 3 期。

〖02710〗李铁根　（1999）"了、着、过"呈现相对时功能的几种用法，《汉语学习》第 2 期。

〖02711〗刘颂浩　（1999）注释式词语练习试析，《汉语学习》第 4 期。

〖02712〗李晓琪　（1999）汉语"了"字教学研究，《华东师范大学学报》（哲学社会科学版）第 4 期。

〖02713〗杨明义　（1999）现代汉语状之于动的羡余现象探略，《南开学报哲学社会科学版》第 4 期。

〖02714〗程伟民　（1999）对外汉语教学中"了"（le）的语法项目及其等级切分，《清华大学学报》（哲学社会科学版）第 1 期。

〖02715〗张新明　（1999）现代汉语"再+能愿动词"句探析，《上海师范大学学报》（哲学社会科学版）第 6 期。

〖02716〗李　瑛、姜　敏　（1999）语义学、修辞学与对外汉语教学，《沈阳师范学院学报》（社会科学版）第 3 期。

〖02717〗竟　成　（1999）我们究竟需要什么样的语法大纲，《世界汉语教学》第 3 期。

〖02718〗温云水　（1999）现代汉语句型与对外汉语句型教学，《世界汉语教学》第 3 期。

〖02719〗朱全红　（1999）表示应答的"是"与"Yes"的病例分析，《语言文字应用》第 2 期。

〖02720〗刘颂浩　（1999）留学生汉语语用情况调查，《语言文字应用》第 2 期。

〖02721〗李海鸥　（1999）情境在对外汉语教学中的作用及其运用，《语言文字应用》第 3 期。

〖02722〗丁金国　（1999）再论对外汉语教学中的语体意识，《语言文字应用》第 2 期。

〖02723〗袁毓林　（1999）定语顺序的认知解释及其理论蕴涵，《中国社会科学》第 2 期。

〖02724〗俞咏梅　（1999）论"在+处所"的语义功能和语序制约原则，《中国语文》第 1 期。

〖02725〗刘叔新　（1999）汉语时间语义范畴的表达方式体系，《中国语言学报》第 9 期。

〖02726〗王红旗　（1999）别 V 了 1 中的动词特征，《汉语语法问题面面观》，北京：北京语言文化大学出版社。

〖02727〗张旺熹　崔永华　（1999）对外汉语教学语法问题研究的基本态势，《世纪之交的中国应用语言学研究》，北京：华语教学出版社。

〖02728〗姜晓虹　（1999）论现代汉语比较句中的"要"字，《对外汉语教研论丛》（第二辑），上海：华东师范大学出版社。

〖02729〗金立鑫　（1999）现代汉语中趋向补语和宾语的位置及其认知解释，《对外汉语教研论丛》（第二辑），上海：华东师范大学出版社。

〖02730〗王　珏　（1999）抽象名词的语法分类及其语法特

征，《对外汉语教研论丛》（第一辑），
上海：华东师范大学出版社。

〖02731〗陈流芳　曲卫国　（1999）也谈"比"字句否定式
的含义，《对外汉语教研论丛》（第一辑），
上海：华东师范大学出版社。

〖02732〗李　讷、石毓智　（1999）汉语动补结构的发展与
句法结构的嬗变，《中国语言学论丛》（第
二辑），上海：学林出版社。

〖02733〗袁毓林　（1999）一元动词的配价和配位分析，《北
京地区第一届对外汉语教学讨论会论文
选》，北京：北京大学出版社。

1998 年

〖02734〗徐晶凝　（1998）关于语言功能和言语功能——兼
谈汉语交际语法，《北京大学学报》（哲
学社会科学版）第 6 期。

〖02735〗张明莹　（1998）中级汉语语法教学体系亟待建立，
《北京大学学报》（哲学社会科学版）第
6 期。

〖02736〗李　婷　（1998）谈谈"动趋结构"，《北京第二
外国语学院学报》第 6 期。

〖02737〗王燕燕　（1998）"没 A 没 B"结构浅析，《海外
华文教育》第 2 期。

〖02738〗罗庆铭　（1998）汉语中外语词语的借用问题，《海
外华文教育》第 1 期。

〖02739〗王灿龙　（1998）无标志被动句和动词的类，《汉
语学习》第 5 期。

〖02740〗任玉华　（1998）"把"字句的三个平面分析及其
在对外汉语教学中的应用，《华东师范大
学学报》（哲学社会科学版）第 6 期。

〖02741〗吴中伟　（1998）主述结构和关联副词的句法位置，

《华东师范大学学报》（哲学社会科学版）第 2 期。

〖02742〗刘乃仲　（1998）"不是 A 就是 B"的又一种并列句复句，《吉林大学社会科学学报》第 5 期。

〖02743〗徐建华　（1998）单音形容词定语连用的语序规则，《吉林大学社会科学学报》第 4 期。

〖02744〗金志刚　（1998）国俗语义分析与修辞，《辽宁师范大学学报》（社会科学版）第 5 期。

〖02745〗卫　斓　（1998）疑问代词任指用法的使用条件，《南京大学学报》（哲学·人文科学·社会科学版）第 3 期。

〖02746〗邵敬敏　（1998）八十到九十年代的现代汉语语法研究，《世界汉语教学》第 4 期。

〖02747〗刘月华　（1998）关于叙述体的篇章教学——怎样教学生把句子连成段落，《世界汉语教学》第 1 期。

〖02748〗屈承熹　（1998）汉语功能语法刍议，《世界汉语教学》第 4 期。

〖02749〗陆俭明、郭　锐　（1998）汉语语法研究所面临的挑战，《世界汉语教学》第 4 期。

〖02750〗雷　莉　（1998）汉语话题与主语，《西南民族学院学报》（哲学社会科学版）S3 期。

〖02751〗丁喜霞　原雪梅　（1998）对"动宾式动词+宾语"句式增多的思考，《语文建设》第 3 期。

〖02752〗何　璟　（1998）汉文化背景下的"吃～～"短语，《语文建设》第 10 期。

〖02753〗俞志强　柯蔚南　（1998）对外古汉语教学初探——以"也"及其相关句型为例，《语言教学与研究》第 2 期。

〖02754〗陆庆和　（1998）对外汉语教学中的修辞问题，《语言教学与研究》第 2 期。

〖02755〗张宝林 （1998）语段教学回顾与展望，《语言教学与研究》第 2 期。

〖02756〗蒋以亮 （1998）语流教学初探，《语言教学与研究》第 4 期。

〖02757〗何　瑞 （1998）浅谈语法翻译法在对外汉语教学中的运用，《云南师范大学学报》（哲学社会科学版）第 4 期。

〖02758〗马庆株 （1998）结构、语义、表达研究琐议，《中国语文》第 3 期。

〖02759〗殷志平 （1998）语境与否定比较句，《语言研究的新思路》，上海：上海教育出版社。

〖02760〗赵燕皎 （1998）走出语篇教学的盲区，《对外汉语教学探讨集》北京：北京大学出版社。

〖02761〗吴为章 （1998）"结果动词"的向及其句型，《现代汉语配价语法研究》（第二辑），北京：北京大学出版社。

〖02762〗叶向阳 （1998）把字句的致使性解释，《第六届国际汉语教学讨论会论文》，北京：北京大学出版社。

1997 年

〖02763〗杨满生 （1997）对"不 A 不 B"语型的分析，《北京第二外国语学院学报》第 4 期。

〖02764〗肖　莉 （1997）多层状语的顺序及其逻辑特性与对外汉语教学，《赣南师范学院学报》第 2 期。

〖02765〗张　敏 （1997）从类型学和认知语法角度看汉语重叠现象，《国外语言学》第 2 期。

〖02766〗张伯江 （1997）认识观的语法表现，《国外语言学》第 2 期。

〖02767〗金　岩　（1997）汉语存现宾语在朝鲜语中的对应形式，《汉语学习》第 5 期。

〖02768〗[日]古川裕　（1997）谈现象句与双宾语句的认知特点，《汉语学习》第 1 期。

〖02769〗谭汝为　（1997）从大同中辨析小异——并联式复合词同义语素的语义差别，《平顶山师专学报》第 4 期。

〖02770〗李　珠　（1997）建立三维语法教学体系——初级阶段对外汉语教学研究的回顾与展望，《世界汉语教学》第 2 期。

〖02771〗王　志　（1997）交谈中的问句连用现象，《世界汉语教学》第 2 期。

〖02772〗吴宗济　（1997）试论"人－机对话"中的汉语语音学，《世界汉语教学》第 4 期。

〖02773〗刘绍忠　（1997）语境与语用能力，《外国语》（上海外国语学院学报）第 3 期。

〖02774〗邢公畹　（1997）一种似乎要流行开来的可疑句式——动宾式动词+宾语，《语文建设》第 4 期。

〖02775〗王培光　（1997）从语言教学观点论台湾中学的教学语法，《语言文字应用》第 4 期。

〖02776〗张德鑫　（1997）谈语言能力及能力测试，《语言文字应用》第 4 期。

〖02777〗金立鑫　（1997）"把"字句的句法、语义、语境特征，《中国语文》第 6 期。

〖02778〗郭　锐　（1997）过程和非过程，《中国语文》第 3 期。

〖02779〗周继圣　（1997）口语格式"等……的"的描写及讨论，《中山大学学报》（社会科学版）第 2 期。

〖02780〗周小兵　（1997）动宾组合带时量词语的句式，《中山大学学报论丛》第 4 期。

〖02781〗谭成珠 （1997）说汉语口语一种特殊表达方式
——提醒，《语言文字应用》第 4 期。

〖02782〗谭春健 （1997）句子生成的语用制约，《汉语速
成教学研究》（第一辑），北京：北京大
学出版社。

〖02783〗［日］舆水优 （1997）日本学生学汉语——兼谈
谓词性主语，《第五届国际汉语教学讨论
会论文选》，北京：北京大学出版社。

〖02784〗范开泰 （1997）对外汉语教学与汉语语法的经济
性特点，《第五届国际汉语教学讨论会论
文选》，北京：北京大学出版社。

〖02785〗邢福义 （1997）方位结构"×里"和"×中"，
《第五届国际汉语教学讨论会论文选》，
北京：北京大学出版社。

〖02786〗卢福波 （1997）汉语比较句中肯定式与否定式的
不对称现象，《第五届国际汉语教学讨论
会论文选》，北京：北京大学出版社。

〖02787〗龚千炎 （1997）汉语语法研究的现代化（提纲），
《第五届国际汉语教学讨论会论文选》，
北京：北京大学出版社。

〖02788〗赵淑华、刘社会、胡 翔 （1997）句型统计与句
法分析——介绍一个《现代汉语句型语料
库》，《第五届国际汉语教学讨论会论文
选》，北京：北京大学出版社。

〖02789〗陆俭明 （1997）配价语法理论和对外汉语教学，
《第五届国际汉语教学讨论会论文选》，
北京：北京大学出版社。

〖02790〗余 维 （1997）时间指示的语用对比分析——汉
外对比语用学的尝试，《第五届国际汉语
教学讨论会论文选》，北京：北京大学出

版社。

〖02791〗郭春贵　（1997）试论"连……都……"和"连……也……"的异同，《第五届国际汉语教学讨论会论文选》，北京：北京大学出版社。

〖02792〗屈承熹　（1997）现代汉语中"句子"的定义及其地位，《第五届国际汉语教学讨论会论文选》，北京：北京大学出版社。

〖02793〗邱广君　（1997）与"V下+宾语"有关的几个问题，《第五届国际汉语教学讨论会论文选》，北京：北京大学出版社。

〖02794〗张旺熹　（1997）再论补语的可能式，《第五届国际汉语教学讨论会论文选》，北京：北京大学出版社。

〖02795〗李宇明　（1997）拟对话语境中的"是的"，《第五届国际汉语教学讨论会论文选》，北京：北京大学出版社。

1996 年

〖02796〗续三义　（1996）日本人学习汉语时的语法错误，《大东语学研究文集》第一期。

〖02797〗张绍滔　（1996）东南亚双语结构中的汉语和华文教学，《海外华文教育》第 2 期。

〖02798〗王红旗　（1996）别 V 了的意义是什么——兼论句子格式意义的概括，《汉语学习》第 4 期。

〖02799〗张　黎　（1996）大河内康宪的汉语语法研究，《汉语学习》第 3 期。

〖02800〗黄南松　（1996）论存在句，《汉语学习》第 4 期。

〖02801〗黄锦章　（1996）论两种不同性质的主题和汉语的类型学特点，《汉语学习》第 6 期。

〖02802〗李宇明　（1996）双音节性质形容词的 ABAB 式重叠，《汉语学习》第 4 期。

〖02803〗易匠翘　（1996）试论言语链中下句意义取向的控制——兼论段落的定向组织，《吉林大学社会科学学报》第 2 期。

〖02804〗孙银新　（1996）现代汉语的数名结构，《吉林大学社会科学学报》第 4 期。

〖02805〗刘亚林　（1996）汉语外交语体考察及其教学尝试，《世界汉语教学》第 2 期。

〖02806〗熊文新　（1996）留学生"把"字结构的表现分析，《世界汉语教学》第 1 期。

〖02807〗邓恩明　（1996）语用学与对外汉语教学，《世界汉语教学》第 3 期。

〖02808〗疏　影　（1996）"想起来"与"想出来"，《学汉语》第 8 期。

〖02809〗竟　成　（1996）汉语的成句过程和时间概念的表述，《语文研究》第 1 期。

〖02810〗崔希亮　（1996）现代汉语称谓系统与对外汉语教学，《语言教学与研究》第 2 期。

〖02811〗袁毓林　（1996）话题化及相关的语法过程，《中国语文》第 4 期。

〖02812〗郑懿德　（1996）表比较的"有"字句，《中国对外汉语教学学会第五次学术讨论会论文选》，北京：北京语言学院出版社。

〖02813〗孙德金　（1996）非名词形名结构，《中国对外汉语教学学会第五次学术讨论会论文选》，北京：北京语言学院出版社。

〖02814〗竟　成　（1996）关于汉语时间系统，《中国对外汉语教学学会第五次学术讨论会论文选》，北京：北京语言学院出版社。

〖02815〗丁金国　（1996）关于语言风格学的几个问题（续），《中国对外汉语教学学会第五次学术讨论会论文选》，北京：北京语言学院出版社。

〖02816〗杨德峰　（1996）量词前数词"一"的隐现问题，《中国对外汉语教学学会第五次学术讨论会论文选》，北京：北京语言学院出版社。

〖02817〗岳　辉　（1996）试论 V+了+T+的+N，《中国对外汉语教学学会第五次学术讨论会论文选》，北京：北京语言学院出版社。

〖02818〗王弘宇　（1996）数量因素对"不是 A，就是 B"的制约作用，《中国对外汉语教学学会第五次学术讨论会论文选》，北京：北京语言学院出版社。

〖02819〗李　泉　（1996）现代汉语"形+动态助词"考察，《中国对外汉语教学学会第五次学术讨论会论文选》，北京：北京语言学院出版社。

〖02820〗卢福波　（1996）形容词状语语义指向及其语用特点探析，《中国对外汉语教学学会第五次学术讨论会论文选》，北京：北京语言学院出版社。

〖02821〗孙宏林　（1996）由 V+"有"构成的存现句，《中国对外汉语教学学会第五次学术讨论会论文选》，北京：北京语言学院出版社。

〖02822〗李海欧　（1996）"以后"、"后来"、"今后"及其在汉语基础课中的教学，《中国对外汉语教学学会成立十周年纪念论文选》，北京：北京语言学院出版社。

〖02823〗杨明义　（1996）部分述宾结构及宾前定语万分必现性浅探，《中国对外汉语教学学会成立十周年纪念论文选》，北京：北京语言学院出版社。

〖02824〗张新明　（1996）关于"我来你家"之类的分析，《中国对外汉语教学学会成立十周年纪念论文选》，北京：北京语言学院出版社。

〖02825〗赵金铭　（1996）教外国人汉语语法的一些原则问题，《中国对外汉语教学学会成立十周年纪念论文选》，北京：北京语言学院出版社。

〖02826〗金立鑫　（1996）句法结构的功能解释，《中国对外汉语教学学会成立十周年纪念论文选》，北京：北京语言学院出版社。

〖02827〗杨庆蕙　（1996）漫谈十年来对外汉语教学界在汉语语法研究方面的收获，《中国对外汉语教学学会成立十周年纪念论文选》，北京：北京语言学院出版社。

〖02828〗岳　辉　（1996）试论动词性主语句的主语，《中国对外汉语教学学会成立十周年纪念论文选》，北京：北京语言学院出版社。

〖0829〗周换琴　（1996）数词成语探，《中国对外汉语教学学会成立十周年纪念论文选》，北京：北京语言学院出版社。

〖02830〗陶　炼　（1996）说"进行"和"进行句"，《中国对外汉语教学学会成立十周年纪念论文选》，北京：北京语言学院出版社。

〖02831〗李忠星　（1996）关于"差一点+Jw"的思考，《中国对外汉语教学学会第五次学术讨论会论文选》，北京：北京语言学院出版社。

1995 年

〖02832〗周小兵　（1995）"够+形容词"的句式，《汉语学习》第 6 期。

〖02833〗[韩]权正容　（1995）"在 X 下"格式的结构特点

　　　　　　　　　　与语义分析，《汉语学习》第 5 期。

〖02834〗郑贵友　　（1995）"制作类"句子中的动宾双系形容词状语，《汉语学习》第 6 期。

〖02835〗谭景春　　（1995）材料宾语和工具宾语，《汉语学习》第 6 期。

〖02836〗史锡尧　　（1995）论句义的表达和理解——兼谈汉语特点，《汉语学习》第 6 期。

〖02837〗黄南松　　（1995）论省略，《汉语学习》第 6 期。

〖02838〗胡裕树　　（1995）试论句子类型的研究，《汉语学习》第 5 期。

〖02839〗徐子亮　　（1995）试论对外汉语教学语法的句型系统及其特殊性，《华东师范大学学报》（哲学社会科学版）第 3 期。

〖02840〗[Australia]Ying xian Wang　　（1995）*Repetition and Nonrepetition of Past Actions and Repetition of Past Nonactions*，《世界汉语教学》第 4 期。

〖02841〗[U.K.]Bpoing Yuan　　（1995）*Variability and systematicity in the performance of the four Chinese tones by English SLAlearners of Chinese*，《世界汉语教学》第 1 期。

〖02842〗刘　威　　（1995）外国留学生在短时记忆中理解汉语句子的实验报告，《世界汉语教学》第 3 期。

〖02843〗杨　翼　　（1995）语用分析在高级汉语教学中的运用，《世界汉语教学》第 3 期。

〖02844〗韩万衡　　（1995）《德国配价论和汉语配价研究》学术研讨会纪要，《天津外国语学院学报》第 4 期。

〖02845〗朱匡侯　　（1995）法语国家学生常犯的汉语语法错

误，《现代外语》第 2 期。

〖02846〗胡裕树　（1995）从"们"字谈到汉语语法的特点，《语文园地》第 12 期。

〖02847〗吕文华　（1995）关于对外汉语教学中的补语系统，《语言教学与研究》第 4 期。

〖02848〗郑懿德　（1995）外国留学生汉语专业高年级语法教学的实践与思考，《语言教学与研究》第 4 期。

〖02849〗胡文泽　（1995）存现句的时段语义，《语言研究》第 2 期。

〖02850〗俞士汶　（1995）关于现代汉语词语的语法功能分类，《中国计算机报》5 月 31 日第 73－75 版。

〖02851〗张凤格　（1995）"失"与"丢"的语义语用分析，《中国人民大学学报》第 4 期。

〖02852〗李大忠　（1995）语法偏误分析二题，《中国人民大学学报》第 4 期。

〖02853〗刘宁生　（1995）汉语偏正结构的认知基础及其在语序类型学上的意义，《中国语文》第 2 期。

〖02854〗沈家煊　（1995）有界与"无界"，《中国语文》第 5 期。

〖02855〗邵敬敏　（1995）"吧"字疑问句及其相关句式比较，《第四届国际汉语教学讨论会论文选》，北京：北京语言学院出版社。

〖02856〗王弘宇　（1995）"一边 A，一边 B"的内部语义关系分析，《第四届国际汉语教学讨论会论文选》，北京：北京语言学院出版社。

〖02857〗李大忠　（1995）"A 不像 B+后续分句"歧义现象分析，《第四届国际汉语教学讨论会论文选》，北京：北京语言学院出版社。

〖02858〗刘颂浩　（1995）"除了"句式中的省略和对比，《第四届国际汉语教学讨论会论文选》，北京：北京语言学院出版社。

〖02859〗谭傲霜　（1995）从"一个"的隐现谈汉语语法体系，《第四届国际汉语教学讨论会论文选》，北京：北京语言学院出版社。

〖02860〗饶　勤　（1995）从句法结构看复合词中的一种新的构词方式——连动式构词，《第四届国际汉语教学讨论会论文选》，北京：北京语言学院出版社。

〖02861〗中川裕三　（1995）关于"CR句式"中的主语，《第四届国际汉语教学讨论会论文选》，北京：北京语言学院出版社。

〖02862〗肖奚强　（1995）关于义句教学的思考——以祈使义句为例，《第四届国际汉语教学讨论会论文选》，北京：北京语言学院出版社。

〖02863〗刘英军　（1995）汉语口语中的"SV的N"句式，《第四届国际汉语教学讨论会论文选》，北京：北京语言学院出版社。

〖02864〗王培光　（1995）语法教学连续体初论，《第四届国际汉语教学讨论会论文选》，北京：北京语言学院出版社。

1994 年

〖02865〗詹人凤　（1994）试说隐性语法关系，《北方论丛》第 5 期。

〖02866〗胡裕树　（1994）汉语语法研究的回顾与展望，《复旦学报》（社会科学版）第 5 期。

〖02867〗邵敬敏　（1994）对外汉语教学语法体系改革的新蓝图，《汉语学习》第 5 期。

〖02868〗吴勇毅　（1994）语义在对外汉语句型、句式教学中的重要性——兼谈从语义范畴建立教学用句子类型系统的可能性,《汉语学习》第 5 期。

〖02869〗王明华 (1994)论汉语语法特点的研究,《杭州大学学报》(哲学社会科学版)第 4 期。

〖02870〗吴晓露 (1994)论语段表达的系统训练,《世界汉语教学》第 1 期。

〖02871〗亢世勇、刘 艳 (1994)现代汉语语法研究的未来走向,《唐都学刊》第 2 期。

〖02872〗沈履伟 (1994)跨文化词汇的语义语用问题,《天津外国语学院学报》第 1 期。

〖02873〗李芳杰 (1994)汉语基本词组的语义结构模式,《武汉大学学报》(哲学社会科学版)第 1 期。

〖02874〗任瑚琏 (1994)对外汉语教学要求加强汉语语用研究,《西南民族学院学报》(哲学社会科学版)第 4 期。

〖02875〗于延文 (1994)特殊话语形式例解,《学汉语》第 6 期。

〖02876〗单春樱 (1994)从"该来的不来"谈起,《语文建设》第 8 期。

〖02877〗熊 文 (1994)汉语语法中的语用研究综述,《语文建设》第 4 期。

〖02878〗周国光 张国宪 (1994)汉语的配价语法理论研究,《语文建设》第 9 期。

〖02879〗张 宁、刘明臣 (1994)试论运用功能法教"把"字句,《语言教学与研究》第 1 期。

〖02880〗汪国胜 (1994)修辞教学应使学生树立正确的修辞观,《云梦学刊》第 2 期。

〖02881〗黄南松 (1994)试论短语自主成句所应具备的若干语法范畴,《中国语文》第 6 期。

〖02882〗孔令达　　（1994）影响汉语句子自足的语言形式，《中国语文》第 6 期。

〖02883〗吕文华　　（1994）"把"字句的语义类型及其教学，《对外汉语教学语法探索》北京：语文出版社。

1993 年

〖02884〗雷　涛　　（1993）存在句研究纵横谈，《汉语学习》第 2 期。

〖02885〗陆俭明　　（1993）汉语句子的特点.，《汉语学习》第 1 期。

〖02886〗胡明扬　　（1993）语体与语法，《汉语学习》第 2 期。

〖02887〗徐盛桓　　（1993）语用推理的新发展，《逻辑与语言研究》第 1 期。

〖02888〗吕文华　　（1993）关于中高级阶段汉语语法教学的构想，《世界汉语教学》第 2 期。

〖02889〗孔庆成　　（1993）国俗语义学——语言学的新进展，《外语教学》第 2 期。

〖02890〗沈家煊　　（1993）句法的象似性问题，《外语教学与研究》第 1 期。

〖02891〗高万云　　（1993）简论修辞学与语用学的关系，《修辞学习》第 1 期。

〖02892〗徐国玉　　（1993）对应结构一类富有汉语特点的结构形式，《延边大学学报》（社会科学版）第 3 期。

〖02893〗黄南松　　（1993）从对外汉语教学看现代汉语语法研究，《语文研究》第 3 期。

〖02894〗李　珊　　（1993）双音动词重叠式 ABAB 功能初探，《语文研究》第 3 期。

〖02895〗鲁健骥　　（1993）状态补语的句法、语义、语用分析在教学中的应用，《语言教学与研究》第 2 期。

〖02896〗金天相　（1993）句子的音节组合及其文化内涵，《中国人民大学学报》第 4 期。

〖02897〗张伯江　（1993）N 的 V 结构的构成，《中国语文》第 4 期。

〖02898〗雷　涛　（1993）存在句的范围、构成和分类，《中国语文》第 4 期。

〖02899〗崔希亮　（1993）汉语"连"字句的语用分析，《中国语文》第 2 期。

〖02900〗邢福义、李向农、丁　力、储泽祥　（1993）形容词的 AABB 反义叠结，《中国语文》第 5 期。

〖02901〗[日]杉村博文　（1993）处置与遭遇——再论 S（"把"），《日本近、现代汉语研究论文选》，北京：北京语言学院出版社。

〖02902〗杨德峰　（1993）表示概数的"多"和"来"的全方位考察，《中国对外汉语教学学会第四次学术讨论会论文选》，北京：北京语言学院出版社。

〖02903〗崔希亮　（1993）汉语四字格的平起仄收律——统计及分析，《中国对外汉语教学学会第四次学术讨论会论文选》，北京：北京语言学院出版社。

〖02904〗朱　敏　（1993）句群表达能力训练，《中国对外汉语教学学会第四次学术讨论会论文选》，北京：北京语言学院出版社。

〖02905〗李红印　（1993）双音节动词重叠式"ABAB"带宾语，《中国对外汉语教学学会第四次学术讨论会论文选》，北京：北京语言学院出版社。

〖02906〗王魁京　（1993）中介语的产生与言语行为主体的思维活动，《中国对外汉语教学学会第四次学术讨论会论文选》，北京：北京语言学院出版社。

〖02907〗杨德峰　（1993）用于将来的"动+了+趋"初探，《对外汉语研究的跨学科探索——汉语学习与认知国际学术研讨会论文集》，北京：北京语言学院出版社。

〖02908〗李琳莹　（1993）关于"V+给+n"和"给+n+V"句式，《中国对外汉语教学学会第四次学术讨论会论文选》，北京：北京语言学院出版社。

1992 年

〖02909〗程相文　周翠琳　（1992）"把"字句的课堂教学，《世界汉语教学》第 4 期。

〖02910〗张谊生　（1992）非 X 不 Y 及其相关句式，《徐州师范学院学报》第 2 期。

〖02911〗宋擎柱　（1992）当心句式杂糅，《语文教学与研究》第 9 期。

〖02912〗[日]高桥弥守彦　（1992）是用"上"还是用"里"，《语言教学与研究》第 2 期。

〖02913〗谭景春　（1992）双向和多指及相关的句法关系，《中国语文》第 2 期。

〖02914〗杨成凯　（1992）广义谓词性宾语的类型研究，《中国语文》第 1 期。

〖02915〗文　炼　（1992）句子的理解策略，《中国语文》第 4 期。

〖02916〗范　晓、胡裕树　（1992）有关语法研究三个平面的几个问题，《中国语文》第 4 期。

〖02917〗张亚军　（1992）汉语理论语法与对外汉语教学应

用语法，《对外汉语教学研究》，广州：中山大学出版社。

〖02918〗钱泳平 （1992）汉语逻辑宾语的表达形式概述，《对外汉语教学研究》，广州：中山大学出版社。

〖02919〗周小兵 （1992）浅谈"除"字句，《对外汉语教学研究》，广州：中山大学出版社。

〖02920〗金立鑫 （1992）趋向补语和宾语的位置关系，《对外汉语研究的跨学科探索——汉语学习与认知国际学术研讨会论文集》，北京：北京语言学院出版社。

〖02921〗刘勋宁 （1992）现代汉语句尾"了"的语法意义及其解说，《对外汉语研究的跨学科探索——汉语学习与认知国际学术研讨会论文集》，北京：北京语言学院出版社。

1991 年

〖02922〗王德春 （1991）国俗语义学和《汉语国俗词典》，《辞书研究》第 6 期。

〖02923〗程朝晖 （1991）把语境引入对外汉语教学，《汉语学习》第 1 期。

〖02924〗宋玉柱 （1991）经历存在句，《汉语学习》第 5 期。

〖02925〗董金环 （1991）形容词状语的语义指向，《吉林大学社会科学学报》第 1 期。

〖02926〗郑懿德 （1991）对外汉语教学对语法研究的需求与推动，《世界汉语教学》第 4 期。

〖02927〗[英]柯彼德 （1991）汉语作为外语教学的语法体系急需修改的要点，《世界汉语教学》第 2 期。

〖02928〗刘　坚 （1991）外国学生学习汉语时的语法错误

举例，《语言教学与研究》第 2 期。

〖02929〗彭小川　（1991）对外汉语语法课语段教学刍议，《语言文字应用》第 3 期。

〖02930〗吕文华　（1991）关于对外汉语教学的语法体系，《中国语文》第 5 期。

〖02931〗卢英顺　（1991）谈谈"了$_1$"和"了$_2$"的区别方法，《中国语文》第 4 期。

〖02932〗[日]高桥弥守彦　（1991）"谁也/都……"格式中的若干问题，《第三届国际汉语教学讨论会论文选》，北京：北京语言学院出版社。

〖02933〗[日]砂冈和子　（1991）Modal+VP+的+N，《第三届国际汉语教学讨论会论文选》，北京：北京语言学院出版社。

〖02934〗程美珍　（1991）病句研究与对外基础汉语教学，《第三届国际汉语教学讨论会论文选》，北京：北京语言学院出版社。

〖02935〗赵淑华　（1991）从句型统计看对外汉语语法教学的重点——《现代汉语句型统计与研究》介绍之二，《第三届国际汉语教学讨论会论文选》，北京：北京语言学院出版社。

〖02936〗[日]讚井唯允、徐　扬　（1991）关于汉语被动句"被、叫、让、给"的互换性，《第三届国际汉语教学讨论会论文选》，北京：北京语言学院出版社。

〖02937〗邢福义　（1991）汉语里宾语代人现象之观察，《第三届国际汉语教学讨论会论文选》，北京：北京语言学院出版社。

〖02938〗崔承一　（1991）汉语述补（结果）宾谓语句在朝鲜语中的对应形式，《第三届国际汉语教学讨论会论文选》，北京：北京语言学院出版社。

〖02939〗邓守信 （1991）汉语双谓句的结构，《第三届国际汉语教学讨论会论文选》，北京：北京语言学院出版社。

〖02940〗田小琳 （1991）汉语语法组合中的两个一致——试谈对外汉语语法教学法，《第三届国际汉语教学讨论会论文选》，北京：北京语言学院出版社。

〖02941〗[英]柯彼德 （1991）汉语作为外语教学的语法体系急需修改的要点，《第三届国际汉语教学讨论会论文选》，北京：北京语言学院出版社。

〖02942〗李英哲 （1991）华语语法规范的考虑因素，《第三届国际汉语教学讨论会论文选》，北京：北京语言学院出版社。

〖02943〗栌山健介 （1991）句首的处所词语带"在"的存现句，《第三届国际汉语教学讨论会论文选》，北京：北京语言学院出版社。

〖02944〗任雪梅 （1991）说"不一会儿"，《第三届国际汉语教学讨论会论文选》，北京：北京语言学院出版社。

〖02945〗陈贤纯 （1991）谈语法教学，《第三届国际汉语教学讨论会论文选》，北京：北京语言学院出版社。

〖02946〗李晓琪 （1991）现代汉语复句中关联词的位置，《第三届国际汉语教学讨论会论文选》，北京：北京语言学院出版社。

〖02947〗王培光 （1991）语感、语言觉识与语法教学，《第三届国际汉语教学讨论会论文选》，北京：北京语言学院出版社。

〖02948〗杨德峰 （1991）重音与语义，《第三届国际汉语教学讨论会论文选》，北京：北京语言学院出版社。

〖02949〗俞　敏　（1991）"打"雅，《第三届国际汉语教学讨论会论文选》，北京：北京语言学院出版社。

1990 年

〖02950〗戴浩一　（1990）以认知为基础的汉语功能语义刍议，《国外语言学》第 4 期。

〖02951〗陆俭明　（1990）VA 了述补结构语义分析，《汉语学习》第 1 期。

〖02952〗刘新友、雅　贞　（1990）矛盾句·除外句·反衬句，《吉林大学社会科学学报》第 3 期。

〖02953〗袁义林　（1990）汉语被动句与其基础句的关系问题，《山东师范大学学报》第 1 期。

〖02954〗薛　红、米凯乐　（1990）一万和更大的数字——怎样教授汉语大数字（译），《语言教学与研究》第 2 期。

〖02955〗崔永华　（1990）关于对外汉语教学语法体系的思考，《语言学与汉语教学》，北京：北京语言学院出版社。

1989 年

〖02956〗严　慈　（1989）论类化助词"所"，《安徽师范大学学报》（人文社会科学版）第 2 期。

〖02957〗夏齐富　（1989）"X 是 X"句式补议，《安庆师范学院学报》（社会科学版）第 1 期。

〖02958〗[日]植田均　（1989）近代汉语中的介词"和、同、替"的特殊用法，《安庆师范学院学报》（社会科学版）第 3 期。

〖02959〗李谱英　（1989）形容词短语的结构和功能，《广

西师范学院学报》（哲学社会科学版）第
1 期。

〖02960〗薛国富　（1989）能愿动词＋动词（形容词）结构
浅议，《贵州师范大学学报》（社会科学
版）第 1 期。

〖02961〗Tbloor 著　郭玉洁译　（1989）语法在语言教学中
的地位，《国外外语教学》第 1 期。

〖02962〗朱小雪　（1989）Gerhard Helbig 的价语法理论及
其实用语法模式，《国外语言学》第 1 期。

〖02963〗秦礼君　（1989）漫谈状语与补语的一致性问题，
《陕西理工学院学报》（社会科学版）第 1
期。

〖02964〗吴长安　（1989）论多义词"W 死了"，《佳木斯
师专学报》第 2 期。

〖02965〗李永增　（1989）论表示程度比较的两种格式，《逻
辑与语言学习》第 4 期。

〖02966〗赵　茜　（1989）说"在"，《齐鲁学刊》增刊。

〖02967〗李玉宝　（1989）汉语中"不……不……"的几种
构成形式及语义关系，《山西师大学报》
（社会科学版）第 1 期。

〖02968〗俞光中　（1989）近代汉语三种"了"，《上海教
育学院学报》第 1 期。

〖02969〗黄振英　（1989）"把"字句教学中的两个问题，
《世界汉语教学》第 1 期。

〖02970〗崔永华　（1989）对外汉语语法课堂教学的一种模
式，《世界汉语教学》第 2 期。

〖02971〗[日]冈田文之助　（1989）连动式的教学处理，《世
界汉语教学》第 3 期。

〖02972〗木雯弘　（1989）"过"字虚化的历史考察，《思
想战线》第 2 期。

〖02973〗解厚春　（1989）浅谈"把"字句转换为无"把"

字句的条件，《松辽学刊》第 1 期。

〖02974〗孟祥英　（1989）"能"与"会"使用上的几个问题，《天津师大学报》第 4 期。

〖02975〗高书贵　（1989）"宁可……也不"句探，《天津师大学报》第 5 期。

〖02976〗马贝加　（1989）"名、量"补充式的范围，《温州师范学院学报》第 2 期。

〖02977〗张文熊　（1989）兼语句的逻辑分析，《西北师大学报》（社会科学版)第 2 期。

〖02978〗徐秀珍　（1989）复句中的"非……不……"和"非……才……"，《新疆大学学报》（哲学社会科学版）第 1 期。

〖02979〗陈月华　（1989）从"甲服务乙"看语法的逻辑性，《语文建设》第 2 期。

〖02980〗苏培成　（1989）特指问句中疑问词"怎么"的省略，《语文研究》第 2 期。

〖02981〗贝罗贝　（1989）早期"把"字句的几个问题，《语文研究》第 1 期。

〖02982〗陆俭明　（1989）"V 来了"试析，《中国语文》第 3 期。

〖02983〗杨　平　（1989）"动词＋得＋宾语"结构的产生和发展，《中国语文》第 2 期。

〖02984〗周生亚　（1989）并列连词"与、及"用法辨析，《中国语文》第 2 期。

〖02985〗聂文龙　（1989）存在和存在句的分类，《中国语文》第 2 期。

〖02986〗[日]古川裕　（1989）副词修饰"是"字情况考察，《中国语文》第 1 期。

〖02987〗李临定　（1989）名词短语补语句析，《中国语文》第 4 期。

〖02988〗李兴亚　（1989）试说动态助词"了"的自由隐现，

《中国语文》第 5 期。

〖02989〗郭良夫　（1989）近代汉语副词"白"和"白白"，《中国语言学报》第 3 期。

〖02990〗王庆江　（1989）谈社会语言学对双语教学的指导作用，《中央民族学院学报》第 1 期。

〖02991〗冯志伟　（1989）结构助词"的"和语气助词"的"的用法及其辨别，《自贡师专学报》第 2 期。

〖02992〗刘月华　（1989）定语的分类和多项定语的顺序，《汉语语法论集》，北京：现代出版社。

1988 年

〖02993〗李子云　（1988）"×不×"格式考察，《安徽教育学院学报》第 1 期。

〖02994〗肖辉嵩　（1988）"N_1 不如 N_2A"格式的讨论，《朝阳师专学报》第 4 期。

〖02995〗启　明　（1988）"只有……才……"必是复句关系吗？——与臣龄同志商榷，《大庆师专学报》（哲学社会科学版）第 2 期。

〖02996〗崔求策　（1988）略谈"啊"的词性，音变现象及使用的规范化，《大庆师专学报》（哲学社会科学版）第 2 期。

〖02997〗任　民　（1988）"有"字和"有"字结构，《佛山科学技术学院学报》（社会科学版）第 6 期。

〖02998〗王佩环等　（1988）再探"是"之词性及其它，《阜阳师院学报》第 4 期。

〖02999〗林可等　（1988）存在句研究综述，《广西大学学报》第 4 期。

〖03000〗石慧芸　（1988）浅谈"被"字的归类，《贵州教育学院学报》第 3 期。

〖03001〗戴浩一　（1988）时间顺序和汉语的语序，《国外语言学》第 1 期。

〖03002〗胡盛仑　（1988）代词理解和称代类型，《汉语教学与研究》第 3 期。

〖03003〗金家恒　（1988）"是＋动（形）"句和"是……的"句研究，《徽州师专学报》第 1 期。

〖03004〗程观林　（1988）词组的功能和析句的原则，《徽州师专学报》第 4 期。

〖03005〗马乃田　（1988）试论"连"语法兼类，《济宁师专学报》第 3 期。

〖03006〗李宗江　（1988）谈谈"及其"结构，《教学研究》（社会科学版）创刊号。

〖03007〗董广枫　（1988）"过"语法功能辨略，《喀什师院学报》第 5 期。

〖03008〗汪　磊　（1988）"场次"是复合量词吗？——兼议"场次"的三个义项，《辽宁大学学报》（哲学社会科学版）第 1 期。

〖03009〗朱文献　（1988）句子的时、处词语作主语和状语的条件，《绵阳师专教学与研究》第 1 期。

〖03010〗寥　芳　（1988）浅谈"最"的重叠式——"最最"，《牡丹江师院学报》（哲学社会科学版）第 4 期。

〖03011〗蒋国辉　（1988）"来"、"去"析——兼论话语的第二主体平面，《求是学刊》第 6 期。

〖03012〗樊明亚　（1988）话说"即使"，《上饶师范学院学报》第 1 期。

〖03013〗许柏龄　（1988）"是"的多种功能及其发展，《社会科学家》第 2 期。

〖03014〗常敬宇　（1988）对外汉语教学应重视语气情态表达，《世界汉语教学》第 4 期。

〖03015〗[英]佟秉正　（1988）汉语语法的对比教学，《世界汉语教学》第 1 期。

〖03016〗田　泉　（1988）问句中"吗、呢"功能的差别刍议，《吉林师范大学学报》（人文社会科学版）第 2 期。

〖03017〗宋仲鑫　（1988）"一方面……一方面……"的组合功能，《天津师范大学学报》（社会科学版）第 5 期。

〖03018〗范胜田　（1988）关联词"一面……一面"≠"一方面……一方面"，《天津师范大学学报》（社会科学版）第 5 期。

〖03019〗詹继曼　（1988）"于是"的意义和用法——兼析学生中的"于是"病句，《新疆大学学报》（哲学社会科学版）第 4 期。

〖03020〗刘公望　（1988）试论"等""等等"的词性及语法功能，《新疆大学学报》（哲学社会科学版）第 1 期。

〖03021〗程克江　（1988）论"他唱歌唱得好"的句式归属，《新疆大学学报》（哲学社会科学版）第 3 期。

〖03022〗许俐丽　（1988）连词"和"研究概观，《徐州师范大学学报》（哲学社会科学版）第 4 期。

〖03023〗李人鉴　（1988）试论"使"字句和"把"字句，《扬州大学学报》（人文社会科学版）第 3 期。

〖03024〗蔡永贵　（1988）汉语动词"时态"的表现形式，《银川师专学报》第 1 期。

〖03025〗王庆俊　（1988）"能否"的用法及其在文章中的常见病，《应用写作》第 2 期。

〖03026〗王昌东　（1988）浅谈"的"的词性及其使用规律，《语文学刊》第 2 期。

〖03027〗刘月华　（1988）动态助词"过1、过2、过3"用法比较，《语文研究》第 1 期。

〖03028〗吴英成　（1988）关于华语语法教学问题，《语言教学与研究》第 3 期。

〖03029〗金立鑫　（1988）"那么"的词类问题，《中国语文》第 2 期。

〖03030〗王军虎　（1988）动词带"过"的"把"字句，《中国语文》第 5 期。

〖03031〗车　前　（1988）划清"为了"和"因为"的界限，《中国语文》第 6 期。

〖03032〗陈　平　（1988）论现代汉语时间系统的三元结构，《中国语文》第 6 期。

〖03033〗刘勋宁　（1988）现代汉语词尾"了"的语法意义，《中国语文》第 5 期。

〖03034〗邵敬敏　（1988）"非 X 不 Y"及其变式，《中国语文天地》第 1 期。

〖03035〗徐　枢　（1988）又＋形容词 1＋又＋形容词 2 格式的限制，《中国语言学报》第 3 期。

〖03036〗冯志纯　（1988）试论转折关系的假设复句——兼谈"尽管"和"即使""不管"的区别，《自贡师专学报》（综合版）第 2 期。

〖03037〗马庆株　（1988）含程度补语的述补结构，《语法研究和探索》，北京：北京大学出版社。

〖03038〗郑锦全　（1988）通信本位汉语篇章语法，《第二届国际汉语教学讨论会论文选》，北京：北京语言学院出版社。

〖03039〗胡盛仑　（1988）"把"字句的特指问句式，《第二届国际汉语教学讨论会论文选》，北京：北京语言学院出版社。

〖03040〗吕文华　（1988）"被"字宾语的有无，《第二届国际汉语教学讨论会论文选》，北京：北京语言学院出版社。

〖03041〗田小琳　（1988）句群及其在汉语教学中的地位，《第二届国际汉语教学讨论会论文选》，北京：北京语言学院出版社。

〖03042〗［日］高桥弥守彦　（1988）关于"连……也/都……"格式的一些问题，《第二届国际汉语教学讨论会论文选》，北京：北京语言学院出版社。

〖03043〗［日］杉村博文　（1988）关于"谁跑得快，谁就得第一"一类句式的几个问题，《第二届国际汉语教学讨论会论文选》，北京：北京语言学院出版社。

〖03044〗郭振华　（1988）关于"有+V+（于）+0"格式，《第二届国际汉语教学讨论会论文选》，北京：北京语言学院出版社。

〖03045〗侯精一　（1988）关于儿化词使用情况的考察，《第二届国际汉语教学讨论会论文选》，北京：北京语言学院出版社。

〖03046〗胡裕树　陆丙甫　（1988）关于制约汉语语序的一些因素，《第二届国际汉语教学讨论会论文选》，北京：北京语言学院出版社。

〖03047〗王培光　（1988）汉语教学语法的取向，《第二届国际汉语教学讨论会论文选》，北京：北京语言学院出版社。

〖03048〗佟秉正　（1988）汉语语法的对比教学，《第二届国际汉语教学讨论会论文选》，北京：北京语言学院出版社。

〖03049〗李宗宓　（1988）汉语语义句型结构，《第二届国际汉语教学讨论会论文选》，北京：北京语言学院出版社。

〖03050〗［美］李英哲　（1988）汉语主宾语观念的再探讨，《第二届国际汉语教学讨论会论文选》，北京：北京语言学院出版社。

〖03051〗杨庆蕙　（1988）解说复句刍议，《第二届国际汉
语教学讨论会论文选》，北京：北京语言
学院出版社。

〖03052〗竟　成　（1988）句首 NP 的"特指性"与句中 NP
的"对比性"，《第二届国际汉语教学讨
论会论文选》，北京：北京语言学院出版
社。

〖03053〗田小琳　（1988）句群及其在汉语教学中的地位，
《第二届国际汉语教学讨论会论文选》，
北京：北京语言学院出版社。

〖03054〗薛　红、叶　研　（1988）略论语法停顿，《第二
届国际汉语教学讨论会论文选》，北京：
北京语言学院出版社。

〖03055〗俞　敏　（1988）论北京口语的"动宾"结构，《第
二届国际汉语教学讨论会论文选》，北京：
北京语言学院出版社。

〖03056〗李绍林　（1988）论偏正结构做主语的分化及相关
句式，《第二届国际汉语教学讨论会论文
选》，北京：北京语言学院出版社。

〖03057〗[日]舆水优　（1988）日本学生常犯的语法错误，
《第二届国际汉语教学讨论会论文选》，
北京：北京语言学院出版社。

〖03058〗李赓钧　（1988）试说"双数量结构"，《第二届
国际汉语教学讨论会论文选》，北京：北
京语言学院出版社。

〖03059〗鲁宝元　（1988）直接组合的复句，《第二届国际
汉语教学讨论会论文选》，北京：北京语
言学院出版社。

〖03060〗邢福义　（1988）现代汉语的特指性是非问，《第
二届国际汉语教学讨论会论文选》，北京：

北京语言学院出版社。

〖03061〗李赓钧　（1988）试说双数量结构，《第二届国际汉语教学讨论会论文选》，北京：北京语言学院出版社。

〖03062〗陆俭明　（1988）数量词中间插入形容词情况考察，《第二届国际汉语教学讨论会论文选》，北京：北京语言学院出版社。

1987 年

〖03063〗许利英　（1987）"会 VP"结构初探，《安庆师范学院学报》（社会科学版）第 4 期。

〖03064〗于富奎　（1987）也谈"比"字句，《北方论丛》第 5 期。

〖03065〗马林可　（1987）"长三尺"与"三尺长"的句法功能和句法结构，《毕节师专学报》第 1 期。

〖03066〗吴为善　（1987）1+3+1 音段的语法结构分析，《汉语学习》第 3 期。

〖03067〗邓文彬　（1987）"比"字句生成过程中的条件和制约，《河南大学学报》第 5 期。

〖03068〗金家恒　（1987）"是＋名"句研究，《徽州师专学报》第 4 期。

〖03069〗徐复岭　（1987）"对于……来说"类型浅析，《济宁师专学报》第 4 期。

〖03070〗邹光椿　（1987）位于句子前头的"是"，《济宁师专学报》第 4 期。

〖03071〗彭道生　（1987）试论"进行""给以"一类动词的宾语的性质，《暨南学报》（哲学社会科学版）第 3 期。

〖03072〗王需民　（1987）词性与语言环境的关系，《九江师专学报》（哲学社会科学版）第 4 期。

〖03073〗张爱民　（1987）"洗一次头"及其相关结构，《逻辑与语言学习》第 6 期。

〖03074〗郭　熙　（1987）关于"动词＋到＋处所词语"的句法辨析，《南京大学学报》第 3 期。

〖03075〗万远量　（1987）"××以上""××以下"究竟该不该包括本数在内？，《宁夏大学学报》（社会科学版）第 2 期。

〖03076〗蔺　瑛　（1987）动宾谓语"被"字句，《山西大学学报》第 5 期。

〖03077〗[日]介井敬马著　冯良珍译　（1987）现代汉语趋向结构的层次，《山西大学学报》第 2 期。

〖03078〗[日]郭春贵　（1987）论对初级班日本学生的汉语教学法，《世界汉语教学》预刊第 1 期。

〖03079〗常敬宇　（1987）谈对外汉语教学的言语教学，《世界汉语教学》预刊第 1 期。

〖03080〗孙秋秋　（1987）语用学与对外汉语教学，《世界汉语教学》第 2 期。

〖03081〗范　吕　（1987）"一面……一面……"一对用法灵活的关联词，《天津师范大学学报》（社会科学版）第 1 期。

〖03082〗宋玉柱　（1987）定名词组和名词在句法功能上的异同，《天津师范大学学报》（社会科学版）第 6 期。

〖03083〗廖斯级　（1987）再谈关联词语"连……也/都……"的功用，《西北师大学报》（社会科学版）第 2 期。

〖03084〗[日]木村秀树著　王志译　（1987）汉语方位补语"来"、"去"的两个功能，《徐州师范大学学报》（哲学社会科学版）第 3 期。

〖03085〗葛清林　（1987）关于"×是×"，《盐城师范学院学报》（人文社会科学版）第 3 期。

〖03086〗沈锡伦　（1987）表现民族文化的语言形式——文化语言学初探，《语文建设》第 4 期。

〖03087〗吕叔湘　（1987）汉语语法研究中的三个问题——《中国语文学史稿》序，《语文建设》第 1 期。

〖03088〗郑远汉　（1987）句式与语体，《语文研究》第 2 期。

〖03089〗孟庆海　（1987）原因宾语和目的宾语，《语文研究》第 1 期。

〖03090〗姜德梧　（1987）对外汉语教学中文学作品的修辞分析问题，《语言教学与研究》第 1 期。

〖03091〗王德佩　（1987）谈句型教学中交际性原则的运用，《语言教学与研究》第 2 期。

〖03092〗任海波　（1987）现代汉语"比"字句结论项得内容，《语言教学与研究》第 4 期。

〖03093〗徐家桢　（1987）语义学上的一次小探索，《语言教学与研究》第 3 期。

〖03094〗白雨滋　（1987）浅谈汉语虚词教学，《语言与翻译》第 2 期。

〖03095〗刘晓明　（1987）试论"如果……那么……"的确定性和模糊性，《浙江师大学报》（哲学社会科学版）专辑。

〖03096〗范胜田　（1987）关联词"一面……一面……"使用规则及其它，《中国民航学院学报》第 2 期。

〖03097〗周小兵　（1987）"刚＋V＋M"和"刚才＋V+M"，《中国语文》第 1 期。

〖03098〗袁　宾　（1987）"好不"续考，《中国语文》第 2 期。

〖03099〗陈　平　（1987）汉语零形回指的话语分析，《中国语文》第 5 期。

〖03100〗邢福义　（1987）前加特定形式词的"一 X 就 Y"句式，《中国语文》第 6 期。

〖03101〗郭继懋　（1987）谈表提醒的"不是"，《中国语文》第 2 期。

〖03102〗朱德熙　（1987）现代汉语语法研究的对象是什么?，《中国语文》第 4 期。

〖03103〗李兴亚　（1987）A 不 AB 疑问式，《中国语文天地》第 5 期。

〖03104〗宫日英　（1987）"到＋宾"的结构类型，《中学语文教学》第 7 期。

〖03105〗王　还　（1987）动词重叠，《门外偶得集》，北京：北京语言学院出版社。

〖03106〗吕叔湘　（1985）疑问·否定·肯定，《中国语文》第 4 期。

〖03107〗张宁智　（1987）几个纠正病句有关的问题，《对外汉语教学研究会第二次学术讨论会论文选》，北京：北京语言学院出版社。

〖03108〗张志宁　（1987）几个与纠正病句有关的问题，《对外汉语教学研究会第二次学术讨论会论文选》，北京：北京语言学院出版社。

〖03109〗袁大同　（1987）在如何向外国学生解释"把"字句问题上的一点儿尝试，《对外汉语教学研究会第二次学术讨论会论文选》，北京：北京语言学院出版社。

1986 年

〖03110〗杜　皋　（1986）谈"把"字句的动宾谓语，《北方论丛》第 4 期。

〖03111〗杜　皋　（1986）略说"到"的功能，《阜阳师范学院学报》（社会科学版）第 4 期。

〖03112〗陈宁萍著　张惠英译　（1986）汉语普通话中第三

人称代词的用法,《国外语言学》第 4 期。

〖03113〗吴为善 （1986）现代汉语三音节组合规律初探,《汉语学习》第 5 期。

〖03114〗[日]伊原大策著 柴世森译 （1986）表示进行时态的"在",《河北大学学报》（哲学社会科学版）第 3 期。

〖03115〗张国宪等 （1986）试说连词"来",《淮北煤炭师范学院学报》（哲学社会科学版）第 3 期。

〖03116〗力 量 （1986）关于轻声"得"的语义特征和词性的一点质疑,《淮阴师专学报》（社会科学版）第 3 期。

〖03117〗孙维张 （1986）关于现代汉语语法研究中的"同一性"原则,《吉林大学社会科学学报》第 5 期。

〖03118〗刘公望 （1986）现代汉语的关系助词"的",《兰州大学学报》（社会科学版）第 3 期。

〖03119〗仇志群 （1996）"在＋动"隐含式,《聊城师范学院学报》（哲学社会科学版）第 2 期。

〖03120〗李荣嵩 （1986）谈"一样"——兼谈"似的",《思维与智慧》第 4 期。

〖03121〗李竟泉 （1986）也谈"是……的"句式,《思维与智慧》第 3 期。

〖03122〗福 义 （1986）"比"字句中的"的"和"得",《语文建设》第 5 期。

〖03123〗常宝儒 （1986）关于汉语汉字词计量研究的几点刍议,《语文建设》第 5 期。

〖03124〗戴昭铭 （1986）规范化——对语言变化评价和抉择,《语文建设》第 6 期。

〖03125〗李临定 （1986）汉语语法的若干特点,《语文建设》第 6 期。

〖03126〗陈建民　（1986）汉语中源自迷信心理的禁忌语，《语文建设》第 3 期。

〖03127〗文　炼　（1986）句子的解释因素，《语文建设》第 4 期。

〖03128〗卫志强　（1986）性别差异在语言里的某些表现，《语文建设》第 3 期。

〖03129〗尹润芗　（1986）如何分辨语素"得"和结构助词"得"，《语文学习与研究》第 10 期。

〖03130〗常敬宇　（1986）语境和对外汉语教学，《语言教学与研究》第 2 期。

〖03131〗郭　熙　（1986）"放到桌子上""放在桌子上""放桌子上"，《中国语文》第 1 期。

〖03132〗刘月华　（1986）对话中的"说、想、看"的一种特殊用法，《中国语文》第 3 期。

〖03133〗孔令达　（1986）关于动态助词"过₁"和"过₂"，《中国语文》第 4 期。

〖03134〗吕叔湘　（1986）汉语句法的灵活性，《中国语文》第 1 期。

〖03135〗廖秋忠　（1986）现代汉语篇章中的连接成分，《中国语文》第 6 期。

〖03136〗廖秋忠　（1986）现代汉语篇章中指同的表达，《中国语文》第 2 期。

〖03137〗邓宗荣　（1986）文言判断句的分析和今译，《汉语研究》（南开）第一辑，天津：南开大学出版社。

〖03138〗刘月华　（1986）超越分句的语言成分，《汉语研究》（南开）第一辑，天津：南开大学出版社。

〖03139〗杨惠芬　（1986）副词与语气助词"了"，《汉语研究》（南开）第一辑，天津：南开大学出版社。

〖03140〗史有为　（1986）紧缩句型三种，《汉语研究》（南开）第一辑，天津：南开大学出版社。

〖03141〗李临定　（1986）静态句，《汉语研究》（南开）第一辑，天津：南开大学出版社。

〖03142〗刘景春　（1986）外国人学汉语常见的语序错误，《汉语研究》（南开）第一辑，天津：南开大学出版社。

〖03143〗常敬宇　（1986）语境和语义，《汉语研究》（南开）第一辑，天津：南开大学出版社。

〖03144〗郭春贵　（1986）关于"了_3"的问题，《第一届国际汉语教学讨论会论文选》，北京：北京语言学院出版社。

〖03145〗周继圣　（1986）"以谓语动词为中心"的语法教学，《第一届国际汉语教学讨论会论文选》，北京：北京语言学院出版社。

〖03146〗[日]相原茂　（1986）关于"很+不·形容词"成立的几个条件，《第一届国际汉语教学讨论会论文选》，北京：北京语言学院出版社。

〖03147〗陆俭明　（1986）关于"去+VP"和"VP+去"句式，《第一届国际汉语教学讨论会论文选》，北京：北京语言学院出版社。

〖03148〗顾学梅　（1986）关于对外汉语语法教学的几个问题，《第一届国际汉语教学讨论会论文选》，北京：北京语言学院出版社。

〖03149〗吕叔湘　（1986）含动补结构的句子的语义分析，《第一届国际汉语教学讨论会论文选》，北京：北京语言学院出版社。

〖03150〗[日]牛岛德次　（1986）汉语的被动句究竟有几种形式，《第一届国际汉语教学讨论会论文选》，北京：北京语言学院出版社。

〖03151〗[美]戴祝念 　（1986）汉语语法之难点，《第一届国际汉语教学讨论会论文选》，北京：北京语言学院出版社。

〖03152〗陆孝栋 　（1986）汉语语法中的一些特性，《第一届国际汉语教学讨论会论文选》，北京：北京语言学院出版社。

〖03153〗陈恩泉 　（1986）汉语语义层论析，《第一届国际汉语教学讨论会论文选》，北京：北京语言学院出版社。

〖03154〗范开泰 　（1986）汉语语用分析三题，《第一届国际汉语教学讨论会论文选》，北京：北京语言学院出版社。

〖03155〗刘宏谟 　（1986）论汉语的语法特点，《第一届国际汉语教学讨论会论文选》，北京：北京语言学院出版社。

〖03156〗邢福义 　（1986）现代汉语的"即使"实言句，《第一届国际汉语教学讨论会论文选》，北京：北京语言学院出版社。

〖03157〗齐德立 　（1986）现代汉语中"主题——评语"句教学研究之初探，《第一届国际汉语教学讨论会论文选》，北京：北京语言学院出版社。

〖03158〗贾甫田 　（1986）现代汉语中形式上的否定和意义上的否定不一致的几种情况，《第一届国际汉语教学讨论会论文选》，北京：北京语言学院出版社。

〖03159〗胡明扬 　（1986）语法例证的规范性和可接受性，《第一届国际汉语教学讨论会论文选》，北京：北京语言学院出版社。

〖03160〗汪有序 　（1986）怎样教学"是……的"？（节选），《第一届国际汉语教学讨论会论文选》，北京：北京语言学院出版社。

〖03161〗吴葆棠　（1986）现代汉语词段分割原则，《第一届国际汉语教学讨论会论文选》，北京：北京语言学院出版社。

1985 年

〖03162〗孔令达　（1985）动态助词"过"和动词的类，《安徽师范大学学报》（人文社会科学版）第 3 期。

〖03163〗耿延惠　（1985）试论结果补语的语义指向，《朝阳师专学报》第 4 期。

〖03164〗马　伟　（1985）"所"字的词性，《大理师专学报》（社会科学版）第 1 期。

〖03165〗池文顺　（1985）1949 年以来汉语的一些语义变化，《国外社会科学著作提要》第 2 期。

〖03166〗劳劳迪亚·罗斯著　苏止戈译　（1985）汉语里的状语修饰，《国外社会科学著作提要》第 2 期。

〖03167〗卢曼云　（1985）《与"象"有关的几个问题》问难，《杭州大学学报》（哲学社会科学版）第 1 期。

〖03168〗[日]矢野光治著　柴世森译　（1985）关于汉语的存在句，《河北师范学院学报》第 2 期。

〖03169〗萧国政　（1985）谈"不了"，《华中师范学院学报》（哲学社会科学版）第 1 期。

〖03170〗徐　杰、张林林　（1985）疑问程度和疑问句式，《江西师范大学学报》（哲学社会科学版）第 2 期。

〖03171〗杨石泉　（1985）结果补语和程度补语的纠葛——说补语（一），《思维与智慧》第 3 期。

〖03172〗宋玉柱　（1985）助词"着"的两种用法，《南开学报》（哲学社会科学版）第 1 期。

〖03173〗董再勤　（1985）说"为了 X"，《齐齐哈尔师范学院学报》（哲学社会科学版）第 3 期。

〖03174〗毛敬修　（1985）关于"V（C）了"中的"了"，《天津师范大学学报》（社会科学版）第 1 期。

〖03175〗杨凤清　（1985）漫谈"在"的词性和语法功能，《西北师大学报》（社会科学版）第 1 期。

〖03176〗徐静茜　（1985）"是……的"句式的语气及语体色彩，《修辞学习》第 1 期。

〖03177〗汪树福　（1985）略谈现代汉语的几种特殊句式，《学语文》第 2 期。

〖03178〗毋效智　（1985）形容词性"的"字语，《伊犁师范学院学报》（社会科学版）第 2 期。

〖03179〗吕叔湘　（1985）学习语法与培养语感，《语文学习》第 1 期。

〖03180〗徐兰坡　（1985）"除了 XX"结构的语法功能，《语文学习与研究》第 3 期。

〖03181〗史锡尧　（1985）助词"了"在几个格式中的语法意义，《语文学习与研究》第 1 期。

〖03182〗吴士艮　（1985）单用"不"构成的一种辞格及句式，《语文研究》第 1 期。

〖03183〗史存直　（1985）从对外汉语教学观点看所谓汉语的"连锁复句"，《语言教学与研究》第 1 期。

〖03184〗杨燕民　（1985）"是"与判断句，《语言文学》第 2 期。

〖03185〗王　还　（1985）"把"字句中"把"的宾语，《中国语文》第 1 期。

〖03186〗邢福义　（1985）"越 X 越 Y"句式，《中国语文》第 3 期。

〖03187〗马希文　（1985）跟副词"再"有关的几个句式，《中国语文》第 2 期。

〖03188〗杨伯峻　（1985）句型同而意义异例析，《中国语文》第 1 期。

〖03189〗范开泰　（1985）语用分析说略，《中国语文》第 6 期。

〖03190〗张伯江　（1985）"别 X"和"别不 X"，《中国语文通讯》第 3 期。

〖03191〗吴宗渊　（1985）漫议"除了几，还是几"等三种格式，《中国语文通讯》第 2 期。

〖03192〗范开泰　（1985）主语和话题，《中文自修》第 8 期。

〖03193〗严　慈　（1985）"所字结构"小识，《中学语文教学》第 7 期。

〖03194〗吕叔湘　（1985）我对"修辞"的看法，《修辞和修辞教学》，上海：上海教育出版社。

〖03195〗赵淑华　（1985）关于否定句的两个问题，《北京语言学院第三届科学报告会论文选》，广州：广州外语学院出版社。

〖03196〗曾明路　（1985）带"了"格式浅析，《北京语言学院第三届科学报告会论文选》，广州：广州外语学院出版社。

〖03197〗[印尼]刘宏谟　（1986）论汉语的语法特点，《第一届国际汉语教学讨论会论文选》，北京：北京语言学院出版社。

1984 年

〖03198〗许利英　（1984）"处处"琐谈，《安庆师范学院学报》（社会科学版）第 4 期。

〖03199〗肖辉嵩　（1984）"动·着·形"结构浅议，《朝阳师专学报》第 1 期。

〖03200〗何思成　（1984）谈"是"的语法功能，《成都大学学报》（社会科学版）第 2 期。

〖03201〗杨从洁　（1984）"不"和"没""没有"的用法辨析，《对外汉语教学》第 2 期。

〖03202〗张登岐　（1984）"动＋'的'＋宾"式浅析，《阜阳师范学院学报》（社科版）Z1 期。

〖03203〗刘钧杰　（1984）"对于"把受事提前的修辞作用，《国际政治学院学报》第 1 期。

〖03204〗张拱贵　（1984）为什么要提高短语在语法系统和语法教学中的地位，《汉语学习》第 5 期。

〖03205〗陆述生　（1984）从"把饺子吃在五道口食堂"谈起，《河北师范学院学报》第 1 期。

〖03206〗陈信春　（1984）"有"字句单句复句的划分，《河南大学学报》（哲学社会科学版）第 5 期。

〖03207〗肖国政　（1984）同一语义指向的"动/趋来"，《华中师院研究生学报》第 3 期。

〖03208〗路维忠　（1984）"的"的时态用法，《淮阴师专学报》（社会科学版）第 2 期。

〖03209〗孙延璋　（1984）现代汉语外来词初探，《吉林大学社会科学学报》第 6 期。

〖03210〗徐静茜　（1984）"是……的"句，《湖州师范学院学报》第 1 期。

〖03211〗潘国荣　（1984）"从……到……"结构的句法功能和组合关系，《湖州师范学院学报》第 1 期。

〖03212〗马鸣春　（1984）连动句与动词状语句的对比，《兰州学刊》第 6 期。

〖03213〗刘永凯　（1984）也谈《介词"象"及"象"字结构》，《零陵学院学报》第 2 期。

〖03214〗冀　中　（1984）"的"字词组的构造与功能，《思维与智慧》第 2 期。

〖03215〗黎　明　（1984）连谓结构还是偏正结构？——关于"笑着说"之类的句法分析，《思维与智慧》第 2 期。

〖03216〗王代伦　（1984）谈表语气的人称代词"的"，《绵阳师专教学与研究》第 2 期。

〖03217〗金絅译　（1984）借自日语的意译词，《宁波师范学院学报》（社会科学版）第 2 期。

〖03218〗李运喜　（1984）谈构词成分"得"，《宁波师范学院学报》（社会科学版）第 4 期。

〖03219〗翼　游　（1984）试谈结构助词"的"在名词性偏正结构中的隐现，《韶关学院学报》第 1 期。

〖03220〗马家珍　（1984）也谈"（如果）不……（就）不……"句式，《绍兴文理学院学报》（社会科学版）第 2 期。

〖03221〗史德贵　（1984）试谈关联词语"越……越……"的另一功用，《唐山教育学院学刊》第 2 期。

〖03222〗孟维智　（1984）"把"字句和"被"字句，《新闻战线》第 4 期。

〖03223〗徐　杰　（1984）"即使 A 也是 B"句的语法逻辑问题，《研究生学报》（《华中师范学院学报》）第 1 期。

〖03224〗朱文献　（1984）谈谈由"似的"等构成的短语，《语文教研》第 10 期。

〖03225〗常敬宇　（1984）词语搭配不当的原因，《语文研究》第 1 期。

〖03226〗王希杰　（1984）"因为"的秘密，《语文月刊》第 1 期。

〖03227〗杨石泉　（1984）话语分析与对外汉语教学，《语言教学与研究》第 3 期。

〖03228〗谭敬训　（1984）看了学生的"虽然"句以后，《语言教学与研究》第2期。

〖03229〗陈亚川　郑懿德　（1984）留学生汉语教学语法二题——兼与《实用现代汉语语法》的作者商榷，《语言教学与研究》第4期。

〖03230〗吴延枚　（1984）在现代汉语中处所名词可直接作补语，《语言文学》第1期。

〖03231〗邢福义　（1984）"但"字类词和"无论P，都Q"句式，《中国语文》第4期。

〖03232〗吕叔湘　（1984）"谁是张老三?"＝"张老三是谁?"，《中国语文》第4期。

〖03233〗廖秋忠　（1984）现代汉语中支配成分的省略，《中国语文》第4期。

〖03234〗王　志　（1984）"还"字进入转折复句的两个条件，《中国语文通讯》第3期。

〖03235〗尹世超　（1984）说"如果（说）……那么……"，《中国语文通讯》第2期。

〖03236〗韩陈其　（1984）几种"所"字结构之间差次关系分析，《中学语文教学》第3期。

〖03237〗王　还、张朋朋　（1984）谈动词后的"起来"，《北京语言学院第二届教学经验科学成果交流会论文选》，北京：北京语言学院出版社。

〖03238〗王　还　（1984）"到南方去旅行"和"到南方旅行去"，《北京语言学院第二届教学经验科学成果交流会论文选》，北京：北京语言学院出版社。

〖03239〗常敬宇　（1984）谈现代汉语的语义域，《北京语言学院第二届教学经验科学成果交流会论文选》，北京：北京语言学院出版社。

1983 年

〖03240〗严　慈　（1983）现代汉语中的"所字结构"，《贵阳师范大学学报》（社会科学版）第 4 期。

〖03241〗何士达等　（1983）谈"如果（说）……那么……"这种复句的归属和运用，《国际政治学院学报》（哲学社会科学版）创刊号。

〖03241〗[美]李英哲　陆俭明译　（1983）汉语语义单位的排列次序，《国外语言学》第 3 期。

〖03243〗冯志伟　（1983）特思尼耶尔的从属关系语法，《当代语言学》第 1 期。

〖03244〗王　绁　（1983）兼语句转换成把字句之条件初探，《陕西理工学院学报》（社会科学版）第 1 期。

〖03245〗徐　杰　（1983）论"动词＋到＋处所词"，《华中师院研究生学报》第 5、6 期。

〖03246〗江　天　（1983）论"能"、"愿"等词的属性与功能，《辽宁大学学报》（哲学社会科学版）第 2 期。

〖03247〗孙　云　（1983）谈谈即使句、宁可句、无论句，《内蒙古师范大学学报》（哲学社会科学版）第 2 期。

〖03248〗朱林清等　（1983）"如果说……那么（就）……"格式探微，《南京师范学院学报》（哲学社会科学版）第 3 期。

〖03249〗贾晞儒　（1983）说"了"字的语法功能与语义关系，《青海民族学院学报》第 3 期。

〖03250〗姜金吉　（1983）现代汉语中几个连词的逻辑意义，《泰安师专学报》（社会科学版）第 1、2 期。

〖03251〗李芳杰　（1983）说"从……到……"，《武汉大学学报》（哲学社会科学版）第 1 期。

〖03252〗田子微　（1983）"无论（不论/不管）……都（还）……"并非都构成条件关系，《西南民族学院学报》（哲学社会科学版）第3期。

〖03253〗魏立湘　（1983）可能补语与结果补语，《徐州师范大学学报》（哲学社会科学版）第4期。

〖03254〗徐静茜　（1983）说"来、去"，《语文教学与研究》第1期。

〖03255〗范　晓　（1983）"是"字句的提问形式，《语文学习》第6期。

〖03256〗宋玉柱　（1983）关于"着、了、过"的语法单位的性质问题，《语文学习》第5期。

〖03257〗汪仁寿　（1983）谈结构助词"似的"，《语文学习》第5期。

〖03258〗蒋　平　（1983）"要"与"想"及其复合形式、连用现象，《语文研究》第2期。

〖03259〗[日]木村英树　（1983）关于补语性词尾"着/zhe/"和"了/le/"，《语文研究》第2期。

〖03260〗张玉新　（1983）现代汉语的"所"及所字结构，《语文战线》第12期。

〖03261〗黄德焘　（1983）"进行"该带什么宾语，《语文知识丛刊》第6期。

〖03262〗邢　磊等　（1983）关于"不是……而是……"的句式，《语文知识丛刊》第5期。

〖03263〗郑庆茹　（1983）关于"对于"的病句，《语文知识丛刊》第5期。

〖03264〗吴慧颖　（1983）身份和称呼，《语文知识丛刊》第3期。

〖03265〗张月池　杜同惠　（1983）如何对阿拉伯学生进行"是"字句教学，《语言教学与研究》第3期。

〖03266〗洪材章　（1983）在基础汉语阶段进行语段训练好，《语言教学与研究》第 1 期。

〖03267〗吴延枚　（1983）"即使……也……"是假设复句吗？，《语言文学》第 3 期。

〖03268〗陈志祥　（1983）试谈"无论（不论、不管）"的功用和造句条件，《语言文字》第 2 期。

〖03269〗陈重瑜　（1983）"在＋处所"的几个注脚，《语言研究》第 1 期。

〖03270〗詹开第　（1983）"把"字句谓语中动作的方向，《中国语文》第 2 期。

〖03271〗邢福义　（1983）"但"类词对几种复句的转化作用，《中国语文》第 3 期。

〖03272〗刘月华　（1983）动词重叠的表达功能及可重叠动词的范围，《中国语文》第 1 期。

〖03273〗马　真　（1983）说"反而"，《中国语文》第 3 期。

〖03274〗廖秋忠　（1983）现代汉语篇章中空间和时间的参考点，《中国语文》第 4 期。

〖03275〗贺　凤　（1983）"住三年"及其派生形式，《中国语文通讯》第 2 期。

〖03276〗荀春生　（1983）对日本学生的补语教学，《对外汉语教学论文选》，北京：北京语言学院出版社。

〖03277〗刘月华　（1983）关于对外汉语教学中的语法研究和语法教学问题，《对外汉语教学论文选》，北京：北京语言学院出版社。

〖03278〗张维耿　（1983）结合语言实践进行汉语语法教学对外，《对外汉语教学论文选》，北京：北京语言学院出版社。

〖03279〗陈慧英　（1983）侨生和外籍学生病句分析，《对外汉语教学论文选》，北京：北京语言学院出版社。

〖03280〗田万湘　（1983）序词研究在留学生汉语教学中的重要性，《对外汉语教学论文选》，北京：北京语言学院出版社。

1982 年

〖03281〗刘振铎　（1982）谈"的"，《电大语文》第 3 期。

〖03282〗张爱华　（1982）试谈"如果说……那么……"，《淮阴师专学报》（社会科学版）第 2 期。

〖03283〗白兆麟　（1982）"有点""有些"，《徽州师专学报》第 1 期。

〖03284〗肖伟良　（1982）谈"于"字结构作补语的问题，《吉林大学社会科学学报》第 2 期。

〖03285〗王　森　（1982）试谈"台上坐着主席团"的句首方位词或处所词，《兰州大学学报》（社会科学版）第 2 期。

〖03286〗刘公望　（1982）关于状态助词"的"，《兰州大学学报》（社会科学版）第 2 期。

〖03287〗尧世之　（1982）"把"的一种用法，《南充师范学院学报》第 1 期。

〖03288〗赵桂兰　（1982）"在"字浅议，《青海民族学院学报》第 3 期。

〖03289〗刘公望　（1982）关于语气助词"的"，《青海民族学院学报》第 1 期。

〖03290〗王兆国　（1982）漫谈"的"字，《沈阳师范学院学报》（哲学社会科学版）第 4 期。

〖03291〗李晋荃　（1982）固定格式"从 A 到 B"的意义、功能和结构，《苏州大学学报》（哲学社会科学版）S1 期。

〖03292〗宋玉柱　（1982）略谈假存在句，《天津师范大学学报》第 6 期。

〖03293〗史　军　（1982）结构助词"的、地、得"，《文科教学》第 3 期。

〖03294〗邓玉冰　（1982）"尚且……何况……"表达的推理形式，《湘潭师专学报》（社会科学版）第 2 期。

〖03295〗张爱民　（1982）"从＋处所词"的语义功能，《徐州师范大学学报》（哲学社会科学版）第 4 期。

〖03296〗袁本良　（1982）词语的语境意义，《语文学习》第 12 期。

〖03297〗李临定　（1982）宾语使用情况考察，《语文研究》第 2 期。

〖03298〗史锡尧　（1982）试论"只要""只有"和"无论"所表示的条件，《语文研究》第 1 期。

〖03299〗马学良等　（1982）说"哪上的"及其"的"，《语文研究》第 1 期。

〖03300〗杨从洁　（1982）"怎么""怎样""怎么样"用法的分析和比较，《语文战线》第 2 期。

〖03301〗徐静茜　（1982）"着""了"和趋向动词，《语文战线》第 2 期。

〖03302〗朱文柱　（1982）"只要……就……"和"只有……才……"，《语文知识丛刊》第 3 期。

〖03303〗段玉成　（1982）关于"象"和"好象"的用法，《语文知识丛刊》第 3 期。

〖03304〗黄国营　（1982）"的"字的句法、语义功能，《语言研究》第 1 期。

〖03305〗王艾录　（1982）动词＋在＋方位结构刍议，《语言研究》第 2 期。

〖03306〗范继淹　（1982）论介词短语"在＋处所"，《语言研究》第 1 期。

〖03307〗黎毓扬　（1982）"到"的词性试论，《玉林师专学报》（社会科学版）第 3 期。

〖03308〗甄尚灵　（1982）"亏"的"多亏""幸亏"等义及期出现句型，《中国语文》第 2 期。

〖03309〗陆俭明　（1982）由"非疑问形式＋呢"造成的疑问句，《中国语文》第 6 期。

〖03310〗吴慧颖　（1982）"这样"的一种用法，《中国语文通讯》第 3 期。

〖03311〗刘海章　（1982）"是……的"辨，《中学语文》第 4 期。

〖03312〗吴慧颖　（1982）谈结构助词"个"和"动＋个＋补"式结构，《中州学刊》第 3 期。

〖03313〗胡明扬　（1982）教学语法、理论语法、习惯语法，《现代汉语》（中册）北京：人民教育出版社。

〖03314〗叶圣陶　（1982）谈语法修辞，《叶圣陶语文教育论集》，北京：教育科学出版社。

1981 年

〖03315〗李行健　（1981）概念意义和一般词义——从"国家"的词义是什么说起，《辞书研究》第 2 期。

〖03316〗月　心　（1981）"把"字句两题，《赣南师范学院学报》第 2 期。

〖03317〗Marie-Claud-eparis 著　罗慎仪节译　（1981）汉语普通话中的"连……也/都……"的功用，《国外语言学》第 3 期。

〖03318〗张　博　（1981）"的"字结构说略——兼与胡裕树等同志商榷，《河北师范大学学报》（哲学社会科学版）第 4 期。

〖03319〗柴世森　（1981）"是……的"句初探，《河北师范学院学报》第 2 期。

〖03320〗王必辉等 （1981）"A 和 B 一个样"句式初探，《淮北煤炭师院学报》第 4 期。

〖03321〗吴延枚 （1981）由"从……到……"谈起——和张文同志商榷，《淮阴师专学报》（社会科学版）第 4 期。

〖03322〗郭德润 （1981）"把"字句的动词，《江淮论坛》第 6 期。

〖03323〗欧阳泰荪 （1981）关于动词的向和的字结构，《江西大学学报》第 4 期。

〖03324〗杨 因 （1981）论"我喜欢他老实"的句型归属，《兰州大学学报》（社会科学版）第 4 期。

〖03325〗仇志群 （1981）"在＋V"与"V＋着"式，《兰州大学学报》（社会科学版）第 4 期。

〖03326〗王 磊 （1981）谈连词"和"的连接作用，《牡丹江师院学报》（哲学社会科学版）第 4 期。

〖03327〗朱彰年 （1981）谈谈语气词"着"，《宁波大学学报》（教育科学版）第 2 期。

〖03328〗华宏仪 （1981）论"的"字结构，《齐鲁学刊》第 1 期。

〖03329〗钱进德 （1981）谈谈"所以"，《绍兴文理学院学报》（社科版）第 1 期。

〖03330〗张发明 （1981）趋向动词"来""去"新议，《吉林师范大学学报》（人文社会科学版）第 3 期。

〖03331〗胡树鲜 （1981）"着"的表情状方式的作用，《吉林师范大学学报》（人文社会科学版）第 3 期。

〖03332〗刘桂枝 （1981）现代汉语中的"而"，《唐山师专学报》第 1 期。

〖03333〗龚继华 （1981）谈谈动词和形容词的重叠，《天津师范大学学报》（社会科学版）第 1 期。

〖03334〗吕叔湘　（1981）关于"的、地、得"和"做、作"，《语文学习》第 3 期。

〖03335〗宋玉柱　（1981）谓语另带宾语的"把"字句，《语文学习》第 6 期。

〖03336〗宋玉柱　（1981）关于"把"字句的两个问题，《语文研究》第 2 期。

〖03337〗邢公畹　（1981）论"语感"，《语文研究》第 1 期。

〖03338〗陈　新　（1981）"有（或"没有"）的兼语式"，《语文战线》第 3 期。

〖03339〗王国璋　王松茂　（1981）现代汉语中"以"的几种用法，《汉语学习》第 6 期。

〖03340〗徐复岭　（1981）结合病例谈谈使用"等"字的几个问题，《语文知识丛刊》第 1 期。

〖03341〗斯　君　（1981）汉语的四种句式，《语言文学》第 6 期。

〖03342〗宋玉柱　（1981）"把"字句、"对"字句、"连"字句的比较研究，《语言研究》创刊号。

〖03343〗崔应贤　（1981）也谈"从……到……"结构——兼与张文周等同志商榷，《郑州大学学报》（哲学社会科学版）第 3 期。

〖03344〗钟　汉　（1981）谈"……是……"格式，《郑州师专学报》第 2 期。

〖03345〗刘钟汉　（1981）谈谈"把"字句，《郑州师专学报》第 1 期。

〖03346〗卢　钦　（1981）好不……，《中国语文》第 2 期。

〖03347〗陈　刚　（1981）谈"没（动）了（宾/补）"式，《中国语文》第 1 期。

〖03348〗季永兴　（1981）"把"字句管窥，《中国语文通讯》第 6 期。

〖03349〗祝注光 （1981）关于"除非……不……"这一格式，《中国语文通讯》第 2 期。

〖03350〗徐浩良等 （1981）关于"对于……来说"，《中国语文通讯》第 6 期。

〖03351〗吴慧颖 （1981）关于"还是"，《中国语文通讯》第 2 期。

〖03352〗江 澄 （1981）关于读错字音的问题，《中国语文通讯》第 5 期。

〖03353〗黄 华 （1981）能单用"不"否定的一种名词性谓语句，《中国语文通讯》第 3 期。

〖03354〗杨 云 （1981）一个"了"和两个"了"，《中国语文通讯》第 4 期。

〖03355〗傅雨贤 （1981）"对于"句与"主谓宾"句的转换及其条件，《中山大学学报》（社会科学版）第 4 期。

〖03356〗高玉亮 （1981）"把"字结构的兼语作用，《中学语文教学》第 2 期。

〖03357〗何适达 （1981）"把"字句和"被"字句的选用，《中学语文教学》第 2 期。

1980 年

〖03358〗贺明之 （1980）试论"是"和"不"的词汇意义和语法作用，《词典研究丛刊》第 1 期。

〖03359〗黄岳洲 （1980）从一到万———熟语中数词的抽象义，《辞书研究》第 4 期。

〖03360〗李守田 佟士民 （1980）试谈现代汉语语段的常见类型，《汉语学习》第 4 期。

〖03361〗宋玉珂 （1980）程度副词"最"和"很"的用法，《杭州大学学报》（哲学社会科学版）第 1 期。

〖03362〗倪立民 （1980）谈现代汉语时代助词"着"的发

展趋势，《杭州大学学报》（哲学社会科学版）第 4 期。

〖03363〗秦旭卿　（1980）留学生常犯的几种汉语错误及纠正方法，《湖南师范大学社会科学学报》第 4 期。

〖03364〗裘葆棠　（1980）"把"字句的主要动词能不能带宾语，《淮北煤炭师院学报》第 4 期。

〖03365〗周慎钦　（1980）略说有关主谓词组的两个原则，《淮阴师专学报》（社会科学版）第 4 期。

〖03366〗张爱华　（1980）也谈"从……到……"结构，《淮阴师专学报》（社会科学版）第 4 期。

〖03367〗许绍早　（1980）句法分析方法问题，《吉林大学社会科学学报》第 4 期。

〖03368〗宋秀令　（1980）现代汉语中的"从……到……"结构，《山西大学学报》（哲学社会科学版）第 2 期。

〖03369〗李人鉴　（1980）关于"被"字句，《扬州大学学报》（人文社会科学版）第 2 期。

〖03370〗柴世森　（1980）"最"只能修饰形容词吗？，《语文教学通讯》第 8 期。

〖03371〗张宏梁　（1980）语言的"歧义"和"误解"，《语文教学通讯》第 11 期。

〖03372〗潘文娱　（1980）谈谈"正""在"和"正在"，《语文教学与研究》第 1 期。

〖03373〗史锡尧　（1980）"的"字词组初探，《语文学习》第 6 期。

〖03374〗范　晓　（1980）谈判断词"是"的修辞作用，《语文学习》第 5 期。

〖03375〗王国璋等　（1980）现代汉语中连词"而"的几种用法，《语文学习》第 4 期。

〖03376〗卢曼云　（1980）"被"字句的误用，《语文战线》

第 3 期。

〖03377〗朱林清 （1980）"不但不（没有）……而且（反而）……"格式的运用，《语文战线》第 8 期。

〖03378〗南京师院中文系 77 级[1、2]语法小组 （1980）关于"当……时候"，《语文战线》第 3 期。

〖03379〗房玉清 （1980）从外国学生的病句看现代汉语的动态范畴，《语言教学与研究》第 3 期。

〖03380〗余大光 （1980）"从……到……"是介词结构吗？，《中国语文》第 5 期。

〖03381〗费秉勋 （1980）"当"字释例质疑（一），《中国语文》第 6 期。

〖03382〗吴振国 （1980）"当"字释例质疑（二），《中国语文》第 6 期。

〖03383〗郑怀德 （1980）"住了三年"和"住了三年了"，《中国语文》第 2 期。

〖03384〗邢福义 （1980）关于"从……到……"结构，《中国语文》第 5 期。

〖03385〗宋玉柱 （1980）汉语里有"没去了几次"这种结构吗？，《中国语文》第 6 期。

〖03386〗徐志清 （1980）也谈"（好）数量词（的）名"句型特点，《中国语文》第 4 期。

〖03387〗盛文澜 （1980）"等"的词性和用法，《中国语文通讯》第 3 期。

〖03388〗陈元胜 （1980）汉语"您"的语法规范及其注释，《中国语文通讯》第 6 期。

〖03389〗邢福义 （1980）"如果……就……"和"只要……就……"，《中学语文教学》第 11 期。

〖03390〗张卫光 （1980）复句中的关联词语"只有"和"只要"，《中学语文教学》第 6 期。

〖03391〗严 慈 （1980）结构助词"之"和"的"，《中

学语文教学》第 10 期。

1979 年

〖03392〗周生亚　（1979）论一词多类，《吉林大学社会科学学报》第 1 期。

〖03393〗张　静　（1979）论汉语动词的重迭形式，《郑州大学学报》（哲学社会科学版）第 3 期。

〖03394〗吕叔湘　（1979）漫谈语法研究，《中国语文》第 1 期。

〖03395〗吕叔湘　（1979）怎样跟中学生讲语法，《现代汉语讲座》，北京：知识出版社。

1978 年

〖03396〗孙维张　（1978）关于正确使用词的几个问题，《理论学习》（吉林大学学报哲学社会科学版）第 2 期。

〖03397〗朱德熙　（1978）"的"字结构和判断句，《中国语文》第 1、2 期。

1966 年

〖03398〗朱德熙　（1966）关于《说"的"》，《中国语文》第 1 期。

1965 年

〖03399〗吕叔湘　（1965）"多""少"以及"许多""不少"等等/"很不……"，《中国语文》第 5 期。

〖03400〗钟　榁　（1965）什么时候不用词尾"了"，《中国语文》第 4 期。

〖03401〗季永兴　（1965）谈《说"的"》，《中国语文》第 5 期。

〖03402〗邢福义　（1965）再谈"们"和表数词语并用的现

象，《中国语文》第 5 期。

1964 年

〖03403〗李人鉴　（1964）关于动词重叠，《中国语文》第 4 期。

1963 年

〖03404〗宋毓珂　（1963）"着"字的两种用法，《中国语文》第 1 期。

〖03405〗李临定　（1963）带"得"字得补语句，《中国语文》第 5 期。

〖03406〗李子云　（1963）关于"对"和"对于"的用法，《中国语文》第 2 期。

〖03407〗孟　琮　（1963）关于"着"的某些用法，《中国语文》第 3 期。

〖03408〗陈建民　（1963）现代汉语里的简称，《中国语文》第 4 期。

1962 年

〖03409〗黄晶欣　（1962）读《说"的"》并论现代汉语语法研究的几个方法论问题，《中国语文》第 8 期。

〖03410〗孟　琮　（1962）谈"着呢"，《中国语文》第 5 期。

1961 年

〖03411〗陆俭明　侯学超　（1961）关于"无论、不论"的用法，《中国语文》第 5 期。

〖03412〗朱德熙　（1961）说"的"，《中国语文》第 12 期。

1960 年

〖03413〗刘世儒　（1960）"把"和"以"，《中国语文》第 4 期。

〖03414〗马　忠　（1960）"对"和"对于"的用法，《中国语文》第 11 期。

〖03415〗王年一　（1960）关于"和"的用法，《中国语文》第 11 期。

〖03416〗潘　录　（1960）也说"在"，《中国语文》第 3 期。

1959 年

〖03417〗朱德熙　（1959）说"差一点"，《中国语文》第 9 期。

〖03418〗王年一　（1959）说"进行"，《中国语文》第 12 期。

〖03419〗王阳珍　（1959）谈"加以"的语法特点，《中国语文》第 11 期。

1958 年

〖03420〗贾崇柏　（1958）"和、跟、同、与"的用法和分工，《中国语文》第 11 期。

〖03421〗蒋荫枬　（1958）"和、跟、同、与"有必要分工，《中国语文》第 11 期。

〖03422〗王年一　（1958）"目的"和"为了"，《中国语文》第 7 期。

〖03423〗陈迪明　（1958）"上、下"等的趋向动词性质，《中国语文》第 2 期。

〖03424〗毛西旁　（1958）对《"目的"和"为了"》一文的意见，《中国语文》第 11 期。

〖03425〗杨君璠　（1958）说"从而"，《中国语文》第 12 期。

1957 年

〖03426〗凌 三 （1957）"结构助词"和"时态助词"的性质和用法，《语文学习》第 6 期。

〖03427〗温永禄 （1957）"呢""吗"的用法，《语文学习》第 7 期。

〖03428〗梁 吟 （1957）"是……的"式的省略说，《语文学习》第 2 期。

〖03429〗谢质彬 （1957）"所以"和"因此"的区别，《语文学习》第 11 期。

〖03430〗桂秉权 （1957）"于"的用法，《语文学习》第 6 期。

〖03431〗余建萍 （1957）动词作定语用"的"的问题，《语文学习》第 3 期。

〖03432〗华景年 （1957）对《动词后面用"得"字连接的补语》的意见，《语文学习》第 8 期。

〖03433〗徐仲华 （1957）论汉语划分词类的标准——评傅子东先生关于汉语词类的理论，《中国语文》第 4 期。

〖03434〗郭中平 （1957）关于判断词"是"，《语文学习》第 2 期。

〖03435〗王惠丽 （1957）汉语"时态"的表达形式，《语文学习》第 9 期。

〖03436〗崔秀荣 徐君德 （1957）哪些形容词能重迭，《语文学习》第 9 期。

〖03437〗谭永祥 （1957）说"是……的"，《语文学习》第 2 期。

〖03438〗翟风麟 （1957）谈"除非"，《语文学习》第 11 期。

〖03439〗华景年 （1957）"由于"和"因此"不能配合吗？，《中国语文》第 7 期。

〖03440〗刘凯鸣　（1957）对《试说概数"来"》的一点补充意见，《中国语文》第 9 期。

〖03441〗胡竹安　（1957）结构助词"地"的用法规律，《中国语文》第 9 期。

〖03442〗尹　玉　（1957）趋向补语的起源，《中国语文》第 9 期。

〖03443〗吕叔湘　（1957）试说表概数的"来"，《中国语文》第 4 期。

〖03444〗黄诚一　（1957）说"除非"，《中国语文》第 1 期。

〖03445〗刘冠群　（1957）说"所以"，《中国语文》第 1 期。

〖03446〗王　还　（1957）说"在"，《中国语文》第 2 期。

〖03447〗吕叔湘　（1957）再说"来"以及"多"和"半"，《中国语文》第 9 期。

〖03448〗王　力　（1957）语法体系和语法教学，《语法和语法教学》，北京：人民教育出版社。

1956 年

〖03449〗王　还　（1956）"就"与"才"，《语文学习》第 11 期。

〖03450〗邓占庭　（1956）"们"的活用法，《语文学习》第 1 期。

〖03451〗胡　新　（1956）动词作定语用不用"的"，《语文学习》第 10 期。

〖03452〗朱德熙　（1956）现代汉语形容词研究，《语言研究》第 1 期。

〖03453〗陈寿颐　（1956）"以上"和"以下"的用法，《中国语文》第 8 期。

〖03454〗余建萍　（1956）词头"被"和词尾"了"，《中国语文》第 9 期。

〖03455〗段其湘　（1956）关于语感和常知，《中国语文》第 11 期。

〖03456〗黄诚一　（1956）谈"连"字，《中国语文》第 10 期。

〖03457〗赵恩柱　（1956）谈"受"、"挨"、"遭"和"由"，《中国语文》第 11 期。

〖03458〗邹国光　（1956）谈谈"有着"，《中国语文》第 6 期。

〖03459〗萧　斧　（1956）再说"与"类连词在多叠并列句中的位置，《中国语文》第 8 期。

1955 年

〖03460〗曹述敬　（1955）"一切"和"所有"，《语文学习》第 2 期。

〖03461〗何钟杰　欧阳复生　黄永镇　（1955）附加语后边的"的"字，《语文学习》第 6 期。

〖03462〗史存直　（1955）关于补语，《语文学习》第 2 期。

〖03463〗黄岳洲　（1955）试谈"一样"、"象……一样"、"似的"，《语文学习》第 5 期。

〖03464〗鲍幼文　（1955）谈"除非"，《语文学习》第 1 期。

〖03465〗钟本康、钟　椶　（1955）"打仗""打架"是不是词？，《中国语文》第 8 期。

〖03466〗邹定中　（1955）"以上"和"以下"的含义问题，《中国语文》第 9 期。

1954 年

〖03467〗王了一　（1954）"把、拿、用"，《语文学习》第 8 期。

〖03468〗李　因　（1954）"把"字的误用，《语文学习》第 4 期。

〖03469〗邓占庭　（1954）"但是"的用法，《语文学习》

第 10 期。

〖03470〗潘尔尧　（1954）"还"、"又"的一些用法，《语文学习》第 12 期。

〖03471〗王了一　（1954）"能、可、会、得"，《语文学习》第 4 期。

〖03472〗王了一　（1954）"让、给、被、叫、挨、受"，《语文学习》第 5 期。

〖03473〗赵淑华　（1954）"着"字的一些用法，《语文学习》第 11 期。

〖03474〗齐　荣　（1954）把字句的用法，《语文学习》第 4 期。

〖03475〗齐　荣　（1954）动词后面用"得"字连接的补语，《语文学习》第 9 期。

〖03476〗王了一　（1954）了、着、起来、下去，《语文学习》第 11 期。

〖03477〗钟　棪　（1954）谈怎样分别词和语，《中国语文》第 12 期。

1953 年

〖03478〗司徒参　（1953）比较（上），《语文学习》第 7 期。

〖03479〗司徒参　（1953）比较（下），《语文学习》第 7 期。

1952 年

〖03480〗可　则　（1952）"的"的几个习惯用法，《语文学习》第 1 期。

〖03481〗俞　敏　（1952）"了"跟"着"的用法，《语文学习》第 5 期。

〖03482〗黄盛璋　（1952）"起来""下去""下来"，《语文学习》第 3 期。

〖03483〗薰　宇　（1952）"以前"和"以后"，《语文学习》第 1 期。

〖03484〗萧　斧　（1952）被动式杂谈（上），《语文学习》第 3 期。

〖03485〗萧　斧　（1952）被动式杂谈（下），《语文学习》第 4 期。

〖03486〗何霭人　（1952）动词前边的"所"字，《语文学习》第 6 期。

〖03487〗余　敏　（1952）使动词，《语文学习》第 12 期。

〖03488〗王荫浓　（1952）谈"而且"，《语文学习》第 11 期。

〖03489〗王幼干　（1952）再谈"以前"和"以后"，《语文学习》第 4 期。

1951 年

〖03490〗文　裕　（1951）谈"被"字，《语文学习》第 2 期。

7. 汉字与汉字教学

2007 年

〖03491〗原新梅　（2007）汉字标志与对外汉语教学，《渤海大学学报》（哲学社会科学版）第 4 期。

〖03492〗王　颖　（2007）现代汉字构形法在对外汉语汉字教学中的应用策略——对英美学习者的汉字教学，《渤海大学学报》（哲学社会科学版）第 4 期。

〖03493〗李大遂　（2007）对外汉字教学回顾与展望，《渤海大学学报》（哲学社会科学版）第 2 期。

〖03494〗卢红艳　（2007）对外汉字教学初探，《大众科学》（科学研究与实践）第 7 期。

〖03495〗王海欧　（2007）留学生汉字教学方法略说，《吉林教育》（教科研版）第 1 期。

〖03496〗余国江　（2007）传统识字教学的优点及其对对外汉字教学的启示，《教育与职业》第 9 期。

〖03497〗江　新　（2007）"认写分流、多认少写"汉字教学方法的实验研究，《世界汉语教学》第 2 期。

〖03498〗郝美玲　（2007）留学生汉字正字法意识的萌芽与发展，《世界汉语教学》第 2 期。

〖03499〗徐彩华　（2007）外国留学生汉字分解加工水平的发展，《世界汉语教学》第 1 期。

〖03500〗唐　娟　（2007）论汉字的特点与对外汉语汉字教学，《文教资料》第 5 期。

〖03501〗陈建萍　（2007）从《现代汉语》"文字"章的编排探索汉字学习，《现代语文》（语言研究版）第 8 期。

〖03502〗孙德华　（2007）国内小学识字法在对外汉字教学中的应用，《语文学刊》第 12 期。

〖03503〗徐彩华、刘　芳、冯丽萍　（2007）留学生汉字形误识别能力发展的实验研究，《语言教学与研究》第 4 期。

〖03504〗陈　燕　（2007）当前汉字部首法关注的主要问题研究，《语言文字应用》第 1 期。

〖03505〗安　然、单韵鸣　（2007）非汉字圈学生的笔顺问题——从书写汉字的个案分析谈起，《语言文字应用》第 3 期。

〖03506〗李大遂　（2007）汉字系统性研究与应用，《语言文字应用》第 3 期。

〖03507〗王汉卫　（2007）精读课框架内相对独立的汉字教学模式初探，《语言文字应用》第 1 期。

〖03508〗石传良、罗　音　（2007）理据识字法是对外汉字教学的重要方法，《云南师范大学学报》（对外汉语教学与研究版）第 2 期。

〖03509〗王淑华　资中勇　（2007）重视意义在对外汉语汉字教学中的作用，《云南师范大学学报》（对外汉语教学与研究版）第 2 期。

〖03510〗阮宇华　（2007）从拼音文字到方块字——浅谈葡籍人士中文班的写字教学，《对外汉语论丛》（第四期），上海：学林出版社。

2006 年

〖03511〗马燕华（2006）　论汉字教学的性质、类型及其特征，《国际汉语教学动态与研究》第 4 期。

〖03512〗刘社会　（2006）谈汉字教学新的路子问题，《海外华文教育》第 2 期。

〖03513〗李润新　（2006）自主创新是我国汉字汉语教学的必由之路，《海外华文教育》第 4 期。

〖03514〗李润新　（2006）走汉字教学的必由之路，《海外华文教育》第 2 期。

〖03515〗安　然、单韵鸣　（2006）非汉字圈学生书写汉字及修正过程的个案研究，《暨南大学华文学院学报》第 3 期。

〖03516〗李大遂　（2006）汉字的系统性与汉字认知，《暨南大学华文学院学报》第 1 期。

〖03517〗周　妮　（2006）现代汉字构件的表义性分析，《暨南大学华文学院学报》第 1 期。

〖03518〗江　新　（2006）汉字频率和构词数对非汉字圈学生汉字学习的影响，《心理学报》第 4 期。

〖03519〗陆俭明、王　黎　（2006）开展面向对外汉语教学的词汇语法研究，《语言教学与研究》第 2 期。

〖03520〗王丽君　（2006）汉字教学的危机，《语言与翻译》

第 1 期。

〖03521〗王芙蔆　（2006）新疆少数民族汉字教学现状及教学方法探究，《语言与翻译》第 2 期。

〖03522〗冯丽萍　（2006）外国留学生汉字正字法意识及其发展研究，《云南师范大学学报》（对外汉语教学与研究版）第 1 期。

〖03523〗顾　颖、杨文惠　（2006）笔位变体与笔画教学——由"文字"与"字"的区分谈起，《云南师范大学学报》（对外汉语教学与研究版）第 5 期。

〖03524〗安　然、张仕海　（2006）从语音感知到理解过程的差异——汉字圈和非汉字圈学生初级听力的差异比较，《云南师范大学学报》（对外汉语教学与研究版）第 5 期。

2005 年

〖03525〗[德]顾安达　（2005）度过汉字的难关——当西方人尝试阅读中文，《国际汉语教学动态与研究》第 4 期。

〖03526〗朱志平　（2005）汉字教学与词汇教学的衔接，《国际汉语教学动态与研究》第 4 期。

〖03527〗何洪峰　（2005）对外汉语教学中的"笔画组合方式辨字"问题，《汉语学习》第 3 期。

〖03528〗李宝贵　（2005）汉字理据性与对外汉字教学，《汉字文化》第 1 期。

〖03529〗潘先军　（2005）论对外汉字教学的层次性，《汉字文化》第 2 期。

〖03530〗张晓明　（2005）汉字教学制约因素分析，《求实》S1 期。

〖03531〗史有为　（2005）日本所用汉字的汉语"转型"初探，《世界汉语教学》第 4 期。

〖03532〗王建勤　（2005）外国学生汉字构形意识发展模拟研究，《世界汉语教学》第 4 期。

〖03533〗李　蕊　（2005）对外汉语教学中的形声字表义状况分析，《语言文字应用》第 2 期。

〖03534〗王　骏　（2005）"字本位"理论和对外汉语教学，《云南师范大学学报》（对外汉语教学与研究版）第 1 期。

〖03535〗李　遐　（2005）基于字本位的字义研究，《云南师范大学学报》（对外汉语教学与研究版）第 6 期。

〖03536〗杨　悦　（2005）美国学生短期汉语学习中的汉字教学研究，《云南师范大学学报》（对外汉语教学与研究版）第 3 期。

〖03537〗安挪亚　（2005）汉字有几个侧面，《对外汉语教研论丛》（第一辑），上海：华东师范大学出版社。

2004 年

〖03538〗伍　巍　（2004）对外汉语教学中的汉字教学探讨，《广州大学学报》（社会科学版）》第 7 期。

〖03539〗乔印伟　（2004）汉字高效教学模式之探讨，《海外华文教育》第 1 期。

〖03540〗李润新　（2004）华语教学应"以汉字为本位"，《海外华文教育》第 4 期。

〖03541〗黄建秦、冯　平　（2004）论汉字笔画，《海外华文教育》第 2 期。

〖03542〗李　琳　（2004）时间量度词用法辨析，《海外华文教育》第 2 期。

〖03543〗石梅为　（2004）走向世界的汉字——访国家对外汉语教学领导小组办公室前副主任姜明

宝教授，《汉字文化》第 3 期。

〖03544〗李宝贵　（2004）《国家通用语言文字法》与对外汉语教学，《吉林师范大学学报》（人文社会科学版）》第 6 期。

〖03545〗周　健、尉万传　（2004）研究学习策略 改进汉字教学，《暨南大学华文学院学报》第 1 期。

〖03546〗李大遂　（2004）对外汉字教学发展与研究概述，《暨南大学华文学院学报》第 2 期。

〖03547〗李宝贵　（2004）对外汉字教学与汉字规范问题，《教育科学》第 6 期。

〖03548〗万业馨　（2004）从汉字研究到汉字教学，《世界汉语教学》第 2 期。

〖03549〗杜丽荣　（2004）"系联法"对外汉字教学研究，《西南民族大学学报》（人文社科版）第 7 期。

〖03550〗郦　青、王飞华　（2004）字本位与对外汉语教学，《西南民族大学学报》（人文社科版）第 6 期。

〖03551〗郭龙生　（2004）汉字简化的得与失，《现代语文》（理论研究版）第 3 期。

〖03552〗李大遂　（2004）突出系统性 扩大识字量——关于中高级汉字课的思考与实践，《语言文字应用》第 3 期。

〖03553〗印京华　（2004）在起始阶段开设"汉字课"的必要与实践，《云南师范大学学报》（对外汉语教学与研究版）增刊。

〖03554〗郝晓梅　（2004）从汉字的特点及发展规律谈留学生汉字教学，《云南师范大学学报》（对外汉语教学与研究版）第 3 期。

〖03555〗黄雪梅　（2004）关于联想式对外汉字教学法的构

想，《云南师范大学学报》（对外汉语教学与研究版）第 5 期。

〖03556〗孙新爱　（2004）对外汉语词汇教学应把握的几个原则，《云南师范大学学报》（对外汉语教学与研究版）第 2 期。

〖03557〗李宝贵　（2004）语言文字规范与对外汉语教学，《云南师范大学学报》（对外汉语教学与研究版）第 6 期。

2003 年

〖03558〗朱宇清　（2003）抓住汉语汉字的特点进行对外汉语教学，《常州工学院学报》第 1 期。

〖03559〗王光和　（2003）汉字繁简之分与对外汉字教学，《成都教育学院学报》第 12 期。

〖03560〗王　梅　（2003）汉字与汉字教学，《海外华文教育》第 1 期。

〖03561〗徐子亮　（2003）汉字背景与汉语认知，《汉语学习》第 6 期。

〖03562〗全香兰　（2003）针对韩国人的汉语教学——"文字代沟"对对外汉语教学的启示，《汉语学习》第 3 期。

〖03563〗潘先军　（2003）近 4 年对外汉字教学研究述评，《汉字文化》第 3 期。

〖03564〗胡双宝　（2003）声旁有义和形声字教学，《汉字文化》第 4 期。

〖03565〗刘　威　（2003）"系联法"对外汉字教学初探，《黑龙江教育学院学报》第 3 期。

〖03566〗杜　敏　（2003）汉字识读心理与汉字编排方式，《吉林大学社会科学学报》第 2 期。

〖03567〗李大遂　（2003）中高级留学生识字量抽样测试报告，《暨南大学华文学院学报》第 2 期。

〖03568〗王继洪　（2003）汉字象形符号与对外汉语中的虚词教学，《上海大学学报》（社会科学版）第 3 期。

〖03569〗安　雄　（2003）谈对外"理性识字法"的构造，《世界汉语教学》第 2 期。

〖03570〗朱宇清　（2003）对外汉字教学中的诵读法，《学语文》第 3 期。

〖03571〗刘颂浩　（2003）论"把"字句运用中的回避现象及"把"字句的难点，《语言教学与研究》第 2 期。

〖03572〗赵　果　（2003）初级阶段欧美留学生识字量与字的构词数，《语言文字应用》第 3 期。

〖03573〗郭　智　（2003）汉字的结构对称特点及其在对外汉语教学中的运用，《云南师范大学学报》（对外汉语教学与研究版）第 3 期。

〖03574〗简启贤　（2003）汉字偏旁的名称与翻译，《云南师范大学学报》（对外汉语教学与研究版）第 5 期。

〖03575〗印京华　（2003）美国大学汉字初级阶段教学效率的问题与对策，《云南师范大学学报》（对外汉语教学与研究版）第 1 期。

〖03576〗张涌泉　（2003）韩、日汉字探源二题，《中国语文》第 4 期。

〖03577〗李金兰　（2003）留学生汉字习得问题考察，《周口师范学院学报》第 1 期。

2002 年

〖03578〗冯丽萍　（2002）非汉字背景留学生汉字形音识别的影响因素，《汉字文化》第 3 期。

〖03579〗潘先军　（2002）形旁表意功能在留学生汉字学习中的负迁移及对策，《汉字文化》第 3 期。

〖03580〗李大遂 （2002）简论偏旁和偏旁教学，《暨南大学华文学院学报》第 1 期。

〖03581〗田茂松 （2002）汉字的构造特征及其习得机制与对外汉语教学，《黔东南民族师范高等专科学校学报》第 5 期。

〖03582〗王晓光 （2002）在甲级字解析基础上的对外汉字教学构想，《语言研究》S1 号。

〖03583〗张孔彰 任国钧 （2002）汉语方块字的优越性与其世界地位，《山西农业大学学报》（社会科学版）第 1 期。

〖03584〗任瑚琏 （2002）字、词与对外汉语教学的基本单位及教学策略，《世界汉语教学》第 4 期。

〖03585〗张积家、王惠萍、张 萌、张厚粲 （2002）笔画复杂性和重复性对笔画和汉字认知的影响，《心理学报》第 5 期。

〖03586〗赵 果、江 新 （2002）什么样的汉字学习策略最有效？——对基础阶段留学生的一次调查研究，《语言文字应用》第 2 期。

〖03587〗王幼敏 （2002）对日本人书写中文汉字差错规律的分析及思考，《对外汉语教研论丛》（第二辑），上海：华东师范大学出版社。

〖03588〗郭校珍 （2002）也谈对西方学生的汉字教学，《对外汉语教研论丛》（第一辑），上海：华东师范大学出版社。

2001 年

〖03589〗高惠敏 （2001）对外汉语汉字教学浅探，《安徽教育学院学报》第 2 期。

〖03590〗蔡 丽 （2001）关于当前国内华文教育汉字教学的几点思考，《八桂侨刊》第 1 期。

〖03591〗张宝胜 （2001）汉字是汉语语法学的最小单位，

《海南师范学院学报》（人文社会科学版）第 4 期。

〖03592〗邓小琴　（2001）汉字课教学技法初探，《海外华文教育》第 3 期。

〖03593〗欧阳国泰　（2001）华裔学生的汉字教学，《海外华文教育》第 2 期。

〖03594〗陈　曦　（2001）关于汉字教学法研究的思考与探索——兼论利用汉字"字族理论"进行汉字教学，《汉语学习》第 3 期。

〖03595〗贾　颖　（2001）字本位与对外汉语词汇教学，《汉语学习》第 4 期。

〖03596〗陈　绂　（2001）日本学生书写汉语汉字的讹误及其产生原因，《世界汉语教学》第 4 期。

〖03597〗张景业　（2001）构建全方位的对外汉字教学格局，《外语与外语教学》第 6 期。

〖03598〗陈宝国　彭聃龄　（2001）汉字识别中形音义激活时间进程的研究，《心理学报》第 1 期。

〖03599〗李大遂　（2001）关于开设中高级汉字课的几个问题，《中国对外汉语教学学会第七届学术讨论会论文选》，北京：人民教育出版社。

〖03600〗赵明德　（2001）从汉字入手探索对外汉语教学的新思路——欧美篇，《中国对外汉语教学学会北京分会第二届学术年会论文集》，北京：北京语言文化大学出版社。

〖03601〗徐彩华　（2001）汉字认知研究的新进展与汉字教学，《中国对外汉语教学学会北京分会第二届学术年会论文集》，北京：北京语言文化大学出版社。

〖03602〗李大遂　（2001）略论汉字表音偏旁及其教学，《中国对外汉语教学学会北京分会第二届学术年会论文集》，北京：北京语言文化大学出版社。

2000 年

〖03603〗敖桂华　（2000）对外汉语教学更应重视汉字的表意性，《白城师范学院学报》第 2 期。

〖03604〗崔永华　陈小荷　（2000）影响非汉字圈汉语学习者汉字学习因素的分析，《海外华文教育》第 1 期。

〖03605〗黄卓明　（2000）从"图式"理论角度谈留学生的汉字学习问题，《汉语学习》第 3 期。

〖03606〗张吉生　（2000）从汉字的偏旁部首和英语的词根词缀看不同的思维形式，《汉语学习》第 2 期。

〖03607〗孙海丽　（2000）从汉字和拼音文字的比较谈对外汉字教学的方法，《理论观察》第 3 期。

〖03608〗马显彬　（2000）试论笔画定序的规范化，《龙岩师专学报》第 2 期。

〖03609〗马显彬　（2000）笔画法同序现象与笔画细化研究，《宁夏大学学报》（社会科学版）第 4 期。

〖03610〗翟英华　（2000）对外汉字教学之我见，《齐齐哈尔大学学报》（哲学社会科学版）第 5 期。

〖03611〗万业馨　（2000）略论形声字声旁与对外汉字教学，《世界汉语教学》第 1 期。

〖03612〗高立群、孟　凌　（2000）外国留学生汉语阅读中音、形信息对汉字辨认的影响，《世界汉语教学》第 4 期。

〖03613〗邹燕平　（2000）汉字教学中要不要作字形分析及如何分析，《首都师范大学学报》（社会科学版）S3 期。

〖03614〗赵　雷　（2000）谈反问句教学，《语言教学与研究》第 3 期。

〖03615〗崔永华　陈小荷　（2000）影响非汉字文化圈汉语学习者汉字学习因素的分析，赵丽明、黄国营《汉字的应用与传播》，北京：华语教学出版社。

〖03616〗易洪川　杨夷平　朱全红　（2000）笔顺综合研究及留学生用笔顺原则，《第六届国际汉语教学讨论会论文选》，北京：北京大学出版社。

〖03617〗朱志平、HalinaWasilewska　（2000）波兰学生暨欧美学生汉字习得的考察、分析和思考，《第六届国际汉语教学讨论会论文选》，北京：北京大学出版社。

〖03618〗潘先军　（2000）对外汉字教学与小学识字教学，《第六届国际汉语教学讨论会论文选》，北京：北京大学出版社。

〖03619〗徐甲申　（2000）关于汉字书法课中的几个关系问题，《第六届国际汉语教学讨论会论文选》，北京：北京大学出版社。

〖03620〗孟坤雅　（2000）声旁能不能在对外汉字教学中发挥作用？——声旁问题的再考察，《第六届国际汉语教学讨论会论文选》，北京：北京大学出版社。

1999 年

〖03621〗施正宇　（1999）外国留学生形符书写偏误分析，《北京大学学报》（哲学社会科学版）第4期。

〖03622〗朱志平　哈丽娜　（1999）波兰学生暨欧美学生汉字习得的考察、分析和思考，《北京师范大学学报》（社会科学版）第6期。

〖03623〗陈　慧　（1999）汉字加工理论在对外汉语教学中

的应用，《北京邮电大学学报》（社会科学版）第 4 期。

〖03624〗张德鑫　（1999）关于汉字文化研究与汉字教学的几点思考，《世界汉语教学》第 1 期。

〖03625〗施正宇　（1999）论汉字能力，《世界汉语教学》第 2 期。

〖03626〗余又兰　（1999）谈第二语言的汉字教学，《世界汉语教学》第 1 期。

〖03627〗陈阿宝　（1999）从对外汉语教学看汉字字形规范，《语文建设》第 2 期。

〖03628〗江明镜　（1999）汉字中的非形非声符号，《昌吉学院学报》第 2 期。

〖03629〗张劲秋　（1999）从古今字看汉字的特点和规范，《语言文字应用》第 3 期。

〖03630〗张大成　（1999）听写任务下的字词加工，《语言文字应用》第 1 期。

〖03631〗张朋朋　（1999）语文分开、集中识字的思路和具体做法，《汉字与汉字教学研究论文选》，北京：北京大学出版社。

〖03632〗吕必松　（1999）汉字教学和汉语教学，《汉字与汉字教学研究论文选》，北京：北京大学出版社。

〖03633〗华卫民　（1999）谈汉语双轨教学中汉字的引入，《汉字与汉字教学研究论文选》，北京：北京大学出版社。

〖03634〗吴仁甫　（1999）汉字的识记，《对外汉语教学》（第一期），北京：北京语言学院出版社。

〖03635〗张永奋　（1999）谈谈对外汉语的书写教学，《对外汉语教研论丛》（第二辑），上海：华东师范大学出版社。

〖03636〗徐子亮　（1999）汉字的认知及教学方法，《中国对外汉语教学学会第六次学术讨论会论文选》，北京：华语教学出版社。

1998 年

〚03637〛李大遂　（1998）从汉语的两个特点谈必须切实重视汉字教学，《北京大学学报》（哲学社会科学版）第 3 期。

〚03638〛费锦昌　（1998）对外汉字教学的特点、难点及其对策，《北京大学学报》（哲学社会科学版）第 3 期。

〚03639〛钱学烈　（1998）对外汉字教学实验报告，《北京大学学报》（哲学社会科学版）第 3 期。

〚03640〛田惠刚　（1998）关于对西方国家学生汉字教学的理论性思考，《北京大学学报》（哲学社会科学版）第 6 期。

〚03641〛黄贞姬　（1998）《HSK 汉字等级大纲》中的汉字与韩国教育用汉字的字形比较，《汉语学习》第 1 期。

〚03642〛卢小宁　（1998）对外汉字教学研究的角度，《汉语学习》第 3 期。

〚03643〛周　健　（1998）"汉字难学"的分析与对策，《汉字文化》第 2 期。

〚03644〛郑继娥　（1998）汉字的理据性与汉字教学，《华东师范大学学报》（哲学社会科学版）第 6 期。

〚03645〛周　健　（1998）留学生汉字教学的新思路，《暨南学报》（哲学社会科学版）第 2 期。

〚03646〛李　开　（1998）论常用汉字的语像和习得，《南京大学学报》（哲学·人文科学·社会科学版）第 3 期。

〚03647〛冯丽萍　（1998）汉字认知规律研究综述，《世界汉语教学》第 3 期。

〖03648〗杨夷平　易洪川　（1998）浅析识字教学的对内、对外差别，《世界汉语教学》第 2 期。

〖03649〗[韩]高银珠　（1998）"科学"教科书表记——汉字表记科学用语对社理解度研究，淑明女子大学校教育大学院物理教育专攻硕士学位论文。

〖03650〗翟　汛　（1998）对外汉字教学刍议，《武汉大学学报》（人文社会科学版）第 3 期。

〖03651〗宋　柔、戴伟长、邱超捷、李　飞　（1998）现代汉语二字结构工程，《1998 中文信息处理国际会议论文集》，北京：清华大学出版社。

1997 年

〖03652〗崔永华　（1998）关于汉字教学的一种思路，《北京大学学报》（哲学社会科学版）第 3 期。

〖03653〗欧阳国泰　（1997）对外汉字教学不应再重走随文识字的老路，《海外华文教育》第 1 期。

〖03654〗程朝晖　（1997）汉字的学与教，《世界汉语教学》第 3 期。

〖03655〗何万贯　（1997）中文科教师对学生学习和使用简体字的意见分析，《香港：教育研究学报》第 12 卷第 1 期。

〖03656〗易洪川　（1997）关于汉字的称说问题，《语言文字应用》第 4 期。

〖03657〗崔永华　（1997）汉字部件和对外汉字教学，《语言文字应用》第 3 期。

〖03658〗崔永华　（1997）汉字部件和汉字教学，崔永华《词汇文字研究与对外汉语教学》，北京：北京语言文化大学出版社。

〖03659〗张静贤　（1997）现代汉字笔形论，崔永华《词汇文字研究与对外汉语教学》，北京：北京语言文化大学出版社。

〖03660〗[韩]南广佑　（1997）汉字学习利点，北京大学汉语语言学研究中心《语文学论丛（清凡陈泰夏教授启七颂寿纪念论丛）》，北京：商务印书馆。

〖03661〗陈瑞端　（1997）从香港学生的错别字类型看识字教学，《第五届国际汉语教学讨论会论文选》，北京：北京大学出版社。

〖03662〗潘文国　（1997）汉字的音译义，《第五届国际汉语教学讨论会论文选》，北京：北京大学出版社。

〖03663〗[德]柯彼德　（1997）汉字文化和汉语教学，《第五届国际汉语教学讨论会论文选》，北京：北京大学出版社。

〖03664〗石定果　（1997）汉字研究与对外汉语教学，《第五届国际汉语教学讨论会论文选》，北京：北京大学出版社。

〖03665〗谢文庆　（1997）谈汉字对汉语词汇的影响，《第五届国际汉语教学讨论会论文选》，北京：北京大学出版社。

1996 年

〖03666〗陈　绂　（1996）谈对外汉语教学中的字词教学，《北京师范大学学报》（社会科学版）第6期。

〖03667〗高玉昆　（1996）论对外汉语教学中的汉字识记教学——兼评安子介先生的汉字研究成绩，《国际关系学院学报》第4期。

〖03668〗李秀坤　（1996）刍议留学生的"写"，《辽宁师范大学学报》（社会科学版）第 4 期。

〖03669〗Zhiwei Feng （1996）*The Bracket Description for Construction of Chinese Characters*，《世界汉语教学》第 2 期。

〖03670〗严光仪 （1996）揭示汉字造字法则 提高对外汉语教学质量，《重庆大学学报》（社会科学版）第 1 期。

1995 年

〖03671〗李新龙 （1995）汉语教学应重视字义的教学，《喀什师范学院学报》第 2 期。

〖03672〗[韩]安承德 （1995）国民学校剞汉字兵汉字语指导翻具体的方法，韩国语文教育研究会《语文研究》第吾迫 86 号。

〖03673〗许嘉璐 （1995）当前国家经济发展的形势和语言文字工作的任务，《中国人民大学学报》第 4 期。

〖03674〗许秋寒 （1995）汉字在日本，《中国文化研究》第 1 期。

〖03675〗[德]柯彼德 （1995）关于汉字教学的一些新设想，《第四届国际汉语教学讨论会论文选》，北京：北京语言学院出版社。

〖03676〗石定果 （1995）会意汉字内部结构的复合程序，《第四届国际汉语教学讨论会论文选》，北京：北京语言学院出版社。

〖03677〗陈　茅、吴晓露 （1995）论初级阶段的汉字教学，《第四届国际汉语教学讨论会论文选》，北京：北京语言学院出版社。

〖03678〗胡百华 （1995）谈汉字字形的对立与包容性，《第四届国际汉语教学讨论会论文选》，北京：北京语言学院出版社。

〖03679〗[俄]安·哈玛托娃　（1995）有关惯用语的一些问题，《第四届国际汉语教学讨论会论文选》，北京：北京语言学院出版社。

1994 年

〖03680〗余志鸿　（1994）汉字文化与对外汉语教学——兼评安子介《解开汉字之谜》，《上海大学学报》（社会科学版）第 6 期。

〖03681〗刘力生　徐乃忠　（1994）解开汉字之谜 推动对外汉语教学，《上海大学学报》（社会科学版）第 6 期。

〖03682〗元　立　（1994）语素组合教学法与汉字解析——兼谈《解开汉字之谜》的一点启示，《上海大学学报》（社会科学版）第 6 期。

〖03683〗[日]杜君燕　（1994）日本汉语教学中的汉字问题，《世界汉语教学》第 3 期。

〖03684〗马衍森　（1994）现代汉语中两字互用问题，《学汉语》第 5 期。

〖03685〗胡炳忠　（1994）从对外汉语教学角度看汉语的结构模式，《语言教学与研究》第 1 期。

〖03686〗赵金铭　（1994）教外国人汉语语法的一些原则问题，《语言教学与研究》第 2 期。

〖03687〗王　敏　（1994）对外汉语教学中的常用汉字教学刍议，《重庆三峡学院学报》第 4 期。

1993 年

〖03688〗霍陈婉媛　汤才伟　（1993）汉字阅读初探，《世界汉语教学》第 4 期。

〖03689〗杜同惠　（1993）留学生汉字书写差错规律试析，《世界汉语教学》第 1 期。

〖03690〗范可育　（1993）从外国学生书写汉字的错误看汉

字字形特点和汉字教学,《语文建设》第
4 期。

〖03691〗康加深 (1993)现代汉语形声字形符研究,陈原
《现代汉语用字信息分析》,上海:上海
教育出版社。

〖03692〗[德]柯彼德 (1993)关于汉字教学的一些新设想,
《第四届国际汉语教学讨论会论文选》,
北京:北京语言学院出版社。

1992 年

〖03693〗韩国语文教育研究会 (1992)1992 年大学生汉字
实力评价——评价结果分析,《语文研究》
第 74、75 合并号期。

〖03694〗[韩]闵丙俊 (1992)国语汉字、汉字语问题教育,
《韩国国语教育研究会论文集》。

1991 年

〖03695〗卢绍昌 (1991)论汉字的改进,《语文建设》第
2 期。

〖03696〗尹斌庸 罗圣豪 (1991)台湾学生认读大陆规范
简体字的测查报告,《语文建设》第 8 期。

〖03697〗卢绍昌 (1991)汉字部件的研究,《第三届国际
汉语教学讨论会论文选》,北京:北京语
言学院出版社。

〖03698〗黄碧云 (1991)论字群——汉语教学研究新议,
《第三届国际汉语教学讨论会论文选》,
北京:北京语言学院出版社。

〖03699〗张静贤 (1991)现代汉字笔顺论,《第三届国际
汉语教学讨论会论文选》,北京:北京语
言学院出版社。

〖03700〗吴英成 (1991)学生汉字偏误及其学习策略的关
系,《第三届国际汉语教学讨论会论文

选》，北京：北京语言学院出版社。

〖03701〗李大遂 （1991）关于合体汉字结构分析问题——部件分析法和偏旁分析法的初步比较，《北京地区第一届对外汉语教学讨论会论文选》，北京：北京大学出版社。

〖03702〗张惠芬 （1991）汉字教学及其教材编写，《北京地区第一届对外汉语教学讨论会论文选》，北京：北京大学出版社。

〖03703〗姜丽萍 （1991）基础阶段留学生识记汉字的认知过程，《北京地区第一届对外汉语教学讨论会论文选》，北京：北京大学出版社。

〖03704〗赵明德 （1991）全方位加强汉字教学，《北京地区第一届对外汉语教学讨论会论文选》，北京：北京大学出版社。

〖03705〗陈 绂 （1991）谈汉字及汉字教学，《北京地区第一届对外汉语教学讨论会论文选》，北京：北京大学出版社。

〖03706〗江 新 （1991）初学汉语的美国学生汉字正字法意识的实验研究，《对外汉语研究的跨学科探索——汉语学习与认知国际学术研讨会论文集》，北京：北京语言大学出版社。

〖03707〗邢红兵 （1991）留学生形声字声旁规则性效应调查，《对外汉语研究的跨学科探索——汉语学习与认知国际学术研讨会论文集》，北京：北京语言大学出版社。

1990 年

〖03708〗黄立华 （1990）对外汉字教学的尝试，《广西民族学院学报》（哲学社会科学版）第 2 期。

〖03709〗张旺熹 （1990）从汉字部件到汉字结构——谈对

〖03710〗刘永山　外汉字教学，《世界汉语教学》第 2 期。
（1990）汉字笔画的写法及常见错误分析，《世界汉语教学》第 1 期。

1989 年

〖03711〗刘　缙　（1989）汉字教学的"难"和"易"，《世界汉语教学》第 1 期。

〖03712〗赵金铭　（1989）外国人基础汉语用字表草创，南开大学对外汉语教学中心《汉语研究》，天津：南开大学出版社。

1988 年

〖03713〗安子介　（1988）一个认识汉字的新方案，《世界汉语教学》第 3 期。

〖03714〗联合早报用字用词调查工作委员会　（1988）南洋星州联合早报用字用词调查报告书，《新加坡：联合早报》。

〖03715〗[日]砂冈和子　（1988）从象声词来看汉字规范，《第二届国际汉语教学讨论会论文选》，北京：北京语言学院出版社。

〖03716〗卢绍昌　（1988）对外汉语教学中汉字教学的新尝试，《第二届国际汉语教学讨论会论文选》，北京：北京语言学院出版社。

〖03717〗常宝儒　（1988）汉语教学常用汉字的优选问题——（前 1000 个高频字的对比分析），《第二届国际汉语教学讨论会论文选》，北京：北京语言学院出版社。

〖03718〗安子介　（1988）汉字的再认识，《第二届国际汉语教学讨论会论文选》，北京：北京语言学院出版社。

〖03719〗[马来西亚]钟秋生　（1988）为什么先学拼音文字

者要学好华文比较困难——我在马来西亚所观察到的，《第二届国际汉语教学讨论会论文选》，北京：北京语言学院出版社。

〖03720〗[美]薛凤生　（1988）现代汉语阅读课中的"假借字"问题，《第二届国际汉语教学讨论会论文选》，北京：北京语言学院出版社。

〖03721〗张静贤　（1988）现代汉字笔形论，《第二届国际汉语教学讨论会论文选》，北京：北京语言学院出版社。

〖03722〗谢世涯　（1988）中国与日本简化汉字的评骘及今后整理与简化汉字应循的原则，《第二届国际汉语教学讨论会论文选》，北京：北京语言学院出版社。

1987 年

〖03723〗[韩]南广佑　（1987）韩国汉字问题对社研究，《国语研究所研究报告书》第 1 辑。

〖03724〗[新加坡]卢绍昌　（1987）对外汉语教学中汉字教学的新尝试，《世界汉语教学》第 3 期。

〖03725〗施光亨　（1987）对外汉字教学要从形体入手，《世界汉语教学》第 2 期。

〖03726〗史有为　（1987）汉字的性质、特点与汉字教学，《世界汉语教学》第 3 期。

〖03727〗佟乐泉、学　钧　（1987）汉字的学习和跨文化研究，《语文建设》第 2 期。

1986 年

〖03728〗[日]铃木修次　曲翰章译　（1986）汉字的特征，《当代语言学》第 1 期。

〖03729〗周有光　（1986）中国的汉字改革和汉字教学，《语

〖03730〗周有光　（1986）关于现代汉字学，《第一届国际汉语教学讨论会论文选》，北京：北京语言学院出版社。

〖03731〗李培元、任　远（1986）汉字教学简述——对外汉语教学发展史之一章，《第一届国际汉语教学讨论会论文选》，北京：北京语言学院出版社。

〖03732〗陈阿宝　（1986）汉字现状与汉字教学，《第一届国际汉语教学讨论会论文选》，北京：北京语言学院出版社。

〖03733〗[捷克]雅·沃哈拉　（1986）基础阶段的汉字、语音和语法教学，《第一届国际汉语教学讨论会论文选》，北京：北京语言学院出版社。

1985 年

〖03734〗刘泽先　（1985）汉字好学吗？，《语文现代化》第 8 期。

〖03735〗孙清顺　张朋朋　（1985）初级阶段留学生错别字统计与分析，北京语言学院《第三届科学报告会论文选》，北京：北京语言学院出版。

1984 年

〖03736〗周有光　（1984）现代汉语用字的定量问题，《辞书研究》第 4 期。

〖03737〗王伯熙　（1984）汉字识字教学的科学性，《读书》第 7 期。

〖03738〗董　明、王魁京　（1984）汉字教学小议，《对外汉语教学》第 3 期。

1983 年

〖03739〗李世之　（1983）教学中有关笔顺的一些问题，《对外汉语教学研究》，广州：中山大学出版社。

1982 年

〖03740〗陈　晨　（1982）从对外汉语教学看文字改革，《语文建设》第 3 期。

〖03741〗宋希仲　杨石泉　（1982）词组的结构与语法教学，《语言教学与研究》第 3 期。

〖03742〗许德楠　田万湘　（1982）虚词研究在留学生汉语教学中的重要性，《语言教学与研究》第 4 期。

1981 年

〖03743〗田鸿光　（1981）汉字在世界上，《百科知识》第 2 期。

1980 年

〖03744〗殷焕先　（1980）汉字的构形、发展和汉字的千字教学——汉字评议之一，《语文现代化丛刊》第 4 期。

1978 年

〖03745〗周有光　（1978）现代汉字中声旁的表音功能问题，《中国语文》第 3 期。

1970 年

〖03746〗[韩]徐廷国　（1970）汉字语统计的考察，《国语教育》（韩国国语教育学会）第 14、15 期。

三、对外汉语课程教学研究

8．对外汉语听力教学

2007 年

〖03747〗吴文杰　（2007）对外汉语教学中听力技能的训练，《赤峰学院学报》（汉文哲学社会科学版）第 1 期。

〖03748〗杨明珠　（2007）论中级汉语听力教学中的"说"，《暨南大学华文学院学报》第 1 期。

〖03749〗赵　鹂、范其学　（2007）对外汉语听力教学中的几个问题，《科教文汇》（上旬刊）第 9 期。

〖03750〗龙　叶、雷英杰　（2007）浅谈中文歌曲在对外汉语听力教学中的应用，《云南师范大学学报》（对外汉语教学与研究版）第 4 期。

2006 年

〖03751〗周逢琴　（2006）试论对外汉语听力的"预听"，《成都教育学院学报》第 8 期。

〖03752〗刘　颖　（2006）对外汉语听力教学初探，《和田师范专科学校学报》第 3 期。

〖03753〗孟　国　（2006）汉语语速与对外汉语听力教学，《世界汉语教学》第 2 期。

〖03754〗袁小军　（2006）论对外汉语短文听力教学技巧，《文教资料》第 15 期。

〖03755〗任春艳　马新芳　（2006）汉语作为第二语言的学习者听说能力关系实证分析，《语言文字应用》第 4 期。

〖03756〗张金桥　（2006）影响留学生听"长段对话或讲话"的两个因素，《语言文字应用》第 1 期。

2005 年

〖03757〗厉　力　（2005）对外汉语听力教学中的语境教学，《海外华文教育》第 3 期。

〖03758〗苏　明、马　威　（2005）试论对外汉语听力教学交际能力的训练与培养，《辽宁教育行政学院学报》第 1 期。

〖03759〗廖　佳　（2005）浅谈对外汉语教学听力课中的几个问题，《社会科学家》S2 期。

〖03760〗何学颖　（2005）在视听说教学中应培养学生的个性化——从《一个都不能少》教学案例谈起，王德春《对外汉语论丛》（第四期），上海：学林出版社。

2004 年

〖03761〗钱如玉　（2004）对外汉语听力理解中的语义分析，《常州信息职业技术学院学报》第 1 期。

〖03762〗方欣欣　（2004）听力课引入外来词培养学生语感的实验报告，《汉语学习》第 2 期。

〖03763〗马伟阳　（2004）对外汉语听力能力培养初探，《焦作大学学报》第 2 期。

〖03764〗韩冠男　（2004）浅析对外汉语教学中的听力训练，《潍坊学院学报》第 5 期。

〖03765〗王凤兰　（2004）会话含义理论与汉语听力教学，《西南民族大学学报》（人文社科版）第 11 期。

〖03766〗毛　悦、任丽丽　（2004）监控训练在速成汉语中高级听力教学中的应用，《语言教学与研究》第 3 期。

〖03767〗丁　艳　（2004）对外汉语教学中影响听力理解的因素及对策，《云南师范大学学报》（对外汉语教学与研究版）第 1 期。

〖03768〗王凤兰　（2004）汉语听力教学初探，《云南师范大学学报》（对外汉语教学与研究版）第 1 期。

2003 年

〖03769〗杨雪梅　（2003）听力理解认知策略分析及教学对策，《暨南大学华文学院学报》第 4 期。

〖03770〗丁　艳　（2003）试论对外汉语教学中听力教学的性质及原则，《语文学刊》第 6 期。

2002 年

〖03771〗陈　昕　（2002）听力教学思考，《海外华文教育》第 2 期。

〖03772〗王瑞烽　（2002）预设理论与听力理解多项选择题的编写，《语言文字应用》增刊。

〖03773〗吴晓颖　（2002）对外汉语教学中听力教学的文化问题，《玉溪师范学院学报》第 4 期。

〖03774〗史世庆　（2002）谈"视听说"课教学重点的选择，华东师范大学国际中国文化学院《对外汉语教研论丛》（第二辑），上海：华东师范大学出版社。

2001 年

〖03775〗陈嘉静　（2001）菲华幼儿华语听说训练的有效途径，《海外华文教育》第 3 期。

〖03776〗朱湘燕　（2001）华裔背景对听力教学的影响及对策，《暨南大学华文学院学报》第 2 期。

〖03777〗刘颂浩　（2001）对外汉语听力教学研究述评，《世界汉语教学》第 1 期。

〖03778〗王　静　（2001）记忆原理对汉字听写训练的启示，《语言教学与研究》第 1 期。

2000 年

〖03779〗张丽娜　（2000）莫斯科大学亚非学院二年级开展汉语听力教学的经验及思考，《海外华文教育》第 4 期。

〖03780〗李红印　（2000）汉语听力教学新论，《南京大学学报》（哲学·人文科学·社会科学）第 5 期。

〖03781〗蔡　梅　（2000）对外汉语听力训练浅谈，《齐齐哈尔大学学报》第 2 期。

〖03782〗杨惠元　（2000）辨音辨调跟理解词义句义的关系——一次听力理解的实验，《世界汉语教学》第 1 期。

〖03783〗曹　慧　（2002）影响听懂的因素分析及对策，《语言教学与研究》第 2 期。

〖03784〗[日]砂冈和子　（2000）听力教学 CALL 四法，《第六届国际汉语教学讨论会论文选》，北京：北京大学出版社。

1999 年

〖03785〗马燕华　（1999）中级汉语水平留学生听力跳跃障碍的实现条件，《北京大学学报》（哲学社会科学版）第 5 期。

〖03786〗刘红英　（1999）初级听力理解课的教学原则与教学环节，《沈阳师范学院学报》（社会科学版）第 1 期。

〖03787〗王　珊　（1999）针对日本留学生的听力坡度训练

法，《西安外国语学院学报》第 1 期。

〖03788〗杨文凤、武　君　（1999）初级汉语听力课教学浅谈，华北分会论文集编委会《对外汉语教学研究论文集》，天津：天津人民出版社。

〖03789〗王碧霞　（1999）论听力理解的阶段性划分与启发——谈第二语言的听力教学，北京语言文化大学汉语学院《语言文化教学研究集刊》（第三集），北京：华语教学出版社。

1998 年

〖03790〗沈　燕　（1998）谈汉语听力教学中的针对性，《北京地区第一届对外汉语教学讨论会论文选》，北京：北京大学出版社。

〖03791〗沈履伟　（1998）视听说课的设计构想，《天津外国语学院学报》第 1 期。

〖03792〗温　敏　（1998）对外基础汉语听力课教学初探，《武汉大学学报》（哲学社会科学版）第 3 期。

1997 年

〖03793〗唐　荔　（1997）汉语"视听说"课程教学初探，《北京广播电视大学学报》第 3 期。

〖03794〗杨惠元　（1997）听力训练理论研究的回顾与展望，《世界汉语教学》第 2 期。

〖03795〗浮根成　（1997）有声作业与听力教学，《语言教学与研究》第 3 期。

〖03796〗刘　濂　（1997）浅谈电视新闻教学及听力理解，《第五届国际汉语教学讨论会论文选》，北京：北京大学出版社。

1996 年

〖03797〗谭菊明　（1996）试论汉语听力会话技能的培养，《新疆教育学院学报》第 3 期。

〖03798〗齐燕荣　（1996）话语分析理论与语段听力教学，《语言教学与研究》第 4 期。

〖03799〗毛　悦　（1996）从听力测试谈留学生听力理解方面的障碍，《中国对外汉语教学学会第五次学术讨论会论文选》，北京：北京语言学院出版社。

〖03800〗马燕华　（1996）中级汉语水平美国留学生的听力障碍，《中国对外汉语教学学会第五次学术讨论会论文选》，北京：北京语言学院出版社。

1994 年

〖03801〗刘颂浩　（1994）听力练习的一种尝试——对比听写，《北京大学学报·对外汉语教学中心成立十周年纪念专刊》。

〖03802〗张　犁　（1994）预测原理在听力教学中的应用，《语言教学与研究》第 1 期。

〖03803〗金天相、李　泉　（1994）广播新闻听力课教学论略，《中国人民大学学报》第 4 期。

1993 年

〖03804〗邹胜瑛　（1993）训练听说技能的有效形式——《视听说》课程的构想与实践，《山东师范大学学报》（人文社会科学版）第 1 期。

〖03805〗杨惠元　（1993）听力课的教学环节设计——关于备课与上课，《语言教学与研究》第 2 期。

1992 年

〖03806〗杨惠元　　（1992）中国对外汉语听力教学的发展，《世界汉语教学》第 4 期。

1991 年

〖03807〗常玉钟　　（1991）用"结构——功能法"进行听力口语教学，《世界汉语教学》第 4 期。

〖03808〗冯克敏　　（1991）试谈汉语听说课中的几个问题，《新疆教育学院学报》第 3 期。

〖03809〗孟　国　　（1991）先声后文要在共声，国家对外汉语教学领导小组办公室、教学业务部编《中高级对外汉语教学论》，北京：北京语言大学出版社。

〖03810〗郑懿德　　（1991）从历年试卷看听力口语课的教学及其测试问题，《第三届国际汉语教学讨论会论文选》，北京：北京语言学院出版社。

1990 年

〖03811〗杨惠元　　（1990）听力训练 81 法的理论基础，《中国对外汉语教学学会第三次学术讨论会论文选》，北京：北京语言学院出版社。

〖03812〗郭锦桴　　（1990）听力构成和听力教学的构想，《中国对外汉语教学学会第三次学术讨论会论文选》，北京：北京语言学院出版社。

1989 年

〖03813〗杨惠元　　（1989）谈谈听力教学中的四种能力训练，《世界汉语教学》第 1 期。

〖03814〗刘家业　　（1989）谈听说课教学，《世界汉语教学》第 4 期。

1988 年

〖03815〗邢公畹　（1988）关于报刊选读课和听力课，《世界汉语教学》第 1 期。

1987 年

〖03816〗李清华　（1987）谈科技汉语的听力理解，《语言教学与研究》第 2 期。

1986 年

〖03817〗徐家桢　（1986）浅论"前提"及影响"前提"的因素，《思维与智慧》第 1、2 期。

1984 年

〖03818〗郭金鼓　（1984）对科技汉语听力课教学的认识，《语言教学与研究》第 4 期。

1983 年

〖03819〗宋春菊　（1983）关于听力教学的一点想法，邓崇谟、胡炳钟、崔永华《对外汉语教学》（第一期），北京：北京语言学院出版社。

〖03820〗刘家业　（1983）新闻听读课教学，邓崇谟、胡炳钟、崔永华《对外汉语教学》（第一期），北京：北京语言学院出版社。

1982 年

〖03821〗李德津　（1982）基础汉语教学和"数"——关于听力训练，《语言教学与研究》第 3 期。

〖03822〗杨惠元　（1982）听力教学初探，《语言教学与研究》第 4 期。

9．对外汉语口语教学

2007 年

〖03823〗翟　汎　（2007）对外汉语口语教学的几点思考，《长江学术》第 2 期。

〖03824〗陈　晨　（2007）培养成段表达能力的交际任务型初级口语教学模式初探，《海外华文教育》第 2 期。

〖03825〗张　念　（2007）中级口语的生词教学，《海外华文教育》第 2 期。

〖03826〗陈晓桦　（2007）论中级汉语口语教学与语用能力培养，《黑龙江教育学院学报》第 4 期。

〖03827〗王佶旻　（2007）第二语言口语考试评分方法述评，《暨南大学华文学院学报》第 1 期。

〖03828〗申　莉　（2007）浅谈对外汉语教学中的口语教学，《江西金融职工大学学报》第 5 期。

〖03829〗赵　丽　（2007）对外汉语初级阶段口语教学浅析，《今日湖北》（理论版）第 4 期。

〖03830〗伏双全　（2007）对外汉语口语教学中的几条原则，《牡丹江教育学院学报》第 3 期。

〖03831〗孙　斐　（2007）有关对外汉语口语教学的几点想法，《山东工商学院学报》第 4 期。

〖03832〗赵守辉　刘永兵　（2007）新加坡华族学前儿童口语语料库的生成，《世界汉语教学》第 2 期。

〖03833〗赵金色　（2007）制约入门班留学生口语教学的因素及对策，《语文学刊》第 11 期。

〖03834〗王　静　（2007）针对初中级欧美汉语学习者的短期口语课堂教学思考，《语言教学与研究》第 5 期。

〖03835〗郭　红　（2007）对外汉语口语教学研究的回顾与

思考，《云南师范大学学报》（对外汉语
教学与研究版）第 3 期。

2006 年

〖03836〗张　园　（2006）高级口语课堂的小组活动管理，
《国际汉语教学动态与研究》第 3 期。

〖03837〗仇鑫奕　（2006）对外汉语教学初级阶段口语先行
的思考，《海外华文教育》第 2 期。

〖03838〗姚　敏、金允贞　（2006）韩国留学生口语学习调
查分析及教学对策，《海外华文教育》第
2 期。

〖03839〗匡小荣　（2006）汉语口语交谈中的话语重叠现象，
《暨南大学华文学院学报》第 2 期。

〖03840〗张慧君　（2006）对外汉语口语课的成绩测试创新，
《教育探索》第 7 期。

〖03841〗车正兰　（2006）浅谈在对外汉语口语课中如何培
养学生的语言交际能力，《辽宁教育行政
学院学报》第 5 期。

〖03842〗于芳芳　（2006）近十年来对外汉语口语教学综述，
《现代语文》（语言研究版）第 5 期。

〖03843〗李　燕　（2006）任务型教学法与对外汉语初级口
语教学，《云南师范大学学报》（对外汉
语教学与研究版）第 3 期。

2005 年

〖03844〗蔡永强　（2005）句法驱动的汉语口语教学模式探
索，《海外华文教育》第 4 期。

〖03845〗顾安达　朱志平　（2005）口语和书面语教学目标
的冲突与汉语教学的课程改革，《海外华
文教育》第 2 期。

〖03846〗邓　葵、吴宝安　（2005）口语课文中反问句的教

学策略，《海外华文教育》第 4 期。

〖03847〗刘　颖　（2005）主持人式教学法在高级汉语口语教学中的运用，《海外华文教育》第 3 期。

〖03848〗孙海丽　（2005）对外汉语初级阶段口语教学浅析，《齐齐哈尔大学学报》（哲学社会科学版）第 5 期。

〖03849〗汝淑媛　（2005）从交际式教学法谈汉语口语课堂教学，《企业家天地》（下半月）第 11 期。

〖03850〗肖亚西　（2005）用交际法搭建口语教学的平台，《湘潭师范学院学报》（社会科学版）第 6 期。

〖03851〗李艳萍　（2005）合作学习与汉语口语教学，《新疆教育学院学报》第 2 期。

〖03852〗李丽丽　（2005）在对外汉语教学中培养学生的口语交际能力，《云南师范大学学报》（对外汉语教学与研究版）第 1 期。

〖03853〗范　磊　（2005）浅谈对外汉语初级口语教学的原则及方法，《职业教育研究》第 10 期。

〖03854〗莫　华　（2005）基础汉语第二阶段的口语教学，《对外汉语教学研究》，广州：中山大学出版社。

〖03855〗刘　姝　（2005）第二语言习得理论对对外汉语口语教学的启示，《对外汉语论丛》（第四集），上海：学林出版社。

〖03856〗杨金华　（2005）关于改进日本学生本科低年级会话课的研究报告，《对外汉语论丛》（第四集），上海：学林出版社。

2004 年

〖03857〗刘慧清　（2004）对外汉语口语教学的思考，《海外华文教育》第 3 期。

〖03858〗张永奋　（2004）对外汉语口语教学中的常用先见原则，《海外华文教育》第 1 期。

〖03859〗尉万传　（2004）浅议对外汉语教学的朗读，《海外华文教育》第 3 期。

〖03860〗李曙光　（2004）建立科学的汉语口语水平评价体系，《和田师范专科学校学报》第 2 期。

〖03861〗付东明　（2004）浅谈汉语口语课的组织原则，《和田师范专科学校学报》第 4 期。

〖03862〗杜　华　（2004）提高民族学生汉语口语水平的对策：口语练习延迟法，《和田师范专科学校学报》第 2 期。

〖03863〗罗朝晖　（2004）汉语"道歉"话语模式，《暨南大学华文学院学报》第 1 期。

〖03864〗徐子亮　（2004）会话技能训练的原理与途径，《暨南大学华文学院学报》第 2 期。

〖03865〗吴门吉　（2004）监控策略及其在初级汉语口语教学中的应用，《暨南大学华文学院学报》第 1 期。

〖03866〗孙宁宁　（2004）支架式教学法及其在对外汉语中级口语教学中的应用，《暨南大学华文学院学报》第 4 期。

〖03867〗郭晓燕　（2004）试论对外汉语教学中看图说话教学的主要方法，《太原城市职业技术学院学报》S3 期。

〖03868〗饶清翠　（2004）"会话含义"理论与口语交际，《云南师范大学学报》（对外汉语教学与研究版）第 4 期。

〖03869〗孙来麟　（2004）对外汉语口语课中培养学生的交际能力初探，《云南师范大学学报》（对外汉语教学与研究版）第 4 期。

〖03870〗李建国、顾　颖　（2004）口语教学中的相关理论
问题刍议，《云南师范大学学报》（对外
汉语教学与研究版）第 4 期。

2003 年

〖03871〗徐子亮　（2003）口语课堂教学的难点和应对策略，
《海外华文教育》第 4 期。

〖03872〗陈佩秋　（2003）略论高级汉语口语课的语言输入
与输出，《海外华文教育》第 4 期。

〖03873〗金春花　（2003）浅谈中级阶段对外汉语口语教学
方法，《海外华文教育》第 3 期。

〖03874〗黄　河　（2003）汉语日常口语中打招呼的限制因
素，《汉语学习》第 3 期。

〖03875〗陈超美　（2003）对外汉语教学口语初探，《黑龙
江教育学院学报》第 5 期。

〖03876〗王有芬　（2003）间接否定答话的策略分析，《暨
南大学华文学院学报》第 4 期。

〖03877〗王　莉　（2003）试析中级阶段留学生话语不连贯
的主要原因，《暨南大学华文学院学报》
第 2 期。

〖03878〗江傲霜　（2003）对外汉语高级阶段口语教学浅析，
《蒙自师范高等专科学校学报》第 4 期。

〖03879〗孙　艳、王大伟　（2003）输入与输出对口语发展
的影响——两者教学效果的对照与研究，
《外语界》第 3 期。

〖03880〗陈　莹　（2003）对外汉语口语教材中的口语技能
训练，《语文学刊》第 6 期。

〖03881〗谭春健　（2003）口语教学中的角色定位及教学话
语选择，《云南师范大学学报》（对外汉
语教学与研究版）第 3 期。

〖03882〗孔　怡　（2003）谈对外汉语的成人口语教学，《云

南师范大学学报》（对外汉语教学与研究版）第 4 期。

〖03883〗孙雁雁　（2003）谈留学生中级阶段口语教学，《云南师范大学学报》（对外汉语教学与研究版）第 4 期。

2002 年

〖03884〗翟　汛　（2002）关于汉语口语成段表达能力训练的几点想法，《海外华文教育》第 4 期。

〖03885〗武惠华　（2002）谈口语课课堂活动及课下练习的设计，《汉语学习》第 5 期。

〖03886〗杨金华　（2002）汉语口头交际能力的快速培养——谈外企人士对汉语教学的要求及我们的措施，《暨南大学华文学院学报》第 3 期。

〖03887〗徐子亮　（2002）汉语作为外语的口语教学新议，《世界汉语教学》第 4 期。

〖03888〗徐子亮　（2002）会话教学中语境的应用，《对外汉语教研论丛》（第二辑），上海：华东师范大学出版社。

〖03889〗金红莲　（2002）口语教学中的语用问题，《对外汉语教研论丛》（第二辑），上海：华东师范大学出版社。

2001 年

〖03890〗赵　卓　（2001）汉语口语教学中的语态分析，《海外华文教育》第 3 期。

〖03891〗刘清平　（2001）初级阶段口语教学中的纠错策略，《暨南大学华文学院学报》第 3 期。

〖03892〗戴悉心　（2001）活化初级阶段口语课课堂教学活动的策略——口语课课堂教学活动的调

查与研究，《暨南大学华文学院学报》第
2 期。

〖03893〗刘颂浩　（2001）口语测试的组织与实施探索，《暨
南大学华文学院学报》第 3 期。

〖03894〗赵　雷　（2001）谈中级口语技能训练，《天津外
国语学院学报》第 2 期。

〖03895〗刘晓雨　（2001）对外汉语口语教学研究综述，《语
言教学与研究》第 2 期。

〖03896〗李小丽　（2001）初级阶段口语教学应重视成段表
达能力的训练，《语言文字应用》第 3 期。

〖03897〗戴悉心　（2001）留学生汉语口头言语交际能力的
层次及其训练标准，《语言文字应用》第
2 期。

2000 年

〖03898〗崔晓君　（2000）浅谈口语课的训练方法，《齐鲁
艺苑》第 2 期。

〖03899〗贾　放　（2000）利用社会环境进行口语教学的几
点设想及实践，《世界汉语教学》第 4 期。

〖03900〗周继圣　（2000）高级汉语口语课的新尝试，《对
外汉语教学研究》，广州：中山大学出版
社。

1999 年

〖03901〗李顺群　（1999）对外汉语口语教学中的语气助词，
《北京第二外国语学院学报》第 6 期。

〖03902〗崔凤玲　（1999）对外汉语初级阶段口语教学法初
探，《东北财经大学学报》第 4 期。

〖03903〗张宏武　冯有贵　（1999）最佳语言输入和口语教
学，《外语教学》第 2 期。

〖03904〗刘雪春　（1999）"教师口语"课"目标教学"的

思考，《语言文字应用》第 2 期。

〖03905〗朱其智　（1999）汉语说话课要讲清语境，《中山大学学报论丛》第 5 期。

〖03906〗史舒薇　（1999）汉语会话教学的四个阶段，《对外汉语教研论丛》（第一辑），上海：华东师范大学出版社。

1998 年

〖03907〗张笑难　（1998）谈谈口语课的文化教学，《北京第二外国语学院学报》第 2 期。

〖03908〗王功龙　贾红棉　（1998）浅谈课堂口语教学与课外会话的差异，《佳木斯大学社会科学学报》第 6 期。

〖03909〗孙宝玲　（1998）交际法与口语教学方法探讨，《唐都学刊》第 1 期。

〖03910〗刘海量　于万锁　（1998）交际能力与口语教学，《外语与外语教学》第 8 期。

1997 年

〖03911〗张和生　（1997）试论第二语言学习中口语交际能力的培养，《北京师范大学学报》（社会科学版）第 6 期。

〖03912〗田　然　（1997）外国学生在中高级阶段口语语段表达分析，《汉语学习》第 6 期。

〖03913〗史有为　（1997）会话教学的要素及其相关实践，《语言教学与研究》第 3 期。

〖03914〗王世生　（1997）中级汉语课的口头成段表达训练，《语言教学与研究》第 2 期。

〖03915〗怡　冰　（1997）谈汉语教学中的"语言"教学和"言语"教学，《语言与翻译》第 1 期。

〖03916〗佟秉正　（1997）从口语到书面——中级汉语教学

课题之一，《第五届国际汉语教学讨论会论文选》，北京：北京大学出版社。

〖03917〗张若莹 （1997）试论高级口语教学中的几个基本问题，《第五届国际汉语教学讨论会论文选》，北京：北京大学出版社。

〖03918〗施光亨、刘 伟 （1997）口语表述的即时性及与此相关的口语特点——对一篇讲词的分析，《第五届国际汉语教学讨论会论文选》，北京：北京大学出版社。

〖03919〗华卫民 （1997）语素和口语教学，《法国首届国际汉语教学学术研讨会论文集》，法国凤凰出版社。

1996 年

〖03920〗陈晓燕 （1996）口语表达与阅读课教学——改革中级汉语阅读课的一种尝试，《南京大学学报》（哲学社会科学版）第 4 期。

〖03921〗罗青松 （1996）谈对外汉语初级口语课堂教学的交际性，《中国人民大学学报》第 5 期。

〖03922〗戴桂芙 （1996）谈初级口语教学法，《对外汉语教学法研究》，北京：北京大学出版社。

1995 年

〖03923〗鲁 俐 （1995）谈听力教学中的口语训练，《清华大学学报》（哲学社会科学版）第 4 期。

〖03924〗沈履伟 （1995）浅谈对外汉语的"视听说"教学，《天津师大学报》（社会科学版）第 1 期。

〖03925〗苏 焰 （1995）谈谈外国留学生中高级口语教学，《武汉大学学报》（哲学社会科学版）第 3 期。

〖03926〗李绍林 （1995）从对外汉语教学看汉语口语的表

达特点，《修辞学习》第 1 期。

〖03927〗彭瑞情　（1995）高级口语的自我表达训练，《语言教学与研究》第 4 期。

〖03928〗刘　虹　（1995）会话研究与对外汉语教学，《第四届国际汉语教学讨论会论文选》，北京：北京语言学院出版社。

1994 年

〖03929〗杨嘉敏　（1994）关于汉语口语中同义、近义句式的辨异，《东北师大学报》（哲学社会科学版）第 3 期。

〖03930〗李绍林　（1994）论书面语和口语，《齐齐哈尔大学学报》（哲学社会科学版）第 4 期。

〖03931〗Luo　Qingsong、Don Starr　（1994）*Teaching advanced spoken Chinese*，《世界汉语教学》第 3 期。

〖03932〗章纪孝　（1994）关于高年级口语教学的思考和构想，《世界汉语教学》第 1 期。

1993 年

〖03933〗陈贤纯　（1993）聊天与交际，《语言教学与研究》第 4 期。

〖03934〗崔　良、叶　军　（1993）信息落差与口语教学，《中国对外汉语教学学会第四次学术讨论会论文选》，北京：北京语言学院出版社。

1992 年

〖03935〗马燕华　（1992）一年制零起点留学生"会话课"中文化背景知识的范畴及其教学，《北京师范大学学报》（社会科学版）第 6 期。

〖03936〗许绿翎　（1992）对外汉语口语教学初探，《沧州师范专科学校学报》第 2 期。

〖03937〗张　犁　（1992）外贸口语的特点与教学，《世界汉语教学》第 4 期。

〖03938〗李芳杰　（1992）说"话头"，《语言教学与研究》第 3 期。

〖03939〗张国辉　（1992）说话课的地位及其训练方法，《语言教学与研究》第 1 期。

1991 年

〖03940〗杨惠元　（1991）论听和说，《语言教学与研究》第 1 期。

〖03941〗丁悦冀　（1991）小品排练与口语能力的培养，《对外汉语教学研究》，广州：中山大学出版社。

1990 年

〖03942〗张丕谦　（1990）写说结合、尽快提高成段表达能力，《世界汉语教学》第 2 期。

〖03943〗常玉钟　（1990）口语习用语探究，《中国对外汉语教学学会第三次学术讨论会论文选》，北京：北京语言学院出版社。

1989 年

〖03944〗周小兵　（1989）口语教学中的听话训练，《世界汉语教学》第 3 期。

〖03945〗劲　松　（1989）北京口语的语体，《中国语文》第 5 期。

1988 年

〖03946〗蒋同林　（1988）口语研究的初步总结——读陈建

　　　　　　　　民的《汉语口语》，《汉语学习》第 3 期。

〖03947〗李兰英　（1988）谈使用《新汉语三百句》进行口
　　　　　　　　语教学，《世界汉语教学》第 1 期。

〖03948〗周继圣　（1988）高级汉语口语课的新尝试，《语
　　　　　　　　言教学与研究》第 4 期。

〖03949〗北京语言学院"北京口语调查"课题组　（1988）
　　　　　　　　"北京口语调查"的有关问题及初步研
　　　　　　　　究，《第二届国际汉语教学讨论会论文
　　　　　　　　选》，北京：北京语言学院出版社。

〖03950〗陈绥宁　（1988）会话教学以及它和叙述话语之间
　　　　　　　　的关系，《第二届国际汉语教学讨论会论
　　　　　　　　文选》，北京：北京语言学院出版社。

1986 年

〖03951〗佟秉正　（1986）汉语口语教学：从句构练习到交
　　　　　　　　际练习，《第一届国际汉语教学讨论会论
　　　　　　　　文选》，北京：北京语言学院出版社。

1983 年

〖03952〗石佩雯　（1983）谈如何增强口语教学的真实感，
　　　　　　　　《语言教学与研究》第 1 期。

〖03953〗狄昌运　（1983）口语教学的几点体会，《对外汉
　　　　　　　　语教学》（第一期），北京：北京语言学
　　　　　　　　院出版社。

〖03954〗张志公　（1983）要对口语进行全面研究——序陈
　　　　　　　　建民《汉语口语》，《汉语学习》第 3 期。

1982 年

〖03955〗徐　扬　（1982）提高口头表达能力的一种方式，
　　　　　　　　《语言教学与研究》第 4 期。

〖03956〗陈建民　（1982）北京口语漫谈，《中国语文》第

1 期。

10. 对外汉语阅读与写作教学

2007 年

〖03957〗张 一波 （2007）对外汉语高级精读教学问题研究，《大连教育学院学报》第 3 期。

〖03958〗付玉萍 （2007）汉语 L2 不同阅读练习模式实验研究，《汉语学习》第 3 期。

〖03959〗周 健、谢海燕 （2007）留学生汉语阅读分词和语义提取能力研究，《汉语学习》第 2 期。

〖03960〗朱湘燕 （2007）对外汉语写作教学调查及研究，《现代语文》（语言研究版）第 6 期。

〖03961〗李白坚 （2007）我教美国孩子学汉语、写作文，《语文教学通讯》Z3 期。

〖03962〗雷英杰、龙 叶 （2007）对外汉语报刊阅读中新闻标题的教学策略，《云南师范大学学报》（对外汉语教学与研究版）第 2 期。

〖03963〗吕欣航 （2007）留学生在汉语阅读中利用字形和语音信息的研究，《云南师范大学学报》（对外汉语教学与研究版）第 1 期。

〖03964〗常志斌 （2007）汉语报刊阅读课的新词语教学问题，《中文自学指导》第 3 期。

2006 年

〖03965〗邓淑兰 （2006）关于汉语中级写作教学的一些思考，《海外华文教育》第 1 期。

〖03966〗金 婷 （2006）对外汉语中级精读课教学中教师的"中介作用"，《语言教学与研究》第 3 期。

〖03967〗亓 华 （2006）留学生毕业论文的写作特点与规

范化指导，《云南师范大学学报》（对外
汉语教学与研究版）第 1 期。

2005 年

〖03968〗罗青松　（2005）高级汉语阅读课的自主阅读指导，
《海外华文教育》第 1 期。

〖03969〗幺书君　（2005）韩国留学生汉语学历教育高年级
写作课教学探索，《海外华文教育》第 3
期。

〖03970〗徐子亮　（2005）汉语作为外语写作的借鉴与自我
监控，《海外华文教育》第 3 期。

〖03971〗徐富平　（2005）试论汉语报刊课的整体阅读教学，
《海外华文教育》第 3 期。

〖03972〗刘　壮　（2005）重视书面语教学 进行系统化研
究，《汉语学习》第 4 期。

〖03973〗朱　勇、崔华山　（2005）汉语阅读中的伴随性词
汇学习再探，《暨南大学华文学院学报》
第 2 期。

〖03974〗徐盛桓　（2005）幂姆与文学作品互文性研究，《暨
南大学华文学院学报》第 1 期。

〖03975〗程茹军　李学欣　（2005）来华留学生汉语阅读能
力的培养，《社会科学论坛》（学术研究
卷）第 4 期。

〖03976〗朴春燕　（2005）论对外汉语报刊阅读的教学策略，
《沈阳师范大学学报》（社会科学版）第
3 期。

〖03977〗蔡　绿　（2005）试论对外汉语报刊阅读课中的新
词语教学，《太原师范学院学报》（社会
科学版）第 1 期。

〖03978〗徐富平　（2005）汉语报刊阅读教学中的语感问题
研究，《云南师范大学学报》（对外汉语

教学与研究版）第 3 期。

〖03979〗杨国富　（2005）阅读教学的对话趋势，《云南师范大学学报》（对外汉语教学与研究版）第 1 期。

〖03980〗陶嘉炜　（2005）外汉写作教学断想，《对外汉语论丛》（第四期），上海：学林出版社。

2004 年

〖03981〗饶成康　（2004）对外宣传英译中对原文的适当删减，《成都信息工程学院学报》第 1 期。

〖03982〗廖智宏　（2004）对外汉语阅读课教学方法研究，《广西民族学院学报》（哲学社会科学版）S1 期。

〖03983〗吴门吉　徐肖鹰（2004）加强汉语阅读中句法结构知识的讲解和训练，《海外华文教育》第 4 期。

〖03984〗赵春利　（2004）论"读"在教学方法上的性质、作用和意义，《海外华文教育》第 3 期。

〖03985〗王　辉　（2004）图式理论启发下的对外汉语阅读教学策略，《汉语学习》第 2 期。

〖03986〗严亚莉　（2004）对外汉语阅读教学中的缩略语教学，《暨南大学华文学院学报》第 2 期。

〖03987〗于宏梅　（2004）对外汉语写作教学中的修辞教学，《乐山师范学院学报》第 6 期。

〖03988〗王凤兰　（2004）汉语写作教学刍议，《齐齐哈尔大学学报》（哲学社会科学版）第 5 期。

〖03989〗丁安琪　（2004）商务汉语写作课教学行动研究报告，《云南师范大学学报》（对外汉语教学与研究版）第 5 期。

2003 年

〖03990〗甘甲才　（2003）对外汉语报刊阅读教学的尝试，《广东外语外贸大学学报第 2 期。

〖03991〗王　瑶　（2003）从认知机制谈高级阶段的快速阅读训练，《桂林师范高等专科学校学报》第 1 期。

〖03992〗洪　玮　（2003）初探美国中级汉语教学中的写作训练，《海外华文教育》第 1 期。

〖03993〗戴雪梅　（2003）图式理论在对外汉语阅读教学中的应用，《汉语学习》第 2 期。

〖03994〗刘　云　（2003）篇名的话题性说略，《暨南大学华文学院学报》第 2 期。

〖03995〗崔海燕、路　明　（2003）对外汉语教学中文学作品的阅读的教学思考，《辽宁公安司法管理干部学院学报》第 4 期。

〖03996〗陈子骄　（2003）对外汉语阅读教学的新探索，《牡丹江师范学院学报》（哲学社会科学版）第 5 期。

〖03997〗冯丽萍　（2003）中级汉语水平留学生的词汇结构意识与阅读能力的培养，《世界汉语教学》第 2 期。

〖03998〗唐　群、王瑶瑶　（2003）图式理论及其在阅读教学中的运用，《新疆财经学院学报》第 2 期。

〖03999〗陈贤纯　（2003）对外汉语教学写作课初探，《语言教学与研究》第 5 期。

〖04000〗孙晓明　（2003）第二语言学习者句法知识与阅读能力，《云南师范大学学报》（对外汉语教学与研究版）第 5 期。

〖04001〗金春花　（2003）对汉语精读课教学的思考，《云南师范大学学报》（对外汉语教学与研究版）第 5 期。

〖04002〗李　丽　（2003）对外汉语教学中文学作品导读的
三种诠释技术，《云南师范大学学报》（对
外汉语教学与研究版）第 3 期。

〖04003〗郭　丽　（2003）关于初级汉语精读课的改革设想，
《云南师范大学学报》（对外汉语教学与
研究版）第 2 期。

〖04004〗刘慧清　（2003）留学生阅读教学的思考，《云南
师范大学学报》（对外汉语教学与研究版）
第 4 期。

〖04005〗唐曙霞　（2003）论运用"过程法"进行汉语写作
教学，《云南师范大学学报》（对外汉语
教学与研究版）第 5 期。

〖04006〗熊云茜　（2003）阅读模式与汉语阅读课教学思考，
《云南师范大学学报》（对外汉语教学与
研究版）第 5 期。

2002 年

〖04007〗吴文章　（2002）阅读理解课教学方法初探，《对
外汉语教学研究》第 11 期。

〖04008〗祖人植　（2002）对外汉语教学句型系统的审视与
前瞻，《海外华文教育》第 3 期。

〖04009〗王一平　（2002）初级写作教学的思考和实践，《海
外华文教育》第 1 期。

〖04010〗浮根成　（2002）对外汉语报刊教学向课外延伸的
思考，《海外华文教育》第 4 期。

〖04011〗丁安琪　（2002）利用互联网资源辅助报刊课教学，
《汉语学习》第 5 期。

〖04012〗杨嘉敏　（2002）谈中级精读课教学注重培养口头
交际意识的意义与措施，《汉语学习》第
3 期。

〖04013〗张　平　（2002）模糊语言与留学生汉语中级阅读课教学，《吉林广播电视大学学报》第 2 期。

〖04014〗许国萍　王一平　（2002）对外汉语写作教学中的重要一环——谈作文评改的现状和对策，《暨南大学华文学院学报》第 2 期。

〖04015〗刘颁浩　（2002）汉语学习者阅读中的理解监控行为考察，《暨南大学华文学院学报》第 3 期。

〖04016〗王振华　（2002）杂文中作者的介入，《暨南大学华文学院学报》第 1 期。

〖04017〗周利芳　（2002）对外汉语精读课教学中的语体观和语境观，《天津外国语学院学报》第 3 期。

〖04018〗华宵颖　（2002）报刊课程三议，《对外汉语教研论丛》（第二辑），上海：华东师范大学出版社。

〖04019〗包文英　（2002）对外汉语报刊课教学研究，《对外汉语教研论丛》（第二辑），上海：华东师范大学出版社。

2001 年

〖04020〗王健昆　（2001）汉语话语结构问题及其在写作训练中的影响，《北京师范大学学报》（人文社会科学版）第 6 期。

〖04021〗李景艳　卢世伟　（2001）图式理论与英语阅读教学，《长春工程学院学报》第 3 期。

〖04022〗谢红华　（2001）基础汉语阅读课中的词汇教学，《对外汉语教学研究》第 11 期。

〖04023〗林贤德　（2001）对外汉语中级班阅读课教学初探，《海外华文教育》第 1 期。

〖04024〗乔印伟　（2001）华裔学生初级阅读理解课程的调查与分析，《海外华文教育》第 4 期。

〖04025〗蒋守谦　赵敏成　（2001）第二语言教学的可喜成果——侨中学院作文观摩课述评，《海外华文教育》第 3 期。

〖04026〗辛　平　（2001）对 11 篇留学生汉语作文中偏误的统计分析及对汉语写作课教学的思考，《汉语学习》第 4 期。

〖04027〗乔印伟　（2001）汉语阅读教学任务及其量化分析，《世界汉语教学》第 2 期。

〖04028〗李绍宠　（2001）外国报刊选读课因特网辅助教学，《外语电化教学》第 1 期。

〖04029〗王　珊　（2001）汉字识读和阅读课在对日本留学生汉语言培训中的作用和意义，《外语教学》第 2 期。

〖04030〗古丽尼沙·加玛勒　（2001）语言僵化现象与阅读的效力，《新疆财经学院学报》G1 期。

〖04031〗岑玉珍　（2001）汉语言专业本科生的培养及精读课的任务，《中国对外汉语教学学会北京分会第二届学术年会论文集》，北京：北京语言文化大学出版社。

〖04032〗刘颂浩　（2001）对阅读教学研究的若干思考，《中国对外汉语教学学会北京分会第二届学术年会论文集》，北京：北京语言文化大学出版社。

〖04033〗田善继　（2001）论文写作与思维，《中国对外汉语教学学会北京分会第二届学术年会论文集》，北京：北京语言文化大学出版社。

〖04034〗刘海燕　（2001）留学生写作训练的中间环节，《中国对外汉语教学学会北京分会第二届学术年会论文集》，北京：北京语言文化大学出版社。

2000 年

〖04035〗童盛强　（2000）浅谈初级汉语阅读课教学，《海外华文教育》第 3 期。

〖04036〗王　俭　（2000）华裔学生的汉语写作训练初探，《海外华文教育》第 3 期。

〖04037〗王光和　（2000）中级汉语泛读课教学，《海外华文教育》第 4 期。

〖04038〗吕必松　（2000）试论汉语书面语言教学，《华文教学与研究》第 1 期。

〖04039〗[Australia] Jianjun URWIN、Liping DU　（2000）*Designing reading tasks for learners of Chinese as a second language：Aproposed model of reading task design*，《世界汉语教学》第 2 期。

〖04040〗涛　亚　（2000）对外汉语语段教学的重点——衔接，《首都师范大学学报》（社会科学版）S3 期。

〖04041〗王新文　（2000）对外汉语新闻听读教学的原则和方法，《语言文字应用》第 4 期。

〖04042〗周　健　（2000）探索汉语阅读的微技能，《第六届国际汉语教学讨论会论文选》，北京：北京语言学院出版社。

〖04043〗马仲可　（2000）关于如何培养高级汉语写作人才的我见，《第六届国际汉语教学讨论会论文选》，北京：北京语言学院出版社。

1999 年

〖04044〗彭小川　（1999）论副词"倒"的语篇功能——兼论对外汉语语篇教学，《北京大学学报》

（哲学社会科学版）第 5 期。

〖04045〗彭小川 （1999）汉语精读课语法例句的设计与展示，《对外汉语教学研究》第 11 期。

〖04046〗林　可 （1999）汉语作为第二语言的阅读·阅读课·阅读测试，《广西大学学报》（哲学社会科学版）第 2 期。

〖04047〗吴　平 （1999）从学习策略到对外汉语写作教学，《汉语学习》第 3 期。

〖04048〗何立荣 （1999）浅析留学生汉语写作中的篇章失误，《汉语学习》第 1 期。

〖04049〗何立荣 （1999）留学生汉语写作教学二题，《扬州大学学报》（高教研究版）第 3 期。

〖04050〗张　燕 （1999）朗读在对外汉语教学中的运用，《玉溪师范高等专科学校学报》第 4 期。

〖04051〗王碧霞 （1999）谈阅读课教学环节规范化，《对外汉语教学初级阶段课程规范》，北京：北京语言文化大学出版社。

1998 年

〖04052〗郝　琳 （1998）试论报刊选读课的教学定位，《北京第二外国语学院学报》第 2 期。

〖04053〗陈福宝 （1998）对外汉语语段写作训练简论，《汉语学习》第 6 期。

〖04054〗马惠玲 （1998）对外汉语阅读课教学原则初探，《河南大学学报》（社会科学版）第 5 期。

〖04055〗王　俭 （1998）华侨华人学生写作教学初探，《华侨大学学报》（哲学社会科学版）第 1 期。

〖04056〗陈昌娟　董淑慧 （1998）报刊语言常用结构浅析，《天津师大学报》（社会科学版）第 3 期。

〖04057〗杨　翼 （1998）B 级证书获得者作文中的杂糅现象分析，《语言教学与研究》第 1 期。

〖04058〗朱建中　（1998）三年级报刊阅读教学策略探讨，《语言文化教学研究集刊》（第二辑），北京：华语教学出版社。

1997 年

〖04059〗张云燕　（1997）谈阅读与书面交际的关系，《国外外语教学》第 3 期。

〖04060〗李世之　（1997）关于阅读教学的几点思考，《世界汉语教学》第 1 期。

〖04061〗陈昌娟　（1997）报刊语言特点探讨，《天津商学院学报》第 3 期。

〖04062〗黄南松　（1997）省略和语篇，《语文研究》第 1 期。

〖04063〗王碧霞　（1997）阅读过程与阅读能力——探讨基础阶段的汉语阅读课教学，《语言文化教学研究集刊》（第一辑），北京：华语教学出版社。

〖04064〗杨志棠　（1997）关于中高级阶段书面语教学，《第五届国际汉语教学讨论会论文选》，北京：北京大学出版社。

〖04065〗关之英　（1997）香港小学生复句写作的初步研究，《第五届国际汉语教学讨论会论文选》，北京：北京语言学院出版社。

1996 年

〖04066〗陈台丽　（1996）谈谈对外汉语怎样上好报刊语言课，《上海金融学院学报》第 4 期。

〖04067〗金学丽　（1996）对外汉语《报刊语言基础》教学方法初探，《沈阳师范学院学报》（社会科学版）第 2 期。

〖04068〗林　挺　（1996）应用图式理论提高阅读效果，《现代外语》第 4 期。

〖04069〗侯　　敏　（1996）报刊课的教学设想与安排，《语言教学与研究》第 2 期。

〖04070〗刘颂浩、林　　欢　（1996）阅读教学中的若干问题，《语言教学与研究》第 1 期。

1995 年

〖04071〗吴　　平　（1995）浅谈对外汉语阅读课教学，《北京第二外国语学院学报》第 3 期。

〖04072〗南　　勇　（1995）对外汉语写作的特征及教学媒体，《东疆学刊》第 1 期。

〖04073〗王志胜　（1995）谈对外汉语教学中的阅读技能训练，《青海民族学院学报》（社会科学版）第 4 期。

〖04074〗赵守辉　（1995）《〈人民日报〉导读》编写设计简介，《第四届国际汉语教学讨论会论文选》，北京：北京语言学院出版社。

1994 年

〖04075〗张和生　（1994）关于对外汉语报刊课的一点思考，《北京师范大学学报》（社会科学版）第 3 期。

〖04076〗南　　勇　（1994）留学生的汉语写作教学刍议，《汉语学习》第 6 期。

〖04077〗佟乐泉　张一清　（1994）外国留学生在快速显示条件下阅读汉语句子的实验报告，《世界汉语教学》第 3 期。

〖04078〗储诚志　（1994）知识图式、篇章构造与汉语阅读教学，《世界汉语教学》第 2 期。

1993 年

〖04079〗李振杰　（1993）关于"报刊语言"教学的思考，《世界汉语教学》第 2 期。

〖04080〗岳维善　（1993）满视野限时阅读，《世界汉语教学》第 3 期。

〖04081〗王碧霞　（1993）谈非视觉信息的培养——基础阶段汉语阅读教学探讨，《世界汉语教学》第 4 期。

1992 年

〖04082〗崔永华　（1992）基础汉语阶段精读课课堂教学结构分析，《世界汉语教学》第 3 期。

〖04083〗万志敏　王秀云　戴悉心　（1992）科技汉语阅读课习题设计，《世界汉语教学》第 1 期。

〖04084〗郭全鼓　（1992）试论科技生基础汉语阅读课教学，《世界汉语教学》第 2 期。

1991 年

〖04085〗张寿康　（1991）篇章语言学（文章学）的两个问题，《第三届国际汉语教学讨论会论文选》，北京：北京语言学院出版社。

〖04086〗黄振英　（1991）科技汉语中话语的承接关系，《第三届国际汉语教学讨论会论文选》，北京：北京语言学院出版社。

〖04087〗张柏玉　（1991）对外汉语教学中高级阶段如何把语言教学与文化教学结合起来，《中高级对外汉语教学论文选》，北京：北京语言学院出版社。

〖04088〗[日]宫本幸子　（1991）关于对外汉语教学中的作文教学，《第三届国际汉语教学讨论会论文选》，北京：北京语言学院出版社。

〖04089〗吕效东 （1991）基础汉语写作课的基本训练方法，《第三届国际汉语教学讨论会论文选》，北京：北京语言学院出版社。

〖04090〗[新加坡]汪惠迪 （1991）联合早报新闻用字与用词的计量研究，《第三届国际汉语教学讨论会论文选》，北京：北京语言学院出版社。

1990 年

〖04091〗周小兵 （1990）对外汉语教学中的速读训练，《汉语学习》第 4 期。

〖04092〗鲁宝元 （1990）对外汉语教学中的快速阅读训练，《世界汉语教学》第 1 期。

〖04093〗王秀云 （1990）初级汉语阅读课的教学方法，《语言教学与研究》第 2 期。

〖04094〗陈贤纯 （1990）论初级阅读，《中国对外汉语教学学会第三次学术讨论会论文选》，北京：北京语言学院出版社。

1989 年

〖04095〗彭聃龄 （1989）阅读的认知心理研究，《北京师范大学学报》（社科版）第 5 期。

〖04096〗鲁忠义 （1989）阅读理解的过程和影响理解的因素，《外语教学与研究》第 4 期。

〖04097〗王德珮 （1989）基础汉语精读课教学方法略述，《语言教学与研究》第 3 期。

1988 年

〖04098〗张娟云 王锡三 （1988）报刊课教学的一点新尝试，《世界汉语教学》第 3 期。

〖04099〗刘士勤 （1988）坚持三个结合，搞好报刊课教学，

《世界汉语教学》第 2 期。

〖04100〗王华明　（1988）有关速读的几个问题，《语言教学与研究》第 4 期。

〖04101〗米凯乐　（1988）中文逗号用法与汉语阅读教学，《第二届国际汉语教学讨论会论文选》，北京：北京语言学院出版社。

〖04102〗陈君宏　（1988）读报课的设置与教学问题，《第二届国际汉语教学讨论会论文选》，北京：北京语言学院出版社。

1987 年

〖04103〗倪明亮　（1987）快速阅读和高级汉语快速阅读，《世界汉语教学》第 2 期。

〖04104〗杨俊萱　梅立崇　（1987）谈对外汉语阅读教学的设疑问题，《语言教学与研究》第 2 期。

〖04105〗朱子仪　（1987）短期汉语班开设报刊语言课的尝试，《语言教学与研究》第 3 期。

〖04106〗李　珠、王建勤　（1987）关于学生阅读理解失误的调查报告，《语言教学与研究》第 2 期。

〖04107〗桂梦春　（1987）报刊文选课浅谈，《对外汉语教学研讨会第二次学术讨论会论文选》，北京：北京语言学院出版社。

〖04108〗王新文　（1987）谈发展对外汉语泛读教学的重要性和迫切性，《对外汉语教学研究会论文选》，北京：北京语言学院出版社。

〖04109〗褚福章　（1987）谈"写"的技能培养，《对外汉语教学研究会第二次学术讨论会论文选》，北京：北京语言学院出版社。

1986 年

〖04110〗李清华　（1986）外国留学生中级阶段的写作课教

学，《语言教学与研究》第 1 期。

〖04111〗韩淑芳 （1986）写作课教学中的语法问题及其他，《语言教学与研究》第 1 期。

〖04112〗[美]黎天睦 （1986）初级班的"写作"课程，《第一届国际汉语教学讨论会论文选》，北京：北京语言学院出版社。

〖04113〗李振杰 （1986）报刊词语和报刊语言课教学，《第一届国际汉语教学讨论会论文选》，北京：北京语言学院出版社。

〖04114〗苏迈凯 （1986）对外汉语教学有关报刊阅读方面的几个问题，《第一届国际汉语教学讨论会论文选》，北京：北京语言学院出版社。

1984 年

〖04115〗李玉敬 姜德梧 （1984）谈三年级文选课教学，《北京语言学院第二届教学经验科研成果交流会论文选》第 4 期。

〖04116〗祝秉耀 （1984）浅谈写作课教学，《语言教学与研究》第 1 期。

〖04117〗刘镰力 （1984）谈谈为外国留学生改写中国文学名著的问题，《语言教学与研究》第 3 期。

〖04118〗杨俊萱 张树昌 （1984）阅读教学浅谈，《语言教学与研究》第 4 期。

1983 年

〖04119〗姚可心 （1983）怎样提高学生的阅读速度——文字阅读教学的点滴体会，《对外汉语教学》（第一期），北京：北京语言学院出版社。

〖04120〗邓崇谟 （1983）谈谈写作课的讲评教学，《对外汉语教学》（第一期），北京：北京语言学院出版社。

〖04121〗王魁京　（1983）谈"报刊文章阅读"课，《对外汉语教学论文选》，北京：北京语言学院出版社。

1982 年

〖04122〗杨建昌　（1982）浅谈外国留学生汉语专业的写作课教学，《语言教学与研究》第 3 期。

〖04123〗李忆民　（1982）试谈《文选》课的交际训练，《语言教学与研究》第 2 期。

〖04124〗陈　灼、刘镰力、宋绍周、张淑梅　（1982）谈谈汉语《文选》课教学，《语言教学与研究》第 1 期。

1981 年

〖04125〗吴叔平　（1981）《文选》要重视语言能力的培养，《语言教学与研究》第 3 期。

〖04126〗金德厚　（1981）关于外国人《文言阅读课》的教学，《语言教学与研究》第 3 期。

〖04127〗张孝忠　（1981）赵树理的语言与泛读教学，《语言教学与研究》第 3 期。

1980 年

〖04128〗张寿康　（1980）文章学古今谈，《语文战线》第 8 期。

〖04129〗孙瑞珍　李玉敬　（1980）试谈高年级文选课教学的原则和方法，《语言教学与研究》第 4 期。

〖04130〗刘镰力　（1980）在短文教学中必须重视语言的实践性，《语言教学与研究》第 3 期。

1979 年

〖04131〗王继志　徐缦华　（1979）外国进修生汉语文选教

学中的几个问题，《语言教学与研究》第
1 期。

11. 对外汉语综合课教学

2006 年

〖04132〗吴淑姣　（2006）留学生经贸汉语课程中的术语教
学，《暨南大学华文学院学报》第 4 期。

〖04133〗韩　梅　（2006）对外汉语综合课词汇教学初探，
《文教资料》第 18 期。

〖04134〗沈庶英　（2006）经贸汉语综合课的定位，《语言
教学与研究》第 5 期。

〖04135〗张　黎　（2006）商务汉语教学需求分析，《语言
教学与研究》第 3 期。

2005 年

〖04136〗李菡幽　（2005）关于商务汉语课程性质的探讨，
《海外华文教育》第 2 期。

〖04137〗陈　岩、赵　宏　（2005）对外汉语教学综合课的
互动教学模式，《黑龙江高教研究》第 8
期。

〖04138〗朱锦岚　（2005）目的语环境中汉语听说读写技能
的发展，《云南师范大学学报》（对外汉
语教学与研究版）第 1 期。

2004 年

〖04139〗涂文晖　（2004）论对外汉语教育中的文学课教学，
《高等函授学报哲学》（社会科学版）第
6 期。

〖04140〗陈　宏　（2004）留学生高级阶段汉语综合课中的
交际教学法，《江汉大学学报》（人文科

学版）第 5 期。

〖04141〗陈　宏　（2004）留学生高级汉语综合课语段教学探析，《经济与社会发展》第 9 期。

〖04142〗刘　倩　（2004）对外汉语综合课词汇分类教学的策略，《南京晓庄学院学报》第 3 期。

〖04143〗李春红　（2004）对外汉语初级综合课的教师语言，《四川职业技术学院学报》第 2 期。

〖04144〗郝红艳　（2004）对外汉语视听说课的选材探析，《云南师范大学学报》（对外汉语教学与研究版）第 3 期。

〖04145〗王　洋　（2004）论多元文化教育理念下的"文学课"教学，《云南师范大学学报》（对外汉语教学与研究版）第 1 期。

2003 年

〖04146〗肖　路　（2003）对外汉语影视课中教师的主体作用，《暨南大学华文学院学报》第 3 期。

2002 年

〖04147〗郝　敏　（2002）试论对外初级汉语快节奏教学，《海外华文教育》第 1 期。

2001 年

〖04148〗张美霞　（2001）对外汉语教学若干课程潜在关系研究，《世界汉语教学》第 2 期。

〖04149〗邱鸿康　（2001）谈"动态词义"——兼谈翻译课的特色，《语言文字应用》第 2 期。

2000 年

〖04150〗杜珠成　（2000）华文 B 课程的实施与加强华文教学，《海外华文教育》第 1 期。

1999 年

〖04151〗刘丽瑛　（1999）经贸汉语教学初探，《世界汉语教学》第 1 期。

1998 年

〖04152〗李　珠　（1998）关于初级阶段综合课的词语教学，《世界汉语教学》第 3 期。

1997 年

〖04153〗赵立江　（1997）中高级汉语视听说课有关问题的调查分析与构想，《世界汉语教学》第 3 期。

1996 年

〖04154〗王燕燕　（1996）菲律宾华校华语课堂教学探讨，《海外华文教育》第 1 期。

〖04155〗吴丽君　（1996）关于高年级的视听说课教学，《世界汉语教学》第 2 期。

〖04156〗孟　国　（1996）"电视实况视听说"课的教学实践与理论探讨，《天津师大学报》第 6 期。

1995 年

〖04157〗蔡振生　（1995）十年翻译课的再思考，《世界汉语教学》第 4 期。

1991 年

〖04158〗李淑清　（1991）对外汉语教学中级阶段的"电视短剧"课，《世界汉语教学》第 2 期。

1989 年

〖04159〗苑锡群　（1989）明确目的，改进教学——谈翻译课的针对性，《世界汉语教学》第 4 期。

〖04160〗赵柄晨　（1989）谈报刊翻译课教学，《世界汉语教学》第 2 期。

〖04161〗徐永秀　（1989）中国的对外广播汉语教学，《世界汉语教学》第 4 期。

1988 年

〖04162〗张丕谦　（1988）浅谈对日本学生的短期汉语教学，《世界汉语教学》第 2 期。

〖04163〗苑锡群　（1988）谈谈留学生的翻译课教学，《世界汉语教学》第 4 期。

1987 年

〖04164〗章纪孝　（1987）文言作为外语教学刍议，《语言教学与研究》第 1 期。

1985 年

〖04165〗洪材章　（1985）谈汉语课程与科技课程的同步结合，《语言教学与研究》第 3 期。

1984 年

〖04166〗何子铨　（1984）怎样教好"新闻听读"课，《语言教学与研究》第 1 期。

1982 年

〖04167〗朱庆祥　（1982）试谈"留学生翻译课"教学，《语言教学与研究》第 3 期。

1980 年

〖04168〗吴欢章 （1980）对外国进修生进行中国文学教学的几个问题，《语言教学与研究》第 4 期。

〖04169〗苟锡泉 （1980）关于教美国学生翻译课的几个问题，《语言教学与研究》第 4 期。

〖04170〗王靖宇 （1980）文学在把汉语作为第二语言教学中的作用，《语言教学与研究》第 4 期。

1979 年

〖04171〗荀春生 （1979）对日本留学生的翻译课教学，《语言教学与研究》第 2 期。

12. 对外汉语文化教学

2007 年

〖04172〗陈立萍 （2007）利用同源文化建立对韩汉语教学的特异模式，《长春大学学报》第 3 期。

〖04173〗张如梅 （2007）那些玫瑰的余香，《大理文化》第 3 期。

〖04174〗蒋新红 （2007）汉语文民族性与现代化的和谐，《广东教育》（综合版）第 5 期。

〖04175〗张 杰 （2007）学唱民歌与学习汉语，《海外华文教育》第 1 期。

〖04176〗江竹青 （2007）与泰国人交往——兼谈泰国文化禁忌，《海外华文教育》第 1 期。

〖04177〗魏立群 （2007）浅议汉语教学中的文化教学，《和田师范专科学校学报》第 4 期。

〖04178〗赵 坤 （2007）对外汉语教学中的文化因素，《河北科技师范学院学报》（社会科学版）第 1 期。

〖04179〗叶 青 （2007）对外汉语文化教学之我见，《河南教育》（高校版）》第 2 期。

〖04180〗史春花　（2007）知识教学和文化渗透的随机性
——对外汉语教学例，《河南师范大学学
报》（哲学社会科学版）第 2 期。

〖04181〗张向荣　（2007）对外汉语教学中的文化魅力——
兼以对外国留学生的宋词教学为例，《黑
龙江教育学院学报》第 6 期。

〖04182〗张　曦　（2007）浅论"和谐"在对外汉语教学中
的教化，《红河学院学报》第 4 期。

〖04183〗邵卫兰　（2007）谈对外汉语教学与中国文化的结
合，《教育与职业》第 27 期。

〖04184〗林　莺　（2007）对外汉语教学中的中国文化传播，
《开封大学学报》第 1 期。

〖04185〗陈树峰　（2007）隐喻与对外汉语词汇的文化内涵
教学，《考试周刊》第 26 期。

〖04186〗司金舫　（2007）文化在对外汉语教学中的应用，
《科技资讯》第 4 期。

〖04187〗李北辰　（2007）引进文化因素教学丰富对外汉语
教学，《科教文汇》（下旬刊）第 4 期。

〖04188〗张　丹　（2007）文化教学与留学生交际能力的培
养，《辽宁行政学院学报》第 3 期。

〖04189〗赵　跃　（2007）从汉语热看中国传统文化的魅力，
《聊城大学学报》（社会科学版）第 4 期。

〖04190〗张思永　张宜波　（2007）外语教学中的文化教学：
回顾与讨论，《宁波职业技术学院学报》
第 4 期。

〖04191〗刘逢春　（2007）外语教学中的"文化"观，《时
代文学》（理论学术版）第 3 期。

〖04192〗范　妍、南　谈　（2007）对外汉语文化教学以及
多媒体技术在其中的运用，《西安文理学
院学报》（社会科学版）第 2 期。

〖04193〗韩　然　（2007）跨文化交往对汉语教学的影响和对策，《语言与翻译》第 2 期。

〖04194〗李清源　（2007）跨文化交际背景下的语用失误研究，《云南师范大学学报》（对外汉语教学与研究版）第 4 期。

〖04195〗刘　颖　（2007）论语言的约定俗成性——以"空穴来风"为例，《云南师范大学学报》（对外汉语教学与研究版）第 4 期。

〖04196〗吴俊艳　吴俊蓉　（2007）中国传统孝文化探析，《云南师范大学学报》（对外汉语教学与研究版）第 4 期。

2006 年

〖04197〗蔡　绿、赵闻蕾　（2006）对外汉语教学中的价值观冲突及对策，《边疆经济与文化》第 7 期。

〖04198〗谢　稚　（2006）探索对外汉语文化教学的有效途径，《长春师范学院学报》第 3 期。

〖04199〗白朝霞　（2006）试论对外汉语教学中的跨文化交际观，《德州学院学报》第 2 期。

〖04200〗戴萍萍　（2006）传承与嬗变：族群背景对华裔留学生学习汉语的正迁移作用，《海外华文教育》第 3 期。

〖04201〗武　静　（2006）挫折与调适：人系留学生的社会适应状况探讨，《海外华文教育》第 3 期。

〖04202〗杜珠成　（2006）新加坡华文教育与中华文化的承传关系，《海外华文教育》第 2 期。

〖04203〗王治理　（2006）周易文化在朝鲜地区的传播，《海外华文教育》第 2 期。

〖04204〗张　英　（2006）对外汉语文化因素与文化知识教学研究，《汉语学习》第 6 期。

〖04205〗贾益民 张雪芹 （2006）广州新建住宅楼盘名称命名分析，《暨南大学华文学院学报》第2期。

〖04206〗叶 宁 （2006）再谈文化休克现象，《辽宁教育行政学院学报》第5期。

〖04207〗黑 琨、王凤苓 （2006）对外汉语教学中的文化因素教学，《山东教育学院学报》第3期。

〖04208〗张慧芳 陈海燕 （2006）对外汉语教学中的文化教学内容和语言文化因素，《社会科学家》S1期。

〖04209〗祖晓梅 陆平舟 （2006）中国文化课的改革与建设——以《中国概况》为例，《世界汉语教学》第3期。

〖04210〗黄利华 （2006）当代中国人物称呼变化的考察，《文教资料》第2期。

〖04211〗周翠英 （2006）试论汉民族动物词语的文化附加义，《现代语文》（语言研究版）第3期。

〖04212〗陈 玮 （2006）谈对外汉语教学中的文化问题，《现代语文》（语言研究版）第2期。

〖04213〗刘泽权 （2006）从称谓的翻译看文化内容的传播——以《红楼梦》的英译为例，《燕山大学学报》（哲学社会科学版）第1期。

〖04214〗陈桂月 （2006）新加坡社会语言土壤下的华语文学习——新加坡国立大学学生华语文问题探讨，《语言教学与研究》第1期。

〖04215〗潘 琳 （2006）比较宗教学的先期实践——理雅各与《中国之信仰》，《云南师范大学学报》（对外汉语教学与研究版）第1期。

〖04216〗柯 玲 （2006）对外汉语教学的民俗文化思考，《云南师范大学学报》（对外汉语教学与研究版）第4期。

〖04217〗邓时忠 （2006）对外汉语教学的文化学思考，《云南师范大学学报》（对外汉语教学与研究版）第4期。

〖04218〗韩秀梅 （2006）昆曲作了黄梅声——对外汉语教学中文化教学内容错位问题初探，《云南师范大学学报》（对外汉语教学与研究版）第6期。

〖04219〗彭增安 （2006）论留学生跨文化意识的培养，《云南师范大学学报》（对外汉语教学与研究版）第6期。

〖04220〗李世强 （2006）论英汉双语教学中的文化休克现象及对策，《云南师范大学学报》（对外汉语教学与研究版）第3期。

〖04221〗贺　芸 （2006）论英语全球化背景下的文化多样性问题，《云南师范大学学报》（对外汉语教学与研究版）第4期。

〖04222〗刘　静、罗小姝 （2006）民族交际学话语对比研究——"面子"与EFL的课堂问答，《云南师范大学学报》（对外汉语教学与研究版）第4期。

〖04223〗言红兰 言志峰 （2006）透视跨文化交际中的自我理念差异，《云南师范大学学报》（对外汉语教学与研究版）第4期。

〖04224〗白朝霞 （2006）姓名文化与对外汉语教学，《云南师范大学学报》（对外汉语教学与研究版）第4期。

〖04225〗焉德才 （2006）与"龙"有关的词语及"龙"的文化象征涵蕴，《云南师范大学学报》（对外汉语教学与研究版）第4期。

2005 年

〖04226〗廖智宏　（2005）对外汉语教学文化的导入，《广西民族学院学报》（哲学社会科学版）S2期。

〖04227〗[美]吴伟克　野田真理　（2005）记忆未来：积累异国文化知识，《国际汉语教学动态与研究》第 1 期。

〖04228〗朱静青　（2005）《华语官话语法》中文化教学观念的启示，《海外华文教育》第 1 期。

〖04229〗余宏波　（2005）从跨文化语用学的角度谈对外汉语教学，《海外华文教育》第 4 期。

〖04230〗孟繁杰　（2005）对外汉语惯用语教学研究，《海外华文教育》第 2 期。

〖04231〗黄鸣奋　（2005）美国 AP 项目：中文教学的跨层次衔接与跨文化交流，《海外华文教育》第 4 期。

〖04232〗常大群　（2005）中国文化的道德观——兼论与身心健康的关系，《海外华文教育》第 2 期。

〖04233〗林　慧　（2005）谈维族学生汉语教学中的文化因素的把握，《和田师范专科学校学报》第 1 期。

〖04234〗刘晓梅　（2005）对外汉语教学中文化的定位、体系建构及教师素质，《黑龙江高教研究》第 7 期。

〖04235〗朱湘燕　（2005）影响批评语用策略选择的文化因素，《暨南大学华文学院学报》第 2 期。

〖04236〗王雅南　（2005）如何突破对外汉语教学的"瓶颈"——论对外汉语教学中的文化因素的教学，《社会科学家》S1 期。

〖04237〗周殿龙　（2005）简论民族文化对语言理解的影响，《社会科学战线》第 2 期。

〖04238〗格桑央京 （2005）社会文化背景与语言，《西北民族大学学报》（哲学社会科学版）第 1 期。

〖04239〗骆　洪 （2005）定型现象与跨性别交际，《云南师范大学学报》（对外汉语教学与研究版）第 3 期。

〖04240〗范启华 （2005）汉语教学志愿者"菲律宾模式"探析，《云南师范大学学报》（对外汉语教学与研究版）第 6 期。

〖04241〗苏向丽 （2005）跨文化交际中多元互动的语言文化教学，《云南师范大学学报》（对外汉语教学与研究版）第 4 期。

〖04242〗张黎玲 （2005）文化语境下的女性述说，《云南师范大学学报》（对外汉语教学与研究版）第 4 期。

〖04243〗张艳萍 （2005）云南对外汉语教学的地域特色，《云南师范大学学报》（对外汉语教学与研究版）第 5 期。

〖04244〗毛慧君 （2005）中国历史词源中的"文化"述说，《云南师范大学学报》（对外汉语教学与研究版）第 1 期。

〖04245〗严丽明 （2005）中介语现象中文化定型的认识和超越，《云南师范大学学报》（对外汉语教学与研究版）第 5 期。

〖04246〗任泽湘 （2005）从民族文化心理角度谈字母词语的规范使用，《郧阳师范高等专科学校学报》第 4 期。

〖04247〗王绚皓 于　涛（2005）浅析语言教学与文化色彩，《中国科技信息》第 2 期。

〖04248〗刘琳莉 岳光辉 （2005）试论对外汉语教学中的跨文化问题，《中国科技信息》第 2 期。

〖04249〗姚　远　（2005）"不礼貌"背后的礼貌——试论礼貌原则中的反语原则和玩笑原则，《对外汉语论丛》（第四期），上海：学林出版社。

2004 年

〖04250〗苏泽清　（2004）论中华文化在华文教育中的地位和作用，《八桂侨刊》第 5 期。

〖04251〗张如梅　（2004）语言的得体性与对外汉语教学中的文化导入，《大理学院学报》第 4 期。

〖04252〗李华戎、李　福　（2004）对外汉语教学中的文化导入，《大连民族学院学报》第 6 期。

〖04253〗胡清国　（2004）对外汉语中语言与文化的教学及其把握，《广西社会科学》第 3 期。

〖04254〗虞　莉　（2004）体验文化教学法手记：Performance，《国外汉语教学动态》第 4 期。

〖04255〗方欣欣　（2004）论颜色词的连锁反应，《海外华文教育》第 3 期。

〖04256〗石慧敏　（2004）说"寒""冷"，《海外华文教育》第 4 期。

〖04257〗耿　虎、方　明　（2004）文化载体的互动转换关系——谈中华文化东南亚传播链，《海外华文教育》第 1 期。

〖04258〗王治理　（2004）自然本色美的思想渊源——中国古代文学教学中的一个问题，《海外华文教育》第 2 期。

〖04259〗张　莹　（2004）对外汉语中的文化教学模式比较和策略分析，《合肥工业大学学报》（社会科学版）第 5 期。

〖04260〗崔淑慧　（2004）对外汉语教学中的文化渗透，《黑龙江高教研究》第 3 期。

〖04261〗陈　岩、姜　苹　（2004）试论对外汉语教学中文化因素的互动，《黑龙江高教研究》第 8 期。

〖04262〗龚玉兰　（2004）论柳宗元的"统合儒释"思想，《淮阴工学院学报》第 4 期。

〖04263〗代娜新　（2004）略谈对韩国留学生汉语教学中文化因素的导入，《辽宁师专学报》（社会科学版）第 2 期。

〖04264〗陈勤建　（2004）略谈民俗艺术的保护和建设，《美术观察》第 3 期。

〖04265〗王　磊　（2004）论文化阐释在对外汉语教学中的作用，《山东省青年管理干部学院学报》第 4 期。

〖04266〗任桂玲　（2004）浅谈文化差异与翻译，《陕西广播电视大学学报》第 4 期。

〖04267〗毛海莹　（2004）浅析汉民族生肖词语的文化附加义，《修辞学习》第 4 期。

〖04268〗何清强　（2004）文化差异中的对外汉语教学，《语文学刊》第 9 期。

〖04269〗周　健　（2004）论汉语教学中的文化教学及教师的双文化意识，《语言与翻译》第 1 期。

〖04270〗牛淑玲　（2004）语言教学必须重视文化知识的传授，《语言与翻译》第 1 期。

〖04271〗关英伟　（2004）跨文化交际：文化理解的桥梁——文化空缺词，《玉林师范学院学报》第 1 期。

〖04272〗华霄颖　（2004）对外汉语语言教学中的民俗解说，《云南师范大学学报》（对外汉语教学与研究版）第 2 期。

〖04273〗苟　敏、李　蔚　（2004）建设一流大学校园文化与吸引外国留学生,《云南师范大学学报》（对外汉语教学与研究版）第 5 期。

〖04274〗卢微一　（2004）论对外汉语教学中的文化阐释,《云南师范大学学报》（对外汉语教学与研究版）第 1 期。

〖04275〗詹七一　（2004）言语符号交际审美追求的文化生态意义,《云南师范大学学报》（对外汉语教学与研究版）第 3 期。

〖04276〗傅怡静　（2004）异文化的结晶:莱辛与苏轼诗画异同说,《云南师范大学学报》（对外汉语教学与研究版）第 1 期。

〖04277〗苏日娜　（2004）在中国"入世"背景下看中西文化趋同与差异,《浙江传媒学院学报》第 2 期。

〖04278〗蒋　亮　（2004）试析文化差异与英汉翻译,《中山大学学报论丛》第 5 期。

〖04279〗徐世丕　（2004）全球文化产业大扫描之五,《中外文化交流》第 2 期。

2003 年

〖04280〗张新媛　（2003）中国英语、文化与翻译,《安阳师范学院学报》第 1 期。

〖04281〗亓　华　（2003）中国对外汉语教学界文化研究 20 年述评,《北京师范大学学报》（社会科学版）第 6 期。

〖04282〗王瑞国　（2003）论在多元文化社会中的马来西亚华文教育,《海外华文教育》第 2 期。

〖04283〗耿　虎　（2003）谈海外华文教学的中国历史课学习,《海外华文教育》第 2 期。

〖04284〗蔡智敏　（2003）有关"文化教学"的新思考,《海外华文教育》第 3 期。

〖04285〗常大群 （2003）中国文化三字经与华文教育，《海外华文教育》第 2 期。

〖04286〗常大群 （2003）中国文化战略：全球化视野中的对外汉语教学，《海外华文教育》第 2 期。

〖04287〗刘　葭 （2003）中英亲属称谓语言的跨文化透视，《湖南广播电视大学学报》第 1 期。

〖04288〗张维耿 （2003）漫话中国大陆五十年间称谓语的变化，《暨南大学华文学院学报》第 2 期。

〖04289〗李春玲 （2003）对外汉语教学中的汉语教学与汉文化教学，《辽宁教育行政学院学报》第 5 期。

〖04290〗张慧君 （2003）对外基础汉语教学的文化导入，《齐齐哈尔大学学报》（哲学社会科学版）第 4 期。

〖04291〗郑　超 （2003）试谈对外汉语教学中的跨文化意识，《沈阳师范大学学报》（社会科学版）第 3 期。

〖04292〗祖晓梅 （2003）跨文化能力与文化教学的新目标，《世界汉语教学》第 4 期。

〖04293〗陈永科 （2003）谈跨文化交际中的文化现象，《西安联合大学学报》第 3 期。

〖04294〗杨英明 （2003）论地方对外宣传翻译中的文化流失，《湘潭师范学院学报》（社会科学版）第 2 期。

〖04295〗阿衣古力·玉苏甫　阿孜古丽·阿不都热合曼 （2003）谈汉文化知识的传播在对外汉语教学中的作用，《新疆教育学院学报》第 3 期。

〖04296〗黎　敏 （2003）民俗文化对日本留学生高级汉语学习的影响，《语言教学与研究》第 6 期。

〖04297〗罗云艳 （2003）怎样处理对外汉语教学中文化与

语言教学的关系，《玉溪师范学院学报》
第1期。

〖04298〗刘　森、李正栓　（2003）对外汉语教学与跨文化
研究，《云南师范大学学报》（对外汉语
教学与研究版）第1期。

〖04299〗姚俊玲　（2003）对外汉语教学中的文化冲突问题，
《云南师范大学学报》（对外汉语教学与
研究版）第2期。

〖04300〗袁　新　（2003）跨文化交际与对外汉语教学，《云
南师范大学学报》（对外汉语教学与研究
版）第2期。

〖04301〗朱丽萍　（2003）论对外汉语教学中学生跨文化交
际能力的培养，《云南师范大学学报》（对
外汉语教学与研究版）第3期。

〖04302〗耿家林　（2003）论文化移入在交际中的重要性，
《云南师范大学学报》（对外汉语教学与
研究版）第2期。

〖04303〗沈家贤　（2003）试论中西文化差异与对外汉语教
学，《云南师范大学学报》（对外汉语教
学与研究版）第3期。

〖04304〗黎小力　（2003）谈留学生非常规个别教学的文化
内涵导入，《云南师范大学学报》（对外
汉语教学与研究版）第4期。

〖04305〗胡建军　（2003）中高级口语课程的文化教学研究，
《云南师范大学学报》（对外汉语教学与
研究版）第4期。

〖04306〗毛海莹　（2003）中国生肖语言的文化隐喻与对外
汉语教学，《云南师范大学学报》（对外
汉语教学与研究版）第5期。

〖04307〗陈昌义　（2003）外来词为载体的西方文化对汉民
族文化的冲击，《浙江师范大学学报》（社

会科学版）第 1 期。

〖04308〗吴　琳　（2003）对外汉语教学中的方位文化教学，《中南民族大学学报》（人文社会科学版）S1 期。

2002 年

〖04309〗卢华岩　（2002）试论对外汉语教学中的词语文化内涵，《北京师范大学学报》（人文社会科学版）第 6 期。

〖04310〗李嘉郁　（2002）对华文教育中文化问题的几点认识，《海外华文教育》第 1 期。

〖04311〗毛通文　（2002）对外汉语教学中的文化传授——从 HSK 考试看跨文化交际教学的重要性，《海外华文教育》第 4 期。

〖04312〗常大群　（2002）海外华文教师培训中的中国文化课教学，《海外华文教育》第 4 期。

〖04313〗黄　宏　（2002）浅议对外汉语公派出国教师的跨文化交际问题及其对策，《海外华文教育》第 1 期。

〖04314〗王爱平　乔印伟　（2002）语言文化背景与汉语学习——对东南亚华裔学生的调查与思考，《海外华文教育》第 3 期。

〖04315〗毛海莹　徐雪梅　（2002）打开中国文化之门的"金钥匙"——试论对外汉语教学中的婚俗文化教学，《暨南大学华文学院学报》第 4 期。

〖04316〗马世才　高一惠（2002）对外汉语教学中文化导入的几点思考，《兰州学刊》第 6 期。

〖04317〗高立平　（2002）对外汉语教学中的文化意识，《南京社会科学》第 2 期。

〖04318〗翟英华　（2002）从第二语言教学谈语言教学与文

化的关系，《齐齐哈尔大学学报》（哲学
社会科学版）第 2 期。

〖04319〗李延林　屠国元　（2002）语言文化与翻译纵横谈，
《青岛科技大学学报》（社会科学版）第
1 期。

〖04320〗刘芝琳　王瑞芝　（2002）外语教学中文化背景知
识传授的思考，《清华大学教育研究》第
1 期。

〖04321〗常　峻　（2002）民俗文化与对外汉语教学，《上
海大学学报》（社会科学版）第 1 期。

〖04322〗朱学佳　（2002）第二语言教学中的社会文化制约，
《乌鲁木齐成人教育学院学报》第 2 期。

〖04323〗伊莉曼　（2002）浅谈汉语词汇中部分词语的文化
义，《新疆师范大学学报》（哲学社会科
学版）第 1 期。

〖04324〗王　辞　（2002）习语翻译中的"等效性"与文化
缺失现象的理解，《云梦学刊》第 5 期。

〖04325〗陈　融　（2002）挫败期与文化误解——关于来华
留学生跨文化交际的两个问题，《对外汉
语教研论丛》（第二辑），上海：华东师
范大学出版社。

〖04326〗张永奋　（2002）汉字教学中的文化阐释，《对外
汉语教研论丛》（第二辑），上海：华东
师范大学出版社。

〖04327〗金志军　（2002）浅谈跨文化交际在对外汉语教学
中的应用——由欧美留学生对中国文化
的错解所想到，《对外汉语教研论丛》（第
二辑），上海：华东师范大学出版社。

〖04328〗朱晓琳　（2002）文化背景差异对法国人学汉语的
影响，《对外汉语教研论丛》（第二辑），
上海：华东师范大学出版社。

2001 年

〖04329〗亓　华　（2001）新中国对日汉语文化教学与研究述评，《北京师范大学学报》（人文社会科学版）第 6 期。

〖04330〗折鸿君　（2001）试论外语教学与文化教学，《甘肃高师学报》第 6 期。

〖04331〗贺学耘　（2001）求同存异：英汉语篇翻译中的文化移植，《衡阳师范学院学报》第 4 期。

〖04332〗李善邦　（2001）文语兼顾 育教并重——浅谈汉语课教学中的文化引导，《华侨大学学报》（人文社会科学版）第 3 期。

〖04333〗陈汝东　（2001）民族心理视角下的语言及其运用，《暨南大学华文学院学报》第 2 期。

〖04334〗张　蓓　（2001）寓汉文化介绍于对外汉语教学的作用及其方法，《教育与现代化》第 3 期。

〖04335〗汲传波　（2001）词的文化义、交际文化义与对外汉语教学，《聊城师范学院学报》（哲学社会科学版）第 1 期。

〖04336〗甘能清　（2001）日语谐音与日本文化（上），《日语知识》第 10 期。

〖04337〗甘能清　（2001）日语谐音与日本文化（下），《日语知识》第 12 期。

〖04338〗徐　丹　（2001）跨文化交际中显性非语言信息的处理策略，《深圳大学学报》（人文社会科学版）第 2 期。

〖04339〗贺　群　（2001）试对比分析对外汉语与少数民族汉语文化教学与研究，《西北民族学院学报》（哲学社会科学版汉文）第 4 期。

〖04340〗刘晓健　（2001）对外汉语教学中的语言教学与文化教学，《徐州师范大学学报》（哲学社会科学版）第 3 期。

〖04341〗王化鹏　（2001）汉语成语中的历史文化积淀，《烟台师范学院学报》（哲学社会科学版）第 4 期。

〖04342〗张　昀　（2001）论文化背景对留学生汉语学习的影响，《语言与翻译》第 4 期。

〖04343〗曹　慧　（2001）从俗语、熟语看"吃"对汉语语汇的文化渗透，《中国对外汉语教学学会北京分会第二届学术年会论文集》，北京：北京语言文化大学出版社。

〖04344〗钱　华　（2001）言语习得与跨文化意识，《中国对外汉语教学学会北京分会第二届学术年会论文集》，北京：北京语言文化大学出版社。

2000 年

〖04345〗陈天祥　（2000）文化语言学兴起及其启示，《德州师专学报》第 1 期。

〖04346〗张　桃　（2000）对外汉语教学文化与语言的关系及其定位，《海外华文教育》第 3 期。

〖04347〗周聿峨　（2000）文化乃民族灵魂——华文教育与马来西亚华族的形成，《海外华文教育》第 4 期。

〖04348〗周　健　（2000）试论文化混融语境中的交际与汉语教学，《汉语学习》第 4 期。

〖04349〗徐家祯　（2000）基础语言课中语言教学与文化教学结合的问题，《世界汉语教学》第 3 期。

〖04350〗陈　申　（2000）Kramsch 的后结构主义语言文化观，《语言教学与研究》第 1 期。

〖04351〗辛　平　（2000）充分利用文化大环境开设文化实践课——文化课教学模式新探索，《第六届国际汉语教学讨论会论文选》，北京：北京大学出版社。

〖04352〗陈学超 （2000）论香港方言岛的普通话交际文化教学，《第六届国际汉语教学讨论会论文选》，北京：北京大学出版社。

〖04353〗沈　燕、韦荷雅 （2000）谈非中国文化环境中培养跨文化交际能力的途径，《第六届国际汉语教学讨论会论文选》，北京：北京大学出版社。

〖04354〗李　侠 （2000）先驱之举：澳大利亚的汉语和中国文化教学，《第六届国际汉语教学讨论会论文选》，北京：北京大学出版社。

1999 年

〖04355〗张淑贤 （1999）文化意识与对外汉语教学，《北京大学学报》（哲学社会科学版）第 4 期。

〖04356〗王　苹 （1999）论对外汉语教学中的文化因素，《贵州大学学报》（社会科学版）第 6 期。

〖04357〗李建国　杨文惠 （1999）对外汉语教学中的文化导入特征——从语言的文化本质谈起，《华侨大学学报》（哲学社会科学版）第 3 期。

〖04358〗陈　申 （1999）西方语言文化教学的演变与发展——兼议对世界汉语教学的影响，《世界汉语教学》第 1 期。

〖04359〗李宝贵　高玉娟 （1999）论第二语言教学中的文化差异教学，《外语与外语教学》第 5 期。

〖04360〗景永恒 （1999）汉语教学中的文化导入现象刍议，《新疆师范大学学报》（哲学社会科学版）第 2 期。

〖04361〗雷淑娟 （1999）对外汉语教学中汉民族文化精神

的贯穿，《学术交流》第 2 期。

〖04362〗亓　华　　（1999）从"老外"一词谈跨文化言语交际的国际准则，《语文建设》第 2 期。

〖04363〗郭永瑛　　（1999）汉语文化教学与双文化的学习，《语言与翻译》第 3 期。

〖04364〗易　斌、秦　武　（1999）浅谈《基础汉语》教学中的文化教学，《语言与翻译》第 4 期。

〖04365〗王　琼、姜振国　（1999）浅谈预科汉语教学中的文化依附，《语言与翻译》第 1 期。

〖04366〗李露蕾　　（1999）价值取舍、文化规约与对韩汉语教学，《对外汉语教研论丛》（第一辑），上海：华东师范大学出版社。

〖04367〗许光华　　（1999）为外国学生开设〈中国文化〉课的几点想法，《对外汉语教研论丛》（第一辑），上海：华东师范大学出版社。

〖04368〗赵惠平　　（1999）注意发掘教材的文化内蕴——《中国家常》教学心得，《对外汉语教研论丛》（第一辑），上海：华东师范大学出版社。

1998 年

〖04369〗谷建军　　（1998）词汇中的文化蕴含，《北京联合大学学报》第 4 期。

〖04370〗陈荣岚　　（1998）从文化视角研究汉语及其应用的力作：读张绍滔先生新著《汉语文化研究》，《海外华文教育》第 1 期。

〖04371〗林蒲田　　（1998）东南亚诸国的民族同化政策与华文教育的关系探索，《海外华文教育》第 1 期。

〖04372〗刘　溟　　（1998）论香港双语文化（节选），《海外华文教育》第 1 期。

〖04373〗刘乃叔　敖桂华　（1998）对外汉语教学中文化渗

透之我见，《汉语学习》第 2 期。

〖04374〗钟希华 （1998）试论外语学习中的文化因素，《黔东南民族师范高等专科学校学报》第 1 期。

〖04375〗李　红 （1998）试论对外汉语教学中的跨文化交际意识，《陕西师范大学学报》（哲学社会科学版）S1 期。

〖04376〗王殿珍 （1998）"死"类词语的文化内涵，《世界汉语教学》第 3 期。

〖04377〗耿有权 （1998）影响言语礼貌性的语用因素，《世界汉语教学》第 2 期。

〖04378〗朱立才 （1998）语言文化与翻译课教学，《世界汉语教学》第 3 期。

〖04379〗高一虹 （1998）跨文化交际能力的"道"与"器"，《语言教学与研究》第 3 期。

〖04380〗毕继万 （1998）跨文化交际研究与第二语言教学，《语言教学与研究》第 1 期。

〖04381〗李恕仁 （1998）寓文化教学于对外汉语教学之中，《云南师范大学学报》（哲学社会科学版）第 4 期。

1997 年

〖04382〗李　巍 （1997）报刊语汇的文化特色及教学对策，《北华大学学报》（社会科学版）第 6 期。

〖04383〗张绍滔 （1997）汉语的方向次序及其文化背景，《海外华文教育》第 2 期。

〖04384〗马新军　王丽君 （1997）如何在少数民族汉语教学中进行汉文化因素的教学，《喀什师范学院学报》第 3 期。

〖04385〗田桂民 （1997）对外汉语教学应注重文化知识的传授，《南开学报》（哲学社会科学版）第 6 期。

〖04386〗孙欣欣　（1997）对外汉语教学基础阶段文化导入的方法，《世界汉语教学》第 1 期。

〖04387〗蔡振生　（1997）国俗语义与对外汉语教学，《世界汉语教学》第 2 期。

〖04388〗洪　玮　（1997）试析文化和语系对汉德语用的影响，《世界汉语教学》第 4 期。

〖04389〗刘　平　（1997）对少数民族汉语专业的汉文化教学探析，《新疆师范大学学报》（哲学社会科学版）第 1 期。

〖04390〗林国立　（1997）构建对外汉语教学的文化因素体系——研制文化大纲之我见，《语言教学与研究》第 1 期。

〖04391〗孟子敏　（1997）文化依附与对外汉语教学，《语言教学与研究》第 2 期。

〖04392〗陈光磊　（1997）关于对外汉语课中的文化教学问题，《语言文字应用》第 1 期。

〖04393〗丁金国　（1997）语体的普遍性与语体文化，《中国海洋大学学报》（社会科学版）第 1 期。

〖04394〗张淑贤　（1997）论对外汉语教学与文化渗透，《淄博学院学报》（社会科学版）第 2 期。

〖04395〗史双元　（1997）释"重单日"与奇数——兼谈文化导入的层次，《第五届国际汉语教学讨论会论文选》，北京：北京大学出版社。

〖04396〗王振昆　（1997）汉语表述与跨文化交际，《第五届国际汉语教学讨论会论文选》，北京：北京大学出版社。

1996 年

〖04397〗林　可　（1996）论对外汉语教学的文化性质，《广西大学学报》（哲学社会科学版）第 4 期。

〖04398〗张亚群　（1996）东南亚华文教育的不平衡性发展及其对华人文化传承的影响，《海外华文教育》第 1 期。

〖04399〗蔡铁民　（1996）在华教中拓展中华文化教学的可行性探讨，《海外华文教育》第 2 期。

〖04400〗马叔骏　潘先军　（1996）论对外汉语文化教学的层次，《汉语学习》第 1 期。

〖04401〗吴仁甫　徐子亮　（1996）对外汉语教学中语言教学和文化教学的"位"与"量"，《华东师范大学学报》（哲学社会科学版）第 4 期。

〖04402〗李庆燊　（1996）文化差异与翻译的可译限度，《柳州师专学报》第 3 期。

〖04403〗毕继万　（1996）"礼貌"的文化特性研究，《世界汉语教学》第 1 期。

〖04404〗H·R·Lan　（1996）*The Flesh Made Word—A Preliminary Study of Body Metaphors in Chinese*，《世界汉语教学》第 1 期。

〖04405〗卢　伟　（1996）对外汉语教学中的文化因素研究述评，《世界汉语教学》第 2 期。

〖04406〗束定芳　（1996）语言与文化关系以及外语基础阶段教学中的文化导入问题，《外语界》第 1 期。

〖04407〗杨　怡　（1996）对外汉语教学中的文化导入——从 TIC 谈起，《厦门大学学报》（哲学社会科学版）第 4 期。

〖04408〗李秀坤　（1996）对外汉语汉字教学文化因素的注入，《学汉语》第 12 期。

〖04409〗毕继万　（1996）"谦逊"的文化特性，《语文建设》第 10 期。

〖04410〗林国立　（1996）对外汉语教学中文化因素的定性、定位和定量问题刍议，《语言教学与研究》第 1 期。

〖04411〗邹明强　（1996）对外汉语教学中的跨文化交流，《云南民族学院学报》（哲学社会科学版）第 4 期。

〖04412〗龚映杉、张　鹰、郜云雁（1996）中国文化走向世界的重要媒体——我国对外汉语教学一瞥，《中国高等教育》Z1 期。

〖04413〗周小兵　（1996）对外汉语教学中的跨文化交际，《中山大学学报》（社会科学版）第 6 期。

〖04414〗钱玉莲　（1996）"言外之意"与汉民族文化心理，《中国对外汉语教学学会成立十周年纪念论文选》，北京：北京语言文化大学出版社。

〖04415〗潘耀武　（1996）称谓与心理，《中国对外汉语教学学会成立十周年纪念论文选》，北京：北京语言学院出版社。

〖04416〗张占一　（1996）对外汉语教学界的两股"文化风"，《中国对外汉语教学学会成立十周年纪念论文选》，北京：北京语言学院出版社。

〖04417〗张和生　（1996）汉语贬义词与汉民族观念文化，《中国对外汉语教学学会成立十周年纪念论文选》，北京：北京语言学院出版社。

〖04418〗岑玉珍　（1996）从与"朋友"相关的一类词看中国人的交际文化心理，《中国对外汉语教学学会第五次学术讨论会论文选》，北京：北京语言学院出版社。

〖04419〗陶嘉炜　（1996）汉语思维方式略议，《中国对外汉语教学学会第五次学术讨论会论文选》，北京：北京语言学院出版社。

〖04420〗王建勤　（1996）跨文化研究的新维度，《中国对外汉语教学学会第五次学术讨论会论文选》，北京：北京语言学院出版社。

〖04421〗王国安　（1996）论汉语文化词和文化意义，《中国对外汉语教学学会第五次学术讨论会论文选》，北京：北京语言学院出版社。

1995 年

〖04422〗郭红焱　（1995）对美国留学生汉语教学过程中的文化导入，《北京第二外国语学院学报》第 4 期。

〖04423〗张绍滔　（1995）海外华文教学的文化因素，《海外华文教育》第 1 期。

〖04424〗金　宁　（1995）华裔学生文化教学的探颐，《海外华文教育》第 1 期。

〖04425〗仁　甫、刘　方、子　亮、勇　毅　（1995）言语行为与文化模式——中国人的交际方式三例，《汉语学习》第 1 期。

〖04426〗陈晓燕　（1995）对外汉语教学的文化学剖析，《教育评论》第 5 期。

〖04427〗李葆嘉　（1995）中国文化语言学的当代意识——第三届全国文化语言学研讨会述评，《解放军外国语学院学报》第 1 期。

〖04428〗阎　军、史艳岚　（1995）对外汉语教学中的文化传播思考，《兰州大学学报》（社会科学版）第 4 期。

〖04429〗仁　玉　（1995）对外汉语文化教学特点初探，《辽宁师范大学学报》（社会科学版）第 2 期。

〖04430〗李宝贵　（1995）文化差异与对外汉语教学，《辽宁师范大学学报》（社会科学版）第 1 期。

〖04431〗丁　夏　（1995）称谓与文化——从对外汉语教学的角度看汉语称谓词语，《清华大学学报》（哲学社会科学版）第 4 期。

〖04432〗董　萃　（1995）浅谈对外汉语教学中的文化介入，

　　　　　　　　　　《沈阳师范学院学报》（社会科学版）第
　　　　　　　　　　1 期。

〖04433〗吴建玲　（1995）多元文化班教学特点探讨，《世
　　　　　　　　　　界汉语教学》第 4 期。

〖04434〗周前方　（1995）方位称谓词的语言文化分析，《世
　　　　　　　　　　界汉语教学》第 4 期。

〖04435〗王建勤　（1995）跨文化研究的新维度——学习者
　　　　　　　　　　的中介文化行为系统，《世界汉语教学》
　　　　　　　　　　第 3 期。

〖04436〗董树人　（1995）也谈对外汉语教学中的文化教学
　　　　　　　　　　——兼及《说汉语谈文化》，《世界汉语
　　　　　　　　　　教学》第 2 期。

〖04437〗史有为　（1995）再续《汉语文化语音学虚实谈》，
　　　　　　　　　　《世界汉语教学》第 4 期。

〖04438〗武艳玲　文木方　（1995）关于对外汉语教学注入
　　　　　　　　　　汉文化因素的构想，《松辽学刊》（人文
　　　　　　　　　　社会科学版）第 2 期。

〖04439〗周殿龙　（1995）试论对外汉语教学中的文化导入，
　　　　　　　　　　《松辽学刊》（人文社会科学版）第 2 期。

〖04440〗李忠星　（1995）对外汉语言文化专业设置浅议，
　　　　　　　　　　《武汉大学学报》（哲学社会科学版）第
　　　　　　　　　　3 期。

〖04441〗何重先　（1995）留学生初级汉语教学与文化内容
　　　　　　　　　　初探，《武汉大学学报》（哲学社会科学
　　　　　　　　　　版）第 6 期。

〖04442〗万惠洲　（1995）中国之礼的语言与文化透视，《第
　　　　　　　　　　四届国际汉语教学讨论会论文选》，北京：
　　　　　　　　　　北京语言学院出版社。

〖04443〗胡明扬　（1995）对外汉语教学中的文化因素，《第
　　　　　　　　　　四届国际汉语教学讨论会论文选》，北京：
　　　　　　　　　　北京语言学院出版社。

〖04444〗卢绍昌　（1995）汉语与数字文化，《第四届国际汉语教学讨论会论文选》，北京：北京语言学院出版社。

〖04445〗张绍滔　（1995）话语生成和理解中的文化因素，《第四届国际汉语教学讨论会论文选》，北京：北京语言学院出版社。

〖04446〗张德鑫　（1995）数字"七"的文化内蕴，《第四届国际汉语教学讨论会论文选》，北京：北京语言学院出版社。

〖04447〗张清常　（1995）说"礼拜"——语文与文化的关系之一例，《第四届国际汉语教学讨论会论文选》，北京：北京语言学院出版社。

〖04448〗屈承熹　（1995）怎样为"中国文化语言学"定位?，《第四届国际汉语教学讨论会论文选》，北京：北京语言学院出版社。

1994 年

〖04449〗田惠刚　（1994）语言个性与文化差异，《百科知识》第 12 期。

〖04450〗贾　放　（1994）关于文化课整体设计的构想，《北京师范大学学报》（人文社会科学版）第 6 期。

〖04451〗王魁京　（1994）对外汉语教学与跨文化问题的多面性，《北京师范大学学报》（社会科学版）第 6 期。

〖04452〗赵贤洲　（1994）对外汉语文化课教学刍议——关于教学导向与教学原则，《汉语学习》第 1 期。

〖04453〗张　英　（1994）论对外汉语文化教学，《汉语学习》第 3 期。

〖04454〗张　英　（1994）论对外汉语言文化教学，《汉语学习》第 5 期。

〖04455〗金　宁　（1994）关于华裔学生文化教学的若干探
讨，《华侨大学学报》（哲学社会科学版）
第 3 期。

〖04456〗肖　莉　（1994）对外汉语教学中如何弘扬中华传
统文化，《佳木斯大学社会科学学报》第
4 期。

〖04457〗金舒年　（1994）传统文化与涉外教学，《群言》
第 8 期。

〖04458〗张德鑫　（1994）"二"话，《世界汉语教学》第
3 期。

〖04459〗陈光磊　（1994）从"文化测试"说到"文化大纲"，
《世界汉语教学》第 1 期。

〖04460〗郝　劼　（1994）内化——偏重心理的文化导入方
法，《世界汉语教学》第 4 期。

〖04461〗[日]大西智之　（1994）亲属称谓词的自称用法刍
议，《世界汉语教学》第 4 期。

〖04462〗史有为　（1994）续《汉语文化语音虚实谈》，《世
界汉语教学》第 2 期。

〖04463〗沈履伟　（1994）也谈文化导入的几个问题，《四
川外语学院学报》第 1 期。

〖04464〗魏　威　（1994）关于饮食文化对日常用语的影响，
《学汉语》第 7 期。

〖04465〗盛　炎　（1994）跨文化交际中的语体学问题，《语
言教学与研究》第 2 期。

〖04466〗毕继万　（1994）对外汉语教学中语言文化研究的
问题，《语言文字应用》第 2 期。

〖04467〗毕继万　张德鑫　（1994）对外汉语教学中语言文
化研究的问题，《语言文字应用》第 2 期。

〖04468〗樊　星　（1994）将京剧介绍给外国朋友，《中国
京剧》第 5 期。

〖04469〗章无忌　（1994）在波兰讲《易经》——关于对外文化教学的思考，《中国文化研究》第 1期。

1993 年

〖04470〗王学松　（1993）对外汉语教学中文化教学的层次，《北京师范大学学报》（社会科学版）第 6 期。

〖04471〗王魁京　（1993）语言和文化的关系与第二语言的教学，《北京师范大学学报》（社会科学版）第 6 期。

〖04472〗张德鑫　（1993）"零"与"〇"，《世界汉语教学》第 4 期。

〖04473〗田惠刚　（1993）对外汉语教学中的东西方文化背景，《外语教学》第 2 期。

〖04474〗张占一　（1993）试议交际文化和知识文化，《对外汉语教学论文选评》，北京：北京语言学院出版社。

〖04475〗张德鑫　（1993）"十二"探微，《中国对外汉语教学学会第四次学术讨论会论文选》，北京：北京语言学院出版社。

〖04476〗王　珊　（1993）从感知的角度对第二语言教学和文化的关系的探讨，《中国对外汉语教学学会第四次学术讨论会论文选》，北京：北京语言学院出版社。

〖04477〗魏春木　（1993）对外汉语教学中的文化导入三论，《中国对外汉语教学学会第四次学术讨论会论文选》，北京：北京语言学院出版社。

〖04478〗王德春　（1993）国俗语义学略论，《中国对外汉语教学学会第四次学术讨论会论文选》，北京：北京语言学院出版社。

〚04479〛项广明　（1993）汉文化教学与对外汉语教学关系论——汉文化教学对对外汉语教学的影响及制约模式，《中国对外汉语教学学会第四次学术讨论会论文选》，北京：北京语言学院出版社。

〚04480〛叶盼云　（1993）交际中语言和文化的双向选择，《中国对外汉语教学学会第四次学术讨论会论文选》，北京：北京语言学院出版社。

〚04481〛陈光磊　（1993）语言教学中的文化导入，《中国对外汉语教学学会第四次学术讨论会论文选》，北京：北京语言学院出版社。

〚04482〛杨国章　（1993）语言与交际，《中国对外汉语教学学会第四次学术讨论会论文选》，北京：北京语言学院出版社。

〚04483〛赵守辉　（1993）中国饮食文化与对外汉语教学，《中国对外汉语教学学会第四次学术讨论会论文选》，北京：北京语言学院出版社。

〚04484〛朱希祥　（1993）中西文化中的自背反现象，《中国对外汉语教学学会第四次学术讨论会论文选》，北京：北京语言学院出版社。

1992 年

〚04485〛董　明　（1992）对外汉语教学与汉文化，《北京师范大学学报》（社会科学版）第 6 期。

〚04486〛冯学锋　李祥坤　（1992）交际文化与语言教学，《湖北大学学报》（哲学社会科学版）第 5 期。

〚04487〛金志刚　（1992）对外汉语课堂教学与"文化渗透"，

《辽宁师范大学学报》（社会科学版）第 6 期。

〖04488〗Hu Mingyang （1992）*Putonghua, the Chinese Standard National Common Speech, and the Beijing vernacular*，《世界汉语教学》第 1 期。

〖04489〗常敬宇 （1992）汉民族文化心态对汉语语法特点的影响，《世界汉语教学》第 4 期。

〖04490〗魏春木 卞觉非 （1992）基础汉语教学阶段文化导入内容初探，《世界汉语教学》第 1 期。

〖04491〗鲁健骥 （1992）人名与称谓中的排行，《世界汉语教学》第 3 期。

〖04492〗邓时忠 （1992）论对外汉语教学中文化因素的导入，《西南民族大学学报》（人文社科版）第 6 期。

〖04493〗周思源 （1992）论对外汉语教学的文化观念，《语言教学与研究》第 3 期。

〖04494〗陈光磊 （1992）语言教学中的文化导入，《语言教学与研究》第 3 期。

1991 年

〖04495〗王国璋 王安陆 （1991）对外汉语教学与《中国家常》，《北京大学学报》（哲学社会科学版）第 5 期。

〖04496〗邓 浩、郑 婕 （1991）对外汉语教学中的汉文化教学刍议，《汉语学习》第 5 期。

〖04497〗王钟华 （1991）建立语言与文化相结合的教学体系——关于对外汉语教学中语言与文化关系问题的思考，《世界汉语教学》第 1 期。

〖04498〗赵永新 （1991）说"饭店"，《世界汉语教学》

第 1 期。

〖04499〗杨国章　（1991）文化教学的思考与文化教材的设计，《世界汉语教学》第 4 期。

〖04500〗毕继万　张占一　（1991）跨文化意识与外语教学，《天津师大学报》第 5 期。

〖04501〗晶　磊　（1991）"中国文化与世界"国际学术讨论会综述，《外国语》（上海外国语大学学报）第 5 期。

〖04502〗毕继万　张占一　（1991）如何理解和揭示对外汉语教学中的文化因素，《语言教学与研究》第 4 期。

〖04503〗李铭建　（1991）说古谈今——文化讲座新尝试，《对外汉语教学研究》，广州：中山大学出版社。

〖04504〗何　平　（1991）论与社会文化和汉语语言相适应的功能和结构法教学模式，《中高级对外汉语教学论文选》，北京：北京语言学院出版社。

〖04505〗周思源　（1991）论中高级阶段对外汉语教学中的文化问题，《中高级对外汉语教学论文选》，北京：北京语言学院出版社。

〖04506〗何　平　（1991）论社会文化和汉语言相适应的功能和结构法教学模式，《中高级对外汉语教学论文选》，北京：北京语言学院出版社。

〖04507〗杨国章　（1991）运用正确的文化观点科学对待传统文化，《中高级对外汉语教学论文选》，北京：北京语言学院出版社。

〖04508〗苑良珍　（1991）在平等对话中传播中国文化，《中高级对外汉语教学论文选》，北京：北京语言学院出版社。

〖04509〗徐子亮 （1991）不同文化的感谢语比较，《第三届国际汉语教学讨论会论文选》，北京：北京语言学院出版社。

〖04510〗王海燕 （1991）汉语教学和中国文化传播同时并进——大阪府日中友好协会附属大阪中国语学院教学情况介绍，《第三届国际汉语教学讨论会论文选》，北京：北京语言学院出版社。

〖04511〗何景贤 （1991）汉语教学中的文化活动，《第三届国际汉语教学讨论会论文选》，北京：北京语言学院出版社。

〖04512〗刘 宁 （1991）谈汉文化的汉语表征，《第三届国际汉语教学讨论会论文选》，北京：北京语言学院出版社。

〖04513〗王国安 （1991）文化概念与文化要素，《第三届国际汉语教学讨论会论文选》，北京：北京语言学院出版社。

1990 年

〖04514〗刘小湘 （1990）试论对外汉语教学中的国情文化教学，《上海师范大学学报》（哲学社会科学版）第 1 期。

〖04515〗鲁健骥 （1990）对外汉语教学基础阶段处理文化因素的原则和做法，《语言教学与研究》第 1 期。

〖04516〗赵贤洲 （1990）第二语言教学与社会文化，《中国对外汉语教学学会第三次学术讨论会论文选》，北京：北京语言学院出版社。

〖04517〗李铭建 （1990）中国文化介绍的取向，《中国对外汉语教学学会第三次学术讨论会论文选》，北京：北京语言学院出版社。

1989 年

〖04518〗萧国政等　（1989）汉语特点和汉民族心态，《华东师大学报》（哲学社会科学版）第 4 期。

〖04519〗黄奕谋　（1989）对外汉语教学中的烹饪课，《世界汉语教学》第 3 期。

1988 年

〖04520〗于丛扬　（1988）文化与报刊语言教学，《第二届国际汉语教学讨论会论文选》，北京：北京语言学院出版社。

1987 年

〖04521〗梅立崇　（1987）汉语的语言避讳琐谈，《世界汉语教学》预刊第 1 期。

〖04522〗董　明　（1987）汉语中的礼貌语，《世界汉语教学》第 2 期。

〖04523〗于丛扬　（1987）文化与报刊语言教学，《语言教学与研究》第 4 期。

〖04524〗陈光磊　（1987）语言教学与文化背景知识的相关性，《语言教学与研究》第 2 期。

1986 年

〖04525〗毕继万　（1986）中国文化介绍在对外汉语教学中的作用，《第一届国际汉语教学讨论会论文选》，北京：北京语言学院出版社。

1985 年

〖04526〗洪碧越等　（1985）中国社会语言使用概略，《国外社会科学著作提要》第 2 期。

1980 年

〖04527〗李守田　（1980）汉语语段教学初探，《汉语学习》
第 4 期。

〖04528〗李又安　（1980）对外语教学中文化问题的认识发
展过程，《语言教学与研究》第 4 期。

四、汉语作为第二语言的习得研究

13. 汉语作为第二语言的习得研究

2007 年

〖04529〗牛巧红　（2007）量词"只"、"头"的认知分析与对外汉语教学，《鞍山师范学院学报》第 3 期。

〖04530〗徐　琰　（2007）论对外汉语教学中心理的影响，《大众科学》（科学研究与实践）第 15 期。

〖04531〗王　晨　（2007）建立在认知基础上的对外汉语语段思维训练，《广西大学学报》（哲学社会科学版）S1 期。

〖04532〗张君博　（2007）程度副词"很"的有关偏误分析，《海外华文教育》第 2 期。

〖04533〗石慧敏　（2007）日本来华中学生汉语学习心理及教学法研究，《海外华文教育》第 1 期。

〖04534〗刘　瑜　（2007）中、高级学生介词"在"习得情况考察及分析，《海外华文教育》第 1 期。

〖04535〗陈昌来　（2007）"给予"类三价动词构成的句式及其论元缺省的认知解释，《汉语学习》第 3 期。

〖04536〗黄玉花　（2007）韩国留学生汉语趋向补语习得特点及偏误分析，《汉语学习》第 4 期。

〖04537〗朱其智　（2007）留学生汉语杂糅偏误分析，《汉语学习》第 3 期。

〖04538〗刘元满　（2007）留学生一般性文章格式偏误表现

与分析——基于 100 份入学分班试卷的作文调查，《汉语学习》第 5 期。

〖04539〗包双喜　（2007）蒙古国学生汉语偏误分析，《汉语学习》第 4 期。

〖04540〗周小兵、王　宇　（2007）与范围副词"都"有关的偏误分析，《汉语学习》第 1 期。

〖04541〗卢福波　（2007）语法教学与认知理念，《汉语学习》第 3 期。

〖04542〗梁德慧　王晓艳　（2007）fMRI、ERPs 技术框架下的双语认知研究，《河南大学学报》（社会科学版）第 4 期。

〖04543〗王　岩　（2007）"忍不住""受不了"发生偏误的语义泛化思考，《教书育人》S4 期。

〖04544〗杨立琴　李立臣　（2007）初级汉语教学中"主动纠错行为"的负效应，《教育艺术》第 6 期。

〖04545〗乔璐璐　（2007）对外汉字教学中迁移理论的应用，《辽宁教育行政学院学报》第 5 期。

〖04546〗杨惠茹　（2007）对外汉语教学中的颜色隐喻输入，《绵阳师范学院学报》第 1 期。

〖04547〗刘　甜　（2007）一首"周截棍"的"双杰伦"——试论口误研究在对外汉语教学中的作用，《牡丹江师范学院学报》（哲学社会科学版）第 4 期。

〖04548〗马明艳　（2007）初级阶段非汉字圈留学生汉字学习策略的个案研究，《世界汉语教学》第 1 期。

〖04549〗李　慧、李　华、付　娜、何国锦　（2007）汉语常用多义词在中介语语料库中的义项分布及偏误考察，《世界汉语教学》第 1 期。

〖04550〗黄月圆　杨素英　高立群　张旺熹　崔希亮

.(2007)汉语作为第二语言"被"字句习得的考察,《世界汉语教学》第2期。

〖04551〗王茂林　孙玉卿　（2007）印尼华裔留学生汉语三合元音韵母偏误分析,《世界汉语教学》第1期。

〖04552〗唐伟清　（2007）认知理论在听力教学中的运用,《天津职业院校联合学报》第2期。

〖04553〗徐永生　（2007）浅析"把"字句的致使性特征——对外汉语教学实践中的认知管窥,《无锡商业职业技术学院学报》第2期。

〖04554〗毛　丽　（2007）对外汉语课堂教学中的纠错策略研究综述,《湘潭师范学院学报》（社会科学版）第5期。

〖04555〗张译方　（2007）对外汉语教学中外国学习者的语码转换分析,《语文学刊》第13期。

〖04556〗王　欣　（2007）"不"和"没有"的认知语义分析,《语言教学与研究》第4期。

〖04557〗尹洪山　（2007）从普遍语法到认知科学——语言迁移研究的视角转换,《语言教学与研究》第5期。

〖04558〗孙晓明　（2007）国内外第二语言词汇习得研究综述,《语言教学与研究》第4期。

〖04559〗丁雪欢　（2007）汉语作为第二语言学习者疑问句早期习得的个案研究,《语言教学与研究》第2期。

〖04560〗郭纯洁、刘　芳　（2007）英汉篇章信息结构的认知对比研究,《语言教学与研究》第5期。

〖04561〗白　荃、岑玉珍　（2007）母语为英语的学生使用汉语介词"对"的偏误分析,《语言文字应用》第2期。

〖04562〗朱其智　周小兵　（2007）语法偏误类别的考察,

《语言文字应用》第 1 期。

〖04563〗胡明扬 （2007）语言知识和语言能力，《语言文字应用》第 3 期。

〖04564〗成燕燕 （2007）从哈萨克族习得汉语反义词的偏误反观汉语反义词的特点，《语言与翻译》第 1 期。

〖04565〗陈晓桦 （2007）目的语环境中有效课外汉语学习研究，《云南师范大学学报》（对外汉语教学与研究版）第 1 期。

〖04566〗王　媚、张艳荣 （2007）俄罗斯留学生"了"字句使用偏误分析，《云南师范大学学报》（对外汉语教学与研究版）第 1 期。

〖04567〗罗　音 （2007）俄罗斯人学习汉语语音偏误分析，《云南师范大学学报》（对外汉语教学与研究版）第 1 期。

〖04568〗陈　珺 （2007）韩国学生韵母偏误的发展性难度和对比难度分析，《云南师范大学学报》（对外汉语教学与研究版）第 2 期。

〖04569〗翟　艳 （2007）汉语词语偏误分析的方法，《云南师范大学学报》（对外汉语教学与研究版）第 1 期。

〖04570〗王　晨 （2007）结合关联词语教学教授逻辑语义衔接——建立在认知基础上的对外汉语语段教学策略之三，《职业圈》第 14 期。

2006 年

〖04571〗杜艳青 （2006）韩国学生汉语词语偏误分析，《安阳师范学院学报》第 1 期

〖04572〗朱志平 （2006）21 世纪汉语第二语言教学展望——第八届国际汉语教学讨论会暨西方学习者汉字认知研讨会述评，《北京师范

大学学报》（社会科学版）第 3 期。

〖04573〗王建勤　（2006）汉语作为第二语言学习者习得过程研究评述，《北京师范大学学报》（社会科学版）第 3 期。

〖04574〗宋华玲　（2006）中国中介语研究 20 年述评，《成都教育学院学报》第 12 期。

〖04575〗杨　飞　（2006）预设机制的研究方向和应用，《甘肃农业》第 2 期。

〖04576〗徐子亮　（2006）不同认知风格汉语学习者在学习策略运用上的差异研究，《国际汉语教学动态与研究》第 1 期。

〖04577〗赵　杨　（2006）第二语言习得研究发展趋势，《国际汉语教学动态与研究》第 1 期。

〖04578〗陈　晨　（2006）近十年对外国学生习得汉语篇章的研究述评，《海外华文教育》第 4 期。

〖04579〗李明欢　（2006）来华留学生的社会心理研究，《海外华文教育》第 3 期。

〖04580〗彭涉莉　（2006）留学生识别理解汉语报刊中专有名词的偏误分析，《海外华文教育》第 1 期。

〖04581〗刘丽艳　（2006）跨文化交际中话语标记的习得与误用，《汉语学习》第 4 期。

〖04582〗丁雪欢　（2006）留学生疑问代词不同句法位的习得顺序考察，《汉语学习》第 5 期。

〖04583〗吕明臣　（2006）言语过程与聋哑儿童自然语言获得的若干问题，《吉林大学社会科学学报》第 2 期。

〖04584〗董秀英　（2006）N_1（的）N_2 比喻结构的喻解，《暨南大学华文学院学报》第 2 期。

〖04585〗乐　耀　（2006）从语用的认知分析看"不是+NP+VP+后续句"，《暨南大学华文学院学报》第

3 期。

〖04586〗冯志伟　（2006）当前自然语言处理发展的几个特点，《暨南大学华文学院学报》第 1 期。

〖04587〗李　爱　（2006）范登博：语言习得计划：时代转移和市场中和——广州语言情况的发展，《暨南大学华文学院学报》第 4 期。

〖04588〗王　静　（2006）留学生汉语宾语偏误分析，《暨南大学华文学院学报》第 4 期。

〖04589〗李淑静　（2006）幂姆：文化的守望者——幂姆的认知研究，《暨南大学华文学院学报》第 1 期。

〖04590〗梁远冰、韦　汉　（2006）隐喻投射的批评性研究，《暨南大学华文学院学报》第 3 期。

〖04591〗萧　频、李　慧　（2006）印尼学生汉语离合词使用偏误及原因分析，《暨南大学华文学院学报》第 3 期。

〖04592〗梁　蕾　（2006）语用环境：释义·认知·接受策略，《暨南大学华文学院学报》第 2 期。

〖04593〗林润宣　（2006）留学生语言偏误产生的原因分析，《嘉兴学院学报》第 1 期。

〖04594〗杨峥琳　（2006）中级水平韩国学生习得汉语离合词情况分析，《昆明理工大学学报》（社会科学版）第 1 期。

〖04595〗丁雪欢　（2006）初中级留学生是非问的分布特征与发展过程，《世界汉语教学》第 3 期。

〖04596〗钱玉莲　（2006）韩国学生中文阅读学习策略调查研究，《世界汉语教学》第 4 期。

〖04597〗全香兰　（2006）韩语汉字词对学生习得汉语词语的影响，《世界汉语教学》第 1 期。

〖04598〗曹秀玲　杨素英　黄月圆　高立群　崔希亮　（2006）汉语作为第二语言话题句习得研

究，《世界汉语教学》第 3 期。

〖04599〗赵金铭　（2006）从类型学视野看汉语差比句偏误，《世界汉语教学》第 4 期。

〖04600〗戴会林　（2006）对外汉语教学中的词类偏误研究综述，《宿州教育学院学报》第 3 期。

〖04601〗孙德华　（2006）留学生汉语语用失误的归类分析，《现代语文》（语言研究版）第 3 期。

〖04602〗张　婷　（2006）中介语理论研究概述——兼谈对对外汉语教学的启示，《现代语文》（语言研究版）第 1 期。

〖04603〗王永德　（2006）汉语句子的标记因素对外国留学生理解的影响，《心理科学》第 2 期。

〖04604〗施家炜　（2006）国内汉语第二语言习得研究二十年，《语言教学与研究》第 1 期。

〖04605〗赖　鹏　（2006）汉语能愿动词语际迁移偏误生成原因初探，《语言教学与研究》第 5 期。

〖04606〗刘春燕　（2006）基于 UG 的二语习得研究：优势、欠缺及走势，《语言教学与研究》第 5 期。

〖04607〗吴门吉　高定国　肖晓云　章睿健　（2006）欧美韩日学生汉字认读与书写习得研究，《语言教学与研究》第 6 期。

〖04608〗刘连娣　（2006）认知负荷理论及其在外语教学设计中的应用，《语言教学与研究》第 2 期。

〖04609〗邵　宜　（2006）方言习得规律与港澳侨生普通话学习，《语言文字应用》第 2 期。

〖04610〗丁雪欢　（2006）母语与二语习得顺序/过程的异同及其原因分析——基于英汉语中习得顺序/过程研究结果的考察，《语言文字应用》第 2 期。

〖04611〗赵金色　（2006）蒙古留学生学习汉语特点及对策初探，《云南师范大学学报》（对外汉语教学与研究版）第 3 期。

〖04612〗缑瑞隆 （2006）认知分析与对外汉语示形量词教
学——对外汉语量词教学个案研究系列
之一，《云南师范大学学报》（对外汉语
教学与研究版）第 3 期。

〖04613〗孙雁雁 （2006）"情景组合模式"与留学生语篇
感塑造，《云南师范大学学报》（对外汉
语教学与研究版）第 4 期。

〖04614〗金晓艳、彭　爽 （2006）朝鲜族学生汉语写作偏
误分析，《云南师范大学学报》（对外汉
语教学与研究版）第 4 期。

〖04615〗彭淑莉 （2006）初级韩国学生与汉族儿童习得"在"
字句的对比研究，《云南师范大学学报》
（对外汉语教学与研究版）第 4 期。

〖04616〗赵春利 （2006）初级阶段留学生偏误的规律性及
成因分析，《云南师范大学学报》（对外
汉语教学与研究版）第 3 期。

〖04617〗魏　红 （2006）初级阶段泰国学生"把"字句偏
误分析及教学策略，《云南师范大学学报》
（对外汉语教学与研究版）第 2 期。

〖04618〗赖　鹏 （2006）从竞争理论看"是"字强调句的
习得，《云南师范大学学报》（对外汉语
教学与研究版）第 3 期。

〖04619〗高玉娟、石　锋 （2006）法国学生汉语元音学习
中母语迁移的实验研究，《云南师范大学
学报》（对外汉语教学与研究版）第 4 期。

〖04620〗王　媛 （2006）跟趋向动词有关的偏误分析，《云
南师范大学学报》（对外汉语教学与研究
版）第 4 期。

〖04621〗于　鹏、焦毓梅 （2006）韩国大学生同文体汉韩
篇章阅读眼动研究，《云南师范大学学报》

（对外汉语教学与研究版）第 4 期。

〖04622〗高玉娟　李宝贵　（2006）韩国留学生汉语声调习得偏误的声学研究，《云南师范大学学报》（对外汉语教学与研究版）第 1 期。

〖04623〗袁　焱、龙伟华　（2006）汉泰名量词比较研究——从泰国学生偏误谈起，《云南师范大学学报》（对外汉语教学与研究版）第 1 期。

〖04624〗单韵鸣　（2006）老挝学生语音偏误分析及与泰国学生的比较，《云南师范大学学报》（对外汉语教学与研究版）第 2 期。

〖04625〗程乐乐　（2006）日本留学生"把"字句习得情况考察与探析，《云南师范大学学报》（对外汉语教学与研究版）第 3 期。

2005 年

〖04626〗樊　莉　（2005）对外汉语词汇习得的研究及其在教学上的启发，《安阳工学院学报》第 5 期。

〖04627〗杨　光　（2005）学习者的个体因素对对外汉语教学的影响，《北京市经济管理干部学院学报》第 1 期。

〖04628〗赵　悦　（2005）非汉字文化圈留学生汉字习得规律与教学研究，《东北财经大学学报》第 4 期。

〖04629〗何山燕　（2005）浅谈对外汉语教学中的社交——语用失误问题，《广西民族学院学报》（哲学社会科学版）S2 期。

〖04630〗刘潇潇　毛贻锋　（2005）认知心理学理论在对外汉语词汇教学中的应用，《广西社会科学》第 3 期。

【04631】柏　灵　（2005）动词的语义性质对"自己"选择先行语的影响,《海外华文教育》第 4 期。

【04632】陈　晨　（2005）英语国家学生中高级汉语篇章偏误成因探析,《海外华文教育》第 3 期。

【04633】丁雪欢　（2005）中介语多变性的表现层次,《海外华文教育》第 2 期。

【04634】汪　燕、刘颂浩　（2005）自然会话中学习者对语言形式的关注与领会,《海外华文教育》第 3 期。

【04635】钱玉莲　（2005）第二语言学习策略的分类及相关问题,《汉语学习》第 6 期。

【04636】黄月圆　杨素英　高立群　崔希亮　（2005）汉语作为第二语言反身代词习得考察,《汉语学习》第 5 期。

【04637】吴门吉　周小兵　（2005）意义被动句与"被"字句习得难度比较,《汉语学习》第 1 期。

【04638】张晓涛　（2005）非汉字文化圈学生汉字认读偏误及对策研究,《汉字文化》第 1 期。

【04639】李新惠　（2005）迁移对预科学生汉语学习的影响,《和田师范专科学校学报》第 1 期。

【04640】陈　郁　（2005）记忆规律在对外汉语教学中的应用,《黑龙江教育学院学报》第 5 期。

【04641】胡云晚　（2005）程度副词"非常"的有关偏误分析,《湖南大学学报》（社会科学版）第 2 期。

【04642】龙　娟　（2005）对外汉语教学趋向补语偏误分析,武汉：华中科技大学硕士学位论文。

【04643】刘慧清　（2005）初级汉语水平韩国留学生的时间词使用偏误分析,《暨南大学华文学院学报》第 3 期。

【04644】王茂林　（2005）留学生"比"字句习得的考察,

《暨南大学华文学院学报》第 3 期。

〖04645〗萧　频、张　妍（2005）印尼学生汉语单音节动词语义偏误的主要类型及原因，《暨南大学华文学院学报》第 4 期。

〖04646〗林　可、吕　峡　（2005）越南留学生汉语学习策略分析，《暨南大学华文学院学报》第 4 期。

〖04647〗解燕勤　（2005）留学生学习汉语副词"都"的偏误分析及思考，《昆明师范高等专科学校学报》第 1 期。

〖04648〗张雅冰　（2005）对外汉语教学时量补语的偏误分析，《辽宁教育行政学院学报》第 11 期。

〖04649〗刘红英　（2005）留学生听力学习策略的认知心理依据，《辽宁教育行政学院学报》第 5 期。

〖04650〗蔡　晓、牛太清　（2005）汉语作为第二语言偏误研究综观，《零陵学院学报》第 3 期。

〖04651〗刘　英、刘　华　（2005）对外汉语教学中的语码转换和语码选择，《南京航空航天大学学报》（社会科学版）第 4 期。

〖04652〗钱玉莲　（2005）第二语言学习策略研究的现状与前瞻，人民大学复印报刊资料《语言文字学》第 1 期。

〖04653〗李柏令　（2005）汉语作为二语习得的语境习得研究刍议，《绍兴文理学院学报》（社科版）第 3 期。

〖04654〗于灵子　（2005）论汉语教学中的语体习得，《社会科学家》第 5 期。

〖04655〗李俊红　李坤珊　（2005）部首对于汉字认知的意义——杜克大学中文起点班学生部首认知策略测查报告，《世界汉语教学》第 4 期。

〖04656〗钱旭菁　（2005）词义猜测的过程和猜测所用的知识——伴随性词语学习的个案研究，《世界汉语教学》第 1 期。

〖04657〗崔希亮　（2005）欧美学生汉语介词习得的特点及偏误分析，《世界汉语教学》第 3 期。

〖04658〗陈　郁　（2005）个性差异与对外汉语教学，《宜春学院学报》第 3 期。

〖04659〗李　华　（2005）对汉语中介语表人名词"——人"的偏误分析，《云南师范大学学报》（对外汉语教学与研究版）第 3 期。

〖04660〗赵春利　（2005）对外汉语偏误分析二十年研究回顾，《云南师范大学学报》（对外汉语教学与研究版）第 2 期。

〖04661〗吕兆格　（2005）方位词"里""外"的语义认知基础与对外汉语教学，《云南师范大学学报》（对外汉语教学与研究版）第 5 期。

〖04662〗杨　刚　（2005）歌词教学模式在越南留学生汉语习得中的运用，《云南师范大学学报》（对外汉语教学与研究版）第 2 期。

〖04663〗王振来　（2005）韩国留学生学习关联词语的偏误分析，《云南师范大学学报》（对外汉语教学与研究版）第 3 期。

〖04664〗张艳华　（2005）韩国学生汉语介词习得偏误分析及教学对策，《云南师范大学学报》（对外汉语教学与研究版）第 3 期。

〖04665〗刘　姝　（2005）汉日被动句谓语动词比较——日本学生汉语"被"字句偏误兼析，《云南师范大学学报》（对外汉语教学与研究版）第 5 期。

〖04666〗曾传禄　（2005）汉语空间隐喻的认知分析，《云南师范大学学报》（对外汉语教学与研究版）第 2 期。

〖04667〗姜自霞　（2005）留学生使用"女人"的偏误倾向
及原因分析，《云南师范大学学报》（对
外汉语教学与研究版）第 4 期。

〖04668〗田　然　（2005）留学生语篇中 NP 省略习得顺序
与偏误，《云南师范大学学报》（对外汉
语教学与研究版）第 1 期。

〖04669〗焉德才　（2005）论对外汉语词汇教学过程中的"偏
误预治"策略，《云南师范大学学报》（对
外汉语教学与研究版）第 6 期。

〖04670〗余　瑾、王　华　（2005）尼泊尔学生汉语声调偏
误分析，《云南师范大学学报》（对外汉
语教学与研究版）第 3 期。

〖04671〗干红梅　（2005）浅析汉语作为第二语言习得中的
泛化性偏误，《云南师范大学学报》（对
外汉语教学与研究版）第 1 期。

〖04672〗唐雪凝、付　宁　（2005）隐喻：认知事物的镜像
——关于留学生对"老师"和"学习"的
调查与分析，《云南师范大学学报》（对
外汉语教学与研究版）第 6 期。

〖04673〗杨　娜　（2005）越南人学汉语常见语音偏误分析，
《云南师范大学学报》（对外汉语教学与
研究版）第 1 期。

〖04674〗蔡建丰　（2005）针对英语母语者学习汉语疑问句
的习得研究，《云南师范大学学报》（对
外汉语教学与研究版）第 6 期。

〖04675〗陈　郁　（2005）巧用感知觉规律来组织对外汉语
教学，《中国科技信息》第 11 期。

〖04676〗黄玉花　（2005）韩国留学生的篇章偏误分析，《中
央民族大学学报》（哲学社会科学版）第
5 期。

〖04677〗柳丽慧 （2005）偏误的类别、产生原因及教学策略，《重庆三峡学院学报》第 5 期。

〖04678〗赵成新 （2005）留学生汉语语篇衔接偏误目的语因素考察，《周口师范学院学报》第 4 期。

2004 年

〖04679〗王永德 （2004）汉语语法习得异同论，《安徽大学学报》（哲学社会科学版）第 5 期。

〖04680〗李春红 （2004）初级阶段外国留学生的动词偏误，《八桂侨刊》第 4 期。

〖04681〗[韩]甘瑞瑗 （2004）韩国学生汉语习得的中介语现象，《国外汉语教学动态》第 7 期。

〖04682〗陈　晨 （2004）对留学生篇章偏误考察的思考，《海外华文教育》第 1 期。

〖04683〗曹贤文 吴淮南 （2004）汉语合成词的语义理据与留学生词汇习得的相关性，《海外华文教育》第 3 期。

〖04684〗李　英 （2004）"不/没+V"的习得情况考察，《汉语学习》第 5 期。

〖04685〗李丽娜 （2004）关于留学生汉语学习策略的调查报告，《汉语学习》第 3 期。

〖04686〗全香兰 （2004）汉韩同形词偏误分析，《汉语学习》第 3 期。

〖04687〗杨　春 （2004）英语国家学生初级汉语语篇照应偏误考察，《汉语学习》第 3 期。

〖04688〗卢英顺 （2004）认知观与对外汉语教学，《汉语学习》第 1 期。

〖04689〗葛　婷 （2004）"X 上"和"X 里"的认知分析，《暨南大学华文学院学报》第 1 期。

〖04690〗钱玉莲 （2004）第二语言学习策略研究的现状与前瞻，《暨南大学华文学院学报》第 3 期。

〖04691〗熊仲儒　（2004）关于距离相似动因的个案分析，《暨南大学华文学院学报》第 1 期。

〖04692〗唐　玲　（2004）汉语拒绝言语行为及东南亚华裔留学生习得情况分析，《暨南大学华文学院学报》第 2 期。

〖04693〗张金桥　（2004）汉语空间关系复杂句心理表征项目互换效应，《暨南大学华文学院学报》第 4 期。

〖04694〗周　健　（2004）论华语语感培养的原则与方法，《暨南大学华文学院学报》第 4 期。

〖04695〗周国光　（2004）现代汉语陈述理论述略，《暨南大学华文学院学报》第 3 期。

〖04696〗王功平　（2004）印尼华裔留学生汉语普通话双音节上上连读调偏误实验研究，《暨南大学华文学院学报》第 4 期。

〖04697〗刘庆委　（2004）浅谈对外汉语教学中迁移策略的培养，《经济与社会发展》第 3 期。

〖04698〗康　健　（2004）中介语理论视野下的维族学生汉语学习，《喀什师范学院学报》第 4 期。

〖04699〗刘红英　（2004）留学生语言偏误产生的原因分析，《辽宁教育行政学院学报》第 9 期。

〖04700〗李宝贵　（2004）试论对外汉语教学学习主体的特点，《辽宁税务高等专科学校学报》第 6 期。

〖04701〗赵彩瑞　（2004）跨文化语用失误，《吕梁教育学院学报》第 3 期。

〖04702〗王永德　史初例　（2004）从学习的角度看对外汉语教学组织，《宁波大学学报》（教育科学版）第 4 期。

〖04703〗刘红英　（2004）韩国学生汉语词汇使用偏误分析，《沈阳师范大学学报》（社科版）第 3 期。

〖04704〗徐子亮　（2004）对外汉语学习理论研究二十年，《世界汉语教学》第 4 期。

〖04705〗黄月圆　杨素英　（2004）汉语作为第二语言的"把"字句习得研究，《世界汉语教学》第 1 期。

〖04706〗江　新、柳燕梅　（2004）拼音文字背景的外国学生汉字书写错误研究，《世界汉语教学》第 1 期。

〖04707〗王志刚、倪传斌、王际平、姜　孟　（2004）外国留学生汉语学习目的研究，《世界汉语教学》第 3 期。

〖04708〗周小兵　（2004）学习难度的测定和考察，《世界汉语教学》第 1 期。

〖04709〗傅氏梅　张维佳　（2004）越南留学生的汉语声母偏误分析，《世界汉语教学》第 2 期。

〖04710〗吴门吉　胡明光　（2004）越南留学生汉语声调偏误溯因，《世界汉语教学》第 2 期。

〖04711〗王永德　（2004）评述基于认知加工的第二语言习得研究，《心理科学》第 3 期。

〖04712〗朱永平　（2004）第二语言习得难度的预测及教学策略，《语言教学与研究》第 4 期。

〖04713〗韩荔华　（2004）第二语言习得背景下《现代汉语》教学面临的负迁移及应对策略，《语言文字应用》第 3 期。

〖04714〗缑瑞隆　（2004）方位词"上""下"的语义认知基础与对外汉语教学，《语言文字应用》第 4 期。

〖04715〗韩秀梅　（2004）充分发挥情感因素在对外汉语教学中的作用，《云南师范大学学报》（对外汉语教学与研究版）第 6 期。

〖04716〗李　蕊　（2004）对留学生"着"习得情况的调查分析，《云南师范大学学报》（对外汉语教学与研究版）第 1 期。

〖04717〗陈作宏　（2004）对语用能力的认知与综合知解，《云南师范大学学报》（对外汉语教学与研究版）第 1 期。

〖04718〗李果红　（2004）非言语行为对交际能力的影响，《云南师范大学学报》（对外汉语教学与研究版）第 3 期。

〖04719〗王振来　（2004）韩国留学生学习被动表述的偏误分析，《云南师范大学学报》（对外汉语教学与研究版）第 4 期。

〖04720〗李　燕　（2004）汉语基本颜色词之认知研究，《云南师范大学学报》（对外汉语教学与研究版）第 2 期。

〖04721〗楼益龄　（2004）汉语主体意识与对外商务汉语教学，《云南师范大学学报》（对外汉语教学与研究版）第 1 期。

〖04722〗于　鹏、焦毓梅　（2004）留学生汉语学习中"高原现象"的成因及对策，《云南师范大学学报》（对外汉语教学与研究版）第 2 期。

〖04723〗邓丽君、荣　晶　（2004）批判语言学中的隐喻，《云南师范大学学报》（对外汉语教学与研究版）第 3 期。

〖04724〗邱　渊、齐春红　（2004）语言中的任意概念系统和隐喻概念系统，《云南师范大学学报》（对外汉语教学与研究版）第 1 期。

2003 年

〖04725〗王韫佳　（2003）第二语言语音习得研究的基本方法和思路，《汉语学习》第 2 期。

〖04726〗[韩]韩在均　（2003）韩国学生学习汉语"了"的常见偏误分析，《汉语学习》第 4 期。

〖04727〗牛保义　（2003）"被"字的语义数量特征和被动
句——汉语被动句的认知语义基础研究，
《暨南大学华文学院学报》第 2 期。

〖04728〗杨德峰　（2003）朝鲜语母语学习者趋向补语习得
情况分析——基于汉语中介语语料库的
研究，《暨南大学华文学院学报》第 4 期。

〖04729〗刘若云　徐韵如　（2003）对外汉语基础语法认知
法教学初探，《暨南大学华文学院学报》
第 4 期。

〖04730〗徐子亮　（2003）中外学生二语学习策略的相异性
研究，《暨南大学华文学院学报》第 3 期。

〖04731〗凌德祥　（2003）中介语理论与对外汉语教学，《南
京大学学报》（哲学·人文科学·社会科
学版）第 3 期。

〖04732〗黄剑平　（2003）语言词汇习得顺序研究，《齐齐
哈尔大学学报，》第 5 期。

〖04733〗卜杰民　（2003）中介语发展规律与外语教学，《绍
兴文理学院学报》第 11 期。

〖04734〗赵　果　（2003）初级阶段美国学生"吗"字是非
问的习得，《世界汉语教学》第 1 期。

〖04735〗邢红兵　（2003）留学生偏误合成词的统计分析，
《世界汉语教学》第 4 期。

〖04736〗杨德峰　（2003）英语母语学习者趋向补语的习得
顺序——基于汉语中介语语料库的研究，
《世界汉语教学》第 2 期。

〖04737〗姜　倩　（2003）关于 Krashen 第二语言习得理论
的五个假设及相关思考，《外交学院学报》
第 1 期。

〖04738〗文秋芳　（2003）频率作用与二语习得，《外语教
学与研究》第 2 期。

〖04739〗董洁茹　（2003）普通话中介语研究初探，《新乡

师范高等专科学校学报》第 3 期。

〖04740〗蓝小玲　（2003）避免学习能力僵化的对策析略，《语言教学与研究》第 3 期。

〖04741〗钱旭菁　（2003）第二语言研究的效度，《语言教学与研究》第 4 期。

〖04742〗王永德　（2003）不同母语类型留学生理解汉语句子的实验研究，《语言文字应用》第 2 期。

〖04743〗胡建刚、周　健　（2003）留学生标点符号书写偏误分析，《语言文字应用》第 3 期。

〖04744〗周上之　（2003）"经典误例"的再分析，《云南师范大学学报》（对外汉语教学与研究版）第 2 期。

〖04745〗彭增安　张少云　（2003）第二语言学习者的交际策略研究，《云南师范大学学报》（对外汉语教学与研究版）第 2 期。

〖04746〗冯小钉　（2003）短期留学生学习动机的调查分析，《云南师范大学学报》（对外汉语教学与研究版）第 2 期。

〖04747〗王天星　（2003）汉语阅读中认知心理因素的分析及其作用，《云南师范大学学报》（对外汉语教学与研究版）第 5 期。

〖04748〗杨德峰　（2003）留学生以"象"代"像"偏误分析——兼议"象"和"像"的分合，《云南师范大学学报》（对外汉语教学与研究版）第 4 期。

〖04749〗陈　珺　（2003）阅读训练中理解性偏误的类型、原因及对策分析，《云南师范大学学报》（对外汉语教学与研究版）第 3 期。

〖04750〗缑瑞隆　（2003）汉语感觉范畴隐喻系统，《郑州大学学报》第 5 期。

〖04751〗张　忻　（2003）儿童母语习得和成人外语学习的

比较，《中南大学学报》第 3 期。

2002 年

〖04752〗唐燕儿、甘　露　（2002）年龄对第二语言习得的影响，《海外华文教育》第 4 期。

〖04753〗萧素秋　（2002）浅述对韩国儿童汉语教学的言语技能训练，《海外华文教育》第 3 期。

〖04754〗曾衍桃、蔡　蔚　（2002）儿童词汇习得理论述评，《暨南大学华文学院学报》第 2 期。

〖04755〗赵　毅　（2002）话语理解策略初探，《暨南大学华文学院学报》第 4 期。

〖04756〗曹贤文　吴淮南　（2002）留学生的几项个体差异变量与学习成就的相关分析，《暨南大学华文学院学报》第 3 期。

〖04757〗陈前瑞　（2002）欧洲成人移民第二语言习得研究评述，《暨南大学华文学院学报》第 2 期。

〖04758〗陈延河　（2002）印尼语、汉语语序对比及印尼学生汉语学习中常见语序偏误分析，《暨南大学华文学院学报》第 1 期。

〖04759〗卜佳晖　（2002）自然情景中的语言输入分析，《暨南大学华文学院学报》第 2 期。

〖04760〗邹洪民　刘向晖　（2002）"四字结构模块认知法"在对外汉语教学中的作用，《深圳信息职业技术学院学报》第 1 期。

〖04761〗施家炜　（2002）韩国留学生汉语句式习得的个案研究，《世界汉语教学》第 4 期。

〖04762〗李晓琪　（2002）母语为英语者习得"再"、"又"的考察，《世界汉语教学》第 2 期。

〖04763〗郭　魏、韩晓惠　（2002）普遍语法框架下"母语迁移"作用的争论，《外语学刊》第 2 期。

〖04764〗苏亚勤　（2002）迁移理论对外语教学的影响，《徐州教育学院学报》第 6 期。

〖04765〗戴庆厦 关辛秋 （2002）第二语言习得中的语法"空缺"，《语言教学与研究》第 5 期。

〖04766〗宋 刚 （2002）国外第二语言词汇习得研究综述，《语言教学与研究》第 1 期。

〖04767〗张 莉、王 飙 （2002）留学生汉语焦虑感与成绩相关分析及教学对策，《语言教学与研究》第 1 期。

〖04768〗陈若凡 （2002）留学生使用"能"、"会"的偏误及教学对策，《语言教学与研究》第 1 期。

〖04769〗张 莉 （2002）留学生汉语阅读焦虑感研究，《语言文字应用》第 4 期。

〖04770〗邹洪民 （2002）语言单位的同一性与对外汉语教学中的偏误分析，《语言与翻译》第 2 期。

〖04771〗缑瑞隆 （2002）意象理论与对外汉语教学，《郑州大学学报》第 4 期。

〖04772〗陈流芳 （2002）试论俄语接续结构村汉语学习的干扰，《对外汉语教研论丛》（第二辑），上海：华东师范大学出版社。

〖04773〗[日]古川裕 （2002）起点指向和"终点"指向的不对称性及其认知解释，《汉语语法研究的新拓展》，浙江：浙江教育出版社。

2001 年

〖04774〗刘德燊 （2001）对外汉语教学与学生思维能力的培养，《八桂侨刊》第 3 期。

〖04775〗席红宇 （2001）中国学生在对外交往中的英语语用失误分析，《桂林市教育学院学报》第 2 期。

〖04776〗刘中泰 （2001）菲华广告语言对华语学习的正负

迁移作用，《海外华文教育》第 3 期。

〖04777〗陶犁铭　（2001）华文教学与中介，《海外华文教育》第 1 期。

〖04778〗储泽祥　（2001）语言运用中的"干亲"现象，《海外华文教育》第 1 期。

〖04779〗辛　平　（2001）对 n 篇留学生汉语作文中偏误的统计分析，《汉语学习》第 4 期。

〖04780〗Teng Shouhsin Teng Shouhsin National Taiwan Normal University （2001）*Defining and Sequencing Syntactic Structures in L2 Chinese Instructional Materials*，《暨南大学华文学院学报》第 1 期。

〖04781〗王若江　（2001）留学生成语偏误诱因分析——词典篇，《暨南大学华文学院学报》第 3 期。

〖04782〗罗晓英　（2001）论普遍语法观与第二语言能力研究，《暨南大学华文学院学报》第 3 期。

〖04783〗钱冠连　（2001）认知模块的选择与淘汰——"荒谬"句法的语用解释，《暨南大学华文学院学报》第 4 期。

〖04784〗李晓琪　（2001）以英语为母语者学习汉语关联词难点及对策，《暨南大学华文学院学报》第 4 期。

〖04785〗郭　翠　（2001）第二语言习得中的语言迁移研究，《山东社会科学》第 1 期。

〖04786〗鹿士义　（2001）词汇习得与第二语言能力研究，《世界汉语教学》第 3 期。

〖04787〗郭　茜　（2001）高级汉语学习者话语中的简约与繁复现象，《世界汉语教学》第 4 期。

〖04788〗吴勇毅　（2001）汉语"学习策略"的描述性研究与介入性研究，《世界汉语教学》第 4 期。

〖04789〗王韫佳　李吉梅　（2001）建立汉语中介语语音语料库的基本设想，《世界汉语教学》第 1 期。

〖04790〗王建平　（2001）语言习得与文化习得，《外语与外语教学》第 12 期。

〖04791〗张美霞　（2001）浅析外国留学生常见的语病，《修辞学习》第 3 期。

〖04792〗张美霞　（2001）汉语学习的基本数学模式及其应用，《语言教学与研究》第 1 期。

〖04793〗方绪军　（2001）中介语中动词句的配价偏误分析，《语言教学与研究》第 4 期。

〖04794〗王学松　（2001）来华日本留学生汉语学习情况调查，《语言文字应用》第 4 期。

〖04795〗张　莉　（2001）留学生汉语学习焦虑感与口语流利性关系初探，《语言文字应用》第 3 期。

〖04796〗肖奚强　（2001）略论偏误分析的基本原则，《语言文字应用》第 1 期。

〖04797〗高海洋　（2001）第二语言习得态度动机研究，《中国对外汉语教学学会北京分会第二届学术年会论文集》，北京：北京语言文化大学出版社。

〖04798〗施家炜　（2001）来华欧美留学生汉字习得研究教学实验报告，《中国对外汉语教学学会北京分会第二届学术年会论文集》，北京：北京语言文化大学出版社。

〖04799〗万业馨　（2001）误读与汉字读音认知，《中国对外汉语教学学会北京分会第二届学术年会论文集》，北京：北京语言文化大学出版社。

2000 年

〖04800〗王学松　（2000）竞争意识对日本留学生学习汉语的影响，《北京师范大学学报》（社会科学版）第 6 期。

〖04801〗吉洁敏　（2000）多得码华语言文认知和语言节律，《海外华文教育》第 3 期。

〖04802〗杨美美　（2000）菲律宾华裔儿童第二语言教学的探索，《海外华文教育》第 3 期。

〖04803〗朱春智　（2000）留学生汉语病句分析，《海外华文教育》第 4 期。

〖04804〗董琳莉　林伦伦　（2000）留学生学习汉语关联词常见错误的原因及相关问题，《海外华文教育》第 3 期。

〖04805〗欧阳国泰　（2000）印尼学生汉语学习二题，《海外华文教育》第 1 期。

〖04806〗戴国华　（2000）日本留学生汉语动词常见偏误分析，《汉语学习》第 6 期。

〖04807〗吕滇雯　（2000）日本留学生汉语偏误分析之（一）：动词重叠，《汉语学习》第 5 期。

〖04808〗于根元　夏中华等　（2000）语言能力及其分化——第二轮"语言哲学对话"选载之一，《锦州师范学院学报》（哲学社会科学版）第 3 期。

〖04809〗华玉明　黄艳梅　（2000）泰语干扰和对泰汉语教学对策，《邵阳师范高等专科学校学报》第 6 期。

〖04810〗杨　翼　（2000）从排序看汉语学习者的局部连贯障碍，《世界汉语教学》第 1 期。

〖04811〗肖奚强　（2000）韩国学生汉语语法偏误分析，《世界汉语教学》第 2 期。

〖04812〗施家炜　（2000）跨文化交际意识与第二语言习得

　　　　　　　　　研究，《世界汉语教学》第 3 期。

〖04813〗张若莹　（2000）从中高级阶段学生词汇习得的偏误看中高级阶段词汇教学的基本问题，《首都师范大学学报》（社会科学版）S3 期。

〖04814〗戴曼纯　（2000）论第二语言词汇习得研究，《外语教学与研究》第 2 期。

〖04815〗江　新　（2000）汉语作为第二语言学习策略初探，《语言教学与研究》第 1 期。

〖04816〗王建勤　（2000）历史回眸：早期的中介语理论研究，《语言教学与研究》第 2 期。

〖04817〗郑　敏　（2000）对语言学习策略分类框架的质疑，《外语与外语教学》第 12 期。

〖04818〗罗青松　（2000）外国人汉语学习过程中的回避策略分析，《第六届国际汉语教学讨论会论文选》，北京：北京大学出版社。

〖04819〗王建勤　（2000）表差异比较的否定结构习得的分化过程，《第六届国际汉语教学讨论会论文选》，北京：北京大学出版社。

〖04820〗余又兰　（2000）汉语"了"的习得及其中介语调查与分析，《第六届国际汉语教学讨论会论文选》，北京：北京大学出版社。

〖04821〗温晓虹　（2000）汉语习得偏误及改错的效益，《第六届国际汉语教学讨论会论文选》，北京：北京大学出版社。

〖04822〗李宇明　（2000）论语言运用与语言获得，《第六届国际汉语教学讨论会论文选》，北京：北京大学出版社。

〖04823〗鲁健骥　（2000）外国人学汉语的篇章偏误分析——兼谈拓宽中介语的研究领域，《第六届国际汉语教学讨论会论文选》，北京：

北京大学出版社。

〖04824〗孙德金　（2000）外国学生汉语体标记"了""着""过"习得情况的考察，《第六届国际汉语教学讨论会论文选》，北京：北京大学出版社。

〖04825〗徐子亮　（2000）外国学生汉语学习策略的认知心理分析，《第六届国际汉语教学讨论会论文选》，北京：北京大学出版社。

〖04826〗信世昌　（2000）以汉语为第二语言的学习策略教程规划，《第六届国际汉语教学讨论会论文选》，北京：北京大学出版社。

1999 年

〖04827〗朱志平　哈丽娜　（1999）波兰学生暨欧美学生汉字习得的考察、分析与思考，《北京师范大学学报》（社会科学版）第 6 期。

〖04828〗谢　军　（1999）英汉语言教学中的文化负迁移作用，《湖南师范大学》（社会科学学报）第 3 期。

〖04829〗Shou-hsin Teng　（1999）*The Acquisition of "了·le" in L2 Chinese*，《世界汉语教学》第 1 期。

〖04830〗江　新　（1999）第二语言学习的语言能力倾向，《世界汉语教学》第 4 期。

〖04831〗周国光　（1999）儿童语言习得理论的若干问题，《世界汉语教学》第 3 期。

〖04832〗张崇富　（1999）语言环境与第二语言获得，《世界汉语教学》第 3 期。

〖04833〗蔡慧萍　（1999）英汉语的不对应现象与外语学习中的负迁移，《外语教学》第 2 期。

〖04834〗蓝　纯　（1999）从认知角度看汉语空间隐喻，《外语教学与研究》第 4 期。

〖04835〗张喜荣   （1999）日、韩留学生汉语学习中的正负迁移，《西安外国语学院学报》第 1 期。

〖04836〗于善志 张新红   （1999）从独词句和否定句看标记与习得序列，《现代外语》第 4 期。

〖04837〗金贞子   （1999）韩国留学生汉语学习中的偏误分析，《延边大学学报》（社会科学版）第 4 期。

〖04838〗刘颂浩   （1999）对 9 名日本学生误读现象的分析，《语言教学与研究》第 2 期。

〖04839〗李大忠   （1999）偏误成因的思维分析，《语言教学与研究》第 2 期。

〖04840〗沙 平   （1999）第二语言获得研究与对外汉语教学，《语言文字应用》第 4 期。

〖04841〗江 新   （1999）第二语言习得的研究方法，《语言文字应用》第 2 期。

〖04842〗卞觉非   （1999）语言获得与对外汉语课堂教学，《语言文字应用》第 2 期。

〖04843〗李 青   （1999）浅谈母语对外语学习的不利影响，《玉溪师范高等专科学校学报》第 2 期。

〖04844〗肖 路   （1999）从儿童习得第一语言与成人学习第二语言的对比中谈对外汉语教学，《对外汉语教研论丛》（第一辑），上海：华东师范大学出版社。

1998 年

〖04845〗徐子亮   （1998）对外汉语教学理论研究的新思路——对外汉语教学认知规律的探索，《世界汉语教学》第 2 期。

〖04846〗杨 翼   （1998）高级汉语学习者的学习策略与学习效果的关系，《世界汉语教学》第 1 期。

1997 年

〖04847〗王有芬　（1997）略说日本学生在汉语交际中的负迁移现象，《北京第二外国语学院学报》第 2 期。

〖04848〗戴曼纯　（1997）第二语言习得研究中理论建设问题，《国外语言学》第 4 期。

〖04849〗叶步青　（1997）汉语书面词语的中介形式，《世界汉语教学》第 1 期。

〖04850〗钱旭菁　（1997）日本留学生汉语趋向补语的习得顺序，《世界汉语教学》第 1 期。

〖04851〗符其武、梁　鲜　（1997）从中介语现象反观汉语语言习惯,,《四川外语学院学报》第 1 期。

〖04852〗赵立江　（1997）留学生"了"的习得过程考察与分析，《语言教学与研究》第 2 期。

〖04853〗李　莉　（1997）克拉申第二语言习得理论述评，《郑州大学学报》第 4 期。

〖04854〗王建勤　（1997）"不"和"没"否定结构的习得过程，《第五届国际汉语教学讨论会论文选》，北京：北京大学出版社。

〖04855〗王绍新　（1997）超单句偏误引发的几点思考，《第五届国际汉语教学讨论会论文选》，北京：北京大学出版社。

〖04856〗罗青松　（1997）英语国家学生高级汉语词汇学习过程的心理特征与教学策略，《第五届国际汉语教学讨论会论文选》，北京：北京大学出版社。

〖04857〗彭利贞　（1997）论中介语的语篇层次，《第五届国际汉语教学讨论会论文选》，北京：北京大学出版社。

〖04858〗赵立江　（1997）外国留学生使用"了"的情况调

查与分析"，《第五届国际汉语教学讨论
会论文选》，北京：北京大学出版社。

1996 年

〖04859〗王魁京　（1996）汉语作为第二语言学习中的句子
的语调、语气理解问题，《北京师范大学
学报》（社会科学版）第 6 期。

〖04860〗班　弨　（1996）21 世纪前夕纵谈中国的语言和文
字，《广西民族学院学报》（哲学社会科
学版）第 4 期。

〖04861〗秦晓晴　（1996）第二语言学习策略研究的理论和
实践意义，《国外外语教学》第 4 期。

〖04862〗陈前端　赵葵欣　（1996）汉语第二语言习得研究
述评，《汉语学习》第 5 期。

〖04863〗李大忠　（1996）"使"字兼语句偏误分析，《世
界汉语教学》第 1 期。

〖04864〗陈小荷　（1996）跟副词"也"有关的偏误分析，
《世界汉语教学》第 2 期。

〖04865〗王　珊　（1996）汉语中介语的分阶段特征及教学
对策，《世界汉语教学》第 1 期。

〖04866〗高宁慧　（1996）留学生的代词偏误与代词在篇章
中的使用原则，《世界汉语教学》第 2 期。

〖04867〗戴曼纯　（1996）"自然习得顺序"质疑，《外语
教学与研究》第 4 期。

〖04868〗宋　军　（1996）母语与第二外语的冲突，《西南
民族学院学报》（哲学社会科学版）S6 期。

〖04869〗周小兵　（1996）病句分析课的教学，《中国对外
汉语教学学会第五次学术讨论会论文
选》，北京：北京语言学院出版社。

〖04870〗彭利贞　（1996）对外汉语教学语言与中介语，《中
国对外汉语教学学会第五次学术讨论会

论文选》，北京：北京语言学院出版社。

〖04871〗刘　威　（1996）在短时记忆中考察外国留学生理解汉语句子的实验报告，《中国对外汉语教学学会第五次学术讨论会论文选》，北京：北京语言学院出版社。

〖04872〗何晓毅　（1996）汉日语发音之比较以及日本人汉语发音错误之分析，《对外汉语教学研究会第二次学术讨论会论文选》，北京：北京语言学院出版社。

〖04873〗朱匡侯　（1996）法语国家学生易入误区例析，《中国对外汉语教学学会成立十周年纪念论文选》，北京：北京语言学院出版社。

〖04874〗鲁健骥　（1996）中介语研究十年，《中国对外汉语教学学会成立十周年纪念论文选》，北京：北京语言学院出版社。

1995 年

〖04875〗田善继　（1995）非对比性偏误浅析，《汉语学习》第 6 期。

〖04876〗[英]袁博平　（1995）第二语言习得研究的回顾与展望，《世界汉语教学》第 4 期。

〖04877〗[美]温晓虹　（1995）主题突出与汉语存在句的习得，《世界汉语教学》第 2 期。

〖04878〗王　珊　（1995）研究外国学生信息接受偏好的重要意义，《唐都学刊》第 5 期。

〖04879〗叶步青　（1995）英汉中介语的宏观图象——探讨本族语为英语的学生在学习汉语时所犯错误的部分根源，《第四届国际汉语教学讨论会论文选》，北京：北京语言学院出版社。

〖04880〗王魁京　（1995）他们在社会言语交际中常碰到的

几个问题——对八名汉语学习者的社会言语交际情况的调查及问题分析,《第四届国际汉语教学讨论会论文选》,北京:北京语言学院出版社。

1994 年

〖04881〗何子铨　(1994)华裔学生学习汉语特点浅析,《海外华文教育》第 2 期。

〖04882〗戴炜栋　束定芳　(1994)对比分析、错误分析和中介语研究中的若干问题,,《外国语》第 5 期。

〖04883〗翟　汛　(1994)多语混合现象与中介语浅析,《武汉大学学报》(哲学社会科学版)第 1 期。

〖04884〗高莉琴　(1994)从维吾尔人学汉语看第二语言习得的几个问题,《语言文字运用》第 1 期。

〖04885〗吴增生　(1994)多元化的第二语言习得研究,《中山大学学报》第 3 期。

〖04886〗乐眉云　凌德祥　(1993)湘方言区学生英语发音调查及常误分析,《外语研究》第 4 期。

1993 年

〖04887〗吴叔良　(1993)论对外汉语教学的学习、习得整合观——由克拉申的第二语言习得理论说起,《上海师范大学学报》(哲学社会科学版)第 4 期。

〖04888〗HongGang Jin　(1993)*Pragmaticization and the L2 Acquisition of Chinese Ba Constructions*,《世界汉语教学》第 2 期。

〖04889〗赵双之　(1993)汉语语感说略,《天津师范大学学报》(社会科学版)第 1 期。

〖04890〗靳洪刚　（1993）从汉语"把"字句看语言分类规律在第二语言习得过程中的作用，《语言教学与研究》第2期。

〖04891〗刘润清　（1993）第二语言习得中课堂教学的作用，《语言教学与研究》第1期。

〖04892〗李大忠　（1993）谈错误分析课——十年实践的回顾和总结，《中国对外汉语教学学会第四次学术讨论会论文选》，北京：北京语言学院出版社。

〖04893〗伍铁平　（1993）汉语并不难学，《对外汉语教学论文选评》，北京：北京语言学院出版社。

1992 年

〖04894〗王魁京　（1992）"中介语"的产生与言语行为主体的思维活动，《北京师范大学学报》（社会科学版）第6期。

〖04895〗温晓虹　张九武　（1992）语言习得研究概述，《世界汉语教学》第1期。

〖04896〗温晓虹　张九武　（1992）语言习得研究概述（续），《世界汉语教学》第2期。

1991 年

〖04897〗谢信一　（1991）汉语中的时间和意象，《国外语言学》第4期。

〖04898〗Past M.Lightbown　陶炼译　（1991）第二语言习得的一些普遍原理，《语言教学与研究》第3期。

〖04899〗王魁京　（1991）第二语言习得内在过程的认识与作为外语的汉语教学理论问题的思考，《第三届国际汉语教学讨论会论文选》，北京：北京语言学院出版社。

〖04900〗王魁京　（1991）"把"字句的构造形式与说话人的思维活动模式及观念原则，《北京地区第一届对外汉语教学讨论会论文选》，北京：北京大学出版社。

1990 年

〖04901〗戴浩一　（1990）以认知为基础的汉语功能语法刍议，《国外语言学》第 4 期。

〖04902〗刘宁生　（1990）语言关于时间的认知特点与第二语言习得，《汉语学习》第 5 期。

〖04903〗刘明章　（1990）语音偏误与语音对比，《汉语学习》第 5 期。

〖04904〗吴叔良　（1990）语言习得论——兼论对外汉语教学的几个问题，《上海师范大学学报》（哲学社会科学版）第 1 期。

〖04905〗孙德坤　（1990）错误分析、中介语和第二语言习得研究述评（译），《语言教学与研究》第 1 期。

1989 年

〖04906〗胡美珠　（1989）浅谈第二门语言学习的四大因素，《安庆师院学报》第 1 期。

〖04907〗刘焕辉　（1989）言语交际学，《百科知识》第 1 期。

〖04908〗祝敏申　（1989）英语母语者汉字教学琐谈，《上海大学学报》第 3 期。

〖04909〗史有为　（1989）"习得"的含义和用法，《世界汉语教学》第 2 期。

〖04910〗孙德刊　（1989）关于"学习"与"习得"的区别，《世界汉语教学》第 2 期。

〖04911〗[津巴布韦]安德生　（1989）影响学习效果的主要

因素，《世界汉语教学》第 4 期。

〖04912〗贾寅淮　（1989）关于第二语言比较教学中的几个问题，《语文建设》第 2 期。

〖04913〗沈　阳　（1989）"vP 的"转指的认知解释和句法制约，《对外汉语研究的跨学科探索——汉语学习与认知国际学术研讨会论文集》，北京：北京语言学院出版社。

〖04914〗高立群　（1989）"把"字句位移图式心理现实性的实验研究，《对外汉语研究的跨学科探索——汉语学习与认知国际学术研讨会论文集》，北京：北京语言学院出版社。

〖04915〗施春宏　（1989）比喻义的生成基础及理解策略，《对外汉语研究的跨学科探索——汉语学习与认知国际学术研讨会论文集》，北京：北京语言学院出版社。

〖04916〗张美兰　（1989）从偏正结构的认知基础看近代汉语比拟结构构的发展，《对外汉语研究的跨学科探索——汉语学习与认知国际学术研讨会论文集》，北京：北京语言学院出版社。

〖04917〗梁莉莉　（1989）从三个典型的粤语句式探讨香港大专生学习普通话的特点，《对外汉语研究的跨学科探索——汉语学习与认知国际学术研讨会论文集》，北京：北京语言学院出版社。

〖04918〗王建勤　（1989）第二语言习得顺序研究的理论争议，《对外汉语研究的跨学科探索——汉语学习与认知国际学术研讨会论文集》，北京：北京语言学院出版社。

〖04919〗周国光　（1989）汉语儿童否定范畴习得研究，《对外汉语研究的跨学科探索——汉语学习与认知国际学术研讨会论文集》，北京：
北京语言学院出版社。

〖04920〗彭聃龄　（1989）汉字识别与连接主义模型，《对
外汉语研究的跨学科探索——汉语学习
与认知国际学术研讨会论文集》，北京：
北京语言学院出版社。

〖04921〗方经民　（1989）论汉语空间区域范畴的性质和类
型，《对外汉语研究的跨学科探索——汉
语学习与认知国际学术研讨会论文集》，
北京：北京语言学院出版社。

〖04922〗李晓娟　（1989）母语为英语者"再、又"习得过
程的认知心理分析，《对外汉语研究的跨
学科探索——汉语学习与认知国际学术
研讨会论文集》，北京：北京语言学院出
版社。

〖04923〗崔希亮　（1989）认知语言学：研究范围和研究方
法，《对外汉语研究的跨学科探索——汉
语学习与认知国际学术研讨会论文集》，
北京：北京语言学院出版社。

〖04924〗吴勇毅　（1989）听力理解与汉语作为第二语言 CAL
的习得，《对外汉语研究的跨学科探索
——汉语学习与认知国际学术研讨会论文
集》，北京：北京语言学院出版社。

〖04925〗肖奚强　（1989）外国学生汉字偏误分析，《对外
汉语研究的跨学科探索——汉语学习与
认知国际学术研讨会论文集》，北京：北
京语言学院出版社。

〖04926〗陈桂月　（1989）新加坡受英文教育的成年人学习
华语的困难，《对外汉语研究的跨学科探
索——汉语学习与认知国际学术研讨会
论文集》，北京：北京语言学院出版社。

〖04927〗徐子亮　（1989）学习主体感知和记忆汉语的特点，《对外汉语研究的跨学科探索——汉语学习与认知国际学术研讨会论文集》，北京：北京语言学院出版社。

〖04928〗[日]铃木基子　（1989）与汉日表示存在的句子相关的认知问题，《对外汉语研究的跨学科探索——汉语学习与认知国际学术研讨会论文集》，北京：北京语言学院出版社。

1988 年

〖04929〗贺上贤　（1988）对比分析和错误分析的研究，《第二届国际汉语教学讨论会论文选》，北京：北京语言学院出版社。

1987 年

〖04930〗田士琪、梅立崇、韩　红　（1987）从第二语言习得规律看教学方法的改进，《世界汉语教学》第 2 期。

〖04931〗何晓毅　（1987）汉、日语发音之比较以及日本人汉语发音错误之分析，《对外汉语教学研究会第二次学术讨论会论文选》，北京：北京语言学院出版社。

〖04932〗鲁健骥　（1987）中介语理论与偏误分析，《现代外语教学法理论与实践》，北京：北京语言学院出版社。

1986 年

〖04933〗邢公畹　（1986）人们在语言交际中是怎样相互理解的?，《汉语研究》（南开）第一辑，天津：南开大学出版社。

〖04934〗陈贤纯　（1986）学习汉语也并不难，《语言教学与研究》第 1 期。

1985 年
〖04935〗尹润芗　（1985）怎样帮助留学生发音和正音，《对
　　　　　　　外汉语教学》第 2 期。

1984 年
〖04936〗梅立崇、田士琪、韩　红、刘新丽、周翠琳　（1984）
　　　　　　　对留学生汉语习得过程中的错误的分析，
　　　　　　　《语言教学与研究》第 4 期。
〖04937〗鲁健骥　（1984）中介语理论与外国人学习汉语的
　　　　　　　语音偏误分析，《语言教学与研究》第 3
　　　　　　　期。

1983 年
〖04938〗季秀清　宋希仲　（1983）谈谈"错误分析"与留
　　　　　　　学生基础汉语教学，《对外汉语教学》（第
　　　　　　　一期），北京：北京语言学院出版社。

1981 年
〖04939〗顾　越　（1981）母语与第二语言的学习，《汉语
　　　　　　　学习》第 6 期。

五、语言测试理论及汉语测试研究

14. 汉语水平考试（HSK）

2007 年

〖04940〗辛永芬（2007）试论普通话水平测试平行信度研究，《殷都学刊》2007 年第 1 期。

〖04941〗杨承青　张晋军　（2007）汉语水平考试 HSK 改革设想，《语言文字应用》第 3 期。

〖04942〗刘　枫　（2007）从 HSK 同素逆序词看对外汉语词汇教学，《云南师范大学学报》（对外汉语教学与研究版）第 3 期。

〖04943〗王佶旻　（2007）概化理论在汉语初学者口语测验中的应用，《云南师范大学学报》（对外汉语教学与研究版）第 2 期。

2006 年

〖04944〗陈　杰　（2006）HSK 与对外汉语教学课程内容的调整，《沈阳工程学院学报》（社会科学版）第 2 期。

〖04945〗杨　翼　（2006）HSK（高等）题库参数体系研究，《语言教学与研究》第 4 期。

〖04946〗王小玲　（2006）HSK（初中等）效度研究报告，《语言教学与研究》第 6 期。

〖04947〗李玉军　（2006）留学生 HSK 成绩"跛脚"现象分析，《语言教学与研究》第 2 期。

〖04948〗刘慧清　张素玲　（2006）HSK（旅游）命题材料选取原则，《云南师范大学学报》（对外汉语教学与研究版）第 3 期。

〖04949〗王佶旻　（2006）HSK［基础］阅读理解难度的影响因素研究，《云南师范大学学报》（对外汉语教学与研究版）第 3 期。

〖04950〗骆　琳　（2006）论初中级汉语水平考试中交际测试的介入，《云南师范大学学报》（对外汉语教学与研究版）第 6 期。

2005 年

〖04951〗李桂梅　（2005）MHK（四级）"听后写"题型设计理念及实测，《汉语学习》第 5 期。

〖04952〗朱锦岚　（2005）HSK（高等）成绩看言语技能的发展，《汉语学习》第 2 期。

〖04953〗张宝林　（2005）汉语水平考试中的语段测试，《汉语学习》第 4 期。

〖04954〗陶家骏　（2005）HSK 自动化词频统计分析，《暨南大学华文学院学报》第 1 期。

〖04955〗王小玲　（2005）HSK 预测样本变化对题目难易度的影响及相关问题，《世界汉语教学》第 2 期。

〖04956〗季　瑾　（2005）HSK 甲级单双音同义动词部分不可替换的类型探析，《语言教学与研究》第 5 期。

〖04957〗佟　迅　（2005）HSK 听力强化训练，《云南师范大学学报》（对外汉语教学与研究版）第 5 期。

2004 年

〖04958〗蔡　瑱　（2004）HSK（旅游）听力命题原则研究，《海外华文教育》第 4 期。

〖04959〗丁险峰　（2004）试论学业成绩与 HSK 成绩的关系，

《海外华文教育》第 1 期。

〖04960〗任春艳 （2004）HSK 作文评分客观化探讨，《汉语学习》第 6 期。

〖04961〗竞 成 （2004）关于 HSK 若干问题的思考，《暨南大学华文学院学报》第 1 期。

〖04962〗程 娟、许晓华 （2004）HSK 单双音同义动词研究，《世界汉语教学》第 4 期。

〖04963〗张 凯 （2004）HSK 等级分数问题，《世界汉语教学》第 1 期。

〖04964〗黄春霞 （2004）概化理论及其在 HSK 测试中的应用，《云南师范大学学报》（对外汉语教学与研究版）第 2 期。

2003 年

〖04965〗张宝林 （2003）HSK 动态作文语料库简介，《国外汉语教学动态》第 4 期。

〖04966〗[韩]李充阳 （2003）从韩国汉语水平考试的发展看韩国的汉语教学，《国外汉语教学动态》第 3 期。

〖04967〗吴丽君 （2003）HSK（初中等）模拟测试分析，《海外华文教育》第 3 期。

〖04968〗鹿士义 余嘉元 （2003）当前 HSK 中若干值得进一步研究的课题探讨，《汉语学习》第 4 期。

〖04969〗武晓宇、徐 静、赵 玥 （2003）民族汉考三级分界标准的探索与分析，《汉语学习》第 5 期。

〖04970〗陈 萍 （2003）HSK 中国汉语水平考试（高等）中的修辞问题，《云南师范大学学报》（对外汉语教学与研究版）第 1 期。

2002 年

〖04971〗姜德梧　（2002）从 HSK 到民族汉考刍议，《汉语学习》第 6 期。

〖04972〗张晋军　（2006）汉语文化测试（CCT）研究初探，《国际汉语教学动态与研究》第 4 辑。

〖04973〗柴省三　（2002）关于 HSK（初中等）平行信度的实证研究，《汉语学习》第 2 期。

〖04974〗金　名、红　尘　（2002）汉语水平考试（HSK）等级结构中的几个系统理论问题，《汉语学习》第 2 期。

〖04975〗任　杰　（2002）在 HSK 考试中如何保证试题的公正性，《汉语学习》第 2 期。

〖04976〗[美]虞　莉　（2006）中文教师培训项目 SPEAC 模式述评，《国际汉语教学动态与研究》第 4 辑。

〖04977〗马玉汴　（2002）HSK 辅导与短期汉语培训，《黄河科技大学学报》第 3 期。

〖04978〗任　杰、谢小庆　（2002）中国少数民族考生与外国考生 HSK 成绩的公平性分析，《心理学新探》第 2 期。

〖04979〗任　杰、李　航　（2002）HSK 成绩中关于女性考生公平性的分析，《语言教学与研究》第 5 期。

〖04980〗任　杰　（2002）中国境内外 HSK 成绩公平性的分析，《语言教学与研究》第 5 期。

〖04981〗谢小庆　（2002）对 HSK 初中等稳定性信度的一次实验检验，《北京地区第一届对外汉语教学讨论会论文选》，北京：北京大学出版社。

2001 年

〖04982〗张亚群 （2001）论汉语水平考试的海外影响，《海外华文教育》第 3 期。

〖04983〗任筱萌 （2001）中国汉语水平考试（HSK）的回顾、现状与展望，《汉语学习》第 2 期。

〖04984〗勇　毅、旭　登、梅　君 （2001）HSK 辅导与"学习策略培训"，《暨南大学华文学院学报》第 4 期。

〖04985〗耿英春 （2001）HSK 考试成绩分析与思考，《青海师范大学民族师范学院学报》第 1 期。

〖04986〗白　瑜 （2001）HSK 活跃中国教育国际合作与交流，《神州学人》第 11 期。

〖04987〗任筱萌 （2001）HSK（自适应）命题中引入多媒体技术的设想，《语言教学与研究》第 3 期。

2000 年

〖04988〗彭恒利 （2000）试论汉语水平考试的发展趋辨，《北京高教研究》第 1 期。

〖04989〗任筱萌 （2000）高等 HSK 命题、评分过程再解析，《汉语学习》第 2 期。

〖04990〗董　萃 （2000）报刊语言课在汉语水平考试 HSK 中的反馈及对策，《锦州师范学院学报》（哲学社会科学版）第 2 期。

〖04991〗石　睿 （2000）HSK 与短期强化训练，《伊犁教育学院学报》第 1 期。

〖04992〗彭恒利 （2000）中国汉语水平考试（HSK）大事记，《汉语水平考试研究文集》，北京：经济科学出版社。

〖04993〗刘镰力 （2000）中国汉语水平考试（HSK）的等级体制，《第六届国际汉语教学讨论会论文选》，北京：北京大学出版社。

〚04994〛邵敬敏　　（2000）《HSK 汉语水平考试词典》编写的原则与方法，《第六届国际汉语教学讨论会论文选》，北京：北京大学出版社。

1999 年

〚04995〛李宝贵　　（1999）HSK 听力理解"对话"题型分析及应试技巧，《汉语学习》第 2 期。

〚04996〛姜德梧　　（1999）从 HSK（基础）测试的数据统计看"把"字句的教学，《汉语学习》第 5 期。

〚04997〛李宝贵　　（1999）HSK 听力理解"长段对话或讲话"题型分析及应试策略，《教育探索》第 2 期。

〚04998〛谢小庆　许义强　　（1999）HSK（初中等）题库与试卷生成系统，《世界汉语教学》第 3 期。

〚04999〛李庆本　许雪立　　（1999）中国汉语水平考试（高等）口试评分的误差控制，《世界汉语教学》第 3 期。

〚05000〛姜德梧　　（1999）中国汉语水平考试（基础）的设计原则和试卷结构，《世界汉语教学》第 3 期。

〚05001〛张　凯　（1999）汉语水平考试题库的描述性参数，《世界汉语教学》第 3 期。

〚05002〛吴若愚　　（1999）推行 HSK 与高校汉语教学改革刍议，《新疆师范大学学报》（哲学社会科学版）第 1 期。

〚05003〛李　航、谢小庆　　（1999）关于 HSK（初中等）长度适当性的研究，《语言教学与研究》第 1 期。

〚05004〛董花荣　　（1999）HSK 与中专汉语教学改革，《语言与翻译》第 2 期。

〖05005〗苏 德、陶格图 （1999）蒙语授课学生汉语水平
考试（HSK）成绩分析及汉语教学改革，
《内蒙古师大学报》（哲学社会科学版）
第 4 期。

1998 年

〖05006〗赖梅华 （1998）"HSK"填补汉语水平测试的空
白，《北京第二外国语学院学报》第 2 期。

〖05007〗张增林 黄井江 林延君 鲍丽娟 王景丹
（1998）对外汉语教学与 HSK，《吉林教
育科学》第 5 期。

〖05008〗马 燕、何生财 （1998）汉语水平考试 HSK 对提
高少数民族汉语水平的意义，《青海民族
学院学报》（社会科学版）第 1 期。

〖05009〗谢小庆 （1998）关于 HSK 等值的试验研究，《世
界汉语教学》第 3 期。

〖05010〗兰彩苹 （1998）高考汉语考试与 HSK 的比较研究，
《新疆师范大学学报》（哲学社会科学版）
第 2 期。

〖05011〗高会成、梁 云 （1998）试论 HSK 与成人高校汉
语教学之关系，《新疆职业大学学报》第
3 期。

〖05012〗古丽尼萨·加玛勒 （1998）HSK 与预科汉语教学
协调问题探析，《伊犁师范学院学报》第
2 期。

〖05013〗彭凤菊 （1998）HSK 存在的问题及在我区汉语教
学中的应用策略，《语言与翻译》第 1 期。

〖05014〗王新建 （1998）也谈 HSK 与汉语教学，《语言与
翻译》第 1 期。

1997 年

〖05015〗寒　宇　（1997）HSK 水平考试成绩分析——兼谈听力教学在汉语学习中的重要性，《北京第二外国语学院学报》第 4 期。

〖05016〗刘镰力　（1997）HSK（高等）口试探索，《世界汉语教学》第 2 期。

〖05017〗郜云雁　（1997）HSK：通向中国的桥梁，《中国培训》第 12 期。

〖05018〗刘镰力　宋绍周　姜德梧　（1997）关于高等汉语水平考试的设计，《汉语水平测试研究》，北京：北京语言文化大学出版社。

〖05019〗谢小庆　（1997）从统计分析结果谈 HSK（初、中等）的功能与发展，《第五届国际汉语教学讨论会论文选》，北京：北京大学出版社。

〖05020〗李儒忠　（1997）推行 HSK 对新疆民族汉语教学改革的重要意义，《第五届国际汉语教学讨论会论文选》，北京：北京大学出版社。

1996 年

〖05021〗刘英林　（1996）中国汉语水平考试十年，《汉语学习》第 4、5、6 期。

〖05022〗汉语水平考试中心　（1996）中国汉语水平考虑（HSK）的发展，《中国对外汉语教学学会成立十周年纪念论文选》，北京：北京语言文化大学出版社。

〖05023〗吴勇毅　徐子亮　（1996）HSK 的杠杆作用与对外汉语教学，《中国对外汉语教学学会成立十周年纪念论文选》，北京：北京语言文化大学出版社。

〖05024〗刘镰力　（1996）HSK（高等）的内容效度与题型

开拓，《中国对外汉语教学学会成立十周年纪念论文选》，北京：北京语言文化大学出版社。

1995 年

〖05025〗刘镰力 （1995）高等汉语水平考试的性质和等级分数的划分，《世界汉语教学》第 1 期。

〖05026〗陈田顺 （1995）谈高等 HSK 的主观性考试，《世界汉语教学》第 3 期。

〖05027〗解志红 （1995）汉语水平考试面向世界，《中外文化交流》第 1 期。

〖05028〗郭树军 （1995）汉语水平考试（HSK）项目内部结构效度检验，《汉语水平考试研究论文选》，北京：现代出版社。

〖05029〗刘镰力 （1995）HSK 高等的内容效度与题型开拓，《汉语水平考试研究论文选》，北京：现代出版社。

〖05030〗刘英林 （1995）高等汉语水平考试的总体设计与理论思考，《第四届国际汉语教学讨论会论文选》，北京：北京语言学院出版社。

〖05031〗刘镰力、李 明、宋绍周 （1995）高等汉语水平考试的设计原则和试卷构成，《第四届国际汉语教学讨论会论文选》，北京：北京语言学院出版社。

〖05032〗孙德金 （1995）《HSK 词汇等级大纲》问题浅见，《第四届国际汉语教学讨论会论文选》，北京：北京语言学院出版社。

〖05033〗潘兆明 施旭东 （1995）关于在美国举行 HSK 试考的分析报告，《第四届国际汉语教学讨论会论文选》，北京：北京语言学院出版社。

1994 年

〖05034〗吴勇毅、余　子　（1994）HSK 的效应与对外汉语
　　　　　　教学——华东师范大学用户调查报告,
　　　　　　《华东师范大学学报》(哲学社会科学版)
　　　　　　第 3 期。

〖05035〗李儒忠　（1994）习得论、HSK 和新疆汉语教学,
　　　　　　《伊犁师范学院学报》第 4 期。

〖05036〗吴锡昌　武金峰　（1994）伊犁师院民族预科班首
　　　　　　次汉语水平考试（HSK）探析,《伊犁师
　　　　　　范学院学报》第 1 期。

〖05037〗宋绍周、刘镰力、李　明　（1994）高等汉语水平
　　　　　　考试的设计原则和试卷构成,《语言教学
　　　　　　与研究》第 1 期。

〖05038〗刘英林　（1994）汉语水平考试（HSK）的理论基
　　　　　　础探讨,《首届汉语考试国际学术讨论会
　　　　　　论文选》,北京：北京语言学院出版社。

1993 年

〖05039〗徐甲申　（1993）从我们的实践看 HSK 对对外汉语
　　　　　　教学的重要指导作用,《外语与外语教学》
　　　　　　第 2 期。

〖05040〗王朝中　（1993）汉语水平考试（HSK）综合评介,
　　　　　　《新疆师范大学学报》(哲学社会科学版)
　　　　　　第 2 期。

〖05041〗朱一之　（1993）汉语水平考试汉字大纲所收 2905
　　　　　　个汉字分析结果,《语言教学与研究》第
　　　　　　3 期。

〖05042〗陈满华　（1993）有关汉语水平考试的几点意见,
　　　　　　《语言教学与研究》第 2 期。

〖05043〗刘镰力等　（1993）关于高等汉语水平考试的设计,

《语言文字应用》第 3 期。

〖05044〗周小兵　（1993）广东省首次汉语水平考试报告分析，《中山大学学报》（社会科学版)第 4 期。

〖05045〗刘英林　郭树军　王志芳　（1993）　汉语水平考试 HSK 的性质和特点，《对外汉语教学论文选评》，北京：北京语言学院出版社。

〖05046〗吴勇毅　徐子亮　（1993)华东师范大学留学生 HSK 考试评述，《中国对外汉语教学学会第四次学术讨论会论文选》，北京：北京语言学院出版社。

1992 年

〖05047〗李庆本　（1997）汉语水平考试的测试目标，《汉语水平测试研究》，北京：北京语言学院出版社。

1991 年

〖05048〗汉　中　（1991）中国水平考试（HSK），《世界汉语教学》第 2 期。

〖05049〗刘英林　郭树军　（1991）汉语水平考试（HSK）研究的新进展——兼论 HSK 考试质量的三环控制，《第三届国际汉语教学讨论会论文选》，北京：北京语言学院出版社。

〖05050〗[日]西川和男　（1991）汉语水平考试（4 级）调查报告，《第三届国际汉语教学讨论会论文选》，北京：北京语言学院出版社。

1990 年

〖05051〗刘英林　（1990）HSK 分数体系的由来与演变，《语言教学与研究》第 1 期。

〖05052〗刘英林　（1990）汉语水平考试（HSK）的等级分数与意义，《中国对外汉语教学学会第三

次学术讨论会论文选》，北京：北京语言
学院出版社。

1989 年

〖05053〗傅建仁　卢湘鸿　（1989）两次汉语水平考试试卷
的相关系数及其计算中的数值处理，《语
言教学与研究》第 1 期。

〖05054〗刘英林　（1989）汉语水平考试（HSK）的基本模
式，《语言教学与研究》第 1 期。

1988 年

〖05055〗刘英林　郭树军　王志芳　（1988）汉语水平考试
（HSK）的性质和特点，《世界汉语教学》
第 2 期。

〖05056〗刘英林　（1988）关于《汉语水平考试》的研究报
告，《第二届国际汉语教学讨论会论文
选》，北京：北京语言学院出版社。

1986 年

〖05057〗刘　珣、黄政澄、方　立、孙金林、郭树军　（1986）
汉语水平考试的设计与试测，《第一届国
际汉语教学讨论会论文选》，北京：北京
语言学院出版社。

1983 年

〖05058〗刘　珣　（1983）试谈汉语水平测试，《语言教学
与研究》第 4 期。

15．语言测试理论及汉语测试

2007 年

〖05059〗王佶旻　（2007）初级阶段留学生个体背景因素与口语测验表现的关系，《汉语学习》第 5 期。

2006 年

〖05060〗张晋军　（2006）汉语文化测试（CCT）研究初探，《国际汉语教学动态与研究》第 4 期。

〖05061〗崔颂人　（2006）略谈对外汉语成绩考试的改进，《语言教学与研究》第 4 期。

〖05062〗周　胜　（2006）语言测试各环节真实性概述，《语言教学与研究》第 6 期。

2005 年

〖05063〗许希阳　（2005）汉语口语测试研究，《云南师范大学学报》（对外汉语教学与研究版）第 5 期。

〖05064〗陈作宏　邓秀均　（2005）外国留学生汉语进修班分班测试初探，《云南师范大学学报》（对外汉语教学与研究版）第 5 期。

〖05065〗王佶旻　（2005）语言能力自我评价的效度研究，《语言教学与研究》第 5 期。

2004 年

〖05066〗郭颖雯　（2004）对留学生在叙述语篇中时间表达方式的考察，《海外华文教育》第 3 期。

〖05067〗吴若愚　成世勋　（2004）新疆少数民族汉语普通话水平测试问题初探，《语言与翻译》第 1 期。

〖05068〗黄大勇　（2004）语言测试中的真实性概念，《语言教学与研究》第 2 期。

〖05069〗张　凯　（2004）语言测验的测度和精度，《语言文字应用》第 4 期。

2003 年

〖05070〗刘　壮、陈　宏　（2003）"实用中文文书测试"的系统设计与操作，《世界汉语教学》第 4 期。

〖05071〗陈　萍　（2003）对外汉语教学句群测试的分析与思考，《云南师范大学学报》（对外汉语教学与研究版）第 5 期。

〖05072〗柴省三　（2003）汉语水平口试信度的理论与实证研究，《语言教学与研究》第 4 期。

〖05073〗张宝钧　（2003）简论计算机自适应语言测试的工作机制，《语言教学与研究》第 3 期。

〖05074〗李海燕　蔡云凌　刘颂浩　（2003）口语班测试题型研究，《世界汉语教学》第 4 期。

〖05075〗邓秀均　丁安琪　（2003）论对外汉语口语测试中的提问技巧，《云南师范大学学报》（对外汉语教学与研究版）第 2 期。

〖05076〗吴　健　（2003）普通话水平测试大纲修订刍议，《常州工学院学报》第 3 期。

〖05077〗[日]李铮强　（2003）日本的汉语检定考试，《国外汉语教学动态》第 4 期。

〖05078〗刘清平　（2003）试析中等汉语水平留学生听力理解的难点——对一次听力测验结果的分析，《海外华文教育》第 3 期。

〖05079〗张宝玲　（2003）谈对外汉语教学质量的多元评估模式，《首都经济贸易大学学报》第 3 期。

2002 年

〖05080〗简启贤　（2002）PSC 单字试题中语素字对测试目

标的影响，《语言教学与研究》第 4 期。

〖05081〗钱旭菁 （2002）词汇量测试研究初探，《世界汉语教学》第 4 期。

〖05082〗刘颂浩、钱旭菁、汪　燕 （2002）交际策略与口语测试，《世界汉语教学》第 2 期。

〖05083〗宋晨清 （2002）美国汉语教学中口语考试管窥，《国外汉语教学动态》第 12 期。

〖05084〗王佶旻 （2002）三类口语考试题型的评分研究，《世界汉语教学》第 4 期。

〖05085〗陈若凡 （2002）谈成绩测试的科学化，《世界汉语教学》第 2 期。

〖05086〗罗花蕊　卢一平 （2002）谈诊断性测试在少数民族汉语教学中的应用，《语言与翻译》第 2 期。

〖05087〗刘超英 （2002）预科班教学与 HSK，《暨南大学华文学院学报》第 3 期。

2001 年

〖05088〗刘清平 （2001）成立测试机构强化试卷分析——谈目前华文教学成绩测试工作中的问题，《海外华文教育》第 2 期。

〖05089〗杨子菁 （2001）短期汉语水平考试培训的特点及其教学原则，《海外华文教育》第 2 期。

〖05090〗姜美子 （2001）留学生"汉语水平考试"成绩浅析，《东疆学刊》第 2 期。

〖05091〗朱正才　范开泰 （2001）语言听力理解能力的认知结构与测试，《语言教学与研究》第 3 期。

〖05092〗杨　翼 （2001）诊断性测试在对外汉语教学中的应用，《语言教学与研究》第 2 期。

〖05093〗辛　平 （2001）成绩测试中阅读测试的任务、目

标及题型，《中国对外汉语教学学会北京
分会第二届学术年会论文集》，北京：北
京语言文化大学出版社。

2000 年

〖05094〗陈月红 　（2000）从测试研究看基础语文训练在高
等中文课程中的重要性，《世界汉语教学》
第 4 期。

〖05095〗谢小庆 　（2000）对 15 种测验等值方法的比较研
究，《心理学报》第 2 期。

〖05096〗杨德明 　（2000）预科汉语水平考试的设计和测试，
《新疆师范大学学报》（哲学社会科学版）
第 2 期。

〖05097〗陈　宏 　（2000）语言能力测验的结构效度检验及
其意义，《汉语水平考试研究文集》，北
京：经济科学出版社。

〖05098〗范开泰 　（2000）论汉语交际能力的测试，《第六
届国际汉语教学讨论会论文选》，北京：
北京大学出版社。

1999 年

〖05099〗陈　宏 　（1999）语言能力测验的结构效度检验，
《世界汉语教学》第 1 期。

1998 年

〖05100〗邱　军、隋　岩 　（1998）"对外汉语教学课程测
试试卷自动生成系统"的设计思想及特
点，《世界汉语教学》第 4 期。

〖05101〗方　立、柴万里 　（1998）BFT：理论与实践，《语
言教学与研究》第 3 期。

〖05102〗陈昭玲 　（1998）大型对外汉语口语成绩测试的探

索，《汉语学习》第 4 期。

〖05103〗张宝钧　（1998）对语言测试反作用于教学的再认识，《语言教学与研究》第 2 期。

〖05104〗张　凯　（1998）关于结构效度，《语言教学与研究》第 4 期。

〖05105〗于丛扬　（1998）写作能力测试与随意性命题作文，《世界汉语教学》第 2 期。

1997 年

〖05106〗刘镰力　（1997）BHK 的设计原则与题型，《语言教学与研究》第 1 期。

〖05107〗方　玲　（1997）汉语水平测试与教学质量，《世界汉语教学》第 3 期。

〖05108〗陈　宏　（1997）在语言能力测验中如何建立结构效度，《语言教学与研究》第 2 期。

〖05109〗毛　悦　（1997）对一次留学生话语能力测试的分析，《第五届国际汉语教学讨论会论文选》，北京：北京大学出版社。

1996 年

〖05110〗张和生　（1996）OPI 与汉语口语水平的测试，《北京师范大学学报》（社会科学版）第 6 期。

〖05111〗高　翔、杨　寅　（1996）英语教学中学生应试心理素质训练的研究，《语言教学与研究》第 4 期。

〖05112〗张宝钧　（1996）语言测试研究的进展、问题与思考，《语言教学与研究》第 2 期。

1995 年

〖05113〗王　璨　（1995）"测试"——推广普通话的有效方法，《云南教育》（高教版）第 1 期。

〖05114〗刘颂浩　（1995）汉语等距离完形填空测试报告，《世界汉语教学》第 2 期。

〖05115〗江锡群　（1995）口语能力测试的另一种途径——汉语模拟面试之研制及其修改，《语言教学与研究》第 3 期。

〖05116〗王　芳　（1995）高等汉语水平的信度和效度，《汉语水平考试论文选》，北京：现代出版社。

〖05117〗张　凯　（1995）语言能力模型和语言能力测验，《第四届国际汉语教学讨论会论文选》，北京：北京语言学院出版社。

1994 年

〖05118〗吴京汨　（1994）对外汉语教学课堂测试的准备工作，《世界汉语教学》第 2 期。

〖05119〗王清源　（1994）关于报考硕士生的中文考试，《语言教学与研究》第 1 期。

〖05120〗王晓澎、方　玲　（1994）留学生毕业论文选题的统计与分析，《世界汉语教学》第 4 期。

1993 年

〖05121〗陈卫东　（1993）IELTS 考试的客观性及存在问题初探，《语言教学与研究》第 3 期。

〖05122〗柯传仁、柳　明　（1993）介绍一种中文口语能力考试——OPI，《语言教学与研究》第 2 期。

1992 年

〖05123〗陈田顺　（1992）谈中级汉语课的测试，《世界汉语教学》第 4 期。

〖05124〗杨自俭　（1992）语言测试的发展，《世界汉语教学》第 4 期。

1990 年

〖05125〗刘士勤　（1990）"报刊语言基础"课的试卷设计，《世界汉语教学》第 3 期。

〖05126〗俞爱菊　（1990）多项选择答案对 ClozeTest 的影响，《外语教学与研究》第 1 期。

〖05127〗刘英林　（1990）汉语水平测试的参照点与命题的定量化，《世界汉语教学》第 1 期。

1989 年

〖05128〗桂诗春　（1989）语言测试：新技术与新理论，《外语教学与研究》第 3 期。

1985 年

〖05129〗王晓钧　（1985）EFL 与 CFL，《语言教学与研究》第 3 期。

〖05130〗贾守义　（1985）短期汉语进修生的入学测试，《对外汉语教学》第 2 期。

1984 年

〖05131〗陶宗侃　（1984）外国留学生二年级文选课测试之一二，《语言教学与研究》第 3 期。

〖05132〗鲁健骥　（1984）多项选择答案测试——出题技巧与题目分析，《对外汉语教学》第 4 期。

〖05133〗刘　珣　（1984）关于水平考试的一些设想，《对外汉语教学》第 1 期。

1983 年

〖05134〗刘英林　（1983）谈谈对外汉语教学的测试问题，《第七届世界华语文教学研讨会论文集》，台北：世界华文出版。

六、对外汉语教师素质与教学技能研究

16. 对外汉语教师素质与教学技能

2007 年

〖05135〗周范才　（2007）教老外学汉语的人，《北京教育》（成功就业版）第 8 期。

〖05136〗茅海燕　唐敦挚　（2007）对外汉语教师及其培养模式探索，《高校教育管理》第 2 期。

〖05137〗杨　俐　（2007）老挝华文师资培训策略探讨，《海外华文教育》第 1 期。

〖05138〗徐彩华　程伟民　（2007）对外汉语教师自我教学效能感研究初探，《汉语学习》第 2 期。

〖05139〗马　跃　（2007）华文教育专业的定位与海外华文师资素质需求分析，《暨南大学华文学院学报》第 1 期。

〖05140〗刘　超　（2007）浅谈对外汉语教师的师德建设，《教书育人》第 6 期。

〖05141〗羽　白、万　象　（2007）汉语国际教育硕士：让汉语热透全球，《教育与职业》第 19 期。

〖05142〗周　倞　（2007）浅析对外汉语教学中师生间的会话合作原则，《井冈山学院学报》S1 期。

〖05143〗罗润锋　（2007）谈对外汉语专业学生的汉语学习，《绍兴文理学院学报》（教育版）第 1 期。

〖05144〗林　佳　（2007）对外汉语一对一个别教学对教师的要求与挑战，《文教资料》第 8 期。

〖05145〗彭永华　桑元薇　（2007）对外汉语本科专业学生英语学习自主性的调查与分析，《乌鲁木

齐职业大学学报》（人文社会科学版）第
2 期。

〖05146〗兰玺彬 （2007）新中国第一个出国讲学的汉语教
师林建明，《炎黄纵横》第 6 期。

〖05147〗谢　敏、黄南南、李春华 （2007）江西高校对外
汉语专业双语教学现状分析，《宜春学院
学报》第 3 期。

〖05148〗刘　弘 （2007）论对外汉语教师课堂用语的语言
变异，《语文学刊》第 16 期。

〖05149〗黄晓颖 （2007）论对外汉语教师反思能力的培养，
《云南师范大学学报》（对外汉语教学与
研究版）第 4 期。

〖05150〗张建强 （2007）试论对外汉语教师的职业角色转
换，《职业时空》第 15 期。

〖05151〗郑承军 （2007）汉语国际推广背景下的对外汉语
职业愿景——对预备进入对外汉语职业
者的寄语，《中国大学生就业》第 9 期。

〖05152〗文　娟 （2007）我的"麻辣教师"经历，《中国
大学生就业》第 1 期。

〖05153〗张晋军　杨承青 （2007）汉语作为外语教学能力
认定考试改革设想，《中国考试》（研究
版）第 5 期。

〖05154〗朱海滔 （2007）汉语热凸显对外汉语人才稀缺，
《中国中小企业》第 6 期。

2006 年

〖05155〗张和生 （2006）对外汉语教师素质与培训研究的
回顾与展望，《北京师范大学学报》（社
会科学版）第 3 期。

〖05156〗[美]汪洋 （2006）SPEAC 与明德中文师资培训之
比较，《国际汉语教学动态与研究》第 4

辑。

〖05157〗张志宁　（2006）对外汉语教师教学归因初探，《国际汉语教学动态与研究》第 1 辑。

〖05158〗徐　娟、宋继华　（2006）对外汉语教师信息素养的内涵、评价体系与培养，《国际汉语教学动态与研究》第 1 辑。

〖05159〗[美]何文潮　唐力行　（2006）美国汉语作为外语教学的教师证书要求，《国际汉语教学动态与研究》第 1 辑。

〖05160〗[美]张曼荪　（2006）明德中文暑校 2006 年师资培训纪实与评述，《国际汉语教学动态与研究》第 4 辑。

〖05161〗[美]虞　莉　（2006）中文教师培训项目 SPEAC 模式述评，《国际汉语教学动态与研究》第 4 辑。

〖05162〗朱志平、卢　伟　（2006）澳大利亚中小学汉语教师培训与教学考察报告，《海外华文教育》第 1 期。

〖05163〗彭家法　（2006）对菲律宾华语教师培训原则的思考，《海外华文教育》第 1 期。

〖05164〗蔡　绿　（2006）文化依附矛盾与跨文化交际能力——也谈对外汉语教师素质，《黑龙江高教研究》第 4 期。

〖05165〗计道宏　（2006）对外汉语教师综合素质浅议，《湖北教育学院学报》第 1 期。

〖05166〗杨立真　（2006）把握对外汉语教学特点做合格的对外汉语兼职教师，《教育艺术》第 6 期。

〖05167〗刘晶晶　（2006）试论对外汉语教师自身跨文化交际能力的培养，《辽宁教育行政学院学报》第 3 期。

〖05168〗董　萃　（2006）关于对外汉语教师培训模式的思

考与探索，《沈阳师范大学学报》（社会科学版）第 3 期。

〖05169〗张文莉　池会军　（2006）吹面不寒杨柳风——浅谈对外汉语教师的课堂评价，《语言教学研究》第 1 期。

〖05170〗丁安琪　（2006）专职对外汉语教师对课堂活动看法的调查——对外汉语课堂活动系列调查之一，《语言教学与研究》第 6 期。

〖05171〗张映光　（2006）论国内对外汉语教学专业师资型人才的培养，《云南师范大学学报》（对外汉语教学与研究版）第 3 期。

2005 年

〖05172〗李铁范　（2005）华文教育学科建设及高级人才培养刍议，《中国高教研究》第 1 期。

〖05173〗罗建生　（2005）论非专职口译者的素质与要求，《中南民族大学学报》（人文社会科学版）第 1 期。

〖05174〗郝晓梅　（2005）对外汉语教师应具备的知识素养与能力，《北京教育》（高教版）Z1 期。

〖05175〗刘继红　（2005）第四届国际语言师资教育大会在美国明尼苏达州举行关注汉语走向世界的脚步，《国际汉语教学动态与研究》第 2 期。

〖05176〗曹　宏　（2005）中动句的语用特点及教学建议，《汉语学习》第 5 期。

〖05177〗马　跃　（2005）教学研究素养:建设可持续发展的华文师资队伍的重要因素，《暨南大学华文学院学报》第 4 期。

〖05178〗黄汉坤　（2005）泰国高校泰籍汉语教师及汉语教学现状，《暨南大学华文学院学报》第 3

期。

〖05179〗张　园　（2005）研究性学习实践——在北大预科班进行的"接轨项目"试验，《暨南大学华文学院学报》第 2 期。

〖05180〗马明艳　（2005）论对外汉语专业的学科分布，《绍兴文理学院学报》（教育版）第 2 期。

〖05181〗任京生　（2005）培养汉语世界冠军的人，《神州学人》第 4 期。

〖05182〗李海绩、白　瑜　（2005）推广对外汉语教学任重而道远——写在首届世界汉语大会之后，《神州学人》第 9 期。

〖05183〗陆俭明　（2005）汉语教员应有的意识，《世界汉语教学》第 1 期。

〖05184〗汤　勤　（2005）对外汉语教学微技能训练，《郧阳师范高等专科学校学报》第 4 期。

〖05185〗赵焕梅　（2005）留学生电力教育中对外汉语教师的素质要求，《中国电力教育》第 1 期。

2004 年

〖05186〗刘继红　（2004）当代韩国的汉语热及我与汉语的不解之缘——访第二届中国语言文化友谊奖获奖者李充阳教授，《国外汉语教学动态》第 6 期。

〖05187〗张　丹　（2004）法国汉语教学研究的拓荒者——白乐桑教授，《国外汉语教学动态》第 6 期。

〖05188〗石慧敏　（2004）关于加强美国中文教师培训的一点思考，《国外汉语教学动态》第 7 期。

〖05189〗金春花　（2004）试论对外汉语教师队伍建设，《黑龙江教育学院学报》第 4 期。

〖05190〗翁燕珩　（2004）论对外汉语教师的教学行为研究，

《民族教育研究》第 4 期。

〖05191〗鲁　洲　（2004）对外汉语新教师如何适应以美国学生为对象的课堂教学，《宁波大学学报》（教育科学版）第 6 期。

〖05192〗徐　妍　（2004）为了培养更合格的教育外交官——写在教育部首期驻外后备干部英语强化培训班结业之际，《神州学人》第 1 期。

〖05193〗崔永华　（2004）教师行动研究和对外汉语教学，《世界汉语教学》第 3 期。

〖05194〗黄均凤　程乐乐　（2004）论零起点班第一堂汉语课教师的语言形式，《云南师范大学学报》（对外汉语教学与研究版）第 3 期。

2003 年

〖05195〗王永德　（2003）试论新形势下我省对外汉语人才的需求，《安徽警官职业学院学报》第 1 期。

〖05196〗李　明　（2003）瑞典汉学家和汉语教学专家罗多弼，《国外汉语教学动态》第 2 期。

〖05197〗[德]魏纳新　（2003）学贯中西，志在千里——记第一届中国语言文化友谊奖获奖者柯彼德教授，《国外汉语教学动态》第 3 期。

〖05198〗[美]李敏儒　（2003）中文教学与中美文化交流——第二届中国语言文化友谊奖获奖者吴伟克教授访谈录，《国外汉语教学动态》第 3 期。

〖05199〗赵晓晖　（2003）最大限度地发挥教师与学生的潜能——介绍普林斯顿北京暑期汉语培训班，《国外汉语教学动态》第 2 期。

〖05200〗刘泰芳　（2003）当好人师——谈菲律宾华文师资队伍建设，《海外华文教育》第 4 期。

〖05201〗郝　琳　（2003）对外汉语教师与汉语学习者交际时语言使用情况考察，《暨南大学华文学院学报》第 2 期。

〖05202〗夏麦陵　（2003）九泉莫叹三光隔——怀念邓懿先生，《神州学人》第 2 期。

〖05203〗王幼敏　（2003）论留学生教育工作队伍的智力结构，《云南师范大学学报》（对外汉语教学与研究版）第 3 期。

〖05204〗赵冬梅　（2003）论信息化时代对外汉语教师的作用，《云南师范大学学报》（对外汉语教学与研究版）第 5 期。

2002 年

〖05205〗高辟天　（2002）努力钻研、辛勤耕耘、不断创新——记莫斯科大学亚非学院教授谭傲霜，《国外汉语教学动态》第 12 期。

〖05206〗董　明　（2002）青史留名的古代对外汉语教师，《暨南大学华文学院学报》第 4 期。

〖05207〗毕艳莉　（2002）谈对外汉语教师的基本素质，《辽宁工学院学报》（社会科学版）第 3 期。

〖05208〗阮咏梅　（2002）对外汉语教师的教学机智和课堂教学，《宁波大学学报》（教育科学版）第 1 期。

2001 年

〖05209〗王爱君　（2001）试论对外汉语教师应具备的素质，《江南学院学报》第 1 期。

〖05210〗何干俊　（2001）论对外汉语教学的师资及教材建设，《南昌教育学院学报》第 3 期。

〖05211〗邢公畹　（2001）和对外汉语教师谈治学方法，《汉语言文化研究》，天津：天津人民出版社。

2000 年

〖05212〗林去病　（2000）菲律宾华文教师谈提高教师素质，《海外华文教育》第 2 期。

〖05213〗丁身展　（2000）漫议泰华师资培训，《海外华文教育》第 2 期。

〖05214〗李　超　（2000）对外汉语教师应具备的主要条件，《云南高教研究》第 3 期。

〖05215〗欧阳汝颖　（2000）汉语文教师的口语能力基准，《第六届国际汉语教学讨论会论文选》，北京：北京大学出版社。

〖05216〗刘晓雨　（2000）对对外汉语教师业务培训的思考，《第六届国际汉语教学讨论会论文选》，北京：北京大学出版社。

1999 年

〖05217〗于　淼　（1999）对外汉语青年教师的技能结构刍议，《北京第二外国语学院学报》第 6 期。

〖05218〗苟承益　（1999）谈对外汉语教师的综合修养，《成都大学学报》（社会科学版）第 3 期。

〖05219〗林建明　（1999）六十年代初教育部出国汉语师资培训钩沉，《三明高等专科学校学报》S3 期。

〖05220〗韦　钰　（1999）语出华夏　桥架五洲——在教育部 1961-1964 届出国汉语储备师资纪念座谈会上的讲话，《三明高等专科学校学报》S4 期。

〖05221〗何立荣　（1999）略论对外汉语教学师资队伍的建设，《苏州大学学报》（哲学社会科学版）第 4 期。

〖05222〗刘　勇　（1999）对外汉语教师工作成绩显著，《中国考试》（高考版）第 5 期。

1998 年

〖05223〗杨子菁　（1998）菲律宾华校华语教师培训评介，《海外华文教育》第 1 期。

〖05224〗周明朗、符　平　（1998）教师在语言课堂中的作用，《世界汉语教学》第 1 期。

〖05225〗姜明宝　（1998）国家对外汉语教师资格证书考试简介，《中国考试》（高考版）第 1 期。

1997 年

〖05226〗肖祥忠　（1997）对外汉语教师知识结构的合理化浅谈，《教育评论》第 2 期。

1996 年

〖05227〗刘　珣　（1996）关于汉语教师培训的几个问题，《世界汉语教学》第 2 期。

〖05228〗刘　珣　（1996）教师培训——汉语教学事业发展的根本保证，《中国对外汉语教学学会第五次学术讨论会论文选》，北京：北京语言学院出版社。

1995 年

〖05229〗周正兴　（1995）试论对外汉语教师的必备素质，《苏州大学学报》（哲学社会科学版）4 期。

1991 年

〖05230〗邓恩明　（1991）谈教师培训的课程设置，《第三届国际汉语教学讨论会论文选》，北京：北京语言学院出版社。

〖05231〗高华年　（1991）对外汉语教师应具备的条件，《对外汉语教学研究》，广州：中山大学出版社。

1989 年

〖05232〗吕必松　（1989）关于对外汉语教师业务素质的几个问题，《世界汉语教学》第 1 期。

1988 年

〖05233〗刘　铭　（1988）对外汉语教学法的实用面——兼谈汉语教师的地位问题，《第二届国际汉语教学讨论会论文选》，北京：北京语言学院出版社。

1986 年

〖05234〗佟慧君　阎德早　（1986）对外汉语教学中的板书艺术，《语言教学与研究》第 2 期。

〖05235〗赵智超　（1986）教学效果较好的外语教师所应具备的主要条件，《第一届国际汉语教学讨论会论文选》，北京：北京语言学院出版社。

1962 年

〖05236〗吴景荣　（1962）外语怎样才能过关，《外语教学与研究》第 4 期。

17. 对外汉语课堂教学技巧

2007 年

〖05237〗孙永红　（2007）论对外汉语教学中的语感培养，《长春大学学报》第 5 期。

〖05238〗胡清国　（2007）对外汉语教学中的语言学功用，《东华大学学报》（社会科学版）第 2 期。

〖05239〗李　琳　（2007）从三个平面看"常常"与"往往"的异同，《海外华文教育》第 2 期。

〖05240〗杜艳青　（2007）论对韩国留学生的汉语成语教学，《海外华文教育》第 1 期。

〖05241〗刘　亚、邹　文　（2007）浅谈幽默在对外汉语教学课堂上的应用，《科教文汇》（上旬刊）第 8 期。

〖05242〗李　哲　（2007）对外汉语教学中的消极修辞教学，《科教文汇》（下旬刊）第 7 期。

〖05243〗曹成龙　（2007）谈对外汉语教学中的语序教学，《云南师范大学学报》（对外汉语教学与研究版）第 1 期。

〖05244〗李云霞　（2007）美国学生汉语课堂教学策略探讨，《云南师范大学学报》（对外汉语教学与研究版）第 1 期。

〖05245〗盛双霞　（2007）基于任务的对外汉语课堂教学，《中国大学教学》第 3 期。

2006 年

〖05246〗夏明菊　（2006）菲律宾华校学生汉语普通话听说能力分析与提高对策，《海外华文教育》第 3 期。

〖05247〗胡培安　（2006）汉语句型难度等级制约因素综合考察，《海外华文教育》第 2 期。

〖05248〗黄均凤　程乐乐　（2006）论课堂教学中的教学留白，《海外华文教育》第 3 期。

〖05249〗邱晓蕾　（2006）面向"工作驱动型"留学生的商务汉语教学改革设想，《海外华文教育》第 3 期。

〖05250〗朱　燕　（2006）试述"没有"否定含概数 NP 时的特点，《海外华文教育》第 4 期。

〖05251〗牟云峰　（2006）通过篇章学习副词，《海外华文教育》第 2 期。

〖05252〗丁安琪　（2006）欧美留学生对课堂活动有效性评价的分析——对外汉语课堂活动系列调查之三，《汉语学习》第 5 期。

〖05253〗刘颂浩　（2006）对外汉语教学中的多样性问题，《暨南大学华文学院学报》第 4 期。

〖05254〗李玉军　（2006）留学生课外语言实践过程中的几个问题，《暨南大学华文学院学报》第 4 期。

〖05255〗孙春颖　（2006）对外汉语专业现代汉语课教学的探索与实践，《语言文字应用》第 4 期。

〖05256〗仝小琳　（2006）插班：对外汉语教学形式的新探索——以韩国中文系留学生的汉语教学为例，《云南师范大学学报》（对外汉语教学与研究版）第 2 期。

〖05257〗刘　瑛　（2006）对外汉语教学中的"脑筋急转弯"，《云南师范大学学报》（对外汉语教学与研究版）第 4 期。

2005 年

〖05258〗魏耕耘　（2005）对外汉语课堂教学交际化的探讨，《海外华文教育》第 3 期。

〖05259〗刘小斌　（2005）怎样教韩国学生学汉语成语，《海外华文教育》第 2 期。

〖05260〗卢铁澎　（2005）"有错必纠"与"因材施教"，《海外华文教育》第 1 期。

〖05261〗冯晓鸿　（2005）浅谈初级对外汉语教学中的修辞导入，《绍兴文理学院学报》（社科版）

第 3 期。

〖05262〗孟　国　（2005）趣味性原则在对外汉语教学中的作用和地位，《语言教学与研究》第 6 期。

〖05263〗周殿生　（2005）新疆的对外汉语教学特点与策略探讨，《语言与翻译》第 4 期。

〖05264〗黄晓颖　（2005）对外汉语教学的课堂组织管理艺术，《云南师范大学学报》（对外汉语教学与研究版）第 4 期。

〖05265〗葛起超　（2005）对日本留学生教育管理工作的心得，《对外汉语论丛》（第四期），上海：学林出版社。

2004 年

〖05266〗陆俭明　（2004）对外汉语教学一得——要重视交代词或句法格式使用的语义背景，《海外华文教育》第 4 期。

〖05267〗王晓华　（2004）对外汉语写作教学中模糊策略的运用，《海外华文教育》第 1 期。

〖05268〗孙立峰　（2004）影响亚洲学生会话学习的不利因素及教学对策，《海外华文教育》第 3 期。

〖05269〗杨惠元　（2004）课堂教学评估的作用、原则和方法，《汉语学习》第 5 期。

〖05270〗黄晓颖　（2004）对外汉语教学的备课艺术，《汉语学习》第 3 期。

〖05271〗周国鹃　（2004）建构主义学习理论与课堂讨论，《暨南大学华文学院学报》第 1 期。

〖05272〗华锦木　（2004）第二语言汉语课堂活动设计新探，《民族教育研究》第 1 期。

〖05273〗吕玉兰　（2004）试论对外汉语课堂教学实践研究，《世界汉语教学》第 2 期。

〖05274〗孙雁雁　（2004）体态语在对外汉语教学中的意义

及运用，《语言教学与研究》第 2 期。

〖05275〗杨惠元 （2004）试论课堂教学研究，《语言教学与研究》第 3 期。

〖05276〗朱永平 （2004）控制式操练教学法在不同年级汉语教学中的运用，《北京新世纪对外汉语教学——海内外的互动与互补学术讨论会》，北京：商务印书馆。

2003 年

〖05277〗杨 萍、李文赫 （2003）在对外汉语教学中创造灵活多变的教学方法，《长春师范学院学报》第 3 期。

〖05278〗[韩国]萧素秋 （2003）乒乓乓常用的游戏教学方法，《国外汉语教学动态》第 4 期。

〖05279〗李大农 （2003）韩国学生汉语学习特点与教学技巧探讨，《海外华文教育》第 4 期。

〖05280〗蓝小玲 （2003）扩与减辩证教学刍议——谈避免留学生学习能力僵化的对策，《海外华文教育》第 1 期。

〖05281〗陈之权 （2003）互动教学策略在华文教学上的应用，《华文学刊》第 1 期。

〖05282〗董 新 （2003）浅谈对外汉语的教学方法，《牡丹江大学学报》第 7 期。

〖05283〗冯胜利 （2003）韵律制约的书面语与听说为主的教学法，《世界汉语教学》第 1 期。

〖05284〗孟 国 （2003）对外汉语教学的柔性原则，《天津师范大学学报》（社会科学版）第 4 期。

〖05285〗张 航 （2003）关于第一堂汉语课的语言模式创建，《语言教学与研究》第 5 期。

〖05286〗王玲玲 （2003）朗读教学与语感构建，《语言教学与研究》第 5 期。

〖05287〗彭小川　（2003）论"精讲活练"，《语言教学与研究》第 1 期。

〖05288〗范晓玲　（2003）浅谈对外汉语教学的几点体会，《语言与翻译》第 3 期。

〖05289〗郝晓梅　（2003）错误分析理论与课堂纠错原则，《云南师范大学学报》（对外汉语教学与研究版）第 2 期。

〖05290〗谭一红　（2003）对外汉语教学中的插语教学，《云南师范大学学报》（对外汉语教学与研究版）第 1 期。

〖05291〗徐丽华　（2003）对外汉语教学难点分析及对策，《浙江师范大学学报》（社会科学版）第 5 期。

〖05292〗杨文惠　（2003）浅论对外汉语教学中的导入设计，《中山大学学报论丛》第 2 期。

〖05293〗姚　瑾　（2003）对外汉语教学中的课外指导问题，《重庆交通学院学报》（社会科学版）第 3 期。

2002 年

〖05294〗傅索雅　（2002）谈谈对外汉语教学中的课堂提问，《北京广播电视大学学报》第 1 期。

〖05295〗王　丽　（2002）对外汉语基础会话教学方法与实际运用，《海外华文教育》第 3 期。

〖05296〗欧阳国泰　（2002）我怎样当督导师，《海外华文教育》第 4 期。

〖05297〗方绪军　（2002）初级口语教学运用复述手段对输入材料的要求例析，《海外华文教育》第 2 期。

〖05298〗彭小川　（2002）如何提高华裔子弟学习华文的兴趣，《暨南大学华文学院学报》第 1 期。

〖05299〗刘道英 （2002）谈对外汉语教学的情感化与多样化，《青海师范大学学报》（哲学社会科学版）第 2 期。

〖05300〗秦曰龙 （2002）日常会话语体与文学艺术语体之差别——日常语言与文学语言关系一窥，《现代语文》（教学研究版）第 4 期。

〖05301〗易 瑾 （2002）外国留学生汉语教学的问题与对策，《肇庆学院学报》第 5 期。

2001 年

〖05302〗方欣欣 （2001）中高级水平韩国学生的教学重点，《汉语学习》第 5 期。

〖05303〗蔡整莹 （2001）对外汉语教学中的板书设计，《暨南大学华文学院学报》第 2 期。

〖05304〗金志刚 （2001）论对外汉语高级阶段教学法，《辽宁广播电视大学学报》第 3 期。

〖05305〗周 健 （2001）论突出以目标为导向的交际能力训练，《世界汉语教学》第 3 期。

〖05306〗裴维襄 （2001）对外汉语教学的趣味性，《天津市工会管理干部学院学报》第 4 期。

〖05307〗朱 虹 （2001）对外语言教学中的语言学问题，《天津外国语学院学报》第 3 期。

〖05308〗段爱萍 石凯民 刘小军 （2001）汉语留学生高级班课堂教学法探讨，《西北工业大学学报》（社会科学版）第 3 期。

〖05309〗舒 燕 （2001）论对外汉语教学中的素质教育，《中国高教研究》第 3 期。

〖05310〗王学松 （2001）短期班教学为长期班教学提供的启示，《中国对外汉语教学学会北京分会第二届学术年会论文集》，北京：北京语言文化大学出版社。

〖05311〗任丽丽　（2001）试论对外汉语教学过程中的主客体关系，《中国对外汉语教学学会北京分会第二届学术年会论文集》，北京：北京语言文化大学出版社。

〖05312〗沈　燕、刘　冬　（2001）谈对外汉语教学中的礼貌策略问题，《中国对外汉语教学学会北京分会第二届学术年会论文集》，北京：北京语言文化大学出版社。

〖05313〗蒋以亮　（2001）外国留学生课堂提问情况的调查与分析，《中国对外汉语教学学会北京分会第二届学术年会论文集》，北京：北京语言文化大学出版社。

2000 年

〖05314〗吕必松　（2000）汉语教学中技能训练的系统性问题，《回眸与思考》，北京：外语教学与研究出版社。

〖05315〗朴正顺　（2000）学练一体：对外汉语教学的有效方法，《佳木斯大学社会科学学报》第 5 期。

〖05316〗林元桂　（2000）对外汉语教学三昧，《南平师专学报》第 3 期。

〖05317〗刘利民　（2000）对外汉语教学点滴谈，《黔东南民族师专学报》第 1 期。

〖05318〗李春玲　（2000）浅谈对外汉语教学中基础教学的技巧——态势语和直观教具教学，《沈阳师范学院学报》（社会科学版）第 1 期。

〖05319〗马　兰　（2000）对外汉语情感教学的课堂实施，《天津外国语学院学报》第 4 期。

〖05320〗卢绍昌　（2000）汉语教学的一些经验与想法，《第六届国际汉语教学讨论会论文选》，北京：

北京大学出版社。

〖05321〗宋连谊 （2000）汉语教学中只重认读不求书写的可行性，《第六届国际汉语教学讨论会论文选》，北京:北京大学出版社。

〖05322〗戴庆厦 关辛秋 （2000）谈谈第二语言课堂教学中的灵活性原则——以汉语为例，《第六届国际汉语教学讨论会论文选》，北京:北京大学出版社。

1999 年

〖05323〗刘晓雨 （1999）学习动机与课堂教学，《汉语学习》第 3 期。

〖05324〗杨 怡 （1999）对外汉语教学对象的特点与教学对策，《汉字文化》第 3 期。

〖05325〗杨奕榕 （1999）谈对外汉语入门阶段的教学，《黔东南民族师范高等专科学校学报》第 1 期。

〖05326〗卢百可 邓秀均 （1999）以图片为基础的课堂交际练习实验——一次交际法的实践，《世界汉语教学》第 2 期。

〖05327〗吴玉如 （1999）积极利用语言环境提高学生汉语水平，《对外汉语教研论丛》（第一辑），上海：华东师范大学出版社。

〖05328〗华宵颖 （1999）论情景练习，《对外汉语教研论丛》（第一辑），上海：华东师范大学出版社。

〖05329〗徐子亮、勇 毅 （1999）功能情景教学谈，《对外汉语教研论丛》（第一辑），上海：华东师范大学出版社。

1998 年

〖05330〗卢 伟 （1998）语料库在汉语作为第二语言教学

中的应用，《海外华文教育》第 2 期。

〖05331〗袁雨华　（1998）谈汉语在作为第二语言教学中阅读理解技能的训练，《喀什师范学院学报》第 2 期。

〖05332〗董　萃　（1998）汉语的非母语学习与教学策略，《辽宁教育学院学报》第 4 期。

〖05333〗孟　国　（1998）口误与对外汉语实况教学，《语言教学与研究》第 3 期。

〖05334〗陆俭明　（1998）对外汉语教学中经常要思考的问题，《语言文字应用》第 4 期。

〖05335〗费锦昌　（1998）对外汉语教学的特点、难点及其对策，《北京大学学报》（哲学社会科学版）第 3 期。

1997 年

〖05336〗张　桃　（1997）海外华文写作教学法初探，《海外华文教育》第 2 期。

〖05337〗滕吉海　（1997）对外汉语教学中一个不容忽视的问题——谈朗读和朗读技巧，《汉语学习》第 6 期。

〖05338〗古　岳　（1997）试谈对外汉语教学中的方言问题，《辽宁师范大学学报》（社会科学版）第 2 期。

〖05339〗翟英华　（1997）浅谈俄罗斯学生在汉语学习初级阶段的难点，《齐齐哈尔大学学报》（哲学社会科学版）第 3 期。

〖05340〗完颜平一　（1997）培养语感：对外汉语教学的灵魂，《社会科学战线》第 6 期。

〖05341〗丁金国　（1997）对外汉语教学中的语体意识，《烟台大学学报》（哲学社会科学版）第 1 期。

〖05342〗吕必松　（1997）汉语教学中技能训练的系统性问

题，《第五届国际汉语教学讨论会论文
选》，北京：北京大学出版社。

〖05343〗朱庆明　（1997）试谈对外基础汉语教学中的误导
现象，《语言文化教学研究集刊》（第一
辑），北京：华语教育出版社。

1996 年

〖05344〗凌　敏　（1996）论对外汉语教学的"母语化"方
法，《上海大学学报》（社会科学版）第
3 期。

〖05345〗洪　玮　（1996）对言语行为"请求"的教学探讨，
《世界汉语教学》第 2 期。

〖05346〗[德]海迪·布瑞克逊多夫　（1996）几种用于强化
班的教学方法及练习形式，《世界汉语教
学》第 3 期。

〖05347〗刘颂浩　（1996）怎样训练阅读理解中的概括能力，
《中国对外汉语教学学会第五次学术讨
论会论文选》，北京：北京语言文化大学
出版社。

〖05348〗许俐珍　（1996）报刊课之我见，《中国对外汉语
教学学会成立十周年纪念论文选》，北京：
北京语言文化大学出版社。

〖05349〗余维钦　（1996）简论对外汉语教学中的报刊课，
《中国对外汉语教学学会成立十周年纪
念论文选》，北京：北京语言文化大学出
版社。

〖05350〗陈　昕　（1996）听力理解领先原则与初级汉语教
学，《中国对外汉语教学学会成立十周年
纪念论文选》，北京：北京语言文化大学
出版社。

〖05351〗马艳华　（1996）一年制零起点留学生会话课教学

环节的设置及其科学性，《中国对外汉语教学学会成立十周年纪念论文选》，北京：北京语言文化大学出版社。

〖05352〗张玉娥　（1996）对外汉语课堂教学艺术琐议，《对外汉语教学研究》，广州：中山大学出版社。

〖05353〗何子铨　（1996）基础汉语教学中的课堂教学设计，《对外汉语教学研究》，广州：中山大学出版社。

〖05354〗张维耿　（1996）课堂听说教学的几个原则，《对外汉语教学研究》，广州：中山大学出版社。

〖05355〗张世涛　（1996）谈谈课堂控制的技巧，《对外汉语教学研究》，广州：中山大学出版社。

1995 年

〖05356〗张　莉　（1995）对外汉语教学点滴谈，《黑河教育》第 2 期。

〖05357〗谭德姿　（1995）对外汉语教学中的语感培养，《山东师大学报》（社会科学版）第 6 期。

〖05358〗夏　敏　（1995）谈对外汉语教学中的"第二课堂"活动，《沈阳师范学院学报》（社会科学版）第 1 期。

〖05359〗康　平　（1995）对外汉语教学的实践性原则，《沈阳师范学院学报》（社会科学版）第 2 期。

〖05360〗陈满华　（1995）小议初级班教学幽默语言策略，《世界汉语教学》第 2 期。

〖05361〗马箭飞　（1995）汉语速成教学的几个问题，《语言教学与研究》第 3 期。

〖05362〗[日]长谷川、良　一　（1995）汉语入门阶段的几个教学技巧，《第四届国际汉语教学讨论

〖05363〗徐家祯　会论文选》，北京：北京语言学院出版社。
（1995）语言教学中的"禁忌现象"，《第四届国际汉语教学讨论会论文选》，北京：北京语言学院出版社。

1994 年

〖05364〗李白坚　丁迪蒙　（1994）"主持人"式教学法——对外汉语教学中的新尝试，《上海大学学报》（社会科学版）第 2 期。

〖05365〗赵守辉　罗青松　（1994）汉语课堂引进歌唱，《汉语学习》第 4 期。

〖05366〗晏懋思　（1994）交际法运用例析，《世界汉语教学》第 2 期。

1993 年

〖05367〗李　爽　（1993）试论对外汉语教学的课程设计，《世界汉语教学》第 3 期。

〖05368〗张　犁　（1993）寒暄的策略，《语文建设》第 6 期。

〖05369〗陈满华　（1993）对外汉语教学中的汉语规范问题，《语文建设》第 11 期。

〖05370〗李忆民　（1993）课堂教学的内向和外向——试论中级汉语精读课课堂教学交际化，《语言教学与研究》第 3 期。

〖05371〗赵顺国　（1993）零起点汉语教学的难点透视及对策，《中国人民大学学报》第 4 期。

〖05372〗张德尧　（1993）如何发现并解决留学生汉语学习中的难点，《中国人民大学学报》第 4 期。

〖05373〗李　扬　（1993）建立科学的训练体系——中高级阶段汉语教学技能训练问题，《中国对外汉语教学学会第四次学术讨论会论文选》，北京：北京语言学院出版社。

〖05374〗王德春　（1993）对外汉语教学漫议之十二（二篇），
　　　　　　　　《汉语学习》第1期。

〖05375〗王德春　（1993）对外汉语教学漫议之十三（三篇），
　　　　　　　　《汉语学习》第5期。

1992 年

〖05376〗孙德坤　（1992）关于开展课堂教学活动研究的一
　　　　　　　　些设想，《世界汉语教学》第2期。

〖05377〗李　扬　（1997）建立科学的训练体系——中高级
　　　　　　　　阶段汉语教学技能训练问题，《汉语学习》
　　　　　　　　第6期。

〖05378〗王德春　（1992）对外汉语教学漫议之十（三篇），
　　　　　　　　《汉语学习》第1期。

〖05379〗王德春　（1992）对外汉语教学漫议之十一（二篇），
　　　　　　　　《汉语学习》第4期。

1991 年

〖05380〗王德春　（1991）对外汉语教学漫议之四（三篇），
　　　　　　　　《汉语学习》第1期。

〖05381〗王德春　（1991）对外汉语教学漫议之五（三篇），
　　　　　　　　《汉语学习》第2期。

〖05382〗王德春　（1991）对外汉语教学漫议之六（三篇），
　　　　　　　　《汉语学习》第3期。

〖05383〗王德春　（1991）对外汉语教学漫议之七（三篇），
　　　　　　　　《汉语学习》第4期。

〖05384〗王德春　（1991）对外汉语教学漫议之八（二篇），
　　　　　　　　《汉语学习》第5期。

〖05385〗王德春　（1991）对外汉语教学漫议之九（二篇），
　　　　　　　　《汉语学习》第6期。

〖05386〗黄祥年　（1991）关于课堂教学评估的实践与认识，

《世界汉语教学》第 2 期。

〖05387〗杨寄洲　（1991）课堂教学技巧略说，《语言教学与研究》第 2 期。

〖05388〗崔永华　杨寄洲　（1991）课堂教学技巧略说，《语言教学与研究》第 2 期。

〖05389〗谭春健　（1991）论两种课堂教学方法的有效性——兼谈语言交际能力的培养，《北京地区第一届对外汉语教学讨论会论文选》，北京：北京大学出版社。

〖05390〗杨寄洲　（1991）谈中级汉语课堂教学的原则与方法，《中高级对外汉语教学论文选》，北京：北京语言学院出版社。

〖05391〗陈　灼　（1991）试论中级汉语课的设计，《中高级对外汉语教学论文选》，北京：北京语言学院出版社。

1990 年

〖05392〗王德春　（1990）对外汉语教学漫议之二（三篇），《汉语学习》第 5 期。

〖05393〗王德春　（1990）对外汉语教学漫议之三（三篇），《汉语学习》第 6 期。

〖05394〗龙青然　（1990）对外汉语语法教学的重点和难点，《汉语学习》第 3 期。

〖05395〗黄振英　（1990）悬念在对外基础汉语教学中的运用，《世界汉语教学》第 2 期。

〖05396〗崔永华　（1990）语言课的课堂教学意识略说，《世界汉语教学》第 3 期。

〖05397〗梁　霞　（1990）报刊选课之我见，《中国对外汉语教学学会第三次学术讨论会论文选》，北京：北京语言学院出版社。

〖05398〗鲁宝元　（1990）对外汉语教学的快速阅读训练，

《中国对外汉语教学学会第三次学术讨论会论文选》，北京：北京语言学院出版社。

〖05399〗周　健　（1990）汉语速成新教学法尝试，《中国对外汉语教学学会第三次学术讨论会论文选》，北京：北京语言学院出版社。

〖05400〗王　琼　（1990）浅谈汉字教学——学习字素拼合法，《中国对外汉语教学学会第三次学术讨论会论文选》，北京：北京语言学院出版社。

〖05401〗潘耀武　（1990）试谈"V+有"类结构，《中国对外汉语教学学会第三次学术讨论会论文选》，北京：北京语言学院出版社。

〖05402〗周小兵　（1990）谈留学生的速读训练，《中国对外汉语教学学会第三次学术讨论会论文选》，北京：北京语言学院出版社。

〖05403〗贾　玲　（1990）听说与读写分阶段教学的尝试，《中国对外汉语教学学会第三次学术讨论会论文选》，北京：北京语言学院出版社。

〖05404〗于　康、王晓葵、要　红、陈　莎、马　玲（1990）现代汉语口语视听说课课堂教学原则与教学实践初探，《中国对外汉语教学学会第三次学术讨论会论文选》，北京：北京语言学院出版社。

〖05405〗戴桂英　（1990）谈基础汉语教师的心理素质和课堂教学艺术，《中国对外汉语教学学会第三次学术讨论会论文选》，北京：北京语言学院出版社。

1989 年

〖05406〗董明晔 （1989）简论对外汉语教学中的动态语言训练，《世界汉语教学》第 4 期。

1988 年

〖05407〗李延瑞 （1988）谈特短期对日汉语教学，《福建师大学报》第 2 期。

〖05408〗马欣华 （1988）课堂提问，《世界汉语教学》第 1 期。

〖05409〗章纪孝 （1988）对外文言教学的方法问题，《世界汉语教学》第 3 期。

〖05410〗马静恒 （1988）录像带在高级汉语教学中的功用及应用，《语言教学与研究》第 2 期。

〖05411〗寇德璋 （1988）如何帮助外国学生尽快理解古代汉语，《第二届国际汉语教学讨论会论文选》，北京：北京语言学院出版社。

〖05412〗成令方 （1988）学寓于戏：汉语教学游戏举例，《第二届国际汉语教学讨论会论文选》，北京：北京语言学院出版社。

〖05413〗霍　陈、婉　媛、施仲谋（1988）几个提高语言教学的要素，《第二届国际汉语教学讨论会论文选》，北京：北京语言学院出版社。

〖05414〗杨为夫 （1988）谈社会语言环境的导入，《第二届国际汉语教学讨论会论文选》，北京：北京语言学院出版社。

1987 年

〖05415〗佟慧君 （1987）课堂教学的"讲"与"练"，《世界汉语教学》第 2 期。

〖05416〗石　泉 （1987）对外汉语教学鳞爪，《世界汉语教学》第 1 期。

〖05417〗桂梦春　（1987）报刊文选课浅谈，《对外汉语教学研究会第二次学术讨论会论文选》，北京：北京语言学院出版社。

〖05418〗寇德璋　（1987）对外古代汉语教学浅谈，《对外汉语教学研究会第二次学术讨论会论文选》，北京：北京语言学院出版社。

〖05419〗张亚军　（1987）对外汉语教学法之研讨，《对外汉语教学研究会第二次学术讨论会论文选》，北京：北京语言学院出版社。

〖05420〗陈绥宁　（1987）对外汉语教学入门阶段以突出听说为好——兼谈课程设置，《对外汉语教学研究会第二次学术讨论会论文选》，北京：北京语言学院出版社。

〖05421〗徐竹君　（1987）关于经济汉语班的设想，《对外汉语教学研究会第二次学术讨论会论文选》，北京：北京语言学院出版社。

〖05422〗何子铨　（1987）汉语专修班的课程设置要突出实践性原则，《对外汉语教学研究会第二次学术讨论会论文选》，北京：北京语言学院出版社。

〖05423〗吴勇毅　徐子亮　（1987）建国以来我国对外汉语教学法研究述评，《对外汉语教学研究会第二次学术讨论会论文选》，北京：北京语言学院出版社。

〖05424〗徐缦华　（1987）试谈对进修生的汉语教学，《对外汉语教学研究会第二次学术讨论会论文选》，北京：北京语言学院出版社。

〖05425〗李景蕙　（1987）提高课堂教学质量的几个问题，《对外汉语教学研究会第二次学术讨论会论文选》，北京：北京语言学院出版社。

1986 年

〖05426〗贺淑秀　（1986）基础汉语教学中的信息传递，《语言与翻译》第 4 期。

〖05427〗王邱丕君　（1986）课堂交际教学活动的理论与实践，《第一届国际汉语教学讨论会论文选》，北京：北京语言学院出版社。

1985 年

〖05428〗徐子亮　（1985）略谈口语教学，《对外汉语教学》第 1 期。

〖05429〗楼　关等　（1985）快速阅读的理论和训练方式，《语文导报》第 5 期。

1984 年

〖05430〗赵燕皎　（1984）拿出 60%的时间给学生说话——谈课堂教学，《对外汉语教学》第 3 期。

〖05431〗史世庆　（1984）提高口语水平的一个好方法——谈录像教学，《对外汉语教学》第 4 期。

〖05432〗盛　炎　（1984）在课堂教学中要控制外语的使用，《对外汉语教学》第 2 期。

1983 年

〖05433〗王瑶琨　（1983）如何使学生积极地参加课堂学习活动，《对外汉语教学》（第一期），北京：北京语言学院出版社。

〖05434〗孙　晖　（1983）短期班强化汉语口语教学法初探，《对外汉语教学论文选》。

〖05435〗刘世勤等　（1983）新闻语言特点初探，《对外汉语教学论文选》。

〖05436〗周继圣　（1983）运用前提概念对外国留学生进行写话教学，《对外汉语教学论文选》。

〖05437〗吴碧莲　（1983）谈谈留学生汉语教学中的背书原
则，《对外汉语教学论文选》。

1982 年

〖05438〗苑锡群　（1982）从分析病句看留学生英语翻译课
的教学目的，《北京语言学院第二届教学
经验科研成果交流会论文选》，北京：北
京语言学院出版社。

1981 年

〖05439〗施光亨　（1981）关于基础汉语教学中的课堂操练，
《语言教学与研究》第 4 期。

〖05440〗张　锐　（1981）"读、看、听、说、写"教法初
探，《语言教学与研究》第 2 期。

〖05441〗盛　炎　（1981）程序教学简介，《语言教学与研
究》第 3 期。

1980 年

〖05442〗马明廉　（1980）谈谈"多""多么"的意义与翻
译方法，《新疆大学学报》（社会科学版）
第 1 期。

1979 年

〖05443〗李忆民　（1979）教学小札，《语言教学与研究》
第 2 期。

〖05444〗杨俊萱　（1979）课堂教学的"死"与"活"，《语
言教学与研究》第 2 期。

七、对外汉语计算机辅助教学研究

18. 对外汉语计算机辅助教学的理论

2007 年

〖05445〗朱湘燕　（2007）多媒体辅助对外汉语写作教学研究，《国际关系学院学报》第 4 期。

〖05446〗张　哲　（2007）浅谈对外汉语教学中的多媒体技术，《教育前沿》（理论版）第 1 期。

〖05447〗周平红、卢　强、张　屹　（2007）对外汉语学习网络教学平台建设的需求分析，《开放教育研究》第 3 期。

〖05448〗行玉华　（2007）浅谈汉字网络探究性学习，《天津电大学报》第 3 期。

〖05449〗徐　娟、史艳岚　（2007）论信息技术与对外汉语课程整合，《外语电化教学》第 4 期。

〖05450〗彭志峰　（2007）基于 P2P 技术的对外汉语教学资源平台构建研究，《现代教育技术》第 5 期。

〖05451〗刘　欣　（2007）多媒体在对外汉语语法教学中的应用初探，《云南科技管理》第 2 期。

〖05452〗唐伟清　（2007）信息处理模型与字词识记，《郑州航空工业管理学院学报》（社会科学版）第 1 期。

2006 年

〖05453〗陈　杰　（2006）对外汉语教学中多媒体的合理利用，《航海教育研究》第 1 期。

〖05454〗梁　蕾　（2006）电脑开口说话时代语言教育的任务——日本早稻田大学跨文化远程语言教学的实践与愿望，《暨南大学华文学院学报》第2期。

〖05455〗仇鑫奕　（2006）虚拟现实技术支持下的对外汉语教学模式，《外语电化教学》第1期。

〖05456〗郑艳群　（2006）多媒体汉语课堂教学方法，《语言文字应用》第1期。

〖05457〗崔　文　（2006）MCAI在对外汉语教学中的应用原理和策略，《中国科技信息》第3期。

2005 年

〖05458〗熊玉珍　（2005）基于网上资源利用的"对外汉语视听说"教改试验研究，《电化教育研究》第5期。

〖05459〗关文玉　（2005）"汉语中介语语料库系统"的基本设想，《国外外语教学》第2期。

〖05460〗苏向丽　（2005）现代教育技术在对外汉语教学中的运用，《吉林广播电视大学学报》第3期。

〖05461〗王葆华　（2005）"中文助教"软件在美国问世，《暨南大学华文学院学报》第3期。

〖05462〗苏宝华　张凤芝　（2005）汉语专题学习网站《走近大熊猫》的设计思路及方法，《暨南大学华文学院学报》第1期。

〖05463〗王丕承　（2005）利用多媒体手段培养汉语口语交际能力，《山东省经济管理干部学院学报》第1期。

〖05464〗任　敏、时春梅　（2005）数字化教学与对外汉语教学，《社会科学论坛》（学术研究卷）第6期。

〖05465〗何婷婷　沈辉宇　（2005）语料库文本描述的语言规范——语料库元数据规范设计，《语言文字应用》第 4 期。

〖05466〗康晓娟　（2005）信息技术与中高级口语教学的整合，《中国大学教学》第 2 期。

〖05467〗靳光瑾、肖　航、富　丽、章云帆　（2005）现代汉语语料库建设及深加工，《语言文字应用》第 2 期。

2004 年

〖05468〗郭丽萍　（2004）多媒体技术在汉语教学中的应用，《和田师范专科学校学报》第 4 期。

〖05469〗赵新波　（2004）多媒体在对外汉语教学中应用的理论基础，《平原大学学报》第 6 期。

〖05470〗石　睿　（2004）论多媒体网络技术对语言教学的影响，《语言与翻译》第 1 期。

〖05471〗刘亚飞　（2004）在汉语多媒体教学中应避免一些不良倾向，《语言与翻译》第 3 期。

2003 年

〖05472〗钟情专　（2003）浅谈计算机在翻译领域的应用，《河池师专学报》第 1 期。

〖05473〗靳光瑾　（2003）谈语料库建设与规范标准问题，《中文信息处理若干重要问题》，科学出版社。

2002 年

〖05474〗李爱军、陈肖霞、孙国华、华　武、殷治纲　（2002）CASS：一个具有语音学标注的汉语口语语音库，《当代语言学》第 2 期。

〖05475〗王金祥　（2002）运用现代信息技术促进对外汉语教学，《辽宁教育学院学报》第 11 期。

〖05476〗王晋龙　（2002）多媒体课件的设计及其在对外汉语教学中的应用，《太原大学学报》第 1 期。

〖05577〗纪晓静　（2002）试论多媒体在对外汉语教学中的作用，《外语电化教学》第 5 期。

〖05478〗吴勇毅　张一如　（2002）CAICSL 的理论与软件的设计和开发，《对外汉语教研论丛》（第二辑），上海：华东师范大学出版社。

〖05479〗吴勇毅　张一如　（2002）计算机辅助对外汉语教学系统的开发和应用，《对外汉语教研论丛》（第二辑），上海：华东师范大学出版社。

〖05480〗白栓虎、夏　莹、黄昌宁　（2002）汉语语料库词性标注方法研究，《机器翻译研究进展》，电子工业出版社。

2001 年

〖05481〗张和生、洪　芸　（2001）简论基于互联网的对外汉语教学，《北京师范大学学报》（人文社会科学版）第 6 期。

〖05482〗晏懋思　（2001）介绍两种用电脑成批获取例句的简易方法，《暨南大学华文学院学报》第 2 期。

〖05483〗袁　斐　（2001）试论在对外汉语网络教学中激发与保持学习者的学习动机，《暨南大学华文学院学报》第 1 期。

〖05484〗李宝贵　（2001）多媒体与短期汉语强化教学，《辽宁广播电视大学学报》第 4 期。

〖05485〗陈小玲　（2001）对外汉语教学电子教案编制研究，《武汉科技大学学报》（社会科学版）第 1 期。

〖05486〗王洪君 （2001）《信息处理用现代汉语分词词表》的内部构造和汉语的结构特点，《语言文字应用》第 4 期。

〖05487〗孙茂松、王洪君、李行健、富　丽、黄昌宁、陈松岑、谢自立、张卫国
（2001）信息处理用现代汉语分词词表，《语言文字应用》第 4 期。

2000 年

〖05488〗邢红兵 （2000）信息领域汉英术语的特征及其在语料中的分布规律，《术语标准化与信息技术》第 3 期。

〖05489〗段慧明 （2000）大规模汉语标注语料库的制作与使用，《语言文字应用》第 2 期。

〖05490〗隋　岩 （2000）动态流通语料库理论的概念和方法，《语言文字应用》第 2 期。

〖05491〗郑艳群 （2000）关于建立对外汉语教学多媒体素材库的若干问题，《语言文字应用》第 3 期。

〖05492〗[英]约翰·辛克莱　王建华译 （2000）关于语料库的建立，《语言文字应用》第 2 期。

〖05493〗邢红兵 （2000）基于第三代语料库的信息领域术语动态更新，《语言文字应用》第 2 期。

〖05494〗陈肖霞 （2000）连续话语语料库的语音切分和标记，《语言文字应用》第 2 期。

〖05495〗张　普 （2000）信息处理用语言知识动态更新的总体思考，《语言文字应用》第 2 期。

〖05496〗陈文芷　郑锦全 （2000）电脑教学中教师的主导作用，《第六届国际汉语教学讨论会论文选》，北京大学出版社。

〖05497〗郑艳群 （2000）浅谈"虚拟词语空间"——多媒

体汉语词典的发展设想，《第六届国际汉语教学讨论会论文选》，北京大学出版社。

1999 年

〖05498〗徐　娟、孙德金　（1999）基于 WWW 的远程对外汉语教学课程设计，《开放教育研究》第 6 期。

〖05499〗黄勤勇　（1999）多媒体对外汉语教材的作用及发展战略，《世界汉语教学》第 2 期。

〖05500〗杨惠芬　张春平　（1999）多媒体对外汉语教学——2 1 世纪对外汉语教学的重要手段，《世界汉语教学》第 2 期。

〖05501〗郑艳群　（1999）虚拟现实技术和语言教学环境，《世界汉语教学》第 2 期。

〖05502〗孙茂松　（1999）信息处理用现代汉语分词词表的设计原则，黄昌宁、董振东《计算语言学文集》，清华大学出版社。

〖05503〗梁　源、王洪君　（1999）二字短语凝固度分级初探，黄昌宁、董振东《计算语言学文集》，清华大学出版社。

1998 年

〖05504〗顾曰国　（1998）语料库与语言研究——兼编者的话，《当代语言学》第 1 期。

〖05505〗丁信善　（1998）语料库语言学的发展及研究现状，《当代语言学》第 1 期。

〖05506〗王伯浩　（1998）几个大的语料库评介，《当代语言学》第 1 期。

〖05507〗王建新　（1998）索引软件：语料库语言学的有力工具，《当代语言学》第 1 期。

〖05508〗贾　鼎、丁一力　（1998）现代信息技术与对外汉语教学，《世界汉语教学》第 3 期。

1997 年

〖05509〗阮志永等 （1997）发展 CAI，推动面向 21 世纪的教育革新，《教育与教材研究》第 1 期。

〖05510〗胡百华 （1997）香港的语料库和相关研究概况，《语言文字应用》第 2 期。

〖05511〗马静恒 （1997）电脑多媒体对外汉语教材的编制及应用，《第五届国际汉语教学讨论会论文选》，北京：北京大学出版社。

〖05512〗郑艳群 （1997）从《多媒体汉字教学字典》看多媒体汉语教学的特点，《第五届国际汉语教学讨论会论文选》，北京：北京大学出版社。

〖05513〗陈小荷 （1997）"汉语中介语语料库系统"介绍，《第五届国际汉语教学讨论会论文选》，北京：北京大学出版社。

〖05514〗孙宏林、黄建平、孙德金、李德钧、邢红兵 （1997）"现代汉语研究语料库系统"概述，《第五届国际汉语教学讨论会论文选》，北京：北京大学出版社。

1996 年

〖05515〗陈　申、傅敏跃 （1996）汉语教学的两个难点与电脑的辅助作用，《世界汉语教学》第 3 期。

1995 年

〖05516〗郑艳群 （1995）汉语计算机辅助教学的基本类型，《第四届国际汉语教学讨论会论文选》，北京：北京语言学院出版社。

1994 年

〖05517〗尹斌庸　（1994）词频统计的新概念和新方法，《语言文字应用》第 2 期。

1993 年

〖05518〗储诚志　陈小荷　（1993）建立"汉语中介语语料库"的基本设想，《世界汉语教学》第 3 期。

〖05519〗Z.P.　（1993）"电脑辅助速成对外汉语教学系统"通过鉴定，《语文建设》第 5 期。

〖05520〗曾志朗　（1993）从信息处理看汉字阅读，《当代语言学》第 1 期

1991 年

〖05521〗张　普　（1991）论汉语信息处理技术与对外汉语教学，《语言教学与研究》第 1 期。

〖05522〗贺上贤　（1991）电子计算机辅助汉语教学的初探，《第三届国际汉语教学讨论会论文选》，北京：北京语言学院出版社。

〖05523〗张　普　（1991）论汉语信息处理技术与对外汉语教学，《第三届国际汉语教学讨论会论文选》，北京：北京语言学院出版社。

1988 年

〖05524〗李金铠　（1988）计算机和现代汉字学，《第二届国际汉语教学讨论会论文选》，北京：北京语言学院出版社。

1986 年

〖05525〗王方宇　（1986）有关计算机辅助教学中文的一些

问题，《第一届国际汉语教学讨论会论文选》，北京：北京语言学院出版社。

〖05526〗蓝安东 （1986）论汉语会话班里的录像教学，《第一届国际汉语教学讨论会论文选》，北京：北京语言学院出版社。

19．对外汉语计算机辅助教学的实践

2007 年

〖05527〗卢　伟 （2007）基于资源策略的网络学习模式，《海外华文教育》第 2 期。

〖05528〗陈艳艺 （2007）即时聊天工具 MSN 在对外汉语教学中的应用，《海外华文教育》第 1 期。

〖05529〗郑　玮 （2007）缩略法在外语学习影视材料字幕翻译中的应用，《海外华文教育》第 2 期。

〖05530〗阿迪拉·买买提 （2007）电子词典浅论，《和田师范专科学校学报》第 5 期。

〖05531〗于　涛 （2007）基于网络的研究性学习在科技汉语教学中的运用，《云南师范大学学报》（对外汉语教学与研究版）第 4 期。

2006 年

〖05532〗王　虹 （2006）第二语言教学中网络平台的应用与分析，《海外华文教育》第 3 期。

〖05533〗郑通涛 （2006）对外汉语网络教学平台的技术与应用，《海外华文教育》第 1 期。

〖05534〗田宏梅 （2006）利用汉语语料库研究词语搭配——以"有点"为例，《暨南大学华文学院学报》第 3 期。

〖05535〗陈作宏 （2006）多媒体在对外汉语高级口语教学中的运用，《民族教育研究》第 1 期。

〖05536〗北京语言大学"外国学生错字别字数据库"课题组
（2006）"外国学生错字别字数据库"的
建立与基于数据库的汉字教学研究，《语
言教学与研究》第 4 期。

2005 年

〖05537〗[美]徐平、任长慧　（2005）计算机技术与无笔汉
字教学，《国际汉语教学动态与研究》第
4 期。

〖05538〗邓小琴　（2005）泰国华欣远程教育电视台汉语教
学模式及特点之思考，《国际汉语教学动
态与研究》第 4 期。

〖05539〗刘颂浩　（2005）中美网络语言教学项目和"乘风
汉语"，《国际汉语教学动态与研究》第
1 期。

〖05540〗[英]吴大明　（2005）中文计算机技能教学大纲初
探，《国际汉语教学动态与研究》第 1 期。

〖05541〗黄鸣奋　（2005）充分发挥网络优势培训国外汉语
教师，《海外华文教育》第 1 期。

〖05542〗韩秀梅　（2005）电影在对外汉语教学中的特殊作
用，《海外华文教育》第 3 期。

〖05543〗许栋杰　（2005）利用多媒体软件激发英国华裔儿
童学习中文的兴趣，《海外华文教育》第
1 期。

〖05544〗吴良平　旷书文　（2005）运用语料库技术进行快
速语篇分析，《海外华文教育》第 4 期。

〖05545〗郑艳群　（2005）汉语口语多媒体教学的体验和思
考，《汉语学习》第 2 期。

〖05546〗王葆华　（2005）"中文助教"软件在美国问世，
《暨南大学华文学院学报》第 3 期。

〖05547〗苏宝华　张凤芝　（2005）汉语专题学习网站《走

近大熊猫》的设计思路及方法，《暨南大学华文学院学报》第 1 期。

〖05548〗刘颂浩 （2005）"乘风汉语"课件的脚本写作，《世界汉语教学》第 2 期。

〖05549〗张国庆 （2005）中美网络语言教学项目中的汉语课件制作，《世界汉语教学》第 2 期。

〖05550〗黄荣荣 （2005）Tutorial 汉语远程教学模式中的教学，《云南师范大学学报》（对外汉语教学与研究版）第 5 期。

〖05551〗廖暑业 （2005）利用多媒体促进语言输出，《云南师范大学学报》（对外汉语教学与研究版）第 5 期。

2004 年

〖05552〗郑通涛 （2004）建立对外汉语网络教学平台，《海外华文教育》第 4 期。

〖05553〗李嘉郁 （2004）多媒体技术在文化教学中的应用，《暨南大学华文学院学报》第 2 期。

〖05554〗贾益民 熊玉珍 （2004）中文多媒体教材研制策略——《中文》多媒体光盘和《网上学中文》的设计、开发和应用研究，《暨南大学华文学院学报》第 2 期。

〖05555〗杨　云 （2004）计算机识别与句子分析法，《云南师范大学学报》（对外汉语教学与研究版）第 2 期。

〖05556〗周国鹃 （2004）论多媒体课件在中级汉语教学中的运用，《云南师范大学学报》（对外汉语教学与研究版）第 2 期。

2003 年

〖05557〗［美］谢天蔚 （2003）美国中文远程教学的问题与

探索，《国外汉语教学动态》第 3 期。

〖05558〗鲁　伟　（2003）基于 WEB 的对外汉语教学语料库建设及在线检索程序开发，《海外华文教育》第 3 期。

〖05559〗尉万传　（2003）利用互联网资源辅助华文教学，《海外华文教育》第 4 期。

〖05560〗饶　勤　（2003）网络环境下的对外汉语报刊教学再探，《海外华文教育》第 2 期。

〖05561〗付玉萍　郭天明　（2003）基于 Windows 的课件/教案自动生成系统及其在对外汉语文化教学中的应用，《暨南大学华文学院学报》第 3 期。

〖05562〗李旖旎　（2003）基于网络的对外汉语教学课件制作系统，《云南师范大学学报》（对外汉语教学与研究版）第 4 期。

〖05563〗郑艳群　（2003）汉语 CAI 设计与认知学习，《对外汉语研究的跨学科探索——汉语学习与认知国际学术研讨会论文集》，北京：北京语言大学出版社。

2002 年

〖05564〗罗　萍　（2002）对外汉语教学 CAI 课件的版面设计，《海外华文教育》第 1 期。

〖05565〗陈　昕　（2002）多媒体辅助教学中的认知心理研究，《海外华文教育》第 4 期。

〖05566〗耿　虎、黄香山　（2002）海外远程华文教育生源状况及其相关教学问题，《海外华文教育》第 1 期。

〖05567〗李　兴、廖勋华　（2002）小议对外汉语教学网站设计，《海外华文教育》第 3 期。

〖05568〗丁玉华　（2002）语言环境与影视技术的运用——

对外汉语教学中影视技术的运用，《海外华文教育》第 1 期。

〖05569〗赵冬梅 （2002）"网上北语"汉语教学问题自动答疑库的设计与应用，《语言教学与研究》第 3 期。

〖05570〗肖　路 （2002）系统地将影视课纳入对外汉语教学，《对外汉语教研论丛》（第二辑），上海：华东师范大学出版社。

2001 年

〖05571〗杨　翼 （2001）对外汉语多媒体词汇课件的网状结构设计，《海外华文教育》第 4 期。

〖05572〗陈　昕 （2001）对外汉语教学中的多媒体应用，《海外华文教育》第 1 期。

〖05573〗雷　莉 （2001）多媒体 CAI 课件系统在对外汉语教学中的作用——《你是哪儿人》第二课时 CAI 课件系统设计，《海外华文教育》第 4 期。

〖05574〗刘　蕾 （2001）多媒体辅助语言教学初探，《海外华文教育》第 1 期。

〖05575〗方绍峰 （2001）基于 CD-ROM 华文多媒课件之技术探讨，《海外华文教育》第 2 期。

〖05576〗卢　伟 （2001）计算机自适应测试用其在因特网第二语言测试中的应用，《海外华文教育》第 3 期。

〖05577〗连志丹 （2001）中文函授网络教学意愿的调查与思考，《海外华文教育》第 1 期。

〖05578〗杜珠成 （2001）资讯科技在语文教学中所扮演的角色，《海外华文教育》第 3 期。

〖05579〗马　跃 （2001）利用因特网络手段与资源推进华文教育：机遇与挑战，《暨南大学华文学院学报》第 1 期。

〖05580〗郑艳群 （2001）课堂上的网络和网络上的课堂
——从现代教育技术看对外汉语教学的发
展，《世界汉语教学》第 4 期。

〖05581〗洪　玮 （2001）试谈多媒体在商业汉语教学中的
应用，《世界汉语教学》第 4 期。

〖05582〗薛常明 （2001）基于因特网的英语教育与测试，
《外语电化教学》第 79 期。

〖05583〗于　淼 （2001）视听课的交际决策与目标词教学
同精读课比较的个案实验分析，《中国对
外汉语教学学会北京分会第二届学术年
会论文集》，北京：北京语言文化大学出
版社。

2000 年

〖05584〗唐燕儿 （2000）多媒体交互式课室与对外汉语教
学，《海外华文教育》第 3 期。

〖05585〗连志丹 （2000）基于 INTERNET 的多媒体技术应
用于中文海外函授教学的探讨，《海外华
文教育》第 3 期。

〖05586〗连志丹 （2000）利用互联网开展中文对外远程教
学亟待解决的几个问题，《海外华文教育》
第 2 期。

〖05587〗卢　伟 （2000）略论华文现代远程教学网站的建
设，《海外华文教育》第 1 期。

〖05588〗赵金铭 （2000）汉字教学与学习的新思路——评
《多媒体汉字字典》，《语言教学与研究》
第 4 期。

〖05589〗[日]铃木基子 （2000）大学汉语选择题考试数据
的电脑分析，《第六届国际汉语教学讨论
会论文选》，北京：北京大学出版社。

〖05590〗曾金金　（2000）计算机语音分析及其在汉语教学中的应用，《第六届国际汉语教学讨论会论文选》，北京：北京大学出版社。

〖05591〗靳光瑾　（2000）适用于对外汉语教学与计算机理解的存现句结构及语义特征分析，《第六届国际汉语教学讨论会论文选》，北京：北京大学出版社。

〖05592〗白乐桑、白　钢　（2000）影视语言、主体感应与汉语教学——《中文之道》基础汉语教学片创编心得，《第六届国际汉语教学讨论会论文选》，北京：北京大学出版社。

1999 年

〖05593〗张　普　（1999）多媒体语言教学光盘与语感能力，《世界汉语教学》第 2 期。

〖05594〗徐　娟、张　普　（1999）基于 Internet 的中级汉语远程教学，《世界汉语教学》第 2 期。

〖05595〗吴英成　（1999）手写汉字识别与识字教学，《世界汉语教学》第 2 期。

1998 年

〖05596〗卢　伟　（1998）因特网与远程教育概观，《海外华文教育》第 1 期。

〖05597〗祝秉耀　（1998）对外汉语教学中的影像资料利用，《外语电化教学》第 1 期。

1997 年

〖05598〗蔺　荪、曹立舸　（1997）"通繁达简"——电脑辅助简化字学习系统，《第五届国际汉语教学讨论会论文选》，北京：北京大学出版社。

〖05599〗陈文芷　郑锦全　（1997）《学习中文》：从录像带到计算机辅助教学课件，《第五届国际汉语教学讨论会论文选》，北京：北京大学出版社。

〖05600〗信世昌　（1997）电脑网路"对外汉语教学"之因素分析与设计，《第五届国际汉语教学讨论会论文选》，北京：北京大学出版社。

〖05601〗赵淑华、刘社会、胡　翔　（1997）句型统计与句法分析——介绍一个《现代汉语句型语料库》，《第五届国际汉语教学讨论会论文选》，北京：北京大学出版社。

〖05602〗陆汝占　靳光瑾　（1997）寻求对外汉语教学和计算机共同适用的语义解释方法，《第五届国际汉语教学讨论会论文选》，北京：北京大学出版社。

〖05603〗赵宇辉　（1997）电视汉语系列教学节目的总体设计，《第五届国际汉语教学讨论会论文选》，北京：北京大学出版社。

1996 年

〖05604〗陆丙甫　（1996）如何利用电脑辅助中文阅读，《世界汉语教学》第 1 期。

〖05605〗张　普　（1996）近年来汉语信息处理技术在对外汉语教学领域中的应用，《中国对外汉语教学学会成立十周年纪念论文选》，北京：北京语言文化大学出版社。

〖05606〗王靳运　（1996）电脑辅助汉语教学浅谈，《对外汉语教学研究》，广州：中山大学出版社。

1995 年

〖 05607 〗 [USA]Chin-Chuan Cheng　（1995）*Proactive*

Guidance in Computer-Assisted Language Learning，《世界汉语教学》第 3 期。

〖05608〗周有光　（1995）从"万码奔腾"中解放出来（长期使用"中文处理机"的经验谈），《第四届国际汉语教学讨论会论文选》，北京：北京语言学院出版社。

〖05609〗储诚志　陈小荷　（1995）建立"汉语中介语语料库系统"的基本设想，《第四届国际汉语教学讨论会论文选》，北京：北京语言学院出版社。

1991 年

〖05610〗马春林　（1991）谈电教媒体在汉语教学中的应用，《世界汉语教学》第 2 期。

〖05611〗陈文芷　（1991）LL、LLL、电化教学，《第三届国际汉语教学讨论会论文选》，北京：北京语言学院出版社。

〖05612〗周有光　（1991）汉语规律在电脑处理中的应用，《第三届国际汉语教学讨论会论文选》，北京：北京语言学院出版社。

〖05613〗郑艳群　（1991）汉语计算机辅助教学系统可实现题型的分类与设计，《第三届国际汉语教学讨论会论文选》，北京：北京语言学院出版社。

〖05614〗张　普、向　华　（1991）试论来华留学生 COA 能力的培养——兼析"PJY 拼音-汉语变换系统"，《第三届国际汉语教学讨论会论文选》，北京：北京语言学院出版社。

〖05615〗郑锦全　（1991）音像兼用的标志文字教学，《第三届国际汉语教学讨论会论文选》，北京：北京语言学院出版社。

1988 年

〖05616〗[日]榎本英雄　（1988）关于 NHK 电视"中国语讲座"，《第二届国际汉语教学讨论会论文选》，北京：北京语言学院出版社。

1987 年

〖05617〗饶秉才　廖国武　（1987）《电脑辅助语音教学系统》的设计和功能——推荐一项新的电脑语音教学科研成果，《对外汉语教学研究会第二次学术讨论会论文选》，北京：北京语言学院出版社。

〖05618〗余又兰　（1987）《视听说》教学尝试，《对外汉语教学研究会第二次学术讨论会论文选》，北京：北京语言学院出版社。

1986 年

〖05619〗邱质朴　徐志韫　（1986）汉语作为外语教学数据库"DBTCFL"系统设计的探讨，《第一届国际汉语教学讨论会论文选》，北京：北京语言学院出版社。

〖05620〗郑锦全　（1986）计算机汉字设计与汉语教学，《第一届国际汉语教学讨论会论文选》，北京：北京语言学院出版社。

〖05621〗史世庆　（1986）看、听、想、说、写——谈用电视录像进行口语教学的几个环节，《第一届国际汉语教学讨论会论文选》，北京：北京语言学院出版社。

八、世界汉语教育研究

20．海外华文教育

2007 年

〖05622〗郭扶庚　（2007）孔子学院：中国"软实力"的标志，《东北之窗》第 1 期。

〖05623〗刘玉川　（2007）机遇与挑战同在——从皇太后大学初级汉语教学情况看泰国高校的华文教育，《海外华文教育》第 2 期。

〖05624〗袁　方　（2007）泰国皇太后大学教学概况——兼谈商务汉语专业二年级综合课教学体会，《海外华文教育》第 2 期。

〖05625〗邓　筠　（2007）泰国皇太后大学教学散记，《海外华文教育》第 1 期。

〖05626〗李　强　（2007）泰国清莱地区汉语教学状况的调查与分析，《海外华文教育》第 2 期。

〖05627〗张新生　李明芳　（2007）英国汉语教学的现况和趋势，《海外华文教育》第 2 期。

〖05628〗谭树林　（2007）清代对来华外国人学习中文态度的演变，《历史教学》（高校版）第 1 期。

〖05629〗王潇潇　（2007）论海外华裔汉字教学，《辽宁行政学院学报》第 3 期。

〖05630〗刘立恒　（2007）中外合作创建孔子学院的问题与对策，《沈阳师范大学学报》（社会科学版）第 3 期。

〖05631〗成　志　（2007）我的异国老学生，《新天地》第 2 期。

〖05632〗陈　绂　（2007）从 AP 中文课程看美国外语教学的标准，《语言文字应用》第 3 期。

〖05633〗贾益民　（2007）海外华文教学的若干问题，《语言文字应用》第 3 期。

〖05634〗郭　熙、祝晓宏　（2007）海外华语传播与《中国语言生活状况报告》，《语言文字应用》第 1 期。

〖05635〗君　雅、陆　羽　（2007）台湾当局语言政策分析，《语言文字应用》第 1 期。

〖05636〗赵周宽　（2007）迪拜汉语教学环境调查研究，《云南师范大学学报》（对外汉语教学与研究版）第 3 期。

〖05637〗崔晓飞　（2007）巴基斯坦国立现代语言大学中文系的汉语教学，《云南师范大学学报》（对外汉语教学与研究版）第 2 期。

〖05638〗陈　真　（2007）东南亚华文教育的发展趋势、问题及对策研究，《云南师范大学学报》（对外汉语教学与研究版）第 4 期。

〖05639〗张艳萍　（2007）对来华泰国汉语教师汉语学习情况的调查，《云南师范大学学报》（对外汉语教学与研究版）第 2 期。

〖05640〗蒋向艳　（2007）法国阿尔萨斯地区中学的汉语教学，《云南师范大学学报》（对外汉语教学与研究版）第 3 期。

〖05641〗陈　真　（2007）国际化背景下华文教育发展趋势及影响研究，《云南师范大学学报》（对外汉语教学与研究版）第 2 期。

〖05642〗陈　萍　（2007）泰国博仁大学的中文教育，《云南师范大学学报》（对外汉语教学与研究版）第 3 期。

〖05643〗吴应辉　郭骄阳　（2007）泰国汉语教学志愿者项

目调查报告，《云南师范大学学报》（对外汉语教学与研究版）第 1 期。

〖05644〗尉万传 （2007）泰国华文教育若干问题管窥，《云南师范大学学报》（对外汉语教学与研究版）第 2 期。

〖05645〗严 钰 （2007）泰国南部汉语教学现状及其存在问题，《云南师范大学学报》（对外汉语教学与研究版）第 4 期。

〖05646〗白少辉 （2007）突尼斯共和国的语言政策，《云南师范大学学报》（对外汉语教学与研究版）第 1 期。

〖05647〗周小兵 （2007）越南人学习汉语语法点难度考察，《云南师范大学学报》（对外汉语教学与研究版）第 1 期。

2006 年

〖05648〗李 军、刘 峰 （2006）东南亚地区华文教育的模式与性质分析，《东南亚研究》第 3 期。

〖05649〗徐明强、周奎杰、宏 磊、谭 震 （2006）要做就从"简单"做起——关于汉语教学在美国现状的访谈，《对外大传播》Z1 期。

〖05650〗张 丹 （2006）法国国立东方语言文化学院中国文化课程特色初探，《国际汉语教学动态与研究》第 2 辑。

〖05651〗谭慧颖 （2006）关于《西儒耳目资》的著者问题，《国际汉语教学动态与研究》第 4 辑。

〖05652〗丁安琪 （2006）关于爱尔兰根——纽伦堡大学汉学系汉学与汉语教学现状的报告，《国际汉语教学动态与研究》第 2 辑。

〖05653〗郝 琳 （2006）克罗地亚的汉语教学，《国际汉语教学动态与研究》第 1 辑。

〖05654〗周元琳 （2006）罗马尼亚汉语教学调查研究报告，《国际汉语教学动态与研究》第 2 辑。

〖05655〗汝淑媛 （2006）美国明德中文暑校的教学理念特点与教学策略评介，《国际汉语教学动态与研究》第 2 辑。

〖05656〗李敏辞 沈建青 （2006）全美东亚语言资源中心和汉语旗舰工程介绍，《国际汉语教学动态与研究》第 3 辑。

〖05657〗鞠玉华 （2006）日本大学中国语教育的现状调查与对策研究，《国际汉语教学动态与研究》第 3 辑。

〖05658〗[德]梅薏华、任仲伟译 （2006）首批来华的德国留学生介绍，《国际汉语教学动态与研究》第 2 辑。

〖05659〗毛忠美 吴勇毅 （2006）台湾华语文教学概览，《国际汉语教学动态与研究》第 3 辑。

〖05660〗[美]印京华 （2006）提高美国学生汉语文化水平要走好第一步，《国际汉语教学动态与研究》第 3 辑。

〖05661〗郭校珍 王幼敏 （2006）英国诺丁汉大学的汉语项目，《国际汉语教学动态与研究》第 4 辑。

〖05662〗刘学敏 （2006）蒸蒸日上 任重道远——澳大利亚汉语教学的现状与前景，《国际汉语教学动态与研究》第 1 辑。

〖05663〗李 侠 （2006）孔子学院落户全球，《国际人才交流》第 6 期。

〖05664〗黄鸣奋 （2006）硅谷之都：圣荷西中国文化研究与汉语教学一瞥，《海外华文教育》第 1 期。

〖05665〗陈奕容 （2006）理智与情感：东南亚华裔学生来

华留学动机解读，《海外华文教育》第 3
期。

〖05666〗张海英　（2006）利玛窦对汉语的学习与认识，《海
外华文教育》第 2 期。

〖05667〗吕效东　王健昆　（2006）试论印尼华语教师培训
基地的建立与华语教育事业的发展，《海
外华文教育》第 3 期。

〖05668〗李亚群　（2006）台湾海外华文教育工作的特点及
评价，《海外华文教育》第 3 期。

〖05669〗宗世海　王妍丹　（2006）当前印尼华文师资瓶颈
问题解决对策，《暨南大学华文学院学报》
第 2 期。

〖05670〗周士平　张林军　（2006）国外外语课堂教学研究
对开展对外汉语课堂教学研究的启示，
《暨南大学华文学院学报》第 2 期。

〖05671〗黄年丰　（2006）海外华语教材教师参考书研究，
《暨南大学华文学院学报》第 2 期。

〖05672〗丁　洁　（2006）创新、整合、跨越——现代远程
教育与海外华文教育发展，《内蒙古师范
大学学报》（教育科学版）第 5 期。

〖05673〗石传良、果戈里娜、张文福　（2006）俄罗斯学生
汉语学习现状的调查分析，《世界汉语教
学》第 2 期。

〖05674〗印京华　（2006）海外华语教学研究的现状与展望
探寻美国汉语教学的新路：分进合击，《世
界汉语教学》第 1 期。

〖05675〗雷　莉　（2006）韩国三星集团的汉语教学，《世
界汉语教学》第 1 期。

〖05676〗熊　琦、张小克　（2006）缅甸汉语教学概况，《世
界汉语教学》第 3 期。

〖05677〗陈记运　（2006）泰国汉语教学现状，《世界汉语

教学》第 3 期。

〖05678〗刘永兵、吴福焕、张东波 （2006）新加坡华语课堂教学初探，《世界汉语教学》第 1 期。

〖05679〗蔡贤榜 （2006）印尼华文师资队伍现状及其培训市场，《世界汉语教学》第 3 期。

〖05680〗中国驻纽约总领事馆教育组（2006）纽约史坦登岛大学刮起"中国风"——史坦登岛大学生参观中国驻纽约总领事馆，《世界教育信息》第 3 期。

〖05681〗李胜利 （2006）给老外上汉语课，《语文教学通讯》第 15 期。

〖05682〗陈桂月 （2006）新加坡社会语言土壤下的华语文学习——新加坡国立大学学生华语文问题探讨，《语言教学与研究》第 1 期。

〖05683〗阮咏梅 （2006）宁波历史上的对外汉语教学，《云南师范大学学报》（对外汉语教学与研究版）第 2 期。

〖05684〗邓时忠 （2006）埃及的大学汉语教学，《云南师范大学学报》（对外汉语教学与研究版）第 3 期。

〖05685〗董淑慧 （2006）保加利亚汉语教学现状，《云南师范大学学报》（对外汉语教学与研究版）第 6 期。

〖05686〗黄东梅 （2006）北美高校汉语教学概况——兼谈汉语教学网络资源利用现状及困惑，《云南师范大学学报》（对外汉语教学与研究版）第 6 期。

〖05687〗刘慧清 （2006）部分国外大学汉语教学情况简介，《云南师范大学学报》（对外汉语教学与研究版）第 4 期。

〖05688〗万　莹、田宏梅 （2006）朝鲜半岛华文教育初探，

《云南师范大学学报》（对外汉语教学与研究版）第 6 期。

〖05689〗张　鹏、王　斌　（2006）韩国大学中文教学的现状和展望，《云南师范大学学报》（对外汉语教学与研究版）第 2 期。

〖05690〗王振来　（2006）韩国高中汉语教师培训情况介绍及思考——以韩国京畿道为例，《云南师范大学学报》（对外汉语教学与研究版）第 4 期。

〖05691〗王添淼　（2006）美国国家汉语学习目标——内容、实施途径和影响，《云南师范大学学报》（对外汉语教学与研究版）第 4 期。

〖05692〗印京华　（2006）在美国大学普及汉语教学的策略，《云南师范大学学报》（对外汉语教学与研究版）第 2 期。

〖05693〗骆小所　卢石英　（2006）在全球语境下的"汉语热"，《云南师范大学学报》（对外汉语教学与研究版）第 3 期。

2005 年

〖05694〗胡文成　（2005）浅析美国高校汉语教学模式与特点，《甘肃科技纵横》第 3 期。

〖05695〗彭小川　贾冬梅　（2005）浅谈东南亚华文教育的未来趋势，《高教探索》第 2 期。

〖05696〗李奇瑞　余绍霞　（2005）菲律宾华文教学模式，《广东教育学院学报》第 2 期。

〖05697〗郝红艳、张　念　（2005）在穗印尼留学生汉语学习情况调查研究，《广东外语外贸大学学报》第 1 期。

〖05698〗肖海薇　（2005）东南亚地区汉语教学的现状与对策，《国际汉语教学动态与研究》第 4 辑。

〖05699〗[法]白乐桑　（2005）法国汉语教学的历史沿革与现状，《国际汉语教学动态与研究》第 1 辑。

〖05700〗[韩]张允瑄　（2005）韩国大学中文专业教学现状探索，《国际汉语教学动态与研究》第 1 辑。

〖05701〗张秀玲　（2005）马来西亚国民小学汉字教学，《国际汉语教学动态与研究》第 4 辑。

〖05702〗[美]曾妙芬　（2005）美国 AP 中文之现况与未来发展，《国际汉语教学动态与研究》第 3 辑。

〖05703〗王幼敏　郭校珍　（2005）美国的周末中文学校，《国际汉语教学动态与研究》第 2 辑。

〖05704〗[美]王建琦　（2005）欧美高校汉语教学情况比照，《国际汉语教学动态与研究》第 2 辑。

〖05705〗黄鸣奋　（2005）风险与机遇：当前印尼华文教育的态势，《海外华文教育》第 3 期。

〖05706〗王会俊　（2005）马六甲华文教育纵横谈，《海外华文教育》第 2 期。

〖05707〗王　虹　（2005）日本汉语教学及来华留学生教育的分析与思考，《海外华文教育》第 2 期。

〖05708〗蔡贤榜　（2005）印尼华文教师队伍现状及培养对策，《海外华文教育》第 4 期。

〖05709〗张西平　（2007）简介孔子学院的软实力功能，《国际汉语教学动态与研究》第 1 辑。

〖05710〗崔建新　（2005）从加拿大汉语教学现状看海外汉语教学，《汉语学习》第 6 期。

〖05711〗刘继红　（2005）当代韩国汉语教育发展分析，《黑龙江高教研究》第 3 期。

〖05712〗文美振　（2005）韩国"高丽·朝鲜"时期的华人汉语教师，《暨南大学华文学院学报》第

2 期。

〖05713〗刘正文 （2005）蒙古乌兰巴托地区汉语教学的现
状与思考，《暨南大学华文学院学报》第
1 期。

〖05714〗耿有权 （2005）法兰克福大学的汉学研究与汉语
教学，《世界汉语教学》第 4 期。

〖05715〗徐 茗 （2005）菲律宾华文教师对华文教育态度
的调查研究，《世界汉语教学》第 4 期。

〖05716〗杨浩亮 （2005）韩国仁济大学的中文教学，《世
界汉语教学》第 4 期。

〖05717〗李宝贵 （2005）加拿大华裔中文教学现状分析，
《世界汉语教学》第 1 期。

〖05718〗郭春贵 （2005）日本的大学汉语教育问题，《世
界汉语教学》第 4 期。

〖05719〗张晓曼 （2005）韩国朝鲜时期的汉语研究，《语
言教学与研究》第 6 期。

〖05720〗黄婉芬 梁长城 （2005）香港国际学校华裔子弟
学习汉语汉文化个案研究，《语言教学与
研究》第 1 期。

〖05721〗权宁爱 （2005）韩国大学中国古文教育现状及其
教改对策，《云南师范大学学报》（对外
汉语教学与研究版）第 1 期。

〖05722〗陈 真 （2005）华文教育特色发展与人才培养质
量保障多元策略，《云南师范大学学报》
（对外汉语教学与研究版）第 5 期。

〖05723〗顾列铭 （2005）正在掀起的"汉语热"，《中关
村》第 9 期。

2004 年

〖05724〗[韩]李天洙 （2004）韩国大学汉语教学状况分析，
《安庆师范学院学报》（社会科学版）第

4 期。

〖05725〗邓时忠　（2004）埃及艾因夏姆斯大学中文系汉语教学现状及发展策略，《国外汉语教学动态》第 7 期。

〖05726〗田善继　（2004）澳大利亚悉尼地区五所大学汉语言文化教学现状，《国外汉语教学动态》第 6 期。

〖05727〗李宝贵　（2004）加拿大华裔中文教育的隐忧与对策，《国外汉语教学动态》第 7 期。

〖05728〗吕　才　（2004）罗马"智慧"大学及其汉语教学，《国外汉语教学动态》第 6 期。

〖05729〗[美]谢天蔚　（2004）美国大学中文教学与中学衔接问题，《国外汉语教学动态》第 7 期。

〖05730〗王　萍　（2004）日本部分大学的汉语课程设置，《国外汉语教学动态》第 6 期。

〖05731〗李明芳　张新生　（2004）英国的成人基础汉语教学，《国外汉语教学动态》第 7 期。

〖05732〗李宝贵　（2004）对当前加拿大华裔中文教育现状的思考，《海外华文教育》第 3 期。

〖05733〗潘先军　（2004）法国东方语言学院中文系课程设置简析，《海外华文教育》第 3 期。

〖05734〗章石芳　（2004）构建菲律宾特色的华文教育体系——兼论新时期菲律宾华文教育的发展路向，《海外华文教育》第 4 期。

〖05735〗王焕芝　（2004）海外华侨华文教育办学理念刍议，《海外华文教育》第 1 期。

〖05736〗涂文晖　（2004）老挝万象汉语教学现状调查报告，《海外华文教育》第 4 期。

〖05737〗杜珠成　（2004）培养华文精英的途径，《海外华文教育》第 4 期。

〖05738〗黄端铭　（2004）对菲律宾高校汉语教学的一次问

卷调查，《暨南大学华文学院学报》第 1
期。

〖05739〗高伟浓、杨　晶　（2004）二战后欧洲华文教育的
历史与前景的初探，《暨南大学华文学院
学报》第 2 期。

〖05740〗宗世海、李　静　（2004）印尼华文教育的现状、
问题及对策，《暨南大学华文学院学报》
第 3 期。

〖05741〗刘　琼　（2004）去菲律宾教汉语，《今日中国》
（中文版）第 11 期。

〖05742〗玛琳娜·吉布拉泽　（2004）格鲁吉亚汉学发展与
汉语教学，《世界汉语教学》第 4 期。

〖05743〗郭　熙　（2004）海外华人社会中汉语（华语）教
学的若干问题——以新加坡为例，《世界
汉语教学》第 3 期。

〖05744〗张喜荣　田德新　（2004）美国明德学院的中文教
学，《世界汉语教学》第 1 期。

〖05745〗王晓钧　（2004）美国中文教学的理论与实践，《世
界汉语教学》第 1 期。

〖05746〗郑艳群　（2004）日本早稻田大学 Tutorial 汉语
远程教学模式评析，《世界汉语教学》第
2 期。

〖05747〗江　雨　（2004）汉语将成为美国首选"外语"，
《世界教育信息》第 6 期。

〖05748〗黄明明　（2004）600 多年前的对外汉语教学观
——《老乞大》《朴通事》的编写特点及
其理论价值，《无锡教育学院学报》第 4
期。

〖05749〗周　健　（2004）香港普通话教学的若干问题，《语
言文字应用》第 2 期。

〖05750〗马国彦　（2004）汉语预备教育中过渡阶段的缺失

与重构，《云南师范大学学报》（对外汉语教学与研究版）第 5 期。

〖05751〗章石芳 （2004）浅论菲律宾华语教学的特点，《漳州职业大学学报》第 4 期。

2003 年

〖05752〗洪晓东 （2003）中国汉语教育走向世界，《WTO 经济导刊》第 8 期。

〖05753〗雷　莉、雷　华 （2003）中美两国对外语言教学的比较与思考，《比较教育研究》第 11 期。

〖05754〗邓卓明 （2003）海外二千五百多万人在学汉语，《公关世界》第 2 期。

〖05755〗张　丹 （2003）法国汉语研究与教学学会举行年度学术研讨会，《国外汉语教学动态》第 3 期。

〖05756〗史　娜 （2003）法国拉罗舍尔大学汉语教学漫谈，《国外汉语教学动态》第 3 期。

〖05757〗颜长城 （2003）菲律宾的汉语教学，《国外汉语教学动态》第 4 期。

〖05758〗符华兴 （2003）捷克的汉学研究与汉语教学，《国外汉语教学动态》第 2 期。

〖05759〗[美]桂明超 （2003）美国俄克拉荷马大学汉语项目成功策略分析，《国外汉语教学动态》第 4 期。

〖05760〗刘正文 （2003）蒙古国汉语教学的现状及发展对策，《国外汉语教学动态》第 3 期。

〖05761〗卢燕丽 （2003）日本大东文化大学中国语学科汉语教学情况概览，《国外汉语教学动态》第 2 期。

〖05762〗李　明 （2003）瑞典斯德哥尔摩大学中文系的汉

语教学，《国外汉语教学动态》第 2 期。

〖05763〗王秀明　（2003）塞尔维亚和黑山共和国汉语教学概况，《国外汉语教学动态》第 2 期。

〖05764〗[泰]巴屏·马努迈威汶　（2003）泰国华文教学现况，《国外汉语教学动态》第 4 期。

〖05765〗王潇潇　（2003）新西兰部分大学汉语课程设置及内容简介，《国外汉语教学动态》第 4 期。

〖05766〗陈若凡　（2003）新西兰中、小学汉语教学情况调查报告，《国外汉语教学动态》第 3 期。

〖05767〗林国安　（2003）马来西亚中学语文基础知识教学论，《海外华文教育》第 1 期。

〖05768〗张丽娜　（2003）莫斯科大学亚非学院的汉语教学，《海外华文教育》第 3 期。

〖05769〗[泰]巴屏·马努迈威汶　（2003）泰国华文教学现状，《海外华文教育》第 1 期。

〖05770〗朱曼华　（2003）美英中文教育的历史与现状剪影——兼论对外汉语教学的改革，《汉字文化》第 1 期。

〖05771〗黄　磊　（2003）澳大利亚华文教育之现状，《暨南大学华文学院学报》第 4 期。

〖05772〗洪　群　（2003）柬埔寨华文教育的发展趋势——华校融入国家教育体系，《暨南大学华文学院学报》第 4 期。

〖05773〗马庆栋　（2003）柬埔寨华文教育中语言定性问题的实证分析，《暨南大学华文学院学报》第 3 期。

〖05774〗孙德安　（2003）文莱华教之现状，《暨南大学华文学院学报》第 4 期。

〖05775〗莫泰熙　（2003）英文教育回流对马来西亚华文教育的挑战，《暨南大学华文学院学报》第 4 期。

〖05776〗张秋菊　（2003）芬兰埃斯波市的汉语教学，《神州学人》第 1 期。

〖05777〗叶　蓉　（2003）汉语与汉语教学在斯洛伐克，《世界汉语教学》第 1 期。

〖05778〗岳　峰　（2003）理雅各与牛津大学最早的汉语教学，《世界汉语教学》第 4 期。

〖05779〗柯传仁　沈禾玲　（2003）回顾与展望：美国汉语教学理论研究述评，《语言教学与研究》第 3 期。

〖05780〗[日]长谷川清　（2003）关于日本大学汉语教育及进修计划的思考，《云南师范大学学报》（对外汉语教学与研究版）第 1 期。

〖05781〗杨初晓　（2003）日本汉语教育的现状，《云南师范大学学报》（对外汉语教学与研究版）第 3 期。

〖05782〗苏金智　（2003）香港中文报刊语言变异研究以《大公报》为例，《中国语言学报》第 11 期。

〖05783〗黄月圆　杨素英　（2003）香港小学普通话科教学的几个原则问题，《集思广益》（三辑）第 3 期。

2002 年

〖05784〗曲德林　（2002）抓住入世机遇开拓海外汉语教学新领域，《北京教育高教版》第 8 期。

〖05785〗张学增　（2002）汉语教学在老挝，《国外汉语教学动态》第 12 期。

〖05786〗谭傲霜　（2002）硕果累累的莫斯科大学亚非学院，《国外汉语教学动态》第 12 期。

〖05787〗李新元　潘素勤　（2002）匈牙利的汉语教学概览，《国外汉语教学动态》第 12 期。

〖05788〗戴雪梅　（2002）斐济的华文教学，《海外华文教育》第 2 期。

〖05789〗颜长城　（2002）华文教育与经济发展，《海外华文教育》第 1 期。

〖05790〗陆俭明　（2002）新加坡华语句法特点及其规范问题（下），《海外华文教育》第 1 期。

〖05791〗郭沈青　（2002）新加坡小学华文教学的特殊性及对策，《海外华文教育》第 1 期。

〖05792〗[韩]韩容洙　（2002）古代韩半岛汉语教学回顾，《汉语学习》第 1 期。

〖05793〗王爱平　（2002）东南亚华裔学生语言与文化背景调查研究方法述论，《华侨大学学报》（哲学社会科学版）第 1 期。

〖05794〗方绍峰　王爱平　（2002）量化方法与现代统计分析技术在东南亚华裔学生语言与文化背景调查研究中的应用，《华侨大学学报》（哲学社会科学版）第 3 期。

〖05795〗温北炎　（2002）试析印尼华文教育的几个问题，《暨南大学华文学院学报》第 2 期。

〖05796〗郭楚江、钱润池、刘潇潇、颜　敏、彭　程　（2002）印尼的华文教育与华文文学——第一届印尼华文教育与华文文学国际研讨会综述，《暨南大学华文学院学报》第 4 期。

〖05797〗贾益民　（2002）印尼华文教育的几个问题，《暨南大学华文学院学报》第 4 期。

〖05798〗何干俊　（2002）对英语国家留学生汉语教学中的词汇问题的探讨，《江西师范大学学报》（哲学社会科学版）第 3 期。

〖05799〗王庆云　（2002）韩国语中的汉源词汇与对韩汉语教学，《语言教学与研究》第 5 期。

〖05800〗黄晓雪　（2002）古本《老乞大》和谚解本《老乞大》里的语气词"也"，《语言研究》特刊。

〖05801〗崔明芬 （2002）21 世纪汉语教学在美国，《中国大学教学》第 6 期。

〖05802〗周清海 （2002）新加坡华语变异概说，《中国语文》第 6 期。

2001 年

〖05803〗朱志平、徐彩华、娄 毅、宋志明 （2001）机遇与挑战——加拿大中学汉语教学考察研究报告，《北京师范大学学报》（人文社会科学版）第 6 期。

〖05804〗高 霞 （2001）唐朝的对外汉语传播简介，《楚雄师专学报》第 2 期。

〖05805〗周聿峨 （2001）新加坡华语教育面临的难题，《东南亚研究》第 3 期。

〖05806〗关辛秋 （2001）德国小城来了 400 多位汉语学家，《海内与海外》第 2 期。

〖05807〗林宝卿 （2001）马来西亚的华文教育，《海外华文教育》第 3 期。

〖05808〗张胜利 （2001）浅谈意大利的汉语教学，《海外华文教育》第 3 期。

〖05809〗孙浩良 （2001）探索海外华文教育的产业化发展道路，《海外华文教育》第 2 期。

〖05810〗蔡仁龙 （2001）印尼华文教育刍议（下），《海外华文教育》第 1 期。

〖05811〗陈沂菁 （2001）印尼华文教育的基本方向和任务，《海外华文教育》第 3 期。

〖05812〗苏明明 （2001）中华优秀传统文化现代价值的彰显，《海外华文教育》第 2 期。

〖05813〗许长安 （2001）中文在南非，《海外华文教育》第 2 期。

〖05814〗王爱平　（2001）东南亚华裔学生语言与文化背景调查刍议，《华侨大学学报》第 3 期。

〖05815〗张胜林　（2001）华文教学的学科性质、定位与学科特性初探，《华侨大学学报》第 3 期。

〖05816〗吴　琼、李创鑫　（2001）泰国华语及华语教育现状，《暨南大学华文学院学报》第 4 期。

〖05817〗詹伯慧　（2001）新加坡的语言政策与华文教育，《暨南大学华文学院学报》第 3 期。

〖05818〗周聿峨　（2001）新加坡华文教育的机遇与困惑，《暨南大学华文学院学报》第 1 期。

〖05819〗唐燕儿、李　坚　（2001）海外华文教育发展之困境与对策，《清华大学教育研究》第 2 期。

〖05820〗朱立才　（2001）埃及艾因·舍姆斯大学的汉语教学，《世界汉语教学》第 2 期。

〖05821〗白乐桑　赵惠淳　（2001）法国汉语口语教学观感，《世界汉语教学》第 3 期。

〖05822〗刘学敏、孟　国　（2001）捷克的汉学研究和汉语教学，《世界汉语教学》第 3 期。

〖05823〗卜兆凤　（2001）新加坡的汉语拼音教学，《语文建设》第 12 期。

〖05824〗彭志红　（2001）新加坡推广华语运动的进程及启示，《语文建设》第 2 期。

〖05825〗万　波　（2001）香港与新加坡大专学生繁简字认读能力调查，《语言文字应用》第 2 期。

〖05826〗孙慧敏　（2001）浅谈对海外幼儿的早期汉语教学，《中国对外汉语教学学会北京分会第二届学术年会论文集》，北京：北京语言文化大学出版社。

〖05827〗[日]小岛久代　（2001）日本汉语教学现状及今后有待解决的几个问题，《对日汉语教学国际研讨会论文集》，北京：中国社会科学出版社。

2000 年

〖05828〗周　健　（2000）把实用性放在第一位，《海外华文教育》第 4 期。

〖05829〗林蒲田　（2000）国内培训海外华文师资的途径和作用，《海外华文教育》第 3 期。

〖05830〗翟　汛　（2000）浅淡华文教育的"语，文，道"，《海外华文教育》第 3 期。

〖05831〗吴端阳　（2000）试析东南亚华文、华人高等教育的历史演进及基本经验，《海外华文教育》第 3 期。

〖05832〗陈桂德　（2000）亚洲金融风暴后印尼华文教育展望，《海外华文教育》第 3 期。

〖05833〗蔡仁龙　（2000）印尼华文教育刍议（上），《海外华文教育》第 4 期。

〖05834〗孟　虹　（2000）德国高校汉语口语课差异教学初探，《汉语学习》第 2 期。

〖05835〗金志刚　（2000）俄罗斯国立远东大学的汉语教学，《汉语学习》第 4 期。

〖05836〗田　艳　（2000）海外华文教育概况，《民族教育研究》第 3 期。

〖05837〗李向玉　（2000）澳门圣保禄学院的中文教学，《世界汉语教学》第 3 期。

〖05838〗孙克文　（2000）俄罗斯远东国立大学的汉语教学，《世界汉语教学》第 1 期。

〖05839〗[法]Viviane Alleton 著、吴勇毅译　（2000）法国的汉语语言学，《世界汉语教学》第 4 期。

〖05840〗何　杰　（2000）拉脱维亚大学的汉语教学，《世界汉语教学》第 2 期。

〖05841〗蔡虎昌　（2000）网上华文教育资源介绍，《世界汉语教学》第 4 期。

〖05842〗甘宗铭　（2000）试析对澳门公务员普通话教学的特点，《语言教学与研究》第 2 期。

〖05843〗陈立中　（2000）香港教学语言的问题及对策，《语言文字应用》第 3 期。

〖05844〗周京宁　（2000）21 世纪海外华文教学思想初探，《第六届国际汉语教学讨论会论文选》，北京：北京大学出版社。

〖05845〗孟长勇　（2000）对日韩留学生"中国文学"课教学的理论思考，《第六届国际汉语教学讨论会论文选》，北京：北京大学出版社。

〖05846〗盛　炎　（2000）世界汉语教学中的一个新课题——再论对澳门土生葡人的汉语教学，《第六届国际汉语教学讨论会论文选》，北京：北京大学出版社。

1999 年

〖05847〗[韩]李根孝　（1999）韩国汉语教学中的语法用语问题，《汉语学习》第 6 期。

〖05848〗王顺洪　（1999）六角恒广的日本近代汉语教育史研究，《汉语学习》第 4 期。

〖05849〗蓝小玲　（1999）菲律宾华文教育的现状与改革，《世界汉语教学》第 2 期。

〖05850〗李　明　（1999）瑞典汉语教学概述，《世界汉语教学》第 4 期。

〖05851〗冯惟钢　（1999）香港学生普通话教学中的几个问题，《世界汉语教学》第 2 期。

〖05852〗吴碧莲　（1999）面向世界，面向未来——再论海外华人子弟及外国学童的汉语教学，《对外汉语教研论丛》（第一辑），上海：华东师范大学出版社。

1998 年

〖05853〗陈　绂　　（1998）谈日本留学生学习汉语复合词时的母语负迁移现象，《北京师范大学学报》（社会科学版）第 6 期。

〖05854〗杜剑宣　　（1998）汉语在今日越南，《当代亚太》第 1 期。

〖05855〗郭金鼓　　（1998）菲律宾华校华语教学改革纵横谈，《海外华文教育》第 2 期。

〖05856〗周世雄　林去病　　（1998）面向 21 世纪的海外华文教育，《海外华文教育》第 2 期。

〖05857〗王燕燕　　（1998）台湾在菲律宾发展华文教育研究，《海外华文教育》第 1 期。

〖05858〗樊培绪　　（1998）美国中文教育的"识繁写简"，《汉字文化》第 3 期。

〖05859〗贾益民　　（1998）华文教育学学科建设刍议——再论华文教育学是一门科学，《暨南学报》（哲学社会科学版）第 4 期。

〖05860〗樊培绪　　（1998）美国华文教育三题，《暨南学报》（哲学社会科学版）第 4 期。

〖05861〗沈履伟　　（1998）波兹南大学的汉语教学简况，《世界汉语教学》第 2 期。

〖05862〗[日]保坂律子　　（1998）日本大学生汉语学习情况调查，《世界汉语教学》第 2 期。

〖05863〗陈壮鹰　　（1998）瑞士的汉语教学，《世界汉语教学》第 3 期。

〖05864〗谢世涯　　（1998）新加坡大学的商业华文课程，《世界汉语教学》第 2 期。

〖05865〗王又民　　（1998）匈牙利学生汉语双音词声调标注量化分析，《世界汉语教学》第 2 期。

〖05866〗潘其南 （1998）越南汉语教学概况，《世界汉语教学》第 3 期。

〖05867〗石定栩 （1998）香港语文教学与标准汉语，《语言教学与研究》第 3 期。

〖05868〗李 方 （1998）含有母语基因的非母语教学——海外华文教育管见，《语言文字应用》第 3 期。

〖05869〗卢绍昌 （1998）新加坡的推广华语运动，《语言文字应用》第 3 期。

〖05870〗李大农 （1998）试论对韩国学生的现代韩语教学，《对外汉语教学探讨集》，北京：北京大学出版社。

1997 年

〖05871〗徐 均 （1997）走向世界的一所汉语学校，《21 世纪》第 4 期。

〖05872〗金健人 （1997）对韩汉语教学方法新探，《当代韩国》第 1 期。

〖05873〗庄明萱 （1997）东南亚华文教育的再出发，《海外华文教育》第 1 期。

〖05874〗黄幼川 （1997）东南亚华文教育发展策略的思考，《海外华文教育》第 1 期。

〖05875〗李 坤 （1997）关于菲律宾华语课堂教学的几个问题，《海外华文教育》第 2 期。

〖05876〗吕飞亚 （1997）华文教学标准化的新思路，《海外华文教育》第 1 期。

〖05877〗王燕燕 （1997）加拿大的祖语教育与华文教育，《海外华文教育》第 2 期。

〖05878〗林去病 （1997）马来西亚华文教育面临的新挑战及其对策，《海外华文教育》第 1 期。

〖05879〗林去病 （1997）马来西亚华文教育三个突破的意

义及其发展前景，《海外华文教育》第 2
期。

〖05880〗郭金鼓　　（1997）漫谈菲律宾华校华语教学法，《海
外华文教育》第 2 期。

〖05881〗林去病　　（1997）印尼华文教育的现状和前景，《海
外华文教育》第 2 期。

〖05882〗詹心丽　　（1997）印尼华文教育现状一瞥，《海外
华文教育》第 2 期。

〖05883〗王燕燕　　（1997）菲律宾华语课堂教学探讨——兼
论海外华校的华语教学，《汉语学习》第
6 期。

〖05884〗哈　伟　　（1997）澳大利亚中小学的汉语教学，《世
界汉语教学》第 2 期。

〖05885〗王燕燕　　（1997）菲律宾华裔学生汉语语音的调查
与分析，《世界汉语教学》第 3 期。

〖05886〗郑丽芸　　（1997）日本大学汉语教学一瞥，《世界
汉语教学》第 1 期。

〖05887〗史有为　　（1997）伊地智善继先生谈日本的汉语教
学，《世界汉语教学》第 4 期。

〖05888〗姚德怀　　（1997）香港有关汉语研究的机构、团体
和刊物的概况，《语言文字应用》第 2 期。

〖05889〗彭调鼎　　（1997）东南亚华文教育的概况及发展前
景，《云南师范大学学报》（教育科学版）
第 4 期。

〖05890〗张和生　　（1997）美国明德大学的汉语教学，《中
国高等教育》第 1 期。

〖05891〗程裕祯　　（1997）关于海外汉学研究，《中国文化
研究》第 2 期。

〖05892〗朱其智　　（1997）泰国华侨崇圣大学的汉语教学，
《中山大学学报论丛》第 4 期。

〖05893〗梁仲森　　（1997）香港语言政策探讨：普通话教学

如何推行?，《第五届国际汉语教学讨论
会论文选》，北京：北京大学出版社。

〖05894〗欧阳汝颖 （1997）香港的国际学校汉语课程的革
新，《第五届国际汉语教学讨论会论文
选》，北京：北京大学出版社。

〖05895〗蔡琇如 （1997）香港外籍儿童学习汉语初探，《第
五届国际汉语教学讨论会论文选》，北京：
北京大学出版社。

〖05896〗孟柱亿 （1997）韩国汉语教学的特点和问题——
兼说汉字对韩国学生的正负迁移，《第五
届国际汉语教学讨论会论文选》，北京：
北京大学出版社。

〖05897〗洪丽芬 （1997）马来西亚汉语学生与教师的交际
策略探讨，《第五届国际汉语教学讨论会
论文选》，北京：北京大学出版社。

1996 年

〖05898〗罗庆铭 （1996）菲律宾华语教学中的借鉴问题，
《八桂侨刊》第 3 期。

〖05899〗卞小兵 （1996）东南亚华文教育发展因素探析，
《海外华文教育》第 1 期。

〖05900〗杨子菁 （1996）菲律宾华校华语课程设置状况浅
析及设想，《海外华文教育》第 2 期。

〖05901〗林去病 （1996）关于发展海外华文教育的几个问
题，《海外华文教育》第 2 期。

〖05902〗高玛莉 （1996）马来西亚华文教育发展的新景况，
《海外华文教育》第 1 期。

〖05903〗罗庆铭 （1996）试析菲律宾华语教学的特点及教
学原则，《海外华文教育》第 2 期。

〖05904〗韦 忠 （1996）新移民子女华文教育问题之思考，
《海外华文教育》第 1 期。

〖05905〗蔡振翔　（1996）从华文教育到华语教育，《华侨华人历史研究》第 2 期。

〖05906〗李天锡　（1996）东南亚地区华文教育学术研讨会在华侨大学举行，《华侨华人历史研究》第 3 期。

〖05907〗侯瑞丽　（1996）汉语热遍全球，《今日中国》（中文版）第 12 期。

〖05908〗郜云雁、张　鹰、龚映杉　（1996）美国的"汉语热"与汉语教学——美国明德大学中文系主任姜贵格访谈录，《科技文萃》第 8 期。

〖05909〗王燕燕　（1996）菲律宾华校华语教学评介，《南洋问题研究》第 3 期。

〖05910〗吴勇毅　（1996）法国国立东方语言文化学院中文系的学制及课程设置，《世界汉语教学》第 2 期。

〖05911〗王秀珍　（1996）韩国人学汉语的语音难点和偏误分析，《世界汉语教学》第 4 期。

〖05912〗李丽君　（1996）日本国立鹿儿岛大学的汉语教育，《世界汉语教学》第 4 期。

〖05913〗赵守辉　（1996）印度国际大学中国学院的汉学研究和汉语教学，《世界汉语教学》第 1 期。

〖05914〗刘润清　（1996）21 世纪的英语教学——记英国的一项调查，《外语教学与研究》第 2 期。

1995 年

〖05915〗祝　蓉　（1995）汉语教学在美国，《国际展望》第 12 期。

〖05916〗林去病　（1995）东南亚教育发展新趋势探讨，《海外华文教育》第 2 期。

〖05917〗林蒲田　（1995）访菲回来谈华教——菲化后华文教育现状、问题、改革前景，《海外华文教育》第 2 期。

〖05918〗吕飞亚 （1995）华语教学中语言教学和教学语言问题之我见，《海外华文教育》第 2 期。

〖05919〗吴端阳 （1995）马、菲、新、柬、泰诸国华文教育目标评析，《海外华文教育》第 2 期。

〖05920〗吴国珍 （1995）试谈新加坡双语政策对华文教育的作用，《海外华文教育》第 2 期。

〖05921〗詹心丽 （1995）英国的华人社会与中文教育，《海外华文教育》第 1 期。

〖05922〗王秀珍 （1995）蒙古语授课生高级汉语教学的思考与探索，《前沿》第 10 期。

〖05923〗[澳大利亚]张昌柱、陈　申　（1995）澳大利亚的中文教育概况，《世界汉语教学》第 4 期。

〖05924〗卢　伟 （1995）菲律宾华裔青少年华语教育个案调查与分析，《世界汉语教学》第 2 期。

〖05925〗李德义 （1995）马来西亚的华文教育，《世界汉语教学》第 3 期。

〖05926〗罗庆铭 （1995）日本冲绳地区的汉语教学，《世界汉语教学》第 2 期。

〖05927〗张　启 （1995）泰国当前的华文教育，《世界汉语教学》第 4 期。

〖05928〗[新加坡]周洛崙　（1995）文化语言学发展的一个里程碑——评宋永培、端木黎明的《中国文化语言学辞典》，《世界汉语教学》第 1 期。

〖05929〗徐宗才 （1995）捷克汉学家（一）——（六），《中国文化研究》1995 年第 3 期——1996 年第 4 期。

〖05930〗董鹏程 （1995）台湾推行国语教育的经验与对外推行华语文的展望，《第四届国际汉语教学讨论会论文选》，北京：北京语言学院出版社。

〖05931〗蒋绍愚 （1995）欧美学生阅读中国古典诗文应注意的问题，《第四届国际汉语教学讨论会论文选》，北京：北京语言学院出版社。

〖05932〗杜君燕 （1995）对日本学生进行汉语教学的几个问题，《第四届国际汉语教学讨论会论文选》，北京：北京语言学院出版社。

〖05933〗希夏姆 （1995）论对阿拉伯人汉语教学中的若干问题，《第四届国际汉语教学讨论会论文选》，北京：北京语言学院出版社。

〖05934〗［日］舆水优 （1995）日本学生学汉语语法，《第四届国际汉语教学讨论会论文选》，北京：北京语言学院出版社。

1994 年

〖05935〗周聿娥 （1994）新马菲泰华文教育的重新定位，《华侨华人历史研究》，第 3 期。

〖05936〗张绍滔 （1994）菲华青少年学习汉语的特点与华文教学改革，《海外华文教育》第 1 期。

〖05937〗郭振华 （1994）华文教学的个性和共性，《海外华文教育》第 2 期。

〖05938〗杜珠成 （1994）华文教育与华族文化的关联性，《海外华文教育》第 2 期。

〖05939〗罗庆铭 （1994）日本冲绳地区的汉语教学——访日观感，《海外华文教育》第 2 期。

〖05940〗杨松年 （1994）新加坡调整教育结构注重华文教育，《海外华文教育》第 1 期。

〖05941〗林去病 （1994）中马教育合作与交流的现状及前景，《海外华文教育》第 1 期。

〖05942〗吴　枚 （1994）菲律宾华校华语教学透视，《华文世界》（增订版)第 72 期。

〖05943〗胡劲松 （1994）我和我的德国学生，《神州学人》第 4 期。

〖05944〗华 教 （1994）菲律宾华文教学的转折点——记菲律宾华校华语教学研讨会，《世界汉语教学》第 2 期。

〖05945〗[美]崔颂人 （1994）美国汉语教学的先驱——戈鲲化，《世界汉语教学》第 3 期。

〖05946〗[香港]施仲谋 （1994）明德中文暑校经验的启示，《世界汉语教学》第 1 期。

〖05947〗刘社会 （1994）突尼斯汉语教学改革简况，《世界汉语教学》第 2 期。

〖05948〗李海鸥 （1994）香港中文大学（新雅）中国语文研习所的汉语教学，《世界汉语教学》第 4 期。

〖05949〗庄泽义 （1994）香港推普的前景真如此乐观?，《语文建设通讯》（香港）第 3 期。

〖05950〗胡明扬 （1994）重视海外学者的汉语研究，《语言教学与研究》第 2 期。

〖05951〗谭傲霜 （1994）俄罗斯汉语教学的实践与思考，《语言文字应用》第 2 期。

1993 年

〖05952〗林蒲田 （1993）根据海外实际大力发展对外汉语教学，《海外华文教育》第 1 期。

〖05953〗[马来西亚]琳达·杰·里德 （1993）马来西亚的华文教育，《海外华文教育》第 1 期。

〖05954〗陈仁雅 （1993）马来西亚华文教育的现状与展望，《海外华文教育》第 1 期。

〖05955〗林去病 （1993）试谈东南亚华文教育发展的途径，《海外华文教育》第 1 期。

〖05956〗高玛琍 （1993）泰国华文教育的现状及其前景，

《海外华文教育》第 1 期。

〖05957〗张静贤　费锦昌　（1993）俄罗斯圣彼得堡大学东方系的汉语教学，《世界汉语教学》第 3 期。

〖05958〗罗玉华　（1993）斐济逸仙中学的汉语教学，《世界汉语教学》第 3 期。

〖05959〗田善继　（1993）芬兰赫尔辛基大学东亚语言文化专业的汉语教学，《世界汉语教学》第 2 期。

〖05960〗余云霞　（1993）莫斯科国家国际关系学院的汉语教学，《世界汉语教学》第 1 期。

〖05961〗刘　珣　（1993）美国基础汉语教学评介，《语言教学与研究》第 1 期。

1992 年

〖05962〗许安敏　（1992）菲律宾华文教育的现状及其前景，《海外华文教育》第 1 期。

〖05963〗林去病　（1992）试谈海外华文教育发展的特点，《海外华文教育》第 1 期。

〖05964〗郭国英　（1992）台湾语文教学述评，《海外华文教育》第 1 期。

〖05965〗[Israel]Lihi Labor　（1992）*Chinese Teaching in Israel*，《世界汉语教学》第 4 期。

〖05966〗王文虎　（1992）埃及汉语教学的现状与前景，《世界汉语教学》第 2 期。

〖05967〗[日]王海燕　（1992）汉语教学和中国文化传播同时并进——大阪府日中友好协会附属大阪中国语学院汉语教学情况介绍，《世界汉语教学》第 1 期。

〖05968〗钟秋生　（1992）马来学生在汉语学习中所面对的难题初探，《世界汉语教学》第 1 期。

〖05969〗何慧琴　（1992）缅甸仰光外语学院的汉语教学，《世界汉语教学》第 1 期。

〖05970〗董树人　（1992）捷克斯洛伐克的汉语教学，《语言教学与研究》第 2 期。

〖05971〗厉振仪　（1992）中文文献阅读课在海德堡大学汉学系，《语言教学与研究》第 3 期。

1991 年

〖05972〗Zhang Dexin　（1991）*Teaching Chinese as a Foreign Language in China*，《世界汉语教学》第 4 期。

〖05973〗吴勇毅　（1991）澳大利亚汉语教学的后起之秀：拉特罗布大学，《世界汉语教学》第 2 期。

〖05974〗[美]王清源　（1991）美国大学初级汉语教学概况——40 所大学问卷调查的分析和研究，《世界汉语教学》第 3 期。

〖05975〗刘学敏　（1991）南亚汉语教学之管见——记印度尼赫鲁大学东亚语言中心中文班，《世界汉语教学》第 4 期。

〖05976〗[日]宫本幸子　（1991）日本的汉语作文教学，《世界汉语教学》第 3 期。

〖05977〗侯精一　（1991）漫谈日本的中国语教学，《语言教学与研究》第 1 期。

〖05978〗殷焕先　（1991）海峡两岸汉语规范化的思考，《第三届国际汉语教学讨论会论文选》，北京：北京语言学院出版社。

〖05979〗程祥徽　刘羡冰　（1991）澳门的三语流通与中文的健康发展——兼评 CHINGLISH，《第三届国际汉语教学讨论会论文选》，北京：北京语言学院出版社。

〖05980〗孔　玫　（1991）香港中文教学探讨，《第三届国

际汉语教学讨论会论文选》，北京：北京
语言学院出版社。

〖05981〗［美］王清源 （1991）美国大学初级汉语教学概况
——四十所大学问卷调查的分析和研究，
《第三届国际汉语教学讨论会论文选》，
北京：北京语言学院出版社。

〖05982〗骆志平 （1991）入韵朝踪与华文教学——对朝语
借汉入声塞尾韵的考察及其在对朝汉语
教学中的应用，《第三届国际汉语教学讨
论会论文选》，北京：北京语言学院出版
社。

〖05983〗钟秋生 （1991）马来学生在汉语学习中所面对的
难题初探，《第三届国际汉语教学讨论会
论文选》，北京：北京语言学院出版社。

1990 年

〖05984〗石慧敏 （1990）对日汉语教学的初步探索，《上
海师范大学学报》（哲学社会科学版）第
1 期。

〖05985〗何子铨 （1990）巴黎第七大学基础汉语教学的新
发展，《世界汉语教学》第 3 期。

〖05986〗［德］柯彼德 （1990）联邦德国中学的汉语教学蓬
勃发展，《世界汉语教学》第 2 期。

〖05987〗陈荣德 （1990）蒙古国立大学的汉语教学，《世
界汉语教学》第 1 期。

〖05988〗祝康济 （1990）苏联的中国语文教学现状与趋势，
《世界汉语教学》第 1 期。

〖05989〗宋孝才 ［突尼斯］洛特菲·谢比勒 （1990）突尼
斯汉语教学的现在与未来，《世界汉语教
学》第 4 期。

〖05990〗［新加坡］王永炳 （1990）新加坡学前儿童华语口

语词汇，《世界汉语教学》第 3 期。

〖05991〗梅立崇 （1990）匈牙利的汉语教学及罗兰大学的汉学，《世界汉语教学》第 2 期。

〖05992〗陈国亭 （1990）汉俄语中某些判断句的逻辑意义和交际形式的比较，《语言教学与研究》第 1 期。

〖05993〗于丛扬 （1990）台湾华文（汉语）教学概观，《中国对外汉语教学学会第三次学术讨论会论文选》，北京：北京语言学院出版社。

〖05994〗杨国章 （1990）世界语言发展态势与我国的语言文化传播，《中国对外汉语教学学会第三次学术讨论会论文选》，北京：北京语言学院出版社。

1989 年

〖05995〗王钟华 （1989）法国南方的汉学中心——埃克斯大学，《世界汉语教学》第 2 期。

〖05996〗李湛军 骆以清 （1989）访堪培拉高等教育学院现代语言中心，《世界汉语教学》第 4 期。

〖05997〗[新加坡]周清海 （1989）双语或多语环境里华人的华语文教学问题，《世界汉语教学》第 2 期。

〖05998〗王 平 （1989）苏联乌兹别克共和国的汉语教学，《世界汉语教学》第 4 期。

〖05999〗[泰]马丽莹 （1989）泰国母匹披莫商专学院的汉语教学，《世界汉语教学》第 2 期。

〖06000〗施宝义 （1989）土耳其的汉语教学，《世界汉语教学》第 3 期。

〖06001〗何宝章 （1989）美国中文教师学会 1988 年年会简况，《语言教学与研究》第 1 期。

1988 年

〖06002〗[苏]康德基　（1988）莫斯科大学亚非学院的汉语教学，《世界汉语教学》第 4 期。

〖06003〗邢昌伦　（1988）南斯拉夫的"学汉语俱乐部"，《世界汉语教学》第 2 期。

〖06004〗孙钧政　（1988）世界汉语教学的一角——记艾因夏姆斯大学的汉语教学，《世界汉语教学》第 1 期。

〖06005〗刘家业　（1988）意大利的现代汉语教学，《世界汉语教学》第 3 期。

〖06006〗武柏索　（1988）欧洲第一个汉语研究中心——古老而年轻的那不勒斯东方大学，《语言教学与研究》第 4 期。

〖06007〗司格林　（1988）列宁格勒大学汉语教学与研究，《第二届国际汉语教学讨论会论文选》，北京：北京语言学院出版社。

〖06008〗吴英成　（1988）以克漏字测验探讨新加坡的华语教学问题，《第二届国际汉语教学讨论会论文选》，北京：北京语言学院出版社。

〖06009〗叶漳民　李彼得　（1988）美国普林斯顿中学的《拼音中文》实验班，《第二届国际汉语教学讨论会论文选》，北京：北京语言学院出版社。

〖06010〗钟秋生　（1988）为什么先学拼音文字者要学好华文比较困难——我在马来西亚所观察到的，《第二届国际汉语教学讨论会论文选》，北京：北京语言学院出版社。

〖06011〗[苏]哈玛托娃　（1988）苏联远东大学汉语教学概况，《第二届国际汉语教学讨论会论文选》，北京：北京语言学院出版社。

〖06012〗[苏]康德基　（1988）莫斯科大学亚非学院的汉语

教学，《第二届国际汉语教学讨论会论文
选》，北京：北京语言学院出版社。

〖06013〗[新加坡]林　珊　（1988）海外汉语教学的特点与
方法，《第二届国际汉语教学讨论会论文
选》，北京：北京语言学院出版社。

〖06014〗[新加坡]林徐典　（1988）新加坡国立大学华文第
二语文进修班的课程设计与教学实践，
《第二届国际汉语教学讨论会论文选》，
北京：北京语言学院出版社。

〖06015〗欧阳汝颖　（1988）香港 80 年代的汉语教育发展
概况，《第二届国际汉语教学讨论会论文
选》，北京：北京语言学院出版社。

1987 年

〖06016〗程相文　周翠琳　（1987）"为了感情上的需要"
——记西萨摩亚的汉语热，《世界汉语教
学》第 2 期。

〖06017〗王恒轩　（1987）波兰格但斯克工业大学的汉语教
学，《世界汉语教学》预刊第 2 期。

〖06018〗盛　炎　（1987）美国的速成外语教学，《世界汉
语教学》预刊第 1 期。

〖06019〗[日]吉田隆司　（1987）日中学院的汉语教学情况，
《世界汉语教学》预刊第 1 期。

〖06020〗刘社会　（1987）突尼斯的汉语教学，《世界汉语
教学》预刊第 1 期。

〖06021〗任　远　（1987）联邦德国汉语教学面临"汉语热"
持续增长新形势，《世界汉语教学》预刊
第 1 期。

〖06022〗张　维　（1987）南斯拉夫汉语教学掠影，《世界
汉语教学》预刊第 2 期。

〖06023〗[保加利亚]鲍拉·杜美贝·万诺娃　（1987）索非

亚大学的汉语讲习班，《世界汉语教学》
预刊第 1 期。

〖06024〗［美］黎天睦　（1987）中国对外汉语教学印象记，
《世界汉语教学》预刊第 1 期。

〖06025〗［泰］林荣华　（1987）泰国蓝堪恒大学的汉语教学，
《世界汉语教学》预刊第 2 期。

1986 年

〖06026〗陈重瑜　（1986）华语——华人的共同语，《语文
建设通讯》（香港）第 21 期。

〖06027〗李忆民　刘道尊　（1986）哈玛托娃副教授谈苏联
的汉语研究和教学，《语言教学与研究》
第 2 期。

〖06028〗［日］伊藤敬一　（1986）在日本汉语教学上的两个
问题，《第一届国际汉语教学讨论会论文
选》，北京：北京语言学院出版社。

〖06029〗［日］舆水优　（1986）日本人学汉语，《第一届国
际汉语教学讨论会论文选》，北京：北京
语言学院出版社。

〖06030〗［德］柯彼德　（1986）在联邦德国进行初级汉语教
学的情况和方法，《第一届国际汉语教学
讨论会论文选》，北京：北京语言学院出
版社。

〖06031〗劳延煊　（1986）美国高级现代汉语教学所面临的
若干问题，《第一届国际汉语教学讨论会
论文选》，北京：北京语言学院出版社。

〖06032〗胡林生　（1986）中学华文教材的构架——新加坡
的经验，《第一届国际汉语教学讨论会论
文选》，北京：北京语言学院出版社。

〖06033〗洪孟珠　（1986）新加坡小学华文教材的设计与推
行，《第一届国际汉语教学讨论会论文

选》，北京：北京语言学院出版社。

〖06034〗[美]李英哲　（1986）美国最近汉语教学方向与语言使用能力准则的拟订，《第一届国际汉语教学讨论会论文选》，北京：北京语言学院出版社。

〖06035〗徐志韫　（1986）在中国留学的美国学生因社会文化背景的差异而产生的一些问题（及解决的初步建议），《第一届国际汉语教学讨论会论文选》，北京：北京语言学院出版社。

〖06036〗马丽莹　（1986）略谈泰国学校汉语教学的情况与经验，《第一届国际汉语教学讨论会论文选》，北京：北京语言学院出版社。

1985 年

〖06037〗黎杨莲妮　（1985）澳大利亚的商业汉语教学，《对外汉语教学》第3、4期。

〖06038〗曼梯契　（1985）那波里东方大学汉语教学，《对外汉语教学》第3、4期。

〖06039〗胡希明　（1985）纽约州立大学汉语教学，《对外汉语教学》第3、期。

〖06040〗张维耿　（1985）香港地区对外汉语教学情况，《对外汉语教学》第1期。

〖06041〗李培元　（1985）日本汉语教学见闻，《汉语学习》第1期。

〖06042〗程　棠　（1985）德意志联邦共和国第三次汉语教学讨论会简况，《语言教学与研究》第1期。

〖06043〗杨石泉　（1985）美国汉语教学印象，《语言教学与研究》第1期。

〖06044〗刘青然　（1985）国外汉语教学与研究资料，《语言教学与研究》第 1 期。

1984 年

〖06045〗李戚继兰　（1984）澳大利亚汉语教学近况，《语言教学与研究》第 1 期。

〖06046〗［德］柯彼德　（1984）德意志联邦共和国的现代汉语教学，《语言教学与研究》第 3 期。

〖06047〗熊文华　（1984）伦敦现代语言学院的中文专业，《语言教学与研究》第 3 期。

〖06048〗刘青然　（1984）国外汉语教学与研究资料，《语言教学与研究》第 4 期。

〖06049〗鲁健骥　（1984）美国《中国语文教师学会学报》1983 年目录（译），《语言教学与研究》第 3 期。

1983 年

〖06050〗邱质朴　（1983）美国汉语教学的一些情况和问题，《第七届华语文教学研讨会论文集》第 7 期。

〖06051〗胡书经　（1983）法国汉语教学与研究的历史（简述），《语言教学与研究》第 2 期。

〖06052〗朱一之　（1983）墨西哥学院的汉语教学，《语言教学与研究》第 1 期。

〖06053〗刘　山　（1983）日本 NHK 电视、广播"中国语讲座"介绍，《语言教学与研究》第 1 期。

1982 年

〖06054〗［巴基斯坦］Lu·Sh　（1982）巴基斯坦的汉语教学，《语言教学与研究》第 1 期。

〖06055〗张德鑫　（1982）比利时汉语教学琐记，《语言教学与研究》第 3 期。

〖06056〗胡书经　（1982）法国汉语教学与研究的现状，《语言教学与研究》第 4 期。

〖06057〗濮之珍　（1982）日本的汉语教学与研究情况简介，《当代语言学》第 2 期。

〖06058〗阎德早　邓崇谟　（1982）意大利的汉语教学与汉学研究，《语言教学与研究》第 2 期。

1981 年

〖06059〗苏张之炳　（1981）汉语教学在美国推行之近况及其它，《语言教学与研究》第 2 期。

〖06060〗赵永新　（1981）西德的汉字教学与汉语教学，《语言教学与研究》第 4 期。

1980 年

〖06061〗黎天睦　（1980）美国的语言教学法——兼谈汉语教学，《语言教学与研究》第 4 期。

〖06062〗王及耳　（1980）美国汉语研究的意图及目标，《语言教学与研究》第 4 期。

〖06063〗常宝儒　（1980）日本汉语教学与研究之一瞥，《语言教学与研究》第 2 期。

1979 年

〖06064〗常宝儒　（1979）美国汉语教学和汉语研究概况，《语言教学与研究》第 1 期。

1963 年

〖06065〗胡明扬　（1963）《老乞大谚解》和《朴通事谚解》中所见的汉语、朝鲜语对音，《中国语文》第 3 期。

1960 年

〖06066〗波滋涅耶娃   （1960）莫斯科大学东方语言学院汉
语教学和科学研究情况，《中国语文》第
2 期。

1958 年

〖06067〗[罗马尼亚]A·格拉乌尔   曹今予译   （1958）汉
语教学在罗马尼亚，《中国语文》第 8 期。

〖06068〗[捷克斯洛伐克]卡罗斯卡娃   巴维尔   吴   琦译
（1958）捷克斯洛伐克的汉语工作简述，
《中国语文》第 8 期。

21. 世界汉语教育史

2007 年

〖06069〗曾昭聪   （2007）《老乞大》等朝鲜时代汉语教科
书语言研究综述，《绵阳师范学院学报》
第 4 期。

〖06070〗岳   辉   李无未   （2007）19 世纪朝鲜汉语教科书
语言的干扰，《民族语文》第 5 期。

〖06071〗罗小东、[日]濑户口律子   （2007）明清时期琉球
国的汉语教育，《世界汉语教学》第 1 期。

〖06072〗耿红卫   （2007）印度尼西亚华文教育的历史沿革
与现状，《云南师范大学学报》（对外汉
语教学与研究版）第 3 期。

〖06073〗高永安   （2007）《利玛窦中国札记》所记的明末
对外汉语教学状况，《中州大学学报》第
1 期。

〖06074〗[韩]李明晶   （2007）19 世纪末至 20 世纪上半叶
韩国汉语教学概况——兼论韩国汉语学
习者的民族心态，《国际汉语教学动态与

研究》第 1 辑。

2006 年

〖06075〗金志刚　（2006）贝尔格莱德大学汉语教学与汉学
研究述评，《国际汉语教学动态与研究》
第 4 辑。

〖06076〗鲁宝元　（2006）日本江户时代冈岛冠山编唐话教
本在日本汉语学习史上的地位和特点，
《国际汉语教学动态与研究》第 1 期。

〖06077〗续三义　（2006）《日本中国学会五十年史》简介，
《国际汉语教学动态与研究》第 3 期。

〖06078〗吴丽君　（2006）《江户时代唐话篇第三卷——唐
话便用》的编写特点与研究价值，《国际
汉语教学动态与研究》第 2 期。

〖06079〗程裕祯　（2006）对外汉语教学发展史（3）（4），
《国际汉语教学动态与研究》第 1、2 期。

〖06080〗陈珊珊　王宇宏（2006）《军用教科书研究》——
日本侵华"军用"中国语教科书铁证，《延
边大学学报》（社会科学版）第 3 期。

〖06081〗程裕祯（2006）对外汉语教学发展史（5），《国
际汉语教学动态与研究》第 4 期。

〖06082〗岳　辉　（2006）《华音启蒙谚解》和《你呢贵姓》
的语言基础，《吉林大学社会科学学报》
第 5 期。

〖06083〗杨晓黎　（2006）朝鲜中文教科书《图像注解千字
文》的功能定位及其启示，《世界汉语教
学》第 4 期。

〖06084〗王幼敏　（2006）近代日本的中国语教育，《云南
师范大学学报》（对外汉语教学与研究版）
第 4 期。

〖06085〗汪维辉　（2006）《朴通事》的成书年代及相关问题，

《中国语文》第 3 期。

〖06086〗李无未　陈珊珊　（2006）日本明治时期的北京官话"会话"课本，《世界汉语教学》第 4 期。

2005 年

〖06087〗[美]印京华　（2005）近五年美国汉语教学状况与发展趋势，《国际汉语教学动态与研究》第 1 期。

〖06088〗[英]宋连谊　（2005）近五年英国汉语教学综述，《国际汉语教学动态与研究》第 2 期。

〖06089〗钱婉约　（2005）论近代日本中国语教育发展的曲折，《国际汉语教学动态与研究》第 2 期。

〖06090〗[韩]李明晶　（2005）中韩建交以来韩国汉语教学发展情况调查分析，《国际汉语教学动态与研究》第 2 期。

〖06091〗[韩]李明晶　（2005）中韩建交以来韩国汉语教学发展情况调查分析（下），《国际汉语教学动态与研究》第 3 期。

〖06092〗程裕祯　（2005）对外汉语教学发展史（1），《国际汉语教学动态与研究》第 2 期。

〖06093〗程裕祯　（2005）对外汉语教学发展史（2），《国际汉语教学动态与研究》第 3 期。

〖06094〗鲁宝元　（2005）从朝鲜半岛汉语教学的历史看《老乞大》的价值，《海外华文教育》第 1 期。

〖06095〗陈珊珊　（2005）《亚细亚言语集》与十九世纪日本中国语教育，《汉语学习》第 6 期。

〖06096〗温云水　（2005）民国时期汉语教学史料探究，《世界汉语教学》第 2 期。

〖06097〗黄历鸿　（2005）"中国与周边国家教育交流及汉语教学研讨会"综述，《文史哲》第 2 期。

〖06098〗崔永华　（2005）二十年来对外汉语教学研究热点回顾，《语言文字应用》第 1 期。

〖06099〗桂明超　（2005）美国汉语研究与教学综述（1999-2003），《云南师范大学学报》（对外汉语教学与研究版）第 2 期。

〖06100〗汪维辉　（2005）《老乞大》诸版本所反映的基本词历时更替，《中国语文》第 6 期。

2004 年

〖06101〗耿　玲　（2004）IES 北京中心汉语教学与管理情况，《国外汉语教学动态》第 6 期。

〖06102〗张和生　（2004）韩国三星人力开发院的汉语教学及其对我们的启示，《国外汉语教学动态》第 6 期。

〖06103〗施光亨　（2004）历史上的汉语教学：向着第二语言教学走出的第一步，《海外华文教育》第 4 期。

〖06104〗张　强、王林琳　（2004）战后印尼华文教育兴衰探因，《海外华文教育》第 2 期。

2003 年

〖06105〗牟　岭　（2003）从耶鲁大学中文项目的变化看中国对外汉语教学走向，《国外汉语教学动态》第 2 期。

〖06106〗郭骄阳　（2003）德国波恩大学东方语言学院中文系的汉语学习与翻译教学，《国外汉语教学动态》第 2 期。

〖06107〗萧素秋　（2003）韩国乒乓乓儿童汉语学院的过去、现在和将来，《国外汉语教学动态》第 2 期。

〖06108〗张西平　（2003）西方人早期汉语学习史的研究初

探兼论对外汉语教学史的研究，《国外汉语教学动态》第 4 期。

〖06109〗苏明明　（2003）近代赴美执教先驱者戈鲲化，《海外华文教育》第 2 期。

〖06110〗王治理　（2003）早期对俄汉语教学与俄罗斯的汉语教学，《海外华文教育》第 2 期。

〖06111〗董　明　（2003）中国古代来华留学生教育的启示，《海外华文教育》第 1 期。

〖06112〗董鹏程　（2003）历史会为华文教育的贡献作见证，《暨南大学华文学院学报》第 4 期。

〖06113〗王顺洪　（2003）三十年来日本的"汉语热"，《云南师范大学学报》（对外汉语教学与研究版）第 2 期。

〖06114〗张德鑫　（2003）《老乞大》和《朴通事》在世界华语文教材史上的历史贡献及现实意义，第七届世界华语文教学研讨会（台北）提交论文，台北:世界华语文教育学会。

2002 年

〖06115〗甘瑞瑗　（2002）从又松大学的汉语教学看对韩汉语教学，《国外汉语教学动态》第 12 期。

〖06116〗[荷兰]柯　雷　（2002）荷兰莱顿大学汉语教学和汉学研究的历史及现状，《国外汉语教学动态》第 12 期。

〖06117〗刘丽宁　（2002）20 世纪 80 年代以前新加坡华文教育概况，《海外华文教育》第 2 期。

〖06118〗孙浩良　（2002）澳大利亚华文教育的历史和现状，《海外华文教育》第 3 期。

〖06119〗李明欢　（2002）当代欧洲中文学校概览:发展篇，《海外华文教育》第 2 期。

〖06120〗李明欢　（2002）当代欧洲中文学校概览:现状篇，

《海外华文教育》第 3 期。

〖06121〗张西平　（2002）明清时期的汉语教学概况——兼论汉语教学史的研究，《世界汉语教学》第 1 期。

2001 年

〖06122〗张西平　（2001）西方人早期汉语学习史的研究初论，《海外华文教育》第 4 期。

〖06123〗张德鑫　（2001）《老乞大》和《朴通事》在汉语第二语言教学发展史上的地位，《汉语学习》第 2 期。

〖06124〗张德鑫　（2001）威妥玛《语言自迩集》与对外汉语教学，《中国语文》第 5 期。

〖06125〗董　明　（2001）清代朝鲜人的汉语学习，《中国对外汉语教学学会北京分会第二届学术年会论文集》，北京：北京语言文化大学出版社。

2000 年

〖06126〗林蒲田　（2000）海外华文教育溯源，《海外华文教育》第 1 期。

〖06127〗张德鑫　（2000）对外汉语教学 50 年——世纪之交的回眸与思考，《第六届国际汉语教学讨论会论文选》，北京：北京大学出版社。

1998 年

〖06128〗何培基　（1998）陈永栽与菲律宾华文教育，《海外华文教育》第 1 期。

1996 年

〖06129〗柯其成　苏黎明　（1996）从经济角度看东南亚华

文教育兴衰与路向，《海外华文教育》第
1 期。

〖06130〗丘　进　（1996）海外华文教育概观及相关问题，
《海外华文教育》第 1 期。

〖06131〗董　明　（1996）明清两代汉语在琉球的传播，《世
界汉语教学》第 4 期。

1995 年

〖06132〗林蒲田　（1995）海外华文补习教育的历史和现状，
《海外华文教育》第 1 期。

〖06133〗俞云平　（1995）战后东南亚各国华文教育政策的
演变，《海外华文教育》第 1 期。

〖06134〗侯桂岚　（1995）波兰汉语教学今昔谈，《世界汉
语教学》第 2 期。

〖06135〗王小甫　（1995）对《剑桥大学中国学的历史与现
状》一文的补正，《中国史研究动态》第
10 期。

〖06136〗宣德五　（1995）论汉语文对朝鲜语文发展的历史
影响，《中国语言学报》第 5 期。

〖06137〗［美］杨福绵　（1995）罗明坚、利马窦《葡汉辞典》
所记录的明代官话，《中国语言学报》第
5 期。

〖06138〗［法］白乐桑　（1995）法国汉语教学史浅论，《第
四届国际汉语教学讨论会论文选》，北京：
北京语言学院出版社。

〖06139〗刘明章　（1995）朝鲜历代汉语文教学与研究考略，
《第四届国际汉语教学讨论会论文选》，
北京：北京语言学院出版社。

〖06140〗周建民　（1995）世界部分国家、地区汉语教学综
述，《第四届国际汉语教学讨论会论文
选》，北京：北京语言学院出版社。

1994 年

〚06141〛[韩]李根孝　（1994）韩国的中国语教学与研究概述，《汉语学习》第 1 期。

1993 年

〚06142〛郭国英　（1993）大陆、台湾、香港语文教学比较研究，《海外华文教育》第 1 期。

〚06143〛[韩]安熙珍　（1993）韩国的汉语研究及汉语教学概述，《世界汉语教学》第 4 期。

1992 年

〚06144〛忠　扬　（1992）一个历史名词：华校——新加坡华文教育历史简述，《海外华文教育》第 1 期。

1991 年

〚06145〛殷华珵　（1991）中国早期的外交人员汉语教学，《世界汉语教学》第 3 期。

〚06146〛王顺洪　（1991）近十几年来日本的汉语教科书，《语言教学与研究》第 3 期。

1990 年

〚06147〛施光亨　杨俊萱　（1990）新中国对外汉语教学 40 年大事记，《世界汉语教学》第 2 期。

〚06148〛施光亨　杨俊萱　（1990）新中国对外汉语教学 40 年大事记（续一），《世界汉语教学》第 3 期。

〚06149〛施光亨　杨俊萱　（1990）新中国对外汉语教学 40 年大事记（续完），《世界汉语教学》第 4 期。

1989 年

〖06150〗李培元　（1989）中国对外汉语教学的 40 年，《世界汉语教学》第 3 期。

〖06151〗王顺洪　（1989）日本汉语教育的历史与现状，《语言教学与研究》第 4 期。

〖06152〗张亚军　（1989）历史上的对外汉语教学，《语言教学与研究》第 3 期。

1988 年

〖06153〗[匈牙利]尤山度　（1988）几十年来匈牙利汉语教学的几点体会，《第二届国际汉语教学讨论会论文选》，北京：北京语言学院出版社。

1987 年

〖06154〗王振礼　（1987）世界部分国家汉语教学一瞥，《世界汉语教学》第 2 期。

1984 年

〖06155〗任　远　（1984）语言学院六十年代对外汉语教学法的回顾，《对外汉语教学》第 3 期。

1982 年

〖06156〗张道一　（1982）新中国对外国人进行汉语教学的三十二年，《语言教学与研究》第 3 期。

1981 年

〖06157〗[日本]刘　山　（1981）《中国语》杂志介绍，《语言教学与研究》第 4 期。

1980 年

〖06158〗理查德·T·汤姆逊　（1980）美国汉语教学综述，
《语言教学与研究》第 4 期。

〖06159〗黄伯飞　（1980）四十年代以来在美国所用的汉语
汉文教材，《语言教学与研究》第 4 期。

1977 年～1979 年

〖06160〗钟　榢　（1977～1979）十五年汉语教学总结，《语
言教学与研究》试刊第 4 期。

九、汉、外语言对比研究

22. 汉、外语言对比研究

2007 年

〖06161〗王　磊　（2007）英汉语素对比研究，《疯狂英语》（教师版）第 9 期。

〖06162〗马杜娟　（2007）英汉购物对话的语用对比——兼谈在对外汉语教学中的启示，《邯郸职业技术学院学报》第 1 期。

〖06163〗康春晓　（2007）浅析英汉被动义的表达异同，《考试周刊》第 31 期。

〖06164〗吴文静　（2007）汉英动物词汇的文化内涵比较，《科教文汇》（上半月）第 2 期。

〖06165〗金基石　（2007）汉语 y 韵母与朝鲜文献的对音，《民族语文》第 1 期。

〖06166〗焉德才　（2007）韩汉象征词语对比研究，《云南师范大学学报》（对外汉语教学与研究版）第 4 期。

〖06167〗史云波　（2007）汉英动物词汇的语义探究，《云南师范大学学报》（对外汉语教学与研究版）第 2 期。

〖06168〗谢晓敏　（2007）英汉语法的中西思维角度审视，《云南师范大学学报》（对外汉语教学与研究版）第 2 期。

〖06169〗刘守兰　（2007）中英诗文通感浅说，《云南师范大学学报》（对外汉语教学与研究版）第 4 期。

2006 年

〖06170〗李育卫 （2006）英汉数字习语与英汉民族文化心理对比研究，《楚雄师范学院学报》第 5 期。

〖06171〗汤丽英 （2006）汉英委婉语比较，《海外华文教育》第 1 期。

〖06172〗李宗宏 （2006）越南语"bi"与汉语"被"的比较，《海外华文教育》第 2 期。

〖06173〗王功平 （2006）韩汉两语中的误导词——蝙蝠词，《暨南大学华文学院学报》第 2 期。

〖06174〗王茂林 （2006）中国人、荷兰人和美国人使用英语交际时的相互理解情况研究，《暨南大学华文学院学报》第 2 期。

〖06175〗王茂林 （2006）中国人、荷兰人和美国人之间英语元音声学特征的对比研究，《暨南大学华文学院学报》第 2 期。

〖06176〗陈光波 （2006）英语汉语省略现象的对比与分析，《山东教育学院学报》第 2 期。

〖06177〗李相群 （2006）英汉对比观照下的语义单位本位研究，《邵阳学院学报》（社会科学版）第 3 期。

〖06178〗郑亨奎 （2006）汉日成语对比研究，《天津外国语学院学报》第 1 期。

〖06179〗徐　靖 （2006）"逛商场"和「ス４パ４をぶらぶらする」——谈汉日空间表达方式的异同，《外语研究》第 1 期。

〖06180〗殷树林 （2006）"NP+(状)+V 起来+AP"格式与英语中动句的比较，《语言教学与研究》第 1 期。

〖06181〗胡爱萍、吴　静 （2006）英汉语中 N+N 复合名词

　　　　　　　　　　的图式解读，《语言教学与研究》第 2 期。

〖06182〗朱俊玄　（2006）汉语和泰语亲属词探讨，《云南师范大学学报》（对外汉语教学与研究版）第 6 期。

〖06183〗周慧先　（2006）汉英语句在信息编排方面的异同，《云南师范大学学报》（对外汉语教学与研究版）第 4 期。

〖06184〗杨　悦　（2006）汉越称谓语的异同及教学策略，《云南师范大学学报》（对外汉语教学与研究版）第 6 期。

〖06185〗陈艳芳　（2006）基于礼貌原则的英汉感叹句跨文化语用对比分析，《云南师范大学学报》（对外汉语教学与研究版）第 2 期。

〖06186〗文美振　（2006）论汉韩成语的形式差，《云南师范大学学报》（对外汉语教学与研究版）第 4 期。

〖06187〗潘文国　（2006）语言对比·语言特点·语言教学，《云南师范大学学报》（对外汉语教学与研究版）第 1 期。

〖06188〗金其斌　（2006）中英谚语对比五题，《云南师范大学学报》（对外汉语教学与研究版）第 1 期。

2005 年

〖06189〗张　舸　（2005）汉语"什么"和英语"What"的对比分析，《广州广播电视大学学报》第 3 期。

〖06190〗耿京茹　（2005）汉语被字句与法语被动语态的比较，《海外华文教育》第 4 期。

〖06191〗陈明美　（2005）"非常"一词的汉日对比研究，《暨南大学华文学院学报》第 4 期。

〖06192〗李　斌、方　芳　（2005）阿拉伯数字串到汉字数字串的自动转换，《暨南大学华文学院学报》第 2 期。

〖06193〗贾益民　许迎春　（2005）新加坡华语特有词语补例及其与普通话词语差异分析，《暨南大学华文学院学报》第 4 期。

〖06194〗吴　静、石毓智　（2005）英汉形容词概念化的差别对其有无标记用法的影响，《外语研究》第 4 期。

〖06195〗蒋小棣　（2005）补语的汉英之比较——对外汉语教学中对补语的解释，《现代语文》（理论研究版）第 2 期。

〖06196〗邓天中　（2005）从新词对比中看汉英文化异同，《云南师范大学学报》（对外汉语教学与研究版）第 6 期。

〖06197〗汤　昱　（2005）法汉颜色词的文化涵义，《云南师范大学学报》（对外汉语教学与研究版）第 2 期。

〖06198〗魏　清　（2005）汉泰语相关词中的社会称谓语，《云南师范大学学报》（对外汉语教学与研究版）第 4 期。

〖06199〗周慧先　（2005）汉英动词“时”和“体”的比较研究，《云南师范大学学报》（对外汉语教学与研究版）第 2 期。

〖06200〗柳荣军　（2005）汉英句法哲学中的主客体意识比照，《云南师范大学学报》（对外汉语教学与研究版）第 2 期。

〖06201〗廖慈惠　（2005）汉英议论文论据选取的对比研究，《云南师范大学学报》（对外汉语教学与研究版）第 3 期。

〖06202〗郭富强　（2005）汉英语意合形合对比研究的反思，

《云南师范大学学报》（对外汉语教学与研究版）第 5 期。

〖06203〗张惠民　（2005）汉英语中省略替代的差异及其原因探讨，《云南师范大学学报》（对外汉语教学与研究版）第 3 期。

〖06204〗黄俊彦　（2005）论诗歌翻译中英汉词义和语篇的结构差异，《云南师范大学学报》（对外汉语教学与研究版）第 1 期。

〖06205〗武氏河　（2005）越南语与汉语的句法语序比较，《云南师范大学学报》（对外汉语教学与研究版）第 6 期。

〖06206〗李正栓　王玉芝　（2005）中日文化与语言差异点滴谈，《云南师范大学学报》（对外汉语教学与研究版）第 4 期。

〖06207〗仇鑫奕　（2005）汉美称呼语对比刍议，《对外汉语论丛》（第四期），上海：学林出版社。

〖06208〗王剑瑶　（2005）试析英汉句子结构差异，《对外汉语论丛》（第四期），上海：学林出版社。

〖06209〗高美丽　（2005）英汉动物词汇及其文化内涵对比，《对外汉语论丛》（第四期），上海：学林出版社。

〖06210〗朱金英　（2005）汉—泰定语语序对比，《对外汉语论丛》（第四期），上海：学林出版社。

2004 年

〖06211〗刘小斌　（2004）古汉语与韩语，《海外华文教育》第 3 期。

〖06212〗王林琳　（2004）汉英方位词词序差异探因，《海外华文教育》第 4 期。

〖06213〗张　森　（2004）汉英谓语动词时态结构与用法异

同新解，《海外华文教育》第 4 期。

〖06214〗崔永华　（2004）中英汉语本科学历教育比较，《海外华文教育》第 2 期。

〖06215〗徐富平　黄兆龙　（2004）汉语印尼语复杂定语的对比分析，《暨南大学华文学院学报》第 3 期。

〖06216〗成春有　（2004）日语拗音与汉语拼音的比较研究，《日语学习与研究》第 1 期。

〖06217〗郑丽芸　（2004）日汉对应成语对比研究，《语言教学与研究》第 3 期。

〖06218〗尚　新　（2004）突显理论与汉英时体范畴的类型学差异，《语言教学与研究》第 6 期。

〖06219〗陆镜光　（2004）延伸句的跨语言对比，《语言教学与研究》第 6 期。

〖06220〗梁国栋、韩　晶　（2004）从中西文化差异看 Individualism 的内涵及翻译，《云南师范大学学报》（对外汉语教学与研究版）第 5 期。

〖06221〗陶氏河宁　（2004）方位词"上"与"tren"比较，《云南师范大学学报》（对外汉语教学与研究版）第 6 期。

〖06222〗杨武元　（2004）关于汉语教材中成语和俗语的英译，《云南师范大学学报》（对外汉语教学与研究版）第 6 期。

〖06223〗曾晓舸　（2004）论泰华语书面语的变异，《云南师范大学学报》（对外汉语教学与研究版）第 4 期。

〖06224〗黄成夫　（2004）论英语课堂的语码转换，《云南师范大学学报》（对外汉语教学与研究版）第 6 期。

〖06225〗岫　蓝　（2004）英译李清照词二首，《云南师范

大学学报》（对外汉语教学与研究版）第
1 期。

〖06226〗唐雪凝　（2004）中韩人名异同研究，《云南师范
大学学报》（对外汉语教学与研究版）第
6 期。

〖06227〗张　媛　（2004）中西人名文化对比研究，《云南
师范大学学报》（对外汉语教学与研究版）
第 2 期。

〖06228〗廖慈惠　（2004）中西思维方式差异在英汉句法上
的映现，《云南师范大学学报》（对外汉
语教学与研究版）第 1 期。

〖06229〗刘小平　（2004）对比分析与英汉翻译，《重庆三
峡学院学报》第 1 期。

2003 年

〖06230〗吕拾元　（2003）汉语习语的英译方法，《成都师
范高等专科学校学报》第 3 期。

〖06231〗姚俏梅　（2003）英汉颜色词的文化内涵及其翻译，
《广西梧州师范高等专科学校学报》第 4
期。

〖06232〗王利众　孙晓薇　（2003）从俄汉语对比角度看汉
语中的主语，《哈尔滨工业大学学报》（社
会科学版）第 1 期。

〖06233〗耿京茹　（2003）汉法定语位置的比较，《海外华
文教育》第 4 期。

〖06234〗王顺洪　（2003）汉日量词异同，《海外华文教育》
第 4 期。

〖06235〗钱中丽　（2003）英语习语中的喻体比较与翻译，
《华南师范大学学报》（社会科学版）第
1 期。

〖06236〗冯　梅　（2003）英汉习语文化特征及翻译方法探

析，《淮海工学院学报》（人文社会科学版）第 1 期。

〖06237〗赵文学、计 琦 （2003）文化差异与翻译——源语文化因素在目的语中的取向，《吉林大学社会科学学报》第 6 期。

〖06238〗潘文国 （2003）对比研究与对外汉语教学——兼论对比研究的三个时期、三个目标和三个层面，《暨南大学华文学院学报》第 1 期。

〖06239〗颜天惠 宗世海 （2003）汉语、印尼语构词词缀差异分析，《暨南大学华文学院学报》第 3 期。

〖06240〗崔凤娘 （2003）以话题为基础的韩汉句法结构对比，《暨南大学华文学院学报》第 2 期。

〖06241〗印明鹤 （2003）试论汉英语言的对比研究及其应用，《辽宁师范大学学报》（社会科学版）第 5 期。

〖06242〗赵 娟、傅惠生 （2003）英汉"上、下、前、后"之对比，《天津外国语学院学报》第 6 期。

〖06243〗王顺洪 （2003）二十年来中国的汉日语言对比研究，《语言教学与研究》第 1 期。

〖06244〗邵 菁 （2003）再比"都"和"all"，《语言科学》第 3 期。

〖06245〗彭忍钢、孙 霞 （2003）从形合和意合看英汉句子对比与翻译，《云梦学刊》第 6 期。

2002 年

〖06246〗包彩霞 （2002）论汉译英中时间指代的处理，《北京第二外国语学院学报》第 5 期。

〖06247〗甘瑞瑗 （2002）韩中同形词异义汉字合成词的对比分析，《广东社会科学》第 4 期。

〖06248〗耿京茹 （2002）汉法形容词的比较，《暨南大学华文学院学报》第 1 期。

〖06249〗陆俭明　（2002）英汉回答是非问句的认知差异，《暨南大学华文学院学报》第 1 期。

〖06250〗刘文晖　（2002）主体思维与主客体融合思维——英汉思维模式差异及其对翻译的影响，《零陵师范高等专科学校学报》第 3 期。

〖06251〗魏志诚　原一川　（2002）英汉语比较研究综述，《曲靖师范学院学报》第 5 期。

〖06252〗朱京伟　（2002）构成要素の分析から見る中国制汉语と和制汉语，《日语学习与研究》第 4 期。

〖06253〗张笑难　（2002）不同眼中的不同颜色——汉英颜色词联想意义的对比分析，《陕西师范大学学报》（哲学社会科学版）第 2 期。

〖06254〗高明乐　（2002）汉、英同义反复现象之比较，《世界汉语教学》第 2 期。

〖06255〗潘文国　（2002）汉英对比研究一百年，《世界汉语教学》第 1 期。

〖06256〗金珍我　（2002）汉语与韩语量词比较，《世界汉语教学》第 2 期。

〖06257〗王又民　（2002）中外学生词汇和汉字学习对比分析，《世界汉语教学》第 4 期。

〖06258〗王　芳　（2002）论以格律体翻译英语格律诗的理论基础，《外语教学》第 2 期。

〖06259〗储泽祥、吴　军、廖光蓉　（2002）指物时"它"、"它们"与 it、they 的比较研究，《湘潭工学院学报》（社会科学版）第 1 期。

〖06260〗杨元刚　张安德　（2002）英汉植物词文化联想意义对比分析，《语言教学与研究》第 4 期。

〖06261〗尤五力　（2002）英语轭式搭配和汉语拈连在修辞特点上的相似，《语言教学与研究》第 5 期。

〖06262〗彭　漪、张敬源　（2002）汉英翻译中的理解障碍及其成因，《中国科技翻译》第 2 期。

〖06263〗董晓波　（2002）英汉颜色词的文化内涵与翻译，《重庆石油高等专科学校学报》第 3 期。

2001 年

〖06264〗宋美尚　（2001）汉韩同义词对比研究——以名词为例，《汉语学习》第 4 期。

〖06265〗雷珍容　（2001）论文学翻译中形象的处理，《湖南轻工业高等专科学校学报》第 1 期。

〖06266〗潘文国　（2001）"字"与 Word 的对应性(上)，《暨南大学华文学院学报》第 3 期。

〖06267〗潘文国　（2001）"字"与 Word 的对应性(下)，《暨南大学华文学院学报》第 4 期。

〖06268〗邱志华　彭建辉　（2001）对英汉双关语的认知研究，《暨南大学华文学院学报》第 3 期。

〖06269〗潘文国　（2001）汉英命名方式差异的语言学考察，《暨南大学华文学院学报》第 1 期。

〖06270〗张韶岩　（2001）日语的"味"与汉语的"味"，《日语知识》第 4 期。

〖06271〗白　荃　（2001）"跟"与"With"的对比，《世界汉语教学》第 2 期。

〖06272〗齐沪扬　章天明　（2001）汉语与日语的时相比较研究，《世界汉语教学》第 2 期。

〖06273〗许余龙　（2001）定量对比研究的方法问题，《外国语言教学》第 4 期。

〖06274〗王宗炎　（2001）语言对比小议，《外语教学与研究》第 3 期。

〖06275〗赵　诚　（2001）论英汉互译中的绝对不可译性，《襄樊学院学报》第 6 期。

〖06276〗蒋郑宏　（2001）英汉状语语序之比较及汉译，《信阳农业高等专科学校学报》第3期。

〖06277〗俞志强　[美]South　Coblin　（2001）古汉语教学中名物化的英译问题，《语言教学与研究》第5期。

〖06278〗周　刚　（2001）汉、英、日语连词语序对比研究及其语言类型学意义，《语言教学与研究》第5期。

〖06279〗方经民　（2001）日汉亲属称谓的语用情境对比研究，《语言教学与研究》第2期。

〖06280〗崔立斌　（2001）日本学生汉语学习的语法错误分析与汉日语言对比，《语言文字应用》第4期。

〖06281〗李芳元　（2001）常见的几种英汉修辞对比，《云梦学刊》第7期。

〖06282〗蒋郑宏　（2001）论英汉语际中形合向意合的转化，《中州大学学报》第3期。

〖06283〗刘苏乔　（2001）汉语的"比字句"与法语的相应形式，《中国对外汉语教学学会北京分会第二届学术年会论文集》，北京：北京语言文化大学出版社。

2000 年

〖06284〗魏　峰　（2000）颜色词的英汉语言中的差异，《安阳师院学报》第3期。

〖06285〗[瑞士] 谢红华　（2000）法语的 beacoup 与汉语的"很、很多、多"——兼谈对外汉语重点词教学与外汉比较，《世界汉语教学》第2期。

〖06286〗刘玉玲　（2000）Antithesis 与"对照"辞格异同初探，《湖南师大学报》第4期。

〖06287〗王玉环　（2000）从英汉语汇看文化差异，《毕节师专学报》第 4 期。

〖06288〗黄　敏　（2000）汉英语言差异与跨文化交际,《成人高教学刊》第 2 期。

〖06289〗赵　毅、崔秀敏　（2000）"双语教学"中汉、英语言文化演变差异浅析,《承德民族师专学报》第 3 期。

〖06290〗郑述谱　（2000）结合双语词典编纂开展词汇对比研究,《辞书研究》第 4 期。

〖06291〗李　惠　（2000）中西方人体语言之文化差异,《达县师专学报》第 4 期。

〖06292〗高　浔　（2000）中德禁忌现象比较初探,《德国研究》第 4 期。

〖06293〗刘祥清　（2000）英汉语句子比较初探,《德阳师院学报》第 5 期。

〖06294〗崔　健　（2000）朝汉终点的表达形式对比,《东疆学刊》第 1 期。

〖06295〗金永寿　（2000）汉朝语序排列对比之管见,《东疆学刊》第 2 期。

〖06296〗黄东海　（2000）汉英"介词短语"句法功能之比较,《涪陵师专学报》第 2 期。

〖06297〗黄清贵　（2000）英、日、汉语法中若干异同现象的对比研究,《福建师大福清分校学报》第 4 期。

〖06298〗杨自俭　（2000）再议英汉对比研究几个问题,《福建外语》第 4 期。

〖06299〗周桂芝　（2000）英汉间接语言现象语用对比分析,《福建外语》第 1 期。

〖06300〗林纾平　（2000）英汉双宾语结构对比,《福州师专学报》第 2 期。

〖06301〗邵　华　（2000）英汉词汇对比初探,《阜阳师院学报》第 4 期。

〖06302〗徐宏亮　　（2000）汉英回文修辞格对比研究，《阜阳师院学报》第 5 期。

〖06303〗田凤俊　　（2000）英汉修辞对比研究与翻译:翻译实践对比研究方法之一，《固原师专学报》第 1 期。

〖06304〗刘明忠　　（2000）汉英拟声词修辞句法功能分析，《广西大学学报》第 3 期。

〖06305〗杨春梅　　（2000）"龙"和"dragon"东西方龙的比较及翻译，《广西师院学报》（哲学社会科学版）第 1 期。

〖06306〗何晓春　　（2000）汉英代词模糊性对比，《广西梧州师专学报》第 1 期。

〖06307〗司继涛　　（2000）英汉词序的比较，《广西右江民族师专学报》第 4 期。

〖06308〗郑　涛　　（2000）俄汉服饰专用词语的形象意义对比，《贵州师大学报》第 2 期。

〖06309〗郑志进　　（2000）英汉语用失误的对比分析及对策，《贵州师大学报》第 2 期。

〖06310〗秦志勇　　（2000）英汉倍数增减表达的差异及其英汉翻译方法，《桂林市教育学院学报》第 4 期。

〖06311〗赵　丹　　（2000）论英汉民族思维模式、语言结构的差异及对翻译的影响，《桂林市教育学院学报》第 2 期。

〖06312〗汤力文　　（2000）中印修辞(庄严)论中修辞手法的比较，《海南师院学报》第 3 期。

〖06313〗朴爱阳　　（2000）汉韩双语素复合词的差异，《汉语学习》第 6 期。

〖06314〗权裕璃　　（2000）汉语与韩语的复数表示法比较，《汉语学习》第 4 期。

〖06315〗太平武　　（2000）论朝鲜语同义汉字词识别方法与

应用——以汉日朝语词汇对比为中心，《汉语学习》第 3 期。

〖06316〗韩在均　（2000）汉韩亲属称谓中敬、谦称的对比，《汉语学习》第 1 期。

〖06317〗胡裕树　（2000）一部难得的专著——读《汉日比较语法》，《汉语学习》第 6 期。

〖06318〗黄贞姬　（2000）《汉语水平汉字等级大纲》中的汉字与韩国教育用汉字构词能力的比较，《汉语学习》第 1 期。

〖06319〗刘元满　（2000）汉日叹词特点的比较，《汉语学习》第 1 期。

〖06320〗柳英绿　（2000）韩汉语被动句对比：韩国留学生"被"动句偏误分析，《汉语学习》第 6 期。

〖06321〗奇化龙　（2000）中韩同形词正负迁移初探，《汉语学习》第 4 期。

〖06322〗施家炜　（2000）汉英文化称赞语对比分析，《汉语学习》第 5 期。

〖06323〗朱英月　（2000）韩国语汉字音声母与普通话声母的比较，《汉语学习》第 2 期。

〖06324〗刘翼斌　彭利贞　（2000）汉英使役语义语形表现对比，《杭州师院学报》第 4 期。

〖06325〗刘晓峰　（2000）从喻体对比的角度谈《红楼梦》比喻辞格英译，《合肥工业大学学报》第 4 期。

〖06326〗王金安　（2000）英汉成语对比分析，《黑龙江教育学院学报》第 5 期。

〖06327〗张春隆　（2000）文化差异在词义上的表现，《黑龙江教育学院学报》第 5 期。

〖06328〗吴静霓　（2000）英汉句子结构之对比及长句翻译，《湖南商学院学报》第 3 期。

〖06329〗詹　蓓　（2000）试论 dog——"狗"在英汉语中的国俗语义差异，《湖南商学院学报》第3期。

〖06330〗朱　蝶　（2000）俄汉比较短语及其民族文化差异，《湖南师大学报》第3期。

〖06331〗陈晓静　李英垣　（2000）汉英有灵句和无灵句言语万法对比研究，《湖州师院学报》第2期。

〖06332〗黄庆法　（2000）试析日汉惯用语的对应关系，《华侨大学学报》第4期。

〖06333〗高　翔　（2000）汉英完成态比较与翻译，《怀化师专学报》第1期。

〖06334〗刘　利　（2000）汉英词汇的文化内涵及差异，《淮北煤师院学报》第3期。

〖06335〗张素玲　（2000）汉英地域词汇文化内涵比较及翻译，《淮北煤师院学报》第1期。

〖06336〗王　勇　（2000）英汉语义的对应关系浅析，《淮南师专学报》第3期。

〖06337〗傅梦援　（2000）试析文化差异在翻译中产生的语义空缺现象，《吉安师专学报》第2期。

〖06338〗连燕华　（2000）思维方式差异与英汉语言表达差异，《集美大学学报》（哲学社会科学版）第3期。

〖06339〗陈鲁宁　（2000）英汉词汇中的色彩与语用差异，《济宁师专学报》第4期。

〖06340〗樊怀宇　（2000）汉英谓语表示法的比较与翻译，《理工高教研究》第5期。

〖06341〗龚晓斌　（2000）文化差异在汉英语言中的反映，《江南学院学报》第3期。

〖06342〗张　莉　（2000）英汉修辞格的对比与互译，《江苏教育学院学报》（社会科学版）第3期。

〖06343〗倪永明　（2000）汉日反义词的对比研究，《江苏理工大学学报》（社会科学版）第 4 期。

〖06344〗王月芳　（2000）英汉词汇语义容量的差异与翻译，《江苏理工大学学报》（社会科学版）第 4 期。

〖06345〗李勇忠　李春华　（2000）英汉委婉语的对比研究，《江西教育学院学报》第 2 期。

〖06346〗杨希珍　（2000）论英汉词汇文化内涵的异同，《江西社会科学》第 2 期。

〖06347〗李绍哲　（2000）俄语使役句与汉语兼语句之比较，《解放军外语学院学报》第 6 期。

〖06348〗李淑霞、孙　凯　（2000）对比俄汉语中一组常见的委婉语，《解放军外语学院学报》第 1 期。

〖06349〗罗传伟　（2000）跨文化交际及语言表达表态方式的差异，《解放军外语学院学报》第 1 期。

〖06350〗邹桂明　（2000）汉泰语同源词比较:以人体器官名词为例，《解放军外语学院学报》第 3 期。

〖06351〗焦丽荣　（2000）英语教学应重视两种语言文化的对比，《解放军艺术学院学报》第 3 期。

〖06352〗杨晚英　（2000）英汉音节结构特点与发音方法比较，《晋东南师范专科学校学报》第 2 期。

〖06353〗赵　杨　（2000）英汉音变对比与分析，《开封教育学院学报》第 2 期。

〖06354〗鄢家琼　（2000）对比分析法在英语教学中的应用，《康定民族师范专科学校学报》第 3 期。

〖06355〗刘丽辉　（2000）试论比较法在二外俄语教学中的应用，《克山师专学报》第 4 期。

〖06356〗刘金生、高　虹　（2000）英汉动物词语文化内涵差异，《莱阳农学院学报（社会科学版）

第1期。

〖06357〗郭　洪　（2000）试论颜色词在英汉语言中的文化差异，《兰州学刊》第6期。

〖06358〗林绿竹　（2000）跨文化交际中的英汉语言对比与语用失误，《黎明职业大学学报》第3期。

〖06359〗张月秋　李柏林　（2000）从俄汉词汇看其文化伴随意义的差异，《理论观察》第2期。

〖06360〗陈　岚　（2000）英汉习语渊源及语义对比研究，《连云港职业技术学院学报》第4期。

〖06361〗关　哲　（2000）英汉语言规律性的差异，《辽宁财专学报》第3期。

〖06362〗黄　越　（2000）中英思维差异对初学者习得英语句法的影响，《聊城师院学报》第6期。

〖06363〗郑标根　（2000）关于英汉标点符号的差异，《零陵师范高等专科学校学报》第4期。

〖06364〗张金宝　（2000）从词汇学角度谈英汉相应的词的差异，《皖西学院学报》第1期。

〖06365〗游苏萍　（2000）英汉语言中的颜色词的差异，《龙岩师专学报》第1期。

〖06366〗谭雅素　（2000）从英汉委婉语看中西文化异同，《娄底师专学报》第1期。

〖06367〗李玉萍　（2000）浅谈英汉成语差异性，《洛阳师院学报》第3期。

〖06368〗曾兆令　（2000）从英汉语言结构差异看英译汉中的意合趋势，《洛阳师院学报》第3期。

〖06369〗张　帆　（2000）俄汉动物词文化伴随意义对比初探，《绵阳经济技术高等专科学校学报》第3期。

〖06370〗石本俊　（2000）英汉动物名词及其兼类动词比喻修辞比较，《牡丹江师范学院学报》（哲学社会科学版）第4期。

〖06371〗王石敏　（2000）中日语言文化特征比较，《内蒙古大学学报》（人文社会科学版）第 5 期。

〖06372〗马　莉　（2000）中西文化差异与外语教学，《南都学坛》第 1 期。

〖06373〗姚勇芳　（2000）论英汉语词汇和语篇的结构差异及其在诗歌翻译中的表现，《南京工业大学学报》（社会科学版）第 1 期。

〖06374〗阮晓梅　（2000）英汉颜色词差异浅探，《南通师院学报》（哲学社会科学版）第 1 期。

〖06375〗陈　俊、彭仁忠　（2000）称呼语在中西文化交际中的语用差异，《培训与研究——湖北教育学院学报》第 6 期。

〖06376〗陈新宇　（2000）试比较俄汉人名的文化附加信息，《齐齐哈尔大学学报》（哲学社会科学版）第 3 期。

〖06377〗董金平　（2000）英汉比喻与文化背景浅析，《齐齐哈尔大学学报》（哲学社会科学版）第 1 期。

〖06378〗王全智　（2000）从诅咒语看中英文化差异，《齐齐哈尔大学学报》（哲学社会科学版）第 5 期。

〖06379〗张长娟　王金凤　（2000）俄英汉语中某些动物名词的文化伴随意义对比，《齐齐哈尔大学学报》（哲学社会科学版）第 2 期。

〖06380〗张宏丽　（2000）汉俄语表达能力方式点滴比较，《齐齐哈尔大学学报》（哲学社会科学版）第 5 期。

〖06381〗李金斗　（2000）英汉双语的文化差异比较，《黔东南民族师专学报》第 1 期。

〖06382〗莫运国　（2000）论英汉成语的文化差异，《黔东南民族师专学报》第 2 期。

〖06383〗朝 霞 （2000）文化背景与语言差异，《青海民族学院学报》（社会科学版）第1期。

〖06384〗成春有 （2000）日语入声音与汉语入声，《日语学习与研究》第1期。

〖06385〗程放明 （2000）现代社会语言环境中汉日语亲属称谓的对照研究，《日语学习与研究》第1期。

〖06386〗戴和冰 （2000）也谈存在句中的"にある"与"在""有"的对应关系，《日语学习与研究》第4期。

〖06387〗何 午 （2000）再论日语被动表达:兼与中文被动句比较，《日语学习与研究》第1期。

〖06388〗揭 侠 （2000）日汉语修辞的文化内涵，《日语学习与研究》第4期。

〖06389〗李庆祥 （2000）中日形象词语比较，《日语学习与研究》第2期。

〖06390〗翟东娜 （2000）浅析汉日同形词的褒贬色彩与社会文化因素，《日语学习与研究》第2期。

〖06391〗张 兴 （2000）日语语气构造中的时态，《日语学习与研究》第2期。

〖06392〗高彦梅 （2000）汉英感叹词对比研究，《山东外语教学》第4期。

〖06393〗郝钦海 （2000）广告语言中的文化内涵:中英广告语言中的文化对比，《山东外语教学》第2期。

〖06394〗徐 强、苏晓军 （2000）夸张和低调的语用对比分析，《山东外语教学》第1期。

〖06395〗袁俏玲 （2000）文化差异与英汉比喻的取象，《山东外语教学》第4期。

〖06396〗贾秀英 （2000）汉法否定句对比，《山西大学学报》（哲学社会科学版）第2期。

〖06397〗梁清宏 （2000）英语词汇教学中的语言文化差异现象，《山西青年管理干部学院学报》第2期。

〖06398〗熊　文 （2000）"除了……"一式的汉英对比及思考，《上海大学学报》（社会科学版）第1期。

〖06399〗张庆文 （2000）英语重叠词与汉语双声叠韵联边词之比较，《上海海运学院学报》第3期。

〖06400〗顾顺莲 （2000）对外汉语学科建设中的汉日语法对比研究，《上海交通大学学报》（哲学社会科学版）第2期。

〖06401〗朱巨器 （2000）中日趋向动词的比较研究，《上海科技翻译》第3期。

〖06402〗岑　静 （2000）文化差异影响称赞语的应答模式，《韶关大学学报》第5期。

〖06403〗黄志福 （2000）中、英、日亲属称谓词及其文化差异研究，《韶关大学学报》第5期。

〖06404〗王松华 （2000）英汉名转动词比较研究，《邵阳师范高等专科学校学报》第1期。

〖06405〗于少萍 （2000）英汉双关辞格之比较，《十堰职业技术学院学报》第4期。

〖06406〗张宜波 （2000）英汉植物词语的国俗语义对比研究，《石油大学学报》（社会科学版）第3期。

〖06407〗方　霁 （2000）从认知的角度看英汉时制系统及其表达差异，《世界汉语教学》第3期。

〖06408〗贾　钰 （2000）近二十年对外汉语教学领域汉英语法对比研究综述，《世界汉语教学》第1期。

〖06409〗孙福生 （2000）汉德简单句语序差异，《首都师范大学学报》（社会科学版）第3期。

〖06410〗聂建军　（2000）英汉介词"by"、"被"、"由"的对比，《首都师范大学学报》（社会科学版）S3期。

〖06411〗江晓红　（2000）英汉句法之文化差异，《四川教育学院学报》第 7 期。

〖06412〗罗国忠　（2000）从词汇和习俗看中日文化的差异，《四川教育学院学报》第 3 期。

〖06413〗黄　华、余卫华　（2000）中英诗歌隐喻与文化异同，《四川外语学院学报》第 2 期。

〖06414〗李克勇　（2000）法汉委婉语比较，《四川外语学院学报》第 1 期。

〖06415〗余国良　（2000）英汉存在句的比较研究，《四川外语学院学报》第 2 期。

〖06416〗黎昌抱　（2000）英汉外来词及其差异研究，《台州学院学报》第 1 期。

〖06417〗柴改英　（2000）对比语言学浅谈，《太原师范专科学报》第 1 期。

〖06418〗张　瑾　（2000）英汉词汇的文化内涵差异比较，《太原师范专科学报》第 2 期。

〖06419〗张振山　（2000）从汉语和西班牙语句式的比较看中西文化差异，《天津外国语学院学报》第 2 期。

〖06420〗刘淑芳　（2000）英汉委婉语的交际功能及文化内涵比较，《通化师院学报》第 6 期。

〖06421〗廖光蓉　（2000）英汉文化动物词对比，《外国语》（上海外国语学院学报）第 5 期。

〖06422〗刘绍忠　（2000）"请"字用法汉英对比与语用负迁移，《外国语》（上海外国语学院学报）第 5 期。

〖06423〗许余龙　（2000）也谈语言学理论与语言事实，《外国语》（上海外国语学院学报）第 3 期。

〖06424〗周国辉 （2000）汉英口语特征比较，《外语教学》第 4 期。

〖06425〗朱乐红 陈可培（2000）英汉谚语文化差异与翻译策略，《外语教学》第 3 期。

〖06426〗张培成 （2000）英语成对词与汉语联合式复合词比较，《外语教学》第 1 期。

〖06427〗彭宣维 （2000）英汉语在语篇组织上的差异，《外语教学与研究》第 5 期。

〖06428〗石定栩 朱志瑜 （2000）英语与香港书面汉语，《外语教学与研究》第 3 期。

〖06429〗王亚同 （2000）中美大学生作文模型比较研究，《外语教学与研究》第 1 期。

〖06430〗许余龙 （2000）英汉指称词语表达的可及性，《外语教学与研究》第 5 期。

〖06431〗周领顺 （2000）英汉名——动转类词对比研究，《外语教学与研究》第 5 期。

〖06432〗姜 宏 （2000）俄汉语言对比研究:历史与发展问题与任务，《外语学刊》第 4 期。

〖06433〗伍雅清 （2000）英汉语比较研究的两个问题，《外语学刊》第 1 期。

〖06434〗张会森 （2000）俄汉对比中的复(合)句问题，《外语学刊》第 1 期。

〖06435〗张志军 （2000）俄汉语体貌、时貌及时序的范畴结构对比，《外语学刊》第 1 期。

〖06436〗张家骅 （2000）俄汉动词语义类别对比述要，《外语学刊》第 2 期。

〖06437〗张 萍 （2000）英汉语调比较及英语语调的语义语用功能，《外语研究》第 4 期。

〖06438〗陈月红 （2000）中国学生习得英语反身代词研究，《外语与翻译》第 2 期。

〖06439〗方 周 （2000）从语言的变化看英汉语言的差异:

读《英汉语言变异》，《外语与翻译》第
3期。

〖06440〗李国南　（2000）英汉拟声词比较与翻译，《外语
与翻译》第1期。

〖06441〗骆　乐　（2000）英汉语隐喻的跨文化对比，《外
语与翻译》第2期。

〖06442〗徐振忠　（2000）试析英汉演说辞中的"排比"和
"对偶"，《外语与翻译》第2期。

〖06443〗毕继万　（2000）"貌合神离"的词语文化涵义对
比研究，《外语与外语教学》第9期。

〖06444〗樊国光　（2000）试论汉英两种语言的修辞比较，
反复及其修辞效果，《外语与外语教学》
第2期。

〖06445〗鞠　红　（2000）英汉低调陈述修辞比较，《外语
与外语教学》第4期。

〖06446〗牛保义　徐盛桓　（2000）关于英汉语语法化比较
研究——英汉语比较研究的一个新视角，
《外语与外语教学》第9期。

〖06447〗邵志洪　（2000）英汉词化过程对比研究:从英语
复合新词谈起，《外语与外语教学》第7
期。

〖06448〗许高渝　（2000）我国九十年代汉外语言对比研究
述略，《外语与外语教学》第6期。

〖06449〗张治英　（2000）英汉身势语的语用特征及文化差
异，《外语与外语教学》第7期。

〖06450〗赵秀英　（2000）对比在短期强化教学中的应用，
《外语与外语教学》第3期。

〖06451〗彭桂芝　（2000）论汉英语句表达形式的差异性，
《武汉交通科技大学学报》（社会科学版）
第3期。

〖06452〗宋红波　（2000）英汉语法歧义对比研究，《武汉

科技大学学报》（社会科学版）第 3 期。

〖06453〗肖巧玲　（2000）浅议英汉称谓语所映射出的中西文化差异，《武汉科技大学学报》（社会科学版）第 2 期。

〖06454〗马月兰　（2000）中美拒绝语策略共性比较研究，《西安外语学院学报》第 2 期。

〖06455〗张庆文　（2000）从"鱼"看汉英文化的差异，《西安外语学院学报》第 3 期。

〖06456〗张民和　（2000）汉英词语结构的比较，《西北纺织工学院学报》第 2 期。

〖06457〗刘齐生　（2000）叙述中的紧张要素——中德语篇的跨文化比较分析，《现代外语》第 4 期。

〖06458〗刘宇红　（2000）五脏六腑寓真情——英汉语内脏器官词汇文化内涵比较，《湘潭大学社会科学学报》第 2 期。

〖06459〗肖建芳　（2000）英汉习语对应关系的比较研究，《湘潭大学社会科学学报》 第 1 期。

〖06460〗曾竹青　（2000）英汉第三人称代词回指话语分析，《湘潭大学社会科学学 报》第 3 期。

〖06461〗谌晓明　（2000）英汉词语的象征意义比较，《襄樊学院学报》第 4 期。

〖06462〗谢友福　（2000）从不同文化看英汉谚语的差异，《襄樊学院学报》第 3 期。

〖06463〗刘永红　（2000）从汉英语言的差异看中西文化的不同，《新闻出版交流》第 4 期。

〖06464〗汪海燕　（2000）汉语习语英译技巧，《新余高专学报》第 4 期。

〖06465〗黄佩文　（2000）汉英比喻的差异与不同的文化蕴涵，《修辞学习》第 3 期。

〖06466〗侯晶晶　（2000）论英、汉标点的异同：从英语考级试题中的标点误用谈起，《徐州师大学报》（哲学社会科学版）第 3 期。

〖06467〗于兴亭　（2000）从文化差异看语言、行业的异同，《徐州师大学报》（哲学社会科学版）第 4 期。

〖06468〗崔　健　（2000）朝汉经由点概念的表达形式对比，《延边大学学报》第 2 期。

〖06469〗何秋莎　（2000）汉语汉字与日语语音读汉字读音之间的关系，《延边大学学报》第 2 期。

〖06470〗周秀娟　（2000）英汉语用意义中表示"强调"手段的对比，《延边大学学报》第 3 期。

〖06471〗姜海清　（2000）对比分析与翻译，《盐城师院学报》（哲学社会科学版）第 2 期。

〖06472〗徐美娥　（2000）英汉语言节奏差异的对比，《宜春师专学报》第 6 期。

〖06473〗谢建新　（2000）论英汉对比中的差异，《益阳师专学报》第 2 期。

〖06474〗谢建新　（2000）英、汉语言文化中的性别歧视对比色议，《益阳师专学报》第 4 期。

〖06475〗朱丽玲　（2000）从英语习语和汉语成语看民族文化差异，《益阳师专学报》第 1 期。

〖06476〗黄伟明　（2000）英汉构词理据比较，《渝州大学学报》（社会科学版）第 2 期。

〖06477〗丁　乙　（2000）中文远远不及日文——读孔宪中"数落中文"有感，《语文建设通讯》（香港）第 64 期。

〖06478〗游社媛　（2000）语言模糊与歧见，《语文建设通讯》（香港）第 64 期。

〖06479〗邹嘉彦　冯良珍　（2000）汉语（五地）与日语新概念词语对比研究——从新闻视窗看词汇衍生重整，《语言研究》第 3 期。

〖06480〗陈　丽　（2000）浅议英汉比喻喻体的文化差异及

翻译，《语言与翻译》第 2 期。

〖06481〗曾　琴　（2000）从翻译角度看英语词汇特点及英汉词汇意义的差异，《云南师大学报》（教育科学版）第 4 期。

〖06482〗杨建华　（2000）英汉词汇联想意义的文化对比，《张家口职业技术学院学报》第 3 期。

〖06483〗范维杰　（2000）俄汉句法视点差异及表达对比，《中国俄语教学》第 1 期。

〖06484〗许凤才　（2000）否定语气词 HE 的非否定意义及其与汉语的对比，《中国俄语教学》第 4 期。

〖06485〗刘学明　（2000）汉英语惯用法对比分析与翻译中的"信"，《中国翻译》第 4 期。

〖06486〗王　寅　（2000）中西语义理论的对比与翻译理论的建设，《中国翻译》第 3 期。

〖06487〗姚勇芳　（2000）英汉语结构差异在汉诗英译中的表现，《中国翻译》第 4 期。

〖06488〗李　梅　（2000）论英汉语言的国俗语义差异，《中华女子学院山东分院学报》第 2 期。

〖06489〗陈卫东　（2000）浅论英语教学中英汉语言表达差异的原因，《中南民族学院学报》第 4 期。

〖06490〗萧净宇　（2000）俄、汉语"陈述问句"对比研究，《中山大学学报》（社会科学版）第 4 期。

〖06491〗龚朝阳　（2000）英汉礼貌准则之比较，《中小学英语教学与研究》第 5 期。

〖06492〗何春凤、刘东升、周　璐　（2000）英汉语言文化比较和英语教学，《中州大学学报》第 3 期。

〖06493〗金舞燕　（2000）英汉喻类辞格的异同，《中州大学学报》第 2 期。

〖06494〗姚晓明　褚振莉　（2000）比喻在英汉语言中的运

用对比及其语义效果，《中州大学学报》第 3 期。

〖06495〗李　灵　（2000）英汉词语文化差异之比较，《周口师专学报》第 4 期。

〖06496〗吕艳梅　（2000）从思维差异看英汉句法，《周口师专学报》第 4 期。

〖06497〗何明珠　（2000）论英汉对比在英语写作教学中的作用，《株洲师范高专学报》第 1 期。

〖06498〗向　荣　（2000）中英语言禁忌现象对比分析，《株洲师范高专学报》第 2 期。

〖06499〗陈　绂　（2000）汉日量词的比较研究——谈对日汉语量词教学的特点与方法，《第六届国际汉语教学讨论会论文选》，北京：北京大学出版社。

〖06500〗赵博源　（2000）汉日语标点符号用法比较（五），《日语知识》第 1 期。

〖06501〗赵博源　（2000）汉日语标点符号用法比较（六），《日语知识》第 2 期。

〖06502〗赵博源　（2000）汉日语标点符号用法比较（七），《日语知识》第 3 期。

〖06503〗赵博源　（2000）汉日语标点符号用法比较（八），《日语知识》第 4 期。

〖06504〗赵博源　（2000）汉日语标点符号用法比较（九），《日语知识》第 5 期。

〖06505〗赵博源　（2000）汉日语标点符号用法比较（十），《日语知识》第 6 期。

〖06506〗赵博源　（2000）汉日语标点符号用法比较（十一），《日语知识》第 7 期。

〖06507〗赵博源　（2000）汉日语标点符号用法比较（十二），《日语知识》第 8 期。

〖06508〗赵博源　（2000）汉日语标点符号用法比较（十三），

《日语知识》第 9 期。

〖06509〗赵博源　（2000）汉日语标点符号用法比较（十四），
　　　　　　　　　《日语知识》第 10 期。

〖06510〗赵博源　（2000）汉日语标点符号用法比较（十五），
　　　　　　　　　《日语知识》第 11 期。

1999 年

〖06511〗赵博源　（1999）汉日语标点符号用法比较（一），
　　　　　　　　　《日语知识》第 9 期。

〖06512〗赵博源　（1999）汉日语标点符号用法比较（二），
　　　　　　　　　《日语知识》第 10 期。

〖06513〗赵博源　（1999）汉日语标点符号用法比较（三），
　　　　　　　　　《日语知识》第 11 期。

〖06514〗赵博源　（1999）汉日语标点符号用法比较（四），
　　　　　　　　　《日语知识》第 12 期。

〖06515〗刘爱蓉　张梅岗　（1999）汉英因果关系句对比研
　　　　　　　　　究，《安庆师院学报》第 1 期。

〖06516〗田延明　（1999）英汉委婉语的比较研究，《北方
　　　　　　　　　论丛》第 2 期。

〖06517〗刘英凯　（1999）中西作品中比喻差异及其社会文
　　　　　　　　　化成因，《北京大学学报》（哲学社会科
　　　　　　　　　学版）第 3 期。

〖06518〗赵　旭　（1999）现代汉语汉字与日语当用汉字的
　　　　　　　　　比较分析，《北京第二外国语学院学报》
　　　　　　　　　第 2 期。

〖06519〗常桂兰　吴朝华　（1999）英语汉语信息结构对比
　　　　　　　　　初探，《毕节师专学报》第 4 期。

〖06520〗戴卫平　（1999）英汉动物喻体、喻义之比较，《长
　　　　　　　　　沙大学学报》第 3 期。

〖06521〗朱丽玲　（1999）英汉语序差异对比与学生的语序
　　　　　　　　　误用实例分析，《长沙大学学报》第 3 期。

〖06522〗李　清　（1999）从中英文成语中的动物形象喻意看两种文化的差异，《楚雄师专学报》第1期。

〖06523〗刘志敏　（1999）从德国公司的中译名称看中德文化对比，《德国研究》第3期。

〖06524〗黎东良　（1999）论汉德德汉科技翻译中的一词多译与固定译法，《德语学习》第2期。

〖06525〗黎东良　（1999）从汉德语中关于"猪狗"的表达看中德民俗，《德语学习》第4期。

〖06526〗徐凯军　（1999）德语谚语汉译探讨，《德语学习》第5期。

〖06527〗李　耸　（1999）论英汉复合性名词、名词词组的异同，《东北大学学报》（社会科学版）第4期。

〖06528〗李英垣、李　欣、王银娥　（1999）英汉成语的文化内涵分析比较及翻译策略，《东北大学学报》（社会科学版）第4期。

〖06529〗赵英玲　（1999）英汉应答接应机制刍论，《东北师大学报》（哲学社会科学版）第3期。

〖06530〗付永钢　（1999）英汉褒贬词语对比研究初探，《东南大学学报》（哲学社　会科学版）第3期。

〖06531〗王成亮　（1999）俄汉对应词和不对应词，《俄语学习》第5期。

〖06532〗徐　星　（1999）俄汉语动物形象比喻的文化个性与共性，《俄语学习》第2期。

〖06533〗张曼玲　（1999）汉语虚词"和、跟、同、与"在汉法翻译中的比较，《法语学习》第6期。

〖06534〗沈立文　（1999）Black一词的英汉喻意比较，《佛山科学技术学院学报》第2期。

〖06535〗刘宁生、邵　旭　（1999）中英言语交际文化略析，

《赣南师院学报》第 5 期。

〖06536〗李国南　（1999）英、汉委婉语言手段辨异，《福建外语》第 3 期。

〖06537〗徐振忠　（1999）英汉演说词文体风格形成的历时对比，《福建外语》第 2 期。

〖06538〗张亚俐　（1999）英汉谚语比较，《福州大学学报》（社会科学版）第 1 期。

〖06539〗刘红霞　（1999）英汉对比有益于英语教学，《福州师专学报》第 5 期。

〖06540〗张　宁　（1999）英语习语的文化差异及翻译，《中国翻译》第 3 期。

〖06541〗周颐娜　（1999）汉英数词中的文化差异，《广东职业技术师院学报》第 3 期。

〖06542〗江　宏　（1999）汉英颜色词文化学探析，《广西大学学报》第 4 期。

〖06543〗杨晓坚　（1999）英汉语言语音、词汇比较与教学，《广西师大学报》第 4 期。

〖06544〗丁　怡　（1999）中英称谓语的比较，《广州师院学报》第 3 期。

〖06545〗朱亚夫　（1999）英汉恭维语差异探微，《广州师院学报》第 3 期。

〖06546〗唐　芸、王玉环　（1999）英语教学中英汉成语的喻体异同及其转换，《贵阳师专学报》第 4 期。

〖06547〗邵永华　（1999）日汉语音差异的比较，《韩山师院学报》第 4 期。

〖06548〗顾顺莲　（1999）"的"与"の"汉日定语标志的比较研究，《汉语学习》 第 1 期。

〖06549〗朱英月　（1999）韩中词缀比较初探，《汉语学习》第 5 期。

〖06550〗吕艳梅　（1999）英汉思维差异在语言上的表现，

《河南大学学报》（社会科学版）第 4 期。

〖06551〗张明杰　张继英　（1999）色彩词及其成语(习语)在英汉语言中的意义及差异，《河南商业高专学报》第 6 期。

〖06552〗邵　玲　（1999）英汉音位系统的对比及其在语音教学中的意义，《河南师大学报》（哲学社会科学版）第 6 期。

〖06553〗史锋岩　李艳萍　（1999）浅谈东西方称呼的差异，《黑龙江教育学院学报》第 2 期。

〖06554〗王革英　（1999）从英汉动物成语比较中西方文化之异同，《衡阳师专学报》第 2 期。

〖06555〗张汉英　（1999）汉语和日语中的拟声词、拟态词，《湖北大学学报》（哲学社会科学版）第 5 期。

〖06556〗胡晓琼　（1999）"请求、建议"言语行为的英汉比较，《湖北三峡学院学报》试刊第 1 期。

〖06557〗谢筱莉　（1999）英汉语被动态对比研究，《湖南大学学报》（社会科学版）第 3 期。

〖06558〗马中夫　（1999）英汉数词虚指比较，《湖南教育学院学报》第 1 期。

〖06559〗邓凡艳　（1999）英汉语言差异与中西思维模式，《湖南师大社会科学学报》第 3 期。

〖06560〗刘金玲　（1999）英汉委婉语的历史轨迹与发展趋势，《湖南师大社会科学学报》第 6 期。

〖06561〗王葆华　（1999）汉英问候语比较刍议，《淮北煤师院学报》（哲学社会科学版）第 2 期。

〖06562〗丁建江　（1999）文化差异与词语翻译，《淮海工学院学报》增刊。

〖06563〗林　萍　（1999）浅论汉英动宾结构的异同，《淮海工学院学报》增刊。

〖06564〗赵斐容　（1999）汉语介词与英语介词之异同，《吉安师专学报》第 1 期。

〖06565〗刘富华 （1999）对比分析、对比教学法与对外汉语教学，《吉林师院学报》第 6 期。

〖06566〗周　健 （1999）试论英汉对比在基础汉语教学中的应用，《暨南学报》（哲学社会科学版）S1 期。

〖06567〗姚　俊 （1999）从礼貌语用看英、汉语言文化的价值差异，《嘉应大学学报》第 5 期。

〖06568〗张仁兰 （1999）英汉基本颜色词对比与翻译，《江苏教育学院学报》（社会科学版）第 4 期。

〖06569〗曹晓阳 （1999）英汉被动句及其文化内涵，《江苏外语教学研究》第 2 期。

〖06570〗王晓玲 （1999）试比较英、汉两语种的委婉语，《江苏外语教学研究》第 2 期。

〖06571〗吴立新 （1999）由"结婚"一词想起的:小说中日文化的差异，《江苏外语教学研究》第 1 期。

〖06572〗韩　红 （1999）关于建构俄汉对比跨文化交际学的理论构想，《解放军外语学院学报》第 5 期。

〖06573〗胡津龄 （1999）中乌语音比较六例，《解放军外语学院学报》S1 期。

〖06574〗黄健红 （1999）浅谈中越称谓语使用共性，《解放军外语学院学报》第 3 期。

〖06575〗刘佐艳 （1999）从符号学角度看俄汉词义的分化及组合，《解放军外语学院学报》S1 期。

〖06576〗马秉义 （1999）英汉句子结构常式比较，《解放军外语学院学报》第 2 期。

〖06577〗潘永梁 （1999）英汉元音变化的比较，《解放军外语学院学报》第 3 期。

〖06578〗彭家玉　（1999）汉英拟声词异同比较研究，《解
放军外语学院学报》第 4 期。

〖06579〗邱　鸣　（1999）略论日语"气"与中文"气"，
《解放军外语学院学报》第 3 期。

〖06580〗孙　凯、傅长友　（1999）对俄汉对应词的文化语
义学分析，《解放军外语学院学报》增刊。

〖06581〗王炳炎　（1999）英汉被动结构对比，《解放军外
语学院学报》第 6 期。

〖06582〗王松亭　（1999）俄汉语中隐喻共性现象对比研究，
《解放军外语学院学报》第 6 期。

〖06583〗许　宏　（1999）从英汉思维及语言的对比看英汉
翻译，《解放军外语学院学报》第 3 期。

〖06584〗杨　可　（1999）俄汉篇名的语言特色及其文化意
味，《解放军外语学院学报》增刊。

〖06585〗张韶岩　（1999）日汉语基本味觉词引申义之比较，
《解放军外语学院学报》第 6 期。

〖06586〗赵　静　（1999）英汉颜色词的比较与翻译，《解
放军外语学院学报》增刊。

〖06587〗柏　桦、董　英　（1999）对比分析、差错分析的
局限性和互补性讨论，《兰州大学学报》
（社会科学版）第 1 期。

〖06588〗陈海泳　（1999）从不同文化的时间观念看英、汉
词汇的差异，《黎明职业大学学报》第 4
期。

〖06589〗黎昌抱　（1999）英汉社交称谓的国俗差异，《丽
水师专学报》第 2 期。

〖06590〗徐建宏　（1999）汉语词汇和韩国语汉字词的对比
研究，《辽宁大学学报》（哲学社会科学
版）第 4 期。

〖06591〗白志敏　（1999）定语(le complément déterminatif)
的法、汉比较，《辽宁师范大学学报》（社

会科学版）第 1 期。

〖06592〗谢　军　（1999）英汉性别称呼词语对比初探，《零陵师范高等专科学校学报》第 4 期。

〖06593〗杨　奔　（1999）试论中西方言语行为中礼貌原则的差异表现，《柳州师专学报》第 2 期。

〖06594〗刘文莉　（1999）汉日惯用语之比较，《龙岩师专学报》第 4 期。

〖06595〗吴　钰　（1999）关于基本人称代词的中日用法比较，《龙岩师专学报》第 4 期。

〖06596〗邓　海　（1999）英汉成语比较及其翻译，《绵阳师范高等专科学校学报》第 4 期。

〖06597〗魏本力　（1999）汉英语言及文化特征对比浅析，《内蒙古民族师院学报》第 2 期。

〖06598〗蒋　平　（1999）汉英称赞语应对中的语用原则与文化差异，《南昌大学学报》（社会科学版）第 3 期。

〖06599〗朱菊芬　（1999）试论英汉词的概念意义与内涵意义，《南京理工大学学报》（社会科学版）第 4 期。

〖06600〗庄　敏　（1999）汉英语言的某些差异比较，《南平师专学报》第 1 期。

〖06601〗蒋静文、张　颖　（1999）英美人学汉语难点分析，《南通师范学院学报》（哲学社会科学版）第 4 期。

〖06602〗高友萍　（1999）汉英句法与思维差异，《南通师范学院学报》（哲学社会科学版）第 4 期。

〖06603〗王跃洪　（1999）英汉主位推进模式比较，《平原大学学报》第 1 期。

〖06604〗苏晓棠、苗　慧　（1999）比较方法与大学俄语教学，《蒲峪学刊》第 1 期。

〖06605〗马月兰　（1999）从语篇表层谈中、美拒绝策略，

《齐齐哈尔大学学报》（哲学社会科学版）第 4 期。

〖06606〗汪铁萍　（1999）日汉语比喻辞格的比较，《齐齐哈尔大学学报》（哲学社会科学版）第 5 期。

〖06607〗王海波　（1999）汉英语言语法借用对比，《齐齐哈尔大学学报》（哲学社会科学版）第 5 期。

〖06608〗杨自俭　（1999）简论对比语言学的几个问题，《中国海洋大学学报》（社会科学版）第 2 期。

〖06609〗陈端端　（1999）中日语言日常用语中的"生"与"死":试探闽南文化与日本文化的差异，《日语学习与研究》第 4 期。

〖06610〗彭广陆　（1999）日汉语疑问代词与疑问句的关系，《日语学习与研究》第 1 期。

〖06611〗万久富　（1999）中日汉字的读音比较，《日语学习与研究》第 1 期。

〖06612〗鲜　睿　（1999）日汉语比喻之比较，《日语知识》第 5 期。

〖06613〗张韶岩　（1999）日汉语"眼眉词语"比较，《日语知识》第 6 期。

〖06614〗朱秋娟　（1999）谈语用对比与翻译，《山东教育》第 26 期。

〖06615〗罗天法　（1999）标语文本汉译英语转换中语言和文化差异的处理，《山东外语教学》第 2 期。

〖06616〗席建国、徐　新　（1999）汉英语篇的衔接与连贯对比，《山东外语教学》第 4 期。

〖06617〗赵秀凤　（1999）中西文化比较与汉英写作宏观对比分析，《山东外语教学》第 3 期。

〖06618〗李　晋　（1999）从英语听写中看标点符号的英汉

差异，《山西大学师院学报》第 4 期。

〖06619〗何亚琴 （1999）英汉被动语态比较，《山西大学学报》第 4 期。

〖06620〗邓俊民 （1999）对比分析及其对外语教学的影响，《山西师大学报》（社会科学版）第 3 期。

〖06621〗肖亮荣 （1999）浅析英汉颜色词文化上的不等值，《汕头大学学报》第 6 期。

〖06622〗陶振英 李勤荣 （1999）浅析汉语谓语和英语谓语的差异，《商丘师专学报》第 5 期。

〖06623〗轩治峰 （1999）英语 parallelism 和汉语"排比"辞格之比较，《商丘师专学报》第 5 期。

〖06624〗胡开宝 （1999）英汉商标品牌名称对比研究，《上海交通大学学报》（哲学社会科学版）第 3 期。

〖06625〗陈明芳 （1999）英汉语音位组合对比研究，《韶关大学学报》第 1 期。

〖06626〗毛发生 （1999）从表示动物的常用词看汉英语言文化差异，《韶关大学学报》第 5 期。

〖06627〗杨晓军 徐红妮 （1999）英汉语颜色词的文化蕴涵及其差异，《邵阳师专学报》第 3 期。

〖06628〗顾群超 （1999）英汉习语文化内涵上的差异及研究意义，《绍兴文理学院学报》第 1 期。

〖06629〗钟莉莉 （1999）英汉形象词不对应现象探究，《绍兴文理学院学报》第 1 期。

〖06630〗刘凤霞 刘晓晖 （1999）英汉歧义现象比较浅析，《社科纵横》第 4 期。

〖06631〗张立玉 王红卫 （1999）英汉简略词探讨，《中南民族学院学报》（人文社会科学版）第 3 期。

〖06632〗戴瑞亮 （1999）英汉语用对比和翻译，《石油大学学报》（社会科学版）第 2 期。

〖06633〗刘典忠　（1999）科技英语翻译应充分体现英汉在句法结构和用词特点方面的差异，《石油大学学报》（社会科学版）第4期。

〖06634〗郑义红　（1999）英汉语序比较及翻译，《重庆三峡学院学报》第6期。

〖06635〗彭开明　（1999）英汉省略对比与翻译，《四川外语学院学报》第2期。

〖06636〗赵伟礼　（1999）英汉"动物词+器官词"结构对比与翻译，《四川外语学院学报》第2期。

〖06637〗英　力　（1999）英汉语词汇文化内涵的对比研析，《松辽学刊》（社会科学版）第6期。

〖06638〗张　勇　（1999）关于英汉对比词汇学研究的几点思考，《松辽学刊》（社会科学版）第6期。

〖06639〗郑贞爱　（1999）法语和汉语时态的对比分析，《松辽学刊》（社会科学版）第2期。

〖06640〗徐　萍　（1999）英汉思维差异对英文写作的影响，《苏州大学学报》（哲学社会科学版）第3期。

〖06641〗黎昌抱　（1999）英汉亲属称谓词国俗差异研究，《台州师专学报》第4期。

〖06642〗邵伟国　（1999）活用：英汉成语中的奇特现象，《台州师专学报》第5期。

〖06643〗王卓慈　（1999）汉英词汇异同探幽，《唐都学刊》第4期。

〖06644〗周国辉　（1999）汉英词义变化比较，《天津外国语学院学报》第4期。

〖06645〗常留英　（1999）浅析英汉词语的文化差异，《天中学刊》第1期。

〖06646〗马海燕　（1999）试论英汉习语的相通性，《天中学刊》第1期。

〖06647〗秦建栋　（1999）英汉词汇空缺现象刍议，《铁道师院学报》第 2 期。

〖06648〗石定栩　朱志瑜　（1999）英语对香港书面汉语句法的影响——语言接触引起的语言变化，《外国语》（上海外国语学院学报）第 4 期。

〖06649〗司显柱　（1999）论英汉民族思维模式、语言结构及其翻译，《外语学刊》第 2 期。

〖06650〗樊泓莉　（1999）浅析汉法语法结构的差异及其在翻译中的体现，《外交学院学报》第 4 期。

〖06651〗鞠玉梅　（1999）英汉篇章中的词汇衔接手段及其文体效应，《外语教学》第 1 期。

〖06652〗刘越莲　（1999）语用迁移与中德跨文化交际，《外语教学》第 2 期。

〖06653〗王满良　（1999）英汉主语比较，《外语教学》第 1 期。

〖06654〗杨壮春　龚志维　（1999）英汉数量词组对比研究，《外语教学》第 1 期。

〖06655〗尹广琴　（1999）大学低年级学生英汉语作文对比实验与分析，《外语教学》第 3 期。

〖06656〗袁　成　（1999）德汉语序对比分析，《外语教学》第 4 期。

〖06657〗张　立、董立新　（1999）日语音读汉字读音及其对应中文汉字普通话读音规律初探，《外语教学》第 3 期。

〖06658〗赵军峰　（1999）汉英社交称谓对比研究刍议，《外语教学》第 4 期。

〖06659〗李国南　（1999）英汉拟声词句法功能比较，《外语教学与研究》第 4 期。

〖06660〗徐赳赳　（1999）复句研究与修辞结构理论，《外语教学与研究》第 4 期。

〖06661〗许余龙 （1999）英语 X-able 词的形态与语义特点，《外语教学与研究》第 1 期。

〖06662〗李 勤 （1999）俄汉不确定/确定范畴比较，《外语学刊》第 1 期。

〖06663〗李元厚 （1999）情感语义和俄汉语言文化对比研究，《外语学刊》第 2 期。

〖06664〗杨石乔 （1999）英汉语用预设与信息中心对比，《外语学刊》第 4 期。

〖06665〗尹永波 （1999）俄汉语节律对比，《外语学刊》第 3 期。

〖06666〗陈楚祥 （1999）对比语言学与双语词典学，《外语研究》第 3 期。

〖06667〗钱冠连 （1999）对比语言学者的一个历史任务，《外语研究》第 3 期。

〖06668〗王 寅 （1999）主位、主语和话题的思辨——兼谈英汉核心句型，《外语研究》第 3 期。

〖06669〗张安德 （1999）英汉植物词语的联想意义浅析，《外语与翻译》第 1 期。

〖06670〗陈治安、文 旭 （1999）关于英汉对比语用学的几点思考，《外语与外语教学》第 1 期。

〖06671〗何善芬 （1999）英汉轻重音对比研究，《外语与外语教学》第 12 期。

〖06672〗鞠玉梅 （1999）汉英篇章中语法衔接手段及其文体效应，《外语与外语教学》第 11 期。

〖06673〗李 刚、梁宝成 （1999）英汉代词对比分析及计算机辅助翻译，《外语与外语教学》第 6 期。

〖06674〗廖开宏 （1999）英汉说明文段落划分差异研究，《外语与外语教学》第 8 期。

〖06675〗刘金玲 （1999）英汉双关语结构对比研究，《外语与外语教学》第 9 期。

〖06676〗谢　军　（1999）英汉同义词语体差别对比，《外语与外语教学》第 1 期。

〖06677〗杨自俭　（1999）关于中西文化对比研究的几点认识，《外语与外语教学》第 10 期。

〖06678〗张岩红　（1999）不同文化背景下的中日语言表达差异，《外语与外语教学》第 5 期。

〖06679〗张梅娟　（1999）英汉语言词汇内涵的文化异同，《渭南师专学报》第 4 期。

〖06680〗周丽蕊　（1999）颜色词的英汉喻意比较，《无锡教育学院学报》第 4 期。

〖06681〗何东明　（1999）中美言语交际障碍分析，《五邑大学学报》（社会科学版）第 2 期。

〖06682〗金旭东　（1999）英汉名词转动词比较研究——暨与司显柱先生商榷，《五邑大学学报》（社会科学版）第 2 期。

〖06683〗张梅娟　（1999）论中、英两种语言中若干称谓语的文化差异，《西安石油学院学报》（社会科学版）第 3 期。

〖06684〗韩晓惠　王松鹤　（1999）从心理学角度浅析英汉词语的模糊性，《西安外语学院学报》第 4 期。

〖06685〗戚　焱　（1999）数词习语的汉英对比研究，《西安外语学院学报》第 4 期。

〖06686〗叶琴法　（1999）英汉动词的抽象名词化比较，《西安外语学院学报》第 2 期。

〖06687〗文　静、桑　盖　（1999）颜色词"白、黑、红"在汉、藏、英语中的词义分析，《西北民族学院学报》（哲学社会科学版）第 1 期。

〖06688〗周　榕、黄希庭　（1999）中英文时间表征的对比探析，《西南师大学报》（哲学社会科学版）第 1 期。

〖06689〗刘礼进　（1999）英汉篇章结构模式对比研究，《现代外语》第 4 期。

〖06690〗刘齐生　（1999）文化对语篇结构的影响——中德日常叙述比较研究，《现代外语》第 4 期。

〖06691〗谭建初　（1999）英汉词语文化初探，《湘潭大学社会科学学报》第 4 期。

〖06692〗谢　军　（1999）英汉反义词比较，《湘潭大学社会科学学报》第 1 期。

〖06693〗周光华　（1999）文化交流中的语义差异及翻译方法，《湘潭大学社会科学学报》第 3 期。

〖06694〗刘莉莉　（1999）汉英模糊信息的语用分析与认知心理，《湘潭师院学报》（社会科学版）第 5 期。

〖06695〗方经民　郑丽芸　（1999）中日寒暄问候比较，《修辞学习》第 3 期。

〖06696〗李　刚　（1999）言语交际语用差异归因的理论探索：兼作英汉对比，《徐州师大学报》第 4 期。

〖06697〗崔　健　（1999）韩汉方位隐喻对比，《延边大学学报》第 4 期。

〖06698〗黄伟明　（1999）英汉构词法比较，《渝州大学学报》（社会科学版）第 3 期。

〖06699〗夏少芳　（1999）漫谈英汉颜色词，《湛江师院学报》（社会科学版）第 2 期。

〖06700〗张　红　（1999）英、汉词汇的国俗语义对比研究，《湛江师院学报》（社会科学版）第 1 期。

〖06701〗沈掌荣　（1999）汉英语言中的文化差异，《浙江海洋学院学报》（人文科学版）第 2 期。

〖06702〗范维杰　（1999）汉俄中介语缺无现象及其类别，《中国俄语教学》第 2 期。

〖06703〗王文忠　（1999）跨文化交际中的常规关系差异，

《中国俄语教学》第 1 期。

〖06704〗张　宁　（1999）英汉习语的文化差异及翻译，《中国翻译》第 3 期。

〖06705〗黎东良　（1999）论德汉科技词汇的翻译，《中国科技翻译》第 1 期。

〖06706〗谢　军　（1999）英汉委婉词语比较，《中南工业大学学报》第 2 期。

〖06707〗施光亨　（1999）对外汉语教学也要转变观念——且说汉外比较，《汉日语言研究文集》（三），北京：北京出版社。

〖06708〗赵博源　（1999）汉日语整数的表示法，《日语知识》第 6 期。

1998 年

〖06709〗庄恩平　（1998）东西方思维差异与口译，《上海科技翻译》第 2 期。

〖06710〗张　雯　（1998）英汉词义的差异与翻译，《安徽大学学报》（哲学社会科学版）第 3 期。

〖06711〗陈　玄、马桂琪　（1998）对比研究与德语教学，《北二外学报》（德语专刊）。

〖06712〗成方志　（1998）汉英对应的联想意义异同初探，《滨州师专学报》第 1 期。

〖06713〗吴景红　（1998）英汉委婉语刍议，《常州工业技术学院学报》第 3 期。

〖06714〗牛　睿　（1998）英译汉笔头翻译技巧刍议，《成都气象学院学报》第 3 期。

〖06715〗黎东良　（1998）论汉德语互译中的概念对等和互译选词问题，《德语学习》第 3 期。

〖06716〗黎东良　（1998）论汉德互译中的词语排序与增减字问题，《德语学习》第 6 期。

〖06717〗张捷鸿　（1998）汉德成语的比较，《德语学习》

第 4 期。

〖06718〗海淑英　（1998）俄汉语动物形象的民族文化差异，《俄语学习》第 2 期。

〖06719〗石　树　（1999）从汉俄熟语看语言的作用，《俄语学习》第 2 期。

〖06720〗李国南　（1998）"simile"与"明喻"的对比研究，《福建外语》第 2 期。

〖06721〗魏榕平　（1998）英汉"反复"修辞格之比较，《福州大学学报》（社会科学版）第 3 期。

〖06722〗赵　婧　（1998）英汉语言表达方式比较与转换，《福州大学学报》（社会科学版）第 2 期。

〖06723〗饶振辉　（1998）试谈汉语和英语中习语的异同，《抚州师专学报》第 4 期。

〖06724〗田凤俊　（1998）委婉语的语义修辞功能——英汉修辞比较研究之二，《固原师专学报》第 1 期。

〖06725〗丘振兴　（1998）英汉双宾语结构的类型及异同，《广东工业大学学报》第 3 期。

〖06726〗刘晓民　（1998）英汉性别歧视与文化渊源，《广东教育学院学报》第 3 期。

〖06727〗朱和平　（1998）英汉习语语义及文化比较，《广东职业技术师范学院学报》第 1 期。

〖06728〗谭　静　（1998）科技英语中被动语态翻译探讨，《广西民族学院学报》（自然科学版）第 1 期。

〖06729〗关洪涛　（1998）从汉英语言表达初探中西文化的差异，《广西商业高等专科学校学报》第 4 期。

〖06730〗韩　慧　（1998）中日语敬语的比较，《广西师院学报》（哲学社会科学版）第 1 期。

〖06731〗谢圣棋　（1998）汉英词类比较略论，《贵州民族学院学报》（哲学社会科学版）第 1 期。

〖06732〗但冰洁 （1998）浅析汉语量词与英语相对应的表达方式，《贵州师范大学学报》（社会科学版）第 4 期。

〖06733〗李津花 （1998）浅谈英汉称谓习惯的不同及教学对策，《桂林市教育学院学报》第 3 期。

〖06734〗唐卫平 （1998）英汉广告的修辞手段，《海南大学学报》（社会科学版）第 3 期。

〖06735〗唐卫平 （1998）英汉广告在音韵和语义上的修辞手段，《海南师院学报》（人文社会科学版）第 1 期。

〖06736〗柳英绿 （1998）朝鲜语材料、工具状语在汉语中的对应形式，《汉语学习》第 2 期。

〖06737〗程相文 （1998）汉英造句特点的对比研究，《汉语学习》第 5 期。

〖06738〗陈前瑞 赵葵欣 （1998）浅析是非问句应答方式的语言共性，《汉语学习》第 3 期。

〖06739〗龚海燕 （1998）英汉对比研究理论上的重大突破——评《汉英语对比纲要》，《汉语学习》第 3 期。

〖06740〗顾顺莲 （1998）"的"与"の"汉日定语标志的比较研究，《汉语学习》第 1 期。

〖06741〗林汝昌 李曼珏 （1998）英汉文字比较实验报告，《汉字文化》第 1 期。

〖06742〗胡日启 （1998）英汉语中词的语义色彩点滴，《河池师范高等专科学校学报》第 1 期。

〖06743〗牛保义 （1998）简论英汉语句子差异，《河南大学学报》（社会科学版）第 2 期。

〖06744〗李汴红、刘 云 （1998）中西文化差异在语言中的反映，《河南教育学院学报》（哲学社会科学版）第 3 期。

〖06745〗徐锦凤　刘树阁　（1998）英汉介词比较与翻译，《河南教育学院学报》（哲学社会科学版）第 2 期。

〖06746〗张俊英　（1998）论汉英成语来源的相似性，《河南师大学报》第 3 期。

〖06747〗张俊英　（1998）英汉词性与句法的转换，《河南职技师院学报》第 1 期。

〖06748〗王育英　（1998）汉英语言的文化差异的语用表现，《黑龙江教育学院学报》第 2 期。

〖06749〗丰国欣　（1998）英语写作中英汉语用文化差异初探——大学英语写作教学中的文化因素系列研究之三，《湖州师范学院学报》第 2 期。

〖06750〗徐章岩　（1998）英语与汉语中恭维语原则初探，《湖州师范学院学报》第 4 期。

〖06751〗张　琦　（1998）英汉语篇语法衔接手段对比及翻译，《湖州师范学院学报》 第 2 期。

〖06752〗赵　强　（1998）汉英动物词汇象征意义对比，《湖州师范学院学报》第 3 期。

〖06753〗范杏丽　（1998）英汉文化规约和言谈规约比较，《华中理工大学学报》（社会科学版）第 3 期。

〖06754〗刘霞敏　（1998）认知方式与英汉语言的结构顺序，《怀化师专学报》第 1 期。

〖06755〗杨　超　（1998）论英汉语被动语态之间的差异，《怀化师专学报》第 1 期。

〖06756〗束学军　（1998）巧用汉语四字格 英汉翻译添风采，《淮北煤师院学报》（哲学社会科学版）第 2 期。

〖06757〗赵文学　吴柏祥　（1998）文化差异与语义词项空缺，《吉林大学社会科学学报》第 3 期。

〖06758〗何家宁　刘爱英　（1998）英汉文化词的意义关系及其对教学的启示，《吉首大学学报》（社会科学版）第 3 期。

〖06759〗张婉婷　（1998）从英汉省略的比较探讨英汉句法特点的异同，《吉首大学学报》（社会科学版）第 3 期。

〖06760〗唐国新　（1998）英汉三种类型习语的比较，《江汉大学学报》第 2 期。

〖06761〗曹军毅　（1998）英汉语言比较浅议，《江苏教育学院学报》第 2 期。

〖06762〗张　瑜　（1998）中国人与美国人的空间观——非语言交际对比研究，《江苏教育学院学报》（社会科学版）第 3 期。

〖06763〗苗秀楼　（1998）英汉互译中的文化差异点滴谈，《江苏教育学院学报》（社会科学版）第 2 期。

〖06764〗陈海涛　（1998）中西文化中的女性称呼评析，《江苏外语教学研究》第 1 期。

〖06765〗李士芹　（1998）简析英汉篇章结构的差异，《江苏外语教学研究》第 1 期。

〖06766〗贾秋仙　（1998）汉、英辞格对比——排比，《江西教育学院学报》增刊。

〖06767〗宋振荣　（1998）俄、汉文化中动物象征意义语源初探，《解放军外语学院学报》第 5 期。

〖06768〗严辰松　（1998）运动事件的词汇化模式：英汉比较研究，《解放军外语学院学报》第 6 期。

〖06769〗赵翠莲　徐秀忠　（1998）中英文计算机词汇的文体差异，《解放军外语学院学报》第 3 期。

〖06770〗郑桂芬　（1998）试论民族文化同义词，《解放军外语学院学报》第 1 期。

〖06771〗吴吉康、吴　立、王　君　（1998）俄汉成语对应关系初探，《兰州大学学报》（社会科学版）第 2 期。

〖06772〗张红深　（1998）汉语中日语外来语的英译问题，《辽宁教育学院学报》第 2 期。

〖06773〗柯金算　（1998）从颜色词看英汉语言文化差异，《龙岩师专学报》第 2 期。

〖06774〗张明华　（1998）汉英修辞差异与翻译，《龙岩师专学报》第 4 期。

〖06775〗薄锐利　（1998）论汉英颜色词语社会文化意义的异同，《洛阳大学学报》第 1 期。

〖06776〗吴　莉　（1998）试论英汉词汇模糊性的心理作用，《牡丹江师院学报》（哲学社会科学版）第 4 期。

〖06777〗张白桦　（1998）中英文色彩词汇的言外因素，《内蒙古工业大学学报》（社会科学版）第 1 期。

〖06778〗张　琦　（1998）英汉否定之比较，《内蒙古民族师院学报》（汉文版 哲学社科版）第 1 期。

〖06779〗赵大昌　（1998）"通感"修辞格的英汉比较——兼谈与"移就"的区别，《南昌大学学报》（社会科学版）第 3 期。

〖06780〗胡天赋　（1998）汉英谚语中的性别歧视，《南都学坛》第 4 期。

〖06781〗孙　瑾　（1998）谈英汉形象化修辞，《南京理工大学学报》（社会科学版）第 1 期。

〖06782〗杨雪莲　（1998）英汉成语对比探析，《无锡教育学院学报》第 3 期。

〖06783〗谢徐萍　（1998）汉英语民族文化语义的对比与翻译初探:兼谈汉语新词新义的英译，《南通教育学院学报》第 4 期。

〖06784〗朱晓映 （1998）试论英汉俗语表达中的文化异同，《南通师范学院学报》（哲学社会科学版）第4期。

〖06785〗张 春、张世云 （1998）英汉对似习语，《攀枝花大学学报》第2期。

〖06786〗苏晓棠 （1998）数字在俄汉民族文化中的特殊涵义，《齐齐哈尔师院学报》第3期。

〖06787〗胡祖竹 （1998）浅析中英文对星球的命名，《黔南民族师专学报》第2期。

〖06788〗刘 蓉、金起元 （1998）试论英汉排比辞格的形式美，《青海师范大学学报》（哲学社会科学版）第4期。

〖06789〗马月兰 （1998）中美"拒绝"言语行为比较研究，《青海师范大学学报》（哲学社会科学版）第4期。

〖06790〗李 敏 田英华 （1998）汉英句法成分省略的比较，《青海师专学报》第2期。

〖06791〗苏 玲 （1998）汉语对偶排比与英语平行结构，《曲靖师范学院学报》Z1期。

〖06792〗庄建灵 （1998）英汉无标记中性词比较及翻译，《泉州师范学院学报》第2期。

〖06793〗陈百海 （1998）日汉成语中动物形象的比较，《日语学习与研究》第2期。

〖06794〗陈 红 （1998）谈汉、日语的句子性格，《日语学习与研究》第1期。

〖06795〗高玉环 （1998）也谈日语的约音现象与汉语的反切关系——兼与邹儒生、邹本建、谯燕三同志商榷，《日语学习与研究》第4期。

〖06796〗冷铁铮 （1998）对中日语言中动词的几点体会，《日语学习与研究》第4期。

〖06797〗冷铁铮 （1998）对中日语言中语气词的再考察，

《日语学习与研究》第 1 期。

〖06798〗冷铁铮　（1998）中日语言中语气词的若干考察，《日语学习与研究》第 2 期。

〖06799〗潘　钧　（1998）浅谈汉字、汉语词汇对日语的再塑造作用，《日语学习与研究》第 2 期。

〖06800〗王华伟　（1998）浅谈日汉语中的惯用语，《日语学习与研究》第 2 期。

〖06801〗王军彦　（1998）现代汉日汉字读音对照研究，《日语学习与研究》第 4 期。

〖06802〗向　卿　（1998）论汉日名词与动词的转化，《日语学习与研究》第 2 期。

〖06803〗俞瑞良　（1998）中文的助动词"能"与日语中的能动表现之比较，《日语学习与研究》第 3 期。

〖06804〗侯仁锋　（1998）汉日动宾结构的比较，《日语知识》第 9 期。

〖06805〗侯仁锋　（1998）日汉他动词句子的主语和用词差异，《日语知识》第 11 期。

〖06806〗李先瑞　（1998）日汉语比喻之比较，《日语知识》第 5 期。

〖06807〗杨松波　（1998）中日敬语比较，《日语知识》第 4 期。

〖06808〗赵博源　（1998）汉语兼语句与日语相应句式的比较（上），《日语知识》第 3 期。

〖06809〗赵博源　（1998）汉语兼语句与日语相应句式的比较（下），《日语知识》第 4 期。

〖06810〗赵博源　（1998）汉日语名词形态标志的接续及其比较，《日语知识》第 10 期。

〖06811〗冯保初　李学珍　（1998）汉、英标点符号的语用异同，《山东大学学报》（社会科学版）第 3 期。

〖06812〗王　寅　（1998）从话题相似性角度说英汉句型对比，《山东工业大学学报》第 2 期。

〖06813〗贾卫国　（1998）语言、姓氏文化：汉语姓氏与英语姓氏的比较研究，《山东外语教学》第 4 期。

〖06814〗潘　红　（1998）英汉家庭亲缘关系差异在语言上的反映和沟通，《山东外语教学》第 4 期。

〖06815〗王峻光　（1998）英汉长句对比与翻译小议，《山东外语教学》第 3 期。

〖06816〗杨信彰　（1998）中美话语中对（女性）称赞的回答，《山东外语教学》第 1 期。

〖06817〗孙　鹏　（1998）英语 irony 与汉语反语的关系，《山西大学学报》（社会科学版）第 1 期。

〖06818〗严新生　（1998）试论英汉语言的性歧视，《山西师大学报》（社会科学版）第 1 期。

〖06819〗李延林　（1998）谈谈英语典故性成语的来源与汉译，《商丘师范学院学报》第 4 期。

〖06820〗杨坚定　（1998）英汉动物词文化内涵探源，《绍兴文理学院学报》第 4 期。

〖06821〗春　复　（1998）日语汉字词同词异体的古汉语用字关系，《辽宁师范大学学报》（社会科学版）第 2 期。

〖06822〗张宜波　刘秀丽　（1998）英汉文化中动物名词的文化内涵之比较，《石油大学学报》（社会科学版）第 2 期。

〖06823〗张婉婷、张　菲　（1998）对英汉语言中"省略"现象的辨析，《四川大学学报》（哲学社会科学版）第 3 期。

〖06824〗辜同清　（1998）试论英汉礼貌用语的语用差异，《四川师院学报》（哲学社会科学版）第 2 期。

〖06825〗李建梅　涂开益　（1998）英汉语数字标识方式的
跨文化释义及学习策略，《四川师院学报》
（哲学社会科学版）第 5 期。

〖06826〗马川冬　谭伦华　（1998）四川方言音系与英语音
系的初步比较研究，《四川师院学报》（哲
学社会科学版）第 3 期。

〖06827〗洪文翰　（1998）英汉语姓名应用共性新说，《四
川外语学院学报》第 1 期。

〖06828〗罗国忠　（1998）现代中日敬语比较，《四川外语
学院学报》第 2 期。

〖06829〗谢　琳　（1998）谈非言语交际中的文化差异，《四
川外语学院学报》第 1 期。

〖06830〗张　夏　（1998）英汉礼貌用语比较谈，《泰安师
专学报》第 1 期。

〖06831〗雷自学　马巧正　（1998）英汉语中"哭"与"笑"
的多种表达，《唐都学刊》第 1 期。

〖06832〗王满良　（1998）英汉语言比较与英汉翻译，《唐
都学刊》第 2 期。

〖06833〗孙振萍　（1998）汉日成语文化因素刍议，《天津
师大学报》（社会科学版）第 2 期。

〖06834〗马海燕　汪心静　（1998）汉英人名命名规律初探，
《天中学刊》第 1 期。

〖06835〗乔东岳　（1998）英汉语音音素比较初探，《天中
学刊》第 4 期。

〖06836〗张文华　（1998）汉英主语比较及其翻译，《天中
学刊》第 4 期。

〖06837〗章　艳　（1998）英语和汉语中的语言禁忌，《同
济大学学报》（社会科学版）第 1 期。

〖06838〗丁晓微　（1998）英汉典故对比分析与翻译，《外
国文学研究》第 1 期。

〖06839〗金积令　（1998）汉英词序对比研究——句法结构

中的前端重量原则和末端重量原则，《外国语》(上海外国语学院学报)第 3 期。

〖06840〗瞿宗德 （1998）从汉英篇幅差异比较汉英的信息密度，《外国语》(上海外国语学院学报)第 3 期。

〖06841〗杨　杰 （1998）汉俄形态构词对比研究，《外国语》(上海外国语学院学报)第 2 期。

〖06842〗余　维 （1998）亲疏尊轻的理论框架与人称指示的语用对比分析——汉外对比语用学的尝试，《外国语》(上海外国语学院学报)第 4 期。

〖06843〗陈　曦、张萍萍 （1998）熟语与文化新探:俄汉熟语形象性类型浅析，《外语教学》第 2 期。

〖06844〗何孟良 （1998）汉俄思维方式及其在语言中的表现，《外语教学》第 2 期。

〖06845〗杨莉黎　姚文洁 （1998）英汉比较动词纵探，《外语教学》第 2 期。

〖06846〗曹春春 （1998）礼貌准则与语用失误:英汉语用失误现象比较研究，《外语学刊》第 2 期。

〖06847〗毛华奋、东　辉 （1998）由汉译英产生的"中式英语"窥探，《外语研究》第 2 期。

〖06848〗牟　萍 （1998）从汉语方位词"外"、"内"再探俄汉亲属称谓，《外语研究》第 1 期。

〖06849〗武瑗华 （1998）俄汉语境同义手段对比研究，《外语研究》第 3 期。

〖06850〗徐清平 （1998）避免英汉文化词语比较研究中的片面性与静止化，《外语研究》第 4 期。

〖06851〗余宏荣 （1998）英汉篇章中指示代词照应作用的对比及其在翻译中的应用，《外语研究》第 4 期。

〖06852〗陈月红 　（1998）中国学生对英语关系从句的习得，《外语与外语教学》第 4 期。

〖06853〗何善芬 　（1998）英汉语语流音变探微，《外语与外语教学》第 2 期。

〖06854〗李国南 　（1998）Metonymy 与"借代"——分类对比研究，《外语与外语教学》第 1 期。

〖06855〗李战子 　（1998）英汉语篇研究中对比话语的价值取向，《外语与外语教学》第 1 期。

〖06856〗林书武 　（1998）"愤怒"的概念隐喻——英语、汉语语料，《外语与外语教学》第 2 期。

〖06857〗刘英凯 　张振河 　（1998）英语头韵探新，《外语与外语教学》第 12 期。

〖06858〗彭宣维 　（1998）英汉词汇的连接功能对比:添加与转折关系，《外语与外语教学》第 4 期。

〖06859〗彭宣维 　（1998）英汉词汇的连接功能对比(二)：因果与时空关系，《外语与外语教学》第 5 期。

〖06860〗王德春 　（1998）评王寅《英汉语言区别特征研究》，《外语与外语教学》第 12 期。

〖06861〗王之光 　（1998）论英汉数与量关系的表达，《外语与外语教学》第 4 期。

〖06862〗许威汉 　徐时仪 　（1998）语言文化差异的比较：双语词典编纂的灵魂，《外语与外语教学》第 8 期。

〖06863〗杨雪莲 　（1998）汉英成语对比探析，《无锡教育学院学报》第 3 期。

〖06864〗关晓兰 　（1998）汉、英语调的异同，《武汉教育学院学报》第 5 期。

〖06865〗徐　康 　（1998）英汉成语刍议，《武汉水利水电大学学报》第 1 期。

〖06866〗商　拓 　（1998）汉英祈使语气表达方式比较，《西

南民族学院学报》（哲学社会科学版）S3
期。

〖06867〗王　巍　　（1998）浅谈英汉语言表达方式的差异、
　　　　　　　　　偶合及其发展，《咸宁师专学报》第 2 期。

〖06868〗程　工　　（1998）从跨语言的角度看汉语中的形容
　　　　　　　　　词，《现代外语》第 2 期。

〖06869〗李燕玉　　（1998）两个语用原则与英、法、汉反身
　　　　　　　　　代词长距离照应特性，《现代外语》第 1
　　　　　　　　　期。

〖06870〗刘宇红　　（1998）中英文动物词汇文化内涵比较，
　　　　　　　　　《湘潭大学社会科学学报》第 4 期。

〖06871〗张　琪　　（1998）中英同一动物词的文化差异，《湘
　　　　　　　　　潭大学社会科学学报》第 2 期。

〖06872〗张　琪　　（1998）英汉动物词汇的文化比较，《湘
　　　　　　　　　潭师院学报》第 1 期。

〖06873〗尚敏锐　郁婷婷　（1998）汉英语言补语之比较，
　　　　　　　　　《新疆大学学报》第 2 期。

〖06874〗芦永德　付华明　（1998）英汉词义演变过程浅析，
　　　　　　　　　《信阳师范学院学报》（哲学社会科学版）
　　　　　　　　　第 3 期。

〖06875〗李志荣　　（1998）汉英颜色词的跨文化透视，《徐
　　　　　　　　　州师范大学学报》（哲学社会科学版）第
　　　　　　　　　4 期。

〖06876〗何家宁　　（1998）从词语的文化内涵看汉英文化的
　　　　　　　　　差异，《学术研究》第 8 期。

〖06877〗贾学勤　（1998）表示非领属关系的英语动词"have"
　　　　　　　　　和汉语动词"有"的语义对比研究，《烟
　　　　　　　　　台大学学报》（哲学社会科学版）第 3 期。

〖06878〗张　宁　　（1998）英汉语词的抽象意义和语用意义，
　　　　　　　　　《殷都学刊》第 3 期。

〖06879〗李其曙　　（1998）汉语和英语表达差异的社会语言

学分析，《云南民族学院学报》（哲学社
会科学版）第 2 期。

〖06880〗张雨江　（1998）跨文化的对比语言学浅论，《云
南民族学院学报》（哲学社会科学版）第
2 期。

〖06881〗李　源　（1998）英汉文化差异与语言翻译初探，
《云南师范大学学报》（哲学社会科学版）
第 2 期。

〖06882〗谢　明　（1998）汉英思维模式与语言表达的特征，
《云南师范大学学报》（哲学社会科学版）
第 3 期。

〖06883〗张建理　（1998）汉英句末部分对比研究，《浙江
大学学报》（人文社会科学版）第 3 期。

〖06884〗崔　卫　（1998）俄汉话语零形回指之比较，《中
国俄语教学》第 2 期。

〖06885〗顾鸿飞　（1998）浅议俄、汉语中的外来词，《中
国俄语教学》第 1 期。

〖06886〗张立玉　王红卫　（1998）英汉委婉语的表现手段
与构成原则，《中南民族学院学报》（人
文社会科学版）第 2 期。

〖06887〗赵　新　（1998）汉英植物文化的社会差异，《中
山大学学报》第 4 期。

〖06888〗朱仁宏　（1998）英汉主客体意识差异与语际转换，
《中山大学研究生学刊》第 1 期。

1997 年

〖06889〗朱立才　（1997）从汉语、阿拉伯语的不同句法结
构看汉、阿心理文化差异，《阿拉伯世界》
第 1 期。

〖06890〗朱祖林　（1997）辞断意连得风流——英美意象派
与中国古典诗歌意象组合之比较，《安庆

师范学院学报》（社会科学版）第 1 期。

〖06891〗王逢鑫 （1997）论亲属词：英汉亲属语义比较，《北京大学学报》（外国语言文学专刊）。

〖06892〗徐忆红 （1997）汉语，面对"洋文"冲击，《北京日报》第 1 期。

〖06893〗史秀菊 （1997）从汉英亲属词语的差异看文化对语言的制约作用，《毕节师范高等专科学校学报》第 3 期。

〖06894〗郑昌锭 （1997）中英文标点符号的异同，《编辑学报》第 3 期。

〖06895〗马秀芹 （1997）试论汉英字词结构的相同性，《昌潍师专学报》第 1 期。

〖06896〗关丽娜 （1997）略论翻译中英、汉语言的差异，《达县师范高等专科学校学报》第 4 期。

〖06897〗汪成慧 （1997）俄汉无声语言在交际中的对比，《达县师范高等专科学校学报》第 3 期。

〖06898〗郝雁南 （1997）谈谈德汉词序的不同，《德语学习》第 6 期。

〖06899〗黎东良 （1997）汉德词里"教育"一词及其互译，《德语学习》第 5 期。

〖06900〗陆增荣 （1997）谈德语被动句汉译，《德语学习》第 5 期。

〖06901〗钱文彩 （1997）汉德句型比较，《德语学习》第 1 期。

〖06902〗钱文彩 （1997）德汉句子动态对比，《德语学习》第 4 期。

〖06903〗张崇智 （1997）德汉翻译中的词类转换，《德语学习》第 3 期。

〖06904〗宋志平 金秀颖 （1997）英汉语序选择因素初探，《东北师大学报》（哲学社会科学版）第 6 期。

〖06905〗吴洪淼　（1997）法、汉语序比较研究(二)，《法国研究》第 2 期。

〖06906〗黄远振　（1997）英汉谐音的语言功能及其文化价值比较，《福建师范大学学报》（哲学社会科学版）第 3 期。

〖06907〗吴世雄　（1997）比较文化词源学再探——"家庭"和"婚姻"观念在语言文字中的表达及其所反映的文化观念探悉，《福建师范大学学报》（哲学社会科学版）第 3 期。

〖06908〗李国南　（1997）对若干汉、英"对应语"的重新思考——英美语言见闻，《福建外语》第 1 期。

〖06909〗宋志平　（1997）英汉语序选择的若干原则探析，《福建外语》第 4 期。

〖06910〗朱浩彤　（1997）浅谈中英文化在招呼语上的差异，《福建外语》第 4 期。

〖06911〗林孟夏　（1997）浅议英汉语夸张手法的比较，《福州大学学报》（社会科学版）第 1 期。

〖06912〗李华田　（1997）汉英亲属称谓的差异，《高等函授学报》（哲学社会科学版）第 6 期。

〖06913〗刘　春等　（1997）英汉委婉语的比较和研究，《高等教育研究》第 1 期。

〖06914〗李一中　（1997）英汉双语对比研究管窥，《广东职业技术师范学院学报》S1 期。

〖06915〗温　志　（1997）英汉语中外来词的引进方式及其文化内涵，《广东民族学院学报》增刊。

〖06916〗吴小馨　（1997）中英称谓语小议，《广西大学学报》（哲学社会科学版）第 5 期。

〖06917〗雷祖彬　（1997）汉英主谓语形式比较，《广西教育学院学报》第 3 期。

〖06918〗向启元　（1997）用动物设喻的汉英对应成语或谚

语，《贵州教育学院学报》第 2 期。

〖06919〗金　岩　（1997）朝汉语双宾语比较，《汉语学习》
　　　　　　　　　第 4 期。

〖06920〗金　岩　（1997）朝汉语转成宾语认定宾语的对比，
　　　　　　　　　《汉语学习》第 6 期。

〖06921〗李恩雨　（1997）汉韩英三种语言中烹调动词的对
　　　　　　　　　比，《汉语学习》第 5 期。

〖06922〗金　岩　（1997）汉语存现宾语在朝鲜语中对应形
　　　　　　　　　式，《汉语学习》第 5 期。

〖06923〗[日]小川泰生　（1997）日汉翻译时的主语省略问
　　　　　　　　　题，《汉语学习》第 5 期。

〖06924〗金　岩　（1997）朝鲜语和汉语主语的对比，《汉
　　　　　　　　　语学习》第 6 期。

〖06925〗林伦伦　（1997）汉英委婉语禁忌语的异同及文化
　　　　　　　　　原因，《汉字文化》第 1 期。

〖06926〗何华珍　（1997）汉日语言对比的训诂学研究，《杭
　　　　　　　　　州大学学报》（哲学社会科学版）第 3 期。

〖06927〗赵玉闪　（1997）英汉主语差异浅析，《河北大学
　　　　　　　　　学报》（哲学社会科学版）第 1 期。

〖06928〗张　莉、赵玉闪　（1997）英汉语音系统比较，《河
　　　　　　　　　北师大学报》（哲学社会科学版）第 3 期。

〖06929〗丁俊良　（1997）浅议英汉比喻的对应及翻译，《河
　　　　　　　　　南大学学报》（社会科学版）第 6 期。

〖06930〗王跃洪　（1997）英汉被动句之比较，《河南教育
　　　　　　　　　学院学报》（哲学社会科学版）第 2 期。

〖06931〗张玉兰　（1997）英语和汉语否定式的差异，《河
　　　　　　　　　南师范大学学报》（哲学社会科学版）第
　　　　　　　　　3 期。

〖06932〗蒋晓萍　（1997）英、汉形容词比较与翻译，《衡
　　　　　　　　　阳师范学院学报》第 2 期。

〖06933〗叶邵宁　（1997）汉英缩略词异同浅议，《湖南教

育学院学报》第 4 期。

〖06934〗邓颖玲　（1997）英汉颜色词的非完全对应关系，《湖南师范大学社会科学学报》第 5 期。

〖06935〗朱金华　（1997）言语交际中的礼貌原则与语用失误，《淮北煤师院学报》（哲学社会科学版）第 3 期。

〖06936〗许曦明　（1997）英汉格律诗序变化的审美比较，《黄淮学刊》第 2 期。

〖06937〗轩治峰　刘银波　（1997）英语 Euphemism 和汉语委婉辞格比较与翻译，《黄淮学刊》第 4 期。

〖06938〗付鸿军　（1997）英汉被动句及其民族性，《嘉应大学学报》第 1 期。

〖06939〗何　瑁　（1997）谈论"移就"在英语和汉语中的运用，《江汉大学学报》第 2 期。

〖06940〗唐国新　（1997）英汉词汇的文化差异，《江汉大学学报》第 1 期。

〖06941〗赵蜀嘉　（1997）英语中的 Metonymy 和汉语中的借代、借喻，《江汉大学学报》第 5 期。

〖06942〗金孝柏　（1997）英汉委婉语比较与翻译，《江苏外语教学研究》第 1 期。

〖06943〗李　凡　（1997）Miss 与"小姐":社会语用学的实例剖析，《江苏外语教学研究》第 2 期。

〖06944〗汪　冷　（1997）英汉两种语言的省略与对译技巧，《江苏外语教学研究》第 7 期。

〖06945〗贡　献　（1997）恭维答语:英汉言语行为对比，《解放军外语学院学报》第 3 期。

〖06946〗韩慧云　（1997）浅谈俄汉语成语的共通性，《解放军外语学院学报》增刊。

〖06947〗李宗江　（1997）cBon 和"自己的"，《解放军外语学院学报》增刊。

〖06948〗刘光准　（1997）俄汉民族左右尊卑文化现象比较，《解放军外语学院学报》第 6 期。

〖06949〗申娜娜　（1997）英语省略及其汉译，《解放军外语学院学报》第 4 期。

〖06950〗宋振荣　（1997）浅谈俄汉身势语的民族特点，《解放军外语学院学报》第 4 期。

〖06951〗谭志词　（1997）论汉语词汇对越南语词汇的影响，《解放军外语学院学报》第 1 期。

〖06952〗肖传国　张卫娣　（1997）日、汉语人称词的用法差异，《解放军外语学院学报》增刊。

〖06953〗俞如珍　（1997）跨文化交际——语篇对比分析一例，《解放军外语学院学报》第 5 期。

〖06954〗张自福　（1997）俄汉语人称代词交际功能对比研究，《解放军外语学院学报》增刊。

〖06955〗徐时仪　（1997）语言文化差异的比较：双语词典编纂的灵魂，《喀什师院学报》第 4 期。

〖06956〗李庆宁　王海波　（1997）汉英语言借词对比研究，《连云港师范高等专科学校学报》第 2 期。

〖06957〗孙如彪　（1997）从委婉语的类型看汉英文化异同，《连云港师范高等专科学校学报》第 4 期。

〖06958〗刘新义　陈光波　（1997）英汉歧义面面观，《聊城师院学报》第 1 期。

〖06959〗李　俊　（1997）从动物词汇看词语的文化差别，《洛阳大学学报》第 4 期。

〖06960〗吴松初、张　侃　（1997）中英当代流行委婉语的文化效应比较，《南昌职业技术学院学报》第 3 期。

〖06961〗张乐同　（1997）谈英汉转位修饰(移就)修辞格，《南京大学学报》第 3 期。

〖06962〗余国良　（1997）英汉语音简略比较，《宁波大学学报》第 1 期。

〖06963〗李国良　（1997）浅谈英汉句型对比，《宁波师院学报》第 3 期。

〖06964〗汪洪澜　（1997）汉英派生词比较研究，《宁夏大学学报》第 4 期。

〖06965〗代玉侠　（1997）汉语诗与英语诗押韵之比较，《宁夏教育学院·银川师专学报》第 4 期。

〖06966〗刘　岩　（1997）浅谈汉英语用文化，《宁夏教育学院学报》第 5 期。

〖06967〗周玉忠　（1997）英汉语言中的文化差异："英汉语言"对比研究之一，《宁夏社会科学》第 2 期。

〖06968〗周玉忠　（1997）英汉语言中的文化差异："英汉语言"对比研究之二，《宁夏社会科学》第 4 期。

〖06969〗李亚明　（1997）汉语复合缩略词语结构分析，《黔南民族专学报》第 3 期。

〖06970〗程放明　（1997）汉日语反义词的构成及其修辞，《日语学习与研究》第 4 期。

〖06971〗迟　军　（1997）汉日语反义词的构成及修辞，《日语学习与研究》第 4 期。

〖06972〗李鸿谷　（1997）中日汉字组词力比较:复合词造语力考察，《日语学习与研究》第 4 期。

〖06973〗应　骥　（1997）试析日语汉字音读及其汉语读音，《日语学习与研究》第 1 期。

〖05974〗战庆胜　（1997）汉日疑问代词意义之比较，《日语学习与研究》第 3 期。

〖06975〗林凤英　（1997）汉日语主谓语句比较，《日语知识》第 1 期。

〖06976〗柳纳新　（1997）关于日汉同形近义词，《日语知识》第 6-7 期。

〖06977〗王　繁　（1997）日语"和字"与汉语汉字的渊源

关系，《日语知识》第 6 期。

〖06978〗赵博源　（1997）汉日语定语比较（一），《日语知识》第 3 期。

〖06979〗赵博源　（1997）汉日语定语比较（二），《日语知识》第 4 期。

〖06980〗赵博源　（1997）汉日语定语比较（三），《日语知识》第 5 期。

〖06981〗赵博源　（1997）汉日语状语比较（一），《日语知识》第 9 期。

〖06982〗赵博源　（1997）汉日语状语比较（二），《日语知识》第 10 期。

〖06983〗赵博源　（1997）汉日语状语比较（三），《日语知识》第 11 期。

〖06984〗吴显友　（1997）英汉特殊的词汇的文化意义，《三峡学刊》第 3 期。

〖06985〗张捷鸿　（1997）试谈汉德语副词的差异，《山东师大学报》增刊。

〖06986〗丁言仁　胡瑞云　（1997）谈对比修辞理论对英汉写作的作用，《山东外语教学》第 2 期。

〖06987〗彭宣维　（1997）英汉语的事物语对比，《山东外语教学》第 4 期。

〖06988〗张　逑、王　维　（1997）从谚语看英汉民族传统婚恋观，《山西师大学报》第 4 期。

〖06989〗高惠莉　（1997）浅谈英汉词语的文化内涵，《陕西经贸学院学报》第 6 期。

〖06990〗张　蓓　（1997）英汉语篇文化对比分析三例，《汕头大学学报》第 4 期。

〖06991〗吴顺波　（1997）英汉成语比较，《上海科技翻译》第 1 期。

〖06992〗杨寿康　（1997）从英汉构型差异谈英译汉，《上海科技翻译》第 1 期。

〖06993〗石慧敏 （1997）浅谈比喻与民族差异——中英日比喻及对外汉语教学，《上海师范大学学报》（哲学社会科学版）第1期。

〖06994〗唐艳萍 （1997）语用学与英汉局部会话结构之比较，《社科信息》第5期。

〖06995〗张笑梅 （1997）日语数词及其与汉语数词的异同，《沈阳师院学报》第2期。

〖06996〗倪华莺 （1997）谈对比教学，《世界汉语教学》第3期。

〖06997〗洪 玮 （1997）试析文化和语言对汉德语用的影响，《世界汉语教学》第4期。

〖06998〗胡世雄 （1997）俄汉双关辞格对比，《四川外语学院学报》第4期。

〖06999〗黄美玉 （1997）英汉复句的共同点和异质特征，《四川外语学院学报》第1期。

〖07000〗黎昌抱 邵伟国 （1997）英汉姓名的国俗差异，《四川外语学院学报》第1期。

〖07001〗牛保义 （1997）整体思维与分析思维——谈中美两国人的思维模式差异，《四川外语学院学报》第2期。

〖07002〗邵志洪 （1997）Euphemisms 导致的跨文化交际障碍，《四川外语学院学报》第2期。

〖07003〗郭春燕 （1997）俄汉颜色词的文化伴随意义，《松辽学刊》第2期。

〖07004〗邵伟国 （1997）英汉成语文化内涵差异比较研究，《台州师专学报》第1期。

〖07005〗高登亮 （1997）英汉两种语言的差异对比：主语与主题，《唐都学刊》第4期。

〖07006〗赵祝仪 白 云 （1997）俄汉身势语对比，《天津外国语学院学报》第4期。

〖07007〗刘培育 （1997）英汉动词作主语现象比较——兼

谈动词名用和动词名化，《天中学刊》增刊。

〖07008〗高凤兰　曲志坚　（1997）俄国人与中国人在身势语方面的差异，《外国问题研究》第 1 期。

〖07009〗宋志平　张树武　（1997）中英称谓系统比较研究概要，《外国问题研究》第 3 期。

〖07010〗胡建华　（1997）英、汉语空语类的分类、分布与所指比较研究，《外国语》第 5 期。

〖07011〗李黔萍　（1997）英汉语被动句的限制条件，《外国语》第 1 期。

〖07012〗刘礼进　（1997）英汉人称代词回指与预指比较研究，《外国语》第 6 期。

〖07013〗魏志成　（1997）英汉时间主语比较及翻译，《外国语》第 1 期。

〖07014〗喻家楼　胡开宝　（1997）析汉、英语中的有灵、无灵和动态、静态句，《外国语》第 5 期。

〖07015〗钟书能　（1997）信息结构——英汉被动句主位强调说质疑，《外国语》第 5 期。

〖07016〗李国南　（1997）"ANTITHESIS"与"对偶"比较研究，《外语教学》第 2 期。

〖07017〗张本慎　（1997）汉英感叹词的跨文化透视，《外语教学》第 4 期。

〖07018〗徐　剑　（1997）Antithesis 与对偶的异同，《外语教学与研究》第 2 期。

〖07019〗曹志明　（1997）中日两国の言语表现の相连ついこ，《外语学刊》第 2 期。

〖07020〗陈国亭　（1997）俄汉语动词表达运动意义时的视点差异，《外语学刊》第 4 期。

〖07021〗高　菊　（1997）俄、汉成语语义结构的对比，《外语学刊》第 3 期。

〖07022〗田文琪　（1997）义位分化的俄汉对比，《外语学刊》第 3 期。

〖07023〗郑述谱　（1997）由"面的"说开去：构词对比研究琐记，《外语学刊》第 3 期。

〖07024〗张石麒　（1997）俄汉被动结构对比，《外语学刊》第 2 期。

〖07025〗崔　卫　（1997）俄汉口语语序对比：对语言共同现象的探索，《外语研究》第 4 期。

〖07026〗何善芬　（1997）英汉音节结构对比，《外语研究》第 2 期。

〖07027〗沐　莘　（1997）中国英汉语比较研究会第二次学术讨论会综述，《外语研究》第 1 期。

〖07028〗潘文国　（1997）换一种眼光如何？——汉英对比研究的宏观思考，《外语研究》第 1 期。

〖07029〗许高渝　（1997）俄汉口语词语的形象色彩，《外语研究》第 2 期。

〖07030〗周小成　（1997）浅谈俄汉文化背景下的非言语交际行为，《外语研究》第 4 期。

〖07031〗索玉柱　（1997）英汉语篇逻辑联结词的实验研究，《外语与翻译》第 4 期。

〖07032〗许高渝　（1997）俄汉词语理据比较，《外语与外语教学》第 1 期。

〖07033〗马伟林　（1997）英汉词汇联想意义差异例析，《吴中学刊》第 2 期。

〖07034〗赵爱国　（1997）俄汉言语交际中的文化误点及误因，《西北大学学报》第 2 期。

〖07035〗王亚民　（1997）汉语动态形容词与俄语形动词比较研究，《西北师大学报》第 3 期。

〖07036〗罗　蒿　（1997）英汉语音对比，《西南民族学院学报》增刊。

〖07037〗顾　阳　（1997）关于存现结构的理论探讨，《现代外语》第 3 期。

〖07038〗林明华　（1997）汉语与越南语吉文化（上、下），《现代外语》第 1、2 期。

〖07039〗罗运芝　（1997）比较英汉两种语言习得过程，《现代外语》第 1 期。

〖07040〗索玉柱　（1997）及物性效应对推理的制约作用——英汉语篇的实验研究之二，《现代外语》第 2 期。

〖07041〗王东风　（1997）英汉词语翻译中的义素对比分析，《现代外语》第 1 期。

〖07042〗王志洁　（1997）英汉音节鼻韵尾的不同性质，《现代外语》第 4 期。

〖07043〗温宾利　（1997）英语的"驴句"与汉语"什么……什么"句，《现代外语》第 3 期。

〖07044〗张绍杰　王晓彤　（1997）"请求"言语行为的对比研究，《现代外语》第 3 期。

〖07045〗吴　敏、徐李洁　（1997）汉英语言禁忌异同浅谈，《湘潭师院学报》第 1 期。

〖07046〗崔礼山　（1997）英汉句结构与思维方式特征，《忻州师专学报》第 2 期。

〖07047〗江　南　（1997）从语言与文化同构看中西语言文化的差异，《徐州师大学报》第 1 期。

〖07048〗赵献东　（1997）汉英量词的比较与翻译，《许昌师专学报》第 1 期。

〖07049〗白红爱　（1997）英汉动词"体"的表现形式及语义对比，《延边大学学报》第 3 期。

〖07050〗周　迈　（1997）汉语小句类型及其与英语小句的对应转换，《益阳师专学报》第 3 期。

〖07051〗刘剑英　（1997）包头方言、普通话与英语语音音素的关系，《阴山学刊》第 1 期。

〖07052〗毕继万　（1997）汉英社交称谓的差异，《语文建设》第 1 期。

〖07053〗毕继万　（1997）汉英招呼语的差异，《语文建设》第 2 期。

〖07054〗毕继万　（1997）汉英寒暄语的差异，《语文建设》第 4 期。

〖07055〗毕继万　（1997）汉英介绍语的差异，《语文建设》第 6 期。

〖07056〗毕继万　（1997）汉英告别语的差异，《语文建设》第 7 期。

〖07057〗毕继万　（1996）汉英感谢语的差异，《语文建设》第 7 期。

〖07058〗周　红　（1997）汉英语言在社交语用中的差异及语用失误剖析，《浙江经专学报》第 3 期。

〖07059〗许高渝　（1997）俄汉语词化程度比较，《浙江社会科学》第 2 期。

〖07060〗王金娟　（1997）论英汉词义的不对应性，《浙江师大学报》第 4 期。

〖07061〗叶向平　（1997）德汉比较的内容及在课堂教学中的作用，《郑州工业大学学报》第 1 期。

〖07062〗陈君华　（1997）俄汉元音对比的新尝试，《中国俄语教学》第 1 期。

〖07063〗顾鸿飞　（1997）汉俄复合词构词法与形态构词法的比较，《中国俄语教学》第 3 期。

〖07064〗刘素梅　（1997）试论俄汉称谓对比，《中国俄语教学》第 2 期。

〖07065〗刘永红　（1997）对俄汉语对比研究的几点思考，《中国俄语教学》第 4 期。

〖07066〗史铁强　（1997）俄汉语篇衔接对比，《中国俄语教学》第 1 期。

〖07067〗赵敏善　（1997）俄汉语的本质性差异，《中国俄语教学》第 3 期。

〖07068〗张　健　（1997）英语新闻标题的汉译，《中国翻译》第 1 期。

〖07069〗李长栓　（1997）汉英语序的重大差异及同传技巧，《中国翻译》第 3 期。

〖07070〗李长栓　（1997）汉英语序的相似之处及同传技巧，《中国翻译》第 6 期。

〖07071〗李荣轩　（1997）汉英拟声词表达异同初探，《中国翻译》第 3 期。

〖07072〗王　竹　（1997）英汉表达方式差异对中国学生翻译与写作的影响，《中国翻译》第 3 期。

〖07073〗方梦之　（1997）谈英汉对比与翻译，《中国科技翻译》第 3 期。

〖07074〗王健倩　（1997）汉英句法的特点与汉译英，《中国科技翻译》第 3 期。

〖07075〗徐莉娜　（1997）UnitNoun 与汉语量词的比较与翻译，《中国科技翻译》第 4 期。

〖07076〗石　宁　（1997）英汉称赞语之比较，《中国人民大学学报》第 4 期。

〖07077〗李铭建　（1997）重审郭巨——中西方文化比较个案分析，《中山大学学报论丛》第 4 期。

〖07078〗熊锡源　（1997）比较与比喻，《中山大学研究生学刊》第 4 期。

〖07079〗彭宣维　冉永平　（1997）英汉语数量语、特征语和类别语比较，《重庆大学学报》第 3 期。

〖07080〗[日]杉村博文　（1997）日汉语"名词·名词"结构生成装置对比研究，《第五届国际汉语教学讨论会论文选》，北京：北京大学出版社。

〖07081〗程　棠　（1997）汉语和法语语音对比，《汉外语言文化对比与对外汉语教学》，北京：北京语言文化大学出版社。

1996 年

〖07082〗彭继兰　（1996）试论英汉成语的变体，《安徽大学学报》第 4 期。

〖07083〗金根生　（1996）英汉词组移动限制中的异同，《安庆师院学报》第 2 期。

〖07084〗沈　燕、刘小南　（1996）汉俄名词、形容词比较研究，《北方论丛》第 1 期。

〖07085〗孙　玉　（1996）英汉否定比较初探，《北京大学学报》专刊。

〖07086〗王利民　（1996）"より"与"比"用法上的异同，《北京第二外国语学院学报》第 2 期。

〖07087〗王晓娜等　（1996）汉俄比喻异同例说，《毕节师专学报》第 4 期。

〖07088〗洪文翰　（1996）英汉语姓氏文化比较研究，《长沙水电师院学报》第 1 期。

〖07089〗汪成慧　（1996）二外俄语教学与对比语言学，《川东学刊》第 3 期。

〖07090〗黎东良　（1996）汉语"开"字的德语译法，《德语学习》第 2 期。

〖07091〗宋志平　（1996）英汉信息结构的对比与翻译，《东北师大学报》第 6 期。

〖07092〗周福芹　（1996）英汉词语同素反序现象比较谈，《东北师大学报》第 4 期。

〖07093〗武　锐　（1996）俄汉颜色词文化伴随意义对比初探，《俄语学习》第 2 期。

〖07094〗吴洪森　（1996）采采卷耳，不盈顷筐:汉语动词的重复与法语未完成过去时的比较，《法国研究》第 1 期。

〖07095〗吴洪森　（1996）法、汉语序比较研究(一)，《法国研究》第 2 期。

〖07096〗邹　斌、杨海燕　（1996）语音学对比在法语语音学习中的运用，《法国研究》第 1 期。

〖07097〗朱盛娥 （1996）论英汉谚语的民族特色，《佛山科学技术学院学报》（社会科学版）S1 期。

〖07098〗杜昌贞 （1996）汉语普通话和英语语音的差别，《福建外语》第 4 期。

〖07099〗范红升 （1996）英语形合与汉语意合的特点对翻译的启示，《福建外语》第 1 期。

〖07100〗胡　一 （1996）由词汇的语义对比看等效翻译的相对性，《福建外语》第 3 期。

〖07101〗黎芷明 （1996）对比分析法及其启示，《福建外语》第 1 期。

〖07102〗邱　岭 （1996）日汉语法结构中虚词"的"的对应关系，《福建外语》第 2 期。

〖07103〗王健倩 （1996）汉英构词特点及对学生记忆英文词汇的影响，《高教与经济》第 3 期。

〖07104〗窦亚萍 （1996）中英文化差异刍议，《广东民族学院学报》第 2 期。

〖07105〗魏光明 （1996）英汉比喻修辞比较研究初探，《广东民族学院学报》第 2 期。

〖07106〗林　涛 （1996）古代汉语与现代英语的双宾语比较，《广西大学学报》第 5 期。

〖07107〗陈光伟 （1996）"请求"与"恭维"汉英言语行为的实现和语用失误，《广西师院学报》第 1 期。

〖07108〗鲁雪晖 （1996）英汉明喻的异同和语言教学，《贵州大学学报》第 4 期。

〖07109〗金　岩 （1996）朝鲜语和汉语主语的对比，《汉语学习》第 6 期。

〖07110〗金香兰 （1996）朝鲜语汉字成语与汉语成语，《汉语学习》第 2 期。

〖07111〗王懋江 （1996）用电脑实测数据比较中英日三国

文字，《汉字文化》第 3 期。

〖07112〗史顺金　冯俊晖　（1996）日文汉语与中文对应词语的词义、用法比较，《杭州师院学报》第 1 期。

〖07113〗刘元林　张振英　（1996）英汉修辞与翻译，《河北师大学报》第 2 期。

〖07114〗马涌聚　（1996）英汉状语的比较及其翻译，《河南大学学报》第 2 期。

〖07115〗马换杰　（1996）动物形象的文化"烙印"：谈英汉动物词汇的文化差异，《河南师大学报》第 4 期。

〖07116〗蒋炳炎　（1996）"不但……而且"与"not only...but also"对应研究，《衡阳师专学报》第 5 期。

〖07117〗郭熙煌　（1996）支约论中英汉空范畴现象之比较，《湖北大学学报》第 5 期。

〖07118〗盛红梅　（1996）中英词汇文化涵义的差异与相似，《湖北师院学报》第 5 期。

〖07119〗凌如珊　（1996）汉语量词与英语表量词的比较，《湖州师专学报》第 3 期。

〖07120〗唐艳芳　（1996）浅论英汉文化差异及其对习语形成的影响，《吉首大学学报》第 4 期。

〖07121〗赵洛生　（1996）关于汉、英语的比较研究问题——兼评孔宪中的汉语词汇贫乏论，《江苏社会科学》第 3 期。

〖07122〗任裕海　（1996）英汉情感、理智词汇结构差异的文化观照，《江苏外语教学研究》第 1 期。

〖07123〗奚雪风　（1996）从对立统一的辩证法看中西语言文化的共性，《江苏外语教学研究》第 2 期。

〖07124〗张向阳　（1996）试论英汉谚语的文化差异，《江苏外语教学研究》第 1 期。

〖07125〗陈莉莉　（1996）试析汉英颜色词的社会文化差异，《解放军外语学院学报》第 2 期。

〖07126〗李经伟　（1996）英汉书评中的礼貌策略比较，《解放军外语学院学报》第 3 期。

〖07127〗刘国祥　（1996）俄语词序的基本类型及俄汉词序比较，《解放军外语学院学报》第 1 期。

〖07128〗邵志洪　（1996）名词修饰语导致的跨文化交际障碍：英汉 NP 中的逻辑思维顺序比较，《解放军外语学院学报》第 5 期。

〖07129〗张思洁　张柏然　（1996）试从中西思维模式的差异论英汉两种语言的特点，《解放军外语学院学报》第 5 期。

〖07130〗郭　佳　（1996）浅谈英汉简略法构词比较，《晋东南师专学报》第 4 期。

〖07131〗欧阳允安　（1996）汉英习语特点的分析比较，《连云港教育学院学报》第 2 期。

〖07132〗刘　青　（1996）浅谈汉语仿词与英语类比构词的异同，《辽宁教育学院学报》第 2 期。

〖07133〗邓杏华　（1996）关于汉英禁忌语和委婉语的对比，《柳州师专学报》第 1 期。

〖07134〗钱丹平　（1996）中英谚语比较谈，《南风》第 1 期。

〖07135〗陈惠芬　（1996）汉英文化差异与大学英语教学，《南京经济学院学报》第 4 期。

〖07136〗廉　洁　（1996）从西方人的"消极面子"看中西文化及其礼貌言语差异，《宁波大学学报》第 1 期。

〖07137〗王文斌　陈月明　（1996）若干英汉否定比较句的语义分析，《宁波大学学报》第 4 期。

〖07138〗陈东风　（1996）从英汉语言的宏观差异看英文写

作中应注意的问题，《齐齐哈尔社会科学》
第 6 期。

〖07139〗蔡　梅、何雪梅　（1996）汉语和俄语礼貌用语、
称呼用语的比较，《齐齐哈尔师院学报》
第 3 期。

〖07140〗刘桂英　戴学勤　（1996）比较语言学与外语教学，
《齐齐哈尔师院学报》第 3 期。

〖07141〗张克溪　（1996）谈"复合宾语"的英汉比较辨证，
《青海师专学报》第 2 期。

〖07142〗张克溪　（1996）英汉词类形态对比，《青海师范
大学学报》（哲学社会科学版)第 1 期。

〖07143〗程放明　（1996）汉日语叠词的比较，《日语学习
与研究》第 2 期。

〖07144〗秦礼君　（1996）关于汉日语数量词在句中的位置，
《日语学习与研究》第 3 期。

〖07145〗阎　磊　（1996）电器"开"、"关"的日汉表达
差异，《日语学习与研究》第 2 期。

〖07146〗姚继中　（1996）日汉动宾结构比较研究，《日语
学习与研究》第 3 期。

〖07147〗陈福辉　（1996）关于汉日语言中的味觉词和口感
词，《日语知识》第 2 期。

〖07148〗高　富　（1996）"数词"在日语中的运用以及与
汉语的对照，《日语知识》第 10 期。

〖07149〗靳学军　（1996）日汉同形异义词浅析，《日语知
识》第 9 期。

〖07150〗毛峰林　（1996）同形汉字词使用区别浅谈，《日
语知识》第 12 期。

〖07151〗赵博源　（1996）汉日语连词的用法及其比较，《日
语知识》第 3、4、5 期。

〖07152〗赵博源　（1996）日汉语副词的呼应及其比较，《日
语知识》第 6 期。

〖07153〗陈光波　（1996）英汉受事主语句型的转换生成，《山东教育学院学报》第 3 期。

〖07154〗何刚强　（1996）谈英语电脑文化词汇的汉语对应问题，《山东外语教学》第 2 期。

〖07155〗纪康丽　（1996）英汉句法比较在口译教学中的作用，《山东外语教学》第 2 期。

〖07156〗徐玉臣　（1996）英汉语言主要衔接手段的对比分析，《山东外语教学》第 4 期。

〖07157〗贾秀英　（1996）汉法比较句的差异，《山西大学学报》第 1 期。

〖07158〗张　逑　（1996）英汉元语言否定对比刍议，《山西师大学报》第 1 期。

〖07159〗高嘉正　（1996）汉英对偶浅论，《上海科技翻译》第 2 期。

〖07160〗翁　羽　（1996）几组英汉不完全对应的海运术语互译，《上海科技翻译》第 3 期。

〖07161〗徐世华　（1996）英语不定冠词与汉语“一”加量词的对应关系，《上海师大学报》第 2 期。

〖07162〗周昌忠　（1996）中西语言的思维模式论比较，《社会科学》第 12 期。

〖07163〗熊文华　（1996）汉英定语、状语和宾语的位置，《世界汉语教学》第 4 期。

〖07164〗董　原　（1996）汉语述补结构在罗语中的表达，《世界汉语教学》第 3 期。

〖07165〗孙　焓　（1996）英汉语言形式与思维方法对比，《首都师大学报》第 4 期。

〖07166〗李国南　（1996）汉语比喻在西方的可接受度，《四川外语学院学报》第 3 期。

〖07167〗张　捷　（1996）谈英汉分类及其成语，《松辽学刊》第 3 期。

〖07168〗王建华　（1996）试论汉英词语文化内涵的差异模

式，《台州师专学报》第 2 期。

〖07169〗李闻海　（1996）漫谈英汉语色彩词的文化内涵，《泰安师专学报》第 3 期。

〖07170〗李永增　（1996）中国汉字与日本汉字字形的同异，《天津外国语学院学报》第 2 期。

〖07171〗杨向如　（1996）德汉反义词构词法比较，《天津外国语学院学报》第 1 期。

〖07172〗赵淑玲　（1996）日本语の人称代名词に关すろ一考察——中国语との对照の见地から试论日语的人称代词，《天津外国语学院学报》第 1 期。

〖07173〗郑静慧　（1996）语言比较与外语教学，《天津外国语学院学报》第 3 期。

〖07174〗焦爱梅　姚锡远　（1996）英汉熟语比较研究，《天中学刊》第 3 期。

〖07175〗金积令　（1996）英汉语存在句对比研究，《外国语》第 6 期。

〖07176〗瞿宗德　（1996）汉语主谓谓语句的英译，《外国语》第 6 期。

〖07177〗李月松　（1996）从汉语中古音看日语吴音与汉音之差异，《外国语》第 6 期。

〖07178〗刘全福　（1996）英汉叹词比较与翻译，《外国语》第 4 期。

〖07179〗梅德明　（1996）当代比较语言学与原则参数理论，《外国语》第 4 期。

〖07180〗司显柱　（1996）英汉名转动词比较研究，《外国语》第 3 期。

〖07181〗索玉柱　（1996）连接推理与世界知识：英汉语篇的词汇衔接实验研究，《外国语》第 2 期。

〖07182〗许余龙　（1996）汉英篇章中句子主题的识别，《外国语》第 6 期。

〖07183〗王　军　（1996）"颜色"词语在英汉语言中意义上的异同，《外语教学》第 4 期。

〖07184〗陈　曦　（1996）俄汉语中语义转移的异同，《外语教学》第 2 期。

〖07185〗刘　煜　（1996）浅谈英汉成语异同，《外语教学》第 3 期。

〖07186〗王　军　（1996）"颜色"词语在英汉语言意义上的异同，《外语教学》第 4 期。

〖07187〗伍铁平　（1996）中西语言中的头韵比较补议，《外语教学》第 2 期。

〖07188〗张世广　（1996）试论汉语和德语的根本不同之处，《外语教学》第 2 期。

〖07189〗丁金国　（1996）汉英对比研究中的理论原则，《外语教学与研究》第 3 期。

〖07190〗沈家煊　（1996）英汉对比语法三题，《外语教学与研究》第 4 期。

〖07191〗范维杰　（1996）汉俄中介语前段定语表达障碍分析，《外语学刊》第 2 期。

〖07192〗李　引、王桂芝　（1996）英语被动句与强调的英汉比较，《外语学刊》第 1 期。

〖07193〗张会森　（1996）俄汉语对比研究述要，《外语学刊》第 4 期。

〖07194〗郑述谱　（1996）词汇对比研究实例分析，《外语学刊》第 4 期。

〖07195〗胡振平　（1996）评价《汉日语法比较研究》，《外语研究》第 3 期。

〖07196〗梁为祥　（1996）英汉形象化修辞手段比较，《外语研究》第 4 期。

〖07197〗陈　洁　（1996）俄汉超句统一体对比研究，《外语与翻译》第 3 期。

〖07198〗黄国文　（1996）关于语义对比的几个问题，《外语与翻译》第 1 期。

〖07199〗黄苏华　（1996）汉俄谚语所体现的辨证思想及辞格对照与运用，《外语与外语教学》增刊。

〖07200〗黄苏华　（1996）汉俄谚语修辞特点的比较，《外语与外语教学》第 3 期。

〖07201〗刘法公　张从孝　（1996）英汉并列词语顺序比较与原理，《外语与外语教学》第 3 期。

〖07202〗曲日清　（1996）俄汉呼语的比较，《外语与外语教学》第 4 期。

〖07203〗邵志洪　（1996）英汉词汇语义容量比较，《外语与外语教学》第 1 期。

〖07204〗杨　平　（1996）从语用学的角度看跨文化交际中的禁忌问题，《外语与外语教学》第 4 期。

〖07205〗张　丽　（1996）语言对比分析与外语教学，《外语与外语教学》增刊。

〖07206〗崔建斌　（1996）英汉语音特征比较:兼谈我国学生英语语音学习中的错误，《渭南师专学报》第 3 期。

〖07207〗何　充　（1996）英汉语复合词构成之比较，《吴中学刊》第 4 期。

〖07208〗李汉之　（1996）试论文化与语篇模式的相互作用性英汉语篇对比研究，《武汉大学学报》第 4 期。

〖07209〗郑晓微　（1996）浅谈汉英成语与汉英文化差异，《西南民族学院学报》第 2 期。

〖07210〗王桂珍　（1996）主题、主位与汉语句子主题的英译，《现代外语》第 4 期。

〖07211〗吴松初　（1996）中英当代流行委婉语的文化比较，《现代外语》第 3 期。

〖07212〗杨诎人　（1996）与汉语补语对应的日语句子成分，《现代外语》第 1 期。

〖07213〗刘宇红　（1996）中英文语态差异探源，《湘潭大学学报》第 4 期。

〖07214〗刘英凯　（1996）汉英比喻思维的民族特色，《修辞学习》第 3 期。

〖07215〗盛跃东　（1996）试析汉英寒暄语的差异，《修辞学习》第 5 期。

〖07216〗孙丹华　（1996）英语介词汉译漫谈，《许昌师专学报》第 4 期。

〖07217〗张　乔　（1996）汉英概数的比较，《学汉语》第 9 期。

〖07218〗周昌忠　（1996）中西语言的形而上学比较，《学术月刊》第 6 期。

〖07219〗丁金国　（1996）汉英对比的理论与实践，《烟台大学学报》第 1 期。

〖07220〗周蒲芳　（1996）浅析词汇对应关系与词义的选择，《宜春师专学报》第 3 期。

〖07221〗刘洪飞、张　风　（1996）英汉词法比较举略，《殷都学刊》第 1 期。

〖07222〗吴　军　（1996）英汉介词的转类现象，《殷都学刊》第 2 期。

〖07223〗罗品厦　（1996）汉英德比喻手法比较，《语文应用与研究》第 3 期。

〖07224〗曹先擢　（1996）中日常用汉字笔顺的小考察，《语言教学与研究》第 2 期。

〖07225〗潘文国　（1996）比较汉英语语法研究史的启示，《语言教学与研究》第 2、3 期。

〖07226〗熊文华　（1996）汉语和英语中的借词，《语言教学与研究》第 2 期。

〖07227〗李国强　（1996）英汉句子前置话题的比较研究，《玉林师专学报》第 2 期。

〖07228〗周志远　（1996）汉语与汉民族的观念：从汉英语

言对比说起，《玉溪师专学报》第 1 期。

〖07229〗庄　晨　（1996）英汉对比教学浅尝，《漳州师院学报》第 3 期。

〖07230〗陶玉玲　（1996）汉语带"得"补语转换为英语状语和其它表达方法，《浙江财经学院学报》第 3 期。

〖07231〗陈昌义　（1996）汉英借词对比分析，《浙江师大学报》第 2 期。

〖07232〗潘章仙　（1996）漫谈汉英颜色词的文化内涵，《浙江师大学报》第 5 期。

〖07233〗黄苏华　（1996）汉俄文化中动物名词的象征意义之比较，《中国俄语教学》第 2 期。

〖07234〗许凤才　（1996）俄汉语感叹词对比，《中国俄语教学》第 1 期。

〖07235〗区金共　（1996）英汉语际转换中概念的时空意蕴，《中国翻译》第 6 期。

〖07236〗余富林　（1996）英汉缩略语比较，《中国科技翻译》第 3 期。

〖07237〗罗　虹　（1996）英、汉谚语的比较与翻译，《中南民族学院学报》第 5 期。

〖07238〗任艳萍　（1996）中英文中性别歧视浅议，《中南民族学院学报》第 5 期。

〖07239〗李树德　（1996）略谈英汉表达的一些差异，《中小学英语教学与研究》第 4 期。

〖07240〗熊　文　（1996）汉语"能"类助动词和英语 can 类情态动词的对比，《中国对外汉语教学学会第五次学术讨论会论文选》，北京：北京语言文化大学出版社。

〖07241〗鲁宝元　（1996）日语的暧昧性及对日本人学习汉语的影响，《中国对外汉语教学学会第五次学术讨论会论文选》，北京：北京语言文化大学出版社。

〖07242〗金红莲　（1996）朝汉语拟声词意义及其体现，《中国对外汉语教学学会第五次学术讨论会论文选》，北京：北京语言文化大学出版社。

〖07243〗王永场　（1996）双层对应——谈汉外对比模式，《中国对外汉语教学学会成立十周年纪念论文选》，北京：北京语言文化大学出版社。

1995 年

〖07244〗蒋澄生等　（1995）略谈语言、文化差异与语用失误，《商丘师范学院学报》第 1 期。

〖07245〗隋慧丽　潘晓慧　（1995）英汉句法结构之比较，《北方论丛》第 6 期。

〖07246〗王　嘉　（1995）英汉文化、思维、语言差异初探，《宝鸡文理学院学报》第 3 期。

〖07247〗张西玲　（1995）试析中文"除……之外"与英文 besides, except 和 exceptfor 的用法区别，《宝鸡文理学院学报》第 3 期。

〖07248〗林　丽　（1995）利用英汉对比方法克服英语病句，《北二外学报》第 3 期。

〖07249〗马壮寰　（1995）有关汉英语言比较及思维——读裴毅然先生文章想到的，《北二外学报》第 5 期。

〖07250〗孙　丽　（1995）利用英汉对比方法克服英语病句，《北二外学报》第 3 期。

〖07251〗李　玮　（1995）俄汉成语中的动物形象对比，《北京大学学报》专刊。

〖07252〗陈　绂　（1995）日语汉字与汉语汉字及其所对应的词的比较研究，《北京师大学报》增刊。

〖07253〗白宝玉　（1995）英语定语几个容易混淆的问题：与《汉英比较语法》作者商榷，《大庆高专学报》第2期。

〖07254〗傅淑容　（1995）英汉的对应与翻译，《大学外语教学研究》第1期。

〖07255〗李大霞　（1995）浅谈英汉对比教学，《大学外语教学研究》第1期。

〖07256〗黎东良　（1995）数词在汉德语成语中的运用——汉德语言文化异同管窥，《德国研究》第4期。

〖07257〗毕　昶　（1995）俄汉标点符号的典型差异，《俄语学习》第2期。

〖07258〗方怀顺　（1995）汉俄语"数词+名词"连用的差异，《俄语学习》第1期。

〖07259〗黄昆海　（1995）试谈英语的"物称"和汉语的"人称"，《福建外语》第1、2期。

〖07260〗李荣宝　（1995）英汉缩略语对比，《福建外语》第1、2期。

〖07261〗苏淑惠　（1995）英汉广告修辞手法的比较与翻译，《福建外语》第4期。

〖07262〗王化鹏　（1995）论汉英语动物词的语义特征与翻译，《福建外语》第1、2期。

〖07263〗吴　昌　（1995）英汉使役动词比较，《福建外语》第1、2期。

〖07264〗许剑雄　（1995）略谈对比分析法在英语教学中的应用，《福建外语》第3期。

〖07265〗庄建灵　（1995）英汉语言的词类优势及翻译，《福建外语》第4期。

〖07266〗陈小慰　（1995）论汉英语言中"殊途回归"和"似是而非"现象，《福州大学学报》第1期。

〖07267〗储泰松　（1995）梵汉对音概况，《古汉语研究》

第 4 期。

〖07268〗汪洪澜 （1995）汉英构词法比较，《固原师专学报》第 2 期。

〖07269〗庞林林 （1995）略谈英汉语词的地域差异：英汉词汇比较系列论文之八，《广西民族学院学报》第 2 期。

〖07270〗庞林林 （1995）浅谈英汉语的十个最常用词：英汉词汇比较系列文章之九，《广西民族学院学报》第 4 期。

〖07271〗钟小佩 （1995）从汉英习语窥探汉英民族的审美观，《广西民族学院学报》第 4 期。

〖07272〗杨泽雅 （1995）英汉语言差异拾零，《广西商专学报》第 1 期。

〖07273〗张盛龙 （1995）英汉形容词比较方式对比，《广州师院学报》第 4 期。

〖07274〗张少林 （1995）汉英谚语主要修辞形式比较，《桂林市教育学院学报》第 3 期。

〖07275〗李建华 （1995）中日文同形词形同义异的探究，《国际关系学院学报》第 4 期。

〖07276〗李雁波 （1995）从汉语和美语的习语看中美民族文化差异，《哈尔滨师专学报》第 1 期。

〖07277〗卢英顺 （1995）副词"只"和"only"的句法语义和语用比较，《汉语学习》第 1 期。

〖07278〗秦礼君 （1995）日汉语无主句同异比较，《汉语学习》第 4 期。

〖07279〗阎学迅 （1995）汉英语言中双关语的运用，《合肥教育学院学报》第 2 期。

〖07280〗丁俊良 （1995）英汉语言幽默表达的类似特点，《河南大学学报》第 1 期。

〖07281〗黎东良 （1995）德语和汉语的颜色词汇比较，《湖北大学学报》第 1 期。

〖07282〗王保田　王诗荣　（1995）汉语声母与日语汉字读音的对应规律，《湖南大学学报》第 1 期。

〖07283〗熊　琦　（1995）关于日语的"タ"与汉语的"了(le)"的比较研究，《湖南大学学报》第 2 期。

〖07284〗刘宇红　（1995）中英文词序差异与哲学探源，《湖南税专学报》第 3 期。

〖07285〗冯文池　（1995）英汉语主要构词方法对比，《华东理工大学学报》第 2 期。

〖07286〗贾为德　（1995）论德语 FV 与汉语形式动词之大同小异，《华东理工大学学报》第 2 期。

〖07287〗潘文国　（1995）语言对比的哲学基础——语言世界观问题的重新考察，《华东师大学报》第 5 期。

〖07288〗胡铁生　（1995）汉英定语对比及其翻译，《吉林大学社会科学学报》第 4 期。

〖07289〗李　莉、钟　岚　（1995）英汉强调手段的比较，《吉林师院学报》第 3 期。

〖07290〗张抑奋　（1995）英汉呼语的探悉，《嘉应大学学报》增刊。

〖07291〗王　依　（1995）关于外语学习中母语干扰问题的探讨——从错误分析看汉语对德语学习的影响，《江苏外语教学研究》第 1 期。

〖07292〗庞林林　（1995）英、汉语拟声词异同浅探，《解放军外语学院学报》第 4 期。

〖07293〗王宗琥　（1995）俄汉语语流特点之比较，《解放军外语学院学报》增刊。

〖07294〗修德建　（1995）关于中日两国语言吸收外来词语的对比研究——以现代汉语和现代日语为主，《解放军外语学院学报》第 1 期。

〖07295〗左　岩　（1995）试论英汉广告语言的主体选择，

《解放军外语学院学报》第 3 期。

〖07296〗张嘉冰 （1995）汉英语法比较法在初中语文教学中运用，《九江师专学报》第 3 期。

〖07297〗刘玉昆 （1995）关于日本语的汉语词问题——日中汉语词比较，《辽宁大学学报》第 3 期。

〖07298〗金　玉 （1995）汉语方言发音与英语发音的关系，《辽宁师大学报》第 2 期。

〖07299〗曲　维 （1995）中日同形词的比较研究，《辽宁师大学报》第 6 期。

〖07300〗林清书 （1995）中日汉字之比较，《龙岩师专学报》第 1 期。

〖07301〗刘宇红 （1995）中英文词汇文化内涵比较，《娄底师专学报》第 2 期。

〖07302〗秦建栋 （1995）略谈汉英词汇的理据，《南京理工大学学报》第 3、4 期。

〖07303〗陈卫东 （1995）浅议英汉颜色词应用异同，《宁德师专学报》第 2 期。

〖07304〗施丽玲 （1995）英语教学应重视中英语汇表达上的某些差异，《宁德师专学报》第 2 期。

〖07305〗连庆昭　张眉锁　（1995）英汉标点符号比较，《宁夏教育学院·银川师专学报》第 1 期。

〖07306〗张克溪 （1995）英汉语言中矛盾修辞格的语法构成，《青海师大学报》第 2 期。

〖07307〗张克溪 （1995）英汉宾语结构对比，《青海师大学报》第 3 期。

〖07308〗张克溪 （1995）汉英词类划分标准的语法比较，《青海师专学报》第 2 期。

〖07309〗刘淑学 （1995）日语基本音节汉字的音读与汉语音韵的对比研究，《日本问题研究》第 2 期。

〖07310〗方　懋 （1995）日汉语构词法比较，《日语学习与研究》第 4 期。

〖07311〗顾盘明　（1995）汉语动补结构与日语的对应关系初探，《日语学习与研究》第 3 期。

〖07312〗李抗美　（1995）关于中日文中第二人称的用法，《日语学习与研究》第 1 期。

〖07313〗潘　钧　（1995）中日同形词词义差异原因浅析，《日语学习与研究》第 3 期。

〖07314〗秦礼君　（1995）汉语成语的日译方式，《日语学习与研究》第 1 期。

〖07315〗舒志田　（1995）日语终助词与汉语语气词在疑问表现中的句法功能，《日语学习与研究》第 4 期。

〖07316〗于进江　（1995）日汉语同义词比较研究，《日语学习与研究》第 3 期。

〖07317〗贾凤伦　（1995）日汉词汇异同小议，《日语知识》第 6 期。

〖07318〗刘晓华　（1995）"热了"和"かつた"，《日语知识》第 12 期。

〖07319〗王际莘　（1995）谈谈"可"的日语译法，《日语知识》第 4 期。

〖07320〗赵博源　（1995）汉日语动词的否定形式及其比较，《日语知识》第 6、7 期。

〖07321〗周　彤　（1995）字序相反的同义日汉语单词，《日语知识》第 12 期。

〖07322〗范淑玲　（1995）日汉"同形词"的不同之比较，《山东大学学报》第 4 期。

〖07323〗陈光波　（1995）谈英语"动词+复合宾语"与汉语"兼语式"的对应关系，《山东教育学院学报》第 3 期。

〖07324〗汤道淮　（1995）汉英词缀构词的准对应关系，《山东外语教学》第 3 期。

〖07325〗王德春　王建华　（1995）汉英动物名称的国俗同义现象，《山东外语教学》第 3 期。

〖07326〗庞林林　（1995）略谈英汉同义对应词的文化差异，《山东外语教学》第 1 期。

〖07327〗杨自俭　（1995）关于语言研究的几点想法，《山东外语教学》第 1 期。

〖07328〗孙福兰　（1995）汉法语态的分类及其对比，《山西大学学报》第 2 期。

〖07329〗祝大鸣　（1995）有趣的中日汉字比较和数字观的差异，《世界博览》第 9 期。

〖07330〗[日]于　康　（1995）汉语"是非问句"与日语"肯否性问句"的比较，《世界汉语教学》第 2 期。

〖07331〗王顺洪　[日]西川和男　（1995）中日汉字异同及其对日本人学习汉语之影响，《世界汉语教学》第 2 期。

〖07332〗王顺洪　（1995）中日汉字异同及其对日本人学习汉语之影响，《世界汉语教学》第 2 期。

〖07333〗张德鑫　（1995）汉英词语文化上的不对应，《世界汉语教学》第 1 期。

〖07334〗赵永新　（1995）中国语言对比研究的发展，《世界汉语教学》第 2 期。

〖07335〗黄苏华　（1995）含义相同的汉俄谚语刍议，《首都师大外国语学院学报》第 1 期。

〖07336〗冯亚琳　（1995）关于个体的自我经验——中德学生作文价值取向比较论，《四川外语学院学报》第 3 期。

〖07337〗冯亚琳　（1995）生命的意义——中德学生作文价值取向比较之二，《四川外语学院学报》第 4 期。

〖07338〗彭开明　（1995）英汉名词短语对比与翻译，《四

〖07339〗任春凤　　（1995）对照在俄汉谚语中的运用，《四川外语学院学报》第4期。

〖07339〗任春凤　　（1995）对照在俄汉谚语中的运用，《四川外语学院学报》第1期。

〖07340〗王莎烈　　（1995）中英动物成语辨析，《松辽学刊》第2期。

〖07341〗陈越祖　　（1995）汉德语言对比原理，《天津外国语学院学报》第3期。

〖07342〗韩万衡　　韩玉贤　（1995）德汉动词配价对比词典的理论基础与编写方案，《天津外国语学院学报》第2期。

〖07343〗赵文华　　（1995）中国语と日本语——具象性と抽象性——汉语与日语的对比——具体性与抽象性，《天津外国语学院学报》第2期。

〖07344〗郭　可　　（1995）中英新闻标题语言比较，《外国语》第4期。

〖07345〗何恒幸　　（1995）"please"与"请"之异同，《外国语》第6期。

〖07346〗何兆熊　　（1995）*Study of Politeness in Chinese and English Cultures*，《外国语》第5期。

〖07347〗林汝昌　　（1995）从英语"tobe"一词的哲学意义看中英语言之差异，《外国语》第4期。

〖07348〗马秉义　　（1995）英汉主语差异初探，《外国语》第5期。

〖07349〗邵志洪　　（1995）英汉词语搭配中的"可预示性"比较，《外国语》第6期。

〖07350〗马克宁　　（1995）语感获得与英汉对比——大学英语教学之一得，《外语教学》第4期。

〖07351〗温科学　　（1995）英汉隐喻对比研究——隐喻的共根，《外语教学》第3期。

〖07352〗苑淑文 （1995）英汉成语、俗语、俚语之比较与研究，《外语教学》第 3 期。

〖07353〗曾　萍 （1995）结构、思维、观念——英汉对比教学浅析，《外语教学》第 4 期。

〖07354〗张　蓓 （1995）英汉语语法分析中的思维模式比较，《外语教学》第 4 期。

〖07355〗张　蓓 （1995）试论传统文化价值观对英汉语言模式的影响，《外语教学》第 2 期。

〖07356〗赵伟礼 （1995）跨文化交际中的英汉数词比较，《外语教学》第 3 期。

〖07357〗张世广 （1995）汉德形容词比较，《外语教学》第 2 期。

〖07358〗郭著章 （1995）从四木专著看修辞格和 Figures of Speech 的比较与翻译，《外语教学与研究》第 1 期。

〖07359〗林书武 （1995）反意正说——中西方"反语"研究的主要取向，《外语教学与研究》第 3 期。

〖07360〗申雨平 （1995）汉语存在句的翻译，《外语教学与研究》第 2 期。

〖07361〗左　岩 （1995）汉英部分语篇衔接手段的差异，《外语教学与研究》第 3 期。

〖07362〗陈国亭 方红宇 （1995）俄、汉语表达物量和动量意义的形式和手段综述，《外语学刊》第 1 期。

〖07363〗李文超 （1995）英汉互译中肯、否定句的相互转换，《外语学刊》第 3 期。

〖07364〗秦礼君 （1995）浅析汉日数量词的表达位置，《外语学刊》第 3 期。

〖07365〗刘重德 （1995）关于英汉语比较研究，《外语研究》第 3 期。

〖07366〗潘立超、诸葛苹　（1995）俄汉陈述语调对比，《外语研究》第 5 期。

〖07367〗秦礼君　（1995）汉日语指示代词的语法差别，《外语研究》第 3 期。

〖07368〗尹曙光　（1995）漫谈借代、换说及其他——俄汉借代手法的对比，《外语研究》第 3 期。

〖07369〗刘绍龙　（1995）浅谈中西语言文化的比较，《外语与外语教学》第 1 期。

〖07370〗秦礼君　（1995）关于汉日用语修饰语的语法标志，《外语与外语教学》第 1 期。

〖07371〗田文琪　（1995）俄汉构词对比，《外语与外语教学》第 3 期。

〖07372〗徐启华　（1995）英汉不同的习惯表达方式及翻译——兼论英汉比较，《外语与外语教学》增刊。

〖07373〗崔建斌　（1995）英语写作比较研究，《渭南师专学报》第 4 期。

〖07374〗宗福常　（1995）动物喻义的英汉比较研究，《吴中学刊》第 2 期。

〖07375〗王崇义　（1995）中英拟声辞格的比较与翻译，《武陵学刊》第 4 期。

〖07376〗雷建文 张增孝　（1995）英汉状语中的几点异同，《西安政治学院学报》第 5 期

〖07377〗韩　晗、王　虹　（1995）汉英民族思维及语言方式的差异对大学英语写作的影响，《西北大学学报》第 4 期。

〖07378〗高一虹　（1995）散点透视与焦点透视、筷子与刀叉，《现代外语》第 4 期。

〖07379〗胡建华　（1995）空指代的控制与"自己"的释义——论英、汉语之间的一些参数差异，《现代外语》第 4 期。

〖07380〗源可乐 （1995）英汉表达中的正反比较，《现代外语》第 3 期。

〖07381〗刘宇红 （1995）英汉数目词语用意义对比，《湘潭大学学报》第 3 期。

〖07382〗孙汉萍 （1995）汉、泰语的同异性比较，《湘潭师院学报》第 2 期。

〖07383〗周文革 （1995）英汉被动结构的比较及其翻译，《湘潭师院学报》第 2 期。

〖07384〗韩布新 林仲贤 （1995）论汉字部件与英文字母的认知对应关系，《心理科学》第 6 期。

〖07385〗梁 洁、梁岚林 （1995）从两套教材看汉英颜色词汇的比较——兼论颜色词汇在第二语言习得中的特点，《新疆师范大学学报》（哲学社会科学版）第 3 期。

〖07386〗马建疆 （1995）英语、维吾尔语时间副词比较，《新疆师范大学学报》（哲学社会科学版）第 2 期。

〖07387〗余 维 （1995）日汉人称指示的对比分析——对比语用学的尝试，《修辞学习》第 6 期。

〖07388〗胡智勇 黄怡俐 赵金萍 （1995）浅谈英语中的谚语和习语及其对汉语的影响，《许昌师专学报》第 1 期。

〖07389〗吕应利 （1995）试比较汉语拼音、世界语及英语字母与音素间的异同，《延安教育学院学报》第 2 期。

〖07390〗张贞爱 朴松林 （1995）英汉朝复合动词词类间语义关系对比，《延边大学学报》第 1 期。

〖07391〗方文礼 （1995）从中英习语看中英文化的异同，《扬州师院学报》第 4 期。

〖07392〗李延林 （1995）从"精通"与"大"谈汉语字、词英译法，《益阳师专学报》第 2 期。

〖07393〗权正容　（1995）中韩两国成语的比较，《语文建设》第 4 期。

〖07394〗余　维　（1995）日、汉语音对比分析与汉语语音教学，《语言教学与研究》第 4 期。

〖07395〗沈叙伦　（1995）试谈文化对比在翻译教学中的意义，《语言教学与研究》第 1 期。

〖07396〗胡明扬　（1995）汉语和英语的完成态，《语言教学与研究》第 2 期。

〖07397〗余　维　（1995）日汉语音对比分析与汉语语音教学，《语言教学与研究》第 4 期。

〖07398〗张培成　（1995）英语(Np)V 第五类与汉语摹状动词比较，《语言教学与研究》第 2 期。

〖07399〗张德鑫　（1995）貌合神离，似是而非：汉英对应喻词中的"陷阱"，《语言文字应用》第 4 期。

〖07400〗吴丽萍　（1995）英汉句子主谓关系对比，《浙江大学学报》第 3 期。

〖07401〗张建理　（1995）汉英对比看汉语词汇的易读性，《浙江大学学报》第 2 期。

〖07402〗祝彩云　（1995）日汉拟态词比较研究，《浙江学刊》第 6 期。

〖07403〗陈　曦　（1995）俄汉颜色词语的非颜色意义，《中国俄语教学》第 3 期。

〖07404〗牟　萍　（1995）俄汉亲属称谓比较研究，《中国俄语教学》第 4 期。

〖07405〗田文琪　（1995）俄汉对应词词义分析，《中国俄语教学》第 4 期。

〖07406〗许高渝　（1995）试论俄语和汉语中的英语借词，《中国俄语教学》第 1 期。

〖07407〗杨希正　（1995）俄汉语中时间意义的周期及线性特征，《中国俄语教学》第 1 期。

〖07408〗罗其精 （1995）汉英语"自称"及其对译，《中国翻译》第 1 期。

〖07409〗张初雄 （1995）汉、英成语的修辞特特点，《中国翻译》第 6 期。

〖07410〗徐光智 （1995）汉英表量对应名词:用法研究及译例，《中国科技翻译》第 1 期。

〖07411〗鲁健骥 （1995）"它"和"it"的对比，《中国语文》第 5 期。

〖07412〗张立玉 （1995）英语与汉语在语音结构方面的异同，《中南民族学院学报》第 4 期。

〖07413〗王懋江 （1995）科技汉、日词汇的计算机计量及中日文字的比较，《中文信息报》第 2 期。

〖07414〗赵风云 （1995）中西方"打招呼"趣谈，《周口师专学报》S1 期。

〖07415〗蔡 晖 （1995）俄汉称呼语对比，《解放军外语学院学报》第 4 期。

1994 年

〖07416〗盖 双、杨 阳 （1994）阿汉成语的异曲同工，《阿拉伯世界》第 4 期。

〖07417〗周万珠 （1994）Transferred Epithet 与"移就"的比较分析，《安徽大学学报》第 3 期。

〖07418〗王冬竹 （1994）汉俄成语的结构及语义特点，《安徽师大学报》第 3 期。

〖07419〗杨久清 （1994）浅析英汉表达方式及语序，《鞍山师院学报》第 4 期。

〖07420〗刘 俭 （1994）英汉成语对比的几个问题，《北二外学报》第 5 期。

〖07421〗苏 琦 （1994）"使字型"兼语句与日语使令句型的对比及其译法，《北二外学报》第 2 期。

〖07422〗陈　玫　（1994）关于辅音的腭化问题——俄汉语音对比研究问题探讨，《北京大学学报》专刊。

〖07423〗王逢鑫　（1994）论量词——英汉量词语义比较，《北京大学学报》专刊。

〖07424〗赵　霖　（1994）浅谈英语长句的汉译，《滨州师专学报》第1期。

〖07425〗姚文祥　（1994）外语教学中两种语言、两种文化的对比，《成都大学学报》第1期。

〖07426〗马川东　谭伦华　（1994）英汉通用称谓变化的文化透视，《川东学刊》第4期。

〖07427〗汪成慧　（1994）词与词义俄汉差异浅谈，《达县师专学报》第1期。

〖07428〗胡　一　（1994）论跨文化交际中的文化差异和语言差异，《福建外语》第4期。

〖07429〗王化鹏　（1994）汉英省略句比较研究，《福建外语》第1、2期。

〖07430〗何慎怡　（1994）汉英双宾语句比较，《古汉语研究》增刊。

〖07431〗温科学　（1994）英汉比喻的地域和民族特色，《广西民族学报学报》第2期。

〖07432〗黄秀莲　（1994）汉法语言的差异对法语语言学习的影响，《广西民族学院学报》第2期。

〖07433〗庞林林　（1994）英汉语叹词异同小议：英汉词汇比较系列研究之五，《广西民族学院学报》第2期。

〖07434〗孙方琴　（1994）英汉对照教学小议，《贵州师大学报》第1期。

〖07435〗金廷恩　（1994）汉语和韩语的"两"和"双"的用法比较，《汉语学习》第3期。

〖07436〗侯一麟　（1994）英汉两种语言之文字基础的比较

研究及其他，《汉字文化》第 4 期。

〖07437〗刘淑学　（1994）日语拨音音节汉字的音读与汉语音韵的对比研究，《河北大学学报》第 1 期。

〖07438〗焦贵甫　（1994）英汉音节比较研究，《河南大学学报》第 1 期。

〖07439〗徐汝乾　（1994）浅谈英汉双重否定句及其译法，《河南教育学院学报》第 1 期。

〖07440〗邓银周　（1994）英汉两种语言差异形成的听力障碍及其克服办法，《衡阳师专学报》增刊。

〖07441〗徐　敏　（1994）英语和汉语的异同及教学启示，《湖北教育学院学报》第 2 期。

〖07442〗林素卿　（1994）英汉实词"eat"和"吃"的对比研究，《湖北民族学院学报》第 1 期。

〖07443〗谢元花　魏辉良　（1994）英语成语与汉语成语的比较与翻译，《湖北师院学报》第 1 期。

〖07444〗刘秀彩　（1994）英汉两种语言中常见委婉语之比较，《湖南教育学院学报》第 3 期。

〖07445〗范剑华　（1994）英语和汉语被动式之比较，《华东师大学报》第 3 期。

〖07446〗朱　川　（1994）汉日超音质特征对比实验，《华东师大学报》第 1 期。

〖07447〗葛志宏　（1994）论英汉翻译中的语言文化差异，《淮阴师专学报》第 2 期。

〖07448〗朱励群　（1994）汉俄语比喻结构对比规律初探，《吉林大学学报》（社会科学版）第 6 期。

〖07449〗李宗江　（1994）俄汉语中的名词修饰语，《解放军外语学院学报》第 4 期。

〖07450〗秦礼君　刘庆会　（1994）助动词的日汉语差异，《解放军外语学院学报》第 5 期。

〖07451〗王　伟　（1994）英汉借代修辞方式比较，《解放军外语学院学报》第 2 期。

〖07452〗阎雪雯　（1994）中日两国外来语借用方式的比较，《锦州师院学报》第 1 期。

〖07453〗覃　明　（1994）英汉语言的委婉语及其应用，《兰州商学院学报》第 1 期。

〖07454〗赵侠兴　（1994）英汉动物词汇的文化背景差异及语言修辞特色，《洛阳师专学报》第 4 期。

〖07455〗马叔骏　（1994）中日使用汉字之比较——兼论统一汉字简化字，《内蒙古大学学报》第 2 期。

〖07456〗董剑桥　（1994）英汉对等词的观念补充特点与情感色彩差异论略，《南通师专学报》第 1 期。

〖07457〗张吉生　（1994）英汉音节结构对比，《宁波大学学报》第 1 期。

〖07458〗赵桂华　（1994）英汉语言文化对比与翻译教学，《齐齐哈尔师院学报》第 3 期。

〖07459〗梁　爽　（1994）英汉否定句的翻译比较，《青海师大学报》第 2 期。

〖07460〗成春有　（1994）汉日动词名词的兼类与转化，《日语学习与研究》第 4 期。

〖07461〗谯　燕　（1994）汉语的反切与日语的约音完全相同吗？——兼与邹儒生、邹木建二同志商榷，《日语学习与研究》第 2 期。

〖07462〗秦礼君　（1994）汉语连词与日语接续（助）词，《日语学习与研究》第 2 期。

〖07463〗王光进　（1994）日语谚语汉译时比喻形象的处理，《日语学习与研究》第 2 期。

〖07464〗姚灯镇　（1994）日汉主语承前省略的比较，《日语学习与研究》第 1 期。

〖07465〗顾盘明　（1994）汉语动补结构与日语的对应关系，

《日语知识》第 3、4 期。

〖07466〗李　旭　（1994）日语被动句中"に、から、によって"之汉日比较，《日语知识》第 8 期。

〖07467〗秦礼君　（1994）汉语虚词"和"与日语附属词"と"，《日语知识》第 12 期。

〖07468〗叶显崇　（1994）谈谈汉语连谓句同日语的对应关系，《日语知识》第 5 期。

〖07469〗张郁苹　（1994）有趣的中日成语结构对比，《日语知识》第 7 期。

〖07470〗赵博源　（1994）汉日语主谓谓语句比较，《日语知识》第 7 期。

〖07471〗赵博源　（1994）日汉语吸收外来词的不同万式，《日语知识》第 10 期。

〖07472〗竺向阳　（1994）浅析中日两种语言中"同形异义语"，《日语知识》第 11 期。

〖07473〗沐　莘　（1994）试论英汉文化对比研究，《山东外语教学》第 1 期。

〖07474〗庞林林　（1994）英汉同义词异同探微，《山东外语教学》第 1 期。

〖07475〗王　寅　（1994）英汉构词(字)比较及其对教学的指导意义，《山东外语教学》第 1 期。

〖07476〗贾秀英　孙福兰　（1994）汉法省略句初步对比，《山西大学学报》第 2 期。

〖07477〗张　逵　（1994）试论英汉词的象征意义，《山西师大学报》第 3 期。

〖07478〗田惠刚　（1994）汉英词汇与特殊表达法比较：与孔宪中先生商榷，《陕西外语师专学报》第 1 期。

〖07479〗华龙元　（1994）汉英比较语言学之构想，《上海大学学报》第 1 期。

〖07480〗牛保义　谢翠英　（1994）英汉名词修饰语对比，

《上海科技翻译》第 4 期。

〖07481〗盛兴庆　（1994）论英汉语言的文化差异及其翻译，《上海科技翻译》第 4 期。

〖07482〗谢翠英　（1994）英汉名词修饰语对比，《上海科技翻译》第 4 期。

〖07483〗许崇信　（1994）对比分析在理解与翻译中的意义，《上海科技翻译》第 1 期。

〖07484〗于廷轩　（1994）浅谈俄汉成语之比较和翻译，《上海科技翻译》第 4 期。

〖07485〗刘英凯　（1994）英语形合传统观照下的汉语意合传统，《深圳大学学报》第 4 期。

〖07486〗姜忠全　（1994）汉英语言对比与语言教学，《石油大学学报》第 3 期。

〖07487〗李　艾　（1994）汉柬语音对比与汉语语音教学，《世界汉语教学》第 2 期。

〖07488〗[日]陈文芷　（1994）汉日疑问句语调对比，《世界汉语教学》第 2 期。

〖07489〗龚千炎　（1994）中西语言时间系统比较，《世界汉语教学》第 1 期。

〖07490〗贾彦德　（1994）中西常用亲属词的语义对比研究，《世界汉语教学》第 1 期。

〖07491〗李　艾　（1994）汉柬语音对比与汉语语音教学，《世界汉语教学》第 2 期。

〖07492〗徐通锵　（1994）"字"和汉语的句法结构，《世界汉语教学》第 2 期。

〖07493〗张永泰　（1994）汉语对西班牙语教学的负迁移及对策，《首都师大外国语学院学报》第 2 期。

〖07494〗郎天万　（1994）英汉语法异同及文化根源，《四川外语学院学报》第 4 期。

〖07495〗邵志洪　（1994）英汉颜色词使用的比较，《四川外语学院学报》第 1 期。

〖07496〗王建华 （1994）汉英季节词汇的比较研究，《四川外语学院学报》第 2 期。

〖07497〗黎昌抱 （1994）试论英、汉语言的国俗语义差异，《台州师专学报》第 2 期。

〖07498〗徐 冰、洪 杰 （1994）中日文"同形词"的误译问题，《外国问题研究》第 4 期。

〖07499〗于长敏 （1994）从中日两国语言看两国的社会文化，《外国问题研究》第 3 期。

〖07500〗戴炜栋 束定芳 （1994）对比分析、错误分析和中介语研究中的若干问题——外语教学理论研究之二，《外国语》第 5 期。

〖07501〗胡壮麟 （1994）英汉疑问语气系统的多层次和多元功能解释，《外国语》第 1 期。

〖07502〗李瑞华 （1994）语用的最高原则——得体，《外国语》第 3 期。

〖07503〗牛保义 （1994）英汉主语对比，《外语教学》第 2 期。

〖07504〗曲永红 （1994）中日の称呼の对照，《外语教学》第 3 期。

〖07505〗林大津 （1994）国外英汉对比修辞研究及其启示，《外语教学与研究》第 3 期。

〖07506〗邵志洪 （1994）英汉词语搭配中的"同义反复"比较，《外语教学与研究》第 4 期。

〖07507〗邵志洪 （1994）"结合法"构词模式导致的跨文化交际障碍：英汉特指动词缺项弥补比较，《外语教学与研究》第 2 期。

〖07508〗徐烈炯 （1994）跨语言研究的广度与深度，《外语教学与研究》第 4 期。

〖07509〗王宪荣 （1994）俄汉语调对比及中国口音，《外语学刊》第 6 期。

〖07510〗王育伦　（1994）俄汉语颜色词研究，《外语学刊》第 6 期。

〖07511〗文　旭　（1994）浅论英汉数词的模糊性，《外语学刊》第 2 期。

〖07512〗黄来顺　（1994）关于中日汉字词的差异及其交流，《外语研究》第 3 期。

〖07513〗雷佳林　（1994）试论英汉语简单句中有标记主位的判断，《外语研究》第 4 期。

〖07514〗汪嘉裴　（1994）俄汉简略指称对比，《外语研究》第 3 期。

〖07515〗阎国栋　（1994）俄汉语中以动物名作姓现象比较，《外语研究》第 4 期。

〖07516〗乐眉云　凌德祥　（1994）汉语各方言区学生英语发音常误分析——汉英语音对比系列研究(之三)，《外语研究》第 3 期。

〖07517〗伍雅清　（1994）论英语与汉语的形合和意合的差异，《外语与翻译》第 2 期。

〖07518〗范维杰　（1994）谈语法教学中的对比教学，《外语与外语教学》第 1 期。

〖07519〗李蕴真　李锡吼　（1994）双语词典与语义比较，《外语与外语教学》第 3 期。

〖07520〗刘和民　（1994）重视日汉语词义对照分析，《外语与外语教学》第 5 期。

〖07521〗陶　莹　（1994）俄汉语音节差异浅谈，《外语与外语教学》增刊。

〖07522〗王秉钦　（1994）论中西人名文化比较与翻译，《外语与外语教学》第 5 期。

〖07523〗徐翁宇　（1994）俄汉口语对比问题，———一个待开拓的对比领域，《外语与外语教学》第 2 期。

〖07524〗张会森　（1994）对比修辞学问题，《外语与外语教学》第 6 期。

〖07525〗张自福 （1994）试论俄汉比较文化语言学，《外语与外语教学》增刊。

〖07526〗肖金龙 （1994）中德语言颜色象征意义对比，《武汉大学学报》第 4 期。

〖07527〗程 工 （1994）汉语"自己"一词的代词性，《现代外语》第 3 期。

〖07528〗侯广旭 （1994）也谈汉英"回环"修辞格，《现代外语》第 3 期。

〖07529〗郑丽芸 方经民 （1994）中日称呼语比较，《修辞学习》第 6 期。

〖07530〗赵永新 （1994）汉外对比研究与对外汉语教学：兼评汉外语言对比的若干论著，《语言文字应用》第 2 期。

〖07531〗刘悦聪 （1994）英汉词汇比较拾零，《玉林师专学报》第 1 期。

〖07532〗陈 玫 （1994）对比语言学与外语教学，《中国俄语教学》第 4 期。

〖07533〗陈 曦 （1994）浅析提喻在俄汉称名中的差异及其文化心理的因素，《中国俄语教学》第 4 期。

〖07534〗杜国英 （1994）数字与俄汉民族文化，《中国俄语教学》第 2 期。

〖07535〗麻壮绮 （1994）俄汉语形象比喻的民族文化差异，《中国俄语教学》第 4 期。

〖07536〗孙 凯 （1994）汉俄姓氏比较，《中国俄语教学》第 3 期。

〖07537〗田文琪 （1994）俄汉语言的形式对比与表达对比，《中国俄语教学》第 1 期。

〖07538〗尹 城 （1994）论对比语言学，《中国俄语教学》第 4 期。

〖07539〗祝肇安　（1994）汉俄语中主体范畴的一些问题，《中国俄语教学》第 3 期。

〖07540〗袁锦翔　（1994）略谈篇章翻译与英汉篇章结构对比，《中国翻译》第 6 期。

〖07541〗杨自俭　（1994）关于建立对比文化学的构想，《中国文化研究》第 1 期。

〖07542〗严　棉　（1994）从闽南话到日本汉字音，《中国语文》第 2 期。

〖07543〗何元建　（1994）语言的偶像翻译，《中国语文通讯》（香港）第 32 期。

〖07544〗黄崇珍　（1994）英汉比喻的民族文化特色，《中南民族学院学报》第 2 期。

〖07545〗周国定　（1994）论汉、英、俄成语的民族文化内涵，《重庆师院学报》第 3 期。

1993 年

〖07546〗李杏春　（1993）注意翻译中英、汉语语法差别，《安徽教育学院学报》第 4 期。

〖07547〗田兴敏　（1993）英语和汉语的日常交际文化差异：旅游英语教学应当注意之点滴，《北二外学报》第 2 期。

〖07548〗刘小南　（1993）汉俄词组比较研究，《北方论丛》第 3 期。

〖07549〗范俊军　（1993）西语同汉语语音转变理论的比较，《北京师大学报》第 4 期。

〖07550〗朱自强　（1993）中日儿童文学术语异同比较，《东北师大学报》第 5 期。

〖07551〗王冬竹　（1993）浅谈俄汉对应词，《俄语学习》第 4 期。

〖07552〗张粤河　（1993）汉语时态助词与法语动词时态，《法语学习》第 1 期。

〖07553〗范闽仙　（1993）闽南方言和日语汉音相似的历史成因，《福建外语》第4期。

〖07554〗王化鹏　（1993）论汉、英语词义的民族色彩与翻译，《福建外语》第1期。

〖07555〗郑声衡　（1993）试论英汉形象语言的民族特点及其翻译，《福建外语》第1、2期。

〖07556〗杨君魁　（1993）英汉两种语言的差异与翻译，《甘肃教育学院学报》第3期。

〖07557〗袁庆述　（1993）部分中古入声字读音与日语汉字音读的对应关系，《古汉语研究》第1期。

〖07558〗张盛龙　（1993）从英汉亲属词的语义成分对比看英汉古代亲属制度的差异，《广州师院学报》第1期。

〖07559〗王家尤　（1993）谈对比法在英语教学中的运用，《贵州教育学院学报》第1期。

〖07560〗冯颖钦　（1993）汉英诗歌偶句比较，《杭州大学学报》第2期。

〖07561〗韩汉雄　（1993）汉英反义词的成对使用比较，《杭州师院学报》第1期。

〖07562〗王跃洪　（1993）英汉句法歧义比较，《河南师大学报》第5期。

〖07563〗吕志鲁　（1993）英语冠词及其在汉语中相对的形式辨微，《湖北大学学报》第1期。

〖07564〗李曼珏　（1993）中英对应词不完全等值现象初探，《湖南大学学报》第1期。

〖07565〗秦裕祥　（1993）比较在语法教学中的应用，《湖南教育学院学报》第1期。

〖07566〗黄慧敏　（1993）英汉夸张表达方式比较，《湖南师大学报》增刊。

〖07567〗李维光　（1993）汉英语言语外构意系统宏观比较，《华中师大学报》第6期。

〖07568〗安纯人　（1993）汉英段落结构比较，《解放军外语学院学报》第 2 期。

〖07569〗陈　洁、陈　倩　（1993）俄汉句群翻译初探，《解放军外语学院学报》第 1 期。

〖07570〗何英玉　（1993）俄汉姓名对比谈，《解放军外语学院学报》第 5 期。

〖07571〗牛保义　（1993）英语的 be-sentence 和汉语的"是"字句异同比较，《解放军外语学院学报》第 6 期。

〖07572〗庞林林　（1993）英汉语反义词异同刍议，《解放军外语学院学报》第 4 期。

〖07573〗严辰松　（1993）英汉在空间意义编码上的差异，《解放军外语学院学报》第 1 期。

〖07574〗张正立　（1993）"把"字句与日语格助词"を"，《解放军外语学院学报》第 1 期。

〖07575〗赵双之　钟玉秀　（1993）汉字——在中日不同的文化框架上，《解放军外语学院学报》第 5 期。

〖07576〗周心红　（1993）汉、英语简单句信息结构，《解放军外语学院学报》第 5 期。

〖07577〗李明英　（1993）英汉词汇的内涵与外延，《锦州师院学报》第 4 期。

〖07578〗游苏萍　（1993）英汉词语的文化感情色彩，《龙岩师专学报》第 1 期。

〖07579〗郝雁南　（1993）汉语量词在英语中的表达，《宁德师专学报》第 1 期。

〖07580〗陈炳新　（1993）汉俄部分单句类型的比较，《齐齐哈尔师院学报》第 3 期。

〖07581〗金　城、金长胜　（1993）论英汉语言异同在翻译中的转换，《青海师大学报》第 3 期。

〖07582〗蔡淑英　（1993）日语"も"与汉语"也"的对比，

《日语学习与研究》第 3 期。

【07583】秦礼君　（1993）日语补格助词与汉语介词，《日语学习与研究》第 1 期。

【07584】曲　维　（1993）现代日语中的汉字特点说要——兼与汉语比较，《日语学习与研究》第 2 期。

【07585】苏桂荃　（1993）日汉语的"女"字用法比较，《日语学习与研究》第 4 期。

【07586】范钦评　（1993）浅析汉语介词"在"的日语对应形式，《日语知识》第 10 期。

【07587】耿景华　（1993）中国人与日本人使用自他动词的差异，《日语知识》第 3 期。

【07588】秦礼君　成春有　（1993）汉日语名词动词的兼类与转换，《日语知识》第 4 期。

【07589】王海国　（1993）也谈中日两语的量词用法，《日语知识》第 2 期。

【07590】赵博源　（1993）汉日语小数和倍数的表示法——汉日数词比较之一，《日语知识》第 5 期。

【07591】赵博源　（1993）汉日语概数的表示法（上、下），《日语知识》第 8、9 期。

【07592】连淑能　（1993）英语的"物称"与汉语的"人称"，《山东外语教学》第 2 期。

【07593】庞林林　（1993）英汉成语特点异同刍议，《山东外语教学》第 2 期。

【07594】张　辉　（1993）试论跨文化交际中的语用迁移与语用失误，《山东外语教学》第 4 期。

【07595】文　军　（1993）东西方龙的比较，《陕西外语师专学报》第 4 期。

【07596】张　蓓　（1993）英汉语人际称谓中的文化差异，《汕头大学学报》第 4 期。

【07597】顾正阳　（1993）英汉语法差异与英汉互译，《上

　　　　　　　　　　海大学学报》第 6 期。

〖07598〗朱丽田　（1993）英汉比喻修辞格的对比与翻译，《沈阳师院学报》第 4 期。

〖07599〗李　军　（1993）漫谈英汉两种语言措词的差异：从 flatter 一词的内涵谈起，《石油大学学报》第 4 期。

〖07600〗汤廷池　（1993）"原则及参数语法"与英华对比分析（续完），《世界汉语教学》第 3 期。

〖07601〗高彦德　（1993）阿语状语的汉译问题，《世界汉语教学》第 1 期。

〖07602〗姚锡远　（1993）汉英比喻修辞格的异同，《世界汉语教学》第 3 期。

〖07603〗孙福生　（1993）论汉德语音之比较，《首都师大外国语学院学报》第 1 期。

〖07604〗丁　任　（1993）谈谈汉英主语的差别，《四川外语学院学报》第 3 期。

〖07605〗古绪满　夏力力　（1993）英汉歧义的共性现象，《四川外语学院学报》第 4 期。

〖07606〗钱洪良　（1993）俄汉词序语体特点的对比，《四川外语学院学报》第 3 期。

〖07607〗李芙霞　（1993）中学英语教学中的比较教学法，《松辽学刊》第 1 期。

〖07608〗田文琪　（1993）存在句的俄汉对比，《外国语》第 2 期。

〖07609〗毕继万　（1993）关于汉英句子结构差异，《外语教学》第 1 期。

〖07610〗魏春木　（1993）跨文化交际中的语义位移研究，《外语教学》第 1 期。

〖07611〗张德聪　赵亦民　（1993）从东西方文化差异谈汉英写作的区别，《外语教学》第 4 期。

〖07612〗马钦忠　（1993）中西文字在文化传递过程中的作

用，《外语教学与研究》第 3 期。

〖07613〗王东风　章于炎　（1993）英汉语序的比较与翻译，《外语教学与研究》第 4 期。

〖07614〗王墨希、李　津　（1993）中国学生英语语篇思维模式调查，《外语教学与研究》第 4 期。

〖07615〗李德祥　（1993）汉俄量词比较探微，《外语学刊》第 5 期。

〖07616〗连淑能　（1993）英语的"抽象"与汉语的"具体"，《外语学刊》第 3 期。

〖07617〗钱洪良　（1993）俄汉语词序修辞功能的对比，《外语学刊》第 2 期。

〖07618〗陈　红　（1993）从汉语的"动结式结构"看日语的"中相动词"，《外语研究》第 2 期。

〖07619〗郭常义　（1993）中日同形语词义差异的文化历史渊源，《外语研究》第 1 期。

〖07620〗刘光准　（1993）俄汉常用身势语对比描述，《外语研究》第 3 期。

〖07621〗钱洪良　（1993）俄汉平行结构与汉语对偶、排比的比较，《外语研究》第 1 期。

〖07622〗武树元　（1993）俄汉语句子类型学特征和翻译，《外语研究》第 2 期。

〖07623〗修　刚　（1993）中日动宾结构的异同，《外语研究》第 3 期。

〖07624〗张瑞祯　（1993）俄汉语中概括事实意义的表达，《外语研究》第 4 期。

〖07625〗何自然　（1993）跨文化交际中的语言"离格"现象刍议，《外语与外语教学》第 4 期。

〖07626〗蒋国辉　（1993）"汉英句子扩展机制"管见，《现代外语》第 1 期。

〖07627〗刘　丽　（1993）民族文化、思维特征对语言交流的影响——在日语教学中融进文化对比的几点体会，《现代外语》第 3 期。

〖07628〗刘宓庆　（1993）思维方式、表现法和翻译问题，《现代外语》第 1 期。

〖07629〗郑声衡　（1993）英、汉形象语言的民族特点及其翻译，《现代外语》第 4 期。

〖07630〗洪力翔　（1993）论英汉两种语言在直言命题中的逻辑差异，《新疆大学学报》第 1 期。

〖07631〗牛保义、熊　锟　（1993）英汉双宾语句对比，《信阳师院学报》第 3 期。

〖07632〗陈月红　（1993）　英语语法对香港中文的影响，《语言及语言学学报》（香港)第 5 期。

〖07633〗汪　宏　（1993）谈谈英汉习语对译过程中的适度性，《语言教学与研究》第 1 期。

〖07634〗伍铁平　（1993）表示"明天"和"昨天"的词的类型学研究，《语言教学与研究》第 4 期。

〖07635〗郭建民　（1993）英汉超音段音位的比较分析，《云梦学刊》第 2 期。

〖07636〗王其正　（1993）注意英汉语言和中西文化的不同：再谈 You'd better 的应用场合，《昭通师专学报》第 4 期。

〖07637〗蔡　毅　（1993）对比语言学·翻译理论·翻译教学，《中国俄语教学》第 2 期。

〖07638〗樊文卿　徐新初　（1993）俄汉手势语对比，《中国俄语教学》第 3 期。

〖07639〗郭淑芬　（1993）汉俄语拟声词比较，《中国俄语教学》第 2 期。

〖07640〗李　岩　（1993）俄语存在句及其在汉语中的对应表达手段，《中国俄语教学》第 4 期。

〖07641〗刘　戈、崔　卫　（1993）ЧЕРТ、鬼与民族文化，《中国俄语教学》第 3 期。

〖07642〗张学曾　（1993）语音学的类型与语音对比研究，

《中国俄语教学》第 3 期。

〖07643〗王　寅　（1993）英译汉：句法结构比较，《中国翻译》第 5 期。

〖07644〗张利生　（1993）Transferred Epithet 与"移就"的比较：兼谈有关翻译问题，《中国翻译》第 4 期。

〖07645〗方梦之　（1993）对比语言学与翻译，《中国科技翻译》第 3 期。

〖07646〗陈满华　（1993）"东"，"西"与"east"，"west"，《中国人民大学学报》第 4 期。

〖07647〗金红莲　（1993）不同语言习惯所造成的语句分析，《中国对外汉语教学学会第四次学术讨论会论文选》，北京：北京语言学院出版社。

〖07648〗李露蕾　（1993）英汉甚词演变的相同趋势，《中国对外汉语教学学会第四次学术讨论会论文选》，北京：北京语言学院出版社。

〖07649〗熊文华　（1993）英文汉译中的语体问题，《对外汉语教学论文选评》，北京：北京语言学院出版社。

〖07650〗黄国营　（1993）对比语言学和对外汉语教学，《对外汉语教学研究》，广州：中山大学出版社。

〖07651〗熊文华　（1993）英文汉译中的语体问题，《对外汉语教学论文选评》，北京：北京语言学院出版社。

1992 年

〖07652〗杨启光　（1992）论汉英民族的句子观与汉语句子的生成，《曹南学报》第 2 期。

〖07653〗耿伯华　（1992）对比教学的实践与体会，《常州工业技术学院学报》第 1 期。

〖07654〗汪冲一   （1992）汉、英、俄三种语言的比较，《大学外语教学研究》第 2 期。

〖07655〗袁 江   （1992）"比较词义学"初探——试论人体部位派生词，《大学外语教学研究》第 2 期。

〖07656〗卢兆宽   （1992）德汉之间以动物为喻体的比较及其翻译，《德语学习》第 3 期。

〖07657〗于淑洁   （1992）俄汉语言语交际中的民族文化差异，《俄语学习》第 1 期。

〖07658〗黄天源   （1992）中法文化差异与翻译问题初探，《法国研究》第 1 期。

〖07659〗吴敏建   （1992）浅谈英语与汉语结构上的几点区别，《福建外语》第 3、4 期。

〖07660〗谢碧英   （1992）浅谈汉英语法中的归纳层次分析法，《福州社会科学》第 3 期。

〖07661〗程素菊   （1992）汉英两种语言的差异对英语写作的影响，《河北财经学院学报》第 5 期。

〖07662〗蔡建平   （1992）英汉禁忌语及其文化异同考，《河南师大学报》第 4 期。

〖07663〗何慎怡   （1992）汉语兼语式与英语复合宾语句比较，《湖南师大学报》第 6 期。

〖07664〗陆勋林   （1992）文化和可编码性导致的英汉语义差异，《华东工学院学报》第 4 期。

〖07665〗蒋澄生   （1992）试论语言文化差异对英汉翻译的影响，《黄淮学刊》第 4 期。

〖07666〗罗其精   （1992）英汉人名中爱称的构成及其翻译，《吉首大学学报》第 2 期。

〖07667〗郝世奇   （1992）英汉否定语素及否定词的比较，《解放军外语学院学报》第 4 期。

〖07668〗伍铁平   （1992）论语言中所反映的价值形态的演

变——比较词源四探，《解放军外语学院学报》第 2 期。

〖07669〗杜景萍　（1992）汉英迷信型禁忌语委婉语的比较及文化探源，《牡丹江师院学报》第 1 期。

〖07670〗丘仲辉　（1992）英汉首语反复的比较论析，《黔东南民族师专学报》第 2 期。

〖07671〗曹大峰　（1992）日汉语"语气"范畴比较研究，《日语学习与研究》第 3 期。

〖07672〗陈常好　（1992）"を"格连语与"把"字句——学习奥田靖雄有关论文的体会，《日语学习与研究》第 4 期。

〖07673〗苏德昌　（1992）日语的终助词与汉语的语气词，《日语学习与研究》第 3 期。

〖07674〗苏德昌　（1992）续论日语的终助词与汉语的语气词，《日语学习与研究》第 4 期。

〖07675〗王文贤　（1992）日语授受补助动词的用法和汉语行为授受表达之对照，《日语学习与研究》第 1 期。

〖07676〗张正立　（1992）谈谈日汉语"可能"的表达方式，《日语学习与研究》第 3 期。

〖07677〗刘春英　（1992）汉语与日语外来语初探，《日语知识》第 2、3、4 期。

〖07678〗翁木全　（1992）谈日、汉语汉字词义的同与异，《日语知识》第 10 期。

〖07679〗赵博源　（1992）汉日语副词形态比较（一、二），《日语知识》第 11、12 期。

〖07680〗何晓琪　（1992）英汉隐喻类型比较，《山东外语教学》第 3 期。

〖07681〗周心红　（1992）汉英简单句信息结构对比研究，《山东外语教学》第 3 期。

〖07682〗蒋澄生　廖定中　（1992）略谈语言文化差异与英、

汉成语翻译的得失，《陕西外语师专学报》第 2 期。

〖07683〗马春梅　（1992）迅速理解准确表达——英、汉数字谈，《陕西外语师专学报》第 3 期。

〖07684〗阎丽艳　（1992）浅谈日语汉字与汉语汉字的异同，《沈阳师院学报》第 4 期。

〖07685〗林尔康、袁　杰　（1992）汉语中的体态动词"着"、"了"、"过"及其在德语中的对应表达形式（续），《世界汉语教学》第 1 期。

〖07686〗居　红　（1992）汉语趋向动词及动趋短语的语义和语法特点，《世界汉语教学》第 4 期。

〖07687〗周换琴　（1992）汉语与斯瓦希里语被动意义表达方式的比较，《世界汉语教学》第 3 期。

〖07688〗付永钢　（1992）英汉音节结构对比及英语语音教学，《四川师院学报》第 3 期。

〖07689〗刘永兵　于元方　（1992）英语复合宾语与汉语兼语式的对比分析，《松辽学刊》第 2 期。

〖07690〗沈景云　（1992）与"手"相关的汉德成语和惯用语译意之比较，《同济大学学报》第 2 期。

〖07691〗金旭东　（1992）汉语主题省略与英汉互译，《外国语》第 6 期。

〖07692〗戚雨村　（1992）语言对比和文化对比，《外国语》第 5 期。

〖07693〗王　寅　（1992）英汉语言宏观结构的区别特征（续），《外国语》第 5 期。

〖07694〗魏天红　（1992）漫谈俄汉谚语中的民族文化，《外国语》第 5 期。

〖07695〗吴玉璋　（1992）论比较词源学，《外国语》第 2 期。

〖07696〗徐振忠　（1992）比较语言学和对比语言学漫话，《外国语》第 4 期。

〖07697〗许高渝 （1992）汉俄复合颜色词构成对比，《外国语》第 6 期。

〖07698〗许余龙 （1992）对比语言学的定义与分类，《外国语》第 4 期。

〖07699〗杨自俭 （1992）试论英汉语法学发展的共同趋向，《外国语》第 4 期。

〖07700〗张歧鸣 （1992）汉语主谓谓语在俄语中的表达，《外国语》第 2 期。

〖07701〗刘先刚 （1992）英汉科技语言比较，《外语教学》第 1 期。

〖07702〗毛意忠 （1992）法汉语否定表达法的比较，《外语教学》第 1 期。

〖07703〗史鸿志 （1992）从德汉谚语的比较谈德谚汉译，《外语教学》第 4 期。

〖07704〗孙少豪 （1992）英汉表达的差异，《外语教学》第 1 期。

〖07705〗王秉钦 （1992）文化与翻译三论——论东西方思维方法差异及其翻译，《外语教学》第 4 期。

〖07706〗姚小平 （1992）Logos 与"道"，《外语教学与研究》第 1 期。

〖07707〗田文琪 （1992）被动句的俄汉对比，《外语学刊》第 6 期。

〖07708〗田文琪 （1992）动宾关系的俄汉对比，《外语学刊》第 1 期。

〖07709〗张学曾 （1992）在对比研究中探索语言描写和外语教学的科学性——（以舌辅音材料为例），《外语学刊》第 5 期。

〖07710〗赵伟河 （1992）汉语中的量词在英语中的表达，《外语学刊》第 1 期。

〖07711〗胡绍铮 （1992）含动物形象的某些俄汉成语、谚语对比，《外语研究》第 3 期。

〖07712〗卢卫中　（1992）英汉呼语探讨，《外语研究》第 4 期。

〖07713〗戚雨村　（1992）语言·文化·对比，《外语研究》第 2 期。

〖07714〗徐新初　（1992）汉语被动式结构在俄语中的表达，《外语研究》第 2 期。

〖07715〗杨自俭　（1992）英汉对比研究管窥，《外语研究》第 1 期。

〖07716〗俞约法　（1992）中国对比语言学一瞥，《外语研究》第 1 期。

〖07717〗喻云根　张积模　（1992）英汉动物词的比较与翻译，《外语研究》第 3 期。

〖07718〗王葆仁　（1992）英汉造词比较研究，《外语与外语教学》第 2 期。

〖07719〗徐甲申　（1992）关于日汉摹拟声态词语的两项比较，《外语与外语教学》增刊。

〖07720〗张会森　（1992）语言对比研究管窥，《外语与外语教学》第 1 期。

〖07721〗甘玉龙　（1992）试谈汉英语法之异同，《文科季刊》第 4 期。

〖07722〗连淑能　（1992）论英汉句法的基本特征，《厦门大学学报》第 3 期。

〖07723〗范钦评　（1992）略述汉语结构助词"的"的日语对应形式，《现代外语》第 2 期。

〖07724〗金积令　（1992）英语"self"和汉语"自己"的用法异同，《现代外语》第 2 期。

〖07725〗刘福长　（1992）英语和汉语中对待语言变化态度上的差异，《现代外语》第 4 期。

〖07726〗刘宓庆　（1992）汉英句子扩展机制对比研究，《现代外语》第 1 期。

〖07727〗罗其精　（1992）浅谈英汉家庭成员间称呼的对译问题，《现代外语》第 2 期。

〖07728〗朱永生　（1992）试论双语对比研究的若干原则与方法，《现代外语》第 4 期。

〖07729〗周文革　（1992）试论汉英词汇间的"自由贸易"，《湘潭师院学报》第 5 期。

〖07730〗李丙午　（1992）英汉被动句的比较与翻译，《信阳陆军学院学报》第 2 期。

〖07731〗高登亮等　（1992）汉语对学习英语的干扰：谈英语动词的时和体，《延安大学学报》第 2 期。

〖07732〗王宗炎　（1992）在英美报纸新闻标题背后——英汉语用学比较，《英语世界》第 3 期。

〖07733〗孔宪中　（1992）汉语词汇的贫乏和不稳定，《语文建设通讯》（香港）第 37 期。

〖07734〗左思民　（1992）对孔先生论汉语词汇一文的看法，《语文建设通讯》（香港）第 38 期。

〖07735〗张英宇　（1992）汉外语音对比与汉语教学——《语言教学与研究》有关论文述评，《语言教学与研究》第 1 期。

〖07736〗王　还　（1992）漫谈汉语一些副词，《语言教学与研究》第 1 期。

〖07737〗张英宇　（1992）汉外语音对比与汉语教学，《语言教学与研究》第 1 期。

〖07738〗蒋红红等　（1992）英语中含"without"的双重否定与汉语中含"无（莫）"字的双重否定之比较，《漳州师院学报》第 1 期。

〖07739〗王金娟　（1992）英汉成语比较分类，《浙江师大学报》第 5 期。

〖07740〗俞雪华　（1992）从英汉民族特点看其比喻意象的差异，《浙江师大学报》第 2 期。

〖07741〗王育伦　（1992）俄汉语借代辞格的分类和翻译，《中国俄语教学》第 2 期。

〖07742〗于延春　（1992）略论俄汉语成语的文化差异，《中国俄语教学》第 1 期。

1991 年

〖07743〗刘尚纯　（1991）浅谈日汉词汇的对照研究，《北二外学报》第 1 期。

〖07744〗朱　凯　（1991）汉西比喻的对比及其文化模式的差异，《对外经济贸易大学学报》第 3 期。

〖07745〗谭寿垣　（1991）现代英汉语状语词序比较，《佛山大学、佛山师专学报》第 1 期。

〖07746〗林大津　（1991）试论对比修辞学的产生过程及其发展，《福建师大学报》第 1 期。

〖07747〗杨重建　（1991）日语助词"も"与汉语副词"也"的对应关系考辨，《福建外语》第 4 期。

〖07748〗邹长虹　（1991）英汉被动句初探，《广西师院学报》第 2 期。

〖07749〗陈天权　（1991）从汉、英句法结构比较中看汉语句法结构的特点，《贵阳师专学报》第 2 期。

〖07750〗许　壁　（1991）朝鲜语中的汉字词——论汉语和日本语对朝鲜语的影响，《汉语学习》第 2 期。

〖07751〗李宗江　（1991）从施、动、受的表层形式看汉语的特点：比较汉语和俄语的三种语义成分在语法形式上的差别，《汉语学习》第 5 期。

〖07752〗任学良　（1991）汉语外语比较研究的基本观点和方法，《杭州师院学报》第 2 期。

〖07753〗郝世奇　（1991）浅谈英汉否定词的比较，《河北师大学报》第 3 期。

〖07754〗周光明　（1991）汉英比较:语义多层转换异同论，《湖北师院学报》第 4 期。

〖07755〗曹合建　（1991）汉英委婉词的异同及其构成方式，《湖南大学学报》第 5 期。

〖07756〗李定坤　（1991）英、汉定语位置比较，《华中师大学报》第 2 期。

〖07757〗李兴华　（1991）文化背景和英汉词义的差异，《华中师大学报》第 6 期。

〖07758〗石俊平　（1991）汉、俄语对应词比较研究，《解放军外语学院学报》第 6 期。

〖07759〗谢盛根　（1991）俄汉成语形象意义的对比，《解放军外语学院学报》第 6 期。

〖07760〗张振华　（1991）西方传统修辞学的生成及其早期发展——兼谈对比修辞学的两个问题，《解放军外语学院学报》第 3 期。

〖07761〗张江云　（1991）英汉否定形式的比较，《解放军外语学院学报》第 5 期。

〖07762〗张麟声　（1991）汉日样态存在表达方式的对比研究，《解放军外语学院学报》第 1 期。

〖07763〗潘祥远　（1991）"马"与"horse"，《雷州师专学报》第 1 期。

〖07764〗熊金丰　（1991）汉英缩略语比较探析，《龙岩师专学报》第 1 期。

〖07765〗樊恩才　（1991）俄汉成语性质比较，《内蒙古师大学报》第 4 期。

〖07766〗崔　鉴　（1991）中日两国语量词用法分析，《日语学习与研究》第 1 期。

〖07767〗李明玉　（1991）日语连体格助词"の"和汉语结构助词"的"的比较，《日语学习与研究》第 1 期。

〖07768〗李庆祥　（1991）日语数字的写法和用法——兼与汉语数字用法比较，《日语学习与研究》第 3 期。

〖07769〗于进江　（1991）日汉语反义词比较，《日语学习与研究》第 4 期。

〖07770〗张正立　（1991）"得"字补语句的汉日表达式，《日语学习与研究》第 2 期。

〖07771〗张正立　（1991）日汉无生物作主语的被动句，《日语学习与研究》第 3 期。

〖07772〗张麟声　（1991）日汉无生物作主语的被动句，《日语学习与研究》第 1 期。

〖07773〗陈昌义　（1991）常见英语介词用法错误及分析，《浙江师范大学学报》（社会科学版）第 1 期。

〖07774〗秦礼君　（1991）汉日数量词修饰语的位置比较，《日语知识》第 12 期。

〖07775〗王海国　（1991）也谈中日两国语言中的临时量词，《日语知识》第 7 期。

〖07776〗王英斌　（1991）日本"略字"与中国简化汉字的异同，《日语知识》第 8 期。

〖07777〗张群舟　（1991）隐含在日语句子内的人称关系——日汉人称对比，《日语知识》第 7 期。

〖07778〗古绪满　（1991）英汉对比与英汉翻译，《山东外语教学》第 4 期。

〖07779〗吕　俊　（1991）也谈翻译中的语言对比，《山东外语教学》第 2 期。

〖07780〗刘英凯　（1991）合作原则及文化差异的英汉对比分析，《深圳大学学报》第 3 期。

〖07781〗刘英凯　（1991）英汉回文、回环辞格杂考：为纪念陈望道先生诞辰一百周年，《深圳大学学报》第 1 期。

〖07782〗林尔康、袁　杰　（1991）汉语中的体态助词"着"、"了"、"过"及其在德语中的对应表达形式，《世界汉语教学》第 2 期。

〖07783〗陈治安　（1991）英汉词缀法构词比较，《四川外语学院学报》第 1 期。

〖07784〗李志兴　楚至大　（1991）汉英量词的比较与翻译，《四川外语学院学报》第 1 期。

〖07785〗张　焰　（1991）俄汉称呼语比较，《四川外语学院学报》第 3 期。

〖07786〗张　勇　（1991）英汉状语从句中空范畴问题的对比探讨，《松辽学刊》第 4 期。

〖07787〗张汉儒　（1991）深入发展语言与文化的对比研究：兼议"语言国情学"，《松辽学刊》第 4 期。

〖07788〗金积令　（1991）英汉语主题结构的对比研究，《外国语》第 2 期。

〖07789〗刘宓庆　（1991）汉英对比研究的理论问题（上、下），《外国语》第 4、5 期。

〖07790〗陆经生　（1991）汉语和西班牙语语音对比——兼析各自作为外语学习的语音难点，《外国语》第 6 期。

〖07791〗许余龙　（1991）话语语用结构对比刍议，《外国语》第 6 期。

〖07792〗冯伟年　（1991）"外位语"结构在翻译中的运用，《外语教学》第 4 期。

〖07793〗史一新　（1991）法汉语言中的替代与重复，《外语教学》第 4 期。

〖07794〗陈家宁　（1991）汉英文学术语差异举例，《外语教学与研究》第 2 期。

〖07795〗李　刚　（1991）论英语词组移动限制条件在汉语

中的适用度，《外语教学与研究》第 3 期。

〖07796〗许国璋   （1991）语言对比研究的阶段小结，《外语教学与研究》第 3 期。

〖07797〗钟良弼   （1991）从"蟋蟀"和"杜鹃"看词语的文化传统，《外语教学与研究》第 1 期。

〖07798〗王德春   （1991）《英汉语言对比探索》序，《外语界》第 2 期。

〖07799〗陈国亭   （1991）俄汉语中前时动作的表达形式和手段，《外语学刊》第 5 期。

〖07800〗李晓光   （1991）汉英量词辖域的对比及其解释，《外语学刊》第 2 期。

〖07801〗牛保义   （1991）英汉语存在句初探，《外语学刊》第 6 期。

〖07802〗宋传伟   （1991）汉俄语数词的虚指对比，《外语学刊》第 6 期。

〖07803〗苏新春   （1991）"天"和"sky"的语言文化意义对比，《外语学刊》第 5 期。

〖07804〗孙　逊   （1991）论从表示人体部位的词派生的词或词义——比较词义学探索，《外语学刊》第 2 期。

〖07805〗文　治   （1991）В.Г.Гак 论对比语言学，《外语学刊》第 3 期。

〖07806〗俞约法   （1991）对比语言学与外语教学中的对比——教学法流派的对比观比较研究，《外语学刊》第 5 期。

〖07807〗张会森   （1991）对比语言学问题，《外语学刊》第 5 期。

〖07808〗张会森   （1991）俄语与汉语动词体的对比（功能和用法），《外语学刊》第 1 期。

〖07809〗郑述谱   （1991）汉外词典语义切分比较及思考，《外语学刊》第 5 期。

〖07810〗葛校琴　（1991）我对英汉句群的一些见解，《外语研究》第 4 期。

〖07811〗柴天枢　（1991）俄汉语使令动词比较，《外语与外语教学》第 4 期。

〖07812〗王　忠　（1991）汉、俄语标点符号的演变及其书写位置，《外语与外语教学》第 1 期。

〖07813〗许高渝　（1991）汉俄语动物词喻人意义异同试析，《外语与外语教学》第 4 期。

〖07814〗俞约法　（1991）对比、对比分析、对比语言学和外语教学，《外语与外语教学》第 4 期。

〖07815〗张后尘　（1991）深化外汉语言对比研究，提高语言研究和教学——全国俄汉语言对比研讨会侧记，《外语与外语教学》第 4 期。

〖07816〗朱玉富　（1991）俄汉语修辞格对比，《外语与外语教学》第 2 期。

〖07817〗孟宪仁　（1991）日语音读和古汉语音韵，《现代日本经济》第 2 期。

〖07818〗龚卡佳　（1991）英汉语调对比教学，《现代外语》第 3 期。

〖07819〗刘英凯　（1991）汉英"回环"修辞格探微，《现代外语》第 3 期。

〖07820〗钱洪良　（1991）俄汉语词序功能的对比，《现代外语》第 3 期。

〖07821〗伍铁平　（1991）论语言的比较和文化的比较，《语文建设通讯》（香港）第 34 期。

〖07822〗赵秀英　（1991）汉语的补语概念在意大利语中的表现，《语言教学与研究》第 4 期。

〖07823〗王菊泉　（1991）从英语译文看汉语主语的省略现象，《语言研究》第 2 期。

〖07824〗方文惠　（1991）英汉熟语异同与互译，《浙江师大学报》第 1 期。

〖07825〗夏瑞华　　（1991）汉英介词对译中的不对应现象举隅，《镇江师专学报》第 3 期。

〖07826〗黄玉光　　（1991）汉俄语音对比与语音教学，《中国俄语教学》第 4 期。

〖07827〗田文琪　　（1991）主语、谓语的俄汉比较，《中国俄语教学》第 1 期。

〖07828〗王　磊　　（1991）俄汉主谓句被动意味透视，《中国俄语教学》第 3 期。

〖07829〗王铭玉　　（1991）汉俄构词学中的词素、词缀问题，《中国俄语教学》第 3 期。

〖07830〗俞约法　　（1991）对比语言学和外语教学，《中国俄语教学》第 3 期。

〖07831〗赵世章　　（1991）俄汉语词义比较的若干问题，《中国俄语教学》第 4 期。

〖07832〗郑述谱　　（1991）试论词汇的比较研究，《中国俄语教学》第 4 期。

〖07833〗蔡寒松　　（1991）汉、英词语音译的语言学与社会语言学因素，《中国翻译》第 6 期。

〖07834〗杨自俭　　（1991）小议汉语几类句子的英译，《中国翻译》第 1 期。

〖07835〗周方珠　　（1991）英汉典故比较与翻译，《中国翻译》第 3 期。

〖07836〗曲翰章　　（1991）在汉字的十字路口：浅谈中日汉字的发展趋势，《中国社会科学》第 6 期。

〖07837〗刘殿爵　　（1991）比较语法与翻译，《中国语文通讯》（香港）第 12 期。

〖07838〗吴勇毅　　（1991）"恭维"答语的中外文化模式，《中文自学指导》第 3 期。

〖07839〗徐子亮　　（1991）汉英感谢语的对比分析，《中文自学指导》第 2 期。

〖07840〗童三牛　　（1991）归纳、对比、穿插在复习课中的运用，《中小学英语教学与研究》第 2 期。

〖07841〗王松亭 （1991）俄汉语中 соɓака"狗"用法比
较，《中学俄语》第 4 期。

〖07842〗张惠兹 （1991）俄语语调和中国学生学习俄语语
调的困难，《中学俄语》第 3 期。

〖07843〗[日]讚井唯允 （1991）日汉指示代词用法的对比，
《第三届国际汉语教学讨论会论文选》，
北京：北京语言学院出版社。

〖07844〗米凯乐 （1991）英语的"Wh-"疑问代词与汉语
教学，《第三届国际汉语教学讨论会论文
选》，北京：北京语言学院出版社。

〖07845〗荒屋劝 （1991）汉语"V+V+O"与日语"O+V"句
式结构的比较——日本学生汉语作文中
常见错句——以"爱"为主，《第三届国
际汉语教学讨论会论文选》，北京：北京
语言学院出版社。

〖07846〗李 泉 （1991）汉语常用词汇与日语相应汉字词
汇对比——兼论对日本人的汉语词汇教
学，《第三届国际汉语教学讨论会论文
选》，北京：北京语言学院出版社。

〖07847〗许 璧 （1991）中日文词汇对朝文之影响，《第
三届国际汉语教学讨论会论文选》，北京：
北京语言学院出版社。

〖07848〗苑锡群 （1991）汉英代词比较，《第三届国际汉
语教学讨论会论文选》，北京：北京语言
学院出版社。

〖07849〗[日]芝田稔 （1991）关于汉语和日语的汉语词汇，
《第三届国际汉语教学讨论会论文选》，
北京：北京语言学院出版社。

〖07850〗许和平 （1991）对比分析在翻译教学中的应用，
《中高级对外汉语教学论文选》，北京：

北京语言学院出版社。

1990 年

〖07851〗凌德祥　（1990）从语言的比较研究中去认识汉语语法的特点，《安徽教育学院学报》第 2 期。

〖07852〗席安民　（1990）英汉思维方式的区别，《北二外学报》第 1 期。

〖07853〗张　天　（1990）汉德否定词用法试析，《北二外学报》第 1 期。

〖07854〗李淑静　（1990）英汉疑问语气系统初探，《北京大学学报》专刊。

〖07855〗洪文翰　（1990）英汉词语互借初探，《长沙水电师院学报》第 1 期。

〖07856〗方家树　（1990）话语语用分析对比刍议，《福建外语》第 1、2 期。

〖07857〗方家树　（1990）中、英、日礼貌用语比较刍议，《福建外语》第 2 期。

〖07858〗吴翠玉　（1990）英汉成语异同比较，《福建外语》第 3、4 期。

〖07859〗董达武　（1990）语言学的对比与反思，《复旦学报》第 6 期。

〖07860〗张盛龙　（1990）英语复合宾语和汉语"兼语式"的比较，《广州师院学报》第 3 期。

〖07861〗王建开　（1990）翻译与比较，《贵阳师专学报》第 4 期。

〖07862〗刘明章　（1990）语音偏误与语音对比——谈朝鲜人汉语语音教学问题，《汉语学习》第 5 期。

〖07863〗郑天刚　（1990）日语的ある与汉语的"有"、"在"，《汉语学习》第 4 期。

〖07864〗周志培 冯文池 （1990）英汉语比较方式的异同与翻译，《河南师大学报》第1期。

〖07865〗吴小华 （1990）汉英动词的"时体"对比分析及其教学应用，《湖南大学学报》第5期。

〖07866〗刘驾超 （1990）漫话汉语象声词与俄语音响词，《湖南师大学报》第2期。

〖07867〗张 磷 （1990）略谈英汉比喻及其翻译，《江苏工学院学报》第1期。

〖07868〗金积令 （1990）从移位规则看英、汉语结构上的差异，《教学研究》第2期。

〖07869〗王玉林 （1990）日汉语词汇比较的意义及其范围，《教学研究》第2期。

〖07870〗严辰松 （1990）汉英词汇透明度比较，《解放军外语学院学报》第1期。

〖07871〗陈海宏 （1990）英汉修辞颜色词之对比及其修辞作用，《雷州师专学报》第1期。

〖07872〗樊志芳 （1990）中学英语语法比较教学法说略，《丽水师专学报》第1期。

〖07873〗葛维雷 （1990）小议汉、英、俄语的词义，《聊城师院学报》第2期。

〖07874〗谢 晖 （1990）英汉歧义对比，《南都学坛》第4期。

〖07875〗郑 文 （1990）英语省略句的应用范围及其在汉语中的表达法，《南都学坛》第5期。

〖07876〗齐 鹏、王正华 （1990）名词转化为动词的英汉比较，《宁夏大学学报》第3期。

〖07877〗杨启光 （1990）汉英句子的比较理论:理论与方法的探讨，《暨南学报》第3期。

〖07878〗蒋永顺 （1990）关于"传闻"的说法比较，《日语学习》第4期。

〖07879〗秦礼君 （1990）日汉语助词的初步比较，《日语学习》第 7 期。

〖07880〗秦礼君   （1990）日汉同字异序词比较研究，《日语学习与研究》第 3 期。

〖07881〗孙维才   （1990）日汉语人称代词的修饰语比较，《日语学习与研究》第 6 期。

〖07882〗袁　杨   （1990）日汉语否定表现中形式与意义的不一致，《日语学习与研究》第 4 期。

〖07883〗赵博源   （1990）汉语连动式与日语相应句式的比较，《日语学习与研究》第 2 期。

〖07884〗郑钟文   于建民   （1990）日汉成语比较，《日语学习与研究》第 1 期。

〖07885〗张麟声   （1990）浅谈存在动词"有"与"める"的对应分布域，《日语学习与研究》第 3 期。

〖07886〗孙维才   丁丽敏   （1990）日汉语人称代词的修饰语比较，《日语知识》第 2 期。

〖07887〗张明勤   （1990）浅谈汉语和日语的不同表达方式以"酸"为例，《日语知识》第 8 期。

〖07888〗葛维雷   （1990）浅析汉英句子主语的差别，《山东外语教学》第 1 期。

〖07889〗刘世生   （1990）英语语音教学初探——汉语方音对英语语音的影响，《山东外语教学》第 4 期。

〖07890〗童树荣   （1990）漫谈英汉对比在翻译中的运用，《山东外语教学》第 2 期。

〖07891〗贾秀英   （1990）试谈汉法疑问句的分类及异同，《山西大学学报》第 2 期。

〖07892〗汤廷池   （1990）"原则及参数语法"与英华对比分析，《世界汉语教学》第 2 期。

〖07893〗汤廷池   （1990）"原则及参数语法"与英华对比分析（续一），《世界汉语教学》第 3 期。

〖07894〗[法]白乐桑　张朋朋译　（1990）法国国家教学研究院对于法国汉语教学中的语法术语法文翻译的意见，《世界汉语教学》第 1 期。

〖07895〗伍铁平　（1990）开展中外语言学说史的比较研究——兼论语言类型学对汉语史研究的意义，《世界汉语教学》第 2 期。

〖07896〗汤廷池　（1990）"则及参数语法"英华对比分析，《世界汉语教学》第 4 期。

〖07897〗宁　姗　（1990）用语言对比方法进行汉语教学点滴，《世界汉语教学》第 3 期。

〖07898〗赵世开　（1990）对比语言学研究的发展和展望——《英汉对比研究论文集》序，《世界汉语教学》第 3 期。

〖07899〗任　丁　（1990）汉英被动式比较，《四川外语学院学报》第 2 期。

〖07900〗伍铁平　（1990）语言比较是文化比较的重要组成部分，《四川外语学院学报》第 3 期。

〖07901〗许余龙　（1990）试论应用对比语言学的心理学基础，《外国话》第 4 期。

〖07902〗贾德霖　（1990）思维模式与线性序列，《外国语》第 5 期。

〖07903〗田文琪　（1990）汉语偏正复句与俄语分解句，《外国语》第 4 期。

〖07904〗汪榕培　（1990）数字式略语的汉英对比研究，《外国语》第 3 期。

〖07905〗王　寅　（1990）英汉语言宏观结构的区别特征，《外国语》第 6 期。

〖07906〗杨自俭　李瑞华　（1990）英汉对比研究综述和构想，《外国语》第 3 期。

〖07907〗晁保通、罗　伟　（1990）汉、德语音位系统比较，《外语教学》第 2 期。

〖07908〗李茉莉　（1990）试比较汉语表示完成的助动词"了"与日语表示完成的助动词"た"，《外语教学》第 3 期。

〖07909〗习晓明　（1990）英语普通话与汉语普通话词重音比较，《外语教学》第 1 期。

〖07910〗许高渝　（1990）我国俄汉语言对比研究述略，《外语界》第 4 期。

〖07911〗方　懋　（1990）日汉接读词语之对比，《外语学刊》第 6 期。

〖07912〗方梦之　（1990）对比语言学与第二外语教学，《外语学刊》第 4 期。

〖07913〗鲁晓琨　（1990）中日同形近义词辨析方法刍议，《外语学刊》第 2 期。

〖07914〗钱　军　（1990）对比语言学浅说，《外语学刊》第 1 期。

〖07915〗赵敏善　（1990）俄汉语中的被动句，《外语学刊》第 4 期。

〖07916〗崔淑萍　张乐山　（1990）谈日汉同形词的古汉语来源，《外语与外语教学》第 6 期。

〖07917〗方明礼　（1990）浅谈日汉同形异义词，《外语与外语教学》第 4 期。

〖07918〗邱述德　（1990）信息传输与英汉语结构比较，《外语与外语教学》第 2 期。

〖07919〗杨余森　（1990）汉俄语构词法的比较，《武汉大学学报》第 3 期。

〖07920〗陈　登　（1990）对比分析与翻译，《西安外语学院学报》第 2 期。

〖07921〗陈治安　（1990）英汉复合词比较，《西南师大学报》第 4 期。

〖07922〗陈升法　（1990）俄汉语民族文化语义的对比与翻译探讨，《厦门大学学报》第 1 期。

〖07923〗彭在义、陈　萍　（1990）试论英汉语中的成对词组，《现代外语》第 3 期。

〖07924〗王桂珍　（1990）汉英音幅与基频模式的特点及其对英语语音教学的启示，《现代外语》第 1 期。

〖07925〗杨启光　（1990）汉英名词比较，《学汉语》第 12 期。

〖07926〗赵永新　（1990）从"饭店"一词看汉英词义差异，《学汉语》第 11 期。

〖07927〗宋晓淦　（1990）比较法在初中英语教学中的应用，《盐城教育学院学刊》第 1 期。

〖07928〗康明强　（1990）英汉状语对比四题，《扬州师院学报》第 2 期。

〖07929〗金立鑫　（1990）英汉时地状语语序的一致性，《语言教学与研究》第 2 期。

〖07930〗余云霞　（1990）汉语和俄语前缀构词对比，《语言教学与研究》第 1 期。

〖07931〗李赋广　（1990）从英、汉语特点看英语教学，《郑州大学学报》第 1 期。

〖07932〗白春仁　（1990）比较修辞鸟瞰，《中国俄语教学》第 2 期。

〖07933〗赵敏善　（1990）俄汉语简单句部分模式之对比，《中国俄语教学》第 2 期。

〖07934〗解伯昌　（1990）倍数的英汉表达及翻译，《中国翻译》第 4 期。

〖07935〗米绪军　（1990）语言差别与翻译陷阱，《中国翻译》第 6 期。

〖07936〗袁昌明　（1990）英汉语法比较与翻译，《中国翻译》第 2 期。

〖07937〗姚佩君　（1990）日语和汉语句法比较，《中国科技翻译》第 4 期。

〖07938〗蒲志鸿   （1990）透过汉、法成语中的色彩词看中、法文化差异，《中山大学学报》第 4 期。

1989 年

〖07939〗刘开古   （1989）阿汉语言现象的比较研究，《阿拉伯世界》第 2 期。

〖07940〗高德昌等   （1989）汉英语法"数"范畴辨异，《承德师专学报》第 4 期。

〖07941〗谭寿恒   （1989）现代汉英语词序初探，《佛山大学、佛山师专学报》第 1 期。

〖07942〗林玉明   （1989）英语八种基本时态常见的汉语结构表现形式：兼谈初中英语时态教学，《福建外语》第 1、2 期。

〖07943〗郝凤方   （1989）中西文字比较琐谈，《阜阳师院学报》第 3、4 期。

〖07944〗邱学斗   （1989）英语与汉语完成体比较，《广州大学学报》第 1 期。

〖07945〗张盛龙   （1989）英汉双声叠韵比较，《广州师院学报》第 3 期。

〖07946〗宋卓英、张　菁   （1989）汉英比喻手法运用的比较，《贵州大学学报》第 4 期。

〖07947〗高山湖   （1989）说汉语句法结构——同朝鲜语比较，看汉语的语法特点，《汉语学习》第 6 期。

〖07948〗张孝忠   （1989）对外汉语语音教学二题：兼及汉英语音的若干对比，《汉语研究》第 10 期。

〖07949〗曹　军   （1989）英语与古汉语句子成份位移之比较，《湖北师范学院学报》（哲学社会科学版）第 1 期。

〖07950〗李兴华   （1989）有关颜色的词和短语的英汉翻译

问题，《湖南师范大学社会科学学报》第5期。

〖07951〗罗其精　（1989）英汉语拟声词的构成、功能及其翻译，《吉首大学学报》（社会科学版）第4期。

〖07952〗李庆祥　（1989）谈谈日汉语中的"的"字，《解放军外语学院学报》第2期。

〖07953〗田文琪　（1989）俄语非分解句与汉语包孕句，《中国俄语教学》第4期。

〖07954〗杨　桦　（1989）英汉时间表达的几种非对应结构，《乐山师范学院学报》第2期。

〖07955〗潘祥远　（1989）英汉否定形式的对比，《雷州师专学报》第1期。

〖07956〗易炳记　（1989）汉语量词与英语单位词的比较，《雷州师专学报》第1期。

〖07957〗杨自俭　栾雪梅　（1989）英汉成语对比研究，《青岛海洋大学学报》第2期。

〖07958〗刘长义　（1989）日语"ょうた"与汉语"象"的对比，《日语学习》第3期。

〖07959〗张济卿　（1989）谈汉语与日语中同一概念的不同表达方式，《日语学习》第3期。

〖07960〗崔　鉴　（1989）中日两国语言中的量词，《日语学习与研究》第6期。

〖07961〗丁　大　（1989）日语的自动词和他动词——汉语和日语的比较杂谈，《日语学习与研究》第4期。

〖07962〗李浚哲　（1989）中日语气副词对照，《日语学习与研究》第1期。

〖07963〗赵博源　（1989）汉日形容词比较，《日语学习与研究》第1期。

〖07964〗刘　玲　（1989）从标记理论看亲属词的普遍现象，

《山东外语教学》第 2 期。

〖07965〗刘英凯　（1989）符号学与翻译札记，《深圳大学学报》（人文社会科学版）第 1 期。

〖07966〗毕继万　（1989）汉语与英语称谓词用法比较，《世界汉语教学》第 3 期。

〖07967〗柏　苇　（1989）请留神"同中有异"——语文杂谈之一，《世界汉语教学》第 3 期。

〖07968〗赫钟祥　（1989）浅析汉日同形词，《天津师范大学学报》（社会科学版）第 6 期。

〖07969〗胡曙中　[加]Richard M.Coe　（1989）英汉对比修辞研究初探，《外国语》（《上海外国语大学学报》）第 2 期。

〖07970〗沐　莘　（1989）试谈英汉同义词比较，《外国语》（《上海外国语大学学报》）第 2 期。

〖07971〗许余龙　（1989）英汉远近称指示词的对译问题，《外国语》（《上海外国语大学学报》）第 4 期。

〖07972〗张亚非　（1989）多语间话语结构的对比分析，《外国语》（《上海外国语大学学报》）第 6 期。

〖07973〗郑立信　（1989）试论语言对比分析法，《外国语》（《上海外国语大学学报》）第 1 期。

〖07974〗邱述德　（1989）英汉词语意义的非完全对应关系，《外语教学与研究》第 1 期。

〖07975〗赵　钢　（1989）非典型主谓结构——英语句子和汉语词组的比较，《外语教学与研究》第 4 期。

〖07976〗王　忠　（1989）俄汉语中"，"的用法比较，《外语学刊》第 5 期。

〖07977〗伍铁平　（1989）开展中外修辞的比较研究——《英语修辞与翻译》序，《外语学刊》第 6 期。

〖07978〗方文惠　（1989）开展英汉对比语言学研究，《外语研究》第 3 期。

〖07979〗王菊泉　（1989）节奏在汉语词语结构中的作用所引起的汉英语法差异，《外语研究》第 4 期。

〖07980〗顾国雄　（1989）俄汉语词汇多项语义对比，《外语与外语教学》第 2 期。

〖07981〗詹晓宁　（1989）英汉结构歧义的对比研究，《外语与外语教学》第 3 期。

〖07982〗胡昌辉　（1989）从英、汉语的"后移"探"思维语音"，《武汉教育学院学报》第 1 期。

〖07983〗黄河清　（1989）试析外来词在英汉两种语言中数量悬殊的原因，《现代外语》第 2 期。

〖07984〗顾曰国　（1989）柏克的"同一"理论——兼论汉英修辞学思想的差异，《修辞学习》第 5 期。

〖07985〗熊文华　（1989）翻译中的歧义问题，《语言教学与研究》第 4 期。

〖07986〗伍铁平　（1989）不同语言的味觉词和温度词对客观世界的不同切分——语言类型学研究，《语言教学与研究》第 1 期。

〖07987〗于树华　（1989）谈语言对比在对外汉语教材编写中的运用，《语言教学与研究》第 4 期。

〖07988〗方文惠　（1989）英汉辞格对比说略，《浙江师大学报》第 3 期。

〖07989〗王　衡　（1989）汉英语法异同辨——与任学良同志商榷，《浙江师范大学学报》（社会科学版）第 3 期。

〖07990〗田文琪　（1989）俄语非分解句与汉语包孕句，《中国俄语教学》第 4 期。

〖07991〗吴国华　（1989）俄汉文化伴随意义词汇对比研究

（论文提要），《中国俄语教学》第 2 期。

〖07992〗杨开三 （1989）简论俄汉定语外部形式的不同，《中国俄语教学》第 2 期。

〖07993〗陈家宁 （1989）从汉英文学术语差异谈起，《中国翻译》第 1 期。

〖07994〗袁昌明 （1989）英汉修辞比较与翻译，《中国翻译》第 4 期。

〖07995〗刘宁生 （1989）汉语英语对比三例，《中国语文天地》第 2 期。

1988 年

〖07996〗鲁晓琨 （1988）汉日语对比在汉外语对比中的作用，《北方论丛》第 6 期。

〖07997〗吕志鲁 （1988）英汉语法对比与英语教学，《成才》第 4 期。

〖07998〗彭在义 （1988）英汉并列词组的词序与翻译，《大学英语》第 3 期。

〖07999〗陈建平 （1988）汉德经济贸易用语对比初探，《二外专刊》第专刊期。

〖08000〗陈坤泉 （1988）汉德动词的功能比析，《二外专刊》第专刊期。

〖08001〗韩万衡 （1988）"让步关系"在汉、德语言中表达方式及对应规律，《二外专刊》第专刊期。

〖08002〗何　帆 （1988）"是"与 Sein 的对比，《二外专刊》第专刊期。

〖08003〗刘　泽 （1988）从女性语言学角度看汉语和德语，《二外专刊》第专刊期。

〖08004〗刘芳本 （1988）德语情态小品词与汉语语气助词的对比探讨，《二外专刊》第专刊期。

〖08005〗陆增荣 （1988）初探汉语副词"就"的用法及就

字句的德语表达形式，《二外专刊》第专刊期。

〖08006〗孟继文　（1988）汉语和德语表达事物性状程度的比较方式，《二外专刊》第专刊期。

〖08007〗彭兴中　（1988）德汉指人代词"移位"修辞法比较，《二外专刊》第专刊期。

〖08008〗彭肇兴　（1988）德语词组及其在汉语中的等值形式，《二外专刊》第专刊期。

〖08009〗钱文彩　（1988）汉德篇章结构中后指指同关系的对比，《二外专刊》第专刊期。

〖08010〗伍竞先　（1988）汉德语的多义性对比，《二外专刊》第专刊期。

〖08011〗杨向如　（1988）德语学习中的母语干扰，《二外专刊》第专刊期。

〖08012〗苑耀凯　（1988）汉德物量词比较，《二外专刊》第专刊期。

〖08013〗张　天　（1988）德汉构词法比较，《二外专刊》第专刊期。

〖08014〗张才良　（1988）汉德修辞方式对比，《二外专刊》第专刊期。

〖08015〗郑静慧等　（1988）德汉派生名词对比，《二外专刊》第专刊期。

〖08016〗朱振群　（1988）德语从句和汉语偏句的对比分析，《二外专刊》第专刊期。

〖08017〗吴玉璋　（1988）从语言类型的对比看人类思维的共性——语言的普遍现象研究之一，《外国语言文学》Z2 期。

〖08018〗杜昌忠　（1988）福建方言与英语语音，《外国语言文学》Z2 期。

〖08019〗黄国营　（1988）对比语言学和对外汉语教学，《汉语学习》第 5 期。

〖08020〗耿　富　（1988）现代汉语、日语音素、音位比较，《黑龙江教育学院学报》第 3 期。

〖08021〗罗启华　（1988）一门新兴的语言学分科——对比语言学，《华中师范大学学报》（人文社会科学版）第 4 期。

〖08022〗石俊平　（1988）俄、汉语对应词的语体色彩比较，《华中师范大学学报》（人文社会科学版）第 1 期。

〖08023〗谭中行　（1988）英汉动词现在进行体的比较，《淮阴师范学院学报》（哲学社会科学版）第 2 期。

〖08024〗张　杰　（1988）英汉否定浅析，《吉林师范学院学报》第 4 期。

〖08025〗莫永吉　（1988）英汉成语褒贬义辨：试评成语词典的对译词，《江苏教育学院学报》第 1 期。

〖08026〗秦礼君　（1988）汉日副词的同与异，《解放军外国语学院学报》第 4 期。

〖08027〗洪　明　（1988）善于运用两种语言的对比是实际等值翻译的前提，《科技日语》第 3 期。

〖08028〗秦礼君　（1988）日语同素异序词的结构方式比较，《科技日语》第 3 期。

〖08029〗刘乃华　（1988）汉英语音系统主要特点之比较，《南京师大学报》（社会科学版）第 3 期。

〖08030〗杭余桐　（1988）外语学习中的对比分析和错误分析，《南通师专学报》第 3 期。

〖08031〗贾仁园　（1988）谈英汉动词的差异性，《萍乡教育学报》第 4 期。

〖08032〗杨自俭　（1988）试论中西修辞学的发展，《青岛海洋大学学报》第 1 期。

〖08033〗程放明　（1988）有关动物惯用语的中日对比——

关于"狗（犬）"和"猫"，《日语学习与研究》第 1 期。

〖08034〗秦礼君　（1988）从相异点谈汉日用言修饰语，《日语学习与研究》第 6 期。

〖08035〗王　宏　（1988）日语"ない""ぬ"与汉语"不""没有"的对应关系，《日语学习与研究》第 5 期。

〖08036〗姚俊元　（1988）"字同义异"的中日汉字（一）、（二）、（三），《日语学习与研究》第 5、6 期。

〖08037〗刘丽华　（1988）汉语动结结构的日语对应形式初探，《日语知识》第 3、4 期。

〖08038〗高玉华　（1988）英汉元音比较——中国学生学习英语元音的困难，《山东外语教学》Z1 期。

〖08039〗韦　雷　（1988）浅谈英汉语音对比教学中的正负迁移作用，《山东外语教学》第 1 期。

〖08040〗李忠民　（1988）英汉量词比较，《山西大学学报》（哲学社会科学版）第 2 期。

〖08041〗赵福胤　（1988）汉语、英语和俄语被动句的比较，《陕西外语师专学报》第 1 期。

〖08042〗孟伟根　毛荣贵　（1988）关于形合与意合，《绍兴师专学报》第 3 期。

〖08043〗谭敬训　（1988）汉语的"有"和英语的"Have"，《世界汉语教学》第 2 期。

〖08044〗李百华　（1988）汉语和豪萨语声调对比与声调教学，《世界汉语教学》第 3 期。

〖08045〗翁仲福　（1988）汉语成语的法译，《世界汉语教学》第 2 期。

〖08046〗张孝忠　（1988）通感语言的民族差异和词语搭配，《世界汉语教学》第 3 期。

〖08047〗姜　平　（1988）中西修辞学发展初探，《四川教育学院学报》第 1 期。

〖08048〗陈祥民 （1988）汉语量词与英语表量词对比中的一个反常现象，《松辽学刊》第 4 期。

〖08049〗李 冬 （1988）汉英词语理据比较，《外国语》（《上海外国语大学学报》）第 6 期。

〖08050〗吴玉璋 （1988）从历时和共时对比的角度看颜色词的模糊性，《外国语》（《上海外国语大学学报》）第 5 期。

〖08051〗许余龙 （1988）论语言对比基础的类型，《外国语》（《上海外国语大学学报》）第 3 期。

〖08052〗顾国雄 （1988）汉外对比与交际教学，《四川外语学院学报》第 4 期。

〖08053〗王永慧 （1988）试论德语与汉语表达中的主述位分布，《外语教学》第 3 期。

〖08054〗陈国华 （1988）英汉假设条件句比较，《外语教学与研究》第 1 期。

〖08055〗邵 京 （1988）语言差别与思维差异——汉英反事实假设研究综述，《外语教学与研究》第 1 期。

〖08056〗王菊泉 宗福常 （1988）英汉被动意义名词性短语的对比研究，《外语教学与研究》第 4 期。

〖08057〗陈国亭 （1988）汉语表达俄语词序变化的基本原则和手段，《外语学刊》第 6 期。

〖08058〗傅民杰 （1988）俄汉语言习惯的对比研究，《外语学刊》第 4 期。

〖08059〗王长春 （1988）中外修辞学纵横谈——兼论比较修辞学的对象与任务，《外语研究》第 1 期。

〖08060〗颜洪恩 （1988）试论英语否定因素翻译技巧，《外语研究》第 4 期。

〖08061〗申文安　（1988）兰州方言与英语语音比较浅析，《西北民族大学学报》（哲学社会科学版）第 4 期。

〖08062〗陈穗湘　（1988）浅析不同语言之间的语义差异，《现代外语》第 2 期。

〖08063〗顾明华　（1988）汉英对应词对比刍议，《现代外语》第 1 期。

〖08064〗何自然　段开诚　（1988）汉英翻译中的语用对比研究，《现代外语》第 3 期。

〖08065〗刘　丽　（1988）关于中、日两国语言在连体修饰句中的时态问题，《现代外语》第 3 期。

〖08066〗尹懋谦　（1988）"借代"英汉对比，《湖南科技大学学报》（社会科学版）第 3 期。

〖08067〗陈映雯　（1988）英汉形象语言的民族特点，《学术论坛》第 6 期。

〖08068〗白　林　（1988）汉语音素和英、法、日语音素的粗略比较，《延边教育学院学刊》第 1、2 期。

〖08069〗康明强　黄惠聪　（1988）英汉定语对比琐谈，《扬州大学学报》（人文社会科学版）第 3 期。

〖08070〗廖雅章　（1988）从汉英句型对比看自然语言的普遍性，《语言教学与研究》第 3 期。

〖08071〗马河清　（1988）定语(le complement determinatif)——汉法对比，《语言教学与研究》第 1 期。

〖08072〗王金柱　（1988）汉语称数法教学一得——兼谈汉英称数法比较，《语言教学与研究》第 2 期。

〖08073〗能势良子　（1988）浅谈日语被动句的汉译，《语言教学与研究》第 1 期。

〖08074〗马河清　（1988）定语——汉法对比，《语言教学与研究》第 1 期。

〖08075〗熊文华　（1988）汉语和英语单复数表达手段的比较，《语言教学与研究》第 2 期。

〖08076〗赵永新　（1988）汉英祈使句的比较，《语言教学与研究》第 3 期。

〖08077〗张建理　（1988）英语和汉语信息结构中的意念倾向，《浙江大学学报》第 1 期。

〖08078〗王铭玉　（1988）浅议俄汉语调的对比，《中国俄语教学》第 2 期。

〖08079〗王培硕　（1988）俄语前置词与汉语介词对比，《中国俄语教学》第 6 期。

〖08080〗赵陵生　（1988）语言的民族特点和翻译，《中国俄语教学》第 6 期。

〖08081〗赵敏善　（1988）汉俄语主从复合句之对比，《中国俄语教学》第 1 期。

〖08082〗柯　平　（1988）文化差异和语义的非对应，《中国翻译》第 1 期。

〖08083〗唐松波　（1988）中西修辞学的内容与方法比较，《中国人民警官大学学报》第 1 期。

〖08084〗欧治梁　（1988）英汉成语设喻的比较，《重庆师院学报》第 1 期。

〖08085〗陈新才　（1988）从华英对比角度看新加坡华文报新闻语言的倾向，《第二届国际汉语教学讨论会论文选》，北京：北京语言学院出版社。

〖08086〗高立希　（1988）比较汉语和德语句子结连法的异同，《第二届国际汉语教学讨论会论文选》，北京：北京语言学院出版社。

〖08087〗荀春生　（1988）关于"了"与日语"夕"形的非等值性，《第二届国际汉语教学讨论会论文选》，北京：北京语言学院出版社。

1987 年

〖08088〗刘宓庆 （1987）汉英对比研究概论(连载)，《北二外学报》第 1 期。

〖08089〗赵乾龙 （1987）论德汉语言中的形象比喻，《北二外学报》（德语专刊）。

〖08090〗陈坤泉 （1987）汉语和德语中的双宾语动词和双宾语句，《北二外学报》（德语专刊）。

〖08091〗韩万衡 （1987）汉德条件句的语义对比，《北二外学报》（德语专刊）。

〖08092〗韩万衡 （1987）国内汉德语言对比研究状况，《北二外学报》（德语专刊）。

〖08093〗黎一建 （1987）德语情态动词和汉语能愿动词作谓语时的对比，《北二外学报》（德语专刊）。

〖08094〗林尔康 （1987）德语独词句"Ja"、"Nein"、"Doch"和汉语独词句"是"、"不"的对比，《北二外学报》（德语专刊）。

〖08095〗刘泽圭 （1987）汉德构词对比初探，《北二外学报》（德语专刊）。

〖08096〗鲁仲达 （1987）汉德成语互译对比，《北二外学报》（德语专刊）。

〖08097〗尉文珧 （1987）德汉语言交际功能对比初探，《北二外学报》（德语专刊）。

〖08098〗魏永昌 （1987）积极开展汉德语言对比研究，《北二外学报》（德语专刊）。

〖08099〗姚保琼 （1987）汉德语言异同之我见，《北二外学报》（德语专刊）。

〖08100〗朱小雪 （1987）汉德句法对比的参照模式，《北二外学报》（德语专刊）。

〖08101〗朱小雪 （1987）语言对比研究的方法，《北二外学报》（德语专刊）。

〖08102〗朱振群　（1987）论语序在德语和汉语中的功能，《北二外学报》（德语专刊）。

〖08103〗魏荣华　（1987）俄汉约数表示法对比，《俄语学习》第 6 期。

〖08104〗曹海英　（1987）汉英成语中的数词比较，《华中师大研究生学报》第 2 期。

〖08105〗宋传伟　（1987）简论汉、俄语比喻对应，《华中师大研究生学报》第 1 期。

〖08106〗阎晓红　（1987）英汉省略新探，《华中师大研究生学报》第 2 期。

〖08107〗谭中行　（1987）英汉动词现在完成体的异同探讨，《淮阴师专学报》第 3 期。

〖08108〗柯金算　（1987）浅谈英汉习语的对比与翻译，《集美师专学报》第 3 期。

〖08109〗侯月琴　（1987）有关日汉语中因果关系表现的比较，《日语学习》第 3 期。

〖08110〗何晓毅　（1987）汉日发音比较及日本人汉语发音错误之分析，《日语学习与研究》第 2 期。

〖08111〗梁树新　（1987）浅析日语谓语与汉语谓语性质上的根本不同，《日语学习与研究》第 2 期。

〖08112〗秦礼君　（1987）汉日主语比较，《日语学习与研究》第 3 期。

〖08113〗王　宏　（1987）日语"だ"与汉语"是"的对应关系，《日语学习与研究》第 3 期。

〖08114〗于振田　（1987）浅析日汉语元、辅音异同，《日语学习与研究》第 2 期。

〖08115〗赵博源　（1987）汉语"自动词+形式宾语"与日语"体言を+自动词"的比较，《日语学习与研究》第 2 期。

〖08116〗周海燕　（1987）日汉语副词语法功能的比较，《日语学习与研究》第 5 期。

〖08117〗戚　冰　（1987）汉语成语中数词英译初探，《上饶师范学院学报》第 3 期。

〖08118〗谭正平　彭邦清　（1987）现代英语与古汉语词类活用的比较，《上饶师范学院学报》第 1 期。

〖08119〗贾甫田　（1987）西班牙语、汉语比较方式的对比，《世界汉语教学》第 3 期。

〖08120〗熊文华　（1987）英文汉译中的文体问题，《世界汉语教学》第 4 期。

〖08121〗胡明扬　（1987）问候语的文化心理背景，《世界汉语教学》第 2 期。

〖08122〗贾甫田　（1987）西班牙、汉语比较方式的对比，《世界汉语教学》第 1 期。

〖08123〗万惠洲　（1987）汉英简略法构词的比较，《世界汉语教学》第 1 期。

〖08124〗陈文伯　（1987）关于英汉谚语的对译，《外国语》（《上海外国语大学学报》）第 6 期。

〖08125〗何善芬　（1987）英语语音教学中英汉对比的几个方面，《外国语》（《上海外国语大学学报》）第 6 期。

〖08126〗李　冬　（1987）下义关系的不规则性——兼谈语言与文化的关系，《外国语》（《上海外国语大学学报》）第 3 期。

〖08127〗陈　莹　（1987）汉英音高体系比较——兼论英语语调模拟教学，《外语教学》第 1 期。

〖08128〗张世广　（1987）德汉合成词比较，《外语教学》第 2 期。

〖08129〗陈国亭　（1987）俄汉语句否定形式和否定意义的比较，《外语学刊》第 2 期。

〖08130〗赵敏善　（1987）俄汉语简单句的语义主体，《外语学刊》第 1 期。

〖08131〗王培硕　（1987）英汉短语动词对比，《外语研究》第 1 期。

〖08132〗顾国雄　（1987）俄汉语工具意义表达方式异同点，《外语与外语教学》第 3 期。

〖08133〗徐友敏　（1987）汉、德构词法的比较研究，《湘潭大学学报》增刊。

〖08134〗尹懋谦　何咏军　（1987）"隐喻"英汉对比，《湖南科技大学学报》（社会科学版）第 3 期。

〖08135〗徐子亮　（1987）汉外语法比较研究述略，《语文导报》第 3 期。

〖08136〗武树元　（1987）俄语和汉语中多项描写性状语的表达方式，《语言教学与研究》第 3 期。

〖08137〗伍铁平　（1987）就比较级和系统论在语言学中的应用给王还教授的一封信，《语言教学与研究》第 1 期。

〖08138〗[日]芝田稔　荀春生译述　（1987）日中汉字的异同及简化问题，《语言教学与研究》第 1 期。

〖08139〗鲁健骥　（1987）外国人学习汉语的词语偏误分析，《语言教学与研究》第 4 期。

〖08140〗康其慧　（1987）在比较中学习，《中国俄语教学》第 1 期。

〖08141〗王建始　（1987）前重心和后重心——英汉句子比较，《中国翻译》第 3 期。

〖08142〗乔　毅　（1987）格标记的对比辨析及汉语的词格探讨，《中国社会科学院研究生院学报》第 6 期。

〖08143〗周流溪　（1987）汉英处所状语和时间状语的对比研究：原则和实例，《中国社会科学院研究生院学报》第 2 期。

〖08144〗林　敏　（1987）谈语言的对比分析在外语教学中的应用，《中山大学研究生学刊》第 2 期。

〖08145〗金祥元著　柳英绿译　（1987）从朝汉语多谓语句对比中看朝鲜语复句问题，《朝鲜语言学论文集》，延吉：延边大学出版社。

1986 年

〖08146〗刘玉祥　（1986）谈英汉两种语言中的"明喻"，《大学英语》第 1 期。

〖08147〗林大津　（1986）英汉活用习语修辞比较，《外国语言文学》第 4 期。

〖08148〗庞林林　（1986）英汉同音词比较，《广西民族学院学报》（哲学社会科学版）第 4 期。

〖08149〗许高渝　（1986）俄语缩略词和汉语简略语对比，《杭州大学学报》增刊。

〖08150〗罗启华　（1986）"一个"和"多个"——俄汉语表达形式的比较，《华中师范大学学报》（人文社会科学版）第 1 期。

〖08151〗高　伟　（1986）汉英存在句，《华中师大研究生学报》第 3 期。

〖08152〗熊卫国　（1986）信息中心与强调——英汉强调句法手段比较，《华中师大研究生学报》第 3 期。

〖08153〗李姐莉　（1986）浅谈中日两国语言的区别，《科技日语》第 1 期。

〖08154〗郭明仪　（1986）谈谈语言的对比研究，《兰州大学学报》第 4 期。

〖08155〗王凤举　（1986）汉日文同形异义语词举例，《兰州教育学院学报》第 2 期。

〖08156〗徐家祯　（1986）试论中英语言中"前提"的不同表现形式，《逻辑与语言学习》第 4 期。

〖08157〗吴永年 （1986）试论德、汉语中的借词，《南京大学学报》增刊。

〖08158〗吴 锋 （1986）英汉语中"dog"（狗）一词的含义，《外语研究》第 3 期。

〖08159〗计 钢 （1986）日语的"しゅみ趣味""きょうみ輿味"和汉语的"趣味""兴味""兴趣"的异同，《日语学习与研究》第 4 期。

〖08160〗李进守 （1986）浅谈中日两国词语中的外来语，《日语学习与研究》第 4 期。

〖08161〗王 宏 （1986）日语"ある""いる"与汉语"有""在"的对应关系，《日语学习与研究》第 6 期。

〖08162〗林 立 （1986）汉语复句与印欧语复句的异同，《山东外语教学》第 1 期。

〖08163〗中 绳 （1986）汉英词语记趣两三则，《外国语》（《上海外国语大学学报》）第 6 期。

〖08164〗沐 莘 （1986）试谈英汉多义词的比较，《外国语》（《上海外国语大学学报》）第 6 期。

〖08165〗呼延如谨 （1986）俄语中量词的探索——汉俄语法比较研究，《外国语文教学》第 3 期。

〖08166〗李先诗 （1986）英汉元音音素比较，《外国语文教学》第 2 期。

〖08167〗文 军 （1986）英汉明喻的比较，《外国语文教学》第 4 期。

〖08168〗马常纲 （1986）英汉谚语的对比，《外语教学》第 4 期。

〖08169〗毛意忠 （1986）法汉形容词几个问题的比较，《外语教学》第 4 期。

〖08170〗于 济 （1986）依据发音器官的紧张程度研究汉俄语音对比，《外语教学》第 1 期。

〖08171〗何自然、阎 庄 （1986）中国学生在英语交际中的语用失误——汉英语用差异调查，《外语教学与研究》第 3 期。

〖08172〗钱文彩 （1986）从汉德对比看对比语言学问题，《外语教学与研究》第 4 期。

〖08173〗石俊平 （1986）汉、俄语对应词比较，《外语学刊》第 4 期。

〖08174〗王克西 （1986）汉语词和日语汉词的同形异义现象，《外语学刊》第 1 期。

〖08175〗吴宝芳 （1986）汉、英、俄成语的比较与翻译，《外语学刊》第 3 期。

〖08176〗邹立泉 （1986）俄汉成语和谚语比较，《外语与外语教学》第 2 期。

〖08177〗郭杰克等 （1986）略论汉英动词"体"的对比研究，《现代外语》第 1 期。

〖08178〗阿　人 （1986）"层递"与"倒层递"英汉对比，《湘潭师院学报》第 2 期。

〖08179〗党　元 （1986）浅谈英汉语言的否定表达及其翻译，《扬州大学学报》（人文社会科学版）第 4 期。

〖08180〗张定兴 （1986）趣味英汉习语比较，《英语辅导》第 1 期。

〖08181〗余云霞 （1986）汉俄构词后缀比较，《语言教学与研究》第 1 期。

〖08182〗靳卫卫 （1986）汉日语中比较句的异同，《语言教学与研究》第 2 期。

〖08183〗王钟华 （1986）汉语的"什么"和法语的"que"，《语言教学与研究》第 1 期。

〖08184〗纪漪馨 （1986）英语情态助动词与汉语能愿动词的比较，《语言教学与研究》第 3 期。

〖08185〗石　锋、廖荣容 （1986）中美学生汉语塞音时值对比分析，《语言教学与研究》第 4 期。

〖08186〗金定元　（1986）"洋腔洋调"探源——汉英音位系统对比研究，《语言教学与研究》第 4 期。

〖08187〗赵永新　（1986）谈谈英语和汉语比较方式的异同，《语言教学与研究》第 1 期。

〖08188〗周时挺　（1986）"and"和"而"，《语言教学与研究》第 2 期。

〖08189〗顾蕴璞、白　伟　（1986）汉俄表达方式上的几种差异浅谈，《中国俄语教学》第 3 期。

〖08190〗梁荣富　（1986）俄汉语中几种标点符号使用的对比，《中国俄语教学》第 5 期。

〖08191〗武树元　（1986）俄汉语言对比研究和翻译，《中国俄语教学》第 5 期。

〖08192〗赵敏善　（1986）汉俄语非疑问简单句结构模式的几个差异，《中国俄语教学》第 6 期。

〖08193〗任　杰　（1986）对比在英语教学中的应用，《中小学英语教学与研究》第 3 期。

〖08194〗王万正　（1986）英汉语音对比教学要点，《中小学英语教学与研究》第 4 期。

〖08195〗王　还　（1986）有关汉外语法对比的三个问题，《第一届国际汉语教学讨论会论文选》，北京：北京语言学院出版社。

〖08196〗徐家祯　（1986）试从"前提"的角度分析中英语的某些差异，《第一届国际汉语教学讨论会论文选》，北京：北京语言学院出版社。

〖08197〗史耐新·戈戈娃　（1986）保加利亚语与汉语中动词的"体"，《第一届国际汉语教学讨论会论文选》，北京：北京语言学院出版社。

〖08198〗高恭亿　（1986）关于汉语和英语的结果补语，《第一届国际汉语教学讨论会论文选》，北京：

北京语言学院出版社。

〖08199〗戴祝愈　（1986）汉语语法之难点——谈以英语为母语学生在学习句型结构时之困难，《第一届国际汉语教学讨论会论文选》，北京：北京语言学院出版社。

〖08200〗王振昆　（1986）比较语言学初探，《汉语研究》（南开）第一辑，南京：南京大学出版社。

〖08201〗[日]实藤惠秀著　张国璐译　（1986）日语、汉语、英语的比较，《汉语研究》（南开）第一辑，南京：南京大学出版社。

1985 年

〖08202〗毛意忠　（1985）汉法疑问句比较，《法国研究》第 1 期。

〖08203〗谭抒青　（1985）汉语与英语差异之我见，《福建师范大学学报》（哲学社会科学版）第 1 期。

〖08204〗缪鹏飞　（1985）英汉音素的辨别，《华南师范大学学报》（社会科学版）第 3 期。

〖08205〗石俊平　（1985）俄、汉对应成语语义比较，《华中师范大学学报》（人文社会科学版）第 3 期。

〖08206〗黄腾火　（1985）汉英语序比较，《集美师专学报》第 4 期。

〖08207〗操清霞　（1985）介词"于"与补格助词"に"的对应关系，《科技日语》第 3 期。

〖08208〗傅成劼　（1985）汉语和越南语名词用法比较，《民族语文》第 5 期。

〖08209〗赵曙明　（1985）试谈中美语言和文化的差异，《南京大学学报》增刊。

〖08210〗古今明　（1985）英汉语中被动句的对比与翻译，

《外语研究》第 1 期。

〖08211〗殷　勤　（1985）日中汉字字体对比，《日语学习》
第 1 期。

〖08212〗金荣一　（1985）关于"も"和汉语的"也""还"
的对应问题，《日语学习与研究》第 2 期。

〖08213〗石　刚　（1985）"没关系"在日语中的表达——
围绕"さしつかえない""かまわない"
和"大丈夫だ"，《日语学习与研究》第
3 期。

〖08214〗孙　群　（1985）日、汉语句节的对比与翻译，《日
语学习与研究》第 2 期。

〖08215〗王　宏　（1985）日汉语指示词的对应关系，《日
语学习与研究》第 5 期。

〖08216〗王曙光　（1985）日汉间接被动句之我见——兼与
韩基国同志商榷，《日语学习与研究》第
1 期。

〖08217〗吕天石　（1985）替代与原词复现，《外国语》（《上
海外国语大学学报》）第 4 期。

〖08218〗沐　莘　（1985）浅谈语义及其类型，《外国语》
（《上海外国语大学学报》）第 4 期。

〖08219〗严庆禧　（1985）略说汉外成语的比较研究，《外
国语》（《上海外国语大学学报》）第 3
期。

〖08220〗赵世开　（1985）英汉对比中微观与宏观的研究，
《四川外语学院学报》Z1 期。

〖08221〗张烈材　（1985）德汉句子结构对比分析，《四川
外语学院学报》Z1 期。

〖08222〗贾发贵　（1985）英汉否定句差异对照，《外语教
学》第 1 期。

〖08223〗毛意忠　（1985）关于法汉语法比较研究的探讨，
《外语教学》第 3 期。

〖08224〗秦礼君　（1985）"を、に、と、へ、が"的汉译与日汉宾语的范围，《外语教学》第 3 期。

〖08225〗沈家煊　（1985）英汉空间概念的表达形式，《四川外语学院学报》第 4 期。

〖08226〗赵陵生　（1985）表达句子中心信息的手段——俄、汉词序比较，《外语教学与研究》第 3 期。

〖08227〗赵敏善　（1985）俄汉语中动词和名词联用组成的结构，《中国俄语教学》第 2 期。

〖08228〗赵敏善　（1985）汉俄语中动词客体表达的几个问题，《外语学刊》第 4 期。

〖08229〗连淑能　（1985）汉英句子的基本结构，《厦门大学学报》（哲学社会科学版）第 1 期。

〖08230〗刘英凯　（1985）英汉"移觉"修辞格探讨，《现代外语》第 3 期。

〖08231〗金钟太　（1985）论现代汉语被字句在朝鲜语中的对应形式，《延边大学学报》（社会科学版）第 1 期。

〖08232〗晨　言　（1985）建设中的比较修辞学，《语文导报》第 8 期。

〖08233〗于树华　（1985）动词、动词结构、主谓结构作定语与法语的相应表达形式，《语言教学与研究》第 2 期。

〖08234〗张亚军　皮尔兹　（1985）汉德语中"已经"和"了"的比较与教学，《语言教学与研究》第 2 期。

〖08235〗康玉华　（1985）汉日被动句式的异同，《语言教学与研究》第 3 期。

〖08236〗毛意忠　（1985）汉法主语、谓语、宾语省略的对比研究，《语言教学与研究》第 1 期。

〖08237〗沈家煊　（1985）词序与辖域——英汉比较，《语言教学与研究》第 1 期。

〖08238〗万惠洲　　（1985）汉英构词法的比较与教学，《语言教学与研究》第 2 期。

〖08239〗柳英绿　　（1985）汉语"在＋NP"和朝鲜语"NP＋位格或与格"的对比，《语言研究》第 2 期。

〖08240〗桑　抗　　（1985）俄汉对等词义的几个特点，《中国俄语教学》第 5 期。

〖08241〗张志公　　（1985）加紧开展英汉对比研究，《中小学英语教学与研究》第 4 期。

1984 年

〖08242〗周云和　孙明璇　　（1984）鞍山地区方言影响英语语音的问题初探，《鞍山师专学报》第 3、4 期。

〖08243〗陈四维　　（1984）英汉构词法比较，《长春师范学院学报》第 1 期。

〖08244〗张定中　　（1984）俄汉语比喻的比较，《外语与外语教学》第 3 期。

〖08245〗黄懋颐　　（1984）英汉表量结构对比初探，《对外汉语教学》第 4 期。

〖08246〗吕叔湘　　（1984）由"rose"和"玫瑰"引起的感想，《翻译通讯》第 10 期。

〖08247〗文　军、唐　林　　（1984）汉英装束代人比较谈，《外国语言文学》第 4 期。

〖08248〗韩瑞穗　　（1984）汉语、汉文与日文，《国际关系学院学报》第 7 期。

〖08249〗马世沛　　（1984）浅谈英语及汉语介词之异同，《河北大学学报》（哲学社会科学版）第 1 期。

〖08250〗刘　迅、李定坤　　（1984）英汉被动句比较，《华中师院研究生学报》第 3 期。

〖08251〗柯辛佩　　（1984）关于日、汉语能愿表现异同，《解放军外国语学院学报》第 2 期。

〖08252〗贺季萱 姚乃强 （1984）汉英动词漫谈(二)
——汉英时体的异同（上），《解放军外
国语学院学报》第 3 期。

〖08253〗贺季萱 姚乃强 （1984）汉英动词漫谈(二)
——汉英时体的异同（下），《解放军外
国语学院学报》第 4 期。

〖08254〗陈忠诚 （1984）具体词义要具体翻译，《翻译通
讯》第 4 期。

〖08255〗石羽文 （1984）英汉并列成分排列的异同，《科
技英语学习》第 2 期。

〖08256〗许其鹏 （1984）英语中形式与内容不一的否定表
达及汉语的比较，《南外学报》第 1 期。

〖08257〗赵敏善 （1984）俄语前置词与汉语介词，《南外
学报》第 2 期。

〖08258〗钟良弼 （1984）几个汉语修辞格在英语中的对应
手法，《南外学报》第 1 期。

〖08259〗王丰才 （1984）俄汉语句法比较在俄语教学中的
作用，《青海师范大学学报》（哲学社会
科学版）第 1 期。

〖08260〗胡 模 （1984）汉语情态动词"能、会、可"的
否定形式和日语的表现形式，《日语学习》
第 2 期。

〖08261〗陈百海 （1984）"の"与"的"的比较，《日语
学习与研究》第 6 期。

〖08262〗陈俊森 （1984）"ふとい/ほそい"、"あうい/
ニまかい"和汉语"粗/细"概念的对应，
《日语学习与研究》第 5 期。

〖08263〗韩国基 （1984）日语被动句的探讨及其与汉语的
对应，《日语学习与研究》第 3 期。

〖08264〗李进守 （1984）对中日两国语量词/助数词使用

能力的调查和分析，《日语学习与研究》第 3 期。

〖08265〗秦礼君　（1984）日汉否定形式同异初论，《日语学习与研究》第 3 期。

〖08266〗孙　群　（1984）日汉语的代词对比与翻译，《日语学习与研究》第 1 期。

〖08267〗王　宏　（1984）有关穿戴脱解动词的日汉语对比，《日语学习与研究》第 1 期。

〖08268〗姚祖榕　（1984）"も"和汉语"也""还"的对应，《日语学习与研究》第 4 期。

〖08269〗张　泉　（1984）中日两国共同使用的成语，《日语学习与研究》第 5 期。

〖08270〗邹儒生　邹本建　（1984）日语的约音与汉语的反切，《日语学习与研究》第 1 期。

〖08271〗张麟声　（1984）试谈对照语言学及其研究方法，《山西大学学报》（哲学社会科学版）第 2 期。

〖08272〗王　丹　（1984）谈谈英汉成语的对比，《上饶师范学院学报》第 4 期。

〖08273〗王彤福　（1984）论对比分析假设的有效性，《外国语》（《上海外国语大学学报》）第 4 期。

〖08274〗伍铁平　（1984）外语比较拾零——语言中的真假"朋友"，《外国语文教学》第 3 期。

〖08275〗高厚堃　（1984）英语和汉语信息结构中的末尾焦点，《外语教学与研究》第 1 期。

〖08276〗沈家煊　（1984）英汉介词对比，《外语教学与研究》第 2 期。

〖08277〗胡孟圣　（1984）"的"和"の"用法异同，《外语与外语教学》第 4 期。

〖08278〗刘和民　（1984）论汉语与日语可能式，《外语与外语教学》第 3 期。

〖08279〗邹儒生　（1984）汉语古今同形异义词与日语借词，《外语学报》第 2 期。

〖08280〗伍铁平　（1984）论语言的类型对比，《外语学刊》第 4 期。

〖08281〗郭杰克、尤俊生、楚至大、陈　青　（1984）评《汉英比较语法》，《现代外语》第 2 期。

〖08282〗伍铁平　（1984）语言是社会的一面镜子——词汇比较研究，《现代外语》第 2 期。

〖08283〗赵敏善　（1984）汉语的动态与俄语的体，《现代外语》第 4 期。

〖08284〗徐烈炯　（1984）解释性的语言对比研究，《现代英语研究》第 1 期。

〖08285〗陈安民　（1984）"给"和"give，to，for and…"——词汇教学上的汉英对比初探，《徐州师范大学学报》第 3 期。

〖08286〗沈一民　（1984）使动结构的法汉语对比，《学丛》第 1 期。

〖08287〗金裕雪　（1984）"やる・くれる・もらろ"与汉语"给"字的语法对比，《延边大学学报》（社会科学版）第 2 期。

〖08288〗权奇英　（1984）朝鲜语过去时词尾与汉语助词"了"的比较，《延边大学学报》（社会科学版）第 2 期。

〖08289〗赵世开　沈家煊　（1984）汉语"了"字跟英语相应的说法，《语言研究》第 1 期。

〖08290〗张孝忠　（1984）"不"和"没（有）"用法举例——兼与英语"not"和"no"的对比，《语言教学与研究》第 4 期。

〖08291〗赵永新　（1984）汉英句子成分省略比较，《语言教学与研究》第 4 期。

〖08292〗[日]水野义道　章纪孝　（1984）汉语"更"和日语"もっと"，《语言教学与研究》第 1 期。

〖08293〗王　还　（1984）汉语的状语与"得"的补语和英语的状语，《语言教学与研究》第 4 期。

〖08294〗任　远　（1984）对罗马尼亚学生的汉语语音教学琐谈，《语言教学与研究》第 2 期。

〖08295〗王钟华　（1984）汉法疑问句对比，《语言教学与研究》第 4 期。

〖08296〗章纪孝等　（1984）汉语"更"和日语"もっと"，《语言教学与研究》第 1 期。

〖08297〗朱一之　（1984）汉语和西班牙语的疑问句，《语言教学与研究》第 3 期。

〖08298〗纪凤娇　（1984）英语语音教学的几个问题，《江西教育学院学报》第 2 期。

〖08299〗严学窘　（1984）中国对比语言学的兴起，《中南民族大学学报》（人文社会科学版）第 2 期。

〖08300〗张兴权　（1984）朝鲜语和汉语词汇的对比，《中央民族大学学报》（哲学社会科学版）第 2 期。

1983 年

〖08301〗钱文彩　（1983）汉语连动句和德语的相对表达，《德语学习》第 6 期。

〖08302〗钱文彩　（1983）汉语的数量词和德语的相对表达法，《德语学习》第 1 期。

〖08303〗钱文彩　（1983）汉语和德语副词的比较，《德语学习》第 2 期。

〖08304〗钱文彩　（1983）汉语的"把"字句和德语的相应表达，《德语学习》第 3 期。

〖08305〗钱文彩　（1983）汉语的"被"字句和德语的被动句，《德语学习》第 4 期。

〖08306〗钱文彩　（1983）汉语的兼语句和德语的相对表达，《德语学习》第 5 期。

〖08307〗倜　云　（1983）从掌握汉语动词说起（谈英汉对比），《翻译通讯》第 3 期。

〖08308〗帆　声　（1983）汉英古今音变互证，《河南大学学报》（社会科学版）第 2 期。

〖08309〗张明田　（1983）英汉语句型共性初探，《河南大学学报》（社会科学版）第 2 期。

〖08310〗张允若　（1983）汉语兼语式和英语复杂宾语，《当代财经》第 1 期。

〖08311〗贺季萱　姚乃强　（1983）汉英动词漫谈（一），《解放军外国语学院学报》第 1 期。

〖08312〗李志乔　（1983）俄汉词义比较初探，《南京大学学报》增刊。

〖08313〗史文亭　（1983）浅谈中日同形词在意义和用法上的差别，《日语学习》第 2 期。

〖08314〗李进守　（1983）中日两国同形词的对比研究——以"门""上手""今日""得意"四个词为例，《日语学习与研究》第 1 期。

〖08315〗王　宏　（1983）日语"夕"和汉语"了"的对应关系，《日语学习与研究》第 1 期。

〖08316〗赵安博　（1983）汉字的日本借用音和北京音的比较，《日语学习与研究》第 1 期。

〖08317〗赵福堂　（1983）关于中日同形词的比较研究，《日语学习与研究》第 4 期。

〖08318〗赵永新　（1983）汉英被动结构的比较，《山东外语教学》第 2 期。

〖08319〗裘明仁　（1983）德汉语单音节音位群结构对比，《同济大学学报》（自然科学版）第 4 期。

〖08320〗钱　瑗　（1983）*A Comparison of Some Cohesive Devices in Engllish and Chinese*，《外国语》（《上海外国语大学学报》）第 1 期。

〖08321〗徐烈炯　（1983）语言对比与对比语言学，《外国语言教学资料报导》第 4 期。

〖08322〗王　忠　（1983）汉、俄语标点符号用法比较，《外语学刊》第 1 期。

〖08323〗连淑能　（1983）略谈汉英语法特点，《厦门大学学报》（哲学社会科学版）第 3 期。

〖08324〗陈楚惠　（1983）汉语量词在俄语里的表达，《现代外语》第 4 期。

〖08325〗黄　溥　（1983）汉语的被动句和英语的 Passivals，《现代外语》第 1 期。

〖08326〗毛意忠　（1983）法语避免汉语重复的手段，《现代外语》第 1 期。

〖08327〗彭秋荣　（1983）谈谈英汉字词对应，《湖南城市学院学报》第 2 期。

〖08328〗徐家广　（1983）汉英句子成分表示法的差别与翻译，《英语辅导》第 2 期。

〖08329〗王　还　（1983）"A11"与都，《语言教学与研究》第 4 期。

〖08330〗郑懿德　[日]高桥由纪子　（1983）汉日名量词琐谈，《语言教学与研究》第 1 期。

〖08331〗熊文华　（1983）汉英被动句式的比较，《语言教学与研究》第 4 期。

〖08332〗赵永新　（1983）汉语的"和"与英语的"and"，《语言教学与研究》第 1 期。

〖08333〗方梦之　（1983）加强对比语言学的研究，《语言教学与研究》第 4 期。

〖08334〗邓崇谟　阎德早　（1983）通过汉外对比帮助学生

克服难点，《语言教学与研究》第 2 期。

〖08335〗金绍志　（1983）法汉句子成分强调法对比，《语言教学与研究》第 4 期。

〖08336〗林书武　（1983）英语的一种特殊条件句子与汉语的"越……越……"句，《语言教学与研究》第 4 期。

〖08337〗马河清　（1983）汉法对译时常见的主语转换现象，《语言教学与研究》第 2 期。

〖08338〗苑锡群　（1983）英汉定语、状语的位置和翻译，《语言教学与研究》第 2 期。

〖08339〗张月池　杜同惠　（1983）如何对阿拉伯学生进行"是"字句教学，《语言教学与研究》第 3 期。

〖08340〗朱　贯　（1983）汉语和西班牙语的疑问句，《语言教学与研究》第 4 期。

〖08341〗王宗炎　（1983）对比分析和语言教学，《语言研究》第 1 期。

〖08342〗姚宝梁　（1983）谈汉英复句关联词的异同，《昭乌达蒙族师专学报》第 4 期。

〖08343〗赵陵生　（1983）句子的语义重点——俄汉词序比较，《中国俄语教学》第 4 期。

〖08344〗王　还　（1983）英语和汉语的被动句，《中国语文》第 6 期。

〖08345〗周志培　冯文池　（1983）英汉语被动句的比较与翻译，《中英语文教学》第 3 期。

〖08346〗阎德早　张宏信　（1983）通过汉西对比帮助学生学好汉语，《对外汉语教学》（第一期），北京：北京语言学院出版社。

1982 年

〖08347〗赵忠德　（1982）浅谈数词在英语和汉语中的夸张

作用，《大连外语学院学报》第 1 期。

〖08348〗钱文彩　（1982）汉语的"是"和德语动词 Sein，《德语学习》第 1 期。

〖08349〗钱文彩　（1982）汉语动词"有"和德语动词 haben，《德语学习》第 2 期。

〖08350〗钱文彩　（1982）汉语的趋向动词和德语的相对表达法，《德语学习》第 3 期。

〖08351〗钱文彩　（1982）汉语的时态助词和德语动词的时态，《德语学习》第 4 期。

〖08352〗钱文彩　（1982）汉语和德语形容词用法比较，《德语学习》第 6 期。

〖08353〗谭载喜　（1982）翻译中的语义对比试析，《翻译通讯》第 1 期。

〖08354〗陶七一　（1982）俄汉语主要比喻功能之比较，《教学通讯》第 2 期。

〖08355〗程路颖　（1982）中日汉字读音比较，《解放军外国语学院学报》第 2 期。

〖08356〗姚乃强　贺季萱　（1982）汉英词序异同初探，《解放军外国语学院学报》第 2 期。

〖08357〗姚乃强　贺季萱　（1982）汉英构词法异同刍议，《解放军外国语学院学报》第 3 期。

〖08358〗王培硕　（1982）俄汉语词序对比，《教育通讯》第 8 期。

〖08359〗林镐根　（1982）日语中"汉语"发音的促音便和元音无声化的现象，《日语学习与研究》第 1 期。

〖08360〗徐昌华　（1982）浅谈日语与汉语中授受动词的对应关系，《日语学习与研究》第 2 期。

〖08361〗张纪浔　（1982）日语汉字和中文汉字的异同，《日语学习与研究》第 6 期。

〖08362〗王菊泉　（1982）关于英汉语法比较的几个问题

　　　　　　　　——评最近出版的几本英汉对比语法著
　　　　　　　　作，《外语教学与研究》第 4 期。

〖08363〗何方明　（1982）对《英汉语序的比较研究》一文
　　　　　　　　的看法，《外语教学与研究》第 4 期。

〖08364〗赵陵生　（1982）俄语和汉语判断句的逻辑结构与
　　　　　　　　词序，《外语教学与研究》第 1 期。

〖08365〗田文清　（1982）俄汉语人称代词语义功能比较，
　　　　　　　　《外语学刊》第 2 期。

〖08366〗王宪荣　（1982）论俄汉语语音、语调、重音——
　　　　　　　　节律的差异(上、下)，《外语学刊》第 3、
　　　　　　　　4 期。

〖08367〗任念骐　（1982）避讳小议——汉英语中"死"的
　　　　　　　　避讳说法比较谈，《修辞学习》第 3 期。

〖08368〗雅　英　（1982）英语的 Commna，汉语的逗号，《英
　　　　　　　　语学习》第 10 期。

〖08369〗于树华、程　棠　（1982）时间状语和时间补语
　　　　　　　　——汉法比较，《语言教学与研究》第 1
　　　　　　　　期。

〖08370〗程　棠　（1982）谈谈汉语和法语表示时间的方法，
　　　　　　　　《语言教学与研究》第 4 期。

〖08371〗陈安民　（1982）谈谈英汉对比在语法教学上的运
　　　　　　　　用，《语言教学与研究》第 3 期。

〖08372〗胡壮麟　（1982）国外汉英对比研究杂谈(一)，
　　　　　　　　《语言教学与研究》第 1 期。

〖08373〗胡壮麟　（1982）国外汉英对比研究杂谈(二)，
　　　　　　　　《语言教学与研究》第 2 期。

〖08374〗佟慧君　周换琴　（1982）浅谈对斯瓦希利语学生
　　　　　　　　的汉语语音教学，《语言教学与研究》第
　　　　　　　　1 期。

〖08375〗曹　静　（1982）汉俄词语的借代比较，《中小学
　　　　　　　　外语》（俄语版）第 6 期。

〖08376〗范存忠　介楚兰　（1982）英语的音与汉语的音，《中小学英语教学与研究》第 3 期。

〖08377〗范存忠　介楚兰　（1982）英语的音与汉语的音，《中小学英语教学与研究》第 4 期。

1981 年

〖08378〗钱文彩　（1981）德语和汉语语序的比较，《德语学习》第 3 期。

〖08379〗钱文彩　（1981）德语名词和汉语名词的用法比较，《德语学习》第 4 期。

〖08380〗钱文彩　（1981）汉语的能愿动词和德语的情态动词用法比较，《德语学习》第 6 期。

〖08381〗任学良　（1981）英汉表量词和汉语量词的对应情况，《杭州师范学院学报》（社会科学版）第 2 期。

〖08382〗丁金国　（1981）对比语言学及其应用，《河北大学学报》（哲学社会科学版）第 2 期。

〖08383〗王丰才　（1981）日汉语句法比较初探，《青海师范大学学报》（哲学社会科学版）第 1 期。

〖08384〗王丰才　（1981）日汉语句法比较初探（续），《青海师范大学学报》（哲学社会科学版）第 2 期。

〖08385〗王丰才　（1981）日汉语句法比较初探（续完），《青海师范大学学报》（哲学社会科学版）第 3 期。

〖08386〗苏德昌　（1981）中日称呼比较，《日语学习与研究》第 4 期。

〖08387〗苏德昌　（1981）日汉敬语的比较与翻译，《日语学习与研究》第 3 期。

〖08388〗国洪志　（1981）当前科技日语文献中汉语词汇派生词的发展及其汉译问题，《日语学习与研究》第 1 期。

〖08389〗刘援朝　（1981）现代汉语与日语的声母比较，《日语学习与研究》第 4 期。

〖08390〗宋文军　（1981）汉字在日语中的作用，《日语学习与研究》第 2 期。

〖08391〗陆锦林　（1981）英汉名词转为动词比较，《山东外语教学》第 4 期。

〖08392〗朱万麟　（1981）以兼语词组为谓语的汉语句子与带复合宾语的英语句子比较研究，《山东外语教学》第 3 期。

〖08393〗王靖方　（1981）英汉被动句比较浅析，《唐山师专学报》第 4 期。

〖08394〗李　冬　（1981）汉语"兼语句"与英语"带主语的动词非限定分句作宾语"之对应关系探讨，《外国语》（《上海外国语大学学报》）第 4 期。

〖08395〗汪康懋、肖　研　（1981）英汉语序的比较研究，《外语教学与研究》第 1 期。

〖08396〗吴景荣　王建之　（1981）英汉词性漫谈（上），《外语教学与研究》第 3 期。

〖08397〗吴景荣　王建之　（1981）英汉词性漫谈（下），《外语教学与研究》第 4 期。

〖08398〗赵世开　（1981）英、汉不定代词比较研究，《现代英语研究》第 2 期。

〖08399〗李　刚　（1981）英汉被动句浅谈，《徐州师范大学学报》（哲学社会科学版）第 2 期。

〖08400〗朱　川　（1981）汉日语音对比实验研究（一），《语言教学与研究》第 2 期。

〖08401〗朱　川　（1981）汉日语音对比实验研究（二），《语言教学与研究》第 4 期。

〖08402〗赵世开　（1981）英汉指示代词对比研究，《中英语文教学》第 1 期。

〖08403〗范仲英　张秀芬　（1981）谈汉英词的分类——汉英语法对比之一，《天津教育》第 10 期。

〖08404〗范仲英　张秀芬　（1981）谈汉英词的分类——汉英语法对比之二，《天津教育》第 11 期。

1980 年

〖08405〗赵福全　（1980）日汉同形词的错情剖析，《解放军外国语学院学报》第 4 期。

〖08406〗鲁启华等　（1980）日汉语音的粗浅比较，《教学与科研》第 1 期。

〖08407〗宋文军　（1980）日语汉字中的"和字"和它的音译问——关于"和字"汉语读音办法的倡议，《日语学习与研究》第 4 期。

〖08408〗张纪浔　（1980）助动词"た"的用法——与汉文相对照，《日语学习与研究》第 4 期。

〖08409〗刘宓庆　（1980）试论英汉词义的差异，《外国语》（《上海外国语大学学报》）第 1 期。

〖08410〗翁鹤年　（1980）略谈英汉回文，《外国语》（《上海外国语大学学报》）第 2 期。

〖08411〗陈中绳　（1980）词语对比杂谈，《外语教学与研究》第 3 期。

〖08412〗于福升　（1980）浅谈英语语音和单词的教与学，《西藏民族学院学报》（哲学社会科学版）第 2 期。

〖08413〗林同济　（1980）从汉语语序看长句翻译，《现代英语研究》第 1 期。

〖08414〗李得春　（1980）与汉语舌尖元音对应的朝鲜语汉字音及其演变，《延边大学学报》（社会科学版）第 2 期。

〖08415〗金立强　（1980）英汉相应习语的词序比较，《英语辅导》第 6 期。

〖08416〗朱文俊 熊文华 （1980）汉英语言学习的社会因素，《语言教学与研究》第 2 期。

〖08417〗毛意忠 （1980）汉语人称代词活用的法译问题——兼与《鲁迅短篇小说选》的译者商榷，《语言教学与研究》第 3 期。

〖08418〗邱质朴 （1980）汉语与英语中表示趋向的动词短语比较（英文），《语言教学与研究》第 1 期。

〖08419〗赵永新 （1980）谈汉语的"都"和英语的"all"，《语言教学与研究》第 1 期。

〖08420〗金绍志 （1980）法汉语被动句比较，《语言教学与研究》第 2 期。

〖08421〗施光亨 （1980）对阿拉伯学生进行语音教学的几个问题，《语言教学与研究》第 2 期。

〖08422〗赵世开 （1980）英汉疑问代词的对比研究，《语言教学与研究》第 2 期。

〖08423〗朱一之 （1980）通过对比帮助说西班牙语的学生掌握汉语语序，《语言教学与研究》第 3 期。

〖08424〗陈　刚 （1980）试论"着"的用法及其与英语进行式的比较，《中国语文》第 1 期。

1979 年

〖08425〗王宪荣 （1979）俄汉语语调对比及中国学生在俄语语调方面的典型错误，《外语学刊》第 1 期。

〖08426〗王文学 （1979）谈谈英汉语音的异同，《教学与科研》第 1 期。

〖08427〗包　辛 （1979）中日两国常用汉字的不同写法，《日语学习》第 2 期。

〖08428〗何敬业　毛意忠　（1979）浅谈法语和汉语的主谓语词序对比(一)，《上海外语教学》第 1 期。

〖08429〗何敬业　毛意忠　（1979）浅谈法语和汉语的主谓语词序对比(二)，《上海外语教学》第 3 期。

〖08430〗赵世开　（1979）浅谈英语和汉语的对比研究，《外国语教学》第 3 期。

〖08431〗张开信　（1979）汉英成语、谚语的翻译与比较，《语言教学与研究》第 1 期。

〖08432〗熊文华　（1979）汉英名词对译，《语言教学与研究》第 2 期。

〖08433〗吕炳洪　（1979）英汉名词修饰作用的比较，《语言教学与研究》第 2 期。

〖08434〗陆锦林　（1979）汉英主谓被动关系句比较，《语言教学与研究》第 1 期。

〖08435〗万惠洲　（1979）汉英后加法构词比较，《语言教学与研究》第 1 期。

1978 年

〖08436〗卢　林　（1978）汉语英语词序不同的表达，《福建教育》第 12 期。

〖08437〗陈中绳　（1978）谈汉英词语的比较，《外国语教学》第 3 期。

〖08438〗孟继成　（1978）西语汉语名词对比初探，《外国语教学》第 3 期。

〖08439〗陈文伯　（1978）英汉否定表达法比较，《外语教学与研究》第 2 期。

〖08440〗唐仁光　（1978）汉英成语对应问题初探，《厦门大学学报》第 4 期。

〖08441〗戴镏龄　（1978）英语汉语词义互证举例，《现代外语》第 1 期。

〖08442〗桂灿昆 （1978）汉英两个语音系统的主要特点比较，《现代外语》第 1 期。

〖08443〗伍铁平 （1978）汉语真那么难学吗?——语言对比漫谈，《语言教学与研究》第 3 期。

1977 年

〖08444〗程　棠 （1977）浅谈汉法语音对比，《语言教学与研究》第 2 期。

〖08445〗王绍新 杨石泉 （1977）从阿拉伯语的语音特点看阿生的汉语教学，《语言教学与研究》第 1 期。

〖08446〗吕叔湘 （1977）通过对比研究语法，《语言教学与研究》试刊第 2 期。

1963 年

〖08447〗白春仁 （1963）俄汉语词义的对应，《外语教学与研究》第 1 期。

1962 年

〖08448〗邢公畹 （1962）论调类在汉台语比较研究上的重要性，《中国语文》第 1 期。

〖08449〗阮善志 （1962）越南语和汉语构词法比较研究初探，《中国语文》第 7 期。

1959 年

〖08450〗蔡　建 （1959）试谈外语教学的几个特殊教学原则，《外语教学与研究》第 6 期。

〖08451〗蔡　建 （1959）比较教学法是苏联外语教学体系的指导性原理——兼谈比较教学法在我国俄语教学中的实际运用，《俄语教学与研究》第 4 期。

〖08452〗董寿山　　（1959）从一句汉译法句子来看外语教学
　　　　　　　　　中的两种语言的对比问题，《外语教学与
　　　　　　　　　翻译》第 5 期。

〖08453〗董寿山　　（1959）法语中关系代词的用法，《外语
　　　　　　　　　教学与翻译》第 8 期。

〖08454〗金大辛　　（1959）汉俄语定语结构词序的一些对比，
　　　　　　　　　《武汉大学学报》第 2 期。

1958 年

〖08455〗季　健　　（1958）俄语发音教学中汉俄语音对比，
　　　　　　　　　《俄语教学与研究》第 4 期。

〖08456〗王　畛　　（1958）俄语"述语性词组"和汉语主谓
　　　　　　　　　结构的比较，《俄语教学与研究》第 4 期。

〖08457〗张会森　　（1958）关于外语教学中的对比及对比语
　　　　　　　　　法的讨论，《俄语教学与研究》第 3 期。

1957 年

〖08458〗汪嘉裴　　（1957）汉语与俄语被动式的比较，《俄
　　　　　　　　　文教学》第 3 期。

〖08459〗徐士珍　　（1957）也谈汉语与俄语被动式的比较，
　　　　　　　　　《俄文教学》第 6 期。

〖08460〗曾炳衡　　（1957）试谈俄语爆破音的学习问题及与
　　　　　　　　　英语、汉语爆发音的比较，《俄语教学与
　　　　　　　　　研究》第 1 期。

〖08461〗曾聪明　　（1957）"不""没有"及与俄语相应现
　　　　　　　　　象的对比，《俄语教学与研究》第 6 期。

〖08462〗张会森　　（1957）汉俄语形容词中几个问题的比较
　　　　　　　　　（上），《俄语教学与研究》第 4 期。

〖08463〗张会森　　（1957）汉俄语形容词中几个问题的比较
　　　　　　　　　（下），《俄语教学与研究》第 5 期。

〖08464〗朱光岳　（1957）汉俄语数词某些问题的对比，《俄语教学与研究》第 6 期。

〖08465〗薛诚之　（1957）若干较难的俄语语音和汉语语音的比较，《华中师院学报》第 2 期。

〖08466〗方淑珍　（1957）英语和广州话语音比较分析，《外语教学与研究》第 2 期。

〖08467〗程　度　（1957）俄汉语简单句词序比较，《中华俄语》第 8 期。

1956 年

〖08468〗林宝煊　（1956）现代标准俄语与现代标准汉语中疑问句的比较，《俄语教学与研究》第 3 期。

1955 年

〖08469〗波　夫　（1955）中俄文破折号的不同用法，《上海俄专》第 4 期。

〖08470〗廖东平　白继宗　（1955）俄汉语构词法比较，《外专校刊》第 6 期。

1954 年

〖08471〗王　力　（1954）本国语言和学习外语的关系，《俄文教学》第 4 期。

〖08472〗王亦程　（1954）中俄文句子中的"同位语"，《教学与研究》第 3 期。

十、书评、词典编撰及其他

23．书评

2006 年

〖08473〗蒋向艳　（2006）"欧洲语言集锦"简介，《国际汉语教学动态与研究》第 2 期。

〖08474〗武惠华　（2006）评《新实用汉语课本》的针对性，《海外华文教育》第 2 期。

〖08475〗董淑慧　（2006）朱德熙、张荪芬编著《汉语教科书》评介，《世界汉语教学》第 4 期。

2005 年

〖08476〗孟　国　（2005）汉语教学的"小百科全书"——评《汉语教学法研修教程》，《暨南大学华文学院学报》第 4 期。

〖08477〗郭作飞　（2005）《朝鲜时代汉语教科书丛刊》简评，《世界汉语教学》第 4 期。

〖08478〗李　真　（2005）《汉语札记》对世界汉语教学史的贡献，《世界汉语教学》第 4 期。

〖08479〗陈　钰、吴勇毅　（2005）通向成功的语言学习——评《语言学习策略——每个教师都应该知道的》，《云南师范大学学报》（对外汉语教学与研究版）第 1 期。

〖08480〗卞仁海　（2005）一部填补空白的好词典——读《现代汉语三音词词典》，《暨南大学华文学院学报》第 3 期。

2004 年

〖08481〗耿　虎　（2004）对外汉语教学史研究的一部力作——《古代汉语汉字对外传播史》评介，《语言文字应用》第 1 期。

〖08482〗胡明扬　（2004）何谓中华文化，且由学生自己品评——推荐一部对外文化系列教材，《世界汉语教学》第 1 期。

〖08483〗吴勇毅　（2004）教材改革创精品有突破——读《多文体，精泛结合——高级汉语教程》，《世界汉语教学》第 4 期。

〖08484〗于　涛　（2004）解读古代汉语口语课本——《老乞大》，《云南师范大学学报》（对外汉语教学与研究版）第 5 期。

〖08485〗杨慧玲　（2004）明清时期西方人汉语学习史的开篇之作——评《西方人早期汉语学习史调查》，《世界汉语教学》第 3 期。

〖08486〗石汝杰　（2004）日本的汉语教科书及其出版情况介绍，《世界汉语教学》第 2 期。

〖08487〗徐盛桓　（2004）研究与方法——石毓智两本书的研究方法述评，《暨南大学华文学院学报》第 4 期。

2003 年

〖08488〗杨继光　（2003）交际法与对外汉语初级口语教学——兼评北大版《初级汉语口语》教材，《成都师范高等专科学校学报》第 1 期。

〖08489〗吴丽君　（2003）《琉球官话课本研究》评述，《世界汉语教学》第 3 期。

〖08490〗周　健　（2003）对外汉语教学理论的新作——读《对外汉语教育学引论》，《世界汉语教学》第 3 期。

〖08491〗苏新春   （2003）评葛本仪先生的《现代汉语词汇学》，《世界汉语教学》第 4 期。

〖08492〗苏培成   （2003）汉语学习词典的特点及其编写——《应用汉语词典》评析，《辞书研究》第 4 期。

2002 年

〖08493〗王 飙   （2002）大胆选篇 小心编排——介绍《中国视点——中级汉语教程》，《世界汉语教学》第 4 期。

2001 年

〖08494〗陈荣岚   （2001）华文教师需要什么样的语法培训教材——谈《汉语研修教程》语法章的编写思路，《海外华文教育》第 1 期。

〖08495〗武姜生 张淑芳   （2001）《模糊语言学》简评，《暨南大学华文学院学报》第 1 期。

〖08496〗李 开   （2001）读《方光焘语言学论文集》，《世界汉语教学》第 1 期。

〖08497〗刘正文   （2001）对外汉语阅读教材的创新——评《中级汉语阅读教程》，《世界汉语教学》第 2 期。

〖08498〗谢红华   （2001）评《汉语口语词典》，《世界汉语教学》第 4 期。

〖08499〗朱立霞 蔡金亭   （2001）用定量研究方法走科学研究之路——评介《定量型社会科学研究方法》，《暨南大学华文学院学报》第 4 期。

〖08500〗金欣欣   （2001）评《汉语普通话正音字典》，《辞书研究》第 1 期。

〖08501〗杨子菁　（2001）评三部对外汉语学习词典及对提高释义水平的思考，《辞书研究》第 4 期。

2000 年

〖08502〗刘月华　潘文娱　故韡　（2000）《实用现代汉语语法》（修订本）前言，《世界汉语教学》第 3 期。

〖08503〗辛　平　（2000）一部好用、实用、有趣的教材——介绍《汉语文化双向教程，《世界汉语教学》第 4 期。

〖08504〗王素云　（2000）在交际中学习语言——《一起来说——以图片为基础的课堂交际练习》评介，《世界汉语教学》第 1 期。

〖08505〗李友仁　陈天祥　（2000）评孔教授《“骂祖宗”杂谈(其一)》，《语文建设通讯》（香港）第 64 期。

〖08506〗刘云汉　（2000）汉语文需要站上巨人的肩膀吗？——读孔宪中《“骂祖宗”杂谈(其一)》，《语文建设通讯》（香港）第 64 期。

〖08507〗郑延国　（2000）英汉语比较研究的新声：读《外语·翻译·文化》（第二辑），《外语与翻译》第 1 期。

1999 年

〖08508〗宋均芬　（1999）识字教学的新探——贺冉红教授《巧记形近字》出版，《世界汉语教学》第 4 期。

〖08509〗王葆华　（1999）语言习得理论研究的重要突破——读《汉语句法结构习得研究》，《世界汉语教学》第 4 期。

〖08510〗伍雅清　（1999）《英汉前指现象对比》评介，《外语与翻译》第 4 期。

〖08511〗范剑华　（1999）《对外汉语教研论丛》编后感，《对外汉语教研论丛》（第一辑），上海：华东师范大上海学出版社。

1998 年

〖08512〗白乐桑、高　静、张祖建　（1998）《实用汉语语法指南》引言，《世界汉语教学》第 1 期。

〖08513〗李　泉　（1998）分析缜密，总揽全面——读赵金铭《汉语研究与对外汉语教学》，《世界汉语教学》第 4 期。

〖08514〗郭风岚　（1998）汉语熟语研究的新视角——《汉语熟语与中国人文世界》评介，《世界汉语教学》第 2 期。

〖08515〗南聿言　（1998）汉语语法教学的新探索——读《CHINOIS MODE D' EMPLOI》，《世界汉语教学》第 1 期。

〖08516〗赵金铭　（1998）跨越世纪的回声——《汉语语言学世纪丛书》序，《世界汉语教学》第 3 期。

〖08517〗姜洪绍　（1998）评《英汉差异及翻译》若干译例，《中国翻译》第 2 期。

1997 年

〖08518〗杨　捷　（1997）对外汉语教学的可喜成果——评《外国留学生学习汉语疑难例解》，《社会科学辑刊》第 6 期。

〖08519〗赵永新　（1997）对外汉语教学学科理论建设的里程碑——重读吕叔湘《通过对比研究语法》，《世界汉语教学》第 2 期。

〖08520〗林　焘　（1997）评介《汉英双解词典》，《世界汉语教学》第 4 期。

〖08521〗潘文国 （1997）《中外语言文化漫议》读后，《世界汉语教学》第 2 期。

1996 年

〖08522〗金晓阳 （1996）国俗语义研究的开拓——评《汉语国俗词典》，《辞书研究》第 2 期。

〖08523〗陈昌来 （1996）汉语时间系统研究的又一佳作——读《汉语的时相时制时态》，《世界汉语教学》第 2 期。

〖08524〗毛　悦、马箭飞 （1996）简评《汉语听力说话教学法》，《世界汉语教学》第 4 期。

〖08525〗姚小平 （1996）对比语言学的进展：《英汉语言文化对比研究》读后，《外语教学与研究》第 4 期。

〖08526〗月　水 （1996）我读《汉日语法比较研究》，《日语知识》第 11 期。

1995 年

〖08527〗王葆华 （1995）"词组本位"语法观的具体阐释——《汉语句法规则》读后，《世界汉语教学》第 4 期。

〖08528〗王宗炎 （1995）从实地调查到理论探索——读胡明扬语言学论著，《世界汉语教学》第 3 期。

〖08529〗邵敬敏 （1995）简评梅立崇《汉语和汉语教学探究》，《世界汉语教学》第 3 期。

〖08530〗苏新春 （1995）文化语言学发展的一个里程碑——评宋永培、端木黎明的《中国文化语言学辞典》，《世界汉语教学》第 1 期。

〖08531〗丁启阵 （1995）张清常《语言学论文集》读后，

《世界汉语教学》第 3 期。

〖08532〗卢　伟　（1995）《英汉对比研究》的特色，《现代外语》第 2 期。

1994 年

〖08533〗龚千炎　（1994）读吕文华《对外汉语教学语法探索》，《中国语文》第 4 期。

〖08534〗邵敬敏　（1994）对外汉语教学语法体系改革的新蓝图——评吕文华《对外汉语教学语法探索》，《汉语学习》第 5 期。

〖08535〗[意]玛格达·阿比亚提　（1994）《汉语》——中意合作的成果，《世界汉语教学》第 4 期。

〖08536〗李清华　（1994）《华语教学讲习》读后，《世界汉语教学》第 2 期。

〖08537〗邵敬敏　（1994）口语与语用研究的结晶——评《口语习用语功能词典》，《世界汉语教学》第 2 期。

〖08538〗刘社会　（1994）评介《汉语语言文字启蒙》，《世界汉语教学》第 4 期。

〖08539〗张庆云　（1994）喜读 A. Л 谢米纳斯的《现代汉语词汇学》，《世界汉语教学》第 3 期。

〖08540〗郑懿德　（1994）一部颇具特色的汉语报刊课教材——《读报技巧》简介，《世界汉语教学》第 1 期。

1993 年

〖08541〗张志毅　（1993）一部论述对外汉语教学学科理论的力作——读吕必松的《对外汉语教学研究》，《语言文字应用》第 4 期。

〖08542〗张志毅　（1993）读《汉语口语教科书》，《世界汉语教学》第 1 期。

〖08543〗赵永新　（1993）继往开来 不断探索 继续前进
——《80 年代与 90 年代中国现代汉语语
法研究》读后，《世界汉语教学》第 1
期。

〖08544〗陈光磊　（1993）简评张静贤《现代汉字教程》，
《世界汉语教学》第 4 期。

〖08545〗宋永波　（1993）近年来部分规划教材评介（续完），
《世界汉语教学》第 3 期。

〖08546〗崔吉元　（1993）《韩汉中介语研究》（语音）评
价，《汉语学习》第 2 期。

1992 年

〖08547〗宋永波　（1992）近年来部分规划教材评介（续一），
《世界汉语教学》第 3 期。

〖08548〗杨石泉　（1992）评《对外汉语教学发展概要》，
《世界汉语教学》第 2 期。

〖08549〗陈建平　（1992）一本好书：《英汉对比研究与翻
译》，《现代外语》第 2 期。

〖08550〗黄河清　（1992）《汉语词汇的贫乏和不稳定》读
后，《语文建设通讯》（香港）第 38 期。

〖08551〗李友仁　（1992）浅析《汉语词汇的贫乏和不稳定》，
《语文建设通讯》（香港）第 38 期。

〖08552〗文　熙　（1992）简评《汉英语法比较》，《语文
研究》第 3 期。

〖08553〗赵博源　（1992）读秦礼君著《汉日句法比较》，
《日语知识》第 4 期。

1991 年

〖08554〗盛　炎　（1991）心理语言学与语言教学——兼评
常宝儒的《汉语语言心理学》，《语言教
学与研究》第 1 期。

〖08555〗沐 莘   （1991）简评《英汉对比研究论文集》，《外语界》第 1 期。

1990 年

〖08556〗凌德祥   （1990）语言的比较研究与方法论的革新——评伍铁平《不同语言的味觉词和温度词对客观现实的不同切分》，《汉语学习》第 1 期。

1989 年

〖08557〗李振杰   （1989）《新闻广播》评介，《世界汉语教学》第 3 期。

〖08558〗盛 炎   （1989）评狄佛朗西斯的汉语教材，《世界汉语教学》第 2 期。

1988 年

〖08559〗储诚志   （1988）《中国文法要略》今评，《世界汉语教学》第 1 期。

〖08560〗李卫民   （1988）读《对外汉语教学探索》，《世界汉语教学》第 1 期。

〖08561〗李清华   （1988）汉语教材的一次革新——评《初级汉语课本》，《世界汉语教学》第 1 期。

〖08562〗任 远   （1988）教学实践的结晶——读王还先生的《门外偶得集》，《世界汉语教学》第 1 期。

〖08563〗王 还   （1988）评《话说中国》，《世界汉语教学》第 1 期。

1987 年

〖08564〗[美]马盛静恒   （1987）《汉语句型》简介，《世界汉语教学》预刊第 1 期。

〖08565〗张占一 鲁健骥   （1987）值得借鉴的《华文读本

练习本》，《世界汉语教学》预刊第 2 期。

〖08566〗廖秋忠 （1987）《篇章语言学导论》简介，《当代语言学》第 2 期。

〖08567〗王 还 （1987）介绍《汉语初级教程》，《世界汉语教学》第 4 期。

〖08568〗马成文 （1987）一本实用的外语教学法参考书——介绍《现代外语教学法——理论与实践》，《世界汉语教学》第 4 期。

〖08569〗汤志群 （1987）一套具有鲜明特色的好教材——胡裕树主编的对外汉语教材《今日汉语》，《深圳大学学报》第 3 期。

〖08570〗许余龙 （1987）对比语言学的发展新趋向——《对比语言学：前景与问题》一书评介，《外语界》第 2 期。

〖08571〗胡裕树 汤珍珠 徐志民 （1987）《今日汉语》编写中的几个问题，《世界汉语教学》第 2 期。

1986 年
〖08572〗张志毅 （1986）一本英文版的古汉语著作——《古汉语语法四论》，《语言教学与研究》第 3 期。

1984 年
〖08573〗郭杰克 （1984）评《汉英比较语法》，《现代外语》第 2 期。

1983 年
〖08574〗刘 新 （1983）任著《汉英比较语法》简评，《中国语文》第 5 期。

1982 年

〖08575〗王菊泉　（1982）关于英汉语法比较的几个问题——评最近出版的几本英汉对比语法著作，《外语教学与研究》第 4 期。

24. 词典编撰及其他

2007 年

〖08576〗杨同用　司敬新　（2007）搭配类型与对外汉语实词搭配词典的编纂，《辞书研究》第 2 期。

〖08577〗魏向清　张柏然　（2007）汉语走向世界与中国双语辞书工作者的历史责任，《辞书研究》第 1 期。

〖08578〗刘冰冰、王　军　（2007）赴新举办"汉语作为外语教学能力"概况课程，《国际学术动态》第 4 期。

〖08579〗刘川平　（2007）对外汉语学习词典用例效度的若干关系，《外语与外语教学》第 6 期。

〖08580〗季　瑾　（2007）基于语料库的商务汉语学习词典的编写设想，《语言教学与研究》第 5 期。

〖08581〗周　红　（2007）首届应用语言学与商务汉语教学专家研讨会在沪举行，《语言文字应用》第 3 期。

2006 年

〖08582〗［韩］甘瑞瑗　（2006）以韩国为例谈"国别化"双语学习词典编纂的构思，《国际汉语教学动态与研究》第 1 期。

2005 年

〖08583〗赵　新、刘若云　（2005）编写《外国人实用近义

词词典》的几个基本问题，《辞书研究》
第 4 期。

〖08584〗郑定欧　（2005）对外汉语学习词典学亟待构建
——兼推介《对外汉语学习词典学国际研
讨会论文集》，《辞书研究》第 4 期。

〖08585〗侯友兰　（2005）对外汉语教学中修辞教学与修辞
能力的培养——第二届对外汉语修辞教
学国际学术研讨会综述，《绍兴文理学院
学报》（社科版）第 3 期。

〖08586〗刘晓梅　（2005）释义元语言·语义框架·语义场·对
比解析——高级外向型汉语学习词典的
几个问题，《学术交流》第 8 期。

〖08587〗俞如珍　（2005）谈翻译等同，《对外汉语论丛》
（第四期），上海学林出版社。

〖08588〗陈全生　（2005）文化休克的实质及其对策——谈
如何解决来华留学生的"文化休克"问题，
《对外汉语论丛》（第四期），上海：学
林出版社。

〖08589〗王　征　（2005）浅析印度尼西亚来华留学生市场，
《对外汉语论丛》（第四期），上海：学
林出版社。

2004 年

〖08590〗张凤芝　（2004）谈语用学与对外汉语学习词典的
编写，《辞书研究》第 3 期。

〖08591〗金晓阳　（2004）影响对外汉语学习词典信息可接
受性的因素——析《现代汉语学习词典》
的不足，《辞书研究》第 4 期。

〖08592〗严美华　（2004）借奥运促汉语推广，《神州学人》
第 2 期。

〖08593〗岫　蓝　（2004）昆明金殿楹联赏析，《云南师范

大学学报》（对外汉语教学与研究版）第
2 期。

2003 年

〖08594〗张春新　（2003）对外汉语教学字典探索，《辞书
研究》第 3 期。

〖08595〗岫　蓝　（2003）昆明黑龙潭楹联诗词浅说，《云
南师范大学学报》（对外汉语教学与研究
版）第 5 期。

2002 年

〖08596〗赵　新、李　英　（2002）关于编写适合对外汉语
教学的近义词词典，《华侨大学学报》（哲
学社会科学版）第 3 期。

〖08597〗[韩]许咸道　（2002）汉语与空间意识，《对外汉
语教研论丛》（第二辑），上海：华东师
范大学出版社。

2001 年

〖08598〗徐玉敏　（2001）对外汉语学习词典的条目设置和
编排，《辞书研究》第 3 期。

〖08599〗蔡　丽　（2001）利用地缘优势，推动周边国家汉
语教学的发展——国家汉办"支持周边国
家汉语教学工作座谈会"纪要，《暨南大
学华文学院学报》第 2 期。

2000 年

〖08600〗孙　昂　（2000）从古文的文体特点看其英译，《邵
阳师范高等专科学校学报》第 4 期。

〖08601〗陈雅芬　（2000）留学中国之后汉语水平的保持与
退步，《第六届国际汉语教学讨论会论文

选》，北京：北京大学出版社。

〖08602〗萧素秋 （2000）对外儿童汉语教学的游戏方法探讨，《第六届国际汉语教学讨论会论文选》，北京：北京大学出版社。

〖08603〗郑定欧 （2000）对外汉语词典学，《第六届国际汉语教学讨论会论文选》，北京：北京大学出版社。

〖08604〗Roland Sanfacon 赵 莹 （2000）快速汉英法字典与它的汉字排列系统，《第六届国际汉语教学讨论会论文选》，北京：北京大学出版社。

〖08605〗何景贤 （2000）《两岸现代汉语常用词典》编撰缘起与内容，《第六届国际汉语教学讨论会论文选》，北京：北京大学出版社。

1999 年

〖08606〗李红印 （1999）对外汉语学习词典对语素、词的结合能力的说明，《辞书研究》第 5 期。

〖08607〗李红印 （1999）对外汉语学习词典如何标注词性，《辞书研究》第 1 期。

〖08608〗李禄兴 （1999）谈汉语学习词典的科学性问题，《辞书研究》第 5 期。

〖08609〗曾向红 （1999）从汉译英中的不可译现象看翻译的局限性，《广西高教研究》第 2 期。

〖08610〗徐彩华、陈 绂、张必隐 （1999）中文心理词典中单音节词的加工，《对外汉语研究的跨学科探索——汉语学习与认知国际学术研讨会论文集》，北京：北京语言文化大学出版社。

〖08611〗杨伟民 （1999）以质量求发展——谈谈我校的留学生工作，《对外汉语教研论丛》（第一辑），上海：华东师范大学出版社。

1998 年

〖08612〗阎德早、方　瑛　（1998）试论汉外成语词典的设例与语境，《辞书研究》第 1 期。

〖08613〗任慧君、王　伟　（1998）谈英汉翻译中的语态变换，《西北轻工业学院学报》第 1 期。

1996 年

〖08614〗李淑媛　（1996）高校应强化"讲普通话，用规范字"工作，《连云港职业技术学院学报》第 3 期。

〖08615〗陈　岩　（1996）汉日经济翻译讲座（十一），《日语知识》第 1 期。

〖08616〗彭秋荣　（1996）翻译的阐释性，《中国科技翻译》第 3 期。

1995 年

〖08617〗张振华　（1995）从中国国际广播电台教汉语引起的反响看国际汉语教学事业的新热潮，《第四届国际汉语教学讨论会论文选》，北京：北京语言学院出版社。

1994 年

〖08618〗陆祖本　（1994）从翻译技巧看汉语标语的翻译，《外语教学》第 1 期。

〖08619〗李兰英　（1994）谈编写少数民族学生的汉语教科书的几个问题，《语文建设》第 4 期。

1993 年

〖08720〗竟　成　（1993）语言国情学和《汉语国情词典》，

《辞书研究》第 5 期。

1992 年

〖08721〗翁仲福　（1992）外向型汉外词典的编纂，《语言教学与研究》第 3 期。

1991 年

〖08722〗常敬宇　（1991）试论汉语交际的得体性，《第三届国际汉语教学讨论会论文选》，北京：北京语言学院出版社。

〖08723〗杨觉勇　（1991）语言教学法的研讨——各得其所，各取所需，各有千秋，《第三届国际汉语教学讨论会论文选》，北京：北京语言学院出版社。

〖08724〗戈戈娃·斯内日娜　（1991）关于中国的现代语言环境，《第三届国际汉语教学讨论会论文选》，北京：北京语言学院出版社。

〖08725〗缪锦安　（1991）区际和区内的地区书面语，《第三届国际汉语教学讨论会论文选》，北京：北京语言学院出版社。

〖08726〗[日]西槙光正　（1991）语境与语言研究，《第三届国际汉语教学讨论会论文选》，北京：北京语言学院出版社。

1988 年

〖08727〗周换琴　（1988）一种辞书排检法的设计，《第二届国际汉语教学讨论会论文选》，北京：北京语言学院出版社。

附录：人名检索

A

A·格拉乌尔
〖06067〗

阿　人
〖08178〗

阿迪拉·买买提
〖05530〗

阿衣古力·玉苏甫
〖04295〗

阿依努尔·艾买提
〖02374〗

阿孜古丽·阿不都热合曼
〖04295〗

艾洪玉
〖02181〗

艾力·木合塔尔
〖02374〗

艾买提
〖00238〗

安　然
〖01283〗〖03505〗〖03515〗
〖03524〗

安　雄
〖00745〗〖03569〗

安·哈玛托娃
〖03679〗

安承德
〖03672〗

安纯人

〖07568〗

安德生
〖04911〗

安挪亚
〖03537〗

安姗笛
〖01894〗

安熙珍
〖06143〗

安英姬
〖02656〗

安媛媛
〖01627〗

安子介
〖03713〗〖03718〗

敖登高娃
〖00372〗

敖桂华
〖01794〗〖03603〗〖04373〗

敖依昌
〖01876〗

奥山望
〖01404〗

奥田宽
〖02188〗〖02699〗

B

巴屏·马努迈威汶
〖05764〗〖05769〗

巴维尔

【06068】

白　钢

【05592】

白　林

【08068】

白　荃

【04561】【01977】【02678】

【06271】

白　伟

【08189】

白　瑜

【04986】【05182】

白　云

【07006】

白宝玉

【07253】

白朝霞

【01099】【01100】【01559】

【04199】【04224】

白春仁

【07932】【08447】

白红爱

【07049】

白继宗

【08470】

白乐桑

【07894】【05592】【05821】

【08512】【05699】【00913】

【00919】【06138】

白琼烨

【02326】

白少辉

【05646】

白栓虎

【05480】

白雨滋

【03094】

白兆麟

【03283】

白志敏

【06591】

柏　桦

【06587】

柏　灵

【04631】

柏　苇

【07967】

班　弨

【04860】

包　辛

【08427】

包彩霞

【06246】

包双喜

【01332】【04539】

包文英

【04019】

保坂律子

【05862】

鲍怀翘

【01512】

鲍拉·杜美贝·万诺娃

〖06023〗

鲍丽娟

〖05007〗 〖00343〗

鲍茂振

〖01391〗

鲍世修

〖01942〗

鲍幼文

〖03464〗

北京语言大学"外国学生错字
别字数据库"课题组

〖05536〗

北京语言学院"北京口语调查"
课题组

〖03949〗

北京语言学院来华留学生一系
文科教学大纲编写组

〖01264〗

贝罗贝

〖02981〗

比丽克孜·艾合买提

〖00154〗

毕　昶

〖07257〗

毕继万

〖04467〗 〖04500〗 〖04502〗

〖04380〗 〖04403〗 〖04409〗

〖04466〗 〖04525〗 〖06443〗

〖07052〗 〖07053〗 〖07054〗

〖07055〗 〖07056〗 〖07057〗

〖07609〗 〖07966〗

毕艳莉

〖01365〗 〖05207〗

边兴昌

〖00317〗

卞觉非

〖00144〗 〖00975〗 〖04842〗

〖04490〗

卞仁海

〖08480〗

卞小兵

〖05899〗

波　夫

〖08469〗

波滋涅耶娃

〖06066〗

博　望

〖01425〗

薄　彤

〖01107〗

薄锐利

〖06775〗

薄文静

〖01078〗

卜海艳

〖00165〗

卜佳晖

〖00780〗 〖01708〗 〖04759〗

卜杰民

〖04733〗

卜立德

〖02136〗

卜兆凤
〖05823〗

C

Chin-ChuanCheng
〖05607〗
蔡　建
〖08450〗
蔡　红
〖01679〗
蔡　晖
〖07415〗
蔡　建
〖08451〗
蔡　丽
〖00267〗〖00805〗〖02609〗
〖03590〗〖08599〗〖00274〗
蔡　绿
〖04197〗〖03977〗〖05164〗
蔡　梅
〖07139〗〖03781〗
蔡　瑱
〖01600〗〖04958〗
蔡　蔚
〖04754〗
蔡　晓
〖04650〗
蔡　毅
〖07637〗
蔡北国

〖02646〗
蔡海燕
〖02395〗
蔡寒松
〖07833〗
蔡虎昌
〖05841〗
蔡慧萍
〖04833〗
蔡建丰
〖04674〗
蔡建平
〖07662〗
蔡金亭
〖08499〗
蔡立予
〖00127〗
蔡仁龙
〖05810〗〖05833〗
蔡淑英
〖07582〗
蔡铁民
〖00656〗〖04399〗
蔡维天
〖02475〗
蔡贤榜
〖05679〗〖05708〗
蔡琇如
〖05895〗
蔡衍泰
〖00944〗

蔡永贵

【03024】

蔡永强

【03844】

蔡云凌

【05074】

蔡振生

【04157】 【04387】

蔡振翔

【05905】

蔡整莹

【05303】

蔡智敏

【04284】

藏铁华

【01505】

操清霞

【08207】

曹　宏

【02417】 【02458】 【05176】

曹　慧

【01772】 【03783】 【04343】

曹　静

【08375】

曹　军

【07949】

曹　萌

【02289】

曹成龙

【01118】 【02474】 【05243】

曹春春

【06846】

曹大峰

【07671】

曹广顺

【02089】

曹海英

【08104】

曹合建

【07755】

曹剑芬

【01350】 【01509】

曹惊殊

【01678】

曹军毅

【06761】

曹立舸

【05598】

曹瑞芳

【01982】

曹述敬

【03460】

曹先擢

【07224】

曹贤文

【00192】 【04683】 【04756】

【00116】

曹晓阳

【06569】

曹秀玲

【04598】 【01839】 【02674】

曹志明

车 前
【03031】

车正兰
【03841】

陈 俊
【06375】

陈 晨
【00758】【00855】【02371】
【03740】【03824】【04578】
【04632】【04682】

陈 达
【01731】

陈 登
【07920】

陈 绂
【08610】【00271】【01779】
【01907】【03596】【03666】
【03705】【05632】【05853】
【06499】【07252】

陈 刚
【03347】【08424】

陈 光
【02666】

陈 红
【06794】【07618】

陈 宏
【00460】【04140】【04141】
【05097】【05099】【05108】
【05070】

陈 虎
【01282】

陈 慧
【01360】【03623】

陈 杰
【01589】【01636】【04944】
【05453】

陈 洁
【07569】【07197】

陈 军
【00830】【02550】

陈 俊
【01544】

陈 珺
【00824】【02404】【04568】
【04749】

陈 岚
【06360】

陈 莉
【01211】

陈 丽
【06480】

陈 茅
【03677】

陈 玫
【07422】【07532】

陈 平
【02106】【03032】【03099】

陈 萍
【04970】【05071】【05642】
【07923】

陈 倩
【07569】

陈 青
【08281】

陈 融
【04325】

陈 莎
【05404】

陈 申
【05515】【04350】【04358】
【05923】

陈 玮
【04212】

陈 曦
【06843】【03594】【07184】
【07403】【07533】【00536】

陈 昕
【00808】【03771】【05350】
【05565】【05572】

陈 新
【03338】

陈 玄
【06711】

陈 岩
【01664】【04137】【04261】
【08615】【02376】

陈 燕
【03504】

陈 莹
【01337】【03880】【08127】

陈 郁
【04640】【04658】【04675】

陈 彧
【01297】

陈 钰
【08479】

陈 真
【05638】【05641】【05722】

陈 灼
【04124】【00685】【01223】
【05391】

陈阿宝
【03627】【03732】

陈安民
【08285】【08371】

陈安平
【01809】

陈百海
【06793】【08261】

陈宝国
【03598】

陈炳新
【07580】

陈昌娟
【00395】【04056】【00334】
【04061】

陈昌来
【01662】【04535】【08523】

陈昌义
【04307】【07231】【07773】

陈常好
【07672】

陈超美
【03875】

陈潮华
〖00813〗

陈楚芬
〖02450〗

陈楚惠
〖08324〗

陈楚祥
〖06666〗

陈垂民
〖02079〗 〖02210〗

陈迪明
〖02239〗 〖02241〗 〖03423〗

陈东东
〖01109〗

陈东风
〖07138〗

陈端端
〖06609〗

陈恩泉
〖03153〗

陈福宝
〖04053〗

陈福辉
〖07147〗

陈光波
〖06176〗 〖07153〗 〖07323〗
〖06958〗

陈光磊
〖00374〗 〖02335〗 〖04392〗
〖04459〗 〖04481〗 〖04494〗
〖04524〗 〖08544〗

陈光伟
〖07107〗

陈广艳
〖01857〗

陈桂德
〖01901〗 〖05832〗

陈桂月
〖04214〗 〖04926〗 〖05682〗

陈国华
〖08054〗

陈国亭
〖07362〗 〖05992〗 〖07020〗
〖07799〗 〖08057〗 〖08129〗

陈海宏
〖07871〗

陈海涛
〖06764〗

陈海燕
〖02325〗 〖04208〗

陈海泳
〖06588〗

陈惠芬
〖07135〗

陈慧英
〖03279〗

陈记运
〖05677〗

陈家宁
〖07794〗 〖07993〗

陈嘉静
〖03775〗

陈建民
　【00680】【03126】【03408】
　【03956】

陈建平
　【07999】【08549】

陈建萍
　【03501】

陈锦辉
　【00391】

陈君宏
　【04102】

陈君华
　【07062】

陈俊森
　【08262】

陈俊羽
　【02346】

陈可培
　【06425】

陈坤泉
　【08000】【08090】

陈莉莉
　【07125】

陈立萍
　【04172】

陈立中
　【05843】

陈林森
　【01690】

陈流芳
　【02731】【04772】【00279】

陈鲁宁
　【06339】

陈满华
　【01968】【05042】【05360】
　【05369】【07646】

陈明芳
　【06625】

陈明美
　【06191】

陈明泽
　【00508】

陈鸣胜
　【02242】

陈乃芳
　【00097】

陈宁萍
　【02125】【03112】

陈佩秋
　【03872】

·陈前端
　【04862】【06738】【04757】

陈勤建
　【04264】

陈全生
　【08588】

陈仁雅
　【05954】

陈荣德
　【05987】

陈荣岚

【01185】 【00057】 【00302】

【00860】 【01903】 【02487】

【04370】 【08494】 【01931】

陈汝东

【00143】 【00250】 【02459】

【04333】

陈瑞端

【03661】

陈若凡

【04768】 【05085】 【05766】

陈珊珊

【06080】 【06095】 【00739】

【06086】

陈升法

【07922】

陈寿颐

【03453】

陈树峰

【04185】

陈四维

【08243】

陈松岑

【05487】

陈绥宁

【03950】 【05420】

陈穗湘

【08062】

陈台丽

【01203】 【04066】

陈天权

【07749】

陈天祥

【04345】 【08505】

陈田顺

【05026】 【05123】 【01218】

陈卫东

【05121】 【06489】 【07303】

陈文伯

【08124】 【08439】

陈文芷

【05496】 【05599】 【01453】

【07488】 【05611】

陈贤纯

【00369】 【00494】 【00760】

【01878】 【02945】 【03933】

【03999】 【04094】 【04934】

陈祥民

【08048】

陈小荷

【04864】 【05513】 【03604】

【03615】 【05518】 【05609】

陈小红

【02292】 【02563】

陈小玲

【01183】 【01187】 【05485】

陈小慰

【07266】

陈晓桦

【02299】 【03826】 【04565】

陈晓静

【06331】

陈晓燕

〖00925〗〖03920〗〖04426〗

陈肖霞

〖01353〗〖05474〗〖05494〗

陈新才

〖08085〗

陈新仁

〖02613〗

陈新宇

〖06376〗

陈信春

〖03206〗

陈秀华

〖00647〗

陈学超

〖04352〗

陈雅芬

〖08601〗

陈亚川

〖03229〗〖00571〗〖00977〗

〖01498〗

陈延河

〖02629〗〖04758〗

陈艳芳

〖06185〗

陈艳丽

〖02272〗

陈艳艺

〖05528〗

陈叶红

〖01059〗〖02284〗

陈沂菁

〖05811〗

陈奕容

〖05665〗

陈映雯

〖08067〗

陈永科

〖04293〗

陈玉玲

〖01764〗

陈元胜

〖03388〗

陈月红

〖05094〗〖06438〗〖06852〗

〖07632〗

陈月华

〖02979〗

陈月明

〖07137〗

陈越祖

〖07341〗

陈章太

〖01967〗

陈昭玲

〖05102〗

陈之权

〖05281〗

陈志诚

〖01226〗

陈志祥

〖03268〗

陈治安

【06670】 【07783】 【07921】

陈中绳
【08411】 【08437】

陈忠诚
【08254】

陈重瑜
【03269】 【06026】

陈壮鹰
【05863】

陈子骄
【00208】 【01946】 【03996】

陈作宏
【05064】 【02449】 【04717】
【05535】

晨　言
【08232】

谌晓明
【06461】

成　文
【00857】

成　志
【05631】

成春有
【06216】 【06384】 【07460】
【07588】

成方志
【02650】 【06712】

成令方
【05412】

成世勋
【05067】

成燕燕
【00387】 【00408】 【04564】

程　度
【08467】

程　工
【06868】 【07527】

程　娟
【04962】 【01141】

程　棠
【00132】 【00345】 【00454】
【00505】 【00543】 【00548】
【00554】 【01248】 【01399】
【06042】 【07081】 【08370】
【08444】 【08369】

程朝晖
【02923】

程朝晖
【03654】

程放明
【06385】 【06970】 【07143】
【08033】

程观林
【03004】

程国珍
【01685】

程克江
【03021】

程乐乐
【00022】 【00756】 【04625】
【00141】 【05194】 【05248】

程路颖

〖08355〗

程美珍

〖01476〗〖00531〗〖00689〗

〖01275〗〖01466〗〖02934〗

程琪龙

〖02608〗

程茹军

〖03975〗

程书秋

〖00140〗〖02377〗〖02428〗

程素菊

〖07661〗

程伟民

〖01127〗〖02714〗〖05138〗

程相文

〖01048〗〖02909〗〖00782〗

〖00841〗〖00896〗〖00914〗

〖06737〗

程相文　周翠琳

〖06016〗

程祥徽

〖05979〗〖00608〗〖00619〗

程雨民

〖02615〗〖02616〗

程裕祯

〖06081〗〖00878〗〖05891〗

〖06079〗〖06092〗〖06093〗

池会军

〖05169〗

池文顺

〖03165〗

迟　军

〖06971〗

迟永长

〖01938〗

赤贺光

〖01947〗

种国胜

〖01216〗

仇鑫奕

〖03837〗〖05455〗〖06207〗

仇志群

〖03119〗〖03325〗

初文弱

〖02087〗

储诚志

〖05518〗〖05609〗〖04078〗

〖08559〗

储泰松

〖07267〗

储泽祥

〖06259〗〖04778〗〖02900〗

褚福章

〖04109〗〖00965〗

楚至大

〖08281〗〖07784〗

褚江波

〖00082〗

褚俊海

〖01286〗

褚佩如

〖00767〗 〖02482〗 〖02643〗　　〖03902〗

〖01884〗

褚振莉

〖06494〗

传田章

〖01461〗

春　范

〖02209〗

春　复

〖06821〗

次仁央金

〖00028〗

丛玉文

〖01513〗

崔　健

〖06294〗 〖06468〗 〖06697〗

崔　丽

〖01671〗

崔　良

〖03934〗

崔　卫

〖06884〗 〖07025〗 〖07641〗

崔　文

〖05457〗

崔　崟

〖07766〗

崔　崟

〖07960〗

崔承一

〖02938〗

崔凤玲

崔凤娘

〖06240〗

崔国文

〖00489〗

崔海燕

〖03995〗

崔华山

〖03973〗

崔吉元

〖01426〗 〖08546〗 〖00679〗

崔建斌

〖07206〗 〖07373〗

崔建新

〖05710〗

崔礼山

〖07046〗

崔立斌

〖06280〗

崔明芬

〖05801〗

崔求策

〖02996〗

崔淑慧

〖04260〗

崔淑萍

〖07916〗

崔颂人

〖05945〗 〖05061〗

崔希亮

〖01420〗〖01867〗〖02587〗

〖02810〗02899〗〖02903〗

〖04657〗〖04923〗〖04550〗

〖04598〗〖04636〗

崔晓飞

〖05637〗

崔晓君

〖03898〗

崔新丹

〖00360〗

崔秀敏

〖06289〗

崔秀荣

〖03436〗

崔雪梅

〖01696〗〖02260〗

崔应贤

〖03343〗

崔永华

〖03604〗〖03615〗〖05388〗

〖00976〗〖00111〗〖00388〗

〖00422〗〖00425〗〖01188〗

〖01196〗〖01215〗〖02494〗

〖02955〗〖02970〗〖03652〗

〖03657〗〖03658〗〖04082〗

〖05193〗〖05396〗〖06098〗

〖06214〗〖02727〗

寸金燃

〖01538〗

D

Don Starr

〖03931〗

DuLiping

〖00796〗

大河内康宪

〖02074〗

大西智之

〖04461〗

代俊秋

〖00396〗

代娜新

〖04263〗

代玉侠

〖06965〗

戴　薇

〖00288〗

戴　云

〖02273〗

戴宝玉

〖00436〗

戴桂芙

〖00978〗〖03922〗

戴桂英

〖05405〗

戴国华

〖04806〗

戴浩一

〖02950〗〖03001〗〖04901〗

戴和冰

【06386】
戴会林
　【04600】
戴惠本
　【02011】
戴金堂
　【02064】
戴镏龄
　【08441】
戴曼纯
　【04814】【04848】【04867】
戴梦霞
　【01877】
戴萍萍
　【04200】
戴庆厦
　【04765】【05322】
戴瑞亮
　【06632】
戴伟长
　【03651】
戴炜栋
　【04882】【07500】
戴卫平
　【06520】
戴悉心
　【03892】【03897】【04083】
戴学勤
　【07140】
戴雪梅
　【00039】【03993】【05788】

戴云娟
　【01086】
戴昭铭
　【03124】
戴祝念
　【03151】
戴祝念
　【08199】
但冰洁
　【06732】
党　元
　【08179】
邓　海
　【06596】
邓　浩
　【04496】
邓　筠
　【05625】
邓　葵
　【03846】【01670】
邓　懿
　【00528】
邓崇谟
　【00658】【08334】【04120】
　【06058】【01050】【00957】
　【00890】【00892】【01049】
　【02807】【05230】
邓凡艳
　【06559】
邓俊民
　【06620】

邓丽君
【04723】

邓美玲
【00038】

邓时忠
【04217】【04492】【05684】
【05725】

邓氏香
【00777】

邓守信
【02939】

邓淑兰
【03965】

邓天中
【06196】

邓文彬
【03067】

邓小宁
【02401】【02551】

邓小琴
【03592】【05538】

邓杏华
【07133】

邓秀均
【05075】【05064】【05326】

邓银周
【07440】

邓颖玲
【06934】

邓玉冰
【03294】

邓占庭
【03450】【03469】

邓卓明
【05754】

邓宗荣
【03137】

狄昌运
【03953】

狄运昌
【02202】

刁小卫
【01200】

刁晏斌
【00134】【00232】

丁　大
【07961】

丁　洁
【05672】

丁　力
【02900】

丁　任
【07604】

丁　夏
【04431】

丁　艳
【03767】【03770】

丁　怡
【06544】

丁　乙
【06477】

丁　艺

【00678】

丁安琪

【01803】【00149】【01175】

【03989】【04011】【05170】

【05252】【05652】【05075】

丁崇明

【01149】【02307】

丁存越

【02409】

丁迪蒙

【00946】【05364】

丁后银

【01746】

丁建江

【06562】

丁金国

【02722】【02815】【04393】

【05341】【07189】【07219】

【08382】

丁俊良

【06929】【07280】

丁丽敏

【07886】

丁启阵

【00196】【08531】

丁身展

【05213】

丁文楼

【00515】

丁喜霞

【02751】

丁险峰

【02577】【04959】

丁晓微

【06838】

丁孝莉

【00001】

丁信善

【05505】

丁雪欢

【01626】【02618】【04559】

【04582】【04595】【04610】

【04633】

丁言仁

【06986】

丁一力

【05508】

丁玉华

【00773】【02479】【05568】

丁悦冀

【03941】

东　辉

【06847】

董　萃

【04432】【04990】【05168】

【05332】

董　琨

【00247】

董　岭

【00288】

董　明

〖00218〗〖03738〗〖01254〗
〖02115〗〖04485〗〖04522〗
〖05206〗〖06111〗〖06125〗
〖06131〗〖01629〗

董　茜
〖01707〗〖02348〗

董　新
〖00202〗〖05282〗

董　英
〖06587〗

董　原
〖02602〗〖02651〗〖07164〗

董达武
〖07859〗

董付兰
〖02634〗

董广枫
〖03007〗

董花荣
〖05004〗

董剑桥
〖07456〗

董洁茹
〖04739〗

董金环
〖02925〗

董金平
〖06377〗

董立新
〖06657〗

董琳莉

〖04804〗〖01396〗

董明晔
〖05406〗

董鹏程
〖05930〗〖06112〗

董寿山
〖08452〗〖08453〗

董淑慧
〖02312〗〖05685〗〖08475〗
〖04056〗

董树人
〖04436〗〖05970〗

董为光
〖01745〗

董小琴
〖01069〗

董晓波
〖06263〗

董秀芳
〖01769〗

董秀英
〖04584〗

董燕萍
〖01813〗

董英华
〖00245〗

董玉国
〖01392〗〖00663〗

董再勤
〖03173〗

窦曼玲

【00278】

窦亚萍

【07104】

杜 皋

【03110】 【03111】

杜 华

【03862】

杜 敏

【03566】

杜宝莲

【02444】

杜昌贞

【07098】

杜昌忠

【08018】

杜国英

【07534】

杜厚文

【00950】 【01034】 【01216】

杜剑宣

【05854】

杜景萍

【07669】

杜君燕

【03683】 【05932】

杜丽荣

【03549】

杜玲玲

【01127】

杜同惠

【03689】 【03265】 【08339】

杜小平

【01073】

杜秀丽

【01200】

杜艳青

【04571】 【05240】

杜冶本

【02078】

杜玉华

【02179】

杜治本

【02059】

杜珠成

【04150】 【04202】 【05578】

【05737】 【05938】

渡边丽玲

【01869】

段爱萍

【05308】

段慧明

【05489】

段开诚

【08064】

段其湘

【03455】

段权珀

【01673】

段业辉

【02112】

段轶娜

【01329】

段银萍
〖00175〗

段玉成
〖03303〗

对外汉语修辞研讨会秘书处
〖02504〗

F

帆　声
〖08308〗

樊　莉
〖04626〗

樊　平
〖01038〗〖02156〗

樊　星
〖04468〗

樊恩才
〖07765〗

樊国光
〖06444〗

樊海燕
〖02285〗

樊泓莉
〖06650〗

樊怀宇
〖06340〗

樊金戈
〖00707〗

樊明亚
〖03012〗

樊培绪
〖05858〗

樊培绪
〖05860〗

樊文卿
〖07638〗

樊小玲
〖00127〗

樊志芳
〖07872〗

樊中元
〖02279〗

范　磊
〖03853〗

范　琳
〖00158〗

范　吕
〖03081〗

范　晓
〖02916〗〖02022〗〖03255〗
〖03374〗

范　妍
〖04192〗

范崇高
〖01757〗

范存忠
〖08376〗〖08377〗

范方莲
〖01517〗

范红升
〖07099〗

范继淹
〖02233〗〖03306〗

范剑华
〖07445〗〖08511〗

范俊军
〖07549〗

范开泰
〖02784〗〖03154〗〖03189〗
〖03192〗〖05098〗〖05091〗

范可育
〖03690〗

范闽仙
〖07553〗

范其学
〖03749〗

范启华
〖01108〗〖04240〗

范钦评
〖07586〗〖07723〗

范胜田
〖03018〗〖03096〗

范淑玲
〖07322〗

范维杰
〖06483〗〖06702〗〖07191〗
〖07518〗

范香娟
〖00788〗

范晓玲
〖05288〗

范杏丽

〖06753〗

范妍南
〖02293〗

范中汇
〖00488〗

范仲英
〖08403〗〖08404〗

方　芳
〖06192〗

方　华
〖02121〗

方　霁
〖06407〗

方　立
〖05101〗〖05057〗〖02556〗

方　玲
〖05107〗〖05120〗

方　另
〖02696〗

方　懋
〖07310〗〖07911〗

方　明
〖04257〗〖00526〗〖00927〗
〖00947〗〖00949〗〖00243〗

方　人
〖00550〗

方　艳
〖00034〗〖01106〗〖01650〗
〖01698〗〖01781〗

方　瑛
〖08612〗

方　周
【06439】

方红宇
【07362】

方怀顺
【07258】

方环海
【02263】

方家树
【07856】【07857】

方经民
【06695】【04921】【06279】
【07529】

方梦之
【07073】【07645】【07912】
【08333】

方明礼
【07917】

方绍峰
【05794】【05575】

方淑珍
【08466】

方文惠
【07824】【07978】【07988】

方文礼
【07391】

方小燕
【00216】

方晓华
【00419】【00424】【00448】

方欣欣

【00792】【00854】【03762】
【04255】【05302】

方绪军
【01078】【01752】【01823】
【02432】【02500】【04793】
【05297】

芳贺纯
【00679】

房玉清
【02223】【03379】【02224】

费秉勋
【03381】

费锦昌
【03638】【05335】【05957】

丰国欣
【06749】

封小雅
【02261】

冯　丽
【02427】

冯　梅
【06236】

冯　平
【01681】【03541】

冯　奇
【01675】

冯　雅
【00699】

冯保初
【06811】

冯成林

〖02195〗〖02201〗

冯传强
〖01665〗

冯俊晖
〖07112〗

冯克敏
〖03808〗

冯丽萍
〖01310〗〖01688〗〖01388〗
〖01401〗〖01767〗〖03522〗
〖03578〗〖03647〗〖03997〗
〖03503〗

冯良珍
〖06479〗

冯胜利
〖02331〗〖02516〗〖05283〗

冯天瑜
〖01766〗

冯惟钢
〖00931〗〖05851〗

冯伟年
〖07792〗

冯文池
〖07285〗〖07864〗〖08345〗

冯小钉
〖00768〗〖04746〗

冯晓鸿
〖05261〗

冯学锋
〖04486〗

冯亚琳

〖07336〗〖07337〗

冯颖钦
〖07560〗

冯有贵
〖03903〗

冯志纯
〖03036〗

冯志伟
〖00211〗〖02991〗〖04586〗
〖03243〗

伏双全
〖03830〗

浮根成
〖03795〗〖04010〗

符平
〖05224〗

符华兴
〖05758〗

符其武
〖04851〗

福义
〖03122〗

付娜
〖04549〗

付宁
〖04672〗

付东明
〖03861〗

付鸿军
〖06938〗

付华明

【06874】

付继伟

【01079】【01110】

付永钢

【06530】【07688】

付玉萍

【05561】【03958】

傅　源

【01891】

傅长友

【06580】

傅成劼

【08208】

傅传凤

【02368】

傅惠钧

【02272】

傅惠生

【06242】

傅建仁

【05053】

傅懋勣

【01278】

傅梦援

【06337】

傅民杰

【08058】

傅敏跃

【05515】

傅瑞华

【01753】

傅氏梅

【04709】

傅淑容

【07254】

傅索雅

【05294】

傅惟慈

【01427】

傅怡静

【04276】

傅雨贤

【03355】

富　丽

【05487】【05467】

G

盖　双

【07416】

干红梅

【02372】【04671】

甘　露

【04752】

甘甲才

【03990】

甘能清

【04336】【04337】

甘瑞瑷

【04681】【08582】【06115】

【06247】

甘玉龙

〖07721〗

甘宗铭

〖05842〗

冈田文之助

〖02971〗

高　兵

〖01646〗

高　富

〖07148〗

高　虹

〖06356〗

高　辉

〖01941〗

高　静

〖08512〗

高　菊

〖07021〗

高　伟

〖08151〗

高　霞

〖05804〗

高　翔

〖05111〗　〖06333〗

高　浔

〖06292〗

高　燕

〖01529〗

高辟天

〖05205〗

高德昌

〖07940〗

高登亮

〖07005〗　〖07731〗

高定国

〖04607〗

高凤兰

〖07008〗

高恭亿

〖08198〗

高海洋

〖04797〗

高红娜

〖01680〗

高厚堃

〖08275〗

高华年

〖05231〗

高会成

〖05011〗

高惠莉

〖06989〗

高惠敏

〖01316〗　〖01800〗

高惠敏

〖03589〗

高嘉正

〖07159〗

高莉琴

〖04884〗

高立平

〖04317〗

高立群

【01322】　【01657】　【03612】

【04598】　【04550】　【04636】

【01858】　【04914】　【01317】

高立希

【00335】　【08086】

高玛莉

【05902】　【05956】

高美丽

【06209】

高明乐

【06254】

高明明

【01419】

高宁慧

【04866】

高桥弥守彦

【02912】　【02932】　【03042】

高桥由纪子

【08330】

高荣国

【00192】

高山湖

【07947】

高书贵

【00954】　【02975】

高顺全

【01773】　【02340】　【02369】

【02603】　【02611】

高万云

【02891】

高伟浓

【05739】

高文军

【01916】

高小丽

【01335】　【01322】

高彦德

【07601】　【00922】

高彦梅

【06392】

高彦怡

【00010】

高一虹

【04379】　【07378】

高一惠

【04316】

高银珠

【03649】

高永安

【06073】

高友萍

【06602】

高玉华

【08038】

高玉环

【06795】

高玉娟

【04619】　【04622】　【04359】

高玉昆

【03667】

高玉亮

【03356】

高增良

【02227】【02229】

郜云雁

【05908】【04412】【00437】

【05017】

戈戈娃·斯内日娜

【08624】

格罗斯

【01687】

格桑央京

【04238】

葛 婷

【04689】

葛起超

【05265】

葛清林

【03085】

葛维雷

【07873】【07888】

葛校琴

【07810】

葛志宏

【07447】

葛中华

【00972】

耿 富

【01446】【08020】

耿 虎

【04257】【05566】【00806】

【04283】【08481】

耿 玲

【06101】

耿伯华

【07653】

耿红卫

【06072】

耿家林

【04302】

耿京茹

【02543】【02583】【06190】

【06233】【06248】

耿景华

【07587】

耿延惠

【03163】

耿英春

【04985】

耿有权

【04377】【05714】

弓 玲

【00401】

宫本幸子

【01403】【04088】【05976】

宫日英

【03104】

宫兴林

【00489】

龚 桐

【02169】【02186】

龚朝阳

【06491】

龚海燕

【06739】

龚继华

【03333】

龚卡佳

【07818】

龚千炎

【02100】【02236】【02787】

【07489】【08533】

龚晓斌

【06341】

龚映杉

【04412】【05908】

龚玉兰

【04262】

龚志维

【06654】

贡　献

【06945】

缑瑞隆

【02353】【04612】【04714】

【04750】【04771】

苟　敏

【04273】

苟承益

【05218】

芶锡泉

【04169】

辜同清

【06824】

古　岳

【05338】

古川裕

【02680】【02693】【02768】

【02986】【04773】

古今明

【08210】

古丽尼萨·加玛勒

【05012】【04030】

古绪满

【07605】【07778】

谷建军

【04369】

故韦华

【08502】

顾　阳

【07037】

顾　颖

【00183】【03523】【01147】

【03870】

顾　越

【04939】

顾　筝

【01311】

顾安达

【03845】【03525】

顾国雄

【07980】【08052】【08132】

顾鸿飞

【06885】【07063】

顾建政

【01138】

顾列铭

【05723】

顾明华

【08063】

顾盘明

【07311】【07465】

顾群超

【06628】

顾顺莲

【06400】【06548】【06740】

顾学梅

【03148】

顾英华

【01725】

顾曰国

【05504】【07984】

顾蕴璞

【08189】

顾正阳

【07597】

关　玲

【01393】【02532】

关　颖

【00726】【01089】

关　哲

【06361】

关彩华

【00609】【00651】

关道雄

【00741】

关洪涛

【06729】

关丽君

【01710】

关丽娜

【06896】

关文新

【02017】

关文玉

【05459】

关晓兰

【06864】

关辛秋

【00779】【05806】【04765】

【05322】

关英明

【02283】【00093】【01366】

关英伟

【04271】

关之英

【04065】

桂　林

【00706】

桂秉权

【03430】

桂灿昆

【08442】

桂梦春

【04107】【05417】

桂明超

【05759】【01345】【06099】

【01372】

桂诗春

〖05128〗

郭　翠
　　〖04785〗

郭　红
　　〖03835〗

郭　宏
　　〖01714〗

郭　洪
　　〖06357〗

郭　佳
　　〖07130〗

郭　可
　　〖07344〗

郭　兰
　　〖00867〗

郭　丽
　　〖04003〗

郭　攀
　　〖01814〗

郭　茜
　　〖04787〗

郭　锐
　　〖02001〗〖02778〗〖02749〗

郭　魏
　　〖04763〗

郭　熙
　　〖05634〗〖00136〗〖00146〗
　　〖00594〗〖02547〗〖03074〗
　　〖03131〗〖05743〗

郭　智
　　〖01701〗〖02410〗〖03573〗

郭常义
　　〖07619〗

郭楚江
　　〖05796〗

郭春贵
　　〖03078〗〖02791〗〖03144〗
　　〖05718〗

郭春燕
　　〖07003〗

郭纯洁
　　〖04560〗

郭德润
　　〖03322〗

郭德荫
　　〖02046〗

郭风岚
　　〖01846〗〖00008〗〖08514〗

郭扶庚
　　〖05622〗

郭富强
　　〖06202〗

郭国英
　　〖05964〗〖06142〗

郭红焱
　　〖04422〗

郭继懋
　　〖03101〗

郭建民
　　〖07635〗

郭骄阳
　　〖06106〗〖05643〗

郭杰克

〖08281〗 〖08573〗 〖08177〗

郭金鼓

〖00525〗 〖00655〗 〖00677〗

〖03818〗 〖05855〗 〖05880〗

郭锦桴

〖00610〗 〖03812〗

郭莉敏

〖00058〗 〖02321〗

郭丽萍

〖05468〗

郭良夫

〖02048〗 〖02101〗 〖02989〗

郭龙生

〖00045〗 〖03551〗

郭明玖

〖02221〗

郭明仪

〖08154〗

郭全鼓

〖04084〗

郭沈青

〖05791〗

郭胜春

〖01580〗 〖01704〗

郭淑芬

〖07639〗

郭曙纶

〖01526〗 〖01694〗

郭树军

〖00976〗 〖05045〗 〖05055〗

〖05028〗 〖05057〗 〖05049〗

郭天明

〖05561〗

郭卫东

〖00464〗

郭熙煌

〖07117〗

郭晓沛

〖01543〗

郭晓燕

〖03867〗

郭肖华

〖01167〗

郭校珍

〖05661〗 〖03588〗 〖05703〗

郭新洁

〖00204〗

郭颖雯

〖00129〗 〖02513〗 〖05066〗

郭永瑛

〖04363〗

郭振华

〖00384〗 〖01238〗 〖01914〗

〖02116〗 〖03044〗 〖05937〗

郭志良

〖00922〗 〖02069〗

郭中平

〖03434〗

郭著章

〖07358〗

郭作飞
〖08477〗
国洪志
〖08388〗
国家对外汉语教学领导小组办
公室汉语水平考试部
〖01222〗
果戈里娜
〖05673〗

H

H·R·Lan
〖04404〗
HalinaWasilewska
〖03617〗
HongGang Jin
〖04888〗
Hu Mingyang
〖04488〗
哈　伟
〖05884〗
哈力克·尼亚孜
〖00357〗
哈丽娜
〖03622〗〖04827〗
哈玛托娃
〖06011〗
海　珂
〖00089〗
海迪·布瑞克逊多夫

〖05346〗
海淑英
〖06718〗
寒　宇
〖05015〗
韩　晗
〖07377〗
韩　红
〖04936〗〖06572〗〖04930〗
韩　慧
〖06730〗
韩　晶
〖06220〗
韩　梅
〖04133〗〖01543〗
韩　明
〖01754〗
韩　然
〖04193〗
韩　珊
〖02160〗
韩　萱
〖00864〗
韩　瑜
〖01567〗
韩布新
〖07384〗
韩陈其
〖02691〗〖03236〗
韩冠男
〖03764〗

韩国基
〖08263〗

韩国语文教育研究会
〖03693〗

韩汉雄
〖07561〗

韩慧云
〖06946〗

韩荔华
〖02025〗 〖04713〗

韩闽红
〖02258〗

韩容洙
〖00309〗 〖00348〗 〖01853〗
〖01896〗 〖01993〗 〖05792〗

韩瑞穗
〖08248〗

韩淑芳
〖04111〗

韩万衡
〖07342〗 〖02844〗 〖08001〗
〖08091〗 〖08092〗

韩晓惠
〖06684〗 〖04763〗

韩孝平
〖00532〗 〖00637〗 〖00645〗

韩秀梅
〖01130〗 〖04218〗 〖04715〗
〖05542〗

韩玉国
〖02467〗 〖02503〗

韩玉贤
〖07342〗

韩在均
〖04726〗 〖06316〗

汉　中
〖05048〗

汉语水平考试中心
〖05022〗

杭余桐
〖08030〗

郝　劼
〖04460〗

郝　琳
〖04052〗 〖05201〗 〖0565〗

郝　敏
〖04147〗

郝本发
〖00606〗

郝凤方
〖07943〗

郝红艳
〖05697〗 〖01524〗 〖04144〗

郝美玲
〖00711〗 〖01614〗 〖01750〗
〖03498〗

郝钦海
〖06393〗

郝世奇
〖07667〗 〖07753〗

郝文华
〖02275〗

郝小明
〖01325〗〖01761〗
郝晓梅
〖02393〗〖03554〗〖05174〗
〖05289〗
郝雁南
〖06898〗〖07579〗
郝志军
〖01145〗
禾　丰
〖00310〗
何　帆
〖08002〗
何　杰
〖05840〗
何　瑨
〖06939〗
何　璟
〖02752〗
何　平
〖04504〗〖04506〗
何　瑞
〖02757〗
何　薇
〖02464〗
何　午
〖06387〗
何　兖
〖07207〗
何　颖
〖01722〗〖01719〗

何霭人
〖03486〗
何宝章
〖06001〗
何春凤
〖06492〗
何东明
〖06681〗
何方明
〖08363〗
何干俊
〖00178〗〖05210〗〖05798〗
何刚强
〖07154〗
何国锦
〖04549〗
何恒幸
〖07345〗
何洪峰
〖03527〗
何华珍
〖06926〗
何慧琴
〖05969〗
何家宁
〖06758〗〖06876〗
何景贤
〖04511〗〖08605〗
何敬业
〖08428〗〖08429〗
何乐士

【02144】
何立荣
【04048】【04049】【05221】
何孟良
【06844】
何明延
【02245】
何明珠
【06497】
何培基
【06128】
何阡陌
【02250】
何清强
【04268】
何秋莎
【06469】
何山燕
【04629】
何善芬
【06671】【06853】【07026】
【08125】
何慎怡
【07430】【07663】
何生财
【05008】
何士达
【03241】
何适达
【02221】【03357】
何淑冰

【01593】
何思成
【03200】
何婷婷
【05465】
何万贯
【03655】
何伟渔
【00666】
何文潮
【05159】【00764】
何文胜
【00908】
何晓春
【06306】
何晓琪
【07680】
何晓毅
【04872】【04931】【08110】
何修文
【00156】
何秀峰
【01572】
何学颖
【03760】
何雪梅
【07139】
何亚琴
【06619】
何一藏
【02588】【00248】

何英玉
【07570】

何咏军
【08134】

何元建
【07543】

何兆熊
【07346】

何振科
【00160】

何钟杰
【03461】

何重先
【01799】 【04441】

何子铨
【00611】 【00632】 【01042】
【04166】 【04881】 【05353】
【05422】 【05985】

何自然
【08064】 【08171】 【07625】

贺　凤
【03275】

贺　群
【04339】

贺　巍
【00563】

贺　芸
【00150】 【00698】 【04221】

贺季萱
【08252】 【08253】 【08311】
【08356】 【08357】

贺凯林
【02092】

贺明之
【03358】

贺上贤
【04929】 【05522】

贺淑秀
【05426】

贺文丽
【00171】

贺学耘
【04331】

赫钟祥
【07968】

黑　琨
【04207】

红　尘
【04974】

宏　磊
【05649】

洪　波
【01739】 【02528】

洪　杰
【07498】

洪　琳
【02469】

洪　明
【08027】

洪　群
【05772】

洪　玮

〖03992〗〖04388〗〖05345〗

〖05581〗〖06997〗

洪 芸

〖00397〗〖01204〗〖05481〗

洪碧越

〖04526〗

洪材章

〖00981〗〖02033〗〖03266〗

〖04165〗

洪力翔

〖07630〗

洪丽芬

〖05897〗

洪孟珠

〖06033〗

洪青皎

〖00088〗

洪文翰

〖06827〗〖07088〗〖07855〗

洪晓东

〖05752〗

洪越碧

〖01189〗

鸿 菲

〖00722〗

侯 敏

〖04069〗

侯广旭

〖07528〗〖02630〗

侯桂岚

〖06134〗

侯晶晶

〖06466〗

侯精一

〖03045〗〖05977〗

侯仁锋

〖06804〗〖06805〗

侯瑞丽

〖05907〗

侯瑞隆

〖01605〗

侯学超

〖03411〗

侯一麟

〖07436〗

侯迎华

〖01313〗

侯友兰

〖01923〗〖08585〗

侯月琴

〖08109〗

侯月阳

〖00009〗

呼延如谨

〖08165〗

忽海燕

〖01881〗

胡 波

〖00870〗

胡 鸿

〖01884〗

胡 军

【00353】

胡　玲
【02265】

胡　模
【08260】

胡　翔
【00923】【02788】【05601】
【01458】

胡　新
【03451】

胡　一
【01961】【07100】【07428】

胡爱萍
【06181】

胡百华
【01395】【01454】【01472】
【01436】【01457】【03678】
【05510】

胡百熙
【01336】

胡炳忠
【01440】【01486】【02098】
【02135】【03685】

胡昌辉
【07982】

胡范铸
【02512】

胡建刚
【04743】【02612】

胡建华
【07010】【07379】【02624】

胡建军
【04305】

胡津龄
【06573】

胡劲松
【05943】

胡开宝
【06624】【07014】

胡利权
【01334】

胡亮节
【01602】

胡林生
【06032】

胡美珠
【04906】

胡孟圣
【08277】

胡明光
【04710】

胡明扬
【00393】【00882】【01468】
【01471】【01871】【01944】
【02660】【02886】【03159】
【03313】【04443】【04563】
【05950】【06065】【07396】
【08121】【08482】

胡培安
【05247】

胡清国
【04253】【05238】

胡庆亮
〖00073〗
胡日启
〖06742〗
胡瑞云
〖06986〗
胡绍铮
〖07711〗
胡盛仑
〖03002〗〖03039〗
胡世雄
〖06998〗
胡书经
〖06051〗〖06056〗
胡曙中
〖07969〗
胡树鲜
〖02062〗〖03331〗
胡双宝
〖00834〗〖03564〗
胡天赋
〖06780〗
胡铁生
〖07288〗
胡文成
〖05694〗
胡文泽
〖02849〗
胡希明
〖00483〗〖00970〗〖06039〗
胡晓慧

〖01347〗
胡晓琼
〖06556〗
胡晓研
〖01281〗
胡孝斌
〖01917〗
胡秀春
〖01838〗〖01898〗
胡秀梅
〖01310〗
胡彦萍
〖01957〗
胡燕华
〖00015〗
胡有清
〖00205〗
胡裕树
〖00582〗〖00666〗〖03046〗
〖08571〗〖01008〗〖02688〗
〖02838〗〖02846〗〖02866〗
〖06317〗〖02916〗
胡袁圆
〖01292〗
胡云晚
〖04641〗
胡振平
〖07195〗
胡治农
〖02100〗
胡智勇

【07388】

胡竹安

【02238】【03441】

胡壮麟

【07501】【08372】【08373】

胡祖竹

【06787】

华　光

【00766】

华　教

【05944】

华　武

【01353】【05474】

华　玉

【00083】

华宏仪

【03328】

华锦木

【05272】

华景年

【03432】【03439】

华龙元

【07479】

华卫民

【03633】【03919】

华宵颖

【04018】【05328】【04272】

华玉明

【04809】【02028】

华玉山

【01642】

荒屋劝

【07845】

黄　河

【03874】

黄　宏

【00094】【01191】【04313】

黄　华

【06413】【03353】

黄　磊

【05771】

黄　立

【01738】【01179】

黄　丽

【01135】

黄　琳

【01094】

黄　敏

【06288】

黄　溥

【08325】

黄　颖

【02262】

黄　越

【06362】

黄碧云

【03698】

黄伯飞

【06159】

黄昌宁

【05487】【05480】

黄成夫

〖07259〗

黄来顺

　〖07512〗

黄历鸿

　〖01244〗〖06097〗

黄立华

　〖03708〗

黄利华

　〖04210〗

黄良喜

　〖01301〗

黄懋颐

　〖08245〗

黄美玉

　〖06999〗

黄明明

　〖05748〗

黄明晔

　〖01438〗

黄鸣奋

　〖00062〗〖04231〗〖05541〗

　〖05664〗〖05705〗

黄南南

　〖05147〗

黄南松

　〖02800〗〖02837〗〖02881〗

　〖02893〗〖04062〗

黄年丰

　〖05671〗

黄佩文

　〖06465〗

黄勤勇

　〖05499〗

黄清贵

　〖06297〗

黄庆法

　〖06332〗

黄仁峰

　〖02591〗

黄荣荣

　〖05550〗

黄声义

　〖02155〗

黄盛璋

　〖02249〗〖02251〗〖02252〗

　〖03482〗

黄苏华

　〖07199〗〖07200〗〖07233〗

　〖07335〗

黄腾火

　〖08206〗

黄天源

　〖07658〗

黄婉芬

　〖05720〗

黄伟明

　〖06476〗〖06698〗

黄慰平

　〖00989〗〖01024〗

黄希庭

　〖06688〗

黄香山

黄祥年
〖00839〗 〖05566〗

〖02010〗 〖05386〗

黄晓琴
〖01576〗

黄晓雪
〖05800〗

黄晓颖
〖01132〗 〖05149〗 〖05264〗
〖05270〗

黄秀莲
〖07432〗

黄雪梅
〖03555〗

黄艳梅
〖04809〗

黄怡俐
〖07388〗

黄奕谋
〖04519〗

黄永健
〖01217〗

黄永镇
〖03461〗

黄幼川
〖05874〗

黄玉光
〖07826〗

黄玉花
〖00340〗 〖04536〗 〖04676〗

黄远振

〖06906〗

黄月圆
〖04550〗 〖04636〗 〖04705〗
〖05783〗 〖04598〗

黄岳洲
〖02204〗 〖03359〗 〖03463〗

黄瓒辉
〖02617〗

黄章恺
〖00959〗

黄兆龙
〖06215〗

黄贞姬
〖01201〗 〖03641〗 〖06318〗

黄振英
〖01984〗 〖02969〗 〖04086〗
〖05395〗

黄政澄
〖00976〗 〖00909〗 〖05057〗
〖00694〗

黄志福
〖06403〗

黄卓明
〖03605〗

黄子建
〖00912〗

黄祖英
〖02178〗

晃保通
〖07907〗

火玥人

〖02276〗

霍　陈

〖05413〗

霍　建

〖00044〗

霍陈婉媛

〖00620〗〖03688〗

霍晶莹

〖00067〗

霍前锋

〖02168〗

霍四通

〖02565〗

J

J. Richards

〖00587〗

Jane Orton

〖00312〗

Jianjun URWIN

〖04039〗〖00796〗

吉洁敏

〖04801〗

吉庆波

〖00710〗

吉田隆司

〖06019〗

吉照远

〖00004〗

汲传波

〖01797〗〖00061〗〖00751〗

〖01088〗〖04335〗

计　钢

〖08159〗

计　琦

〖06237〗

计道宏

〖05165〗

纪凤娇

〖08298〗

纪康丽

〖07155〗

纪晓静

〖05477〗

纪漪馨

〖08184〗

季　健

〖08455〗

季　瑾

〖04956〗〖08580〗

季　艳

〖02394〗

季安锋

〖01848〗

季绍斌

〖01718〗

季秀清

〖04938〗

季永兴

〖03348〗〖03401〗

冀　中

〖03214〗

贾　鼎
〖05508〗

贾　放
〖03899〗〖04450〗

贾　玲
〖05403〗〖00982〗

贾　涛
〖01756〗

贾　颖
〖01827〗〖03595〗

贾　钰
〖06408〗

贾宝凰
〖01467〗

贾采珠
〖02161〗

贾崇柏
〖03420〗

贾德霖
〖07902〗

贾冬梅
〖02363〗〖05695〗

贾发贵
〖08222〗

贾凤伦
〖07317〗

贾甫田
〖01247〗〖03158〗〖08119〗
〖08122〗〖01026〗

贾红棉

〖03908〗

贾秋仙
〖06766〗

贾仁园
〖08031〗

贾守义
〖05130〗

贾为德
〖07286〗

贾卫国
〖06813〗

贾晞儒
〖03249〗

贾秀英
〖07476〗〖06396〗〖07157〗
〖07891〗

贾学勤
〖06877〗

贾彦德
〖07490〗

贾益民
〖04205〗〖05554〗〖06193〗
〖05633〗〖05797〗〖05859〗

贾寅淮
〖00359〗〖00461〗〖04912〗

榎本英雄
〖05616〗

简启贤
〖03574〗〖05080〗

建　民
〖02230〗

江 澄
〖03352〗

江 宏
〖06542〗

江 南
〖07047〗

江 天
〖03246〗

江 新
〖04706〗 〖01361〗 〖01630〗
〖03497〗 〖03518〗 〖03706〗
〖04815〗 〖04830〗 〖04841〗
〖00213〗 〖03586〗

江 雨
〖05747〗

江傲霜
〖00060〗 〖01724〗 〖03878〗

江蓝生
〖02685〗

江明镜
〖03628〗

江诗鹏
〖02338〗

江锡群
〖05115〗

江晓红
〖06411〗

江竹青
〖04176〗

姜 宏
〖06432〗

姜 丽
〖02355〗

姜 孟
〖04707〗

姜 敏
〖02716〗

姜 平
〖08047〗

姜 苹
〖02376〗 〖04261〗

姜 倩
〖04737〗

姜 涛
〖01409〗

姜德梧
〖01121〗 〖03090〗 〖04971〗
〖04996〗 〖05000〗 〖04115〗
〖05018〗

姜恩庆
〖01899〗

姜国钧
〖00378〗

姜海陵
〖01324〗

姜海清
〖06471〗

姜洪绍
〖08517〗

姜剑云
〖02182〗

姜金吉

【03250】

姜丽萍

【00013】 【00053】 【00364】

【03703】

姜美子

【00169】 【05090】

姜明宝

【05225】

姜晓虹

【02728】

姜振国

【04365】

姜忠全

【07486】

姜自霞

【04667】

蒋 亮

【04278】

蒋 平

【01379】 【03258】 【06598】

蒋 颖

【01645】

蒋炳炎

【07116】

蒋澄生

【07682】 【07665】 【07244】

蒋国辉

【03011】 【07626】

蒋红红

【07738】

蒋静文

【06601】

蒋可心

【00479】 【00068】 【01084】

蒋绍愚

【05931】

蒋守谦

【04025】

蒋同林

【03946】

蒋向艳

【05640】 【08473】

蒋小棣

【06195】

蒋晓萍

【06932】

蒋新红

【04174】

蒋以亮

【01382】 【02756】 【05313】

蒋荫枬

【03421】

蒋印莲

【01405】

蒋永顺

【07878】

蒋有经

【02154】

蒋兆祥

【02215】

蒋郑宏

【06276】 【06282】

焦爱梅

〖07174〗

焦贵甫

〖07438〗

焦丽荣

〖06351〗

焦毓梅

〖00793〗〖01111〗

焦毓梅

〖04621〗〖04722〗

揭　侠

〖06388〗

解伯昌

〖07934〗

解澄宇

〖00110〗

解厚春

〖02973〗

解燕勤

〖04647〗

解志红

〖05027〗

介楚兰

〖08376〗〖08377〗

介井敬马

〖03077〗

金　城

〖07581〗

金　辉

〖01174〗

金　兰

〖00877〗

金　美

〖01131〗

金　名

〖04974〗

金　宁

〖04424〗〖04455〗

金　婷

〖03966〗

金　岩

〖02767〗〖06919〗〖06920〗

〖06922〗

〖06924〗〖07109〗

金　玉

〖07298〗

金　钟

〖00945〗

金长胜

〖07581〗

金春花

〖03873〗〖04001〗〖05189〗

〖00479〗

金大辛

〖08454〗

金德厚

〖04126〗

金定元

〖08186〗

金根生

〖07083〗

金红莲

〖00729〗〖03889〗〖07242〗
〖07647〗

金花子
〖01771〗〖00340〗

金积令
〖06839〗〖07175〗〖07724〗
〖07788〗〖07868〗

金基石
〖06165〗

金家恒
〖03003〗〖03068〗

金健人
〖05872〗

金敬华
〖01412〗

金立强
〖08415〗

金立鑫
〖00293〗〖00241〗〖02708〗
〖02729〗〖02777〗〖02826〗
〖02920〗〖03029〗〖07929〗

金梦茵
〖01269〗

金其斌
〖06188〗

金起元
〖06788〗

金荣一
〖08212〗

金绍志
〖02156〗〖08335〗〖08420〗

金舒年
〖04457〗

金天相
〖03803〗〖02896〗

金廷恩
〖07435〗

金舞燕
〖06493〗

金香兰
〖07110〗

金祥元
〖08145〗

金晓艳
〖04614〗〖01656〗

金晓阳
〖08522〗〖08591〗

金孝柏
〖06942〗

金欣欣
〖08500〗

金秀颖
〖06904〗

金旭东
〖06682〗〖07691〗

金学丽
〖04067〗

金业文
〖00147〗

金永寿
〖06295〗

金有景

〖01560〗

金幼华

〖00832〗

金裕雪

〖08287〗

金允贞

〖03838〗

金贞子

〖04837〗

金珍我

〖06256〗

金振邦

〖00636〗

金志刚

〖00260〗　〖00727〗　〖02744〗

〖04487〗　〖05304〗　〖05835〗

〖06075〗

金志军

〖01893〗　〖04327〗

金钟太

〖02663〗　〖08231〗

劲　松

〖03945〗

晋爱荣

〖00031〗

靳光瑾

〖05467〗　〖05473〗　〖05591〗

〖05602〗

靳洪刚

〖04890〗

靳卫卫

〖08182〗

靳学军

〖07149〗

晶　磊

〖04501〗

景永恒

〖04360〗

竟　成

〖02009〗　〖02717〗　〖02809〗

〖02814〗　〖03052〗　〖04961〗

〖08620〗

居　红

〖07686〗

鞠　红

〖06445〗

鞠玉华

〖05657〗

鞠玉梅

〖06651〗　〖06672〗

君　雅

〖05635〗

K

卡罗斯卡娃

〖06068〗

阚哲华

〖02672〗

康　健

〖04698〗

康　平

【00960】

寇德璋

【00639】【05411】【05418】

寇改萍

【01539】

匡　锦

【00194】

匡小荣

【00071】【03839】

邝　岚

【01729】

邝　霞

【02669】

旷书文

【02385】【05544】

L

Lihi Labor

【05965】

Liping DU

【04039】

Lu·Sh

【06054】

Luo　Qingsong

【03931】

来思平

【01053】【01013】

赖　鹏

【04605】【04618】

赖梅华

【00468】【05006】

濑户宏

【00560】

濑户口律子

【06071】

兰彩苹

【05010】

兰玺彬

【05146】

蓝　纯

【04834】

蓝安东

【05526】

蓝小玲

【04740】【05280】【05849】

郎天万

【07494】

朗桂青

【01489】【01502】

劳劳迪亚·罗斯著

【03166】

劳延煊

【06031】

乐　耀

【04585】

乐眉云

【04886】【07516】

雷　华

【00778】【05753】

雷　莉

〖05753〗 〖02750〗 〖05573〗
〖05675〗

雷　涛
〖02884〗 〖02898〗

雷佳林
〖07513〗

雷建文
〖07376〗

雷淑娟
〖04361〗

雷素娟
〖01444〗

雷英杰
〖03962〗 〖03750〗

雷珍容
〖06265〗

雷自学
〖06831〗

雷祖彬
〖06917〗

冷铁铮
〖06796〗 〖06797〗 〖06798〗

黎　静
〖01657〗 〖04296〗

黎　明
〖03215〗

黎昌抱
〖07000〗 〖06416〗 〖06589
〖07497〗

黎东良

〖06524〗 〖06525〗 〖06705〗
〖06715〗 〖06716〗 〖06899〗
〖07090〗 〖07256〗 〖07281〗

黎剑光
〖01847〗

黎天睦
〖04112〗 〖06024〗 〖00668〗
〖01017〗 〖02200〗 〖06061〗

黎小力
〖04304〗

黎杨莲妮
〖06037〗

黎一建
〖08093〗

黎毓扬
〖03307〗

黎芷明
〖07101〗

李　艾
〖07487〗 〖07491〗

李　爱
〖04587〗

李　斌
〖06192〗

李　伯
〖02086〗

李　璨
〖01290〗

李　超
〖05214〗

李　冬

〖08049〗〖08126〗〖08394〗

李　凡

〖06943〗

李　方

〖05868〗

李　飞

〖03651〗

李　福

〖04252〗

李　刚

〖06673〗〖06696〗〖07795〗

〖08399〗

李　航

〖05003〗〖04979〗

李　红

〖04375〗

李　华

〖04549〗〖02082〗〖04659〗

李　惠

〖06291〗

李　慧

〖04549〗〖04591〗

李　坚

〖05819〗

李　江

〖00301〗〖02592〗

李　津

〖07614〗

李　晋

〖06618〗

李　静

〖05740〗

李　娟

〖00006〗

李　军

〖00033〗〖01074〗〖02442〗

〖02446〗〖05648〗〖07599〗

李　俊

〖06959〗

李　开

〖01777〗〖01808〗〖02540〗

〖03646〗〖08496〗

李　坤

〖01408〗〖01806〗〖05875〗

李　雷

〖00035〗〖00715〗

李　莉

〖07289〗〖01886〗〖04853〗

李　立

〖02032〗〖02039〗

李　丽

〖04002〗

李　琳

〖02309〗〖03542〗〖05239〗

〖02491〗

李　灵

〖06495〗

李　梅

〖06488〗

李　媚

〖02423〗

李　敏

〖06790〗 〖01647〗 〖02381〗

〖02564〗 〖00182〗

李　明

〖01209〗 〖05031〗 〖00709〗

〖00735〗 〖00765〗 〖01465〗

〖01475〗 〖05196〗 〖05762〗

〖05850〗 〖05037〗 〖01002〗

〖01019〗 〖01455〗

李　讷

〖01894〗 〖02732〗 〖01487〗

李　宁

〖02599〗

李　强

〖05626〗

李　勤

〖06662〗

李　青

〖01090〗 〖00351〗 〖01205〗

〖01720〗 〖01816〗 〖02426〗

〖04843〗

李　卿

〖00040〗

李　清

〖06522〗

李　泉

〖00909〗 〖00215〗 〖00224〗

〖00225〗 〖00226〗 〖00227〗

〖00294〗 〖00418〗 〖00443〗

〖00452〗 〖00556〗 〖00713〗

〖00769〗 〖00784〗 〖00827〗

〖01266〗 〖01866〗 〖02023〗

〖02329〗 〖02440〗 〖02495〗

〖02633〗 〖02819〗 〖07846〗

〖08513〗 〖03803〗

李　蕊

〖01639〗 〖03533〗 〖04716〗

李　珊

〖02894〗

李　爽

〖05367〗

李　耸

〖06527〗

李　婷

〖02736〗

李　威

〖01986〗

李　巍

〖04382〗

李　炜

〖01414〗 〖07251〗

李　蔚

〖04273〗

李　侠

〖02359〗 〖04354〗 〖05663〗

李　遐

〖00069〗 〖03535〗

李　欣

〖06528〗

李　兴

〖05567〗

李　旭

〖07466〗

李 岩
〖07640〗

李 艳
〖01682〗〖02684〗

李 燕
〖03843〗〖04720〗

李 扬
〖01245〗〖00368〗〖00370〗
〖00465〗〖00555〗〖01219〗
〖02478〗〖05373〗〖05377〗
〖00546〗

李 杨
〖00875〗〖01242〗

李 因
〖03468〗

李 引
〖07192〗

李 英
〖02401〗〖00816〗〖00818〗
〖01210〗〖04684〗〖00743〗
〖00781〗〖01801〗〖08596〗

李 瑛
〖02716〗

李 源
〖06881〗

李 哲
〖05242〗

李 真
〖08478〗

李 珠

〖04106〗〖01483〗〖02770〗
〖04152〗

李爱军
〖01353〗〖05474〗

李白坚
〖00946〗〖05364〗〖03961〗

李百华
〖00647〗〖08044〗

李柏林
〖06359〗

李柏令
〖00193〗〖04653〗

李宝贵
〖04359〗〖00344〗〖01306〗
〖02439〗〖03528〗〖03544〗
〖03547〗〖03557〗〖04430〗
〖04700〗〖04995〗〖04997〗
〖05484〗〖05717〗〖05727〗
〖05732〗〖04622〗

李葆嘉
〖04427〗

李北辰
〖00023〗〖00721〗〖04187〗

李彼得
〖06009〗

李必辉
〖01565〗

李汴红
〖06744〗

李丙午
〖07730〗

李伯令
〖02289〗

李长栓
〖07069〗 〖07070〗

李充阳
〖04966〗

李传槐
〖01025〗

李创鑫
〖05816〗

李春红
〖01129〗 〖04143〗 〖04680〗

李春华
〖05147〗 〖06345〗

李春玲
〖04289〗 〖05318〗

李春梅
〖01532〗

李妲莉
〖08153〗

李大农
〖05279〗 〖05870〗

李大遂
〖00242〗 〖00328〗 〖03493〗
〖03506〗 〖03516〗 〖03546〗
〖03552〗

李大遂
〖03567〗 〖03580〗 〖03599〗
〖03602〗 〖03637〗 〖03701〗

李大霞
〖07255〗

李大忠
〖02852〗 〖02857〗 〖04839〗
〖04863〗 〖04892〗

李得春
〖08414〗

李德津
〖01038〗 〖00983〗 〖03821〗

李德钧
〖05514〗

李德祥
〖07615〗

李德义
〖05925〗

李定坤
〖07756〗 〖08250〗

李恩华
〖01676〗

李恩雨
〖06921〗

李芳芳
〖01637〗

李芳杰
〖02153〗 〖02702〗 〖02873〗
〖03251〗 〖03938〗

李芳元
〖06281〗

李凤林
〖00191〗

李芙霞
〖07607〗

李赋广

【07931】

李根孝

【05847】 【06141】

李更新

【01048】 【01270】

李赓钧

【03058】 【03061】

李桂梅

【04951】

李国慧

【01643】 【01856】

李国良

【06963】

李国南

【06440】 【06536】 【06659】

【06720】 【06854】 【06908】

【07016】 【07166】

李国强

【07227】

李果红

【04718】

李海绩

【05182】

李海欧

【02822】

李海鸥

【02721】 【05948】

李海燕

【05074】 【00840】 【00130】

李汉之

【07208】

李菡幽

【02488】 【04136】

李红印

【01098】 【01416】 【01919】

【02007】 【02905】 【03780】

【08606】 【08607】

李鸿谷

【06972】

李华戎

【04252】

李华田

【06912】

李华元

【00653】

李华珍

【00265】

李吉梅

【04789】

李吉子

【00346】

李计伟

【01540】 【01542】 【01597】

【01315】

李继先

【00932】

李嘉郁

【00114】 【04310】 【05553】

李建国

【00317】 【01147】 【03870】

【04357】 【00183】 【00858】

李建宏

【02573】 【07275】

李建军
【01692】

李建梅
【06825】

李剑影
【02282】

李金钞
【00871】

李金斗
【06381】

李金铠
【05524】

李金兰
【03577】

李金媚
【02448】

李津花
【06733】

李劲荣
【02351】

李进守
【08160】 【08264】 【08314】

李晋荃
【03291】

李晋霞
【02505】

李经伟
【07126】

李景蕙

【00531】 【00647】 【00689】
【01250】 【05425】 【01427】
【01015】

李景艳
【04021】

李竟泉
【03121】

李菊光
【02058】

李菊先
【00961】

李俊红
【04655】

李浚哲
【07962】

李抗美
【07312】

李克勇
【06414】

李坤珊
【04655】

李兰英
【00576】 【03947】 【08619】

李立臣
【04544】

李立新
【00059】

李丽虹
【01065】

李丽君
【00984】 【05912】

李丽丽
【03852】

李丽娜
【04685】

李连元
【02128】

李联明
【00015】

李临定
【02987】　【03125】　【03141】
【03297】　【03405】

李琳莹
【02908】

李露蕾
【04366】　【07648】

李禄兴
【08608】

李曼珏
【07564】　【06741】

李美玲
【01906】

李美子
【00355】

李敏辞
【05656】

李敏儒
【05198】

李明芳
【05731】　【05627】

李明欢
【04579】　【06119】　【06120】

李明晶
【06074】　【06090】　【06091】

李明英
【07577】

李明玉
【07767】

李铭建
【04517】　【04503】　【07077】

李茉莉
【07908】

李讷
【01998】

李培元
【03731】　【01053】　【00621】
【01464】　【06041】　【06150】

李朋义
【00064】

李谱英
【02959】

李戚继兰
【06045】

李其曙
【06879】

李奇瑞
【05696】

李黔萍
【07011】

李勤荣
【06622】

李清华

【01192】 【02212】 【03816】
【04110】 【08536】 【08561】

李清源
【04194】

李庆本
【04999】 【05047】

李庆宁
【06956】

李庆燊
【04402】

李庆祥
【06389】 【07768】 【07952】

李人鉴
【02172】 【03023】 【03369】
【03403】

李荣宝
【07260】

李荣嵩
【02146】 【03120】

李荣轩
【07071】

李如龙
【00708】 【01652】 【01697】
【01719】 【00005】 【00187】

李儒忠
【05020】 【05035】

李瑞华
【07502】 【07906】

李润新
【00547】 【00762】 【03513】
【03514】 【03540】

李莎莉
【01207】 【01257】

李善邦
【01852】 【04332】

李绍宠
【04028】

李绍林
【00282】 【00799】 【01076】
【01229】 【01536】 【02117】
【03056】 【03926】 【03930】

李绍玉
【02308】

李绍哲
【06347】

李慎行
【02091】

李胜利
【05681】

李盛娣
【01364】

李士芹
【06765】

李世强
【04220】

李世之
【00207】 【00264】 【00291】
【01169】 【03739】 【04060】

李守田
【03360】 【04527】

李叔飞
【01061】

李淑红

〖02671〗

李淑静

〖04589〗〖07854〗

李淑清

〖04158〗

李淑霞

〖06348〗

李淑媛

〖08614〗

李曙光

〖03860〗

李树德

〖07239〗

李恕仁

〖00400〗〖04381〗

李顺群

〖03901〗

李素贤

〖00375〗

李泰洙

〖02685〗〖01835〗

李天锡

〖05906〗

李天洙

〖05724〗

李铁范

〖01116〗〖05172〗

李铁根

〖02710〗

李维光

〖07567〗

李卫民

〖08560〗

李卫中

〖01831〗

李文超

〖07363〗

李文赫

〖05277〗

李文生

〖00536〗〖00519〗

李闻海

〖07169〗

李无未

〖00739〗〖00802〗〖06070〗

〖06086〗

李锡吼

〖07519〗

李先瑞

〖06806〗

李先诗

〖08166〗

李相群

〖06177〗

李祥坤

〖04486〗

李祥瑞

〖00230〗

李向农

〖02900〗

李向玉

〖05837〗

李小凤

〖02387〗

李小丽

〖03896〗

李小荣

〖01937〗

李晓光

〖01260〗 〖07800〗 〖01202〗

李晓娟

〖04922〗

李晓亮

〖00315〗 〖00910〗 〖02704〗

李晓琪

〖02380〗 〖00903〗 〖01122〗

〖01904〗 〖01980〗 〖02712〗

〖02946〗 〖04762〗 〖04784〗

李晓燕

〖02414〗

李晓云

〖01625〗

李筱菊

〖00662〗

李新惠

〖04639〗

李新龙

〖03671〗

李新元

〖05787〗

李兴华

〖07757〗 〖07950〗

李兴亚

〖02118〗 〖02988〗 〖03103〗

李行健

〖00574〗 〖05487〗 〖00940〗

〖02094〗 〖02139〗 〖03315〗

〖01967〗

李杏春

〖07546〗

李秀坤

〖03668〗 〖04408〗

李学欣

〖03975〗

李学珍

〖06811〗

李雅梅

〖01342〗 〖02470〗

李亚明

〖00014〗 〖06969〗

李亚群

〖05668〗

李延林

〖04319〗 〖06819〗 〖07392〗

李延瑞

〖05407〗

李艳萍

〖03851〗 〖06553〗

李雁冰

〖01228〗

李雁波

〖07276〗

李滟波

〖00378〗

李燕玉

〖06869〗

李阳庚

〖00600〗

李业才

〖00011〗〖01534〗

李一平

〖01955〗

李一中

〖06914〗

李旖旎

〖05562〗

李忆民

〖06027〗〖00884〗〖00942〗
〖00998〗〖01259〗〖04123〗
〖05370〗〖05443〗

李逸安

〖00269〗

李英垣

〖06528〗〖06331〗

李英哲

〖03242〗〖00691〗〖02942〗
〖03050〗〖02521〗〖06034〗

李永增

〖02965〗〖07170〗

李勇忠

〖06345〗

李友仁

〖08505〗〖08551〗

李又安

〖04528〗

李予军

〖00273〗

李宇红

〖00244〗

李宇宏

〖02489〗

李宇明

〖00030〗〖02795〗〖02802〗
〖04822〗

李玉宝

〖02967〗

李玉敬

〖02214〗〖04115〗〖04129〗

李玉军

〖01284〗〖04947〗〖05254〗

李玉萍

〖06367〗

李育卫

〖06170〗

李元厚

〖06663〗

李月松

〖07177〗

李跃琴

〖01661〗

李云霞

〖05244〗

李运富

〖02110〗

李运喜

〖03218〗

李蕴真

〖07519〗

李战子

〖06855〗

李湛军

〖05996〗

李振杰

〖04079〗〖04113〗〖08557〗

李振中

〖01826〗

李铮强

〖05077〗

李正栓

〖06206〗〖04298〗

李志乔

〖08312〗

李志荣

〖06875〗

李志兴

〖07784〗

李治平

〖00018〗〖01624〗

李忠民

〖08040〗

李忠星

〖02831〗〖04440〗

李钟九

〖01397〗

李子云

〖02993〗〖03406〗

李宗宏

〖06172〗

李宗江

〖03006〗〖06947〗〖07449〗

〖07751〗

李宗宓

〖03049〗

理查德·T·汤姆逊

〖06158〗

力　量

〖03116〗

厉　力

〖03757〗

厉霁隽

〖02437〗

厉为民

〖01507〗

厉振仪

〖05971〗

郦　青

〖03550〗

连庆昭

〖07305〗

连淑能

〖07592〗〖07616〗〖07722〗

〖08229〗〖08323〗

连晓霞

〖01796〗

连燕华

〖06338〗

连志丹

〖00235〗〖00836〗〖01162〗

〖01331〗〖05577〗〖05585〗

〖05586〗

联合早报用字用词调查工作委员会

〖02044〗〖03714〗

廉　洁

〖07136〗

良　一

〖05362〗

梁　洁

〖07385〗

梁　静

〖00096〗

梁　蕾

〖04592〗〖05454〗

梁　盟

〖01552〗

梁　爽

〖07459〗

梁　伟

〖00591〗

梁　霞

〖05397〗

梁　鲜

〖04851〗

梁　吟

〖03428〗

梁　源

〖01301〗〖05503〗

梁　云

〖05011〗

梁宝成

〖06673〗

梁长城

〖01267〗〖05720〗

梁德慧

〖04542〗

梁国栋

〖06220〗

梁岚林

〖07385〗

梁莉莉

〖04917〗

梁清宏

〖06397〗

梁荣富

〖08190〗

梁树新

〖08111〗

梁为祥

〖07196〗

梁雅玲

〖00907〗

梁远冰

〖04590〗

梁正宇

〖02327〗

梁志桦

〖01092〗

梁仲森

〖05893〗

【01840】【05807】

林宝煊
【08468】

林大津
【07505】【07746】【08147】

林尔康
【07685】【07782】【08094】

林凤英
【06975】

林镐根
【08359】

林国安
【00406】【00861】【00933】
【05767】

林国立
【04390】【04410】

林浩业
【00852】

林建明
【05219】

林界军
【00127】

林进展
【01295】

林可
【02999】

林绿竹
【06358】

林伦伦
【06925】【04804】

林茂灿

【02358】

林孟夏
【06911】

林敏洁
【00066】

林明华
【07038】

林明贤
【01368】

林蒲田
【04371】【05829】【05917】
【05952】【06126】【06132】

林齐倩
【02314】【02501】

林清书
【07300】

林去病
【00405】【05212】【05878】
【05879】【05881】【05901】
【05916】【05941】【05955】
【05963】【05856】

林荣华
【06025】

林汝昌
【06741】【07347】

林润宣
【04593】

林书武
【06856】【07359】【08336】

林纾平
【06300】

林素卿
【07442】

林同济
【08413】

林贤德
【04023】

林晓红
【00426】

林晓勤
【01356】

林杏光
【01915】

林徐典
【06014】

林延君
【05007】

林玉明
【07942】

林元桂
【05316】

林仲贤
【07384】

琳达·杰·里德
【05953】

蔺璜
【03076】

蔺荪
【05598】

凌敏
【05344】

凌三

【03426】

凌璧君
【02425】

凌德祥
【00410】【04731】【07851】
【08556】【04886】【07516】

凌如珊
【07119】

铃木基子
【04928】【05589】

铃木修次
【03728】

刘春
【06913】

刘兵
【02366】

刘超
【05140】

刘冬
【00482】【05312】

刘方
【04425】【01357】

刘芳
【03503】【04560】

刘枫
【04942】

刘峰
【00771】【01074】【05648】

刘戈
【07641】

刘弘

【01070】【00254】【05148】

刘　虹

【03928】

刘　华

【04651】

刘　慧

【00096】

刘　葭

【04287】

刘　坚

【02928】

刘　俭

【07420】

刘　杰

【02641】

刘　缙

【01929】【01949】【02005】
【03711】

刘　静

【04222】【01758】

刘　军

【01912】

刘　蕾

【05574】

刘　丽

【07627】【08065】

刘　利

【06334】

刘　濂

【03796】

刘　玲

【07964】

刘　铭

【05233】

刘　溟

【04372】

刘　宁

【04512】

刘　平

【04389】

刘　萍

【02574】

刘　倩

【04142】

刘　青

【07132】

刘　琼

【05741】

刘　权

【00245】

刘　蓉

【06788】

刘　森

【04298】

刘　山

【06157】【06053】【01053】

刘　姝

【03855】【04665】

刘　顺

【00118】【02473】【02527】

刘　涛

【01308】

刘 甜
〖04547〗

刘 威
〖01138〗 〖02842〗 〖03565〗
〖04871〗

刘 伟
〖03918〗

刘 欣
〖05451〗

刘 新
〖08574〗

刘 珣
〖00957〗 〖00992〗 〖05057〗
〖01050〗 〖00106〗 〖00123〗
〖00203〗 〖00313〗 〖00316〗
〖00332〗 〖00358〗 〖00403〗
〖00414〗 〖00430〗 〖00467〗
〖00516〗 〖00579〗 〖00584〗
〖00812〗 〖00937〗 〖00948〗
〖05058〗 〖05133〗 〖05227〗
〖05228〗 〖05961〗

刘 迅
〖08250〗

刘 亚
〖05241〗

刘 岩
〖06966〗

刘 艳
〖02871〗

刘 艺
〖01389〗

刘 英
〖04651〗

刘 瑛
〖05257〗

刘 颖
〖03752〗 〖03847〗 〖04195〗

刘 勇
〖02114〗 〖05222〗

刘 瑜
〖04534〗

刘 煜
〖07185〗

刘 云
〖02522〗 〖03994〗 〖06744〗

刘 泽
〖08003〗

刘 织
〖00787〗

刘 壮
〖00039〗 〖05070〗 〖03972〗

刘 卓
〖01851〗

刘爱蓉
〖06515〗

刘爱英
〖06758〗

刘颁浩
〖04015〗

刘冰冰
〖08578〗 〖02484〗

刘长义

【07958】

刘长征

【01547】【01525】

刘超英

【01178】【05087】

刘辰诞

【01934】

刘川平

【01173】【01195】【01411】

【08579】

刘春梅

【00789】【01610】【01611】

刘春燕

【04606】

刘春英

【07677】

刘大为

【02218】【02586】

刘丹青

【02107】

刘道英

【05299】

刘道尊

【06027】

刘德联

【00130】【00415】

刘德燊

【04774】

刘典忠

【06633】

刘殿爵

【07837】

刘东升

【06492】

刘法公

【07201】

刘芳本

【08004】

刘芳芳

【01797】

刘逢春

【04191】

刘凤霞

【06630】

刘奉光

【01497】

刘福长

【07725】

刘富华

【02296】【06565】【02277】

刘根辉

【00081】

刘公望

【03020】【03118】【03286】

【03289】

刘冠群

【03445】

刘光准

【06948】【07620】

刘广徽

【01493】

刘桂英

〖07140〗

刘桂枝

〖03332〗

刘国祥

〖07127〗

刘海量

〖03910〗

刘海燕

〖04034〗

刘海章

〖03311〗

刘和民

〖07520〗 〖08278〗

刘红松

〖01343〗

刘红霞

〖06539〗

刘红英

〖03786〗 〖04649〗 〖04699〗

〖04703〗

刘宏谟

〖03197〗 〖03155〗

刘洪飞

〖07221〗

刘焕辉

〖04907〗

刘慧清

〖04948〗 〖00090〗 〖03857〗

〖04004〗 〖04643〗 〖05687〗

刘继红

〖00730〗 〖05175〗 〖05186〗

〖05711〗

刘继磊

〖02263〗

刘佳平

〖01114〗

刘家业

〖03814〗 〖03820〗 〖06005〗

刘驾超

〖07866〗

刘建平

〖02421〗

刘剑英

〖07051〗

刘江涛

〖01711〗

刘金玲

〖06560〗 〖06675〗

刘金生

〖06356〗

刘晶晶

〖02283〗 〖05167〗

刘景春

〖03142〗

刘君若

〖00652〗 〖01456〗 〖01470〗

刘钧杰

〖03203〗

刘俊莉

〖02259〗 〖02390〗

刘开古

〖07939〗

刘凯鸣

〖03440〗

刘兰民

〖00281〗

刘莉莉

〖06694〗

刘礼进

〖02569〗〖06689〗〖07012〗

刘力生

〖03681〗

刘立恒

〖05630〗

刘立群

〖01693〗

刘丽华

〖08037〗

刘丽辉

〖06355〗

刘丽宁

〖06117〗

刘丽萍

〖02382〗

刘丽艳

〖02354〗〖04581〗

刘丽瑛

〖04151〗

刘利民

〖05317〗

刘俐李

〖01307〗〖02126〗

刘连娣

〖04608〗

刘连海

〖01530〗

刘镰力

〖05018〗〖05031〗〖04124〗
〖05037〗〖01043〗〖01992〗
〖04117〗〖04130〗〖04993〗
〖05016〗〖05024〗〖05025〗
〖05029〗〖05106〗〖01027〗
〖05043〗

刘琳莉

〖04248〗

刘宓庆

〖07628〗〖07726〗〖07789〗
〖08088〗〖08409〗

刘明臣

〖02879〗

刘明章

〖04903〗〖06139〗〖07862〗

刘明忠

〖06304〗

刘乃华

〖01178〗〖01206〗〖01485〗
〖08029〗

刘乃叔

〖04373〗

刘乃仲

〖02742〗

刘宁生

【00599】 【02853】 【04902】
【07995】 【06535】
刘培玉
【01548】
刘培育
【07007】
刘齐生
【06457】 【06690】
刘钦荣
【02462】
刘青然
【06044】 【06048】
刘清平
【03891】 【05078】 【05088】
刘庆福
【00466】 【01231】
刘庆会
【07450】
刘庆委
【04697】
刘琼竹
【02665】
刘全福
【07178】
刘润清
【04891】 【05914】
刘若云
【00749】 【01124】 【04729】
【08583】
刘尚纯
【07743】

刘绍龙
【07369】
刘绍忠
【02773】 【06422】
刘社会
【00923】 【02788】 【05601】
【03512】 【05947】 【06020】
【08538】 【00957】 【01050】
刘士勤
【01237】 【02099】 【04099】
【05125】
刘世勤
【05435】
刘世儒
【03413】
刘世生
【07889】
刘守兰
【06169】
刘叔新
【02073】 【02725】
刘淑芳
【06420】
刘淑学
【07309】 【07437】
刘树阁
【06745】
刘树桢
【01535】
刘颂浩

【02490】 【04070】 【05082】

【00042】 【00099】 【00298】

【00763】 【00772】 【00869】

【01612】 【01868】 【01889】

【02601】 【02711】 【02720】

【02858】 【03571】 【03777】

【03801】 【03893】 【04032】

【04838】 【05114】 【05253】

【05347】 【05539】 【05548】

【05074】 【04634】

刘苏乔

【01326】 【06283】

刘素梅

【07064】

刘泰芳

【05200】

刘文晖

【06250】 【01613】

刘文莉

【06594】

刘希明

【01048】

刘霞敏

【06754】

刘先刚

【07701】

刘羡冰

【05979】

刘香敏

【00366】

刘祥清

【06293】

刘向晖

【04760】

刘潇潇

【00755】 【04630】 【05796】

刘小斌

【05259】 【06211】

刘小军

【05308】

刘小南

【07548】 【07084】

刘小平

【06229】

刘小湘

【00545】 【00549】 【04514】

刘晓峰

【06325】

刘晓海

【01125】

刘晓华

【07318】

刘晓晖

【06630】

刘晓健

【04340】

刘晓露

【00157】

刘晓梅

【01683】 【01737】 【02384】

【04234】 【08586】

刘晓民

【06726】

刘晓明

【03095】

刘晓雨

【00296】 【03895】 【05216】

【05323】

刘新丽

【04936】

刘新义

【06958】

刘新友

【02952】

刘鑫民

【02303】 【02518】

刘秀彩

【07444】

刘秀丽

【06822】

刘学敏

【05822】 【02070】 【05662】

【05975】

刘学明

【06485】

刘雪春

【03904】

刘勋宁

【02921】 【03033】

刘亚飞

【00222】 【01159】 【05471】

刘亚辉

【01056】

刘亚林

【00444】 【00894】 【00921】

【02805】

刘一之

【02689】

刘翼斌

【06324】

刘银波

【06937】

刘英军

【02863】

刘英凯

【06857】 【06517】 【07214】

【07485】 【07780】 【07781】

【07819】 【07965】 【08230】

刘英林

【01015】 【01177】 【02008】

【02020】 【05045】 【05049】

【05055】 【00553】 【00570】

【01221】 【01246】 【05021】

【05030】 【05038】 【05051】

【05052】 【05054】 【05056】

【05127】 【05134】 【00531】

【00689】 【01209】

刘永兵

【05678】 【07689】 【03832】

刘永红

【02509】 【06463】 【07065】

刘永凯

【02165】 【03213】

刘永山

〖03710〗

刘友谊

〖00711〗

刘宇红

〖06458〗〖06870〗〖07213〗

〖07284〗〖07301〗〖07381〗

刘玉川

〖05623〗

刘玉昆

〖07297〗

刘玉玲

〖06286〗

刘玉平

〖01550〗

刘玉生

〖00256〗

刘玉祥

〖08146〗

刘元林

〖07113〗

刘元满

〖04538〗〖06319〗

刘援朝

〖08389〗

刘月华

〖08502〗〖00217〗〖01020〗

〖01996〗〖02093〗〖02535〗

〖02747〗〖02992〗〖03027〗

〖03132〗〖03138〗〖03272〗

〖03277〗

刘悦聪

〖07531〗

刘越莲

〖06652〗

刘云汉

〖08506〗

刘运同

〖01990〗

刘泽圭

〖08095〗

刘泽权

〖04213〗

刘泽先

〖03734〗

刘振铎

〖03281〗

刘正文

〖05713〗〖05760〗〖08497〗

刘芝琳

〖04320〗

刘志敏

〖06523〗

刘智伟

〖01595〗

刘中泰

〖04776〗

刘钟汉

〖03345〗

刘重德

〖07365〗

刘子瑜

〖02533〗

刘佐艳
〖06575〗

柳　明
〖05122〗

柳丽慧
〖04677〗

柳纳新
〖06976〗

柳荣军
〖06200〗

柳燕梅
〖00213〗〖00820〗〖01783〗
〖04706〗

柳英绿
〖06320〗〖06736〗〖08239〗

龙　娟
〖04642〗

龙　涛
〖02397〗

龙　翔
〖00210〗

龙　叶
〖03750〗〖03962〗

龙青然
〖00438〗〖05394〗

龙泉针
〖01584〗

龙伟华
〖04623〗

娄　毅
〖05803〗

娄秀荣
〖00435〗

娄兆麟
〖00350〗

楼　关
〖05429〗

楼益龄
〖04721〗

卢　江
〖02256〗

卢　林
〖08436〗

卢　强
〖05447〗

卢　钦
〖03346〗

卢　伟
〖00361〗〖00926〗〖00958〗
〖04405〗〖05330〗〖05527〗
〖05576〗〖05587〗〖05596〗
〖05924〗〖08532〗〖05162〗

卢百可
〖05326〗

卢福波
〖02402〗〖00322〗〖02405〗
〖02492〗〖02544〗〖02554〗
〖02682〗〖02698〗〖02786〗
〖02820〗〖04541〗

卢红艳
〖03494〗

卢华岩

【04309】

卢甲文

【02171】

卢曼云

【02141】【02174】【03167】

【03376】

卢绍昌

【03724】【00442】【01479】

【03695】【03697】【03716】

【04444】【05320】【05869】

卢石英

【05693】

卢世伟

【04021】

卢铁澎

【05260】

卢微一

【04274】

卢卫中

【07712】

卢湘鸿

【05053】

卢小宁

【00843】【01798】【03642】

卢晓逸

【00493】【01273】【01274】

卢燕丽

【05761】

卢一平

【05086】

卢英顺

【02931】【04688】【07277】

卢兆宽

【07656】

卢智暎

【02694】

卢卓群

【02138】

芦永德

【06874】

栌山健介

【02943】

鲁　川

【02670】

鲁　俐

【03923】

鲁　伟

【05558】

鲁　洲

【05191】

鲁宝元

【03059】【04092】【05398】

【06076】【06094】【07241】

鲁国尧

【00865】

鲁健骥

【00725】【01035】【00297】

【00399】【00956】【01146】

【02895】【04491】【04515】

【04823】【04874】【04932】

【04937】【05132】【06049】

【07411】【08139】【08565】

鲁勉斋
【01277】

鲁启华
【08406】

鲁文霞
【01660】

鲁晓琨
【02041】【02705】【07913】
【07996】【00568】

鲁雪晖
【07108】

鲁忠义
【04096】

鲁仲达
【08096】

陆　华
【00011】【01534】

陆　羽
【05635】

陆丙甫
【00128】【02510】【05604】
【03046】

陆红燕
【01959】

陆嘉栋
【01070】

陆嘉琦
【00916】

陆稼祥
【00848】

陆俭明

【01958】【02749】【03411】
【03519】【00084】【00091】
【00092】【00164】【00314】
【00327】【00329】【01945】
【02030】【02196】【02206】
【02531】【02581】【02597】
【02636】【02679】【02789】
【02885】【02951】【02982】
【03062】【03147】【03309】
【05183】【05266】【05334】
【05790】【06249】

陆锦林
【08391】【08434】

陆经生
【07790】

陆镜光
【06219】

陆平舟
【04209】

陆庆和
【02506】【02754】

陆蓉秀
【00592】

陆汝占
【05602】

陆世光
【00586】

陆述生
【03205】

陆孝栋
【03152】

陆勋林

【07664】

陆增荣

【06900】【08005】

陆祖本

【08618】

逯艳若

【02561】

鹿士义

【04968】【04786】

路　明

【03995】

路家琳

【00638】【00642】

路维忠

【03208】

路志英

【00740】

吕　才

【05728】

吕　俊

【07779】

吕　峡

【04646】

吕必松

【00188】【00284】【00338】

【00411】【00421】【00449】

【00450】【00470】【00471】

【00472】【00473】【00474】

【00477】【00485】【00499】

【00500】【00501】【00502】

【00520】【00521】【00522】

【00523】【00524】【00527】

【00534】【00540】【00541】

【00542】【00551】【00561】

【00572】【00593】【00597】

【00604】【00623】【00625】

【00633】【00634】【00635】

【00644】【00669】【00671】

【00675】【00687】【00693】

【00695】【00996】【01040】

【01243】【01261】【03632】

【04038】【05232】【05314】

【05342】

吕炳洪

【08433】

吕滇雯

【04807】

吕飞亚

【00504】【05876】【05918】

吕光远

【01717】

吕浩雪

【00015】

吕可风

【01214】

吕良环

【00289】

吕明臣

【04583】

吕少蓬

【00102】

吕拾元

【06230】

吕叔湘

【02120】 【02231】 【03087】

【03106】 【03134】 【03149】

【03179】 【03194】 【03232】

【03334】 【03394】 【03395】

【03399】 【03443】 【03447】

【08246】 【08446】 【01047】

吕天石

【08217】

吕为光

【02274】

吕文华

【00822】 【01010】 【01190】

【01233】 【01862】 【02541】

【02623】 【02847】 【02883】

【02888】 【02930】 【03040】

【00725】

吕效东

【05667】 【04089】

吕欣航

【03963】

吕艳梅

【06496】 【06550】

吕应利

【07389】

吕俞辉

【00229】 【00339】 【00218】

吕玉兰

【00750】 【05273】

吕兆格

【01640】 【04661】

吕志鲁

【07563】 【07997】

栾雪梅

【07957】

罗 蒿

【07036】

罗 虹

【07237】

罗 丽

【00287】

罗 萍

【05564】

罗 伟

【07907】

罗 音

【04567】 【03508】

罗朝晖

【03863】

罗传伟

【06349】

罗国忠

【06412】 【06828】

罗红霞

【00257】

罗花蕊

【05086】

罗建生

【05173】

罗兰京子

〖01057〗

罗品厦

〖07223〗

罗其精

〖07408〗　〖07666〗　〖07727〗

〖07951〗

罗启华

〖08021〗　〖08150〗

罗青松

〖00716〗　〖00761〗　〖00851〗

〖03921〗　〖03968〗　〖04818〗

〖04856〗　〖05365〗

罗庆铭

〖00431〗　〖01935〗　〖02738〗

〖05898〗　〖05903〗　〖05926〗

〖05939〗

罗润锋

〖05143〗

罗圣豪

〖03696〗

罗守坤

〖00968〗

罗双兰

〖01077〗

罗天法

〖06615〗

罗小东

〖06071〗　〖01101〗

罗小姝

〖04222〗

罗晓英

〖04782〗　〖02389〗

罗燕玲

〖01759〗

罗玉华

〖05958〗

罗云艳

〖04297〗

罗运芝

〖07039〗

罗自群

〖02269〗

洛特菲·谢比勒

〖05989〗

骆　洪

〖04239〗

骆　乐

〖06441〗

骆　琳

〖04950〗

骆小所

〖05693〗

骆以清

〖05996〗

骆志平

〖05982〗

M

Marie-Claud-eparis

〖03317〗

麻壮绮

【07535】

马 杰

【02360】

马 兰

【05319】

马 莉

【06372】

马 玲

【00020】 【05404】

马 威

【03758】

马 伟

【03164】

马 燕

【05008】

马 跃

【05139】 【05177】 【05579】

马 赟

【02333】

马 真

【02151】 【02191】 【03273】

【01958】

马 忠

【03414】

马贝加

【02976】

马秉义

【06576】 【07348】

马常纲

【08168】

马成文

【08568】

马川东

【07426】

马川冬

【06826】

马春林

【00895】 【05610】

马春梅

【07683】

马春雨

【00590】

马德元

【00565】

马杜娟

【00742】 【06162】

马桂琪

【06711】

马国凡

【00886】

马国彦

【05750】

马海燕

【06834】 【06646】

马河清

【08071】 【08074】 【08337】

马换杰

【07115】

马惠玲

【04054】

马家珍

【03220】

马建疆

〖07386〗

马箭飞

〖01123〗　〖01164〗　〖01186〗

〖05361〗　〖08524〗

马金科

〖00720〗

马静恒

〖00952〗　〖05410〗　〖05511〗

马克宁

〖07350〗

马丽莹

〖05999〗　〖06036〗

马林可

〖03065〗

马明廉

〖05442〗

马明艳

〖02392〗　〖04548〗　〖05180〗

马鸣春

〖03212〗

马乃田

〖03005〗

马巧正

〖06831〗

马钦忠

〖07612〗

马庆栋

〖05773〗

马庆株

〖00185〗　〖02055〗　〖02278〗

〖02758〗　〖03037〗

马盛静恒

〖08564〗　〖01036〗

马世才

〖04316〗

马世沛

〖08249〗

马叔骏

〖04400〗　〖07455〗

马伟林

〖07033〗

马伟阳

〖03763〗

马希文

〖03187〗

马显彬

〖03608〗　〖03609〗

马小玲

〖00127〗

马欣华

〖01428〗　〖01009〗　〖05408〗

马新芳

〖03755〗

马新军

〖04384〗　〖01880〗

马秀玲

〖02650〗

马秀芹

〖06895〗

马学良

【00616】 【03299】

马衍森
【03684】

马艳华
【05351】

马燕华
【03511】 【00234】 【01374】
【01383】 【01418】 【01423】
【02486】 【02632】 【03785】
【03800】 【03935】 【00909】

马涌聚
【07114】

马玉汴
【01700】 【02499】 【04977】

马月兰
【06454】 【06605】 【06789】

马中夫
【06558】

马仲可
【04043】

马壮寰
【07249】

玛格达·阿比亚提
【08535】

玛琳娜·吉布拉泽
【05742】

满　泽
【00285】

曼蒂·司各特
【01189】

曼梯契

【06038】

毛　丽
【04554】

毛　文
【01028】

毛　悦
【03766】 【08524】 【03799】
【05109】

毛成栋
【02224】

毛发生
【06626】

毛峰林
【07150】

毛海莹
【04315】 【04267】 【04306】

毛华奋
【06847】

毛慧君
【04244】

毛敬修
【03174】

毛荣贵
【08042】

毛世桢
【01355】 【01430】 【01296】
【00228】

毛通文
【04311】

毛西旁
【03424】

毛惜珍

【00575】【02185】

毛修敬

【01441】【02173】

毛贻锋

【04630】

毛意忠

【07702】【08169】【08202】

【08223】【08236】【08326】

【08417】【08428】【08429】

毛忠美

【05659】

茅维

【01616】【02361】

茅海燕

【05136】

么书君

【02434】

梅君

【04984】

梅德明

【07179】

梅立崇

【04936】【04930】【04521】

【05991】【04104】【01018】

【01029】

梅薏华

【05658】

美青

【01115】

孟琮

【02084】【03407】【03410】

孟国

【00186】【00491】【03753】

【03809】【04156】【05262】

【05284】【05333】【08476】

【05822】

孟虹

【05834】

孟凌

【03612】

孟长勇

【00381】【00846】【01134】

【05845】

孟繁杰

【02477】【04230】

孟继成

【08438】

孟继文

【08006】

孟坤雅

【03620】

孟庆海

【03089】

孟维智

【03222】

孟伟根

【08042】【01954】

孟宪惠

【01675】

孟宪仁

【07817】

孟祥英

【01936】 【02974】

孟柱亿

【02021】 【01378】 【01434】

【05896】

孟子敏

【04391】

米凯乐

【01439】 【02037】 【04101】

【07844】 【02954】

米绪军

【07935】

苗　慧

【06604】

苗秀楼

【06763】

闵丙俊

【03694】

缪锦安

【00612】 【00624】 【08625】

缪鹏飞

【08204】

缪小放

【00607】

莫　华

【03854】

莫泰熙

【05775】

莫修云

【01689】 【01740】

莫永吉

【08025】

莫运国

【06382】

牟　岭

【00109】 【06105】

牟　萍

【06848】 【07404】

牟奇先

【02176】

牟云峰

【05251】

木　欣

【01762】

木村秀树

【03084】 【02530】 【03259】

木雯弘

【02972】

沐　莘

【07027】 【07473】 【07970】

【08164】 【08218】 【08555】

N

那　娜

【02568】

那英志

【01073】

南　谈

【04192】

南　勇

【04072】 【04076】

南广佑
〖03660〗〖03723〗

南京师院中文系 77 级[1、2]
语法小组
〖03378〗

南聿言
〖08515〗

能势良子
〖08073〗

倪彦
〖01431〗

倪旸
〖02397〗

倪传斌
〖01117〗〖04707〗

倪华莺
〖06996〗

倪建文
〖02605〗

倪立民
〖03362〗

倪明亮
〖01235〗〖00936〗〖04103〗

倪伟曼
〖01368〗

倪永明
〖06343〗

聂丹
〖01726〗

聂建军
〖06410〗

聂仁发
〖01521〗

聂文龙
〖02985〗

宁姗
〖07897〗

牛睿
〖06714〗

牛保义
〖06446〗〖07480〗〖07631〗
〖04727〗〖06743〗〖07001〗
〖07503〗〖07571〗〖07801〗

牛岛德次
〖03150〗

牛巧红
〖04529〗

牛淑玲
〖04270〗

牛太清
〖04650〗

努尔巴·司马义
〖01171〗

0

欧倩
〖01568〗

欧阳复生
〖03461〗

欧阳国泰

【00167】 【01319】 【02485】
【03593】 【03653】 【04805】
【05296】
欧阳汝颖
【06015】 【05215】 【05894】
欧阳泰荪
【03323】
欧阳万钧
【01136】
欧阳允安
【07131】
欧治梁
【08084】

P

Past M.Lightbown
【04898】
潘　红
【06814】
潘　钧
【06799】 【07313】
潘　琳
【04215】
潘　录
【03416】
潘尔尧
【02247】 【03470】
潘国荣
【03211】
潘立超

【07366】
潘其南
【05866】
潘汜津
【02315】
潘素勤
【05787】
潘文国
【00145】 【01199】 【02626】
【03662】 【06187】 【06238】
【06255】 【06266】 【06267】
【06269】 【07028】 【07225】
【07287】 【08521】
潘文娱
【08502】 【03372】
潘先军
【01594】 【01743】 【03529】
【03563】 【03579】 【03618】
【05733】 【04400】
潘祥远
【07763】 【07955】
潘晓慧
【07245】
潘耀武
【04415】 【05401】
潘永梁
【06577】
潘章仙
【07232】
潘兆明
【05033】

潘之欣

【01807】

庞林林

【07269】【07270】【07292】

【07326】【07433】【07474】

【07572】【07593】【08148】

裴　奇

【01557】

裴龙得

【02668】

裴维襄

【01160】【05306】

彭　程

【05796】

彭　莉

【00080】

彭　爽

【01656】【01850】【04614】

彭　漪

【06262】

彭邦清

【08118】

彭彩红

【02373】

彭聃龄

【04095】【04920】【01409】

【01883】【03598】

彭道生

【02111】【03071】

彭调鼎

【05889】

彭凤菊

【05013】

彭广陆

【06610】

彭桂芝

【06451】

彭恒利

【04988】【04992】

彭继兰

【07082】

彭家法

【05163】

彭家玉

【06578】

彭建辉

【06268】

彭开明

【06635】【07338】

彭利贞

【00354】【01220】【04857】

【04870】【06324】

彭秋荣

【08327】【08616】

彭仁忠

【06375】

彭忍钢

【06245】

彭瑞情

【03927】

彭涉莉

【04580】

彭淑莉

【02347】【04615】

彭小川

【05695】【00398】【02438】

【02706】【02929】【04044】

【04045】【05287】【05298】

彭兴中

【08007】

彭宣维

【07079】【06427】【06858】

【06859】【06987】

彭永华

【05145】

彭玉康

【01292】

彭玉兰

【01579】

彭在义

【07923】【07998】

彭增安

【04745】【04219】

彭肇兴

【08008】

彭志峰

【05450】

彭志红

【05824】

彭志平

【00428】

皮尔兹

【08234】

皮远长

【00509】

蒲志鸿

【07938】

濮之珍

【06057】

朴爱阳

【06313】

朴春燕

【03976】

朴松林

【07390】

朴正顺

【05315】

Q

戚　冰

【08117】

戚　焱

【06685】

戚雨村

【00966】【07692】【07713】

亓　华

【00016】【01793】【01812】

【03967】【04281】【04329】

【04362】

齐　冲

【01326】

齐　沛

【00496】【00801】

齐 鹏

〖07876〗

齐 荣

〖03474〗 〖03475〗

齐春红

〖02524〗 〖01588〗 〖01623〗

〖02341〗 〖04724〗

齐德立

〖03157〗

齐沪扬

〖06272〗 〖02113〗 〖02548〗

齐雅荻

〖00002〗

齐燕荣

〖03798〗

齐玉华

〖00417〗

奇化龙

〖06321〗

启 明

〖02995〗

钱 多

〖00715〗

钱 华

〖04344〗

钱 军

〖07914〗

钱 坤

〖02090〗

钱 炜

〖00379〗

钱 行

〖02065〗

钱 瑷

〖08320〗

钱丹平

〖07134〗

钱冠连

〖04783〗 〖06667〗

钱洪良

〖07606〗 〖07617〗 〖07621〗

〖07820〗

钱积学

〖00661〗

钱进德

〖03329〗

钱如玉

〖03761〗

钱润池

〖05796〗 〖01706〗

钱少青

〖01695〗

钱婉约

〖00072〗 〖06089〗

钱文彩

〖06901〗 〖06902〗 〖08009〗

〖08172〗 〖08301〗 〖08302〗

〖08303〗 〖08304〗 〖08305〗

〖08306〗 〖08348〗 〖08349〗

〖08350〗 〖08351〗 〖08352〗

〖08378〗 〖08379〗 〖08380〗

钱文华

【00270】

钱旭菁

【05082】【01751】【04656】

【04741】【04850】【05081】

【01738】

钱学烈

【00906】【02027】【03639】

钱倚云

【00672】

钱泳平

【02918】

钱玉莲

【04414】【04596】【04635】

【04652】【04690】

钱中丽

【06235】

乔　梁

【00786】

乔　毅

【08142】

乔东岳

【06835】

乔璐璐

【04545】

乔印伟

【03539】【04024】【04027】

【04314】

桥本万太郎

【01482】

谯　燕

【07461】

秦　鹏

【01547】

秦　武

【04364】

秦　燕

【00268】

秦洪武

【02538】

秦建栋【06647】【07302】

秦礼君

【07450】【07588】【02963】

【07144】【07278】【07314】

【07364】【07367】【07370】

【07462】【07467】【07583】

【07774】【07879】【07880】

【08026】【08028】【08034】

【08112】【08224】【08265】

秦晓晴

【04861】

秦秀白

【00321】

秦旭卿

【03363】

秦裕祥

【07565】

秦曰龙

【01574】【01575】【0162】

【05300】

秦志勇

【06310】

卿雪华

〖01727〗

丘　进

〖06130〗

丘振兴

〖06725〗

丘仲辉

〖07670〗

邱　波

〖02652〗

邱　军

〖05100〗

邱　岭

〖07102〗

邱　鸣

〖06579〗

邱　渊

〖04724〗〖02524〗

邱超捷

〖03651〗

邱广君

〖02652〗〖02793〗

邱鸿康

〖04149〗

邱述德

〖07918〗〖07974〗

邱思耀

〖00858〗

邱晓蕾

〖05249〗

邱学斗

〖07944〗

邱志华

〖06268〗

邱质朴

〖05619〗〖00684〗〖06050〗

〖08418〗

裘葆棠

〖03364〗

裘明仁

〖08319〗

裘珊珊

〖02352〗

裘锡圭

〖00463〗

区金共

〖07235〗

瞿宗德

〖06840〗〖07176〗

曲　维

〖07299〗〖07584〗

曲德林

〖05784〗〖00159〗

曲殿宇

〖01705〗

曲翰章

〖07836〗

曲日清

〖07202〗

曲卫固

〖00279〗

曲卫国

〖02731〗

曲溪蒙
【01094】

曲永红
【07504】

曲志坚
【07008】

屈承熹
【01481】【02534】【02748】
【02792】【04448】

全香兰
【01963】【03562】【04597】
【04686】

权宁爱
【05721】

权奇英
【08288】

权裕璃
【06314】

权正容
【02833】【07393】

阙少华
【01189】

R

Richard M. Coe
【07969】

Roland Sanfacon
【08604】

Ronald Carter
【02594】

冉永平
【02676】【07079】

饶　勤
【00383】【02860】【05560】

饶秉才
【05617】【01424】【01445】

饶成康
【03981】

饶清翠
【03868】

饶振辉
【06723】

仁　甫
【04425】

仁　玉
【04429】

任　丁
【07899】

任　杰
【04978】【04979】【04975】
【04980】
【08193】

任　民
【02997】

任　敏
【05464】【01595】

任　明
【02148】【02152】

任　远
【03731】【00498】【00530】
【00613】【00935】【01014】

【01039】【06021】【06155】
【08294】【08562】

任长慧
【05537】

任春凤
【07339】

任春艳
【03755】【04960】

任桂玲
【04266】

任国钧
【03583】

任国庆
【01447】

任海波
【03092】

任瑚琏
【02628】【02874】【03584】

任慧君
【08613】

任京生
【05181】

任丽丽
【05311】【03766】

任念骐
【08367】

任念麒
【01046】

任少英
【01339】

任筱萌

【04983】【04987】【04989】

任学良
【07752】【08381】

任雪梅
【02944】

任艳萍
【07238】

任燕平
【00080】

任以珍
【00967】

任友梅
【00807】

任玉华
【02740】

任裕海
【07122】

任泽湘
【04246】

任芝锳
【01735】

任志萍
【02607】

荣　晶
【04723】

汝淑媛
【02257】【03849】【05655】

阮善志
【08449】

阮晓梅
【06374】【05208】【05683】

阮宇华
〖03510〗

阮志永
〖05509〗

S

Shou-hsin Teng
〖04829〗

South Coblin
〖06277〗

三 阳
〖01299〗

桑 盖
〖06687〗

桑 抗
〖08240〗

桑 哲
〖01327〗

桑元薇
〖05145〗

桑紫宏
〖01691〗

沙 金
〖02230〗

沙 平
〖02096〗〖04840〗

砂冈和子
〖02933〗〖03715〗〖03784〗

杉村博文

〖02579〗〖02901〗〖03043〗
〖07080〗

单春樱
〖02876〗

单韵鸣
〖01085〗〖04624〗〖03505〗
〖03515〗

商 拓
〖00326〗〖06866〗

上官雪娜
〖01333〗

上海外院对外汉语教研室
〖01271〗

尚会鹏
〖00490〗

尚 新
〖02342〗〖06218〗

尚敏锐
〖06873〗

尚秀妍
〖01181〗

尚志刚
〖00506〗

邵 华
〖06301〗

邵 京
〖08055〗

邵 菁
〖00070〗〖00253〗〖01782〗
〖06244〗〖00293〗

邵 玲

【06552】

邵　彤

【01634】

邵　宜

【04609】

邵桂珍

【02558】

邵洪亮

【02502】

邵敬敏

【02389】【02624】【01855】

【02004】【02043】【02447】

【02746】【02855】【02867】

【03034】【04994】【08529】

【08534】【08537】

邵君林

【02243】

邵佩珍

【01053】

邵伟国

【06642】【07004】【07000】

邵卫兰

【04183】

邵　旭

【06535】

邵燕梅

【01305】

邵永华

【06547】

邵志洪

【06447】【07002】【07128】

【07203】【07349】【07495】

【07506】【07507】

申　莉

【03828】【01577】

申娜娜

【06949】

申文安

【08061】

申艳艳

【00831】【01148】

申雨平

【07360】

沈　苙

【00262】

沈　炯

【00251】

沈　兰

【01803】

沈　玲

【00363】

沈　强

【02383】

沈　玮

【01573】【02305】

沈　燕

【04353】【05312】【07084】

【03790】

沈　阳

【02701】【04913】

沈禾玲

【05779】

沈晃燮

【02131】

沈辉宇

【05465】

沈家贤

【04303】 【02580】 【02625

【02854】 【02890】 【07190】

【08225】 【08237】 【08276】

【08289】 【08298】

沈建青

【05656】

沈景云

【07690】

沈莉娜

【01549】

沈立文

【06534】

沈履伟

【02872】 【03791】 【03924】

【04463】 【05861】

沈孟璎

【01974】

沈庶英

【04134】

沈锡伦

【03086】

沈晓楠

【01442】 【01432】

沈叙伦

【07395】

沈一民

【08286】

沈掌荣

【06701】

盛 炎

【00581】 【00629】 【01240】

【01249】 【01251】 【04465】

【05432】 【05441】 【05846】

【06018】 【08554】 【08558】

盛红梅

【07118】

盛双霞

【05245】

盛文澜

【03387】

盛兴庆

【07481】

盛跃东

【07215】

师玉梅

【01558】

施 歌

【00844】

施 虹

【00162】

施宝义

【06000】

施春宏

【00416】 【04915】

施光亨

时　健
〖00377〗

时春梅
〖05464〗

时习之
〖01511〗

实藤惠秀著
〖08201〗

史　慧
〖01638〗

史　军
〖03293〗

史　娜
〖05756〗

史初例
〖04702〗

史春花
〖04180〗

史存直
〖03183〗　〖03462〗

史德贵
〖03221〗

史方阁
〖00172〗

史锋岩
〖06553〗

史冠新
〖02324〗

史鸿志
〖07703〗

史金生

〖01765〗　〖01833〗

史耐新·戈戈娃
〖08197〗

史宁宁
〖01581〗

史世庆
〖00657〗　〖00889〗　〖03774〗
〖05431〗　〖05621〗

史舒薇
〖01792〗　〖03906〗

史双元
〖04395〗

史顺金
〖07112〗

史铁强
〖07066〗

史文亭
〖08313〗

史锡尧
〖01956〗　〖02051〗　〖02836〗
〖03181〗　〖03298〗　〖03373〗

史秀菊
〖06893〗

史艳岚
〖01920〗　〖04428〗　〖05449〗

史一新
〖07793〗

史有为
〖01978〗　〖02667〗　〖03140〗
〖03531〗　〖03726〗　〖03913〗

【04437】　【04462】　【04909】

【05887】　【00778】

史云波

【06167】

矢野光治著

【03168】

疏　影

【00469】　【02808】

舒　燕

【05309】

舒志田

【07315】

束定芳

【04406】　【04882】　【07500】

束学军

【06756】

水野义道

【08292】

税昌锡

【02378】

司富珍

【02619】

司格林

【06007】

司红霞

【02497】

司继涛

【06307】

司建国

【02416】

司金舫

【04186】

司敬新

【08576】

司联合

【01902】

司徒参

【03478】　【03479】

司显柱

【06649】　【07180】

斯　君

【03341】

斯　琴

【00407】

松原恭子

【01846】

宋　刚

【04766】

宋　军

【04868】

宋　柔

【03651】

宋　薇

【00056】

宋晨清

【05083】

宋传伟

【01940】　【07802】　【08105】

宋春菊

【03819】

宋春阳

【02491】　【00455】　【01390】

宋赴前
〖00347〗

宋红波
〖06452〗

宋华玲
〖04574〗

宋继华
〖05158〗

宋婧婧
〖00737〗

宋均芬
〖08508〗

宋丽娟
〖02336〗

宋连谊
〖06088〗 〖05321〗

宋美尚
〖06264〗

宋擎柱
〖02911〗

宋绍周
〖05037〗 〖04124〗 〖05018〗
〖05031〗 〖01177〗 〖02008〗
〖02020〗

宋文辉
〖02297〗

宋文军
〖08390〗 〖08407〗

宋希仲
〖03741〗 〖04938〗

宋晓淦

〖07927〗

宋孝才
〖01458〗 〖05989〗 〖01021〗
〖02166〗

宋秀令
〖02222〗 〖03368〗

宋燕妮
〖02442〗

宋永波
〖08545〗 〖08547〗

宋玉珂
〖02213〗 〖03361〗

宋玉柱
〖01844〗 〖01988〗 〖02038〗
〖02129〗 〖02199〗 〖02207〗
〖02924〗 〖03082〗 〖03172〗
〖03256〗 〖03292〗 〖03335〗
〖03336〗 〖03342〗 〖03385〗

宋毓珂
〖03404〗

宋振荣
〖06767〗 〖06950〗

宋志明
〖05803〗 〖01688〗

宋志平
〖06904〗 〖07009〗 〖06909〗
〖07091〗

宋仲鑫
〖03017〗

宋卓英
〖07946〗

苏　岗
〖01828〗

苏　格
〖05055〗

苏　玲
〖06791〗

苏　明
〖03758〗

苏　琦
〖07421〗

苏　岩
〖00027〗

苏　焰
〖03925〗

苏宝华
〖05462〗　〖05547〗

苏德昌
〖07673〗　〖07674〗　〖08386〗
〖08387〗

苏桂荃
〖07585〗

苏金智
〖05782〗

苏黎明
〖06129〗

苏迈凯
〖04114〗

苏明明
〖05812〗　〖06109〗

苏培成
〖02980〗　〖08492〗

苏日娜
〖04277〗

苏瑞卿
〖00810〗

苏淑惠
〖07261〗

苏向丽
〖04241〗　〖05460〗

苏晓军
〖06394〗

苏晓棠
〖06604〗　〖06786〗

苏新春
〖01295〗　〖01585〗　〖07803〗
〖08491〗　〖08530〗

苏亚勤
〖04764〗

苏英霞
〖00785〗　〖02639〗

苏泽清
〖04250〗

苏张之丙
〖00445〗　〖01054〗　〖06059〗

宿　丰
〖01135〗　〖00481〗

隋　岩
〖05490〗　〖05100〗

隋慧丽
〖07245〗

孙　昂
〖08600〗

孙　宝
【01081】

孙　斐
【03831】

孙　焓
【07165】

孙　晖
【00390】【00876】【05434】

孙　瑾
【06781】

孙　凯
【06580】【07536】【06348】

孙　丽
【07250】

孙　琳
【00333】

孙　鹏
【06817】

孙　群
【08214】【08266】

孙　瑞
【01065】【00131】

孙　霞
【06245】

孙　逊
【07804】

孙　艳
【03879】

孙　毅
【01066】

孙　玉

【07085】

孙　月
【01280】

孙　云
【03247】

孙宝玲
【03909】

孙春颖
【05255】

孙丹华
【07216】

孙道功
【01564】

孙德安
【05774】

孙德华
【02337】【03502】【04601】

孙德金
【05514】【00180】【01194】
【01964】【02294】【02339】
【02575】【02813】【04824】
【05032】【05498】

孙德刊
【04910】

孙德坤
【00510】【00511】【00915】
【04905】
【05376】

孙方琴
【07434】

孙风波

〖00674〗〖01218〗〖01272〗　　〖02248〗

〖04129〗〖01224〗〖02214〗　　孙振萍

孙少豪　　　　　　　　　　　　〖06833〗

〖07704〗　　　　　　　　　　索玉柱

孙维才　　　　　　　　　　　　〖07031〗〖07040〗〖07181〗

〖07886〗〖07881〗

孙维张

〖03117〗〖03396〗　　　　　　　　　**T**

孙晓明

〖01663〗〖04000〗〖04558〗　　Tbloor

孙晓薇　　　　　　　　　　　　〖02961〗

〖06232〗　　　　　　　　　　Theresa Chang-whei JEN

孙晓雯　　　　　　　　　　　　〖01168〗

〖02379〗　　　　　　　　　　Timothy Light

孙欣欣　　　　　　　　　　　　〖01504〗

〖04386〗　　　　　　　　　　塔依沙

孙新爱　　　　　　　　　　　　〖01003〗

〖03556〗　　　　　　　　　　苔斯发纳赫

孙延璋　　　　　　　　　　　　〖00647〗

〖03209〗　　　　　　　　　　太平武

孙雁雁　　　　　　　　　　　　〖06315〗

〖01819〗　　　　　　　　　　覃　明

孙雁雁　　　　　　　　　　　　〖07453〗

〖03883〗〖04613〗〖05274〗　　覃凤余

孙银新　　　　　　　　　　　　〖01286〗

〖02804〗　　　　　　　　　　谭　静

孙永红　　　　　　　　　　　　〖06728〗

〖05237〗　　　　　　　　　　谭　震

孙玉卿　　　　　　　　　　　　〖05649〗

〖00703〗〖04551〗　　　　　谭傲霜

孙毓苹

〖00330〗〖01943〗〖02859〗　〖06366〗

〖05786〗〖05951〗　谭一红

谭成珠　〖00189〗〖00190〗〖05290〗

〖00864〗〖02781〗　谭永祥

谭春健　〖03437〗

〖02407〗〖01126〗〖02515〗　谭载喜

〖02782〗〖03881〗〖05389〗　〖08353〗

谭德姿　谭正平

〖05357〗　〖08118〗

谭慧颖　谭志词

〖05651〗　〖06951〗

谭建初　谭中行

〖06691〗　〖08023〗〖08107〗

谭景春　汤　勤

〖02835〗〖02913〗　〖05184〗

谭敬训　汤　昱

〖01048〗〖03228〗〖08043〗　〖06197〗

谭菊明　汤才伟

〖03797〗　〖03688〗

谭伦华　汤道淮

〖06826〗〖07426〗　〖07324〗

谭汝为　汤力文

〖00276〗〖00277〗〖02452〗　〖06312〗

〖02769〗　汤丽英

谭寿恒　〖06171〗

〖07941〗〖07745〗　汤廷池

谭抒青　〖07600〗〖07892〗〖07893〗

〖08203〗　〖07896〗

谭树林　汤云航

〖05628〗　〖01415〗

谭雅素　汤珍珠

〖08571〗

汤志群

〖08569〗

汤志祥

〖00864〗 〖01016〗 〖01778〗

〖02031〗

唐 娟

〖03500〗

唐 荔

〖03793〗

唐 林

〖08247〗

唐 玲

〖04692〗 〖00770〗

唐 群

〖03998〗

唐 芸

〖06546〗

唐 韵

〖02105〗

唐春华

〖02520〗

唐敦挚

〖05136〗

唐国新

〖06760〗 〖06940〗

唐力行

〖05159〗

唐仁光

〖08440〗

唐曙霞

〖02453〗 〖04005〗

唐松波

〖08083〗

唐微文

〖00307〗 〖00235〗 〖01185〗

唐为群

〖01578〗

唐伟清

〖04552〗 〖05452〗

唐卫平

〖06734〗 〖06735〗

唐晓英

〖00012〗

唐雪凝

〖04672〗 〖01728〗 〖06226〗

唐艳芳

〖07120〗

唐艳萍

〖06994〗

唐燕儿

〖04752〗 〖05819〗 〖05584〗

唐依力

〖02418〗

涛 亚

〖04040〗

陶格图

〖05005〗

陶 炼

〖00324〗 〖02014〗 〖02445〗

〖02830〗

陶 莹

【07521】

陶红印

【02709】

陶家骏

【04954】

陶嘉炜

【03980】　【04419】

陶健敏

【02318】

陶犁铭

【04777】

陶七一

【08354】

陶氏河宁

【01618】　【06221】

陶玉玲

【07230】

陶振英

【06622】

陶宗侃

【05131】

滕吉海

【05337】

滕维藻

【00649】

倜　云

【08307】

田　靓

【01317】

田　泉

【03016】

田　然

【01599】　【01713】　【02300】

【02498】　【02598】　【03912】

【04668】

田　艳

【05836】

田　源

【01566】

田德新

【05744】

田凤俊

【06303】　【06724】

田耕宇

【00790】

田桂民

【04385】

田桂文

【01245】

田宏梅

【05534】　【05688】

田鸿光

【03743】

田化冰

【02590】

田惠刚

【01953】　【03640】　【04449】

【04473】

【07478】

田慧生

【00478】

田茂松

【03581】

田善继

【04033】 【04875】 【05726】

【05959】

田士琪

【04930】 【04936】

田世棣

【00696】

田万湘

【02194】 【03742】 【03280】

田文琪

【07022】 【07371】 【07405】

【07537】 【07608】 【07707】

【07708】 【07827】 【07903】

【07953】 【07990】

田文清

【08365】

田小琳

【01939】 【02015】 【02940】

【03041】 【03053】

田兴敏

【07547】

田延明

【06516】

田英华

【06790】

田宇贺

【02621】

田子微

【03252】

田作申

【02103】

仝小琳

【05256】

佟　迅

【04957】

佟秉正

【00964】 【03015】 【00938】

【00979】 【03048】 【03916】

【03951】

佟慧君

【05234】 【08374】 【05415】

【00670】

佟乐泉

【03727】 【04077】 【00439】

佟士民

【03360】

童　玮

【01278】

童三牛

【07840】

童盛强

【02379】 【04035】

童树荣

【07890】

涂文晖

【05736】

涂开益

【06825】

涂文晖

【00306】 【01166】 【04139】

屠爱萍

【01279】

屠国元

【04319】

V

Viviane Alleton

【05839】

W

Wang

【06057】

完颜平一

【05340】

婉媛

【05413】

万波

【05825】

万象

【05141】

万莹

【05688】【00824】

万春梅

【02287】

万惠洲

【04442】【08123】【08238】

【08435】

万久富

【06611】

万汝璠

【00990】

万业馨

【03548】【03611】【04799】

万艺玲

【01649】【01926】

万谊娜

【00137】

万远量

【03075】

万志敏

【00670】【04083】【00428】

万中亚

【02268】

汪宏

【07633】

汪磊

【02061】【03008】

汪冷

【06944】

汪宁

【00152】

汪燕

【04634】【01358】【05082】

【02490】

汪成慧

【06897】【07089】【07427】

汪冲一

【07654】

汪国胜

【02880】

汪海燕

【06464】

汪洪澜

【06964】【07268】

汪惠迪

【04090】【01824】

汪嘉裴

【07514】【08458】

汪康懋

【08395】

汪腊萍

【01117】

汪灵灵

【00049】【01586】

汪仁寿

【03257】

汪榕培

【00394】

汪榕培

【07904】

汪如东

【01591】

汪寿顺

【02035】

汪树福

【03177】

汪铁萍

【06606】

汪维辉

【06085】【06100】

汪娓娓

【02413】

汪小琴

【00025】

汪心静

【06834】

汪洋

【05156】

汪有序

【02109】【03160】

汪宗虎

【02142】

王　飙

【00724】【08493】【04767】

王　斌

【05689】

王　晨

【00349】【04531】【04570】

王　丑

【00098】

王　川

【00032】

王　辞

【04324】

王　丹

【08272】

王　繁

【06977】

王　芳

【01315】【05116】【06258】

王　和

【01488】

王　衡

〖07989〗

王　红

〖02620〗

王　宏

〖08035〗〖08113〗〖08161〗

〖08215〗〖08267〗〖08315〗

〖01986〗

王　虹

〖00135〗〖05532〗〖05707〗

〖07377〗

王　华

〖04670〗

王　还

〖03237〗〖02224〗〖00497〗

〖00997〗〖02072〗〖02108〗

〖02130〗〖03105〗〖03185〗

〖03238〗〖03446〗〖03449〗

〖07736〗〖08195〗〖08293〗

〖08329〗〖08344〗〖08563〗

〖08567〗

王　辉

〖03985〗

王　嘉

〖07246〗

王　俭

〖04036〗〖04055〗

王　健

〖02539〗

王　晶

〖01291〗

王　静

〖01105〗〖02673〗〖03778〗

〖03834〗〖04588〗

王　珏

〖01790〗〖01924〗〖02192〗

〖02730〗

王　军

〖07183〗〖07186〗〖08578〗

王　君

〖06771〗

王　均

〖01330〗〖01459〗〖01451〗

王　骏

〖01668〗〖03534〗

王　恺

〖00263〗

王　磊

〖03326〗〖04265〗〖06161〗

〖07828〗

王　蕾

〖01573〗〖02305〗

王　莉

〖03877〗

王　黎

〖00850〗〖03519〗

王　力

〖01496〗〖03448〗〖08471〗

王　立

〖00457〗

王　丽

〖05295〗

王　璪

【05113】

王 玲

【01666】

王 鹿

【00105】【01309】

王 梅

【03560】

王 媚

【04566】

王 敏

【03687】

王 宁

【00153】

王 平

【05998】

王 苹

【04356】

王 萍

【05730】【01300】

王 茜

【00209】

王 琼

【04365】【05400】

王 蕊

【02441】

王 森

【02355】【03285】

王 珊

【00371】【00904】【01156】

【01161】【03787】【04029】

【04476】【04865】【04878】

王 威

【00973】

王 巍

【01832】【06867】

王 维

【06988】

王 伟

【07451】【08613】【01182】

王 蔚

【01913】

王 缃

【03244】

王 欣

【04556】

王 岩

【01528】【04543】

王 洋

【04145】【01703】

王 瑶

【03991】

王 依

【07291】

王 艺

【01158】

王 毅

【02355】

王 寅

【06486】【06668】【06812】

【07475】【07643】【07693】

【07905】

王 瑛

【02517】

王　颖
【00670】【03492】

王　勇
【06336】

王　瑜
【02419】

王　宇
【01369】【04540】

王　媛
【04620】

王　畛
【08456】

王　征
【08589】

王　志
【02771】【03234】

王　忠
【07812】【07976】【08322】

王　竹
【07072】

王艾录
【02619】【03305】

王爱君
【05209】

王爱平
【04314】【05793】【05814】
【05794】

王安陆
【04495】

王保田

【07282】

王葆华
【05461】【05546】【06561】
【08509】【08527】

王葆仁
【07718】

王本华
【00844】

王必辉
【03320】

王碧霞
【03789】【04051】【04063】
【04081】【01048】

王秉钦
【07522】【07705】

王炳炎
【06581】

王伯浩
【05506】

王伯熙
【03737】

王灿龙
【02739】

王昌东
【03026】

王长春
【08059】

王朝中
【05040】

王成亮
【06531】

王崇禄
〖02198〗

王崇义
〖07375〗

王春辉
〖01546〗

王春蕾
〖00086〗

王春茂
〖01883〗

王大伟
〖03879〗

王代伦
〖03216〗

王丹红
〖00300〗

王德春
〖07325〗〖00564〗〖01255〗
〖02922〗〖04478〗〖05374〗
〖05375〗〖05378〗〖05379〗
〖05380〗〖05381〗〖05382〗
〖05383〗〖05384〗〖05385〗
〖05392〗〖05393〗〖06860〗
〖07798〗

王德明
〖00391〗

王德佩
〖03091〗〖04097〗

王德昱
〖01911〗

王殿珍

〖04376〗

王东风
〖07613〗〖07041〗

王冬梅
〖02357〗

王冬竹
〖07418〗〖07551〗

王方宇
〖05525〗

王飞华
〖03550〗

王丰才
〖08259〗〖08383〗〖08384〗
〖08385〗

王风举
〖02123〗

王逢鑫
〖06891〗〖07423〗

王凤举
〖08155〗

王凤兰
〖02399〗〖02400〗〖02472〗
〖02483〗〖03765〗〖03768〗
〖03988〗

王凤苓
〖04207〗

王芙菱
〖03521〗

王改改
〖01802〗

王革英

〖06554〗

王功龙

〖03908〗

王功平

〖04696〗　〖06173〗

王光和

〖01077〗　〖03559〗　〖04037〗

王光进

〖07463〗

王光全

〖02313〗　〖02429〗

王桂珍

〖07210〗　〖07924〗

王桂芝

〖07192〗

王国安

〖04421〗　〖04513〗

王国文

〖01118〗

王国璋

〖03339〗　〖04495〗　〖03375〗

王海波

〖06607〗　〖06956〗

王海峰

〖02647〗

王海国

〖07589〗　〖07775〗

王海欧

〖03495〗

王海燕

〖05967〗　〖04510〗

王海英

〖00752〗

王汉卫

〖00702〗　〖01312〗　〖01341〗

〖01352〗　〖01659〗　〖02553〗

〖03507〗

王恒轩

〖06017〗

王弘宇

〖00815〗　〖00847〗　〖02818〗

〖02856〗

王红梅

〖00078〗

王红旗

〖01875〗　〖02726〗　〖02798〗

王红卫

〖06631〗　〖06886〗

王洪君

〖05487〗　〖01985〗　〖05486〗

〖05503〗

王鸿滨

〖00014〗　〖01060〗

王鸿雁

〖02374〗

王华明

〖04100〗

王华伟

〖06800〗

王化鹏

〖04341〗　〖07262〗　〖07429〗

〖07554〗

王怀明

〖01566〗

王焕芝

〖05735〗

王会俊

〖05706〗

王惠丽

〖03435〗

王惠萍

〖03585〗

王惠余

〖00706〗

王及耳

〖06062〗

王吉辉

〖01834〗

王佶旻

〖03827〗 〖04943〗 〖0494〗

〖05059〗 〖05065〗 〖05084〗

王际平

〖01117〗 〖04707〗 〖00054〗

〖01144〗

王际莘

〖07319〗

王继洪

〖03568〗

王继同

〖02056〗

王继志

〖04131〗

王家尤

〖07559〗

王嘉宾

〖01775〗

王建华

〖07168〗 〖07496〗 〖07325〗

王建开

〖07861〗 〖04790〗

王建琦

〖05704〗 〖00124〗 〖00125〗

王建勤

〖00647〗 〖00826〗 〖00863〗

〖02655〗 〖03532〗 〖04420〗

〖04435〗 〖04573〗 〖04816〗

〖04819〗 〖04854〗 〖04918〗

〖04106〗

王建始

〖08141〗

王建新

〖05507〗

王建之

〖08396〗 〖08397〗

王剑瑶

〖06208〗

王健昆

〖04020〗 〖05667〗

王健倩

〖07074〗 〖07103〗

王金安

〖06326〗

王金峰

〖01237〗

王金凤
〖06379〗

王金娟
〖07060〗〖07739〗

王金祥
〖05475〗

王金柱
〖08072〗

王晋龙
〖05476〗

王靳运
〖05606〗

王景丹
〖01596〗〖05007〗

王景萍
〖00303〗〖01872〗

王敬骝
〖02018〗

王靖方
〖08393〗

王靖宇
〖00690〗〖04170〗

王菊泉
〖08056〗〖07823〗〖07979〗
〖08362〗〖08575〗

王军虎
〖03030〗

王军彦
〖06801〗

王峻光
〖06815〗

王克西
〖08174〗

王魁京
〖02631〗〖04471〗〖00539〗
〖00731〗〖01410〗〖02906〗
〖04121〗〖04451〗〖04859〗
〖04880〗〖04894〗〖04899〗
〖04900〗〖01360〗〖03738〗

王理嘉
〖01320〗

王立杰
〖01874〗

王丽彩
〖01562〗〖02362〗

王丽君
〖03520〗〖04384〗

王丽香
〖01324〗

王利民
〖07086〗

王利众
〖06232〗

王了一
〖03467〗〖03471〗〖03472〗
〖03476〗

王林琳
〖06212〗〖06104〗

王玲娟
〖01338〗

王玲玲
〖05286〗

王路江

【00159】【00177】【00181】

王满良

【06653】【06832】

王茂林

【04551】【00019】【01298】

【01314】

王茂林

【01551】【02443】【04644】

【06174】【06175】

王懋江

【07111】【07413】

王明华

【02635】【02869】

王铭玉

【07829】【08078】

王墨希

【07614】

王年一

【03415】【03418】【03422】

王培光

【00640】【00641】【00880】

【02775】【02864】【02947】

【03047】

王培硕

【08079】【08131】【08358】

王佩环

【02998】

王丕承

【05463】

王其正

【07636】

王巧足

【01096】

王清源

【05974】【05981】【01234】

【05119】

王庆江

【02990】

王庆俊

【03025】

王庆云

【00803】【05799】

王邱丕君

【05427】

王全智

【06378】

王群生

【01344】

王瑞烽

【01072】【01615】【03772】

王瑞国

【04282】

王瑞芝

【04320】

王若江

【00201】【00753】【00873】

【01346】【04781】

王莎烈

【07340】

王绍新

〖08445〗　〖01925〗　〖02085〗
〖04855〗
王诗荣
〖07282〗
王石敏
〖06371〗
王世生
〖01981〗　〖03914〗
王世友
〖01740〗　〖00221〗
王收奇
〖02370〗
王寿椿
〖01256〗
王淑华
〖03509〗
王曙光
〖08216〗
王顺洪
〖07331〗　〖05848〗　〖06113〗
〖06146〗　〖06151〗　〖06234〗
〖06243〗　〖07332〗
王松鹤
〖06684〗
王松华
〖06404〗
王松茂
〖03339〗
王松亭
〖06582〗　〖07841〗
王素梅

〖01071〗　〖02511〗
王素平
〖01328〗
王素云
〖00881〗　〖08504〗
王天星
〖04747〗
王添淼
〖05691〗
王彤福
〖08273〗
王万正
〖08194〗
王维贤
〖02147〗
王伟丽
〖02658〗
王文斌
〖07137〗
王文虎
〖00600〗　〖00601〗　〖00929〗
〖01022〗　〖05966〗
王文贤
〖07675〗
王文学
〖08426〗
王文忠
〖06703〗
王希杰
〖00087〗　〖00161〗　〖02028〗
〖03226〗

王锡三
〖04098〗

王宪荣
〖07509〗 〖08366〗 〖08425〗

王潇潇
〖05629〗 〖05765〗

王小甫
〖06135〗

王小玲
〖04946〗 〖04955〗

王小曼
〖00757〗

王小宁
〖01969〗

王小珊
〖02599〗

王小溪
〖02436〗

王晓光
〖03582〗 〖05267〗

王晓钧
〖00754〗 〖02170〗 〖05129〗
〖05745〗

王晓葵
〖05404〗 〖01431〗

王晓坤
〖00363〗 〖02431〗

王晓玲
〖06570〗

王晓凌
〖01791〗

王晓娜
〖00798〗 〖07087〗

王晓澎
〖05120〗 〖01235〗

王晓彤
〖07044〗

王晓艳
〖04542〗

王新建
〖00366〗 〖05014〗

王新文
〖00918〗 〖04041〗 〖04108〗

王秀明
〖05763〗

王秀云
〖04083〗 〖04093〗

王秀珍
〖02654〗 〖05911〗 〖05922〗

王需民
〖03072〗

王绚皓
〖04247〗

王学松
〖04470〗 〖04794〗 〖04800〗
〖05310〗

王学作
〖00529〗

王雅南
〖04236〗

王亚民
〖07035〗

王亚同

〖06429〗

王妍丹

〖05669〗

王岩岩

〖00710〗

王衍军

〖00719〗

王彦承

〖01437〗〖02054〗

王彦杰

〖01830〗

王砚农

〖00962〗

王艳芳

〖01539〗

王燕飞

〖00759〗〖01747〗

王燕燕

〖04154〗〖01407〗〖02737〗

〖05857〗〖05877〗〖05883〗

〖05885〗〖05909〗

王阳珍

〖03419〗

王尧美

〖00701〗

王瑶琨

〖05433〗

王瑶瑶

〖03998〗

王一平

〖04009〗〖04014〗

王亦程

〖08472〗

王易平

〖01413〗

王荫浓

〖03488〗

王银娥

〖06528〗

王英斌

〖07776〗

王永炳

〖05990〗

王永场

〖07243〗

王永德

〖04702〗〖04603〗〖04679〗

〖04711〗〖04742〗〖05195〗

王永慧

〖08053〗

王永娜

〖02267〗〖02446〗

王有芬

〖03876〗〖04847〗

王又民

〖01394〗〖01987〗〖05865〗

〖06257〗

王幼干

〖03489〗

王幼敏

〖05703〗　〖01385〗　〖03587〗

〖05203〗　〖06084〗　〖05661〗

王宇波

〖01566〗

王宇宏

〖06080〗

王玉鼎

〖00605〗

王玉华

〖01842〗

王玉环

〖06287〗　〖06546〗　〖07869〗

王玉芝

〖06206〗

王育杰

〖00195〗

王育伦

〖07510〗　〖07741〗

王育英

〖06748〗

王元兆

〖01268〗

王月芳

〖06344〗

王跃洪

〖06603〗　〖06930〗　〖07562〗

王韫佳

〖01333〗　〖04789〗　〖01351〗

〖01402〗

王韫佳

〖04725〗

王泽鹏

〖02301〗

王兆国

〖03290〗

王振华

〖04016〗

王振昆

〖01026〗　〖00535〗　〖02097〗

〖04396〗

王振昆

〖08200〗

王振来

〖02302〗　〖04663〗　〖04719〗

〖05690〗

王振礼

〖06154〗

王正华

〖07876〗

王之光

〖06861〗

王志芳

〖01381〗　〖05045〗　〖05055〗

王志刚

〖04707〗　〖01117〗　〖00219〗

王志洁

〖07042〗

王志军

〖02570〗

王志胜

〖04073〗

王治理

魏纳新

〖05197〗

魏荣华

〖08103〗

魏榕平

〖06721〗

魏天红

〖07694〗

魏庭新

〖01561〗

魏向清

〖08577〗

魏艳丽

〖01579〗

魏艳伶

〖01583〗

魏永昌

〖08098〗

魏志成

〖07013〗 〖06251〗

温 洁

〖00670〗 〖00986〗

温 敏

〖03792〗

温 志

〖06915〗

温北炎

〖05795〗

温宾利

〖07043〗

温科学

〖07351〗 〖07431〗

温象羽

〖02026〗

温晓虹

〖04895〗 〖04896〗 〖04877〗

〖04821〗

温永禄

〖03427〗

温云水

〖01928〗 〖02718〗 〖06096〗

文 静

〖06687〗

文 娟

〖05152〗

文 军

〖08247〗 〖07595〗 〖08167〗

文 炼

〖02036〗 〖02183〗 〖02915〗

〖03127〗

文 熙

〖08552〗

文 旭

〖07511〗 〖06670〗

文 裕

〖02255〗 〖03490〗

文 治

〖07805〗

文基莲

〖02642〗

文美振

〖02471〗 〖05712〗 〖06186〗

文木方
〖04438〗

文秋芳
〖04738〗

翁　羽
〖07160〗

翁鹤年
〖08410〗

翁木全
〖07678〗

翁燕珩
〖05190〗

翁仲福
〖08045〗　〖08621〗

渥美淳子
〖01323〗

邬志辉
〖00476〗

毋效智
〖03178〗

无　奇
〖00987〗

吴　昌
〖07263〗

吴　迪
〖01620〗

吴　锋
〖08158〗　〖05076〗　〖06194〗
〖06181〗

吴　军
〖06259〗　〖07222〗

吴　莉
〖06776〗

吴　立
〖06771〗

吴　琳
〖00026〗　〖04308〗

吴　玲
〖00200〗

吴　枚
〖05942〗

吴　敏
〖07045〗

吴　茗
〖00800〗　〖01652〗

吴　平
〖01829〗　〖04047〗　〖04071〗

吴　琼
〖05816〗

吴　双
〖00050〗

吴　艳
〖01102〗

吴　吟
〖02659〗

吴　莹
〖02402〗

吴　钰
〖06595〗

吴　铮
〖01087〗

吴柏祥

【06757】
吴宝安
【03846】
吴宝芳
【08175】
吴葆棠
【03161】
吴本立
【00660】
吴碧莲
【05437】 【05852】
吴长安
【02964】
吴朝华
【06519】
吴成年
【00700】 【00776】 【01080】
【01163】
吴春仙
【01176】 【02596】
吴翠玉
【07858】
吴大明
【05540】
吴端阳
【05831】 【05919】
吴福焕
【05678】
吴桂兰
【02396】
吴国华

【07991】
吴国珍
【05920】
吴海燕
【01716】 【01775】
吴洪淼
【06905】 【07094】 【07095】
吴淮南
【00939】 【02088】 【04683】
【04756】
吴欢章
【00673】 【01044】 【04168】
吴慧颖
【02067】 【03264】 【03310】
【03312】 【03351】
吴吉康
【06771】
吴建玲
【04433】
吴建明
【01822】
吴剑飞
【02323】
吴洁敏
【01004】 【01435】
吴京泊
【05118】
吴景红
【06713】
吴景荣
【08396】 【08397】 【05236】

吴静霓

【06328】

吴娟娟

【01592】

吴俊蓉

【04196】

吴俊艳

【04196】

吴立新

【06571】

吴丽君

【00056】　【04155】　【04967】

【06078】　【08489】

吴丽萍

【07400】

吴良平

【05544】

吴凌非

【01780】

吴门吉

【02460】　【03983】　【04607】

【04637】

【04710】

【03865】

吴敏建

【07659】

吴仁甫

【04401】　【01429】　【03634】

吴若愚

【05067】　【00744】　【05002】

吴世明

【01023】

吴世雄

【01970】　【06907】

吴叔良

【00552】　【04887】　【04904】

吴叔平

【01000】　【02225】　【04125】

【00674】　【01272】

吴淑姣

【04132】

吴顺波

【06991】

吴松初

【06960】　【07211】

吴土艮

【01768】　【03182】

吴为善

【03066】　【03113】

吴为章

【02000】　【02184】　【02761】

吴伟克

【00124】　【00125】　【04227】

吴伟平

【02330】

吴文杰

【03747】

吴文静

【06164】

吴文章

【04007】

吴锡昌

【05036】【00514】

吴显友

【06984】

吴小华

【07865】

吴小馨

【06916】

吴晓露

【00951】【00971】【01239】

【02870】【03677】

吴晓明

【02319】【01287】

吴晓颖

【02578】【03773】

吴雅民

【00804】

吴亚欣

【02566】

吴延枚

【03230】【03267】【03321】

吴应辉

【05643】

吴英成

【00825】【03028】【03700】

【05595】【06008】

吴永年

【08157】

吴勇毅

【00631】【05023】【05034】

【05046】【05423】【05478】

【05479】【00389】【00746】

【01062】【01863】【02557】

【02868】【04788】【04924】

【05910】【05973】【07838】

【08483】【00657】【05659】

【08479】

吴玉峰

【01841】

吴玉如

【05327】

吴玉璋

【07695】【08017】【08050】

吴增生

【04885】

吴振国

【03382】

吴志刚

【01377】

吴志霄

【02193】

吴中伟

【02368】【01178】【01112】

【02653】【02741】【01311】

吴宗济

【01443】【01448】【02772】

吴宗渊

【03191】

伍　巍

【00341】【03538】

伍竞先

【08010】

伍铁平

【00602】【02177】【04893】　武晓宇
【07187】【07634】【07668】　　【04969】
【07821】【07895】【07900】　武彦选
【07977】【07986】【08137】　　【01492】
【08274】【08280】【08282】　武艳玲
【08443】　　【04438】
伍雅清　武瑗华
【06433】【07517】【08510】　　【06849】
伍依兰
【02349】

武　静　　　　　　　　　　　X
【04201】
武　君　西川和男
【03788】　　【05050】【07331】
武　灵　西槇光正
【00480】　　【08626】
武　锐　希夏姆
【07093】　　【05933】
武柏索　奚其智
【06006】　　【00386】
武惠华　奚雪风
【01570】【03885】【08474】　　【07123】
武姜生　习晓明
【08495】【05036】　　【07909】
武金香　席安民
【02013】　　【07852】
武晶晶　席红宇
【01557】　　【04775】
武氏河【06205】　席建国
武树元　　【06616】
【07622】【08136】【08191】　夏　敏
　　【05358】

夏 青
〖00107〗

夏 晴
〖01296〗

夏 莹
〖05480〗

夏力力
〖07605〗

夏麦陵
〖05202〗

夏明菊
〖00133〗〖05246〗

夏齐富
〖02957〗

夏瑞华
〖07825〗

夏少芳
〖06699〗

夏中华
〖04808〗

鲜 睿
〖06612〗

咸美子
〖01888〗

相欣安
〖02237〗

相原茂
〖03146〗

向 华
〖05614〗

向 平

〖02697〗

向 卿
〖06802〗

向 荣
〖06498〗

向启元
〖06918〗

项广明
〖04479〗

萧 斧
〖03459〗〖03484〗〖03485〗

萧 莉
〖01173〗

萧 频
〖04591〗〖04645〗

萧国政
〖03169〗〖04518〗

萧海薇
〖01197〗

萧净宇
〖06490〗

萧树勋
〖02248〗

萧素秋
〖05278〗〖00888〗〖04753〗
〖06107〗〖08602〗

小川泰生
〖06923〗

小岛久代
〖05827〗

肖 菲

〖00829〗〖00755〗

肖　航

〖05467〗

肖　红

〖01789〗

肖　可

〖00100〗〖00103〗

肖　莉

〖00173〗〖01152〗〖02764〗

〖04456〗

肖　路

〖00747〗〖04146〗〖04844〗

〖05570〗

肖　萍

〖00142〗

肖　研

〖08395〗

肖　旸

〖00845〗〖02481〗

肖传国

〖06952〗

肖国政

〖02145〗〖03207〗

肖海薇

〖05698〗

肖辉嵩

〖02994〗〖03199〗

肖建芳

〖06459〗

肖金龙

〖07526〗

肖亮荣

〖06621〗

肖巧玲

〖06453〗

肖伟良

〖03284〗

肖奚强

〖00943〗〖02403〗〖02862〗

〖04796〗〖04811〗〖04925〗

肖祥忠

〖05226〗

肖晓云

〖04607〗

肖亚西

〖03850〗

肖治野

〖01734〗〖02345〗

谢　晖

〖07874〗

谢　军

〖04828〗〖06592〗〖06676〗

〖06692〗〖06706〗

谢　琳

〖06829〗

谢　敏

〖05147〗

谢　明

〖06882〗

谢　影

〖01795〗

谢　稚

〖04198〗

谢白羽
〖01553〗

谢碧英
〖07660〗 〖07482〗 〖07480〗

谢海燕
〖03959〗

谢红华
〖06285〗 〖01870〗 〖04022〗
〖08498〗

谢建新
〖06473〗 〖06474〗

谢伦德拉·阿尼尔
〖00647〗

谢圣棋
〖06731〗

谢盛根
〖07759〗

谢世涯
〖03722〗 〖05864〗

谢天蔚
〖05557〗 〖05729〗 〖00128〗

谢文庆
〖00583〗 〖02137〗 〖03665〗
〖04998〗 〖04981〗 〖05009〗
〖05019〗 〖05095〗 〖04978〗
〖05003〗

谢晓敏
〖06168〗

谢晓明
〖01527〗

谢筱莉
〖06557〗

谢信一
〖04897〗

谢徐萍
〖06783〗

谢旭升
〖01975〗

谢友福
〖06462〗

谢元花
〖07443〗

谢质彬
〖03429〗

谢桌绵
〖02095〗

谢自立
〖05487〗

辛　平
〖00714〗 〖04026〗 〖04351〗
〖04779〗 〖05093〗 〖08503〗

辛尚奎
〖02057〗

辛亚宁
〖01632〗

辛永芬
〖01755〗 〖02311〗 〖04940〗

信世昌
〖04826〗 〖05600〗

刑红兵
〖01097〗

行玉华
〖05448〗

邢　欣
〖00462〗

邢昌伦
〖06003〗

邢福义
〖02900〗　〖00362〗　〖01469〗
〖02187〗　〖02234〗　〖02785〗
〖02937〗　〖03060〗　〖03100〗
〖03156〗　〖03186〗　〖03231〗
〖03271〗　〖03384〗　〖03389〗
〖03402〗

邢公畹
〖00518〗　〖00628〗　〖00648〗
〖00686〗　〖02774〗　〖03337〗
〖03815〗　〖04933〗　〖05211〗
〖08448〗

邢红兵
〖02338〗　〖01075〗　〖01672〗
〖03707〗　〖04735〗　〖05488〗
〖05493〗　〖05514〗

邢磊
〖03262〗

熊　锟
〖07631〗

熊　琦
〖05676〗　〖07283〗

熊　文
〖00429〗　〖02877〗　〖06398〗
〖07240〗

熊金丰
〖07764〗

熊卫国
〖08152〗

熊文华
〖00643〗　〖06047〗　〖07163〗
〖07226〗　〖07649〗　〖07651〗
〖07985〗　〖08075〗　〖08120〗
〖08331〗　〖08432〗　〖08416〗
〖02806〗

熊锡源
〖07078〗

熊学亮
〖02386〗　〖02570〗　〖02560〗

熊玉珍
〖05458〗　〖05554〗

熊云茜
〖01151〗　〖04006〗

熊仲儒
〖02382〗　〖02320〗　〖02388〗
〖04691〗

熊作平
〖02286〗

修　刚
〖07623〗

修德建
〖07294〗

修世华
〖02063〗

岫　蓝
〖06225〗　〖08593〗　〖08595〗

徐 冰
〖07498〗

徐 枢
〖01510〗 〖03035〗

徐 丹
〖02047〗 〖04338〗

徐 新
〖06616〗

徐 芬
〖01349〗

徐 星
〖06532〗

徐 剑
〖07018〗

徐 妍
〖05192〗

徐 杰
〖03170〗 〖03223〗 〖03245〗

徐 琰
〖04530〗

徐 瑾
〖01294〗

徐 扬
〖03955〗 〖02936〗

徐 靖
〖06179〗

徐宝妹
〖01113〗

徐 静
〖04969〗

徐彩华
〖01821〗 〖03503〗 〖05138〗
〖08610〗 〖05803〗 〖03499〗
〖03601〗

徐 娟
〖05158〗 〖05449〗 〖05498〗
〖05594〗 〖01125〗

徐昌华
〖08360〗 〖00849〗

徐 均
〖05871〗

徐恩益
〖02071〗

徐 康
〖06865〗

徐复岭
〖02549〗 〖03069〗 〖03340〗

徐 敏
〖07441〗

徐富平
〖06215〗 〖03971〗 〖03978〗

徐 茗
〖05715〗

徐光智
〖07410〗

徐 萍
〖06640〗

徐国玉
〖02892〗

徐 强
〖06394〗

徐海英

〖02454〗

徐浩良

〖03350〗

徐红妮

〖06627〗

徐宏亮

〖06302〗

徐继存

〖01145〗

徐家广

〖08328〗

徐家桢

〖02140〗　〖03093〗　〖00617〗

〖00905〗　〖03817〗　〖04349〗

〖05363〗　〖08156〗　〖08196〗

徐甲申

〖00382〗　〖01241〗　〖03619〗

〖05039〗　〖07719〗

徐建宏

〖06590〗

徐建华

〖02567〗　〖02743〗

徐锦凤

〖06745〗

徐晶凝

〖01373〗　〖01900〗　〖01909〗

〖02734〗

徐静茜

〖01463〗　〖02175〗　〖02208〗

〖03176〗　〖03210〗　〖03254〗

〖03301〗

徐赳赳

〖06660〗

徐菊秀

〖02104〗

徐君德

〖03436〗

徐凯军

〖06526〗

徐兰坡

〖03180〗

徐莉娜

〖07075〗

徐李洁

〖07045〗

徐丽华

〖05291〗

徐烈炯

〖01890〗　〖07508〗　〖08284〗

〖08321〗

徐凌志韫

〖00980〗

徐缦华

〖00688〗　〖01276〗　〖05424〗

〖04131〗

徐美娥

〖06472〗

徐明强

〖05649〗

徐乃忠

〖03681〗

徐平

〖05537〗

徐启华

〖07372〗

徐清平

〖06850〗

徐汝乾

〖07439〗

徐睿渊

〖00708〗

徐盛桓

〖01686〗〖02887〗〖03974〗

〖08487〗〖06446〗

徐时仪

〖06955〗〖06862〗

徐士珍

〖08459〗

徐世昌

〖02457〗

徐世华

〖07161〗

徐世丕

〖04279〗

徐世荣

〖01515〗

徐水平

〖00074〗

徐廷国

〖03746〗

徐通锵

〖07492〗

徐翁宇

〖07523〗

徐霄鹰

〖00842〗〖01818〗〖03983〗

徐新初

〖07714〗〖07638〗

徐秀珍

〖02978〗

徐秀忠

〖06769〗

徐雪梅

〖04315〗

徐雅琴

〖00595〗

徐忆红

〖01933〗〖06892〗

徐永龄

〖01208〗

徐永龄

〖00580〗

徐永生

〖04553〗

徐永秀

〖04161〗

徐友敏

〖08133〗

徐玉臣

〖07156〗

徐玉敏

〖08598〗

徐韵如

〖00749〗〖04729〗

徐章岩
〖06750〗

徐振忠
〖06442〗〖06537〗〖07696〗

徐志刚
〖02308〗

徐志民
〖08571〗

徐志清
〖03386〗

徐志韫
〖06035〗〖05619〗

徐仲华
〖00607〗〖03433〗

徐竹君
〖05421〗

徐子亮
〖05329〗〖00828〗〖01180〗
〖01198〗〖01991〗〖02604〗
〖02839〗〖03561〗〖03636〗
〖03864〗〖03871〗〖03887〗
〖03888〗〖03970〗〖04509〗
〖04576〗〖04704〗〖04730〗
〖04825〗〖04845〗〖04927〗
〖05428〗〖07839〗〖08135〗
〖00631〗〖04401〗〖05023〗
〖05046〗〖05423〗

徐宗才
〖05929〗

许　璧
〖07750〗〖07847〗

许　宏
〖06583〗

许　娟
〖02555〗

许安敏
〖05962〗

许柏龄
〖03013〗

许长安
〖05813〗

许崇信
〖07483〗

许德楠
〖03742〗〖02077〗〖02228〗
〖02194〗

许栋杰
〖05543〗

许凤才
〖06484〗〖07234〗

许高渝
〖06448〗〖07029〗〖07032〗
〖07059〗〖07406〗〖07697〗
〖07813〗〖07910〗〖08149〗

许光华
〖04367〗

许光烈
〖00077〗〖01658〗

许国萍
〖04014〗

许国璋
〖07796〗

许和平
〖07850〗

许嘉璐
〖00427〗 〖03673〗

许剑雄
〖07264〗

许利英
〖03063〗 〖03198〗

许俐丽
〖03022〗

许俐珍
〖05348〗

许绿翎
〖03936〗

许宁云
〖02386〗

许其鹏
〖08256〗

许秋寒
〖03674〗

许绍早
〖03367〗

许威汉
〖06862〗

许维翰
〖02013〗

许希阳
〖05063〗

许曦明
〖06936〗

许咸道

〖08597〗
许小星
〖02291〗
许晓华
〖04962〗
许雪立
〖04999〗
许义强
〖04998〗
许迎春
〖00096〗 〖06193〗
许余龙
〖06273〗 〖06423〗 〖06430〗
〖06661〗 〖07182〗 〖07698〗
〖07791〗 〖07901〗 〖07971〗
〖08051〗 〖08570〗
旭 登
〖04984〗
续三义
〖02796〗 〖06077〗
轩治峰
〖06937〗 〖06623〗
宣德五
〖06136〗
薛 崇
〖02328〗
薛 红
〖02954〗 〖03054〗
薛常明
〖05582〗
薛诚之

〖08465〗

薛凤生
〖03720〗

薛国富
〖02960〗

薛秋宁
〖00748〗〖00033〗

薛笑丛
〖01563〗

薛亚青
〖00036〗

学　钧
〖03727〗

薰　宇
〖03483〗

荀春生
〖03276〗〖04171〗〖08087〗

Y

Ying xian Wang
〖02840〗

雅　英
〖08368〗

雅　贞
〖02952〗

雅·沃哈拉
〖03733〗

焉德才
〖00021〗〖01601〗〖04225〗
〖04669〗〖06166〗

鄢家琼

〖06354〗

闫　恒
〖01302〗

闫守轩
〖01143〗

严　慈
〖02956〗〖03193〗〖03240〗
〖03391〗

严　棉
〖01422〗〖07542〗

严　彤
〖02435〗

严　钰
〖05645〗

严　越
〖00723〗

严辰松
〖06768〗〖07573〗〖07870〗

严光仪
〖01876〗〖03670〗

严俊杰
〖01450〗

严丽明
〖04245〗

严美华
〖00113〗〖00199〗〖00212〗
〖08592〗

严庆禧
〖08219〗

严新生
〖06818〗

严学窘
【08299】

严亚莉
【03986】

言红兰
【04223】

言志峰
【04223】

阎　军
【04428】

阎　磊
【07145】

阎　彤
【00039】

阎　庄
【08171】

阎德早
【06058】【08346】【08612】
【00647】【00928】【00658】
【05234】【08334】

阎国栋
【07515】

阎丽艳
【07684】

阎晓红
【08106】

阎学迅
【07279】

阎雪雯
【07452】

颜　敏

【05796】

颜长城
【05757】【05789】

颜洪恩
【08060】

颜天惠
【06239】

晏懋思
【00492】【00941】【02584】
【05366】【05482】

杨　柏
【02127】

杨　奔
【01770】【06593】

杨　超
【06755】

杨　春
【04687】

杨　翠
【01587】

杨　达
【01377】

杨　飞
【04575】

杨　刚
【04662】

杨　光
【04627】

杨　桦
【07954】

杨　杰

〖06841〗

杨捷

〖01193〗〖08518〗

杨晶

〖05739〗

杨军

〖00206〗

杨可

〖06584〗

杨岚

〖02052〗

杨俐

〖05137〗

杨娜

〖04673〗

杨平

〖02983〗〖07204〗

杨屏

〖01348〗

杨萍

〖05277〗

杨述

〖00210〗

杨阳

〖07416〗

杨怡

〖04407〗〖05324〗

杨翼

〖02843〗〖04057〗〖04810〗

〖04846〗〖04945〗〖05092〗

〖05571〗

杨因

〖03324〗

杨寅

〖05111〗

杨悦

〖03536〗〖06184〗

杨云

〖02529〗〖03354〗〖05555〗

杨铮

〖00627〗

杨伯峻

〖03188〗

杨才英

〖00223〗

杨成凯

〖02914〗

杨承青

〖04941〗〖05153〗

杨初晓

〖05781〗

杨春梅

〖06305〗

杨春雍

〖02465〗

杨从洁

〖00991〗〖02068〗〖03201〗

〖03300〗

杨德峰

〖00292〗〖00838〗〖00901〗

〖00911〗〖01230〗〖01879〗

【02317】 【02562】 【02648】

【02816】 【02902】 【02907】

【02948】 【04728】 【04736】

【04748】

杨德峰

【01918】

杨德明

【05096】

杨东升

【00809】

杨凤清

【03175】

杨福绵

【06137】

杨光俊

【00614】

杨国富

【03979】

杨国文

【02537】

杨国章

【04482】 【04499】 【04507】

【05994】

杨海明

【02306】 【02600】

杨海燕

【07096】

杨浩亮

【05716】

杨贺松

【01031】

杨惠芬

【05500】 【03139】

杨惠茹

【04546】

杨惠元

【00922】 【00365】 【00456】

【00900】 【01494】 【02514】

【03782】 【03794】 【03805】

【03806】 【03811】 【03813】

【03822】 【03940】 【05269】

【05275】

杨慧玲

【08485】

杨吉春

【02523】 【01697】

杨继光

【08488】

杨寄洲

【00797】 【00920】 【01232】

【01709】 【02681】 【05387】

【05390】 【05388】

杨嘉敏

【03929】 【04012】

杨甲荣

【00667】 【01499】

杨坚定

【06820】

杨建昌

【04122】

杨建华

【06482】

杨剑宇
〖00122〗
杨金成
〖00065〗
杨金华
〖00883〗〖03856〗〖03886〗
杨靖轩
〖00963〗
杨久清
〖07419〗
杨觉勇
〖00654〗〖08623〗
杨君璠
〖03425〗
杨君魁
〖07556〗
杨俊萱
〖04104〗〖04118〗〖06147〗
〖06148〗〖06149〗〖00598〗
〖01227〗〖05444〗〖00682〗
杨开三
〖07992〗
杨莉黎
〖06845〗
杨立明
〖01376〗
杨立琴
〖04544〗
杨立真
〖05166〗
杨丽姣

〖00182〗〖02343〗〖02350〗
〖02463〗
杨满生
〖01741〗〖01910〗〖02763〗
杨美美
〖00325〗〖04802〗
杨明义
〖02713〗〖02823〗
杨明珠
〖03748〗
杨启光
〖07652〗〖07877〗〖07925〗
杨庆华
〖00486〗〖00566〗〖00934〗
杨庆蕙
〖02827〗〖03051〗
杨诎人
〖07212〗
杨石乔
〖06664〗
杨石泉
〖00618〗〖00859〗〖00969〗
〖03171〗〖03227〗〖06043〗
〖08548〗〖01035〗〖03741〗
〖08445〗
杨寿康
〖06992〗
杨淑云
〖00037〗
杨淑璋
〖02211〗

杨顺安

〖01484〗

杨松波

〖06807〗

杨松年

〖05940〗

杨素英

〖04550〗 〖04598〗 〖04636〗

〖02707〗 〖04705〗 〖05783〗

杨太康

〖02572〗

杨天戈

〖00953〗

杨同用

〖08576〗

杨晚英

〖06352〗

杨万兵

〖01721〗

杨为夫

〖05414〗

杨伟民

〖08611〗

杨文凤

〖03788〗

杨文惠

〖04357〗 〖05292〗 〖03523〗

杨武元

〖06222〗

杨希珍

〖06346〗

杨希正

〖07407〗

杨向如

〖07171〗 〖08011〗

杨晓初

〖02304〗

杨晓坚

〖06543〗

杨晓军

〖06627〗

杨晓黎

〖01897〗 〖06083〗 〖01960〗

杨晓明

〖02258〗

杨信川

〖01417〗

杨信彰

〖06816〗

杨雪莲

〖06782〗 〖06863〗

杨雪梅

〖03769〗

杨燕民

〖03184〗

杨叶华

〖00814〗

杨夷平

〖03648〗 〖03616〗

杨奕榕

〖05325〗

杨英明

〖04294〗

杨余森

〖07919〗

杨玉玲

〖02456〗　〖02545〗

杨元刚

〖06260〗

杨泽雅

〖07272〗

杨峥琳

〖04594〗

杨志棠

〖04064〗

杨重建

〖07747〗

杨壮春

〖06654〗

杨子菁

〖00723〗　〖01139〗　〖01763〗

〖05089〗　〖05223〗　〖05900〗

〖08501〗

杨自俭

〖07906〗　〖07957〗　〖05124〗

〖06298〗　〖06608〗　〖06677〗

〖07327〗　〖07541〗　〖07699〗

〖07715〗　〖07834〗　〖08032〗

幺书君

〖00856〗　〖03969〗

尧世之

〖03287〗

姚　芳

〖01083〗

姚　瑾

〖05293〗

姚　俊

〖06567〗

姚　敏

〖03838〗

姚　远

〖04249〗

姚宝梁

〖08342〗

姚保琼

〖08099〗

姚崇兰

〖00489〗

姚道中

〖00319〗　〖00336〗

姚德怀

〖05888〗　〖01395〗

姚灯镇

〖07464〗

姚继中

〖07146〗

姚俊玲

〖04299〗

姚俊元

〖08036〗

姚可心

〖04119〗

姚乃强

〖08356〗 〖08357〗 〖08252〗
〖08253〗 〖08311〗

姚佩君
〖07937〗

姚俏梅
〖06231〗

姚庆保
〖02571〗

姚荣松
〖01865〗

姚水英
〖02422〗

姚文洁
〖06845〗

姚文祥
〖07425〗

姚锡远
〖07602〗 〖07174〗

姚小鹏
〖02270〗

姚小平
〖00811〗 〖07706〗 〖08525〗

姚晓波
〖02162〗

姚晓明
〖06494〗

姚勇芳
〖06373〗 〖06487〗

姚祖榕
〖08268〗

要　红

〖05404〗

野田真理
〖04227〗

叶　军
〖01133〗 〖01398〗 〖03934〗

叶　南
〖00790〗 〖00198〗 〖01380〗
〖01655〗 〖02332〗

叶　宁
〖04206〗

叶　青
〖04179〗

叶　蓉
〖05777〗

叶　研
〖03054〗

叶步青
〖02695〗 〖04849〗 〖04879〗

叶长荫
〖01820〗

叶姣蒂
〖00121〗

叶景烈
〖01952〗

叶景林
〖00342〗

叶盼云
〖04480〗

叶琴法
〖06686〗

叶邵宁

【06933】

叶圣陶

【03314】

叶显崇

【07468】

叶祥桂

【00025】

叶向平

【07061】

叶向阳

【02762】

叶友文

【02066】

叶漳民

【06009】

一会两刊

【00484】

伊地智善继

【02133】

伊莉曼

【04323】

伊莉曼·艾孜买提

【00240】

伊斯拉·阿卜杜·赛义德·哈桑

【02622】

伊藤敬一

【06028】

伊原大策

【02119】　【03114】

怡　冰

【00432】　【03915】

易　斌

【04364】

易　瑾

【05301】

易炳记

【07956】

易洪川

【01922】　【03616】　【01384】
【03656】　【00704】　【03648】

易匠翘

【02803】

易丽丽

【02420】

翼　游

【02167】　【03219】

殷　军

【00197】

殷　勤

【08211】

殷华浮

【06145】

殷焕先

【01519】　【03744】　【05978】

殷树林

【06180】

殷志平

【01836】　【02759】

殷治纲

【01353】　【05474】

尹　城

【07538】

尹 玉
【03442】

英 力
【06637】

尹斌庸
【03696】【02157】【05517】

勇 毅
【04984】【04425】【05329】

尹德翔
【00308】

尤俊生
【08281】

尹广琴
【06655】

尤里·索罗金
【01225】

尹洪山
【04557】

尤庆学
【01859】【02662】

尹懋谦
【08134】【08066】

尤山度
【06153】

尹润芗
【03129】【04935】

尤五力
【06261】

尹世超
【03235】

游社嫒
【06478】

尹曙光
【07368】

游苏萍
【06365】【07578】

尹永波
【06665】

于 济
【08170】

印京华
【05660】【06087】【03553】
【03575】【05674】【05692】

于 康
【05404】【07330】【01258】

印明鹤
【06241】

于 淼
【05217】【05583】

应 骥
【06973】

于 鹏
【01111】【04621】【04722】
【00793】

应兰茴
【00048】

于 涛
【04247】【01684】【05531】
【08484】

应雨田
【01999】

于长敏

〖07499〗

于丛扬

〖00562〗　〖00596〗　〖04520〗

〖04523〗　〖05105〗　〖05993〗

于芳芳

〖03842〗

于逢春

〖00363〗　〖00151〗　〖00275〗

于福升

〖08412〗

于富奎

〖03064〗

于根元

〖04808〗　〖00249〗

于海滨

〖02322〗

于宏梅

〖03987〗

于建民

〖07884〗

于进江

〖07316〗　〖07769〗

于克凌

〖00280〗

于灵子

〖04654〗

于善志

〖04836〗

于少萍

〖06405〗

于淑洁

〖07657〗

于树华

〖08369〗　〖00994〗　〖07987〗

〖08233〗

于廷轩

〖07484〗

于万锁

〖03910〗

于细良

〖02232〗

于兴亭

〖06467〗

于延春

〖07742〗

于延文

〖02875〗

于元方

〖07689〗

于振田

〖08114〗

余　瑾

〖04670〗

余　敏

〖03487〗

余　宁

〖00899〗

余　维

〖02703〗　〖02790〗　〖06842〗

〖07387〗　〖07394〗　〖07397〗

余　晓

〖00243〗

余 子
〖05034〗
余霭芹
〖01477〗
余大光
〖03380〗
余富林
〖07236〗
余国江
〖03496〗
余国良
〖06415〗 〖06962〗
余宏波
〖04229〗
余宏荣
〖06851〗
余嘉元
〖04968〗
余建萍
〖03431〗 〖03454〗
余求真
〖01150〗
余绍霞
〖05696〗
余淘自
〖00200〗
余维钦
〖00373〗 〖05349〗
余卫华
〖06413〗
余文青

〖01774〗
余小明
〖01142〗
余心乐
〖00902〗
余行达
〖02205〗
余义兵
〖02279〗
余又兰
〖03626〗 〖04820〗 〖05618〗
余云霞
〖01033〗 〖05960〗 〖07930〗
〖08181〗
余志鸿
〖03680〗
余自中
〖01165〗
俞 敏
〖01473〗 〖02220〗 〖02253〗
〖02254〗 〖02949〗 〖03055〗
〖03481〗
俞爱菊
〖05126〗
俞光中
〖02968〗
俞如珍
〖06953〗 〖08587〗
俞瑞良
〖06803〗
俞士汶

〖02850〗

俞雪华

〖07740〗

俞咏梅

〖02724〗

俞约法

〖00512〗 〖07716〗 〖07806〗

〖07814〗 〖07830〗 〖00966〗

俞云平

〖06133〗

俞志强

〖02753〗 〖06277〗

虞　莉

〖04976〗 〖05161〗 〖04254〗

舆水优

〖03057〗 〖05934〗 〖06029〗

〖02700〗 〖02783〗

羽　白

〖05141〗

羽离子

〖01641〗

禹　达

〖00003〗

郁婷婷

〖06873〗

喻家楼

〖07014〗

喻云根

〖07717〗

元　立

〖03682〗

原新梅

〖01552〗 〖01362〗 〖01669〗

〖01788〗 〖03491〗

原雪梅

〖02751〗

原一川

〖06251〗

袁　宾

〖03098〗

袁　成

〖06656〗

袁　方

〖05624〗

袁　斐

〖05483〗

袁　晖

〖02246〗

袁　嘉

〖01545〗 〖01723〗 〖01950〗

〖02627〗

袁　江

〖07655〗

袁　杰

〖02036〗 〖07685〗 〖07782〗

袁　伟

〖01119〗

袁　新

〖04300〗

袁　焱

〖04623〗 〖01760〗

袁　杨

〖07882〗

袁本良

〖03296〗

袁博平

〖04876〗

袁昌明

〖07936〗〖07994〗

袁大同

〖03109〗

袁芳远

〖00795〗

袁建民

〖01120〗

袁锦翔

〖07540〗

袁李来

〖01051〗

袁俏玲

〖06395〗

袁庆述

〖07557〗

袁小军

〖03754〗

袁义林

〖02953〗

袁雨华

〖05331〗

袁毓林

〖01995〗〖02016〗〖02019〗

〖02723〗〖02733〗〖02811〗

源可乐

〖07380〗

苑良珍

〖04508〗

苑淑文

〖07352〗

苑锡群

〖04159〗〖04163〗〖05438〗

〖07848〗〖08338〗

苑耀凯

〖08012〗

约翰•辛克莱

〖05492〗

月　水

〖08526〗

月　心

〖03316〗

岳　峰

〖05778〗

岳　辉

〖02817〗〖02828〗〖06082〗

〖00802〗〖06070〗

岳长顺

〖02034〗

岳光辉

〖04248〗

岳维善

〖01216〗〖00999〗〖04080〗

岳玉杰

〖00733〗

Z

Z.P.

〖05519〗

Zhang Dexin

〖05972〗

Zhiwei　Feng

〖03669〗

讚井唯允

〖02936〗〖02134〗〖0784〗

曾　萍

〖07353〗

曾　琴

〖06481〗

曾　炜

〖01648〗〖02387〗

曾　艳

〖02687〗

曾炳衡

〖08460〗

曾传禄

〖04666〗

曾聪明

〖08461〗

曾根博隆

〖01005〗

曾红霞

〖01537〗

曾金金

〖05590〗

曾妙芬

〖05702〗

曾明路

〖03196〗

曾向红

〖08609〗

曾小红

〖01622〗

曾晓舸

〖06223〗

曾学慧

〖00051〗

曾衍桃

〖04754〗

曾毅平

〖02444〗〖00237〗

曾昭聪

〖06069〗

曾兆令

〖06368〗

曾志朗

〖05520〗

曾竹青

〖06460〗

扎多延柯

〖01277〗

翟　汛

〖00141〗〖00704〗〖03650〗

〖03823〗〖03884〗〖04883〗

〖05830〗

翟　艳

〖01184〗〖04569〗

翟东娜
【06390】

翟风麟
【03438】

翟英华
【03610】【04318】【05339】

詹 蓓
【06329】

詹 怡
【01260】

詹伯慧
【05817】

詹继曼
【03019】

詹开第
【03270】

詹七一
【04275】

詹人凤
【02865】

詹晓宁
【07981】

詹心丽
【00138】【00318】【05882】
【05921】

战庆胜
【06974】

张 桃
【04346】

张 蓓

【04334】【06990】【07354】
【07355】【07596】

张 斌
【02637】

张 博
【01141】【03318】

张 晨
【01555】

张 春
【06785】

张 丹
【05187】【05650】【05755】

张 帆
【06369】

张 菲
【06823】

张 风
【07221】

张 舸
【00736】【06189】

张 拱
【01449】

张 航
【05285】

张 红
【00166】【00174】【06700】

张 辉
【07594】

张 建
【01527】

张 健

〖07068〗

张 杰

〖04175〗〖08024〗

张 捷

〖07167〗

张 瑾

〖06418〗

张 菁

〖07946〗

张 静

〖02235〗〖03393〗

张 军

〖02359〗

张 凯

〖00126〗〖00295〗〖00305〗

〖04963〗〖05001〗〖05069〗

〖05104〗〖05117〗〖00976〗

张 侃

〖06960〗

张 逵

〖06988〗〖07158〗〖07477〗

张 琨

〖01480〗

张 莉

〖04767〗〖06928〗〖04769〗

〖04795〗〖05356〗〖06342〗

张 犁

〖03802〗〖03937〗〖05368〗

张 黎

〖00246〗〖00559〗〖01103〗

〖02614〗〖02799〗〖04135〗

张 礼

〖01603〗

张 立

〖06657〗

张 丽

〖07205〗

张 磷

〖07867〗

张 萌

〖03585〗

张 敏

〖01712〗〖01921〗〖02424〗

〖02765〗

张 娜

〖02334〗

张 念

〖01137〗〖03825〗〖05697〗

张 宁

〖02879〗〖00567〗〖06540〗

〖06704〗〖06878〗

张 鹏

〖05689〗

张 平

〖02327〗〖04013〗

张 萍

〖06437〗

张 普

〖05614〗〖01421〗〖05495〗

〖05521〗〖05523〗〖05593〗

〖05605〗〖05594〗

张 琦

〖06751〗〖06778〗

张 琪

〖06871〗〖06872〗

张 启

〖05927〗

张 强

〖06104〗

张 乔

〖07217〗

张 泉

〖08269〗

张 锐

〖05440〗

张 森

〖06213〗

张 桃

〖05336〗

张 天

〖07853〗〖08013〗

张 婷

〖04602〗

张 彤

〖00024〗

张 维

〖02217〗〖06022〗

张 伟

〖01614〗

张 雯

〖06710〗

张 曦

〖01067〗〖04182〗

张 夏

〖06830〗

张 忻

〖04751〗

张 兴

〖06391〗

张 妍

〖04645〗

张 焰

〖07785〗

张 燕

〖04050〗

张 屹

〖05447〗

张 英

〖00775〗〖00853〗〖01140〗

〖04204〗〖04453〗〖04454〗

张 鹰

〖04412〗〖05908〗

张 莹

〖01093〗〖04259〗

张 颖

〖06601〗

张 勇

〖00591〗〖01653〗〖06638〗

〖07786〗

张 瑜

〖06762〗

张 园

〖03836〗〖05179〗

张 媛

〖06227〗

张　昀

〖00433〗　〖04342〗

张　哲

〖00029〗　〖01068〗　〖05446〗

张　治

〖02281〗

张爱华

〖03282〗　〖03366〗

张爱民

〖03073〗　〖03295〗

张安德

〖06669〗　〖06260〗

张白桦

〖06777〗

张柏然

〖07129〗　〖08577〗

张柏玉

〖02081〗　〖04087〗

张宝钧

〖05073〗　〖05103〗　〖05112〗

张宝林

〖01318〗　〖02649〗　〖02690〗

〖02755〗　〖04953〗　〖04965〗

张宝玲

〖05079〗

张宝胜

〖02552〗　〖03591〗

张本慎

〖07017〗

张必隐

〖08610〗　〖01821〗

张伯江

〖02686〗　〖02766〗　〖02897〗

〖03190〗　〖01894〗

张才良

〖08014〗

张昌柱

〖05923〗

张长娟

〖06379〗

张崇富

〖04832〗

张崇智

〖06903〗

张初雄

〖07409〗

张春芳

〖01386〗

张春隆

〖06327〗

张春平

〖05500〗

张春新

〖00794〗　〖08594〗

张从孝

〖07201〗

张大成

〖03630〗

张丹报

〖04188〗

张道一

【00650】【06156】

张德聪

【07611】

张德禄

【00158】

张德鑫

【00043】【00075】【00239】

【00304】【00337】【00376】

【00495】【00517】【00537】

【00577】【00603】【00819】

【00924】【01825】【01905】

【01965】【02595】【02776】

【03624】【04446】【04458】

【04472】【04475】【06055】

【06114】【06123】【06124】

【06127】【07333】【07399】

【04467】

张德尧

【01983】【05372】

张登岐

【03202】

张定兴

【08180】

张定中

【08244】

张东波

【05678】

张东旭

【00342】

张发明

【03330】

张凤格

【02851】

张凤娟

【00170】【00220】

张凤芝

【02542】【08590】【05462】

【05547】

张高翔

【00356】【01742】

张拱贵

【01462】【03204】

张国安

【01971】

张国范

【00417】

张国辉

【03939】

张国庆

【05549】

张国宪

【01973】【01976】【02878】

【03115】

张海荣

【01674】

张海英

【05666】

张汉民

【02189】

张汉儒

【07787】

张汉英

〖06555〗

张和生

〖00191〗〖05481〗〖01609〗

〖03911〗〖04075〗〖04417〗

〖05110〗〖05155〗〖05890〗

〖06102〗

张红深

〖06772〗

张宏丽

〖06380〗

张宏梁

〖03371〗

张宏武

〖03903〗

张宏信

〖08346〗

张后尘

〖07815〗

张厚粲

〖03585〗

张会森

〖06434〗〖07193〗〖07524〗

〖07720〗〖07807〗〖07808〗

〖08457〗〖08462〗〖08463〗

张惠芬

〖03702〗

张惠民

〖06203〗

张惠兹

〖07842〗

张慧芳

〖04208〗〖02325〗

张慧芬

〖00595〗

张慧君

〖01776〗〖03840〗〖04290〗

〖00115〗

张积家

〖01544〗〖03585〗

张积模

〖07717〗

张吉生

〖03606〗〖07457〗

张纪浔

〖08361〗〖08408〗

张济卿

〖02677〗〖07959〗

张继矿

〖00259〗

张继英

〖06551〗

张家骅

〖06436〗

张嘉冰

〖07296〗

张建康

〖01979〗

张建理

〖01644〗〖06883〗〖07401〗

〖08077〗

张建强

〖01304〗〖05150〗

张建新
【00872】

张剑波
【01715】

张江云
【07761】

张捷鸿
【01948】【06717】【06985】

张金宝
【06364】

张金桥
【01287】【01631】【03756】
【04693】【02319】

张劲秋
【03629】

张晋军
【05153】【04972】【04941】
【05060】

张景业
·【03597】

张敬源
【06262】

张静贤
【05957】【00891】【03659】
【03699】【03721】

张九武
【04895】【04896】

张娟云
【04098】

张君博
【04532】

张俊英
【06746】【06747】

张开信
【08431】

张克溪
【07141】【07142】【07306】
【07307】【07308】

张孔彰
【03583】

张宽信
【02029】

张乐山
【07916】

张乐同
【06961】

张黎玲
【04242】

张力军
【00163】

张立玉
【06631】【06886】【07412】

张丽娟
【01637】

张丽娜
【03779】【05768】

张利生
【07644】

张连文
【02295】

张烈材
【08221】

张林军
〖05670〗

张林林
〖02042〗〖03170〗

张麟声
〖07762〗〖07772〗〖07885〗
〖08271〗

张灵芝
〖00095〗〖01082〗

张鲁昌
〖02408〗〖00184〗

张迈曾
〖01807〗

张曼玲
〖06533〗

张曼荪
〖05160〗

张眉锁
〖07305〗

张梅岗
〖06515〗

张梅娟
〖01882〗〖06679〗〖06683〗

张美兰
〖04916〗

张美霞
〖02640〗〖04148〗〖04791〗
〖04792〗

张淼淼
〖01523〗

张民和

〖06456〗

张明华
〖06774〗

张明杰
〖06551〗

张明林
〖00308〗

张明勤
〖07887〗

张明田
〖08309〗

张明莹
〖01860〗〖02735〗

张宁志
〖00544〗〖00868〗〖00974〗
〖01041〗

张宁智
〖03107〗

张培成
〖01837〗〖06426〗〖07398〗

张朋朋
〖00663〗〖00538〗〖03631〗
〖03237〗〖03735〗

张丕谦
〖03942〗〖04162〗

张萍萍
〖06843〗

张其昀
〖00244〗〖01490〗〖02060〗

张歧鸣
〖07700〗

张起旺
【00917】

张清常
【04447】

张庆文
【01885】 【06399】 【06455】

张庆云
【08539】

张邱林
【00079】

张秋菊
【05776】

张群舟
【07777】

张仁兰
【06568】

张一如
【05478】 【05479】

张如梅
【04173】 【04251】

张瑞芳
【01063】

张瑞祯
【07624】

张若莹
【03917】 【04813】 【00750】

张韶岩
【06270】 【06585】 【06613】

张少林
【07274】

张少云

【04745】

张绍杰
【07044】

张绍滔
【02003】 【02797】 【04383】
【04423】 【04445】 【05936】

张胜利
【05808】 【00837】

张胜林
【05815】

张盛龙
【07273】 【07558】 【07860】
【07945】

张石麒
【07024】

张世广
【07188】 【07357】 【08128】

张世涛
【01843】 【05355】

张世云
【06785】

张仕海
【01283】 【03524】

张寿康
【04085】 【04128】

张淑芳
【08495】

张淑梅
【04124】

张淑贤
【00283】 【04355】 【04394】

张树昌
〖04118〗

张树武
〖07009〗

张思洁
〖07129〗

张思永
〖04190〗

张素玲
〖06335〗〖04948〗

张婉婷
〖06823〗〖06759〗

张旺熹
〖02727〗〖04550〗〖00874〗
〖02692〗〖02794〗〖03709〗

张维耿
〖03278〗〖04288〗〖05354〗
〖06040〗

张维佳
〖01363〗〖04709〗

张卫娣
〖06952〗

张卫东
〖01733〗

张卫光
〖03390〗

张卫国
〖05487〗

张文福
〖05673〗

张文华

〖06836〗

张文坚
〖02338〗

张文莉
〖05169〗

张文熊
〖02977〗

张文忠
〖00367〗

张武江
〖01811〗

张西玲
〖07247〗

张西平
〖00104〗〖05709〗〖06108〗
〖06121〗〖06122〗

张喜荣
〖05744〗〖04835〗

张先亮
〖02298〗

张向前
〖00102〗

张向群
〖02050〗

张向荣
〖04181〗

张向阳
〖07124〗

张小衡
〖01908〗

张小克

〖05676〗 〖02715〗 〖02824〗

张小勤 张新生

〖02158〗 〖05627〗 〖05731〗

张小慰 张新媛

〖00286〗 〖04280〗

张晓慧 张兴权

〖00420〗 〖01090〗 〖08300〗

张晓路 张秀芬

〖02559〗 〖08403〗 〖08404〗

张晓曼 张秀玲

〖05719〗 〖05701〗

张晓明 张秀婷

〖03530〗 〖02631〗

张晓涛 张学曾

〖00236〗 〖04638〗 〖07642〗 〖07709〗

张晓郁 张学增

〖01095〗 〖05785〗

张筱平 张雪平

〖01178〗 〖00390〗 〖02271〗

张孝忠 张雪芹

〖01262〗 〖02083〗 〖04127〗 〖00096〗 〖04205〗

〖07948〗 〖08046〗 〖08290〗 张洵如

〖01032〗 〖01518〗

张笑梅 张训涛

〖06995〗 〖00156〗

张笑难 张雅冰

〖00233〗 〖01128〗 〖03907〗 〖04648〗

〖06253〗 张亚冰

张新红 〖01604〗 〖01633〗

〖04836〗 张亚非

张新明 〖07972〗

张亚军
〖08234〗　〖00585〗　〖00630〗
〖02917〗　〖05419〗　〖06152〗
〖00618〗　〖01273〗　〖01052〗

张亚俐
〖06538〗

张亚群
〖04398〗　〖04982〗

张亚茹
〖01606〗

张岩红
〖06678〗

张彦昌
〖02240〗

张艳华
〖02484〗　〖04664〗

张艳萍
〖00179〗　〖00290〗　〖04243〗
〖05639〗

张艳荣
〖04566〗

张燕春
〖02661〗

张一波
〖03957〗

张一清
〖04077〗

张宜波
〖06822〗　〖06406〗　〖04190〗

张抑奋
〖07290〗

张译方
〖04555〗

张谊生
〖01744〗　〖01815〗　〖01849〗
〖01951〗　〖02910〗

张英宇
〖07735〗　〖07737〗

张映光
〖00119〗　〖05171〗

张永奋
〖03635〗　〖03858〗　〖04326〗

张永泰
〖07493〗

张永昱
〖00791〗　〖02493〗

张涌泉
〖03576〗

张雨江
〖06880〗

张玉娥
〖01927〗　〖05352〗

张玉华
〖00404〗

张玉兰
〖06931〗

张玉新
〖03260〗

张郁苹
〖07469〗

张月池
〖03265〗　〖08339〗

张月秋
【06359】

张粤河
【07552】

张云艳
【01157】

张云燕
【04059】

张允若
【08310】

张允瑄
【05700】

张增林
【05007】

张增孝
【07376】

张占一
【08565】【01045】【04416】
【04474】【04500】【04502】

张贞爱
【07390】

张振河
【06857】

张振华
【07760】【08617】

张振康
【00040】

张振山
【06419】

张振英
【07113】

张镇环
【00879】

张正立
【07574】【07676】【07770】
【07771】

张正石
【00568】

张志公
【00503】【00995】【03954】
【08241】

张志军
【06435】

张志宁
【03108】【05157】

张志毅
【08541】【08542】【08572】

张治英
【06449】

张自福
【06954】【07525】

张宗华
【01501】

张祖建
【08512】

章　辉
【00155】

章　楠
【01554】

章　婷
【01699】

章　欣

〖02380〗

章　艳

〖06837〗

章纪孝

〖03932〗〖04164〗〖05409〗

〖08292〗〖08296〗

章家谊

〖02364〗

章睿健

〖04607〗

章石芳

〖01104〗〖05734〗〖05751〗

章天明

〖06272〗

章无忌

〖04469〗

章于炎

〖07613〗

章云帆

〖05467〗

赵　莹

〖08604〗

赵　诚

〖06275〗

赵　丹

〖06311〗

赵　芳

〖01619〗

赵　峰

〖01667〗

赵　刚

〖02407〗

赵　钢

〖07975〗

赵　果

〖03586〗〖01785〗〖03572〗

赵　果

〖04734〗

赵　宏

〖01703〗〖01153〗〖01664〗

〖04137〗

赵　建

〖02430〗〖00821〗

赵　瑾

〖02391〗

赵　婧

〖06722〗

赵　静

〖06586〗

赵　娟

〖06242〗

赵　军

〖01628〗〖02468〗

赵　坤

〖01289〗〖04178〗

赵　鹍

〖03749〗

赵　雷

〖03614〗〖03894〗

赵　丽

〖03829〗

赵　霖

〖07424〗

赵　玲

〖00558〗

赵　明

〖01055〗

赵　鸣

〖02263〗

赵　茜

〖02966〗

赵　强

〖06752〗

赵　新

〖00743〗　〖00781〗　〖01801〗

〖08583〗　〖08596〗　〖06887〗

〖00885〗

赵　旭

〖00402〗　〖06518〗

赵　璇

〖00117〗

赵　杨

〖04577〗　〖06353〗

赵　毅

〖06289〗　〖04755〗

赵　玥

〖04969〗

赵　悦

〖04628〗

赵　跃

〖04189〗

赵　卓

〖03890〗

赵爱国

〖07034〗

赵安博

〖08316〗

赵柄晨

〖04160〗

赵博源

〖06500〗　〖06501〗　〖06502〗

〖06503〗　〖06504〗　〖06505〗

〖06506〗　〖06507〗　〖06508〗

〖06509〗　〖06510〗　〖06511〗

〖06512〗　〖06513〗　〖06514〗

〖06708〗　〖06808〗　〖06809〗

〖06810〗　〖06978〗　〖06979〗

〖06980〗　〖06981〗　〖06982〗

〖06983〗　〖07151〗　〖07152〗

〖07320〗　〖07470〗　〖07471〗

〖07590〗　〖07591〗　〖07679〗

〖07883〗　〖07963〗　〖08115〗

〖08553〗

赵彩瑞

〖04701〗

赵成新

〖02375〗　〖04678〗

赵春红

〖02288〗

赵春利

〖00223〗　〖00168〗　〖02508〗

〖03984〗　〖04616〗　〖04660〗

赵纯瑶

〖01155〗

赵翠莲

【06769】

赵大昌

【06779】

赵冬梅

【05204】 【05569】

赵恩柱

【03457】

赵方禹

【00409】 【00447】

赵斐容

【06564】

赵风云

【07414】

赵福全

【08405】

赵福堂

【08317】

赵福胤

【08041】

赵桂华

【07458】

赵桂兰

【03288】

赵焕梅

【05185】

赵惠淳

【05821】

赵惠平

【04368】

赵金铭

【00682】 【01141】 【00007】
【00017】 【00101】 【00120】
【00266】 【00299】 【00441】
【00451】 【00453】 【00588】
【00622】 【00783】 【00887】
【00893】 【00897】 【01452】
【01460】 【02576】 【02825】
【03686】 【03712】 【04599】
【05588】 【08516】 【01476】

赵金萍

【07388】

赵金色

【03833】 【04611】

赵静贞

【02080】

赵军峰

【06658】

赵葵欣

【01845】 【04862】 【06738】

赵立江

【04153】 【04852】 【04858】

赵丽君

【02525】

赵陵生

【08080】 【08226】 【08343】
【08364】

赵柳英

【01893】

赵洛生

【07121】

赵敏成

【04025】

赵敏善

【07067】 【07915】 【07933】

【08081】 【08130】 【08192】

【08227】 【08228】 【08257】

【08283】

赵明德

【03600】 【03704】

赵乾龙

【08089】

赵清永

【02644】

赵世举

【01571】

赵世开

【08289】 【07898】 【08220】

【08398】 【08402】 【08422】

【08430】

赵世章

【07831】

赵守辉

【03832】 【05365】 【04074】

【04483】 【05913】

赵淑华

【00923】 【01428】 【02788】

【05601】 【01053】 【02935】

【03195】 【03473】

赵淑玲

【07172】

赵蜀嘉

【06941】

赵曙明

【08209】

赵双之

【07575】 【00993】 【04889】

赵顺国

【05371】

赵素珍

【00366】

赵伟河

【07710】

赵伟礼

【06636】 【07356】

赵文华

【07343】

赵文学

【06237】 【06757】

赵闻蕾

【04197】

赵侠兴

【07454】

赵贤洲

【00955】 【01006】 【01011】

【01012】 【01253】 【04452】

【04516】

赵献东

【07048】

赵晓晖

【05199】

赵新波

【05469】

赵新燕

〖00866〗

赵秀凤

〖06617〗

赵秀英

〖06450〗〖07822〗

赵彦春

〖02610〗

赵艳梅

〖00717〗〖01531〗

赵燕皎

〖01037〗〖02760〗〖05430〗

赵燕琬

〖00909〗

赵亦民

〖07611〗

赵英玲

〖06529〗

赵永红

〖02526〗

赵永新

〖01966〗〖04498〗〖06060〗
〖07334〗〖07530〗〖07926〗
〖08076〗〖08187〗〖08291〗
〖08318〗〖08332〗〖08419〗
〖08519〗〖08543〗

赵宇辉

〖05603〗

赵玉闪

〖06927〗〖06928〗

赵智超

〖05235〗

赵中健

〖02040〗

赵忠德

〖08347〗

赵周宽

〖05636〗

赵祝仪

〖07006〗

折敷濑兴

〖00574〗

折鸿君

〖04330〗

甄尚灵

〖03308〗

郑　超

〖04291〗

郑　丹

〖00063〗

郑　飞

〖02197〗

郑　杰

〖02645〗

郑　婕

〖04496〗

郑　靓

〖02398〗〖02466〗

郑　敏

〖04817〗

郑　蕊

〖00862〗

郑　涛

【06308】

郑 炜

【00728】

郑 玮

【05529】

郑 文

【07875】

郑 颖

【02461】

郑 玉

【00985】 【01007】

郑标根

【06363】

郑昌锭

【06894】

郑承军

【05151】

郑定欧

【00148】 【00440】 【00817】

【08584】 【08603】

郑贵友

【02834】

郑桂芬

【06770】

郑国雄

【00582】

郑海丽

【01651】

郑亨奎

【06178】

郑华辰

【02451】

郑怀德

【03383】

郑继娥

【03644】 【00413】

郑锦全

【03038】 【05615】 【05620】

【05496】 【05599】

郑静慧

【07173】 【08015】

郑立信

【07973】

郑丽芸

【07529】 【05886】 【06217】

【06695】

郑良伟

【01474】

郑巧斐

【02344】

郑庆茹

【03263】

郑声衡

【07555】 【07629】

郑述谱

【06290】 【07023】 【07194】

【07809】 【07832】

郑天刚

【07863】

郑通涛

【05533】 【05552】

郑晓微

〖07209〗
郑延国
〖08507〗
郑艳群
〖00046〗〖00734〗〖01617〗
〖05456〗〖05491〗〖05497〗
〖05501〗〖05512〗〖05516〗
〖05545〗〖05563〗〖05580〗
〖05613〗〖05746〗
郑义红
〖06634〗
郑懿德
〖08330〗〖02812〗〖02848〗
〖02926〗〖03810〗〖08540〗
〖03229〗
郑玉蓉
〖02150〗
郑远汉
〖03088〗
郑贞爱
〖06639〗
郑志进
〖06309〗
郑钟文
〖07884〗
芝田稔
〖08138〗〖00615〗〖07849〗
植田均
〖02049〗〖02958〗
中　绳
〖08163〗
中川裕三
〖02861〗
忠　扬
〖06144〗
钟　汉
〖01503〗〖03344〗
钟　岚
〖07289〗
钟　梫
〖01427〗〖01514〗〖01516〗
〖03400〗〖03477〗〖06160〗
〖03465〗
钟　文
〖01873〗
钟本康
〖03465〗
钟吉娅
〖00272〗
钟玖英
〖00087〗〖00161〗
钟莉莉
〖06629〗
钟良弼
〖07797〗〖08258〗
钟情专
〖05472〗
钟秋生
〖03719〗〖05968〗〖05983〗
〖06010〗
钟式嵘
〖00664〗

钟书能
【07015】

钟希华
【04374】

钟小佩
【07271】

钟英华
【00395】

钟玉秀
【07575】

仲　洁
【00139】

仲哲明
【00331】

周　成
　【02057】

周　芳
【01293】【02316】

周　芬
【02323】

周　刚
【02053】【06278】

周　红
【00047】【00076】【01590】
【02406】【02415】【02546】
【07058】【08581】

周　荐
【02143】【02356】

周　健
【00770】【02373】【03545】
【03959】【00108】【00214】

【00252】【00833】【01805】
【02280】【02496】【03643】
【03645】【04042】【04269】
【04348】【04694】【05305】
【05399】【05749】【05828】
【06566】【08490】【04743】

周　倞
【05142】

周　静
【02455】

周　莉
【00112】

周　璐
【06492】

周　迈
【07050】

周　妮
【03517】

周　萍
【01091】

周　榕
【06688】

周　胜
【05062】

周　彤
【07321】

周　伟
【01172】

周昌忠
【07162】【07218】

周长玉

〖02190〗

周翠琳

〖02180〗　〖04936〗　〖02909〗

周翠英

〖04211〗

周殿龙

〖04237〗　〖04439〗

周殿生

〖00285〗　〖05263〗

周范才

〖05135〗

周方珠

〖07835〗

周逢琴

〖03751〗

周福芹

〖07092〗

周光华

〖06693〗

周光明

〖07754〗

周桂芝

〖06299〗

周国定

〖07545〗

周国光

〖02878〗　〖02507〗　〖04695〗

〖04831〗* 〖04919〗

周国辉

〖06424〗　〖06644〗

周国鹃

〖05271〗　〖05556〗

周海燕

〖08116〗

周换琴

〖02829〗　〖07687〗　〖08627〗

〖08374〗

周慧先

〖06183〗　〖06199〗

周继圣

〖01030〗　〖02779〗　〖03145〗

〖03900〗　〖03948〗　〖05436〗

周建民

〖06140〗

周锦国

〖02519〗

周京宁

〖05844〗

周奎杰

〖05649〗　〖00953〗

周丽萍

〖01786〗

周丽蕊

〖06680〗

周利芳

〖01784〗　〖04017〗

周领顺

〖06431〗

周流溪

〖08143〗

周洛崙

〖05928〗

周明朗

〖05224〗〖00513〗

周明强

〖02264〗

周平红

〖05447〗

周蒲芳

〖07220〗

周前方

〖04434〗

周清海

〖05997〗〖00412〗〖05802〗

周上之

〖01635〗〖01810〗〖04744〗

周慎钦

〖03365〗

周生亚

〖02149〗〖02984〗〖03392〗

周时挺

〖08188〗

周士宏

〖01577〗

周士平

〖05670〗

周世雄

〖05856〗

周思源

〖00392〗〖00423〗〖04493〗

〖04505〗

周万珠

〖07417〗

周文革

〖07383〗

周文革〖07729〗

周小兵

〖00885〗〖01818〗〖02551〗

〖04540〗〖00458〗〖00705〗

〖00898〗〖01861〗〖01887〗

〖01932〗〖02476〗〖02582〗

〖02780〗〖02832〗〖02919〗

〖03097〗〖03944〗〖04091〗

〖04413〗〖04708〗〖04869〗

〖05044〗〖05402〗〖05647〗

〖01639〗〖02404〗〖02460〗

〖04562〗〖04637〗

周小成

〖07030〗

周晓华

〖00352〗

周心红

〖07576〗周心红〖07681〗

周秀娟

〖06470〗

周秀苗

〖01705〗

周一民

〖01285〗

周颐娜

〖06541〗

周有斌

〖01569〗

周有光

【02075】【03729】【03730】
【03736】【03745】【05608】
【05612】

周玉忠
【06967】【06968】

周聿娥
【05935】【04347】【05805】
【05818】

周元琳
【05654】

周云和
【08242】

周正兴
【05229】

周之上
【01677】

周志培
【07864】【08345】

周志远
【07228】

周中兴
【00041】

周子衡
【02290】【02585】

周祖谟
【00697】【02244】

朱波
【01582】

朱川
【01400】【01506】【07446】
【08400】【08401】

朱蝶
【06330】

朱凤
【01654】

朱贯
【08340】

朱虹
【01892】【05307】

朱军
【01598】

朱凯
【07744】

朱俐
【02675】

朱荔
【00646】

朱敏
【01608】【02024】【02433】
【02904】

朱星
【00692】

朱燕
【05250】

朱勇
【03973】【01533】【01702】
【02412】

朱春智
【04803】

朱道明
【01263】

朱德熙

【02132】 【03102】 【03397】
【03398】 【03412】 【03417】
【03452】
朱芳华
【01367】 【01736】 【01804】
朱光岳
【08464】
朱海滔
【05154】
朱浩彤
【06910】
朱和平
【06727】
朱洪国
【00626】
朱建中
【04058】
朱金华
【06935】
朱金英
【06210】
朱锦岚
【04138】 【04952】
朱京伟
【06252】
朱景松
【01895】
朱静青
【04228】
朱菊芬
【06599】

朱巨器
【06401】
朱俊玄
【06182】
朱勘宇
【01354】 【02480】
朱匡侯
【02845】 【04873】
朱乐红
【06425】
朱黎航
【01154】
朱立才
【04378】 【05820】 【06889】
朱立霞
【08499】
朱丽玲
【06475】 【06521】
朱丽萍
【01155】 【04301】
朱丽田
【07598】
朱丽云
【02012】
朱励群
【07448】
朱林清
【01508】 【03377】 【03248】
朱璐璐
【01554】
朱曼华

【05770】

朱其智

【04562】【01962】【02310】

【02606】【03905】【04537】

【05892】

朱琦环

【00102】

朱庆明

【05343】

朱庆祥

【04167】

朱秋娟

【06614】

朱全红

【01922】【02719】【03616】

朱仁宏

【06888】

朱瑞平

【00835】【01170】

朱盛娥

【07097】

朱万麟

【08392】

朱威烈

【00774】

朱文俊

【08416】

朱文献

【03009】【03224】

朱文柱

【03302】

朱务诚

【00385】

朱希祥

【04484】

朱湘燕

【01359】【03776】【03960】

【04235】【05445】

朱小雪

【02962】【08100】【08101】

朱晓琳

【01387】【04328】

朱晓农

【01500】

朱晓映

【06784】

朱学佳

【01288】【04322】

朱亚夫

【06545】

朱焱炜

【01058】

朱一之

【00659】【05041】【06052】

【08297】【08423】

朱英月

【01213】【01370】【06323】

【06549】

朱永平

【04712】【05276】

朱永生

【07728】

朱宇清
〖03558〗 〖03570〗

朱玉富
〖07816〗

朱元富
〖02520〗

朱越峰
〖00320〗

朱彰年
〖03327〗

朱振群
〖08016〗 〖08102〗

朱正才
〖05091〗

朱志平
〖03617〗 〖03622〗 〖04827〗
〖05162〗 〖05803〗 〖01178〗
〖03845〗 〖00176〗 〖00258〗
〖00323〗 〖00459〗 〖00732〗
〖00823〗 〖01607〗 〖03526〗
〖04572〗

朱志瑜
〖06428〗 〖06648〗

朱子仪
〖01265〗 〖04105〗 〖00493〗

朱自强
〖07550〗

朱祖林
〖06890〗

诸葛苹
〖07366〗

竺 燕
〖00039〗

竺向阳
〖07472〗

祝 蓉
〖05915〗

祝秉耀
〖04116〗 〖05597〗

祝彩云
〖07402〗

祝大鸣
〖07329〗

祝东平
〖02277〗 〖02266〗 〖02296〗

祝康济
〖05988〗

祝克懿
〖02661〗

祝敏申
〖04908〗

祝晓宏
〖05634〗

祝肇安
〖07539〗

祝注光
〖03349〗

庄 晨
〖07229〗

庄 黎
〖01691〗

庄 敏

〖06600〗
庄成余
〖00150〗〖00698〗
庄恩平
〖06709〗
庄建灵
〖06792〗〖07265〗
庄明萱
〖05873〗
庄泽义
〖05949〗
资中勇
〖03509〗
子　亮
〖04425〗
宗福常
〖07374〗〖08056〗
宗世海
〖00157〗〖05669〗〖05740〗
〖00231〗〖01613〗〖06239〗
宗守云
〖02367〗
邹　斌
〖07096〗
邹　文
〖05241〗
邹本建
〖08270〗
邹长虹
〖07748〗
邹定中

〖03466〗
邹光椿
〖03070〗
邹桂明
〖06350〗
邹国光
〖03458〗
邹海清
〖01730〗
邹洪民
〖04760〗
〖04770〗
邹嘉彦
〖06479〗
邹立泉
〖08176〗
邹明强
〖04411〗
邹儒生
〖08270〗〖08279〗
邹胜瑛
〖03804〗
邹燕平
〖03613〗
祖人植
〖00434〗〖02536〗〖04008〗
祖晓梅
〖04209〗〖02638〗〖04292〗
左　岩
〖07295〗〖07361〗
左连君

〖01787〗
左珊丹
〖00557〗
左双菊
〖01522〗
左思民
〖07734〗

图书在版编目（CIP）数据

对外汉语教学论著指要与总目. 第 2 册/李无未，陈珊珊，秦曰龙主编 . - 北京：作家出版社，2008.7
　ISBN 978 - 7 - 5063 - 4272 - 8

　Ⅰ.对… Ⅱ.①李…②陈… ③秦…Ⅲ.①对外汉语教学 - 著作 - 内容提要②对外汉语教学 - 图书目录 Ⅳ. Z89：H195　Z88：H195

中国版本图书馆 CIP 数据核字（2008）第 039155 号

对外汉语教学论著指要与总目第二册

主　　编：李无未　陈珊珊　秦曰龙
责任编辑：王　炘　翟婧婧
装帧设计：张晓光
责任校对：刘学青
出版发行：作家出版社
社址：北京农展馆南里 10 号　　　邮码：100125
电话传真：86 - 10 - 65930756（出版发行部）
　　　　　86 - 10 - 65004079（总编室）
　　　　　86 - 10 - 65015116（邮购部）
E - mail：zuojia@ zuojia. net. cn
http://www. zuojia. net. cn
印刷：清华大学印刷厂
成品尺寸：185 × 260
字数：1200 千
印张：58.5　　　　　　　　　插页：3
印数：001 - 1400
版次：2008 年 7 月第 1 版
印次：2008 年 7 月第 1 次印刷
ISBN　978 - 7 - 5063 - 4272 - 8
定价：685.00 元